개선문 ① 경제생활과 경제 문제

❶ 개념 압축 정리

▶ ㉠~㉢에 들어갈 용어를 쓰시오.

구분	목적	특징
가계	(㉠)의 극대화	소비 활동의 주체
기업	(㉡)의 극대화	생산 활동의 주체
정부	사회적 후생의 극대화	(㉢) 활동의 주제
외국	자국의 이익 추구	교역의 주체

❷ 빈출 선지 연습

▶ 다음 기출 선지가 맞으면 '○', 틀리면 '×'에 표하시오.

01	가계는 생산물 시장의 수요자이고, 생산 요소 시장의 공급자이다. 기업은 생산물 시장의 공급자이고, 생산 요소 시장의 수요자이다.	○, ×
02	재화 중에서 경제적 가치가 있는 재화를 경제재라고 하고, 경제적 가치가 없는 재화를 무상재라고 한다.	○, ×
03	희소성이란 사람들의 욕구에 비해 자원의 양이 상대적으로 적은 상태이고, 희귀성이란 사람들의 욕구와 관계없이 자원의 절대적인 양이 적은 상태이다.	○, ×
04	'무엇을 얼마나 생산할 것인가?'와 '어떻게 생산할 것인가?'는 형평성을 중시하는 경제 문제이고, '누구를 위해 생산할 것인가?'는 효율성을 중시하는 경제 문제이다.	○, ×
05	합리적 선택이란 선택 가능한 둘 이상의 대안 중에서 한 개를 선택할 때 순편익이 양(+)의 값을 가지는 대안을 선택하는 것을 말한다.	○, ×
06	'보이지 않은 손'에 의해 경제 문제를 해결하는 경제 체제는 시장 경제 체제이고, 정부의 명령이나 계획에 의해 경제 문제를 해결하는 경제 체제는 혼합 경제 체제이다.	○, ×
07	혼합 경제 체제와 계획 경제 체제는 국가가 시장에 개입한다는 점과 원칙적으로 생산 수단의 국·공유화를 인정한다는 점에서 공통적이다.	○, ×
08	생산 과정을 여러 부문으로 나누어 여러 사람이 분담해 이루어지는 분업은 전문성을 향상하여 분배의 형평성을 높인다.	○, ×
09	생산 요소는 재화나 서비스를 생산하는 데 사용하는 요소를 말하는데, 대표적인 예로 토지, 노동, 자본이 있다.	○, ×
10	합리적 소비란 소비에 따른 만족감이 기회비용보다 큰 선택을 하는 것을 말한다. 또한 비용이 같을 때 가장 큰 만족감을 얻을 수 있도록 하는 소비도 합리적 소비에 해당한다.	○, ×
11	기업은 이윤을 극대화하기 위해 경제 활동을 하는 경제 주체이다. 이때 이윤은 총수입에서 총비용을 뺀 값이다.	○, ×
12	공공재란 비배제성과 비경합성을 가지는 재화이다. 이때 비배제성이란 한 사람이 대가를 치르지 않고 재화를 사용하더라도 이를 막지 못하는 것을 말한다.	○, ×
13	과세 대상 금액이 커질수록 높은 세율이 적용되는 것을 비례세라고 하고, 과세 대상 금액에 상관없이 동일한 세율이 적용되는 것을 누진세라고 한다.	○, ×

❸ 고난도 기출 지문 연습

▶ A~C에 해당하는 경제 주체를 가계, 기업, 정부 중에서 쓰시오.

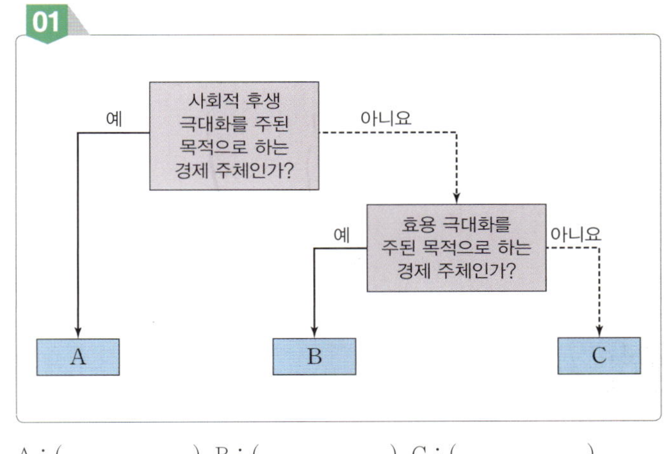

A : (　　　　) B : (　　　　) C : (　　　　)

▶ A~C에 해당하는 경제 체제를 쓰시오.

02

A에서는 경제 주체들 간에 자유로운 생산·교환·분배·소비 활동이 이루어진다. 자본과 토지와 같은 생산 수단이 사유화되어 있으며 생산물은 물론 토지, 노동, 자본 등의 생산 요소도 시장에서 상품으로 매매된다. 이에 반해 B에서는 생산 수단을 국가나 공공 단체가 소유하고, 생산·교환·분배·소비 활동이 국가의 계획과 명령에 의해 이루어진다. 한편 C에서는 사유 재산제와 시장 가격 기구에 기초한 경제 운용을 기본 바탕으로 하면서 자본주의 체제의 문제점을 극복하기 위해 정부가 적극적으로 투자 활동을 하거나 경제 통제를 하기도 한다. 단, A~C는 시장 경제 체제, 계획 경제 체제, 혼합 경제 체제 중 하나이다.

A : (　　　　) B : (　　　　) C : (　　　　)

🔍정답 ❶ ㉠ 효용, ㉡ 이윤, ㉢ 재정
❷ 01 ○ 02 ○ 03 ○ 04 × 05 ○ 06 × 07 × 08 × 09 ○ 10 ○ 11 ○ 12 ○ 13 ×
❸ 01 A : 정부, B : 가계, C : 기업 02 A : 시장 경제 체제, B : 계획 경제 체제, C : 혼합 경제 체제

개선문 ② 수요 법칙과 공급 법칙

❶ 개념 압축 정리

▶ ㉠~㉣에 들어갈 용어를 쓰시오.

구분	수요	수요량
의미	구매 능력이 있는 소비자들이 일정 기간 동안 실제로 상품을 구매하고자 하는 욕구	특정 가격 수준에서 소비자가 구입하고자 하는 상품의 양
변화 요인	가격 외 요인	(㉠)의 변동
이동	(㉡) 자체의 이동	수요 곡선상의 점의 이동

구분	공급	공급량
의미	판매할 상품이 있는 생산자들이 일정 기간 동안 실제로 상품을 판매하고자 하는 욕구	특정 가격 수준에서 생산자가 판매하고자 하는 상품의 양
변화 요인	(㉢) 외 요인	가격의 변동
이동	(㉣) 자체의 이동	공급 곡선상의 점의 이동

❷ 빈출 선지 연습

▶ 다음 기출 선지가 맞으면 '○', 틀리면 '×'에 표하시오.

01	수요자는 가격이 상승하면 수요량을 줄이고, 가격이 하락하면 수요량을 늘린다.	○, ×
02	수요량이나 공급량이 변화하면 수요 곡선이나 공급 곡선 자체가 이동한다.	○, ×
03	수요 곡선은 우하향하는 형태로 나타나고, 공급 곡선은 우상향하는 형태로 나타난다.	○, ×
04	인구의 증가는 수요가 증가하는 요인이다.	○, ×
05	돼지고기나 닭고기의 가격이 상승하면, 소고기의 수요는 감소한다.	○, ×
06	미래에 상품의 가격이 상승할 것으로 예상되면, 현재의 공급은 증가한다.	○, ×
07	소비자의 기호가 감소하면 수요 곡선은 오른쪽으로 이동한다.	○, ×
08	생산 요소의 가격이 상승하면 공급 곡선은 왼쪽으로 이동한다.	○, ×
09	초과 수요 상태에서는 수요자들 간의 경쟁으로 상품의 가격이 상승한다.	○, ×
10	수요가 증가하고 공급은 변화하지 않으면 균형 가격은 하락한다.	○, ×

❸ 고난도 기출 지문 연습

▶ A~D에 들어갈 내용을 쓰시오.

01

구분	시장 변화 결과		시장 변화 요인	
	균형 가격	균형 거래량	수요 변동 요인	공급 변동 요인
X재	A	감소	없음	X재 원자재 가격 상승
Y재	B	불변	X재 균형 가격 상승	Y재 원자재 가격 상승
Z재	C	감소	X재 균형 가격 상승	Z재 원자재 가격 상승

* 단 Y재와 Z재는 각각 X재의 대체재와 보완재 중 하나이고, X~Z재는 모두 수요·공급 법칙을 따르며, 수요와 공급이 모두 변동할 때 그 변동폭은 같다.

A : (　　　　) B : (　　　　) C : (　　　　)

▶ 밑줄 친 A, B의 내용을 쓰시오.

02

최근 4차 산업 혁명 관련 기술의 발전으로 생산 공정에서 무인화가 가속화되고 있다. 이에 따라 노동 시장에서는 근로자가 하는 일을 기계가 대체함으로써 노동 수요가 감소하여 A 고용의 변화가 생길 것이라는 우려가 있는 반면, 생산물 시장에서는 비용 절감에 따른 B 공급의 변화가 나타날 것으로 기대하고 있다.

A : (　　　　) B : (　　　　)

▶ A~D에 들어갈 가격과 거래량의 변화를 쓰시오.

03

공급　＼　수요	증가	감소
증가	A	B
감소	C	D

A : (　　　　) B : (　　　　)
C : (　　　　) D : (　　　　)

정답 ❶ ㉠ 가격, ㉡ 수요 곡선, ㉢ 가격, ㉣ 공급 곡선
❷ 01 ○　02 ×　03 ○　04 ○　05 ×　06 ×　07 ×　08 ○　09 ○　10 ×
❸ 01 A : 상승, B : 상승, C : 불변　02 A : 고용 감소, B : 공급 증가　03 A : 가격 불분명, 거래량 증가, B : 가격 하락, 거래량 불분명, C : 가격 상승, 거래량 불분명, D : 가격 불분명, 거래량 감소

개선문 ③ 사회적 잉여와 가격 탄력성

❶ 개념 압축 정리

▶ ㉠~㉣에 들어갈 용어를 쓰시오.

구분	(㉠)	(㉡)
의미	소비자가 재화나 서비스를 구매하면서 얻었다고 느끼는 이득의 크기	생산자가 재화나 서비스를 판매하면서 얻었다고 느끼는 이득의 크기
특징	가격이 하락할수록 커짐	가격이 상승할수록 커짐

구분	수요의 가격 탄력성	공급의 가격 탄력성
의미	(㉢)이 상품의 가격 변화에 대해 얼마나 민감하게 반응하는지를 나타내는 지표	(㉣)이 상품의 가격 변화에 대해 얼마나 민감하게 반응하는지를 나타내는 지표
결정 요인	상품의 성격, 대체재의 유무 등	생산 기간, 저장 용이성 등
계산 방법	(㉢)의 변화율(%) / 가격의 변화율(%)	(㉣)의 변화율(%) / 가격의 변화율(%)

❷ 빈출 선지 연습

▶ 다음 기출 선지가 맞으면 '○', 틀리면 '×'에 표하시오.

01	상품의 가격 상승은 소비자 잉여를 감소시키는 요인이 될 수 있다.	○, ×
02	원자재의 가격 하락은 생산자 잉여를 증가시키는 요인이 될 수 있다.	○, ×
03	소비자 잉여와 생산자 잉여를 합한 것을 총잉여라고 한다.	○, ×
04	정부의 가격 규제 정책으로 인해 사회적 순손실이 발생할 수 있다.	○, ×
05	일반적으로 생필품은 사치품에 비해 수요의 가격 탄력성이 높은 편이다.	○, ×
06	수요가 가격에 대해 단위 탄력적일 경우 상품의 가격 상승은 판매 수입의 감소 요인이 된다.	○, ×
07	수요가 가격에 대해 완전 비탄력적일 경우 가격의 변동에 상관없이 수요량은 항상 일정하다.	○, ×
08	상품의 저장이 용이할수록 공급이 가격에 대해 비탄력적이다.	○, ×
09	소비자나 공급자가 가격 변동에 대응할 수 있는 기간이 길수록 가격 탄력성은 탄력적으로 변한다.	○, ×
10	공급이 가격에 대해 완전 비탄력적인 재화는 존재하지 않는다.	○, ×

❸ 고난도 기출 지문 연습

▶ A~D에 들어갈 값을 쓰시오.

01

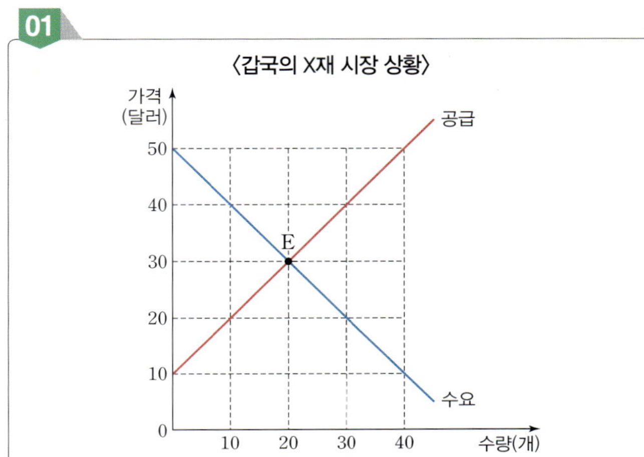

현재 X재 시장은 E점에서 균형을 이루고 있고, 갑국 정부는 최저 가격을 40달러로 설정하는 정책의 시행을 고려하고 있다.

정책 시행 전		정책 시행 후	
소비자 잉여	A	소비자 잉여	B
생산자 잉여	C	생산자 잉여	D

▶ A 구장과 B 구장의 수요의 가격 탄력성을 쓰시오.

02

프로야구 갑 구단은 A, B 구장을 운영하고 있다. 갑 구단이 A, B 구장의 입장권 가격을 각각 5% 인상하자 두 구장의 전체 입장권 판매 수입이 증가하였다. 구장별로는 A 구장의 판매 수입은 감소하였고, B 구장의 판매 수입은 증가하였다. 단, 각 구장별 수요의 가격 탄력성은 일정하고, 어느 한 구장의 입장권 가격 변동은 다른 구장의 입장권 수요에 영향을 미치지 않는다. 각 구장에서 좌석이 매진되는 경우는 없으며, 구장별 수요의 가격 탄력성은 '완전 탄력적', '탄력적', '단위 탄력적', '비탄력적', '완전 비탄력적' 중 하나로 표시할 수 있다.

A 구장 : (　　　　　　　)　　　B 구장 : (　　　　　　　)

정답 ❶ ㉠ 소비자 잉여, ㉡ 생산자 잉여, ㉢ 수요량, ㉣ 공급량
❷ 01 ○　02 ○　03 ○　04 ○　05 ×　06 ×　07 ○　08 ×　09 ○　10 ×
❸ 01 A : 200, B : 50, C : 200, D : 250　02 A 구장 : 탄력적, B 구장 : 비탄력적

개선문 ④ 시장 실패와 정부 실패

❶ 개념 압축 정리

▶ ㉠, ㉡에 들어갈 용어를 쓰시오.

구분	(㉠)	(㉡)
의미	재화나 서비스가 사회적 최적 수준보다 적거나 많이 생산·소비되는 상태	시장 실패를 개선하기 위한 정부 개입이 오히려 시장의 상태를 더욱 악화시키는 상태
원인	정보의 비대칭성, 비배제성과 비경합성의 문제 등	시장에 대한 불완전한 지식, 경제적 유인 부족 등
유형	독과점, 외부 효과(외부 경제, 외부 불경제), 공공재 부족 등	잘못된 예측으로 인한 시장의 상태 악화, 선심성 지출로 인한 재정 악화 등

❷ 빈출 선지 연습

▶ 다음 기출 선지가 맞으면 '○', 틀리면 '×'에 표하시오.

01	시장의 자원 배분 기능은 언제나 효율적으로 작용한다.	○, ×
02	독점 시장에서 기업은 시장 지배력을 통해 공급량을 줄이고 가격을 높여 이윤을 극대화한다.	○, ×
03	외부 경제는 사적 편익보다 사회적 편익이 큰 현상이다.	○, ×
04	양봉업자가 과수원 인근에서 양봉을 하는 것은 외부 경제의 사례에 해당한다.	○, ×
05	독감 예방 접종은 외부 불경제의 사례에 해당한다.	○, ×
06	공공재가 사회가 필요로 하는 양보다 적게 생산되는 것은 시장 실패의 사례에 해당한다.	○, ×
07	경합성은 한 사람의 소비가 다른 사람의 소비를 제한하는 속성이다.	○, ×
08	공공재의 배제성은 무임승차의 문제가 발생하는 원인으로 작용한다.	○, ×
09	외부 불경제의 해결 방안으로 생산자에 대한 보조금 지급을 들 수 있다.	○, ×
10	정부 실패는 민간에 비해 경제적 효율성을 추구해야 할 동기가 지나치게 많기 때문에 발생한다.	○, ×
11	정부 실패를 개선하기 위해서는 시민 단체가 정부의 모든 활동을 지지해야 한다.	○, ×

❸ 고난도 기출 지문 연습

▶ 밑줄 친 A, B에 해당하는 재화의 유형을 쓰시오.

01

A 연필은 한 사람이 사용하면 다른 사람이 이를 유용하게 사용하기 어렵다. 또한 연필의 구매자는 다른 사람이 이를 사용하지 못하도록 하는 재산권을 가진다. 그런데 지식은 여러 사람이 동시에 유용하게 사용할 수 있다. 내가 수학 문제를 풀기 위해 B 사칙 연산을 사용하더라도 다른 사람이 동시에 이를 유용하게 사용할 수 있다.

A : (   )   B : (   )

▶ A~D에 해당하는 재화의 유형을 (가)~(라)에서 골라 쓰시오.

02

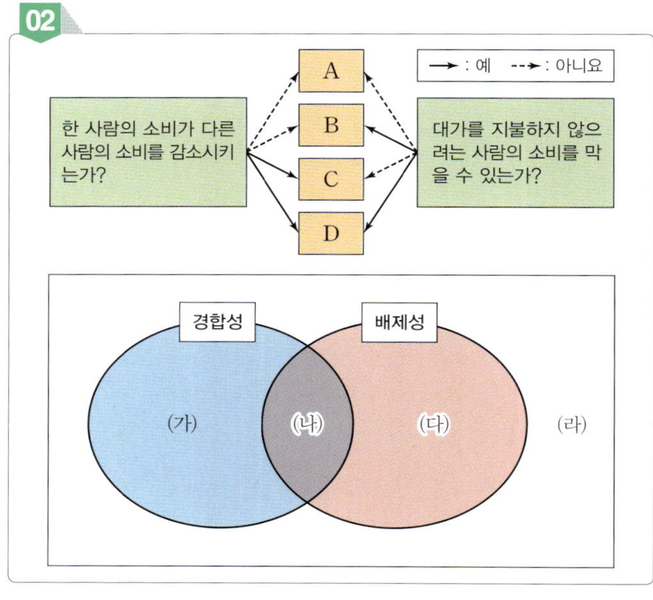

A : (   )   B : (   )   C : (   )   D : (   )

▶ X재 시장과 Y재 시장에서 나타나는 외부 효과의 유형을 쓰시오.

03

- X재 시장에서는 소비에 따른 사적 편익보다 사회적 편익이 크다.
- Y재 시장에서는 생산에 따른 사적 비용보다 사회적 비용이 크다.

* 단, X재와 Y재는 모두 수요와 공급의 법칙을 따른다.

X재 시장 : (   )   Y재 시장 : (   )

정답

❶ ㉠ 시장 실패, ㉡ 정부 실패

❷ 01 ×   02 ○   03 ○   04 ○ 05 × 06 ○   07 ○   08 ×   09 ×   10 ×   11 ×

❸ 01 A : 사적 재화, B : 공공재   02 A : (라), B : (다), C : (가), D : (나)
  03 X재 시장 : 외부 경제, Y재 시장 : 외부 불경제

개선문 ⑤ 국가와 경제 활동

❶ 개념 압축 정리

▶ ㉠~㉢에 들어갈 용어를 쓰시오.

국민 소득	측정
(㉠)	최종 생산물의 시장 가치 합
(㉡)	임금＋지대＋이자＋이윤
(㉢)	소비 지출＋투자＋정부 지출＋순수출

❷ 빈출 선지 연습

▶ 다음 기출 선지가 맞으면 '○', 틀리면 '×'에 표하시오.

01	소비는 재화와 서비스를 구입하여 사용하는 것을 포함하는 말이고, 소비 지출이란 재화와 서비스를 구입한 것 그 자체를 말한다.	○, ×
02	국내 총생산(GDP)을 구하는 방법에는 여러 가지가 있는데, 최종 생산물의 가치의 합을 구하거나 각 생산 단계에서 창출된 부가 가치의 합을 구하면 된다.	○, ×
03	경제 성장이란 국가의 경제 규모가 커지는 것을 뜻하는 말로, 일종의 양적 확대를 의미한다. 일반적으로 명목 국내 총생산(GDP)의 증가율을 지표로 사용한다.	○, ×
04	기업가 정신이란 미래의 불확실성을 두려워하지 않고 생산을 수행하는 데 있어 혁신을 추구하는 자세를 말한다.	○, ×
05	한국 경제는 1960년대에는 노동 집약적인 경공업 중심의 성장 전략을, 1970년대에는 자본 집약적인 중화학 공업 중심의 성장 전략을 채택하였다.	○, ×
06	취업자는 일할 능력과 일할 의사를 모두 가지고 있는 사람을 말하고, 실업자는 일할 능력이나 일할 의사 중 하나라도 없는 사람을 말한다.	○, ×
07	마찰적 실업이란 산업 구조의 변화에 따른 실업을 의미하고, 구조적 실업이란 총수요의 감소에 따른 불경기의 발생으로 나타나는 실업이다.	○, ×
08	국내 생산자가 국내 시장에서 출하하는 상품 및 서비스의 가격 수준을 측정하여 지수화한 것을 소비자 물가 지수라고 한다.	○, ×
09	GDP 디플레이터는 명목 국내 총생산(GDP)을 실질 국내 총생산(GDP)으로 나눈 값에 100을 곱하여 구한다. 100보다 크면 물가 수준 하락, 100보다 작으면 물가 수준 상승으로 본다.	○, ×
10	민간 소비나 투자의 확대로 물가가 상승하면 비용 인상 인플레이션에 해당하고, 국제 원유가 상승으로 물가가 상승하면 수요 견인 인플레이션에 해당한다.	○, ×
11	정부 지출이나 순수출이 증가하면 총수요 곡선은 우측으로 이동하고, 민간 소비나 투자가 감소하면 총수요 곡선은 좌측으로 이동한다.	○, ×

12	총수요가 증가하면 물가 수준이 상승하고 실질 국내 총생산(GDP)은 증가하는 데 비해, 총공급이 증가하면 물가 수준은 하락하고 실질 국내 총생산(GDP)은 증가한다.	○, ×
13	경기 변동에서 일반적으로 경제 활동이 가장 활발한 시기를 확장기라고 하고, 경제 활동이 가장 저조한 시기를 수축기라고 한다.	○, ×
14	일반적으로 경기가 과열되면 흑자 재정 정책이나 긴축 금융 정책을 시행해서 시중의 통화량을 늘리려고 한다.	○, ×
15	경기가 침체되었을 경우 중앙은행은 지급 준비율과 재할인율을 모두 인하하고, 국공채는 매입하는 정책을 시행한다.	○, ×

❸ 고난도 기출 지문 연습

▶ A~C에 들어갈 인구의 유형을 쓰시오.

01

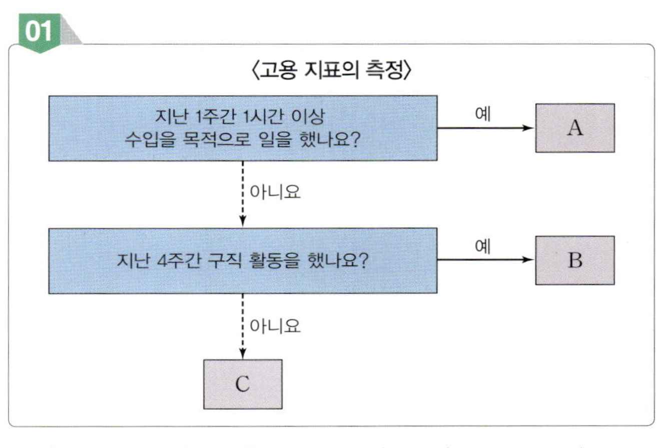

A : (   ) B : (   ) C : (   )

▶ A~C에 들어갈 내용을 쓰시오.

02

〈갑국의 국내 총생산(GDP)〉

구분	2015년	2016년	2017년
명목 GDP(조 원)	1,000	1,200	1,400
실질 GDP(조 원)	1,050	1,200	1,350
GDP 디플레이터	A	B	C

* 단, GDP 디플레이터는 '100 이하', '100', '100 이상'으로 표시할 수 있다.

A : (   ) B : (   ) C : (   )

개선문 ⑥ 무역 원리와 무역 정책

❶ 개념 압축 정리

▶ ㉠~㉢에 들어갈 용어를 쓰시오.

구분	절대 우위론	비교 우위론
의미	각국이 생산비가 절대적으로 적게 드는 재화의 생산에 특화하여 교환하면 거래 당사국 모두 이익을 얻을 수 있음	각국이 다른 국가에 비해 생산비가 상대적으로 적게 드는 재화, 즉 (㉠　　　)이 작은 재화의 생산에 특화하여 교환하면 거래 당사국 모두 이익을 얻을 수 있음
한계 (의의)	한계 : 한 국가가 모든 상품에 대해 (㉡　　　)에 있을 경우의 무역 발생 현상을 설명하지 못함	의의 : 시장 경제의 원리에 따라 이루어지는 무역, 즉 (㉢　　　)을 뒷받침하는 이론적 근거가 됨

❷ 빈출 선지 연습

▶ 다음 기출 선지가 맞으면 '○', 틀리면 '×'에 표하시오.

01	세계 각국은 무역을 통해 자국에서 생산되지 않거나 부족한 재화나 서비스를 거래할 수 있다.	○, ×
02	비교 우위는 다른 나라에 비해 더 작은 기회비용으로 생산할 수 있는 능력을 의미한다.	○, ×
03	비교 우위론에 따르면 두 나라가 각자 생산의 기회비용이 큰 재화에 특화하여 교역할 경우 양국 모두 이익을 얻을 수 있다.	○, ×
04	자유 무역은 소비자들이 국내 시장보다 저렴한 가격으로 더 많은 재화를 소비할 수 있게 한다.	○, ×
05	자유 무역을 실시하면 경쟁력이 없는 개인, 기업, 산업, 국가의 이익도 보호받을 수 있다.	○, ×
06	보호 무역을 주장하는 사람들은 국가 간의 무역을 시장 경제 원리에 따라 자유롭게 이루어지도록 하는 것이 모든 국가에 이익이 된다고 본다.	○, ×
07	보호 무역의 근거로는 자국 산업 보호를 통한 경쟁력 확보, 유치산업 보호를 통한 실업 방지, 외국의 불공정 거래에 대한 대응 등을 들 수 있다.	○, ×
08	관세는 보호 무역 정책에 해당하고, 비관세 장벽은 자유 무역 정책에 해당한다.	○, ×
09	관세 부과는 외국산 제품의 수입 증가 요인이다.	○, ×
10	비관세 장벽 정책에는 수입 할당제, 수출 보조금 지급 등이 있다.	○, ×
11	세계 무역 기구(WTO)의 출범 이후 모든 분야에서 무역에 관한 규제가 강화되고 있다.	○, ×

❸ 고난도 기출 지문 연습

▶ ㉠~㉢에 들어갈 국가를 골라 '○'표 하시오.

01

표는 갑국과 을국이 한 재화만 생산할 경우 생산 가능한 최대량을 나타낸다. 단, 두 국가의 생산 가능 곡선은 직선이며, 생산 요소는 노동뿐이고, 노동자 수는 1,800명으로 동일하다.

구분	갑국	을국
X재	200개	300개
Y재	200개	600개

각 재화 1개 생산에 필요한 노동자 수는 다음과 같다.

구분	갑국	을국
X재 1개	9명	6명
Y재 1개	9명	3명

따라서 ㉠(갑국 / 을국)은 X재와 Y재 생산 모두에 절대 우위를 갖는다. 한편, 각 재화 1개 생산의 기회비용은 다음과 같다.

구분	갑국	을국
X재 1개 생산의 기회비용	Y재 1개	Y재 2개
Y재 1개 생산의 기회비용	X재 1개	Y재 1/2개

따라서 ㉡(갑국 / 을국)은 X재 생산에, ㉢(갑국 / 을국)은 Y재 생산에 비교 우위를 갖는다.

▶ ㉠~㉢에 들어갈 용어를 골라 '○'표 하시오.

02

그림은 관세 부과에 따른 X재 시장의 변화를 나타낸다.

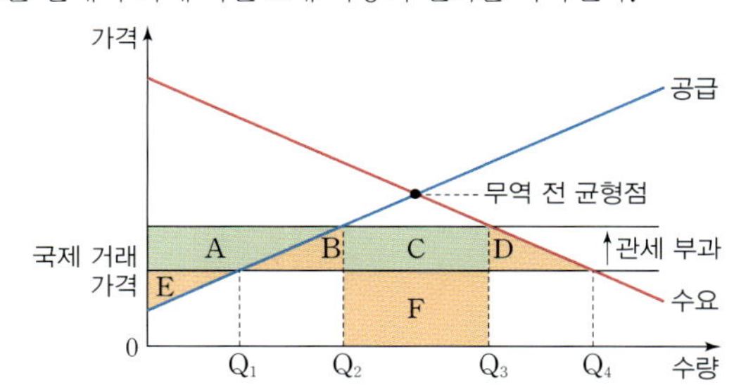

관세 부과 이후 X재 시장에서의 변화는 다음과 같다.
- 생산자 잉여는 A만큼 ㉠(증가 / 감소)한다.
- 소비자 잉여는 A+B+C+D만큼 ㉡(증가 / 감소)한다.
- 정부의 조세 수입은 C만큼 ㉢(증가 / 감소)한다.

정답 ❶ ㉠ 기회비용, ㉡ 절대 우위, ㉢ 자유 무역
❷ 01 ○ 02 ○ 03 × 04 ○ 05 × 06 × 07 ○ 08 × 09 × 10 ○ 11 ×
❸ 01 ㉠ 필국, ㉡ 갑국, ㉢ 을국　02 ㉠ 증가, ㉡ 감소, ㉢ 증가

개선문 ⑦ 외환 시장과 환율, 국제 수지

❶ 개념 압축 정리

▶ ㉠~㉨에 들어갈 용어를 쓰시오.

환율 상승의 영향	내용
수출 증가	수출품의 외화 표시 가격 (㉠　　　　)
수입 감소	수입품의 원화 표시 가격 (㉡　　　　)
경상 수지 개선	• 수출 증가, 수입 감소로 인한 상품 수지 개선 • 해외여행 경비 증가로 인한 자국민의 해외여행 감소, 외국인의 국내 여행 경비 감소로 인한 국내 여행 증가 등으로 (㉢　　　　) 수지 개선
통화량 증가	경상 수지 (㉣　　　　)로 인한 외화의 순유입액 증가는 통화량 증가 요인으로 작용함
국내 물가 (㉤　　　　)	순수출 증가, 수입품의 국내 가격 상승, 원유 및 국제 원자재의 국내 가격 상승으로 인한 생산비 증가
외채 상환 부담 증가	외채의 (㉥　　　　) 표시 금액 증가

경상 수지	영향
(㉦　　　　)	• 고용 확대와 소득 증대 • 외환 보유액 증가로 대외 신용도 향상 • 통화량 증가로 국내 물가 상승
(㉧　　　　)	• 통화량 감소로 국내 물가 안정 • 대외 채무 증가 및 상환 부담 증가 • 외환 보유액 감소로 대외 신용도 하락

❷ 빈출 선지 연습

▶ 다음 기출 선지가 맞으면 '○', 틀리면 '×'에 표하시오.

01	환율이 상승하면 외국 화폐 1단위와 교환되는 자국 화폐의 양이 증가한다.	○, ×
02	외국산 제품의 수입 증가, 해외여행 증가, 해외 투자 증가는 외화 수요의 증가 요인이다.	○, ×
03	외국인의 국내 여행 감소, 외국인의 국내 투자 감소는 외화 공급의 감소 요인이다.	○, ×
04	지식 재산권 사용료는 서비스 수지에 기록된다.	○, ×
05	이자 및 배당금과 같은 투자 소득은 이전 소득 수지에 기록된다.	○, ×
06	직접 투자, 증권 투자, 차관 도입 및 제공은 금융 계정에 기록된다.	○, ×
07	경상 수지 흑자는 환율 하락의 요인으로 작용한다.	○, ×
08	환율 상승은 서비스 수지의 악화 요인으로 작용한다.	○, ×

❸ 고난도 기출 지문 연습

▶ ㉠~㉧에 들어갈 용어를 골라 '○'표 하시오.

01

그림은 원/달러 환율과 원/엔 환율의 변동을 나타낸다.

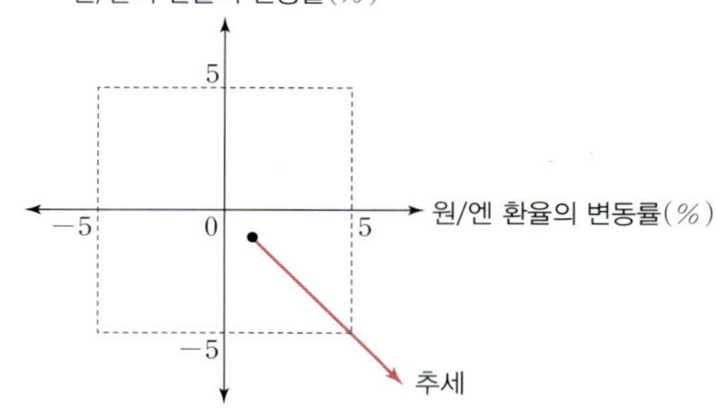

원/달러 환율은 ㉠(상승 / 하락)하고, 원/엔 환율은 ㉡(상승 / 하락)한다. 이를 통해 다음 내용을 파악할 수 있다.
• 원화 대비 엔화의 가치는 ㉢(상승 / 하락)한다.
• 달러화 대비 원화의 가치는 ㉣(상승 / 하락)한다.
• 우리나라 대미 수출품의 달러화 표시 가격은 ㉤(상승 / 하락)한다.
• 우리나라 기업의 달러화 표시 외채 상환 부담은 ㉥(증가 / 감소)한다.
• 일본으로부터 원자재를 수입하는 우리나라 기업의 부담은 ㉦(증가 / 감소)한다.

▶ ㉠~㉤에 들어갈 숫자를 쓰시오.

02

다음은 갑국의 2019년 2월의 경상 거래 전부를 나타낸다.

• 해외 무상 원조 2억 달러 지급
• 지식 재산권 사용료 2억 달러 지급
• 재화 수출 30억 달러, 재화 수입 15억 달러
• 해외에 투자한 국내 기업의 배당금 2억 달러 수취
• 국내 운송 기업의 외국인 여객 운송료 10억 달러 수취

따라서 갑국의 2월 상품 수지는 (㉠　　　)억 달러 흑자, 서비스 수지는 (㉡　　　)억 달러 흑자, 본원 소득 수지는 (㉢　　　)억 달러 흑자, 이전 소득 수지는 (㉣　　　)억 달러 적자이다. 따라서 갑국의 2월 경상 수지는 (㉤　　　)억 달러 흑자이다.

정답 ❶ ㉠ 하락, ㉡ 상승, ㉢ 서비스, ㉣ 흑자, ㉤ 상승, ㉥ 원화, ㉦ 흑자, ㉧ 적자
❷ 01 ○ 02 ○ 03 ○ 04 ○ 05 × 06 ○ 07 ○ 08 ×
❸ 01 ㉠ 하락, ㉡ 상승, ㉢ 상승, ㉣ 상승, ㉤ 상승, ㉥ 감소, ㉦ 증가 02 ㉠ 15, ㉡ 8, ㉢ 2, ㉣ 2, ㉤ 23

개선문 ⑧ **금융 생활과 신용, 금융 상품과 재무 계획**

❶ 개념 압축 정리

▶ ㉠~◎에 들어갈 말을 쓰시오.

(㉠ 　　　) 금융 시장	자금 공급자와 자금 수요자가 직접 자금을 거래하는 금융 시장 → 자금 공급자가 금융 거래의 위험을 직접 부담하지만, 상대적으로 높은 수익률을 기대할 수 있음
(㉡ 　　　) 금융 시장	자금 공급자가 맡긴 자금을 금융 기관이 자금 수요자와 거래하는 금융 시장 → 금융 기관의 자기 책임하에 자금이 거래되므로 상대적으로 수익률은 낮지만 안정적으로 이자를 받음
(㉢ 　　　)	경제적 가치가 있는 유형 또는 무형의 재산
(㉣ 　　　)	과거의 거래로 인해 이행해야 할 금전적 의무
순자산	총자산 – (㉤ 　　　)
(㉥ 　　　)	금융 상품의 원금과 이자가 보전될 수 있는 정도
(㉦ 　　　)	금융 상품의 가격 상승이나 이자 수익을 기대할 수 있는 정도
(◎ 　　　)	필요할 때 얼마나 쉽게 현금화할 수 있는지의 정도

❷ 빈출 선지 연습

▶ 다음 기출 선지가 맞으면 '○', 틀리면 '×'에 표하시오.

01	단리는 원금에 대해서만 이자를 계산하며, 복리는 원금뿐만 아니라 그 전에 발생한 이자에 대해서도 이자를 계산한다.	○, ×
02	명목 이자율은 실질 이자율에서 물가 상승률을 뺀 값을 의미한다.	○, ×
03	실질 이자율이 0보다 작을 경우 원리금의 구매력은 하락한다.	○, ×
04	근로 소득과 사업 소득은 경상 소득에 해당하고, 재산 소득과 이전 소득은 비경상 소득에 해당한다.	○, ×
05	예금 이자, 주식 배당금은 재산 소득에 해당한다.	○, ×
06	공적 연금은 비경상 소득에 해당한다.	○, ×
07	식료품비는 소비 지출에 해당하고, 조세와 사회 보험료는 비소비 지출에 해당한다.	○, ×
08	일반적으로 지출은 청년기부터 발생하기 시작하여, 중·장년기에 최고점에 도달한 후 점차 감소하거나 사라진다.	○, ×
09	보통 예금과 당좌 예금은 요구불 예금에 해당하고, 정기 예금과 정기 적금은 저축성 예금에 해당한다.	○, ×
10	주식은 기업이 장기적인 사업 자금 조달을 위해 발행하는 증권으로, 회사 소유권의 일부를 투자자에게 주는 증표이다.	○, ×
11	채권은 이자와 시세 차익을 기대할 수 있다.	○, ×

❸ 고난도 기출 지문 연습

▶ A~C에 들어갈 숫자를 쓰시오.

01

〈갑국의 물가 상승률과 이자율의 변화〉

구분	2013년	2014년	2015년
물가 상승률(%)	1	2	2
명목 이자율(%)	4	2	1
실질 이자율(%)	A	B	C

A : (　　　)　　B : (　　　)　　C : (　　　)

▶ A, B에 해당하는 금융 시장의 유형을 쓰시오.

02

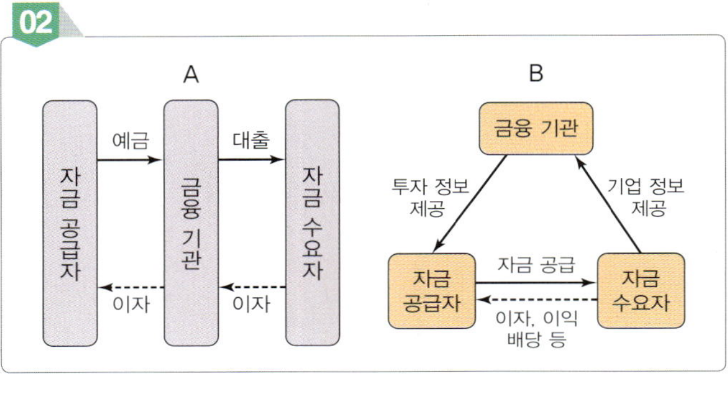

A : (　　　)　　　　B : (　　　)

▶ A~C에 해당하는 금융 상품의 종류를 쓰시오.

03

〈개인 투자자 성향〉

갑	위험을 감수하더라도 높은 수익을 추구함
을	이자 수익과 시세 차익을 모두 얻고자 함
병	원금 손실이 없는 안정적인 투자를 중시함

A~C는 각각 보통 예금, 주식, 채권 중 하나이다. 개인 투자가 갑~병이 A~C 중 하나의 금융 상품만을 선택한다고 할 때, 갑은 C보다 A를 선호할 것이다. 을은 C를 선택할 것이고, 병은 C보다 B를 선호할 것이다.

A : (　　　)　　B : (　　　)　　C : (　　　)

정답 ❶ ㉠ 직접, ㉡ 간접, ㉢ 자산, ㉣ 부채, ㉤ 총부채, ㉥ 안전성, ㉦ 수익성, ◎ 유동성
❷ 01 ○　02 ×　03 ○　04 ×　05 ○　06 ×　07 ○　08 ×　09 ○　10 ○　11 ○
❸ 01 A : 3, B : 0, C : −1　02 A : 간접 금융 시장, B : 직접 금융 시장　03 A : 주식, B : 보통 예금, C : 채권

BON. N제

경제

Contents 차례

I 경제생활과 경제 문제

01강 경제생활과 기본적인 경제 문제   008
02강 경제 체제   018
03강 가계, 기업, 정부의 경제 활동   026

II 시장과 경제 활동

04강 시장 가격의 결정과 변동   038
05강 잉여와 자원 배분의 효율성   050
06강 수요와 공급의 가격 탄력성   060
07강 시장 실패와 정부 실패   070

III 국가와 경제 활동

08강 국민 경제의 순환과 경제 성장   080
09강 실업과 인플레이션   090
10강 경기 변동과 경제 안정화 정책   100

IV 세계 시장과 교역

11강 무역 원리와 무역 정책   112
12강 외환 시장과 환율   122
13강 국제 수지   132

V 경제생활과 금융

14강 금융 생활과 신용   144
15강 금융 상품과 재무 계획   152

Structure
구성과 특징

부록편

경제에서 다뤄지는 고난도 필출 주제를 8가지 선정하여, 개념을 압축 정리하고, 빈출 선지를 ○ / ✕ 문제로 연습한 후, 고난도 기출 지문을 통해 핵심 개념을 보다 정확하게 이해할 수 있도록 하였습니다.

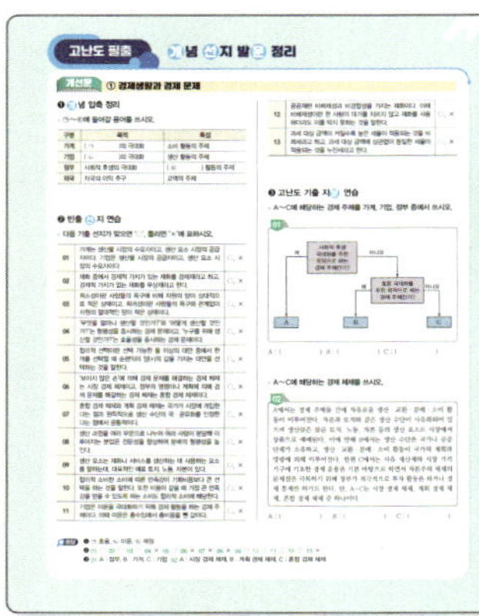

핵심 개념 정리

❶ **내용 정리** : 5종 교과서에서 학교 시험에 출제될 가능성이 높은 주제를 선정하여 기본 개념과 중요 개념을 쉽고 보기 좋게 정리하였습니다.

❷ **자료, 그래프로 살펴보기** : 다수의 교과서에서 다룬 자료만을 골라 자세히 분석하고 정리하였습니다. 개념과 함께 관련지어 학습하세요.

❸ **학생용 첨삭** : 개념 이해를 돕기 위해 핵심 개념과 어려운 용어를 쉽게 풀어서 첨삭으로 제공합니다.

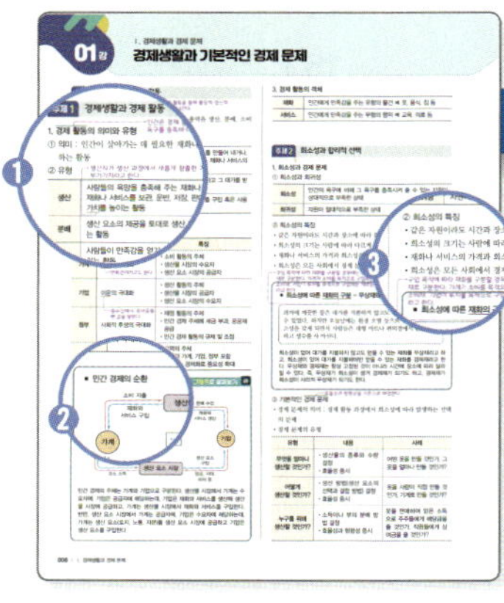

핵심 개념 CHECK

❶ 주제별 개념 정리 후, 곧바로 핵심 자료 등을 활용한 ○ / ✕ 문제를 통해 개념 이해 정도를 보다 정확하게 확인할 수 있도록 구성하였습니다. 이해가 부족한 부분은 바로 앞 핵심 개념 정리를 통해 확인하세요.

❷ 실제 기출된 함정 선지를 활용하여 실전을 완벽하게 대비할 수 있도록 하였습니다.

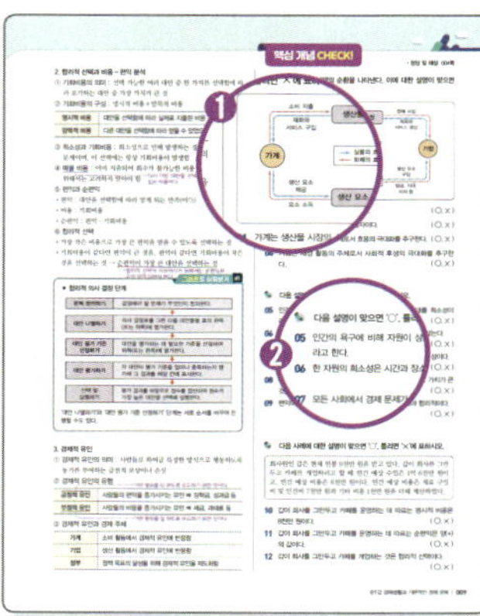

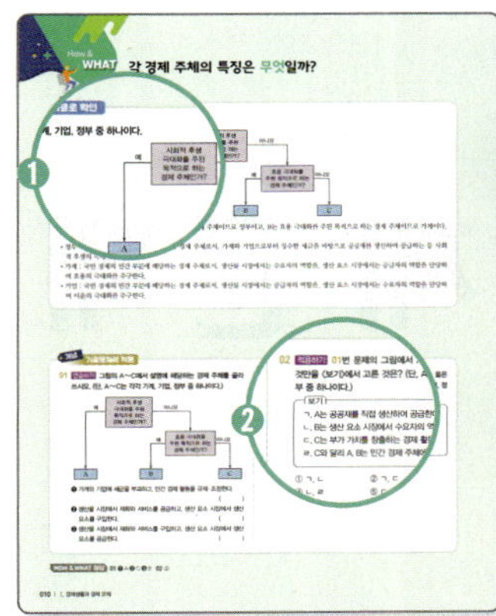

HOW & WHAT

❶ 심화 자료를 통해 개념어서부터 문제 적용까지 한 번에 점검할 수 있는 자료 분석 코너입니다. 문제 풀이 교재에서 놓치기 쉬운 깊이 있는 자료 분석을 별도로 제공합니다.

❷ [고난도 수능 자료로 확인하기] – [문제로 연습하기] – [기출문제에 적용하기] 를 통해 자료 분석에서 문제 적용까지 단계적으로 개념을 확인할 수 있습니다.

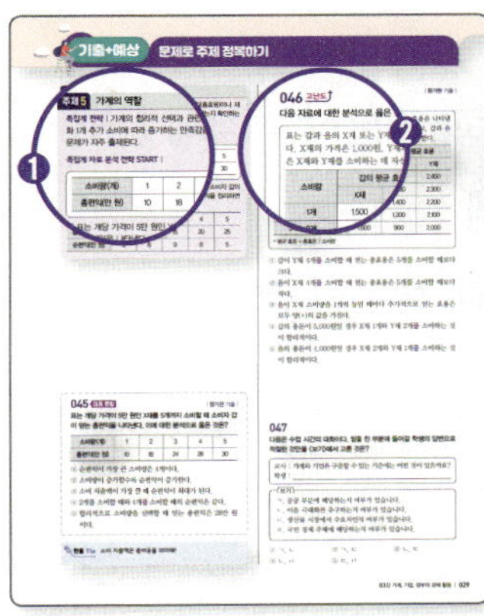

기출+예상 문제로 주제 정복하기

❶ **족집게 전략, 대표 문항** : 수능에서 출제 가능성이 가장 높은 대표 문항을 선별하여 문제 접근 전략을 알려줍니다. 또한 주요 개념의 출제 패턴이나 문제 풀이에 도움이 되는 방법을 한 줄 Tip으로 제시해 줍니다.

❷ 기출 문항과 예상 문제를 모두 다뤄 수능을 완벽하게 대비할 수 있도록 하였습니다. 특히 고난도 문항은 1등급을 갈랐던 문항을 제시하여 특수한 문항에도 잘 대처할 수 있도록 하였습니다.

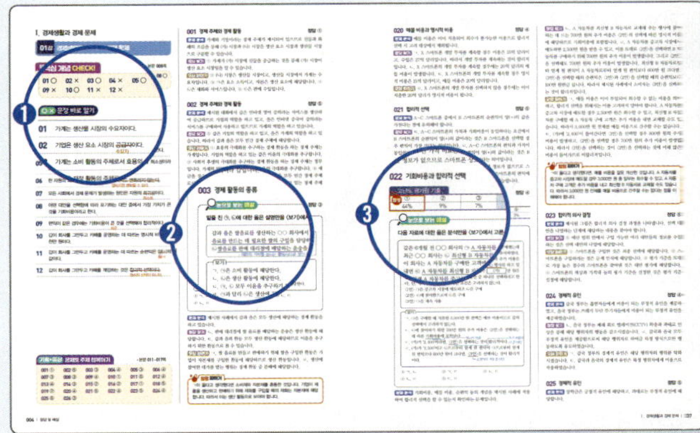

해설편

❶ **○ / × 문장 바로 알기** : ○ / × 확인 문제의 경우 빠른 정답과 눈으로 확인하는 정답을 함께 수록하여 학습자의 학습 속도 조절을 용이하게 하였습니다. 학습자가 쉽게 이해하고 넘어간 경우 빠른 정답으로 확인하고 문제 풀이로 바로 넘어갈 수 있으며, 학습자가 개념 이해가 어렵다고 판단한 경우, 눈으로 보는 해설을 통해 정확하게 오개념을 잡아낼 수 있습 니다.

❷ **눈으로 보는 해설** : 문항 첨삭을 통해 해설을 빠르게 이해시켜주는 시스템입니다. 자료 및 제시문 분석, 정답 설명, 오답 선지의 틀린 부분을 바로바로 확인할 수 있습니다.

❸ **고난도 문항 해설** : 오답 선택지 선택률 15% 이상 또는 정답률 50% 이하의 문항을 선정하여 함정 선지와 함정을 피하는 방법을 알려 줍니다.

I 경제생활과 경제 문제

01강 경제생활과 기본적인 경제 문제
02강 경제 체제
03강 가계, 기업, 정부의 경제 활동

I 단원 출제 예감 주제 BEST 5

순위	주제	출제 예감 지수	빈출 출제 유형	문제 페이지
1	주제 2 희소성과 합리적 선택	★★★★★	· 2019학년도 9월 모평 1번 · 2016학년도 9월 모평 1번 · 2015학년도 9월 모평 8번	013 쪽
2	주제 1 경제생활과 경제 활동	★★★★☆	· 2019학년도 본수능 1번 · 2019학년도 본수능 3번	011 쪽
3	주제 6 기업의 역할	★★★☆☆	· 2019학년도 9월 모평 18번 · 2018학년도 9월 모평 4번	031 쪽
4	주제 7 정부의 역할	★★★☆☆	· 2019학년도 6월 모평 11번 · 2014학년도 본수능 1번	034 쪽
5	주제 3 경제 문제와 경제 체제	★★★☆☆	· 2017학년도 본수능 1번	021 쪽

01강 경제생활과 기본적인 경제 문제 (본책 008~017쪽)	주제 1 경제생활과 경제 활동	• 생산 • 소비 • 분배 • 가계 • 기업 • 정부 • 외국 • 재화 • 서비스
	주제 2 희소성과 합리적 선택	• 희소성 • 경제 문제 • 기회비용 • 비용 • 편익 • 합리적 선택
02강 경제 체제 (본책 018~025쪽)	주제 3 경제 문제와 경제 체제	• 경제 체제 • 전통 경제 체제 • 계획 경제 체제 • 시장 경제 체제 • 자본주의 경제 체제 • 사회주의 경제 체제
	주제 4 시장 경제의 기본 원리와 제도	• 분업 • 특화 • 절대 우위 • 비교 우위 • 시장 가격 • 사유 재산권 • 경제 활동의 자유
03강 가계, 기업, 정부의 경제 활동 (본책 026~035쪽)	주제 5 가계의 역할	• 가계 • 소비 • 만족감(효용) • 합리적 소비
	주제 6 기업의 역할	• 기업 • 생산 • 이윤(총수입−총비용) • 합리적 생산
	주제 7 정부의 역할	• 정부 • 재정 활동 • 세입 • 세출 • 공공재 • 소득 재분배

Ⅰ 단원 학습 대책

▶ 가계, 기업, 정부의 경제적 역할을 비교하여 정리해 두자.

경제 주체로서 가계, 기업, 정부가 담당하는 역할을 분명히 정리해 두어야 한다. 각 경제 주체의 특징을 명확하게 이해하고 있어야 Ⅱ단원에서 학습할 시장의 효율성과 잉여에도 조금 더 쉽게 접근할 수 있다.

▶ 모든 경제 문제는 선택을 요구한다. 합리적 선택을 위한 기초를 닦아 두자.

희소성과 기회비용 등 합리적 선택과 관련된 개념을 정확하게 이해하고, 기회비용과 편익을 기준으로 합리적 선택의 여부를 판단하는 연습을 충분히 해 두어야 한다.

01강 경제생활과 기본적인 경제 문제

주제 1 경제생활과 경제 활동

1. 경제 활동의 의미와 유형
→ 인간은 경제 활동을 통해 물질적·정신적 욕구를 충족해 나간다.

① 의미 : 인간이 살아가는 데 필요한 재화나 용역을 생산, 분배, 소비하는 활동

② 유형
→ 생산자가 생산 과정에서 새롭게 창출한 가치를 부가가치라고 한다.

생산	사람들의 욕망을 충족해 주는 재화나 서비스를 만들어 내거나, 재화나 서비스를 보관, 운반, 저장, 판매하는 등 재화나 서비스의 가치를 높이는 활동
분배	생산 요소의 제공을 토대로 생산 과정에 참여하고 그 대가를 받는 활동
소비	사람들이 만족감을 얻기 위해 재화나 서비스를 구입 혹은 사용하는 활동

2. 경제 활동의 주체

구분	목적	특징
가계	효용의 극대화 └ 만족감이라고도 한다.	• 소비 활동의 주체 • 생산물 시장의 수요자 • 생산 요소 시장의 공급자
기업	이윤의 극대화	• 생산 활동의 주체 • 생산물 시장의 공급자 • 생산 요소 시장의 수요자
정부	└ 총수입에서 총비용을 뺀 값을 말한다. 사회적 후생의 극대화	• 재정 활동의 주체 • 민간 경제 주체에 세금 부과, 공공재 공급 • 민간 경제 활동의 규제 및 조정
외국	각국 경제 주체의 이익 극대화	• 교역의 주체 • 각국의 가계, 기업, 정부 포함 • 세계화 · 경제화로 중요성 확대

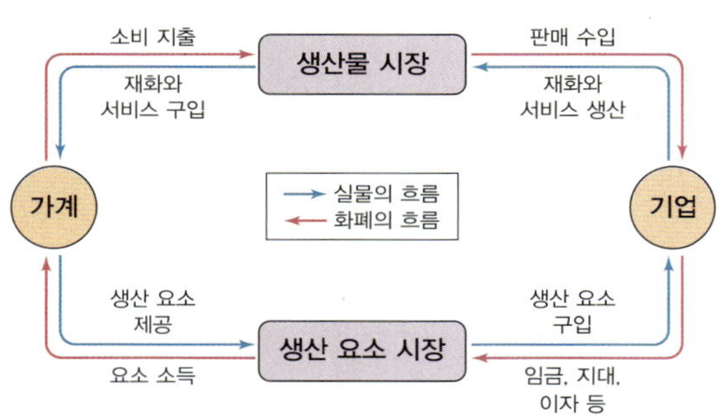

민간 경제의 주체는 가계와 기업으로 구분된다. 생산물 시장에서 가계는 수요자에, 기업은 공급자에 해당하는데, 기업은 재화와 서비스를 생산해 생산물 시장에 공급하고, 가계는 생산물 시장에서 재화와 서비스를 구입한다. 반면, 생산 요소 시장에서 가계는 공급자에, 기업은 수요자에 해당하는데, 가계는 생산 요소(토지, 노동, 자본)를 생산 요소 시장에 공급하고 기업은 생산 요소를 구입한다.

3. 경제 활동의 객체

재화	인간에게 만족감을 주는 유형의 물건 ⑩ 옷, 음식, 집 등
서비스	인간에게 만족감을 주는 무형의 행위 ⑩ 교육, 의료 등

주제 2 희소성과 합리적 선택

1. 희소성과 경제 문제
① 희소성과 희귀성

구입 목적에 따라 재화를 구분할 경우에는 소비재와 자본재로 구분한다. 가계가 소비를 목적으로 구입하는 재화는 소비재, 기업이 투자를 목적으로 구입하는 재화는 자본재라고 한다.

희소성	인간의 욕구에 비해 그 욕구를 충족시켜 줄 수 있는 자원이 상대적으로 부족한 상태
희귀성	자원이 절대적으로 부족한 상태

② 희소성의 특징
• 같은 자원이라도 시간과 장소에 따라 희소성은 달라질 수 있음
• 희소성의 크기는 사람에 따라 다르게 느낄 수 있음
• 재화나 서비스의 가격과 희소성은 정(+)의 관계임
• 희소성은 모든 사회에서 경제 문제가 발생하는 원인이 됨

■ 희소성에 따른 재화의 구분 – 무상재와 경제재

과거에 깨끗한 물은 대가를 지불하지 않고도 언제 어디서나 구할 수 있었다. 하지만 오늘날에는 환경 오염 등으로 깨끗한 물이 희소성을 갖게 되면서 사람들은 대형 마트나 편의점에서 돈을 지불하고 생수를 사 마신다.

희소성이 없어 대가를 지불하지 않고도 얻을 수 있는 재화를 무상재라고 하고, 희소성이 있어 대가를 지불해야만 얻을 수 있는 재화를 경제재라고 한다. 무상재와 경제재는 항상 고정된 것이 아니라 시간에 장소에 따라 달라질 수 있다. 즉, 무상재가 희소성이 생겨 경제재가 되기도 하고, 경제재가 희소성이 사라져 무상재가 되기도 한다.

③ 기본적인 경제 문제
→ 효율성과 형평성을 기준으로 해결한다.

• 경제 문제의 의미 : 경제 활동 과정에서 희소성에 따라 발생하는 선택의 문제
• 경제 문제의 유형

유형	내용	사례
무엇을 얼마나 생산할 것인가?	• 생산물의 종류와 수량 결정 • 효율성 중시	어떤 옷을 만들 것인가, 그 옷을 얼마나 만들 것인가?
어떻게 생산할 것인가?	• 생산 방법(생산 요소의 선택과 결합 방법) 결정 • 효율성 중시	옷을 사람이 직접 만들 것인가, 기계로 만들 것인가?
누구를 위해 생산할 것인가?	• 소득이나 부의 분배 방법 결정 • 효율성과 형평성 중시	옷을 판매하여 얻은 소득으로 주주들에게 배당금을 줄 것인가, 직원들에게 상여금을 줄 것인가?

2. 합리적 선택과 비용 – 편익 분석

① 기회비용의 의미 : 선택 가능한 여러 대안 중 한 가지를 선택함에 따라 포기하는 대안 중 가장 가치가 큰 것

② 기회비용의 구성 : 명시적 비용 + 암묵적 비용

명시적 비용	대안을 선택함에 따라 실제로 지출된 비용
암묵적 비용	다른 대안을 선택함에 따라 얻을 수 있었으나 포기한 이익

③ 희소성과 기회비용 : 희소성으로 인해 발생하는 경제 문제는 선택의 문제이며, 이 선택에는 항상 기회비용이 발생함

④ 매몰 비용 : 이미 지출되어 회수가 불가능한 비용 → 합리적 선택을 위해서는 고려하지 말아야 함 └ 다시 다른 대안을 선택하더라도 돌려받을 수 없는 비용이다.

⑤ 편익과 순편익
- 편익 : 대안을 선택함에 따라 얻게 되는 만족(이득)
- 비용 : 기회비용
- 순편익 : 편익 – 기회비용

⑥ 합리적 선택 └ 합리적 선택이 이루어지기 위해서는 순편익의 값이 양이 되어야 한다.
- 가장 작은 비용으로 가장 큰 편익을 얻을 수 있도록 선택하는 것
- 기회비용이 같다면 편익이 큰 것을, 편익이 같다면 기회비용이 작은 것을 선택하는 것 → 순편익이 가장 큰 대안을 선택하는 것

■ 합리적 의사 결정 단계

문제 정의하기	결정해야 할 문제가 무엇인지 정의한다.
대안 나열하기	의사 결정표를 그린 다음 대안들을 표의 왼쪽(또는 위쪽)에 열거한다.
대안 평가 기준 선정하기	대안을 평가하는 데 필요한 기준을 선정하여 위쪽(또는 왼쪽)에 열거한다.
대안 평가하기	각 대안이 평가 기준을 얼마나 충족하는지 평가해 그 결과를 해당 칸에 표시한다.
선택 및 실행하기	평가 결과를 바탕으로 점수를 합산하여 점수가 가장 높은 대안을 선택해 실행한다.

'대안 나열하기'와 '대안 평가 기준 선정하기' 단계는 서로 순서를 바꾸어 진행할 수도 있다.

3. 경제적 유인

① 경제적 유인의 의미 : 사람들로 하여금 특정한 방식으로 행동하도록 동기를 부여하는 금전적 보상이나 손실

② 경제적 유인의 유형 →어떤 행위를 더 하도록 유도하기 위한 것이다.

긍정적 유인	사람들의 편익을 증가시키는 유인 ⑩ 장학금, 성과급 등
부정적 유인	사람들의 비용을 증가시키는 유인 ⑩ 세금, 과태료 등

→어떤 행위를 덜 하도록 유도하기 위한 것이다.

③ 경제적 유인과 경제 주체

가계	소비 활동에서 경제적 유인에 반응함
기업	생산 활동에서 경제적 유인에 반응함
정부	정책 목표의 달성을 위해 경제적 유인을 제도화함

• 정답 및 해설 004쪽

그림은 민간 경제의 순환을 나타낸다. 이에 대한 설명이 맞으면 '○', 틀리면 '×'에 표하시오.

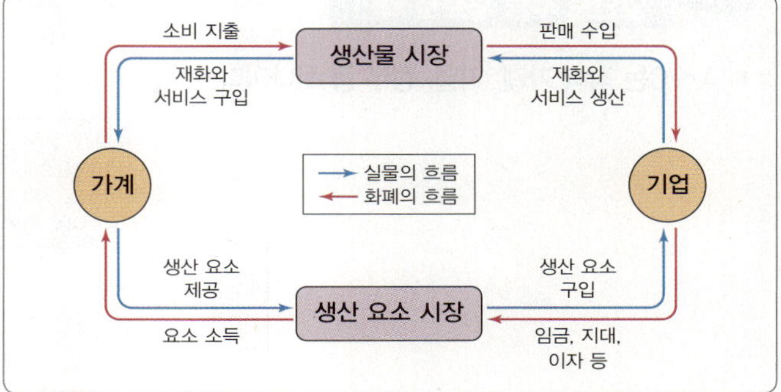

01 가계는 생산물 시장의 수요자이다. (○ , ×)

02 기업은 생산 요소 시장의 공급자이다. (○ , ×)

03 가계는 소비 활동의 주체로서 효용의 극대화를 추구한다. (○ , ×)

04 기업은 재정 활동의 주체로서 사회적 후생의 극대화를 추구한다. (○ , ×)

다음 설명이 맞으면 '○', 틀리면 '×'에 표하시오.

05 인간의 욕구에 비해 자원이 상대적으로 부족한 상태를 희소성이라고 한다. (○ , ×)

06 한 자원의 희소성은 시간과 장소가 달라져도 변화하지 않는다. (○ , ×)

07 모든 사회에서 경제 문제가 발생하는 원인은 자원의 희귀성이다. (○ , ×)

08 어떤 대안을 선택함에 따라 포기하는 대안 중에서 가장 가치가 큰 것을 기회비용이라고 한다. (○ , ×)

09 편익이 같은 경우에는 기회비용이 큰 것을 선택해야 합리적이다. (○ , ×)

다음 사례에 대한 설명이 맞으면 '○', 틀리면 '×'에 표하시오.

회사원인 갑은 현재 연봉 9천만 원을 받고 있다. 갑이 회사를 그만두고 카페를 개업하려고 할 때 연간 예상 수입은 1억 6천만 원이고, 연간 예상 비용은 8천만 원이다. 연간 예상 비용은 재료 구입비 및 인건비 7천만 원과 기타 비용 1천만 원을 더해 계산하였다.

10 갑이 회사를 그만두고 카페를 운영하는 데 따르는 명시적 비용은 8천만 원이다. (○ , ×)

11 갑이 회사를 그만두고 카페를 운영하는 데 따르는 순편익은 양(+)의 값이다. (○ , ×)

12 갑이 회사를 그만두고 카페를 개업하는 것은 합리적 선택이다. (○ , ×)

각 경제 주체의 특징은 무엇일까?

개념 고난도 수능 자료로 확인

- A~C는 각각 가계, 기업, 정부 중 하나이다.

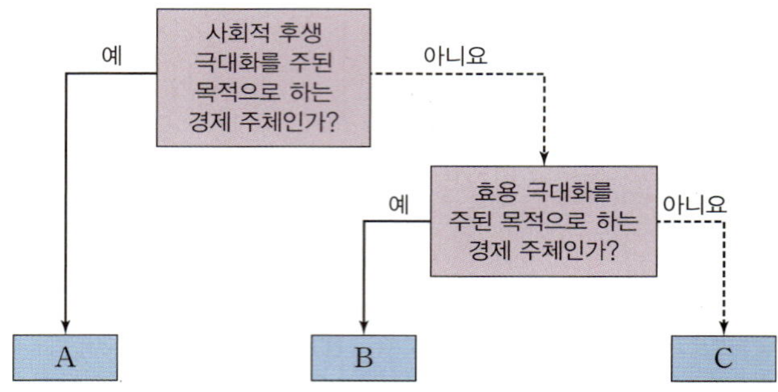

- A는 사회적 후생 극대화를 주된 목적으로 하는 경제 주체이므로 정부이고, B는 효용 극대화를 주된 목적으로 하는 경제 주체이므로 가계이다. 따라서 C는 기업이 된다.
- 정부 : 국민 경제의 공공 부문에 해당하는 경제 주체로서, 가계와 기업으로부터 징수한 세금을 바탕으로 공공재를 생산하여 공급하는 등 사회적 후생의 극대화를 추구한다.
- 가계 : 국민 경제의 민간 부문에 해당하는 경제 주체로서, 생산물 시장에서는 수요자의 역할을, 생산 요소 시장에서는 공급자의 역할을 담당하며 효용의 극대화를 추구한다.
- 기업 : 국민 경제의 민간 부문에 해당하는 경제 주체로서, 생산물 시장에서는 공급자의 역할을, 생산 요소 시장에서는 수요자의 역할을 담당하며 이윤의 극대화를 추구한다.

개념 기출문제에 적용

01 연습하기 그림의 A~C에서 설명에 해당하는 경제 주체를 골라 쓰시오. (단, A~C는 각각 가계, 기업, 정부 중 하나이다.)

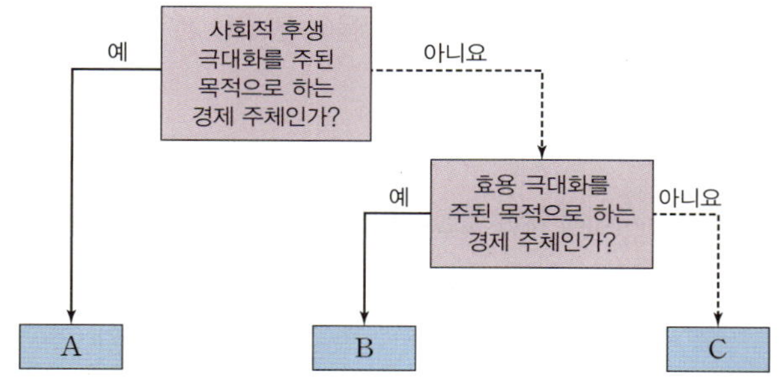

❶ 가계와 기업에 세금을 부과하고, 민간 경제 활동을 규제·조정한다. (　　　)

❷ 생산물 시장에서 재화와 서비스를 공급하고, 생산 요소 시장에서 생산 요소를 구입한다. (　　　)

❸ 생산물 시장에서 재화와 서비스를 구입하고, 생산 요소 시장에서 생산 요소를 공급한다. (　　　)

02 적용하기 01번 문제의 그림에서 A~C에 대한 설명으로 옳은 것만을 〈보기〉에서 고른 것은? (단, A~C는 각각 가계, 기업, 정부 중 하나이다.)

〈보기〉
ㄱ. A는 공공재를 직접 생산하여 공급한다.
ㄴ. B는 생산 요소 시장에서 수요자의 역할을 한다.
ㄷ. C는 부가 가치를 창출하는 경제 활동의 주체이다.
ㄹ. C와 달리 A, B는 민간 경제 주체에 해당한다.

① ㄱ, ㄴ 　② ㄱ, ㄷ 　③ ㄴ, ㄷ
④ ㄴ, ㄹ 　⑤ ㄷ, ㄹ

HOW & WHAT 정답 01 ❶ A ❷ C ❸ B 02 ②

주제 1 경제생활과 경제 활동

족집게 전략 | 민간 부문의 흐름에서 가계와 기업의 특징, 생산물 시장과 생산 요소 시장의 특징, 실물과 화폐의 흐름의 구체적인 예를 묻는 문제가 자주 출제된다.

족집게 자료 분석 전략 START |

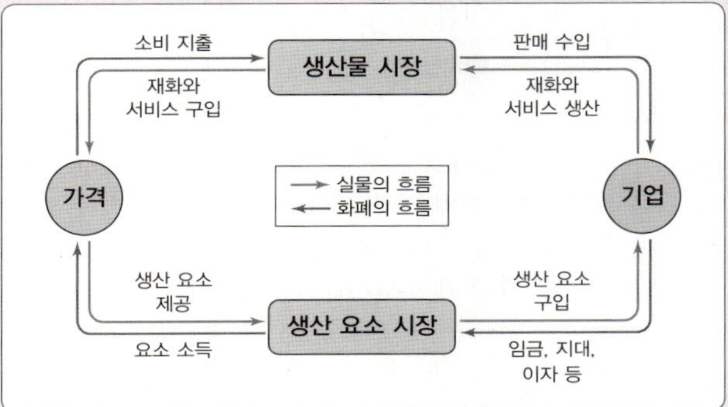

생산물 시장에서 가계는 수요자, 기업은 공급자의 역할을 하고, 생산 요소 시장에서 가계는 공급자, 기업은 수요자의 역할을 한다. 한편, 생산물 시장에서의 실물은 재화와 서비스이고, 생산 요소 시장에서의 실물은 토지, 노동, 자본과 같은 생산 요소이다. 이를 바탕으로 위 그림과 같이 이루어지는 민간 경제의 흐름을 꼼꼼하게 정리해 두어야 한다.

001 대표 문항
| 평가원 기출 |

그림은 민간 부문의 경제 순환을 나타낸다. 이에 대한 설명으로 옳은 것은?

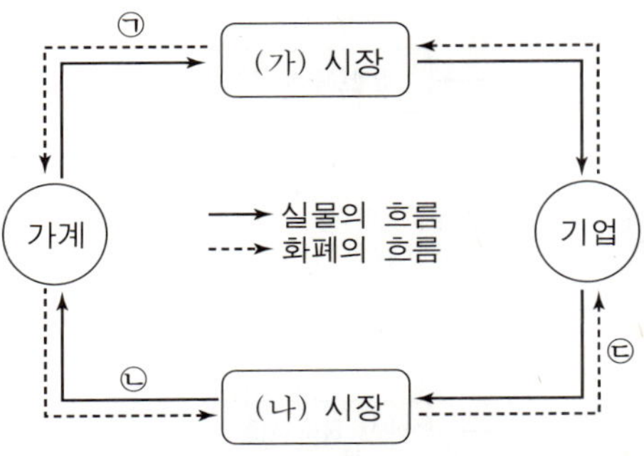

① (가) 시장은 생산 요소 시장이다.
② (나) 시장에서 가계는 공급자이다.
③ 자본은 ㉠에 포함된다.
④ 회사원이 받는 월급은 ㉡의 사례이다.
⑤ 개업 의사의 진료 행위는 ㉢의 사례이다.

한줄 Tip 실물과 화폐의 흐름에 주목하면 생산물 시장과 생산 요소 시장을 구분할 수 있어!

002

갑, 을의 경제 활동에 대한 설명으로 옳은 것은?

① 갑은 효용의 극대화를 추구하는 경제 활동을 하고 있다.
② 을은 사회적 후생의 극대화를 추구하는 경제 활동을 하고 있다.
③ 갑은 을과 달리 세금을 징수하는 경제 주체에 해당한다.
④ 을은 갑과 달리 기업의 역할을 하고 있다.
⑤ 갑과 을은 모두 민간 경제 주체에 해당한다.

003 고난도↑

밑줄 친 ㉠, ㉡에 대한 옳은 설명만을 〈보기〉에서 고른 것은?

갑과 을은 쌀음료를 생산하는 ○○ 회사에서 일하고 있다. 갑은 ㉠쌀음료를 만드는 데 필요한 쌀의 구입을 담당하고 있고, 을은 만들어진 ㉡쌀음료를 판매 대리점에 배달하는 운송을 담당하고 있다.

보기
ㄱ. ㉠은 소비 활동에 해당한다.
ㄴ. ㉡은 생산 활동에 해당한다.
ㄷ. ㉠, ㉡ 모두 이윤을 추구하기 위한 활동에 해당한다.
ㄹ. ㉠과 달리 ㉡은 생산에 참여한 대가를 받는 행위에 해당한다.

① ㄱ, ㄴ
② ㄱ, ㄷ
③ ㄴ, ㄷ
④ ㄴ, ㄹ
⑤ ㄷ, ㄹ

004

(가), (나)에 대한 옳은 설명만을 〈보기〉에서 고른 것은?

> (가) 갑은 치킨 가게를 시작하기 위해 배달 전용 오토바이를 구입하였다.
> (나) 을은 가족들과 여행하는 데 사용할 목적으로 캠핑카를 구입하였다.

〈보기〉
ㄱ. (가)는 서비스를 구입한 경제 활동에 해당한다.
ㄴ. (가)에서 갑은 경제 주체 중 기업의 역할을 하고 있다.
ㄷ. (나)는 재화를 생산하는 경제 활동에 해당한다.
ㄹ. (나)와 같은 경제 활동은 생산물 시장에서 나타난다.

① ㄱ, ㄴ 　② ㄱ, ㄷ 　③ ㄴ, ㄷ
④ ㄴ, ㄹ 　⑤ ㄷ, ㄹ

005

| 평가원 기출 |

그림은 경제 활동의 유형을 질문에 따라 구분한 것이다. 이에 대한 설명으로 옳은 것은? (단, A~C는 각각 생산, 분배, 소비 중 하나이다.)

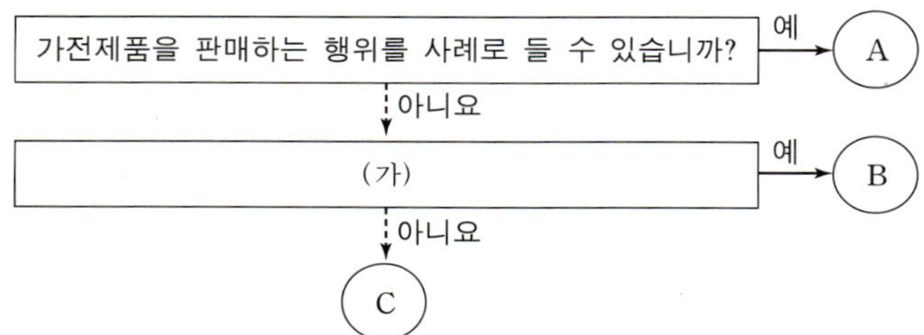

① A는 상품을 사용하여 만족감을 얻는 활동이다.
② B가 분배라면, (가)에는 '재화의 가치를 증대시키는 활동입니까?'가 들어갈 수 있다.
③ (가)가 '생산에 참여한 대가를 받는 활동입니까?'라면, 가계는 C를 통해 효용 극대화를 추구한다.
④ 노동의 대가로 임금을 받는 행위가 B의 사례라면, 운송 회사의 운송 서비스 제공은 C의 사례이다.
⑤ A~C는 모두 생산 요소 시장에서 이루어지는 활동이다.

006

표의 ㉠, ㉡에 들어갈 수 있는 적절한 사례만을 〈보기〉에서 골라 옳게 연결한 것은?

구분		경제 활동의 유형	
		생산	소비
경제 객체	재화	㉠	–
	서비스	–	㉡

〈보기〉
ㄱ. 갑은 지하철 택배 아르바이트를 하였다.
ㄴ. 을은 관광객에게 판매할 기념품을 제작하였다.
ㄷ. 병은 음식점에서 고기와 음료수를 사먹었다.
ㄹ. 정은 인터넷으로 뜨개질 강의를 수강하였다.

　　㉠ ㉡　　　　㉠ ㉡　　　　㉠ ㉡
① ㄱ ㄴ　　② ㄱ ㄷ　　③ ㄴ ㄷ
④ ㄴ ㄹ　　⑤ ㄷ ㄹ

007

그림은 민간 경제 순환 중 화폐의 흐름만 나타낸다. 이에 대한 옳은 설명만을 〈보기〉에서 고른 것은? (단, (가), (나)는 서로 다른 경제 주체이다.)

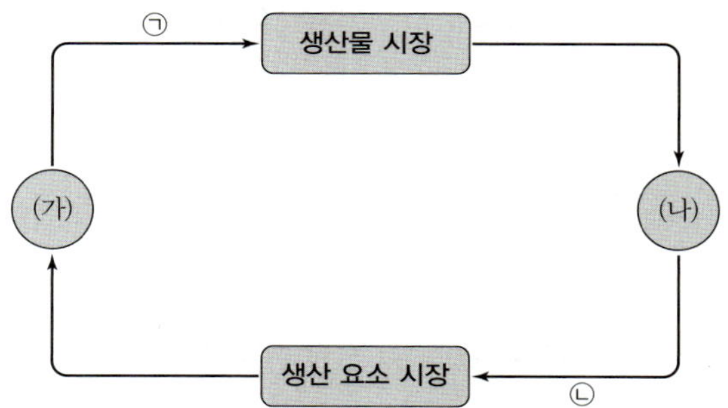

〈보기〉
ㄱ. (가)는 재화와 서비스의 공급자에 해당한다.
ㄴ. (나)는 생산 요소의 수요자에 해당한다.
ㄷ. 학생이 서점에서 책을 구입하고 지불한 돈은 ㉠에 해당한다.
ㄹ. 서점 주인이 손님에게 책을 판매하고 받은 돈은 ㉡에 해당한다.

① ㄱ, ㄴ 　② ㄱ, ㄷ 　③ ㄴ, ㄷ
④ ㄴ, ㄹ 　⑤ ㄷ, ㄹ

008

A~C는 서로 다른 경제 활동의 유형이다. 이에 대한 옳은 설명만을 〈보기〉에서 고른 것은? (단, A~C는 생산, 분배, 소비 중 하나이다.)

A	부가가치를 창출하는 활동
B	만족감을 얻기 위한 활동
C	생산 요소를 제공한 대가를 받는 활동

〈보기〉
ㄱ. A의 주체는 가계이다.
ㄴ. B의 주체는 생산 요소 시장에서 공급자에 해당한다.
ㄷ. C에서 요소 비용을 지불하는 주체는 생산물 시장에서 공급자에 해당한다.
ㄹ. A는 분배, B는 소비, C는 생산이다.

① ㄱ, ㄴ   ② ㄱ, ㄷ   ③ ㄴ, ㄷ
④ ㄴ, ㄹ   ⑤ ㄷ, ㄹ

009

그림은 국민 경제의 흐름을 나타낸다. 이에 대한 설명으로 옳지 않은 것은? (단, (가)~(다)는 서로 다른 경제 주체이다.)

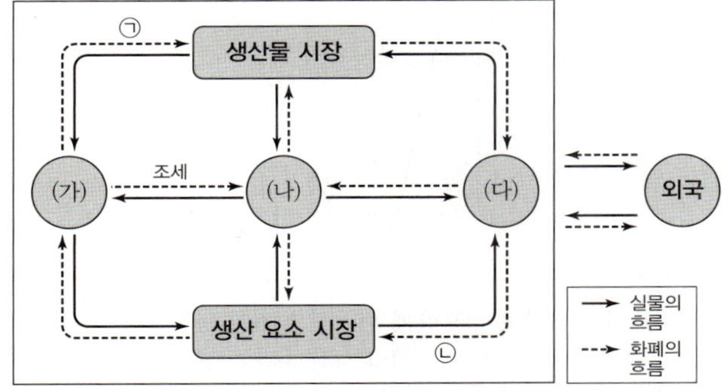

① (가)는 소비 활동의 주체이다.
② (나)는 사회적 후생의 극대화를 추구한다.
③ (다)는 자본재를 구입하여 재화를 만든다.
④ 토지를 제공한 대가는 ㉠에 포함된다.
⑤ 기업이 생산 요소를 사용한 대가는 ㉡에 포함된다.

족집게 전략 | 합리적 선택과 관련하여 기회비용(명시적 비용＋암묵적 비용)과 매몰 비용, 편익과 순편익 등과 관련된 문제가 꾸준히 출제되고 있다. 다양한 기출 문제를 통해 이와 같은 유형에 익숙해지도록 해야 한다.

족집게 자료 분석 전략 START |

구분	가격	편익
떡볶이 1접시	3,000원	5,000원
순대 1접시	3,000원	4,000원

위 표는 갑이 간식으로 떡볶이와 순대 중 한 가지를 먹고자 할 때 가격과 편익을 나타낸다. 예를 들어 순대 1접시를 선택했을 때의 암묵적 비용을 구한다고 해 보자. 이때 순대 1접시를 선택할 때 포기한 다른 대안은 떡볶이 1접시이다. 순대 1접시를 선택할 때의 암묵적 비용이란 떡볶이 1접시를 선택함에 따라 얻을 수 있었던 이익이다. 이때 포기한 이익은 떡볶이의 편익에서 가격을 뺀 값이라는 점을 꼭 기억해 두자. 따라서 순대 1접시 선택에 따른 암묵적 비용은 떡볶이의 편익에서 가격을 뺀 2,000원이다. 합리적 선택을 위해 고려해야 할 기회비용은 명시적 비용과 암묵적 비용을 더한 것인데, 여기서 명시적 비용은 어떤 대안을 선택할 때 실제로 지출된 비용이므로 비교적 쉽게 구할 수 있다. 이에 비해 암묵적 비용은 어떤 대안을 선택할 때 다른 대안을 선택함에 따라 얻을 수 있었으나 포기한 이익이다. 이때 포기한 이익을 헷갈려 하는 학생들이 의외로 많다.

010 · 대표 문항

| 평가원 기출 |

그림에 나타난 갑의 선택에 대한 옳은 설명만을 〈보기〉에서 고른 것은?

〈보기〉
ㄱ. ㉠은 A국 여행의 명시적 비용이다.
ㄴ. ㉡은 매몰 비용이므로 선택 시 고려해서는 안 된다.
ㄷ. B국 여행 선택 시 암묵적 비용은 발생하지 않는다.
ㄹ. B국 여행의 편익은 갑의 선택에 영향을 주지 않는다.

① ㄱ, ㄴ   ② ㄱ, ㄷ   ③ ㄴ, ㄷ
④ ㄴ, ㄹ   ⑤ ㄷ, ㄹ

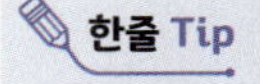

✏️ **한줄 Tip** 매몰 비용은 다른 대안을 선택하는 경우에 발생해!

011

그림은 희소성과 희귀성에 따라 재화를 분류한 것이다. 이에 대한 옳은 설명만을 〈보기〉에서 고른 것은?

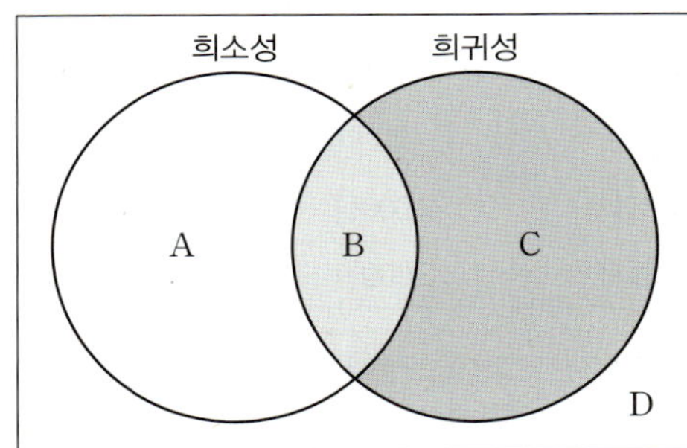

〈보기〉
ㄱ. 상품의 시장 가격은 C에 영향을 받는다.
ㄴ. A는 B와 달리 시장에서 거래된다.
ㄷ. B는 C와 달리 경제적 가치를 가진다.
ㄹ. C와 D는 모두 무상재에 해당한다.

① ㄱ, ㄴ　　　　② ㄱ, ㄷ　　　　③ ㄴ, ㄷ
④ ㄴ, ㄹ　　　　⑤ ㄷ, ㄹ

012

(가), (나)에 대한 옳은 설명만을 〈보기〉에서 있는 대로 고른 것은?

(가) 인간의 욕구에 비해 자원의 양이 부족한 상태
(나) 인간의 욕구와는 상관없이 자원의 절대적인 양이 적은 상태

〈보기〉
ㄱ. (가)는 시간과 장소에 따라 다르게 나타난다.
ㄴ. (나)의 속성을 가지는 재화는 경제적 가치가 있다.
ㄷ. (가)와 (나)의 속성을 모두 가지는 재화도 시장에서 거래된다.
ㄹ. 햇빛은 (가)와 (나)의 속성을 가지지 않는 대표적인 예이다.

① ㄱ, ㄴ　　　　② ㄱ, ㄹ　　　　③ ㄴ, ㄷ
④ ㄱ, ㄷ, ㄹ　　　⑤ ㄴ, ㄷ, ㄹ

013

밑줄 친 ㉠~㉣에 대한 옳은 설명만을 〈보기〉에서 있는 대로 고른 것은?

㉠자원의 희소성은 무한한 인간의 욕구와 한정한 경제적 자원 간에 상충으로 인해 발생한다. 이는 경제 주체인 개인으로 하여금 매순간 선택을 하게끔 하며, 사회적으로는 ㉡생산물의 결정, ㉢생산 방법의 결정, ㉣분배 방식의 결정 등과 같은 경제 문제에 직면하게 한다.

〈보기〉
ㄱ. ㉠의 증가는 상품의 시장 가격 상승 요인으로 작용한다.
ㄴ. ㉡은 '어떻게 생산할 것인가?'의 문제와 관련이 있다.
ㄷ. ㉡~㉣은 어느 경제 체제에서나 나타나는 경제 문제이다.
ㄹ. ㉠은 ㉡~㉣ 모두의 원인에 해당한다.

① ㄱ, ㄴ　　　　② ㄱ, ㄹ　　　　③ ㄴ, ㄷ
④ ㄱ, ㄷ, ㄹ　　　⑤ ㄴ, ㄷ, ㄹ

014

그림은 X재의 수요·공급 곡선을 나타낸다. 이에 대한 옳은 설명만을 〈보기〉에서 고른 것은?

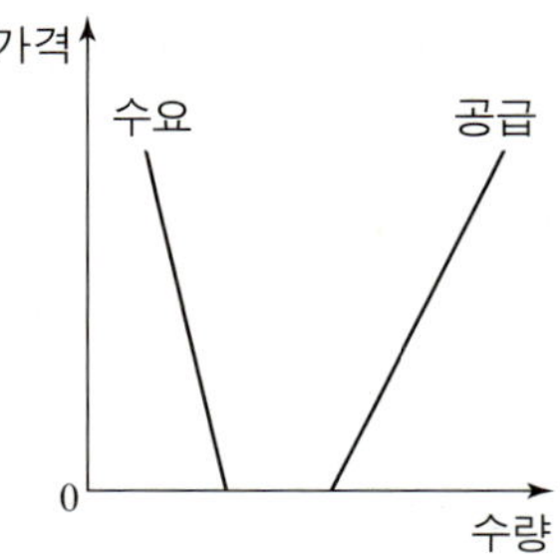

〈보기〉
ㄱ. X재의 공급량이 수요량에 미치지 못하고 있다.
ㄴ. 공급의 증가만으로는 X재의 시장 거래는 불가능하다.
ㄷ. 수요의 증가만으로도 X재는 시장에서 거래될 수 있다.
ㄹ. 수요가 감소하고 공급이 증가하면 X재는 경제적 가치를 가질 수 있다.

① ㄱ, ㄴ　　　　② ㄱ, ㄷ　　　　③ ㄴ, ㄷ
④ ㄴ, ㄹ　　　　⑤ ㄷ, ㄹ

015

A~C에 대한 옳은 설명만을 〈보기〉에서 고른 것은? (단, A~C는 각각 생산물의 결정 문제, 생산 방법의 결정 문제, 분배 방식의 결정 문제 중 하나이다.)

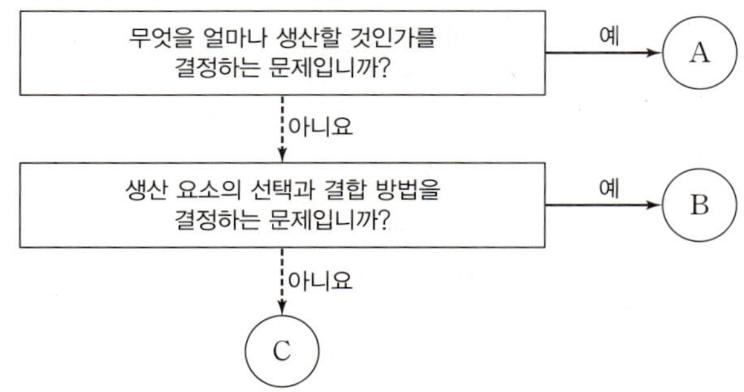

〈보기〉

ㄱ. A는 효율성을 중시한다.
ㄴ. B는 효율성이 아닌 형평성을 중시한다.
ㄷ. C는 효율성과 형평성을 모두 중시한다.
ㄹ. A는 생산 방법의 결정 문제, B는 분배 방법의 결정 문제, C는 생산물의 결정 문제이다.

① ㄱ, ㄴ　　　② ㄱ, ㄷ　　　③ ㄴ, ㄷ
④ ㄴ, ㄹ　　　⑤ ㄷ, ㄹ

016

(가)~(다)에 해당하는 사례만을 〈보기〉에서 골라 옳게 연결한 것은?

(가) 무엇을 생산할 것인가?
(나) 어떻게 생산할 것인가?
(다) 누구를 위해 생산할 것인가?

〈보기〉

ㄱ. 갑 기업은 해외 진출 사업 아이템을 스마트폰에서 태블릿 PC로 변경하려고 한다.
ㄴ. 을 기업은 올해 창출되는 영업 수입의 5%를 사원 복지비로 추가 편성하려고 한다.
ㄷ. 병 기업은 생산 요소의 결합 방법을 노동집약적 방법에서 자본 집약적 방법으로 변경하려고 한다.

	(가)	(나)	(다)		(가)	(나)	(다)
①	ㄱ	ㄴ	ㄷ	②	ㄱ	ㄷ	ㄴ
③	ㄴ	ㄷ	ㄱ	④	ㄴ	ㄱ	ㄷ
⑤	ㄷ	ㄱ	ㄴ				

017

| 평가원 기출 |

그림의 대화에 대한 적절한 설명만을 〈보기〉에서 고른 것은?

〈보기〉

ㄱ. 갑의 제안은 기본적인 경제 문제 중 "어떻게 생산할 것인가?"를 해결하기 위한 것이다.
ㄴ. 을은 생산물의 종류와 수량을 결정하는 문제에 대한 제안을 하고 있다.
ㄷ. 병은 경제생활의 유형 중 소비 활동에 대한 제안을 하고 있다.
ㄹ. 갑, 을, 병 모두 효율성과 함께 형평성을 높이기 위한 제안을 하고 있다.

① ㄱ, ㄴ　　　② ㄱ, ㄷ　　　③ ㄴ, ㄷ
④ ㄴ, ㄹ　　　⑤ ㄷ, ㄹ

018

| 평가원 기출 |

어느 소비자가 다음의 A~C 휴대 전화 요금제 중 하나를 선택하려고 한다. 이에 대한 분석으로 옳은 것은?

• A : 통화 1분당 200원씩 부과
• B : 월 4만 원에 150분 무료 통화, 이를 초과하면 통화 1분당 100원씩 부과
• C : 월 6만 원에 통화 무제한

① 월 100분을 통화하려는 경우, 최저 요금은 4만 원이다.
② 월 200분을 통화하려는 경우, B 요금제 선택이 합리적이다.
③ 월 400분을 통화할 때, 요금제를 비합리적으로 선택하면 2만 5천 원을 더 지불하게 된다.
④ 휴대 전화 요금으로 월 4만 5천 원을 지불하려는 경우, B 요금제 선택이 합리적이다.
⑤ 휴대 전화 요금으로 월 5만 5천 원을 지불하려는 경우, 최대 300분을 통화할 수 있다.

019

그림에 대한 옳은 설명만을 〈보기〉에서 고른 것은?

〈보기〉
ㄱ. 갑의 A 영화 관람의 순편익은 양(+)의 값이다.
ㄴ. 갑에게 B 영화의 관람은 매몰 비용에 해당한다.
ㄷ. 을에게 B 영화의 관람료는 명시적 비용에 해당한다.
ㄹ. 갑의 A 영화 관람의 순편익보다 을의 B 영화 관람의 순편익이 더 크다.

① ㄱ, ㄴ　　　② ㄱ, ㄷ　　　③ ㄴ, ㄷ
④ ㄴ, ㄹ　　　⑤ ㄷ, ㄹ

020

다음 자료에 대한 옳은 분석만을 〈보기〉에서 있는 대로 고른 것은? (단, 자료에 제시된 것 외에 다른 조건은 고려하지 않는다.)

갑 회사는 최첨단 기술이 적용된 X 스마트폰의 초기 개발 비용으로 20억 달러를 투자하였는데, 이는 회수가 불가능한 상황이다. 갑 회사의 임원들은 앞으로 X 스마트폰의 개발 투자를 계속해야 할지 말아야 할지 결정하기 위한 회의를 진행 중이다. 표는 앞으로 X 스마트폰의 개발에 대해 추가 투자가 이루어질 경우 투입되어야 할 비용과 예상 수입을 나타낸다.

예상되는 추가 비용	예상되는 총수입
15억 달러	27억 달러

〈보기〉
ㄱ. 갑 회사는 X 스마트폰을 계속 개발 투자하는 것이 합리적이다.
ㄴ. 갑 회사가 X 스마트폰 개발 투자를 선택할 경우 매몰 비용이 발생한다.
ㄷ. 갑 회사가 X 스마트폰 개발 투자를 선택할 경우 명시적 비용은 매몰 비용보다 작다.
ㄹ. 갑 회사가 X 스마트폰 개발 투자를 선택하지 않을 경우 명시적 비용은 발생하지 않는다.

① ㄱ, ㄴ　　　② ㄱ, ㄹ　　　③ ㄴ, ㄷ
④ ㄱ, ㄴ, ㄷ　　　⑤ ㄴ, ㄷ, ㄹ

021

다음 사례에 대한 옳은 분석 및 추론만을 〈보기〉에서 고른 것은?

갑은 A, B, C 세 개의 스마트폰 중 한 개의 스마트폰만 선택하려고 한다. 합리적 선택이란 순편익이 양(+)의 값인 대안을 선택하는 것인데, 갑의 경우 B 스마트폰의 순편익만 양(+)의 값으로 나타났다.

〈보기〉
ㄱ. A~C 스마트폰의 편익이 같다면 B 스마트폰의 가격이 가장 높을 것이다.
ㄴ. A~C 스마트폰의 기회비용이 같다면 B 스마트폰의 가격이 가장 높을 것이다.
ㄷ. A~C 스마트폰의 가격과 기회비용이 같다면 B 스마트폰의 편익이 가장 클 것이다.
ㄹ. A~C 스마트폰의 편익과 가격이 같다면 B 스마트폰의 기회비용이 가장 작을 것이다.

① ㄱ, ㄴ　　　② ㄱ, ㄷ　　　③ ㄴ, ㄷ
④ ㄴ, ㄹ　　　⑤ ㄷ, ㄹ

022 고난도↑

| 평가원 기출 |

다음 자료에 대한 옳은 분석만을 〈보기〉에서 고른 것은?

갑은 6개월 전 ○○ 회사의 ㉠ A 자동차를 3,000만 원에 구매했는데 최근 ○○ 회사는 ㉡ 최신형 B 자동차를 3,200만 원에 출시하였다. 이 회사는 A 자동차를 구매한 고객에 한해 700만 원의 추가 비용을 내면 ㉢ A 자동차를 최신형 B 자동차로 교체해 주는 행사를 하고 있다. 현재 A 자동차를 중고차 시장에 매도할 경우 　(가)　만 원을 받을 수 있다. 이에 갑은 다음 세 가지 방안 중 하나를 선택하려고 한다. 단, 제시된 자료 이외의 다른 조건은 고려하지 않는다.
〈1안〉 ㉠을 중고차 시장에 매도하고 ㉡을 구매
〈2안〉 ㉢에 참여함으로써 ㉡을 구매
〈3안〉 ㉠을 계속 사용

〈보기〉
ㄱ. ㉠을 구매할 때 지불한 3,000만 원 전액은 매몰 비용이므로 갑의 선택에서 고려하지 않는다.
ㄴ. ㉢에 참여하기 위한 700만 원의 추가 비용은 〈2안〉을 선택하는 데 따른 기회비용에 포함된다.
ㄷ. (가)가 '2,400'이라면, 〈1안〉을 선택하는 것이 합리적이다.
ㄹ. (가)가 '2,500'이고 ㉡으로부터 얻게 될 편익이 ㉠으로부터 얻게 될 편익보다 600만 원이 크다면, 〈3안〉을 선택하는 것이 합리적이다.

① ㄱ, ㄴ　　　② ㄱ, ㄷ　　　③ ㄴ, ㄷ
④ ㄴ, ㄹ　　　⑤ ㄷ, ㄹ

023

다음은 스마트폰을 구매하기 위한 의사 결정 과정이다. 밑줄 친 ㉠에 해당하는 내용으로 가장 적절한 것은?

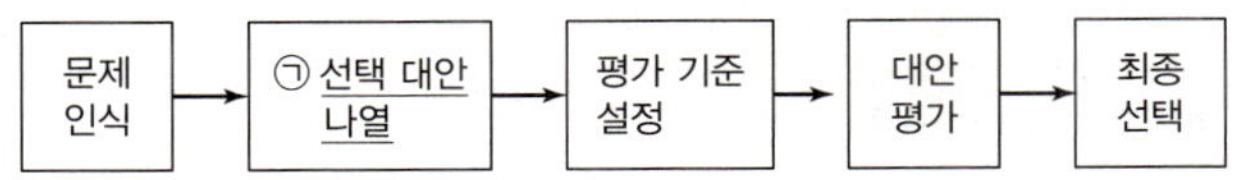

① 스마트폰을 구입하였다.

② 이번 달 월급으로 스마트폰을 구입하려고 한다.

③ 평가 기준을 토대로 점수가 가장 높은 스마트폰을 찾았다.

④ 가격, 기능, 색상 등 스마트폰을 평가하는 기준을 설정하였다.

⑤ 월급 한도에서 구입 가능한 여러 상표의 스마트폰 정보를 수집하였다.

024

갑국 정부와 을국 정부의 정책에 대한 옳은 설명만을 〈보기〉에서 고른 것은?

- 갑국 정부는 15세 이상 인구 중 흡연자가 차지하는 비중을 감소시키기 위해 담뱃값을 18% 인상하였다. 이 정책은 기존 흡연자들에게 큰 부담을 주어 실제 15세 이상 인구 중 흡연자 비중이 현저히 감소하였다.
- 을국 정부는 가계의 음식물 쓰레기 무단 투기 문제가 심각해지자 지역별 폐쇄 회로 텔레비전(CCTV) 설치를 대폭 늘리고 쓰레기 무단 투기를 할 경우 부과되는 과태료를 120% 인상하였다. 이 정책의 실시 이후 가계의 음식물 쓰레기 무단 투기가 현저히 감소하였다.

〈보기〉

ㄱ. 갑국 정부의 경제적 유인은 행위자의 행동을 강화시켰다.

ㄴ. 을국 정부의 경제적 유인은 행위자의 행동을 약화시켰다.

ㄷ. 갑국 정부의 경제적 유인은 을국 정부의 경제적 유인과 달리 행위자에게 비용으로 작용하였다.

ㄹ. 갑국과 을국 정부 모두 행위자로 하여금 특정 방식으로 행동하도록 유도한 것이다.

① ㄱ, ㄴ   ② ㄱ, ㄷ   ③ ㄴ, ㄷ

④ ㄴ, ㄹ   ⑤ ㄷ, ㄹ

025

밑줄 친 ㉠, ㉡에 대한 옳은 설명만을 〈보기〉에서 있는 대로 고른 것은?

- 갑은 평소 희망하던 대학교에 입학하였다. 그런데 우수한 성적을 기록하여 ㉠장학금을 받게 되었다.
- 을은 추석을 맞아 고향에 다녀왔다. 그런데 가는 길에 고속도로에서 제한 속도를 위반하여 ㉡과태료를 내게 되었다.

〈보기〉

ㄱ. ㉠은 갑의 행동에 아무런 영향을 주지 않는다.

ㄴ. ㉡은 을에게 비용으로 작용하는 유인이다.

ㄷ. ㉠은 ㉡과 달리 행위자에게 편익으로 작용한다.

ㄹ. ㉠과 ㉡ 모두 갑과 을로 하여금 합리적 결정을 내릴 수 있도록 유도할 수 있다.

① ㄱ, ㄴ   ② ㄱ, ㄹ   ③ ㄴ, ㄷ

④ ㄱ, ㄷ, ㄹ   ⑤ ㄴ, ㄷ, ㄹ

026

| 교육청 기출 |

자료에 나타난 경제적 유인과 같은 유형의 사례만을 〈보기〉에서 고른 것은?

여러 음식점이 테이블을 공유해서 영업하는 ○○ 푸드코트는 자리를 오래 차지하는 손님으로 인해 다른 손님들이 오래 기다리거나 심지어 가버리는 경우도 많았다. 이에 오른쪽 그림과 같이 새로운 영업 전략을 시행하자 매출액이 증가하였다.

〈보기〉

ㄱ. 음주 운전자에게 벌금 부과

ㄴ. 올림픽 입상자에게 포상금 수여

ㄷ. 학점이 우수한 재학생에게 장학금 지급

ㄹ. 버스 정류장에서 흡연하는 사람에게 과태료 부과

① ㄱ, ㄴ   ② ㄱ, ㄷ   ③ ㄴ, ㄷ

④ ㄴ, ㄹ   ⑤ ㄷ, ㄹ

02강 경제 체제

주제3 경제 문제와 경제 체제

1. 경제 체제의 의미와 경제 문제의 해결 기준
① 경제 체제의 의미 : 한 사회에서 경제 문제의 해결을 위해 합의된 제도나 방식
② 경제 문제의 해결 기준

효율성	• 최소의 비용으로 최대의 편익을 추구하는 것 • 동일한 편익을 최소의 비용으로 추구하는 것
형평성	공공복리와 사회 정의를 추구하는 것

2. 여러 가지 경제 체제
① 경제 체제의 유형과 특징

→ 어떤 사회에서 오랜 시간 동안 지켜져 내려와 그 사회 구성원들이 널리 인정하는 풍습이나 질서를 말한다.

구분	유형	특징
경제 문제의 해결 방식 기준	전통 경제 체제	• 전통이나 관습에 의해 자원 배분과 생산물 분배 문제를 해결함 • 사회 구성원들의 경제 활동이 전통이나 관습에 의해 제약되므로 경제적 자유가 제한되고, 경제 사회의 변화와 발전이 제한될 수 있음 • 역사적으로 근대 이전 대부분의 사회에서 전통 경제 체제의 요소가 강하게 나타남
	계획 경제 체제	• 정부의 계획이나 명령에 의해 자원 배분과 생산물 분배 문제를 해결함 • 다른 경제 체제에 비해 비교적 평등한 분배를 달성할 수 있으나, 자발적이고 창의적인 경제 활동이 위축됨 → 자원 배분의 비효율 발생
	시장 경제 체제	• 시장 가격에 의해 자원 배분과 생산물 분배 문제를 해결함 • 개별 경제 주체가 경제 활동의 자유를 누리면서 사익의 극대화 추구 → 자발적이고 창의적인 경제 활동이 이루어짐 • 희소한 자원의 효율적 활용, 기술 진보, 생산성 향상 등으로 인한 경제 성장과 발전이 가능함 • 소득 불평등에 따른 빈부 격차, 급격한 경기 변동 등이 발생함
생산 수단의 소유 형태 기준	자본주의 경제 체제	원칙적으로 생산 수단의 사적 소유를 허용함
	사회주의 경제 체제	원칙적으로 국가나 사회가 생산 수단을 소유함

→ 토지, 지하자원, 교통·통신 수단 등 생산 과정에서 노동의 대상이나 도구가 되는 모든 생산 요소를 말한다.

② 혼합 경제 체제
• 시장 경제 체제와 계획 경제 체제의 특징이 섞여 있는 경제 체제 → 시장 경제 체제를 근간으로 계획 경제 체제의 요소가 결합하거나, 계획 경제 체제를 근간으로 시장 경제 체제의 요소가 결합함
• 1930년대 대공황을 계기로 등장하여, 오늘날 대부분 국가가 채택하고 있음

■ 경제 체제의 구분

구분		경제 문제의 해결 방식	
		가격 기구	계획과 명령
생산 수단의 소유 형태	사적 소유	A	B
	공동 소유	C	D

A는 자본주의 시장 경제 체제, B는 자본주의 계획 경제 체제, C는 사회주의 시장 경제 체제, D는 사회주의 계획 경제 체제에 해당한다.

■ 헌법에 나타난 우리나라의 경제 체제

제119조 ① 대한민국의 경제 질서는 개인과 기업의 경제상의 자유와 창의를 존중함을 기본으로 한다.
② 국가는 균형 있는 국민 경제의 성장 및 안정과 적정한 소득의 분배를 유지하고, 시장의 지배와 경제력의 남용을 방지하며, 경제 주체 간의 조화를 통한 경제의 민주화를 위하여 경제에 관한 규제와 조정을 할 수 있다.

우리나라는 시장 경제 체제를 근간으로 계획 경제 체제의 요소를 일부 받아들여 혼합 경제 체제를 운용하고 있다.

주제4 시장 경제의 기본 원리와 제도

1. 시장 경제의 기본 원리
① 분업과 특화 → 경제적 효율성을 증진시킨다.
• 분업 : 생산 과정을 여러 부문으로 나누어 여러 사람이 분담해 일을 완성하는 것

→ 지나친 분업화는 인간을 수단화하는 인간 소외 현상을 유발한다는 비판을 받기도 한다.

■ 분업의 효과

애덤 스미스는 시장 경제의 가격 기구를 '보이지 않는 손'으로 표현하면서, 개인의 이익 추구가 결과적으로 사회의 이익을 증진한다고 보았다.

옷핀을 만들기 위해서는 철사를 펴고, 끊고, 한쪽을 뾰족하게 깎고, 다시 구부리는 등의 복잡한 작업을 거쳐야 한다. 숙련되지 않은 노동자가 수작업으로 옷핀을 만든다면 하루에 1개를 만들기도 힘들다. 하지만 옷핀 제조 과정을 18개 공정으로 나누어 10명이 분업을 하면 1명당 하루에 4,800개의 옷핀을 만들 수 있다.
– 애덤 스미스, 『국부론』 –

애덤 스미스는 옷핀 공장을 예로 들어 분업 과정에서 노동자는 한 가지 작업만 반복하여 전문성이 향상되므로 노동의 생산성이 높아진다고 주장하였다.

• 특화의 의미와 효과

의미	자신이 보유한 생산 요소를 특정 상품을 생산하는 데 집중하는 것
효과	자급자족의 방식에 비해 생산성이 향상되어 자원 활용의 효율성을 높일 수 있음

• 특화의 기준

절대 우위	동일한 자원으로 더 많은 양의 재화나 서비스를 생산할 수 있는 능력
비교 우위	동일한 재화나 서비스를 다른 생산자에 비해 상대적으로 더 적은 기회비용으로 생산할 수 있는 능력

② 시장 가격의 존재 : 시장 경제 체제에서 시장 가격은 경제 주체가 의사 결정과 경제 활동을 하는 데 신호등 역할을 함

■ 수요와 공급을 통해 보는 시장 가격의 기능

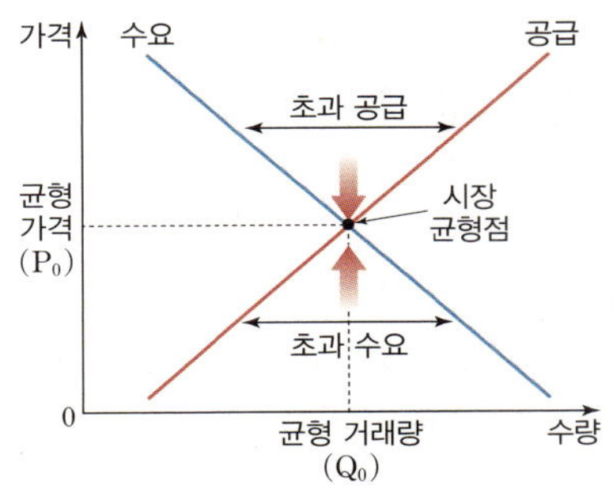

시장에서는 수요 법칙과 공급 법칙에 따라 수요와 공급이 만나는 점에서 균형 가격과 균형 거래량이 결정된다. 이와 같이 시장 가격은 가계와 기업에 재화나 서비스에 대한 정보를 알려 주어 경제 활동의 신호등 역할을 한다.

③ 경제적 자유의 보장 : 경제 활동의 자유를 기반으로 경제 주체들의 자유로운 이익 추구와 경제 활동을 보장함

■ 경제적 자유를 남용한 사례

(가) A 기업은 공기와 공기와 물이 맑기로 유명한 ○○ 마을 인근에 공장을 지었다. 그런데 언제부터인가 A 기업의 공장에서 배출하는 물질이 마을의 공기와 물을 오염시키면서 마을 사람들의 불만은 높아져만 가고 있다.

(나) 갑은 요즘 큰 불편을 겪고 있다. 아파트 바로 위층에 거주하는 을이 화장실에서 피우는 담배 연기가 환풍구를 통해 흘러 들어오기 때문이다. 담배 연기는 갑의 화장실 수건 등에 담배 냄새를 배게 하는 등 갑에게 피해를 주고 있다.

(가)에는 생산 측면에서 기업이[A 기업], (나)에는 소비 측면에서 개인이[을] 경제적 자유를 남용한 사례가 나타나 있다.

④ 경쟁 원리의 작동 : 경쟁은 시장의 자발적인 규율 장치로서 희소한 자원이 낭비되지 않도록 함

2. 시장 경제를 뒷받침하는 사회 제도

사유 재산권 보장	헌법과 법률에서 정하는 재산의 소유·처분 등과 관련된 권리를 보장함
경제 활동의 자유 보장	계약 자유나 직업 선택의 자유 등 경제 주체들의 자유로운 경제 활동을 보장함
공정한 경쟁 보장	독과점 규제 등 자유롭고 공정한 경쟁 보장을 위한 규칙을 제정함

┌ 개인 간에 거래를 두고 맺는 약속 가운데 법적으로 구속력이 있는 약속을 말한다.

┌ 하나 또는 매우 적은 수의 기업이 어떤 상품의 생산이나 유통을 지배하고 있는 상태를 말한다.

• 정답 및 해설 008쪽

다음 설명이 맞으면 'O', 틀리면 'X'에 표하시오.

01 모든 경제 체제에서 경제 문제를 해결하는 방식은 동일하다.　(O , X)

02 전통 경제 체제에서는 사회 구성원들의 경제 활동이 전통이나 관습에 의해 제약된다.　(O , X)

03 계획 경제 체제는 다른 경제 체제에 비해 비교적 평등한 분배를 달성할 수 있다.　(O , X)

04 시장 경제 체제에서 개별 경제 주체는 공익의 극대화를 추구한다.　(O , X)

다음 자료에 대한 설명이 맞으면 'O', 틀리면 'X'에 표하시오.

〈대한민국 헌법〉	
제23조	① 모든 국민의 재산권은 보장된다. 그 내용과 한계는 법률로 정한다.
제34조	② 국가는 사회 보장·사회 복지의 증진에 노력할 의무를 진다.

〈북한 헌법〉	
제20조	조선 민주주의 인민 공화국에서 생산 수단은 국가와 사회 협동 단체가 소유한다.
제21조	국가 소유는 전체 인민의 소유이다. 국가 소유권의 대상에는 제한이 없다. 나라의 모든 자연부원, 철도, 항공 운수, 체신 기관과 중요 공장, 기업소, 항만, 은행 등은 국가만이 소유한다. (후략)

05 우리나라는 순수한 시장 경제 체제를 운용하고 있다.　(O , X)

06 북한은 시장 경제 체제를 근간으로 계획 경제 체제의 요소를 일부 받아들였다.　(O , X)

다음 주장과 맥락을 같이하는 시장 경제의 기본 원리에 대한 설명이 맞으면 'O', 틀리면 'X'에 표하시오.

우리가 저녁을 먹을 수 있는 것은 푸줏간 주인, 양조장 주인, 혹은 빵집 주인의 자비심 덕분이 아니라 자신의 이익을 추구하려는 그들의 욕구 때문이다.　– 애덤 스미스, 『국부론』–

07 분업은 재화 생산의 효율성을 증진한다.　(O , X)

08 정부의 명령은 가계와 기업이 경제 활동을 하는 데 신호등 역할을 한다.　(O , X)

09 자유롭고 공정한 경쟁을 실현하기 위해서는 국가가 반드시 시장에 개입해야 한다.　(O , X)

10 경쟁은 시장의 자발적인 규율 장치로서 희소한 자원이 낭비되지 않도록 한다.　(O , X)

자본주의 시장 경제 체제와 사회주의 계획 경제 체제의 차이점은 **무엇**일까?

개념 | 고난도 수능 자료로 확인

■ 다음은 교사의 질문이다.

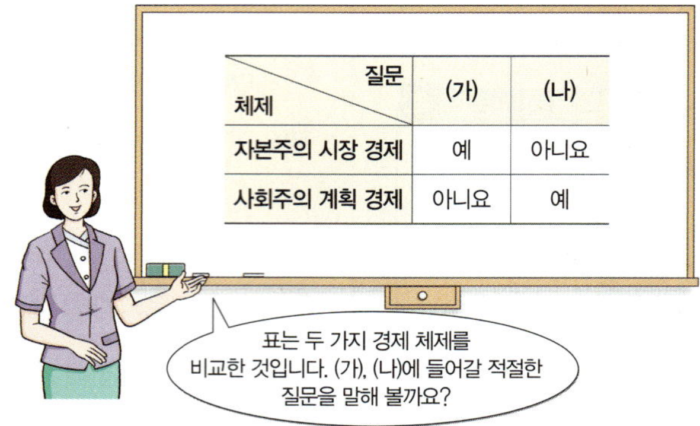

질문 체제	(가)	(나)
자본주의 시장 경제	예	아니요
사회주의 계획 경제	아니요	예

- (가)에는 자본주의 시장 경제 체제의 특징에만 해당하는 질문이, (나)에는 사회주의 계획 경제 체제의 특징에만 해당하는 질문이 적절하다.
- 자본주의 시장 경제 체제는 생산 수단의 사유화, 시장 원리에 의한 경제 문제 해결 등을 특징으로 하고, 사회주의 계획 경제는 생산 수단의 국·공유화, 정부의 명령이나 계획에 의한 경제 문제 해결 등을 특징으로 한다.
- "경제적 효율성이 높은가?"에 긍정적 답변을 하는 것은 자본주의 시장 경제의 특징에 부합하고, "기업의 이윤 추구 동기가 강한가?"에 긍정적 답변을 하는 것은 자본주의 시장 경제의 특징에 부합한다.
- "생산 수단의 사적 소유를 인정하는가?"에 긍정적 답변을 하는 것은 자본주의 시장 경제의 특징에 부합하고, "자원 배분 과정에서 '보이지 않는 손'을 강조하는가?"에 긍정적 답변을 하는 것은 자본주의 시장 경제의 특징에 부합한다.

개념 | 기출문제에 적용

01 연습하기 표의 (가), (나) 중에서 질문이 들어가기에 적합한 것을 골라 쓰시오.

질문 체제	(가)	(나)
자본주의 시장 경제	예	아니요
사회주의 계획 경제	아니요	예

❶ 경제적 효율성이 높은가?　　　　　　　　　（　　　）
❷ 기업의 이윤 추구 동기가 약한가?　　　　　（　　　）
❸ 생산 수단의 사적 소유를 인정하는가?　　　（　　　）

02 적용하기 01번 그림에서 (가), (나)에 들어갈 수 있는 질문을 옳게 연결한 것만을 〈보기〉에서 고른 것은?

> 보기
> ㄱ. (가) – 경제적 효율성이 낮은가?
> ㄴ. (가) – 기업의 이윤 추구 동기가 강한가?
> ㄷ. (나) – 생산 수단을 국·공유화하는가?
> ㄹ. (나) – 자원 배분 과정에서 '보이지 않는 손'을 강조하는가?

① ㄱ, ㄴ　　　② ㄱ, ㄷ　　　③ ㄴ, ㄷ
④ ㄴ, ㄹ　　　⑤ ㄷ, ㄹ

HOW & WHAT 정답 01 ❶ (가) ❷ (나) ❸ (가) 02 ③

주제 3　경제 문제와 경제 체제

족집게 전략 | 경제 문제의 해결 방식을 바탕으로 경제 체제의 유형을 판단할 수 있는지 확인하는 문제가 자주 출제된다.

족집게 자료 분석 전략 START |

경제 체제	경제 문제의 해결 기준
(가)	전통과 관습
(나)	정부의 계획이나 명령
(다)	시장 가격

전통과 관습에 따라 경제 문제를 해결하는 (가)는 전통 경제 체제이고, 정부의 계획이나 명령에 따라 경제 문제를 해결하는 (나)는 계획 경제 체제이며, 시장 가격에 따라 경제 문제를 해결하는 (다)는 시장 경제 체제이다. 각 경제 체제의 특징을 비교하여 정확히 이해해 두어야 선택지의 옳고 그름을 쉽게 판단할 수 있다.

027 ◀ 대표 문항　　　　　　　　| 교육청 기출 |

A~C는 세 가지 주요 경제 체제이다. 이에 대한 옳은 설명만을 〈보기〉에서 고른 것은?

A에서는 경제 주체들 간에 자유로운 생산·교환·분배·소비 활동이 이루어진다. 자본과 토지와 같은 생산 수단이 사유화되어 있으며 생산물은 물론 토지, 노동, 자본 등의 생산 요소도 시장에서 상품으로 매매된다. 이에 반해 B에서는 생산 수단을 국가나 공공 단체가 소유하고, 생산·교환·분배·소비 활동이 국가의 계획과 명령에 의해 이루어진다. 한편 C에서는 사유 재산제와 시장 가격 기구에 기초한 경제 운용을 기본 바탕으로 하면서 자본주의 체제의 문제점을 극복하기 위해 정부가 적극적으로 투자 활동을 하거나 경제 통제를 하기도 한다.

보기
ㄱ. A에서는 시장의 가격 기구에 의해 희소한 자원이 배분된다.
ㄴ. C에서는 경제 문제에 대한 민간 경제 주체의 자율적 해결 능력이 불완전하다고 본다.
ㄷ. A에 비해 B에서는 실업과 인플레이션이 자주 발생하여 경제가 불안정하다.
ㄹ. B는 A, C에 비해 이윤 동기에 의한 경제적 유인을 통해 효율성을 실현하기에 유리하다.

① ㄱ, ㄴ　　　② ㄱ, ㄷ　　　③ ㄴ, ㄷ
④ ㄴ, ㄹ　　　⑤ ㄷ, ㄹ

✎ **한줄 Tip**　생산 수단의 사유화는 시장 경제 체제, 국가의 계획과 명령에 의한 경제 활동은 계획 경제 체제의 특징이야!

028

표는 A국과 B국의 경제 체제를 비교한 것이다. 이에 대한 옳은 설명만을 〈보기〉에서 고른 것은?

구분	A국	B국
생산 수단의 소유 형태	국·공유화	사유화
경제 문제의 해결 기준	정부의 계획이나 명령	시장 가격

보기
ㄱ. A국은 전통이나 관습에 의한 경제 운영을 중시할 것이다.
ㄴ. 복지 국가는 B국과 같은 경제 체제에 포함된다.
ㄷ. B국은 A국과 달리 개별 경제 주체의 자유로운 선택을 중시할 것이다.
ㄹ. A국은 사회주의 계획 경제 체제에 해당하고, B국은 자본주의 시장 경제 체제에 해당한다.

① ㄱ, ㄴ　　　② ㄱ, ㄷ　　　③ ㄴ, ㄷ
④ ㄴ, ㄹ　　　⑤ ㄷ, ㄹ

029

(가)~(라)는 서로 다른 경제 체제이다. 이에 대한 설명으로 옳지 <u>않은</u> 것은? (단, (가)~(라)는 시장 경제 체제, 계획 경제 체제, 혼합 경제 체제, 전통 경제 체제 중 하나이다.)

구분		생산 수단의 사적 소유 허용	
		○	×
정부 개입에 따른 경제 문제 해결	○	(가)	(나)
	×	(다)	(라)

① 혼합 경제 체제의 특징은 (가)에 해당한다.
② 중앙 정부가 대부분의 자원을 소유하는 경제 체제는 (나)에 해당한다.
③ 빈부 격차와 같은 경제 문제는 (다)에서 나타날 수 있다.
④ 경제 운영에서 전통과 관습을 중시하는 경제 체제는 (라)에 해당한다.
⑤ (다)와 (라)를 혼합하면 (가)가 될 수 있다.

030 고난도↑

그림에서 교사의 질문에 대한 답변으로 적절한 것은?

① 1개 ② 2개 ③ 3개
④ 4개 ⑤ 5개

031

다음은 우리나라 헌법 조항이다. 이에 대한 옳은 설명만을 〈보기〉에서 고른 것은?

> **제119조** ① 대한민국의 경제 질서는 개인과 기업의 경제상의 자유와 창의를 존중함을 기본으로 한다.
> ② 국가는 균형 있는 국민 경제의 성장 및 안정과 적정한 소득의 분배를 유지하고, 시장의 지배와 경제력의 남용을 방지하며, 경제 주체 간의 조화를 통한 경제의 민주화를 위하여 경제에 관한 규제와 조정을 할 수 있다.

> ┌ 보기 ┐
> ㄱ. 계획 경제 체제의 요소는 나타나지 않는다.
> ㄴ. 개별 경제 주체의 자유로운 경제 활동을 보장한다.
> ㄷ. '보이지 않는 손'에 의한 경제 문제의 해결을 부정한다.
> ㄹ. 정부 개입을 통한 자원의 효율적 배분 유도를 인정한다.

① ㄱ, ㄴ ② ㄱ, ㄷ ③ ㄴ, ㄷ
④ ㄴ, ㄹ ⑤ ㄷ, ㄹ

032

다음은 갑국과 을국의 헌법 조항을 나타낸다. 이에 대한 옳은 진술만을 〈보기〉에서 있는 대로 고른 것은?

갑국	을국
제23조 ① 모든 국민의 재산권은 보장된다. 그 내용과 한계는 법률로 정한다. **제119조** ② 국가는 …… 시장의 지배와 경제력의 남용을 방지하며, 경제 주체 간의 조화를 통한 경제 민주화를 위하여 경제에 관한 규제와 조정을 할 수 있다.	**제20조** 생산 수단은 국가와 사회 협동 단체가 소유한다. **제21조** 국가 소유는 전체 인민의 소유이다. 국가 소유권의 대상에는 제한이 없다.

> ┌ 보기 ┐
> ㄱ. 갑국은 사유 재산권을 인정한다.
> ㄴ. 을국은 정부의 계획이나 명령에 의해 경제 문제를 해결한다.
> ㄷ. 갑국은 을국과 달리 혼합 경제 체제를 채택하고 있다.
> ㄹ. 갑국보다 을국에서 시장 실패가 나타날 수 있다.

① ㄱ, ㄴ ② ㄱ, ㄹ ③ ㄴ, ㄷ
④ ㄱ, ㄴ, ㄷ ⑤ ㄴ, ㄷ, ㄹ

033

그림은 A국과 B국의 경제 체제의 특징을 나타낸다. 이에 대한 분석 및 추론으로 옳지 <u>않은</u> 것은?

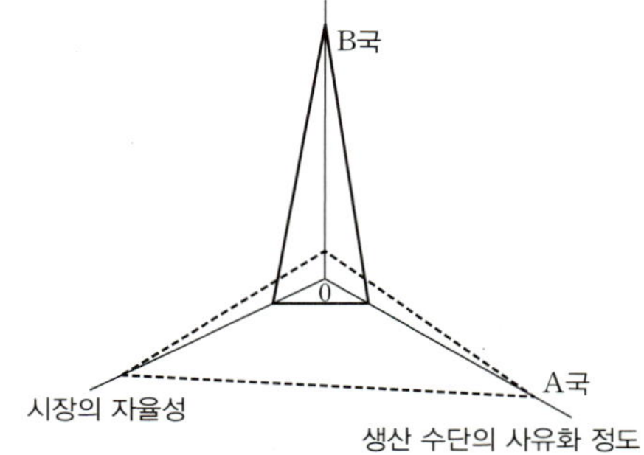

① A국은 B국에 비해 시장 경제 체제에 더 가깝다.
② A국은 B국에 비해 기업의 경제 활동이 더 자유로울 것이다.
③ B국은 A국에 비해 시장 가격에 의한 효율적 자원 배분을 더 중시할 것이다.
④ B국은 A국에 비해 계획 경제 체제에 더 가깝다.
⑤ B국은 A국에 비해 자원의 배분 과정에서 정부의 역할을 더 강조할 것이다.

034

그림은 경제 체제를 분류한 것이다. (가), (나)에 들어갈 질문을 적절하게 연결한 것은?

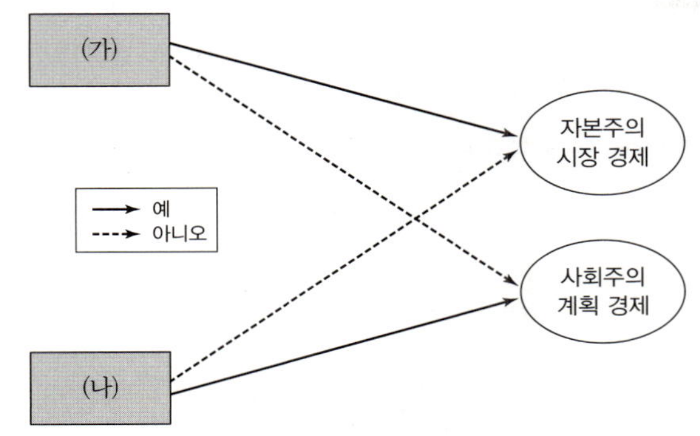

① (가) – 경제 문제 해결에 있어 전통과 관습을 중시하는가?
② (가) – 효율적인 자원 배분을 위해 정부가 적극 개입하는가?
③ (나) – 생산 수단을 사회 공동으로 소유하는가?
④ (나) – 기업의 이윤 추구 동기가 강하게 나타나는가?
⑤ (나) – 중앙 정부가 아닌 시장 원리에 의해 생산물의 수량을 결정하는가?

035

그림은 A국과 B국의 경제 체제를 특성에 따라 구분한 것이다. 이에 대한 옳은 설명만을 〈보기〉에서 고른 것은? (단, A국과 B국은 각각 시장 경제 체제와 계획 경제 체제 중 하나를 채택하고 있다.)

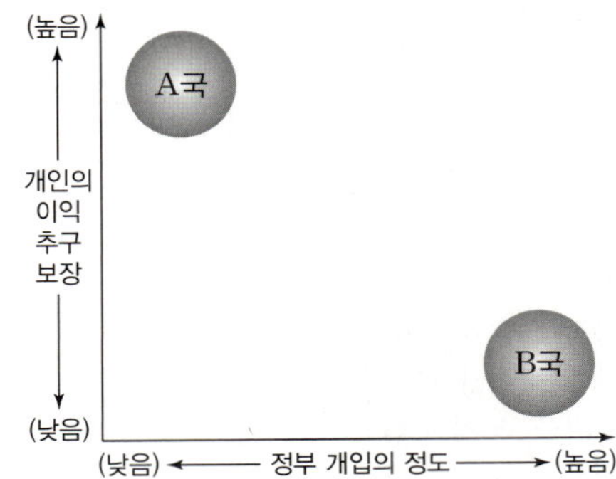

<보기>
ㄱ. A국은 B국보다 사적 이익 추구를 강조할 것이다.
ㄴ. A국은 B국과 달리 자원의 효율적 배분을 위한 정부 역할을 강조할 것이다.
ㄷ. B국은 A국보다 형평성을 강조할 것이다.
ㄹ. B국은 A국과 달리 특화와 분업의 원리를 강조할 것이다.

① ㄱ, ㄴ   ② ㄱ, ㄷ   ③ ㄴ, ㄷ
④ ㄴ, ㄹ   ⑤ ㄷ, ㄹ

036

(가)~(다)에 해당하는 경제 체제에 대한 옳은 설명만을 〈보기〉에서 고른 것은? (단, (가)~(다)는 시장 경제 체제, 계획 경제 체제, 전통 경제 체제 중 하나이다.)

경제 제체	경제 문제의 해결 기준
(가)	전통과 관습
(나)	시장 가격
(다)	정부의 계획이나 명령

<보기>
ㄱ. (가)는 (다)보다 형평성이 크다.
ㄴ. (나)는 (다)보다 경제적 효율성을 중시한다.
ㄷ. (가)를 토대로 (다)의 요소를 도입한 것은 혼합 경제 체제이다.
ㄹ. (가)~(다) 모두 희소성에 따른 경제 문제가 발생한다.

① ㄱ, ㄴ   ② ㄱ, ㄷ   ③ ㄴ, ㄷ
④ ㄴ, ㄹ   ⑤ ㄷ, ㄹ

037

표는 경제 체제의 특징을 비교한 것이다. ㉠~㉤에 대한 설명으로 옳은 것은?

구분	전통 경제 체제	시장 경제 체제	계획 경제 체제
경제 문제 해결 기준	전통과 관습	시장 가격	정부의 계획이나 명령
장점	㉠	㉡	㉢
단점	㉣	㉤	㉥

① 형평성 추구는 ㉠에 해당한다.
② 사유 재산권 보장은 ㉡에 해당한다.
③ 경제적 효율성 추구는 ㉢에 해당한다.
④ 생산 수단의 사적 소유는 ㉣에 해당한다.
⑤ 경제적 유인 부족은 ㉥보다 ㉤에 더 적절하다.

038

다음 사례에 나타난 갑국과 을국에 대한 옳은 설명만을 〈보기〉에서 고른 것은?

- 갑국은 경제 문제 해결에 있어 시장 운영의 원리를 중시하는 경제 체제를 채택하고 있으며, 원칙적으로 생산 수단의 사유화를 인정하고 있다.
- 을국은 경제 문제 해결에 있어 정부의 명령이나 계획을 중시하는 경제 체제를 채택하고 있으며, 원칙적으로 생산 수단의 국유화를 인정하고 있다.

보기
ㄱ. 갑국은 을국과 달리 '보이지 않는 손'을 중시한다.
ㄴ. 갑국은 을국에 비해 정부 실패가 나타날 가능성이 높다.
ㄷ. 을국은 갑국에 비해 개별 경제 주체들의 경제 활동이 자유롭다.
ㄹ. 갑국은 자본주의 시장 경제 체제를, 을국은 사회주의 계획 경제 체제를 채택하고 있다.

① ㄱ, ㄴ   ② ㄱ, ㄹ   ③ ㄴ, ㄷ
④ ㄴ, ㄹ   ⑤ ㄷ, ㄹ

039

다음은 실업 문제의 해결 방법에 관한 두 학자의 대화이다. 이에 대한 옳은 추론만을 〈보기〉에서 고른 것은?

보기
ㄱ. 갑은 '보이지 않는 손'을 지지할 것이다.
ㄴ. 을은 정부에 의한 효율적인 자원 배분을 지지할 것이다.
ㄷ. 갑은 을과 달리 혼합 경제 체제를 지지할 것이다.
ㄹ. 을은 갑과 달리 전형적인 계획 경제 체제를 지지할 것이다.

① ㄱ, ㄴ   ② ㄱ, ㄷ   ③ ㄴ, ㄷ
④ ㄴ, ㄹ   ⑤ ㄷ, ㄹ

족집게 전략 | 제시된 자료를 통해 알 수 있는 시장 경제의 원리나 제도를 묻거나 시장 경제의 원리나 제도가 적용될 때 나타날 수 있는 결과를 예측하는 문제가 출제된다.

족집게 자료 분석 전략 START |

개인은 공공의 이익을 의도적으로 증진하려고 하지 않으며, 자신이 얼마나 공공의 이익을 증진하고 있는지 알지도 못한다. …… 이때 다른 많은 경우에서처럼 개인은 '보이지 않는 손'에 이끌려 자신이 전혀 의도하지 않았던 목적을 달성하게 된다.
– 애덤 스미스, 『국부론』 –

'보이지 않는 손'은 시장 경제에서 정부나 개인의 인위적인 조절 없이도 가격을 통해 자원이 배분되는 현상을 은유적으로 표현한 것이다. 위 자료에서 애덤 스미스는 시장 경제 체제가 개인의 이기심에 바탕을 두며, 개인이 자신의 이익을 추구할 때 사회의 희소한 자원이 효율적으로 배분된다고 주장하고 있다.

040 · 대표 문항 | 평가원 기출 |

다음은 한 학생이 수업 시간에 경제 체제와 관련하여 그린 마인드 맵이다. 이를 보고 교사가 이 학생에게 할 조언으로 타당한 내용만을 〈보기〉에서 고른 것은?

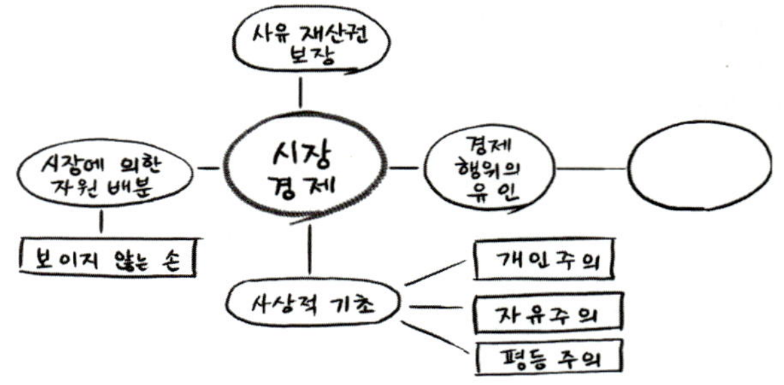

보기
ㄱ. 사상적 기초 부분에는 틀린 내용이 있구나.
ㄴ. 빈칸에는 '개인의 공익 추구'가 들어가는 것이 좋겠어.
ㄷ. 대공황은 '보이지 않는 손'의 한계를 드러낸 사건이었지.
ㄹ. 큰 정부의 등장으로 사유 재산권의 보장은 더욱 강화되었단다.

① ㄱ, ㄴ   ② ㄱ, ㄷ   ③ ㄴ, ㄷ
④ ㄴ, ㄹ   ⑤ ㄷ, ㄹ

한줄 Tip   시장 경제 체제에서 개인은 자기 이익의 극대화를 추구해!

041

밑줄 친 부분에 해당하는 내용으로 적절한 것만을 〈보기〉에서 고른 것은?

> 갑 : 아까 먹은 떡볶이 정말 맛있었지? 나올 때 주인 아주머니께 인사가 저절로 나오더라.
> 을 : 맞아. 그 아주머니는 떡볶이를 많이 팔아 돈을 벌기 위해서 노력하신 거겠지만, 그분의 의도와 관계없이 우리가 맛있는 음식을 먹을 수 있었지. 어제 <u>수업 시간에 시장 경제에 대해 배운 내용</u>을 이제 확실히 이해하겠어.

〔보기〕
ㄱ. 모든 경제 주체는 사익과 공익을 동시에 고려한다.
ㄴ. 개인은 경제 활동을 통해 사익을 극대화하고자 한다.
ㄷ. 개인의 이익 추구는 사회 전체의 이익 증진에 기여한다.
ㄹ. 효율적인 자원 배분을 위해서는 정부의 개입이 필요하다.

① ㄱ, ㄴ   ② ㄱ, ㄷ   ③ ㄴ, ㄷ
④ ㄴ, ㄹ   ⑤ ㄷ, ㄹ

042

다음 토론에서 갑과 을의 주장에 대한 추론으로 가장 적절한 것은?

① 갑은 공기업을 민영화하자는 의견을 지지할 것이다.
② 을은 세율을 높이고 새로운 세금을 만드는 것에 찬성할 것이다.
③ 갑은 을과 달리 경쟁을 저해하는 규제의 폐지에 찬성할 것이다.
④ 을은 갑에 비해 '보이지 않는 손'의 기능을 더 중요하게 생각할 것이다.
⑤ 을은 갑과 달리 민간 경제 주체만으로 경제가 운용될 수 있다고 주장할 것이다.

043

밑줄 친 '정책'으로 인해 갑국 경제에 나타날 변화에 대한 추론으로 가장 적절한 것은?

> 갑국은 정부의 계획과 명령에 의해서 경제 문제를 해결하는 경제 체제를 채택하고 있었다. 경제의 활력과 생산성이 갈수록 떨어지자 갑국은 시장 경제 체제의 요소를 도입하여 다음과 같은 <u>정책</u>을 실시하였다.
> • 국영 기업 대부분을 민영화하였다.
> • 사유 재산의 허용 범위를 확대하였다.

① 기업 간 경쟁이 줄어들 것이다.
② 개인의 경제적 자율성이 약화될 것이다.
③ '보이지 않는 손'의 기능이 강화될 것이다.
④ 자원의 희소성으로 인한 문제가 사라질 것이다.
⑤ 민간 경제 주체의 사익 추구가 불가능해질 것이다.

044

갑국은 경제 체제를 (가)에서 (나)로 전환하려고 한다. 이때 예상되는 변화로 적절한 것만을 〈보기〉에서 고른 것은?

> (가) 생산 수단의 국·공유화와 정부의 명령이나 계획에 의한 경제 문제 해결을 전형적인 특징으로 한다.
> (나) 생산 수단의 사유화와 시장 원리에 의한 경제 문제 해결을 전형적인 특징으로 한다.

〔보기〕
ㄱ. 대외적 요인에 따른 경기 변동이 심해질 것이다.
ㄴ. 경제적 자원 배분의 효율성이 더 높아질 것이다.
ㄷ. 경제 주체들이 분배 과정에서 형평성을 강조할 것이다.
ㄹ. 개별 경제 주체들의 경제 활동에 대한 제약이 늘어날 것이다.

① ㄱ, ㄴ   ② ㄱ, ㄷ   ③ ㄴ, ㄷ
④ ㄴ, ㄹ   ⑤ ㄷ, ㄹ

03강 가계, 기업, 정부의 경제 활동

주제 5 가계의 역할

1. 가계의 의미와 경제적 역할

① 가계의 의미 : 소득을 바탕으로 재화와 서비스를 소비하는 경제 주체
 └→ 소득 공유를 전제로 경제생활을 하는 개인 혹은 집단을 말한다.

자료로 살펴보기

■ **소득의 유형**

요소 소득	지대	토지를 제공한 대가로 얻는 소득 예 토지 임대료 등
	임금	노동을 제공한 대가로 얻는 소득 예 급여, 성과급 등
	이자	자본을 제공한 대가로 얻는 소득 예 예금 이자 등
이전 소득		생산 활동에 참여하지 않고 무상으로 얻는 소득 예 공공 부조 등

소득은 가계가 재화와 서비스를 소비할 수 있도록 하는 구매력의 원천이 된다.

② 가계의 경제적 역할

생산물 시장의 수요자	• 기업이 생산한 재화와 서비스를 구입하여 소비함으로써 필요와 욕구를 충족하며 만족감(효용)을 극대화함 • 가계의 소비는 기업에 대해 어떤 상품을 얼마나 생산할 것인지 알려 주는 역할을 함
생산 요소 시장의 공급자	• 생산 활동에 필요한 토지, 노동, 자본 등의 생산 요소를 기업이나 정부에 제공함 • 생산 요소를 제공한 대가로 지대, 임금, 이자 등의 소득을 얻음
납세자	• 소득 중 일부를 세금으로 납부함 → 국가 운영에 필요한 재원을 마련하는 데 기여함 • 정부가 세금을 바탕으로 생산한 공공재나 공공 서비스를 제공받음

자료로 살펴보기

■ **가계가 제공하는 생산 요소**

토지	땅을 포함한 하천, 바다, 삼림, 지하자원, 수산 자원 등 자연 자원의 생산 요소 전체 예 광물, 공장 용지 등
노동	생산을 목적으로 이루어지는 인간의 육체적·정신적 활동 예 버스 기사의 운전 등
자본	인간이 만들어 낸 물적 생산 요소 예 건물, 설비, 기계 등

전통 사회에서는 토지가, 산업 사회에서는 자본이 가장 중요한 생산 요소였다. 현대 사회에서는 인적 자본으로서의 노동이 중요한 생산 요소로 인식되고 있다.

2. 가계의 합리적 소비

① 조건
• 소비에 따른 만족감(효용)이 기회비용보다 큰 선택을 해야 함
• 비용이 같을 때 최대의 만족감(효용)을 얻는 소비를 해야 함
② 필요성 : 가계의 소비는 국민 경제에 큰 영향을 미침 → 가계가 소비를 줄이면 기업의 생산이 위축되고, 가계가 소비를 늘리면 기업의 생산이 증가하여 국민 경제가 성장할 수 있음

주제 6 기업의 역할

1. 기업의 의미와 경제적 역할

① 기업의 의미 : 생산 요소를 사용하여 재화와 서비스를 생산하는 경제 주체
② 기업의 경제적 역할

생산물 시장의 공급자	• 재화와 서비스를 생산하여 가계나 정부에 공급함 • 저렴한 비용으로 좋은 품질의 재화와 서비스를 소비자에게 공급하기 위해 노력함
생산 요소 시장의 수요자	• 생산 활동에 필요한 토지, 노동, 자본 등의 생산 요소를 가계로부터 제공받음 • 생산 요소를 제공받은 대가로 지대, 임금, 이자 등의 비용을 지불함 → 기업의 생산이 확대될수록 사회 전체의 소득이 늘어나 국민의 생활 수준이 향상됨
납세자	생산 활동을 통해 얻은 이윤 중 일부를 세금으로 납부함 → 국가 운영에 필요한 재원을 마련하는 데 기여함

└→ 기업이 지불하는 비용은 가계의 입장에서는 소득이 된다.

2. 기업의 합리적 생산

① 목적 : 이윤의 극대화
② 방법 : '이윤 = 총수입(판매 수입) − 총비용(생산 비용)'이므로 총수입의 최대화나 총비용의 최소화를 추구해야 함 └→ '판매량 × 가격'으로 구한다.

3. 기업의 사회적 책임과 기업가 정신

① 기업의 사회적 책임 : 기업은 이윤 추구 이외에도 사회에 긍정적인 영향을 미치는 책임 있는 활동을 해야 함 예 환경을 고려한 생산 활동, 소비자의 권익 존중, 경제 활동과 관련된 법률 준수 등
② 기업가 정신
• 의미 : 위험과 불확실성을 무릅쓰고 모험적이고 창의적인 정신을 발휘함으로써 기업을 성장시키려는 도전 정신
• 필요성 : 기업의 생산성 향상, 국민 경제의 성장 등

주제 7 정부의 역할

1. 정부의 의미와 경제적 역할

① 정부의 의미 : 재정 활동의 주체로서 공공 부문에 해당하는 경제 주체
② 정부의 경제적 역할 └→ 세입 및 세출은 재정 활동의 수단이다.
• 재정 활동 : 정부의 경제 활동에 필요한 재원 조달 및 지출 활동

세입	정부가 국가의 살림살이를 운영하기 위해 재원을 조달하는 활동
세출	정부가 공공복리 등을 목적으로 재원을 지출하는 활동

• 시장 기능의 보완

공정한 경쟁 질서 확립	시장 경제가 제대로 작동할 수 있도록 규칙을 제정하고 관리·감독함
자원의 효율적 배분 유도	시장에 의한 자원의 비효율적 배분(시장 실패)에 대해 적극 개입하여 자원의 효율적 배분을 유도함 예 외부 효과 해결, 공공재 생산, 독과점 규제 등

■ 공공재의 성격

비경합성	한 사람의 소비가 다른 사람의 소비를 감소시키지 않기 때문에 많은 사람들이 동일한 재화를 동시에 소비할 수 있는 것
비배제성	한 사람이 대가를 치르지 않고 재화를 사용하더라도 이를 막지 못하는 것(무임승차 효과)

공공재는 비경합성과 비배제성을 지니기 때문에 시장에서 필요한 만큼 생산되기 어렵다. 따라서 정부가 조세를 바탕으로 공공재를 생산하여 공급한다.

• 소득 재분배 : 경제적 불평등의 완화 및 해소를 추구함

세입 측면	누진세 제도 실시, 저소득층 세금 부담 경감 등
세출 측면	사회 보장 제도 시행 등

2. 조세의 유형

① 직접세와 간접세 — 납세자가 감당해야 할 조세의 부담이 다른 사람에게 전가되는 현상을 말한다.

직접세	납세자와 실질적으로 세금을 부담하는 사람(담세자)이 일치함 → 조세 전가가 발생하지 않음
간접세	납세자와 실질적으로 세금을 부담하는 사람(담세자)이 일치하지 않음 → 조세 전가가 발생함

② 누진세와 비례세 — 세금을 부과하는 기준 금액을 말한다.

누진세	과세 표준이 커질수록 세율이 높아짐
비례세	과세 표준의 크기와 상관없이 동일하게 세율을 적용함

■ 누진세, 비례세, 역진세

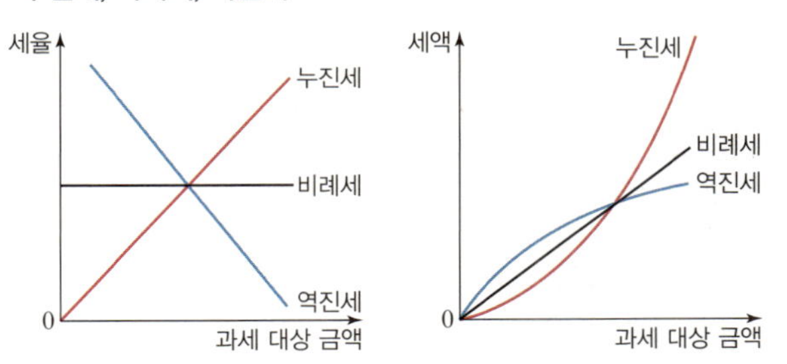

누진세는 소득 금액이 커질수록 높은 세율이 적용되는 조세이고, 비례세는 소득 수준에 관계없이 모두에게 같은 비율로 부과·징수되는 조세이다. 한편, 역진세는 소득 금액이 커질수록 세율이 낮아지는 조세이다. 누진세는 주로 소득세 등 직접세를 부과할 때 적용되고, 비례세는 주로 부가 가치세 등 간접세를 부과할 때 적용된다. 한편, 역진세는 현행 세제에 거의 존재하지 않지만, 세금의 액수와 소득의 관계를 고려할 때 역진적 관계가 성립하는 경우가 있다. 예를 들어 생활필수품에 간접세인 소비세를 부과하면 모든 사람이 동일한 액수의 세금을 부담하게 된다. 이때 소득 대비 조세 부담률은 저소득자일수록 높아지므로 간접세는 사실상 역진세적 성격을 지닌다고 볼 수 있다.

• 경제 안정화 : 세입 및 세출을 통해 경제를 안정화시키기 위한 재정 정책을 시행함 — 물가 안정 및 고용 안정을 목적으로 한다.

경기 과열 시	세입 증대, 세출 축소 → 흑자 재정 정책(긴축 재정 정책)
경기 침체 시	세입 축소, 세출 증대 → 적자 재정 정책(확대 재정 정책)

🖊 **다음 설명이 맞으면 'O', 틀리면 'X'에 표하시오.**

01 가계는 합리적 소비를 위해 소비에 따른 만족감이 기회비용보다 큰 선택을 해야 한다. (O , X)

02 가계가 소비를 줄이면 기업의 생산이 증가하여 국민 경제가 성장할 수 있다. (O , X)

03 기업은 합리적 생산을 위해 총비용의 최대화를 추구해야 한다. (O , X)

04 기업가 정신은 기업의 생산성을 높일 뿐만 아니라 국민 경제의 성장에도 기여한다. (O , X)

05 간접세는 납세자와 담세자가 일치하여 조세 전가가 발생하지 않는다. (O , X)

06 정부는 경기가 지나치게 과열될 경우 경제 안정화를 위해 적자 재정 정책을 실시한다. (O , X)

🖊 **다음 자료에 대한 설명이 맞으면 'O', 틀리면 'X'에 표하시오.**

〈갑 기업의 X재 판매 시 총수입과 총비용〉

판매량(개)	1	2	3	4
총수입(달러)	200	400	600	800
총비용(달러)	100	200	300	400

07 X재 1개를 추가 판매할 때 총수입의 증가분은 일정하다. (O , X)

08 X재 1개를 추가 판매할 때 총비용의 증가분은 점점 커진다. (O , X)

09 X재 판매량이 3개일 때 이윤이 가장 크다. (O , X)

🖊 **(가), (나)는 서로 다른 세금의 유형을 나타낸다. 이에 대한 설명이 맞으면 'O', 틀리면 'X'에 표하시오.**

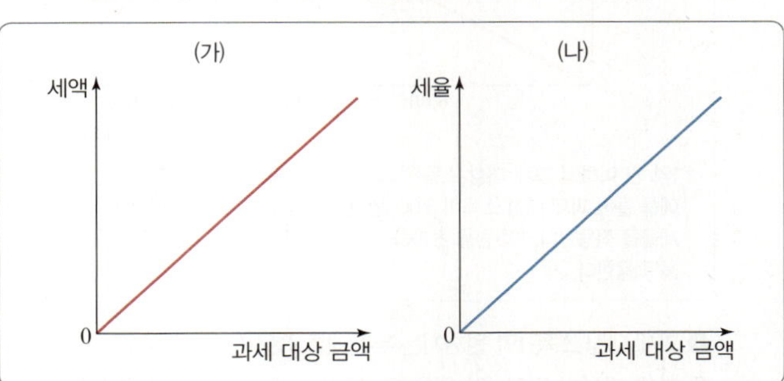

10 (가)는 비례세이고, (나)는 누진세이다. (O , X)

11 (가)는 (나)와 달리 주로 직접세에 적용된다. (O , X)

12 (나)는 (가)에 비해 소득 재분배 효과가 크다. (O , X)

소득 세제 개편은 어떤 영향을 미칠까?

 **개념** 고난도 수능 자료로 확인

■ 갑국은 소득 전체를 과세 대상 소득으로 하고 있으며, 현재 모든 수준의 과세 대상 소득에 대하여 10%의 세율을 적용하고 있다. 갑국 정부는 소득 격차 심화에 대한 여론을 반영하여 현행 소득세 제도를 개편하려고 한다. 〈1안〉과 〈2안〉은 갑국 정부가 선택하여 시행하려고 하는 소득세 제도 개편안을 각각 나타낸다.

〈1안〉

과세 대상 소득	적용 세율(%)
2,000만 원 이하	5
2,000만 원 초과 5,000만 원 이하	15
5,000만 원 초과 1억 원 이하	25
1억 원 초과	40

* 과세 대상 소득이 2,500만 원인 경우 2,000만 원에 대해서는 5%의 세율을 적용하고, 2,000만 원을 초과하는 500만 원에 대해서는 15%의 세율을 적용한다.

〈2안〉

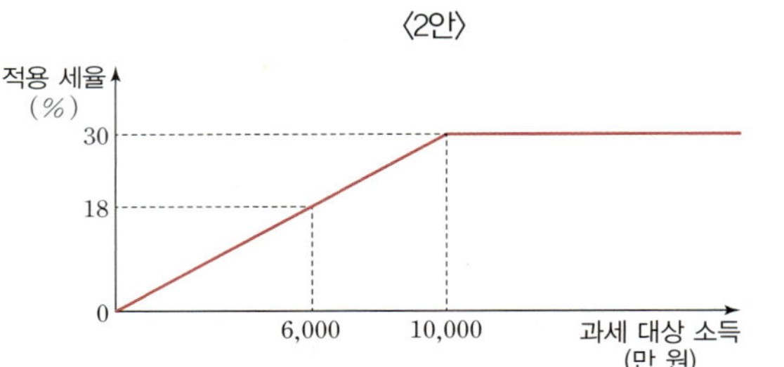

* 1억 원 이하의 과세 대상 소득은 과세 대상 소득에 비례하여 세율을 적용한다. 예를 들어 과세 대상 소득이 6,000만 원인 경우 6,000만 원 전액에 대해 18%의 세율을 적용한다. 1억 원을 초과하는 과세 대상 소득은 모두 1억 원과 같은 세율을 적용한다.

• 갑국이 현재 모든 과세 대상 소득에 대해 10%의 세율을 적용하는 것은 과세 대상 소득의 크기와 상관없이 동일한 세율을 적용하는 비례세에 해당한다.
• 〈1안〉은 과세 대상 소득이 커질수록 높은 세율이 적용되는 누진세를 나타낸다.
• 〈2안〉은 과세 대상 소득 1억 원까지는 누진세를 적용하고, 1억 원 초과 소득에 대해서는 비례세를 적용하는 방식이다.

개념 기출문제에 적용

01 연습하기 그래프에 대한 설명이 맞으면 '○'표, 틀리면 '×'에 표하시오.

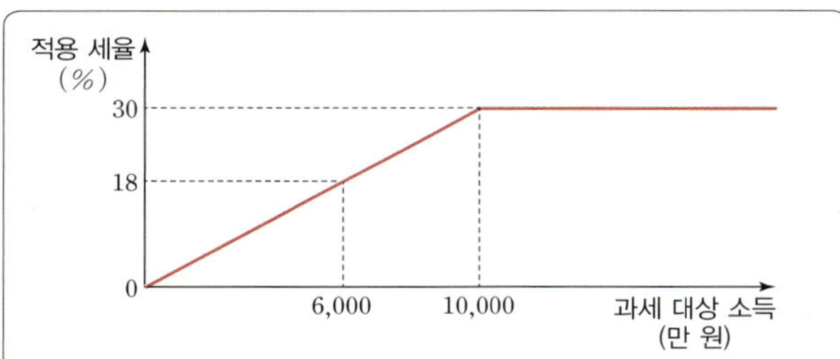

* 1억 원 이하의 과세 대상 소득은 과세 대상 소득에 비례하여 세율을 적용한다. 예를 들어 과세 대상 소득이 6,000만 원인 경우 6,000만 원 전액에 대해 18%의 세율을 적용한다. 1억 원을 초과하는 과세 대상 소득은 모두 1억 원과 같은 세율을 적용한다.

❶ 과세 대상 소득 1억 원까지는 누진세를 적용한다. (○ , ×)
❷ 과세 대상 소득이 1억 원을 초과하면 소득이 높아질수록 높은 세율이 적용된다. (○ , ×)

02 적용하기 01번 문제의 그래프에 대한 옳은 설명만을 〈보기〉에서 고른 것은?

〈보기〉
ㄱ. 과세 대상 소득이 6천만 원 이하인 구간에는 비례세가 적용된다.
ㄴ. 과세 대상 소득이 6천만 원 초과 1억 원 미만인 구간에는 누진세가 적용된다.
ㄷ. 과세 대상 소득이 6천만 원인 납세자의 세후 소득은 4,920만 원이다.
ㄹ. 과세 대상 소득이 1억 원인 납세자의 세액은 4,000만 원이다.

① ㄱ, ㄴ   ② ㄱ, ㄷ   ③ ㄴ, ㄷ
④ ㄴ, ㄹ   ⑤ ㄷ, ㄹ

HOW & WHAT 정답 01 ❶ ○ ❷ × 02 ③

주제 5 가계의 역할

족집게 전략 | 가계의 합리적 선택과 관련하여 총편익(총효용)이나 재화 1개 추가 소비에 따라 증가하는 만족감을 구할 수 있는지 확인하는 문제가 자주 출제된다.

족집게 자료 분석 전략 START |

소비량(개)	1	2	3	4	5
총편익(만 원)	10	18	24	28	30

위 표는 개당 가격이 5만 원인 X재를 5개까지 소비할 때 소비자 갑이 얻는 총편익을 나타낸다. 이를 바탕으로 총비용과 순편익을 정리하면 다음과 같다.

소비량(개)	1	2	3	4	5
총비용(만 원)	5	10	15	20	25
순편익(만 원)	5	8	9	8	5

045 대표 문항

| 평가원 기출 |

표는 개당 가격이 5만 원인 X재를 5개까지 소비할 때 소비자 갑이 얻는 총편익을 나타낸다. 이에 대한 분석으로 옳은 것은?

소비량(개)	1	2	3	4	5
총편익(만 원)	10	18	24	28	30

① 순편익이 가장 큰 소비량은 4개이다.
② 소비량이 증가할수록 순편익이 증가한다.
③ 소비 지출액이 가장 클 때 순편익이 최대가 된다.
④ 2개를 소비할 때와 4개를 소비할 때의 순편익은 같다.
⑤ 합리적으로 소비량을 선택할 때 얻는 총편익은 28만 원이다.

한줄 Tip 소비 지출액은 총비용을 의미해!

046 고난도

| 평가원 기출 |

다음 자료에 대한 분석으로 옳은 것은?

표는 갑과 을의 X재 또는 Y재 소비량에 따른 평균 효용을 나타낸다. X재의 가격은 1,000원, Y재의 가격은 2,000원이고, 갑과 을은 X재와 Y재를 소비하는 데 자신의 용돈을 모두 사용한다.

소비량	갑의 평균 효용		을의 평균 효용	
	X재	Y재	X재	Y재
1개	1,500	2,900	1,600	2,400
2개	1,400	2,600	1,500	2,300
3개	1,300	2,300	1,400	2,200
4개	1,200	2,000	1,200	2,100
5개	1,000	1,600	900	2,000

* 평균 효용 = 총효용 / 소비량

① 갑이 Y재 4개를 소비할 때 얻는 총효용은 5개를 소비할 때보다 크다.
② 을이 X재 4개를 소비할 때 얻는 총효용은 5개를 소비할 때보다 작다.
③ 을이 X재 소비량을 1개씩 늘릴 때마다 추가적으로 얻는 효용은 모두 양(+)의 값을 가진다.
④ 갑의 용돈이 5,000원일 경우 X재 1개와 Y재 2개를 소비하는 것이 합리적이다.
⑤ 을의 용돈이 4,000원일 경우 X재 2개와 Y재 1개를 소비하는 것이 합리적이다.

047

다음은 수업 시간의 대화이다. 밑줄 친 부분에 들어갈 학생의 답변으로 적절한 것만을 〈보기〉에서 고른 것은?

교사 : 가계와 기업을 구분할 수 있는 기준에는 어떤 것이 있을까요?
학생 : ______________

보기
ㄱ. 공공 부문에 해당하는지 여부가 있습니다.
ㄴ. 이윤 극대화를 추구하는지 여부가 있습니다.
ㄷ. 생산물 시장에서 수요자인지 여부가 있습니다.
ㄹ. 국민 경제 주체에 해당하는지 여부가 있습니다.

① ㄱ, ㄴ ② ㄱ, ㄷ ③ ㄴ, ㄷ
④ ㄴ, ㄹ ⑤ ㄷ, ㄹ

048

그림은 민간 경제의 흐름을 나타낸다. 이에 대한 옳은 설명만을 〈보기〉에서 고른 것은?

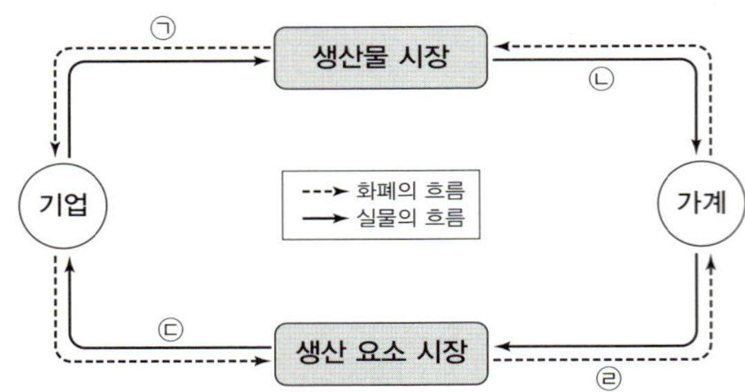

〈보기〉
ㄱ. ㉠의 증가는 기업의 이윤 증가 요인으로 작용한다.
ㄴ. ㉡은 가계가 만족감을 얻기 위해 구입하는 것이다.
ㄷ. 이전 소득은 ㉢에 해당한다.
ㄹ. ㉣의 증가는 ㉡의 감소 요인이다.

① ㄱ, ㄴ ② ㄱ, ㄷ ③ ㄴ, ㄷ
④ ㄴ, ㄹ ⑤ ㄷ, ㄹ

049

(가)~(다)에 들어갈 수 있는 적절한 질문을 〈보기〉에서 골라 옳게 연결한 것은?

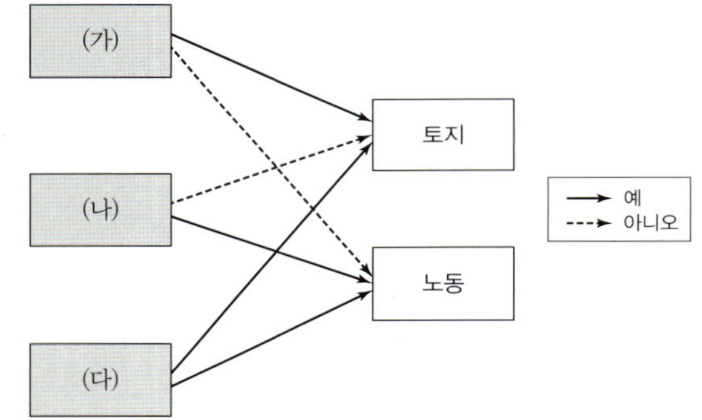

〈보기〉
ㄱ. 기업이 생산 요소 시장을 통해 구입할 수 있는가?
ㄴ. 기업이 이윤을 얻기 위해 사용하는 자연 자원 전체를 말하는가?
ㄷ. 가계가 만족감을 얻기 위해 생산물 시장에서 구입할 수 있는가?
ㄹ. 가계가 임금을 받기 위해 생산 요소 시장에 제공하는 요소인가?

(가) (나) (다)
① ㄱ ㄴ ㄷ
② ㄴ ㄹ ㄱ
③ ㄴ ㄷ ㄱ
④ ㄷ ㄹ ㄱ
⑤ ㄹ ㄷ ㄴ

050

그림은 갑과 을의 X재에 대한 총만족감을 나타낸다. 이에 대한 옳은 설명만을 〈보기〉에서 있는 대로 고른 것은? (단, 갑과 을은 각각 X재를 최대 10개까지 구입하고자 한다.)

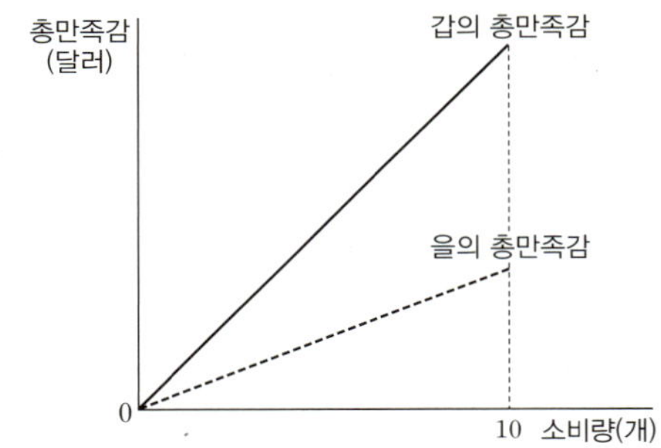

〈보기〉
ㄱ. 최초 X재 1개 소비에 따른 추가적인 만족감은 갑이 을보다 크다.
ㄴ. X재 1개 추가 소비에 따른 만족감의 증가분은 갑이 을보다 크다.
ㄷ. X재 1개 추가 소비에 따른 만족감의 증가분은 갑의 경우 증가하고, 을의 경우 감소한다.
ㄹ. X재의 수요 곡선은 갑의 경우 우하향 형태를 나타내고, 을의 경우 우상향 형태를 나타낸다.

① ㄱ, ㄴ ② ㄱ, ㄷ ③ ㄴ, ㄹ
④ ㄱ, ㄷ, ㄹ ⑤ ㄴ, ㄷ, ㄹ

051 고난도

표는 갑과 을의 X재에 대한 만족감의 증가분을 나타낸다. 이에 대한 옳은 설명만을 〈보기〉에서 고른 것은?

소비량	1개	2개	3개	4개	5개
갑의 만족감의 증가분	200	180	160	140	120
을의 만족감의 증가분	180	170	160	150	140

〈보기〉
ㄱ. X재 최초 1개의 총만족감은 갑이 을보다 크다.
ㄴ. X재 5개 소비에 따른 총만족감은 을이 갑보다 크다.
ㄷ. X재 1개 추가 소비에 따른 추가적인 만족감의 감소폭은 을이 갑보다 작다.
ㄹ. 소비량 증가에 따른 총만족감은 갑의 경우 지속적으로 증가하고, 을의 경우 지속적으로 감소한다.

① ㄱ, ㄴ ② ㄱ, ㄷ ③ ㄴ, ㄷ
④ ㄴ, ㄹ ⑤ ㄷ, ㄹ

주제 6 기업의 역할

족집게 전략 | 기업의 합리적 생산에 대한 문제가 표나 그래프 등 다양한 형태로 출제된다. 생산량(판매량)에 따라 달라지는 총수입, 총비용, 평균 수입, 평균 비용, 이윤 등의 개념만 확실하게 이해하고 있다면 쉽게 해결할 수 있다.

족집게 자료 분석 전략 START |

〈A 기업의 X재 생산량에 따른 변화〉

생산량(개)	1	2	3	4	5
평균 수입(달러)	100	100	100	100	100
(이윤/총수입) × 100(%)	20	30	40	30	20

A 기업이 생산한 X재가 모두 판매된다고 할 때, 위 표를 이용하여 A 기업의 X재 생산량에 따른 총수입, 총비용, 평균 비용, 이윤을 다음과 같이 정리할 수 있다.

생산량(개)	1	2	3	4	5
총수입(달러)	100	200	300	400	500
총비용(달러)	80	140	180	280	400
평균 비용(달러)	80	70	60	70	80
이윤(달러)	20	60	120	120	100

052 대표 문항
| 평가원 기출 |

다음 자료에 대한 설명으로 옳은 것은?

갑 기업은 시장 가격이 10만 원인 X재를 생산하여 판매한다. 표는 X재 생산량에 따른 총수입 대비 총비용의 비율을 나타낸다. 단, 생산된 X재는 모두 판매된다.

생산량(개)	1	2	3	4	5
총비용/총수입	0.8	0.7	0.7	0.75	0.9

* 총수입=평균 수입 × 생산량
** 총비용=평균 비용 × 생산량

① 생산량이 증가할 때 총수입의 증가율은 일정하다.
② 모든 생산량에서 평균 수입은 시장 가격보다 크다.
③ 생산량이 1개씩 증가할 때 추가적으로 발생하는 비용은 증가한다.
④ 총수입이 가장 클 때 이윤이 극대화된다.
⑤ 이윤이 가장 극대화되는 생산량에서 평균 비용은 7만 5천 원이다.

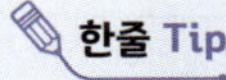 **한줄 Tip** 제시된 X재 가격은 10만 원이라는 것과 생산된 X재는 모두 판매된다는 것을 통해 총수입과 평균 수입, 이윤까지 구할 수 있어!

053

그림에 대한 옳은 설명만을 〈보기〉에서 고른 것은? (단, A~C는 국내 경제 주체이다.)

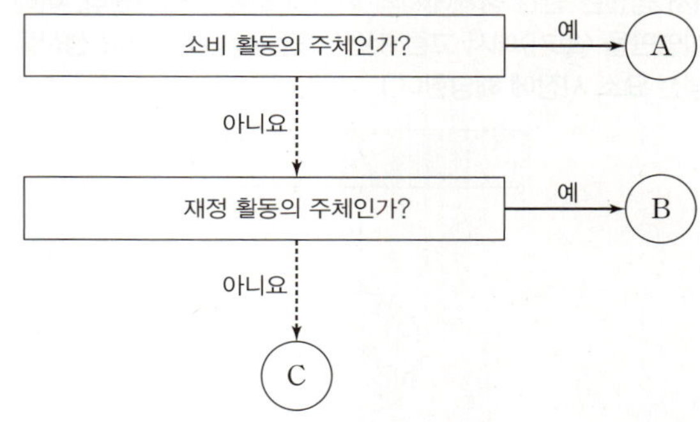

보기
ㄱ. A는 B와 달리 세금을 징수한다.
ㄴ. B는 A와 C를 규제할 수 있다.
ㄷ. A, B는 C와 달리 공공재를 공급한다.
ㄹ. C는 A, B와 달리 기업가 정신을 생산에 적용할 수 있다.

① ㄱ, ㄴ   ② ㄱ, ㄷ   ③ ㄴ, ㄷ
④ ㄴ, ㄹ   ⑤ ㄷ, ㄹ

054

그림은 민간 경제 흐름에서 실물의 흐름을 나타낸다. 이에 대한 옳은 설명만을 〈보기〉에서 있는 대로 고른 것은? (단, (가)와 (나)는 경제 주체이고, A와 B는 시장이다.)

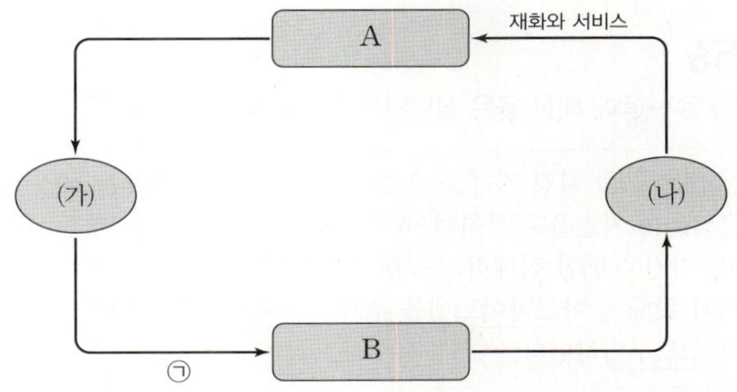

보기
ㄱ. (가)는 B에 노동을 제공한다.
ㄴ. 임금이나 이자는 ㉠에 해당한다.
ㄷ. (나)는 A로부터 판매 수입을 얻는다.
ㄹ. (나)는 (가)와 달리 부가 가치를 창출한다.

① ㄱ, ㄴ   ② ㄱ, ㄹ   ③ ㄴ, ㄷ
④ ㄱ, ㄷ, ㄹ   ⑤ ㄴ, ㄷ, ㄹ

055

그림에서 점선은 민간 경제에서의 화폐의 흐름을 나타낸다. 이에 대한 옳은 설명만을 〈보기〉에서 고른 것은? (단, A와 B는 각각 생산물 시장이나 생산 요소 시장에 해당한다.)

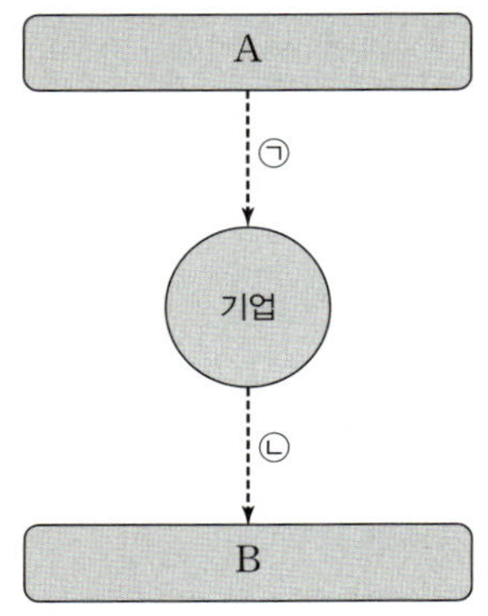

〈보기〉
ㄱ. 요소 비용은 ㉠에 해당한다.
ㄴ. ㉡은 가계 입장에서 소득의 원천이 된다.
ㄷ. 상품 가격의 하락은 ㉠의 증가 요인이다.
ㄹ. A는 생산물 시장이고, B는 생산 요소 시장이다.

① ㄱ, ㄴ   ② ㄱ, ㄷ   ③ ㄴ, ㄷ
④ ㄴ, ㄹ   ⑤ ㄷ, ㄹ

056

밑줄 ㉠~㉣에 대한 옳은 설명만을 〈보기〉에서 고른 것은?

㉠갑은 ○○ 치킨 가게를 운영한다. ○○ 치킨 가게는 매장 안에 손님들이 치킨을 주문하여 바로 먹을 수 있는 공간을 마련해 두었고, 치킨을 배달 판매하기도 한다. 최근에 갑은 ㉡배달 매출을 늘리기 위해 ㉢아르바이트생을 추가 고용하였고, ㉣배달 전용 오토바이도 구입하였다.

〈보기〉
ㄱ. ㉠은 생산물 시장에서 기업의 역할을 맡고 있다.
ㄴ. ㉡을 증가시키기 위한 활동은 갑이 효용을 얻기 위한 것이다.
ㄷ. ㉢은 생산 요소 시장에서 이루어진다.
ㄹ. ㉣은 갑의 분배 활동에 해당한다.

① ㄱ, ㄴ   ② ㄱ, ㄷ   ③ ㄴ, ㄷ
④ ㄴ, ㄹ   ⑤ ㄷ, ㄹ

057

그림은 X재 생산에 따른 갑 기업의 평균 비용과 평균 수입을 나타낸다. 이에 대한 옳은 분석만을 〈보기〉에서 고른 것은?

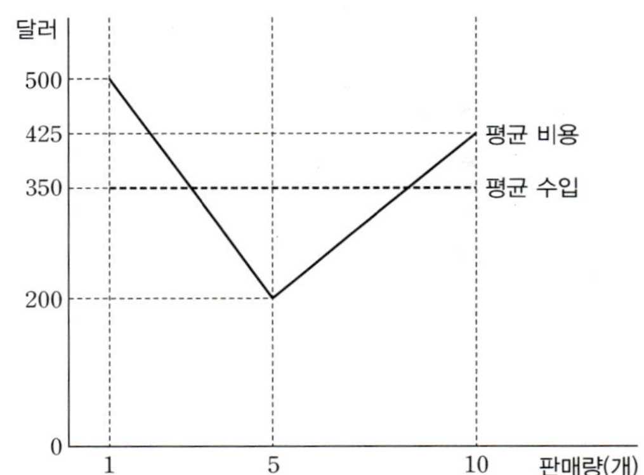

* 평균 수입 = 총수입/판매량
** 평균 비용 = 총비용/판매량

〈보기〉
ㄱ. 총비용은 최초 X재 1개 판매 시 가장 크다.
ㄴ. 판매량이 늘어날수록 총수입은 지속적으로 늘어난다.
ㄷ. 판매량이 5개일 때 이윤은 양(+)의 값이다.
ㄹ. 판매량이 10개까지 이윤이 0인 경우는 한 번 발생한다.

① ㄱ, ㄴ   ② ㄱ, ㄷ   ③ ㄴ, ㄷ
④ ㄴ, ㄹ   ⑤ ㄷ, ㄹ

058

표는 갑 기업의 X재 생산에 따른 총수입과 총비용을 나타낸다. 이에 대한 옳은 분석만을 〈보기〉에서 고른 것은? (단, 갑 기업은 X재를 5개까지만 판매한다.)

판매량(개)	1	2	3	4	5
총수입(달러)	200	400	600	800	1,000
총비용(달러)	100	220	400	680	900

〈보기〉
ㄱ. 1개 추가 판매 시 총수입의 증가분은 일정하다.
ㄴ. 1개 추가 판매 시 총비용의 증가분은 증가한다.
ㄷ. 판매량이 3개일 때 이윤이 가장 크다.
ㄹ. 판매량이 늘어날수록 평균 수입과 평균 비용은 증가한다.

① ㄱ, ㄴ   ② ㄱ, ㄷ   ③ ㄴ, ㄷ
④ ㄴ, ㄹ   ⑤ ㄷ, ㄹ

059

| 평가원 기출 |

다음 자료에 대한 분석으로 옳은 것은?

> 갑은 푸드 트럭을 임차하여 하루 동안 ○○ 축제에서 음식을 판매하고자 한다. 갑이 푸드 트럭을 임차하면 운영 시간에 관계없이 푸드 트럭 임차료 5만 원을 내야 한다. 표는 푸드 트럭 운영 시간에 따른 운영 비용과 총수입을 나타낸다. 총비용은 푸드 트럭 임차료와 운영 비용의 합계이다.
>
> | 운영 시간(시간) | 1 | 2 | 3 | 4 | 5 |
> |---|---|---|---|---|---|
> | 운영 비용(만 원) | 6 | 10 | 13 | 15 | 25 |
> | 총수입(만 원) | 7 | 14 | 21 | 28 | 35 |

① 갑이 4시간 운영할 때 이윤은 8만 원이다.

② 갑이 5시간 운영할 때 이윤이 극대화된다.

③ 갑이 운영 시간을 1시간씩 늘릴 때마다 추가적으로 발생하는 운영 비용은 증가한다.

④ 갑이 최대 3시간만 운영할 수 있다면 푸드 트럭을 운영하지 않는 것이 합리적이다.

⑤ 푸드 트럭 임차료가 7만 원이라면 이윤이 극대화되는 운영 시간은 줄어든다.

060

| 평가원 기출 |

그림은 갑 기업의 X재 생산량에 따른 총비용을 나타낸다. 이에 대한 옳은 분석만을 〈보기〉에서 고른 것은? (단, X재 가격은 10만 원이고, 생산된 X재는 모두 판매된다.)

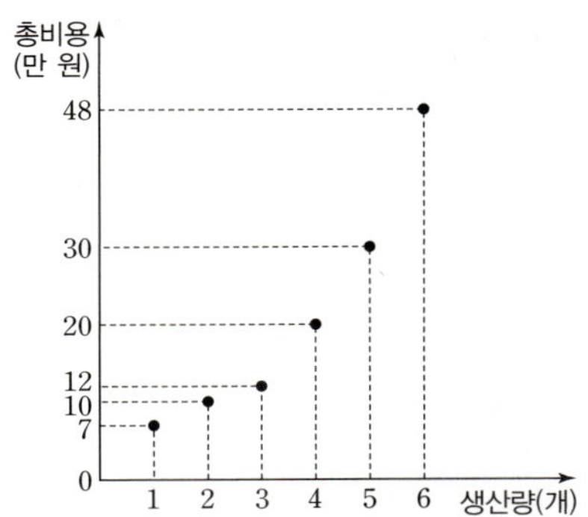

> **보기**
>
> ㄱ. 평균 비용이 최소가 되는 생산량은 3개이다.
>
> ㄴ. 판매량이 4개일 때와 5개일 때의 이윤은 같다.
>
> ㄷ. 생산량이 증가함에 따라 X재의 평균 비용은 감소한다.
>
> ㄹ. 생산량이 증가함에 따라 X재 1개를 추가적으로 생산하는 데 드는 비용은 감소한다.

① ㄱ, ㄴ   ② ㄱ, ㄷ   ③ ㄴ, ㄷ

④ ㄴ, ㄹ   ⑤ ㄷ, ㄹ

061

| 교육청 기출 |

다음에서 시사하는 바로 가장 적절한 것은?

> 최근 많은 국가에서 사회적 기업*에 대한 관심이 높아지고 있다. 사회적 기업은 지속 가능한 일자리의 제공을 통해 고용 안정에 기여할 뿐만 아니라 사회 서비스를 확충하여 지역 사회를 건전하게 활성화시키며, 윤리적 소비 시장의 확산에도 기여한다. 갑국 정부에서도 고질적인 실업 문제와 사회 양극화 현상을 극복하고 다양한 사회 문제를 해결해 줄 대안으로 사회적 기업의 필요성 및 발전 가능성에 주목하고 이들 기업에 대한 경영 컨설팅 제공, 사회보험료 지원, 각종 세금 감면 혜택 등을 지속적으로 확대해 왔다. 그 결과 최근에는 국내 총생산에서 사회적 기업이 차지하는 비중이 10%를 넘어설 만큼 급성장하고 있다.
>
> *사회적 기업 : 저소득자, 고령화, 장애인, 장기 실업자 등 취약 계층에게 일자리 또는 사회 서비스를 제공하거나 지역 사회에 공헌하는 등 사회적 목적을 추구하는 기업

① 고용 구조의 유연화는 기업의 생산성을 증대시킨다.

② 복지의 실현을 위해 정부보다는 기업의 자율적 노력이 중요하다.

③ 정부는 행정적 규제 완화를 통해 분배를 둘러싼 갈등을 해결해야 한다.

④ 사회적 목적을 추구하는 기업의 활성화를 통해 복지를 확대할 수 있다.

⑤ 계획과 명령에 의한 경제 운용 방식으로의 변화를 통해 사회적 이익의 극대화를 실현할 수 있다.

062

다음은 수업 시간의 대화이다. 이에 대한 옳은 설명만을 〈보기〉에서 있는 대로 고른 것은?

> 교사 : (㉠)(이)란 무엇인가요?
>
> 갑 : '창조적 파괴'의 정신으로 ㉡새로운 시장을 개척하는 것입니다.
>
> 을 : ㉢새로운 제품의 개발도 포함됩니다.

> **보기**
>
> ㄱ. 기업가 정신은 ㉠에 들어갈 수 있다.
>
> ㄴ. 이전에 없었던 드론을 이용한 농약 살포기의 개발은 ㉡의 사례에 해당한다.
>
> ㄷ. 전 세계를 휩쓸고 있는 케이팝(K-pop) 열풍은 ㉢의 사례에 해당한다.
>
> ㄹ. ㉡, ㉢ 모두 창조적 파괴에 기초한 혁신의 사례에 해당한다.

① ㄱ, ㄴ   ② ㄱ, ㄹ   ③ ㄴ, ㄷ

④ ㄱ, ㄷ, ㄹ   ⑤ ㄴ, ㄷ, ㄹ

주제 **7** 정부의 역할

족집게 전략 | 조세와 관련된 문제가 꾸준히 출제되고 있다. 특히 소득 세제 개편과 관련하여 비례세와 누진세의 특징을 묻는 문제가 자주 출제되고 있으므로 세금의 유형과 특징에 대해 명확하게 정리해 둘 필요가 있다.

족집게 자료 분석 전략 START |

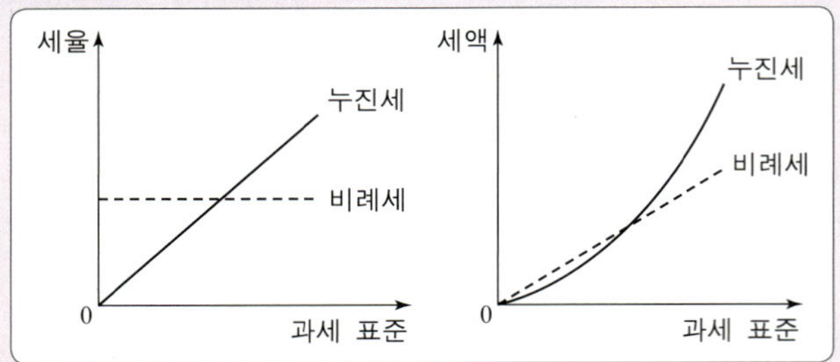

그래프가 제시된 경우에는 세로축이 세율인 경우와 세액인 경우로 나누어 곡선의 형태와 특징을 정확하게 구분할 수 있어야 한다.

063 〈대표 문항〉 |평가원 기출|

그림은 갑국의 현행 소득 세제와 개편안 (가), (나)를 나타낸다. 이에 대한 옳은 분석만을 〈보기〉에서 고른 것은?

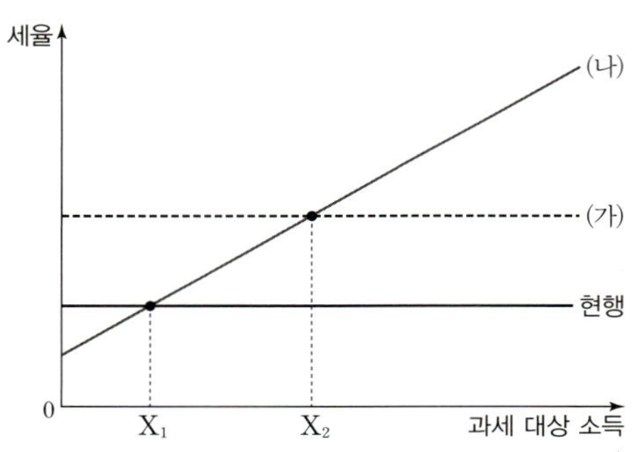

보기

ㄱ. (가)로 개편될 경우 과세 대상 소득이 X_1인 사람의 세액은 현행보다 감소한다.

ㄴ. (나)로 개편될 경우 과세 대상 소득이 커질수록 높은 세율이 적용된다.

ㄷ. 과세 대상 소득이 X_1 미만인 사람은 (나)로 개편하는 것보다 현행 소득 세제가 유리하다.

ㄹ. 과세 대상 소득이 X_1 초과 X_2 미만인 사람은 (가)와 (나) 중 어느 것으로 개편되더라도 현행보다 세액이 증가한다.

① ㄱ, ㄴ　　② ㄱ, ㄷ　　③ ㄴ, ㄷ
④ ㄴ, ㄹ　　⑤ ㄷ, ㄹ

✏️**한줄 Tip**　과세 대상 소득이 커짐에 따라 세율도 커지면 누진세로 보아야 해!

064

다음은 수업 시간의 모습이다. 밑줄 친 '이것'에 해당하는 정부의 경제적 역할로 가장 적절한 것은?

① 물가 안정　　　　　② 실업 해결
③ 소득 재분배　　　　④ 경제 성장 유도
⑤ 시장 실패 보완

065

A∼C는 정부의 서로 다른 경제적 역할을 나타낸다. 이에 대한 옳은 설명만을 〈보기〉에서 고른 것은?

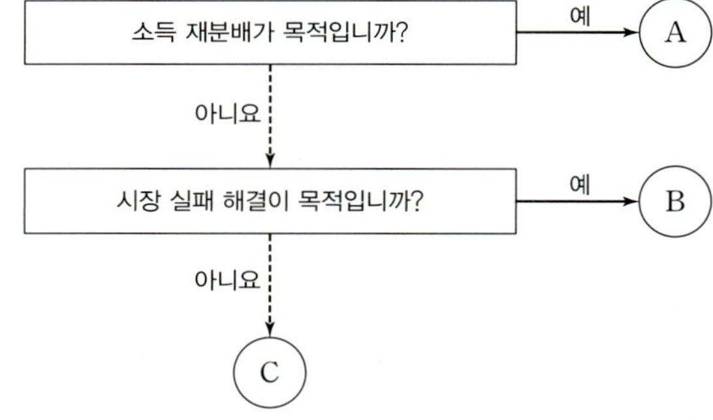

보기

ㄱ. 사회 보장 제도의 실시는 A에 해당한다.

ㄴ. 공정 거래법의 시행은 B에 해당한다.

ㄷ. 생산 측면의 외부 불경제에 대한 과태료 부과는 C에 해당한다.

ㄹ. A∼C 모두 '보이지 않는 손'의 전형적인 역할에 해당한다.

① ㄱ, ㄴ　　　　② ㄱ, ㄷ　　　　③ ㄴ, ㄷ
④ ㄴ, ㄹ　　　　⑤ ㄷ, ㄹ

066

| 평가원 기출 |

그림은 '정부의 경제적 역할'을 주제로 교사가 수업하는 장면이다. 교사의 질문에 대해 적절한 답변을 한 학생만을 〈보기〉에서 고른 것은?

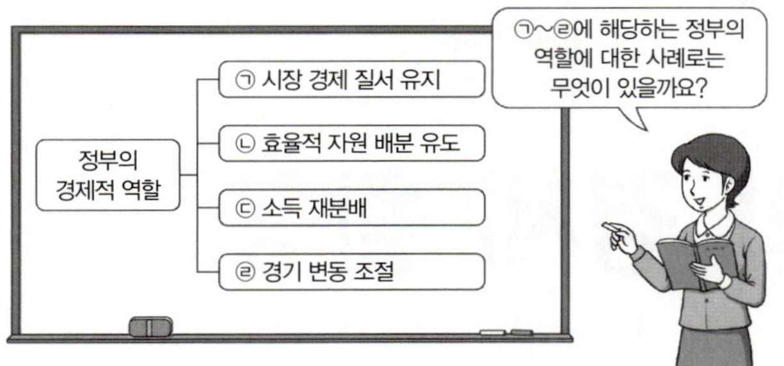

〈보기〉

갑 : ㉠의 예로는 사유 재산권 보장이 있어요.
을 : ㉡의 예로는 탄소 배출권 거래 시장 조성이 있어요.
병 : ㉢의 예로는 국방 및 치안 서비스 제공이 있어요.
정 : ㉣의 예로는 개발 도상국에 대한 원조 제공이 있어요.

① 갑, 을 　　② 갑, 병 　　③ 을, 병
④ 을, 정 　　⑤ 병, 정

067

밑줄 친 ㉠, ㉡에 대한 옳은 설명만을 〈보기〉에서 고른 것은?

내국세는 목적세와 보통세로 구분되는데, 특히 보통세는 ㉠직접세와 ㉡간접세로 구분된다.

〈보기〉

ㄱ. ㉠은 ㉡과 달리 납세자와 담세자가 일치하지 않는다.
ㄴ. ㉡은 ㉠과 달리 주로 소비 지출에 부과된다.
ㄷ. 일반적으로 누진세는 ㉡이 아닌 ㉠에 적용된다.
ㄹ. 소득세나 재산세는 ㉠이 아닌 ㉡의 예에 해당한다.

① ㄱ, ㄴ 　　② ㄱ, ㄷ 　　③ ㄴ, ㄷ
④ ㄴ, ㄹ 　　⑤ ㄷ, ㄹ

068 고난도↑

그림은 갑국의 소득세 과세 방식의 변화를 나타낸다. 이에 대한 옳은 분석 및 추론만을 〈보기〉에서 있는 대로 고른 것은?

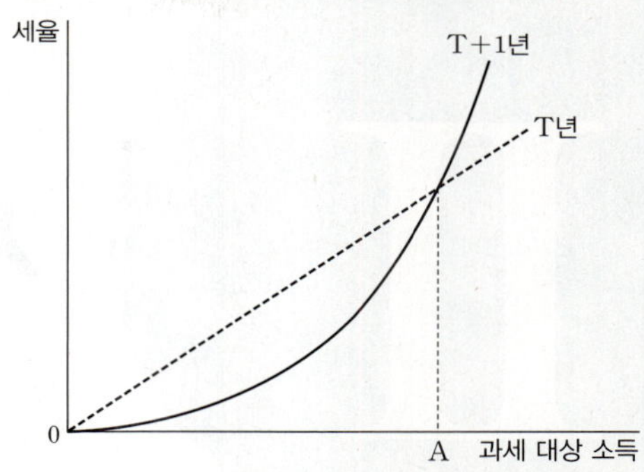

〈보기〉

ㄱ. 조세 저항이 줄어들었을 것이다.
ㄴ. 과세 대상 금액이 A 미만인 납세자들은 유리해졌을 것이다.
ㄷ. 과세 대상 금액이 A를 초과하는 납세자들은 과세 방식의 변화에 반대했을 것이다.
ㄹ. T년과 T+1년 모두 누진세율이 적용되었다.

① ㄱ, ㄴ 　　② ㄱ, ㄹ 　　③ ㄴ, ㄷ
④ ㄱ, ㄷ, ㄹ 　　⑤ ㄴ, ㄷ, ㄹ

069

갑국은 소득세의 과세 방식을 (가)에서 (나)로 변경하려고 한다. 이에 대한 옳은 설명만을 〈보기〉에서 고른 것은?

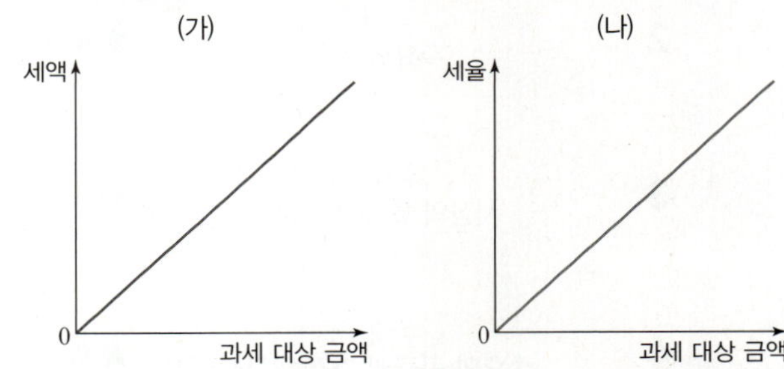

〈보기〉

ㄱ. (나)는 조세 부담의 역진성이 나타난다.
ㄴ. (나)는 과세 대상 금액에 상관없이 세율이 동일하다.
ㄷ. 일반적으로 (나)가 (가)에 비해 소득 재분배 효과가 크다.
ㄹ. (가)는 비례세이고, (나)는 누진세이다.

① ㄱ, ㄴ 　　② ㄱ, ㄷ 　　③ ㄴ, ㄷ
④ ㄴ, ㄹ 　　⑤ ㄷ, ㄹ

II 시장과 경제 활동

04강 시장 가격의 결정과 변동
05강 잉여와 자원 배분의 효율성
06강 수요와 공급의 가격 탄력성
07강 시장 실패와 정부 실패

II단원 출제 예감 주제 BEST 5

순위	주제	출제 예감 지수	빈출 출제 유형	문제 페이지
1	주제 9 시장 균형과 균형의 변동	★★★★★	· 2019학년도 9월 모평 10번 · 2019학년도 6월 모평 13번 · 2018학년도 수능 4번	046 쪽
2	주제 8 수요와 공급	★★★★☆	· 2017학년도 수능 8번 · 2015학년도 6월 모평 5번 · 2014학년도 수능 4번	042 쪽
3	주제 10 시장의 효율성과 잉여	★★★☆☆	· 2016학년도 6월 모평 20번 · 2015학년도 6월 모평 3번 · 2014학년도 9월 모평 9번	053 쪽
4	주제 12 수요와 공급의 가격 탄력성	★★★☆☆	· 2019학년도 9월 모평 13번 · 2019학년도 6월 모평 12번 · 2016학년도 6월 모평 11번	063 쪽
5	주제 13 시장 실패와 정부 실패	★★★☆☆	· 2019학년도 6월 모평 7번 · 2017학년도 수능 9번	073 쪽

04강 시장 가격의 결정과 변동 (본책 038~049쪽)	**주제 8** 수요와 공급	• 수요 • 수요량 • 수요 곡선 • 수요 법칙 • 공급 • 공급량 • 공급 곡선 • 공급 법칙
	주제 9 시장 균형과 균형의 변동	• 시장 균형 • 균형 가격 • 균형 거래량 • 시장 불균형 • 초과 수요 • 초과 공급
05강 잉여와 자원 배분의 효율성 (본책 050~059쪽)	**주제 10** 시장의 효율성과 잉여	• 시장의 효율성 • 경쟁 시장 • 경쟁 시장 가격 • 소비자 잉여 • 생산자 잉여 • 총잉여
	주제 11 다양한 시장의 균형	• 노동 시장의 균형 • 균형 임금 • 금융 시장의 균형 • 균형 이자율
06강 수요와 공급의 가격 탄력성 (본책 060~069쪽)	**주제 12** 수요와 공급의 가격 탄력성	• 수요의 가격 탄력성 • 공급의 가격 탄력성 • 완전 비탄력적 • 비탄력적 • 단위 탄력적 • 탄력적 • 완전 탄력적
07강 시장 실패와 정부 실패 (본책 070~077쪽)	**주제 13** 시장 실패와 정부 실패	• 시장 실패 • 독과점 시장 • 공공재 부족 • 외부 효과 • 정보의 비대칭성 • 정부 실패 • 불완전한 지식과 정보 • 정치적 제약 • 경제적 유인 부족

Ⅱ단원   학습 대책

▶ 경제의 가장 기본이 되는 단원이다. 그래프를 그려 가며 학습하자.

경제 과목 전체에서 가장 중요한 단원이라고 단언할 수 있다. 수요와 공급, 가격의 결정과 변동은 경제의 기본이다. 그러니 철저하게 학습해야 한다. 단순하게 암기하지 말고 꼭 연습장에 그래프를 그려 가며 연습해야 한다.

▶ 시장의 효율성과 잉여는 고난도 문제로 출제된다.

단골 고난도 주제라는 점을 기억하고 학습에 임하자. 주어진 상황을 꼼꼼하게 적용하여 소비자 잉여, 생산자 잉여, 총잉여를 산출해야 한다. 절대 단순하게 출제되지 않으므로 다양한 유형의 문제를 충분히 접해 두도록 한다.

04강 시장 가격의 결정과 변동

주제 8 수요와 공급

1. 수요와 수요량

① 수요 : 구매 능력이 있는 소비자들이 일정 기간 동안 실제로 상품(재화나 서비스)을 구입하고자 하는 욕구

② 수요량 : 특정 가격 수준에서 소비자가 기꺼이 해당 가격을 지불하고 구입하고자 하는 상품의 양

③ 수요 곡선의 이해

• 수요 곡선 : 가격과 수요량 간의 관계를 나타낸 그래프

• 개별 수요 곡선 : 상품 가격에 대한 개별 소비자와 수요량 간의 관계를 나타낸 것 ┗ 개별 소비자들의 수요량을 모두 합하여 나타낸다.

• 시장 수요 곡선 : 상품 가격에 대한 시장 전체 소비자들과 수요량 간의 관계를 나타낸 것

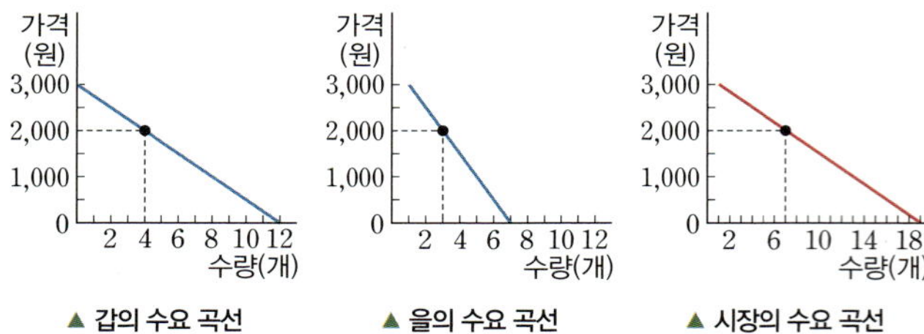

④ 수요 법칙 : 다른 조건이 동일하다고 가정할 때, 가격이 상승하면 수요량이 줄어들고, 가격이 하락하면 수요량이 늘어나는 법칙 → 가격과 수요량 간에 음(−)의 관계가 나타남 ┗ 우하향하는 곡선으로 나타난다.

자료로 살펴보기

■ 수요 법칙의 예외 – 베블런 효과

> 대부분의 재화와 서비스는 수요 법칙에 따라 가격 수준이 높아질수록 수요량이 감소한다. 그런데 일부 사람들은 값비싼 명품, 보석 등을 선호하며, 이 상품들의 가격이 높을수록 수요량을 늘리기도 한다. 이러한 현상을 베블런 효과라고 한다. 이는 사회학자 베블런이 "상층 계급의 두드러진 소비는 사회적 지위를 과시하기 위해 자각 없이 행해진다."라고 말한 데서 유래하였다.

수요 법칙의 예외적인 현상으로서 베블런 효과가 발생하면 본래 우하향하는 수요 곡선이 우상향하는 모습으로 나타난다.

⑤ 수요량의 변동과 수요의 변동

• 수요량의 변동 : 해당 상품의 현재 가격의 변동으로 인해 수요량이 변동하는 것 → 수요 곡선상의 점이 이동함

수요량 증가	가격 하락으로 인해 나타남
수요량 감소	가격 상승으로 인해 나타남

• 수요의 변동 : 해당 상품의 현재 가격의 변동이 아닌 다른 요인들의 변동으로 인해 수요가 변동하는 것 → 수요 곡선 자체가 이동함

수요 증가	수요 곡선이 오른쪽으로 이동함
수요 감소	수요 곡선이 왼쪽으로 이동함

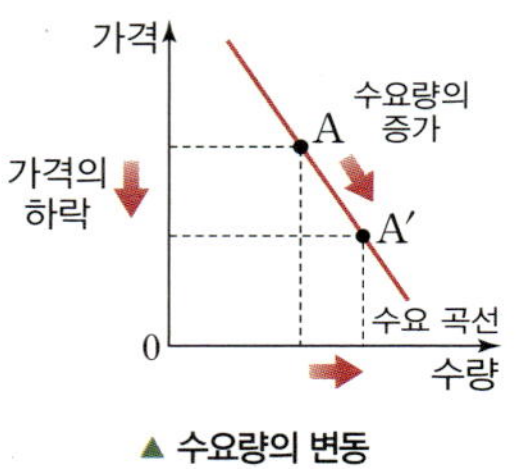

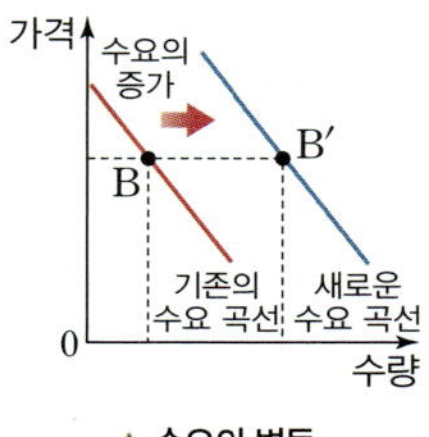

⑥ 수요 변동의 요인

• 소득 수준 : 소득이 증가하면 수요가 증가하고, 소득이 감소하면 수요가 감소함 ┗ 정상재가 아닌 열등재인 경우에는 수요가 오히려 감소한다.

• 소비자의 수 : 소비자의 수가 증가하면 수요가 증가하고, 소비자의 수가 감소하면 수요가 감소함 ┗ 인구의 증가나 감소, 유입이나 유출에 따라 달라진다.

• 소비자의 기호 : 소비자의 기호가 증가하면 수요가 증가하고, 소비자의 기호가 감소하면 수요가 감소함

• 연관 상품의 가격

대체재	• 가격 상승 → 수요 증가 • 가격 하락 → 수요 감소
보완재	• 가격 상승 → 수요 감소 • 가격 하락 → 수요 증가

┗ 소비자들이 가격이 오르기 전에 상품을 미리 사 두려고 하기 때문이다.

• 미래에 대한 예상 : 미래에 상품 가격이 상승할 것으로 예상되면 수요가 증가하고, 상품 가격이 하락할 것으로 예상되면 수요가 감소함

그래프로 살펴보기

■ 대체재와 보완재

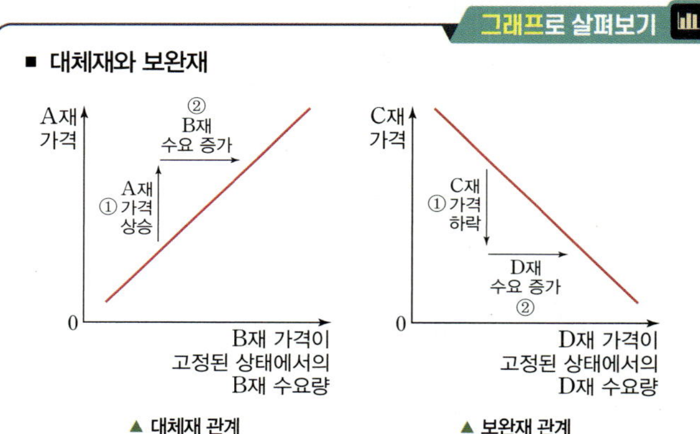

대체재는 용도가 비슷하여 대신 사용할 수 있는 재화로 쇠고기와 돼지고기 등을 예로 들 수 있다. 한 재화의 가격이 상승(하락)하면 그와 대체재 관계에 있는 재화의 수요는 증가(감소)한다. 한편, 보완재는 함께 소비할 때 더 큰 만족을 얻는 관계에 있는 재화로 샤프와 샤프심 등을 예로 들 수 있다. 한 재화의 가격이 상승(하락)하면 그와 보완재 관계에 있는 재화의 수요는 감소(증가)한다.

2. 공급과 공급량

① 공급 : 판매할 상품이 있는 생산자들이 일정 기간 동안 실제로 상품(재화나 서비스)을 판매하고자 하는 욕구

② 공급량 : 특정 가격 수준에서 생산자가 기꺼이 해당 가격을 받고 판매하고자 하는 상품의 양

③ 공급 곡선의 이해

• 공급 곡선 : 가격과 공급량 간의 관계를 나타낸 그래프

- 개별 공급 곡선 : 상품 가격에 대한 개별 공급자와 공급량 간의 관계를 나타낸 것
  → 개별 생산자들의 공급량을 모두 합하여 나타낸다.
- 시장 공급 곡선 : 상품 가격에 대한 시장 전체 생산자들과 공급량 간의 관계를 나타낸 것

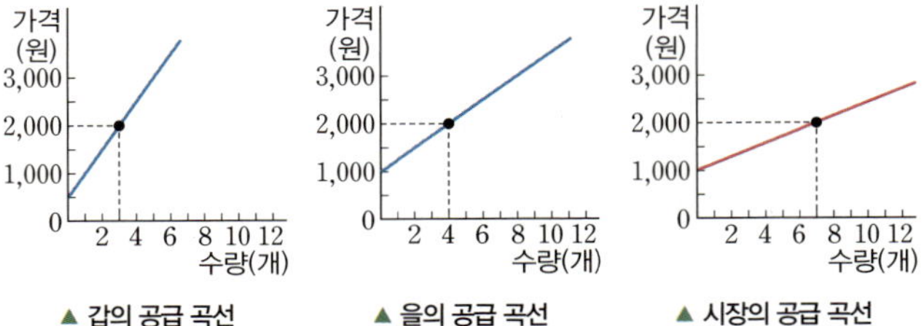

▲ 갑의 공급 곡선   ▲ 을의 공급 곡선   ▲ 시장의 공급 곡선

④ 공급 법칙 : 다른 조건이 동일하다고 가정할 때, 가격이 상승하면 공급량이 증가하고, 가격이 하락하면 공급량이 감소하는 법칙 → 가격과 공급량 간에 양(+)의 관계가 나타남
  → 우상향하는 곡선으로 나타난다.

자료로 살펴보기

■ 공급 법칙의 예외

대부분의 재화와 서비스는 공급 법칙에 따라 가격이 상승하면 공급량은 증가하고, 가격이 하락하면 공급량은 감소한다. 하지만 수량이 한정된 예술품이나 골동품 시장에서는 공급 법칙의 예외가 나타난다. 유명 작가의 예술품이나 골동품은 가격의 변화에 따라 공급량을 임의로 늘릴 수 없기 때문이다.

예술품이나 골동품의 공급 곡선은 가격의 변화와 관계없이 공급량이 일정한 수직선 형태로 나타나기도 한다.

⑤ 공급량의 변동과 공급의 변동
- 공급량의 변동 : 해당 상품의 현재 가격의 변동으로 인해 공급량이 변동하는 것 → 공급 곡선상의 점이 이동함

공급량 증가	가격 상승으로 인해 나타남
공급량 감소	가격 하락으로 인해 나타남

- 공급의 변동 : 해당 상품의 현재 가격의 변동이 아닌 다른 요인들의 변동으로 인해 공급이 변동하는 것 → 공급 곡선 자체가 이동함

공급 증가	공급 곡선이 오른쪽으로 이동함
공급 감소	공급 곡선이 왼쪽으로 이동함

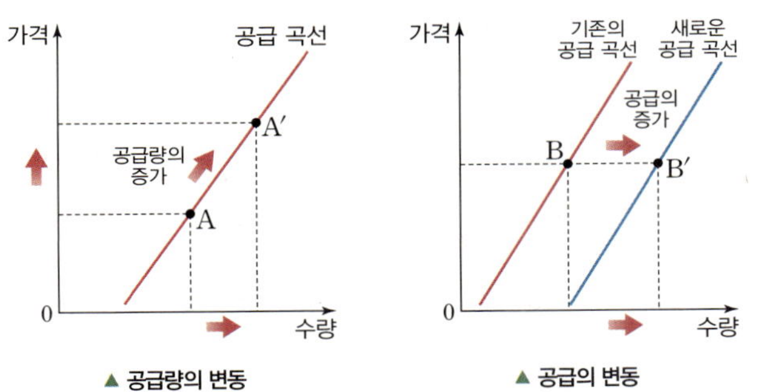

▲ 공급량의 변동   ▲ 공급의 변동

⑥ 공급 변동의 요인 → 정부의 규제나 날씨의 변화 등도 공급 변동에 영향을 미친다.
- 생산 요소의 가격 : 생산 요소의 가격이 상승하면 공급이 감소하고, 생산 요소의 가격이 하락하면 공급이 증가함
  → 동일한 생산 비용으로 생산할 수 있는 상품의 양이 줄어들기 때문이다.

- 생산 기술 및 생산 여건 : 생산 기술이 발전하면 공급이 증가하고, 생산 여건이 악화되면 공급이 감소함
  → 생산 기술의 발전은 생산 비용이 줄어드는 효과를 가져오기 때문이다.
- 공급자의 수 : 공급자의 수가 증가하면 공급이 증가하고, 공급자의 수가 감소하면 공급이 감소함
- 미래에 대한 예상 : 미래에 상품 가격이 상승할 것으로 예상되면 공급이 감소하고, 상품 가격이 하락할 것으로 예상되면 공급이 증가함
  → 공급자들은 가격이 오른 후에 상품을 판매하려고 하기 때문이다.

주제 9 시장 균형과 균형의 변동

1. 시장 균형의 결정
① 시장 균형 : 수요 곡선과 공급 곡선이 교차하는 지점에서 시장의 균형 가격과 거래량이 결정됨 → 수요량과 공급량이 일치하는 지점
② 균형 가격 : 수요량과 공급량이 일치하는 지점에서의 가격
③ 균형 거래량 : 수요량과 공급량이 일치하는 지점에서의 거래량

2. 시장의 불균형
① 시장 불균형 : 시장에서 상품(재화나 서비스)에 대한 수요량과 공급량이 일치하지 않는 상태 → 초과 수요, 초과 공급 발생
② 초과 수요
- 의미 : 특정한 가격 수준에서 수요량이 공급량보다 많은 경우
- 영향 : 일반적으로 균형 가격보다 낮은 수준에서 나타나기 때문에 가격 상승에 대한 압력이 발생함
③ 초과 공급 → 더 비싼 가격을 내고서라도 상품을 구매하려는 수요자들 간의 경쟁으로 상품의 가격이 상승한다.
- 의미 : 특정한 가격 수준에서 공급량이 수요량보다 많은 경우
- 영향 : 일반적으로 균형 가격보다 높은 수준에서 나타나기 때문에 가격 하락에 대한 압력이 발생함
④ 시장 균형 원리 → 가격을 낮춰서라도 상품을 판매하려는 공급자들 간의 경쟁으로 상품의 가격이 하락한다.
- 초과 수요(수요량 > 공급량) 발생 → 가격 상승 압력 → 가격 상승 → 수요량 감소, 공급량 증가 → 시장 균형(수요량 = 공급량)
- 초과 공급(공급량 > 수요량) 발생 → 가격 하락 압력 → 가격 하락 → 공급량 감소, 수요량 증가 → 시장 균형(공급량 = 수요량)

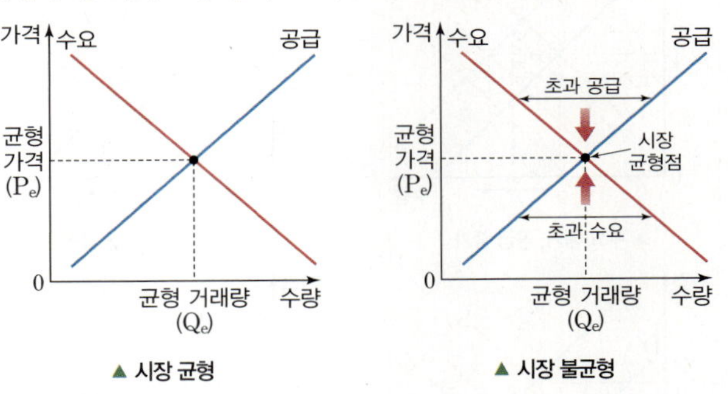

▲ 시장 균형   ▲ 시장 불균형

3. 시장 균형의 변동
① 시장 균형 변동의 의미 : 수요나 공급 자체가 변동하면서 시장의 균형점이 변화하는 상태
  → 수요 곡선이나 공급 곡선 자체의 이동에 따라 이루어진다.
② 수요나 공급 중 하나만 변동하는 경우
- 수요만 변동하는 경우

수요 증가, 공급 불변	균형 가격 상승, 균형 거래량 증가
수요 감소, 공급 불변	균형 가격 하락, 균형 거래량 감소

• 공급만 변동하는 경우

수요 불변, 공급 증가	균형 가격 하락, 균형 거래량 증가
수요 불변, 공급 감소	균형 가격 상승, 균형 거래량 감소

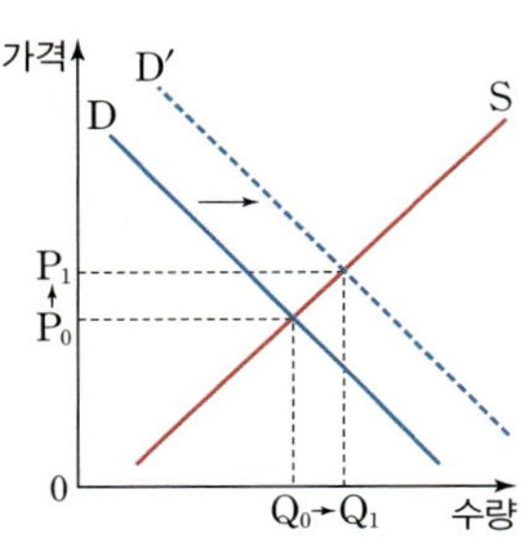
▲ 수요 증가, 공급 불변

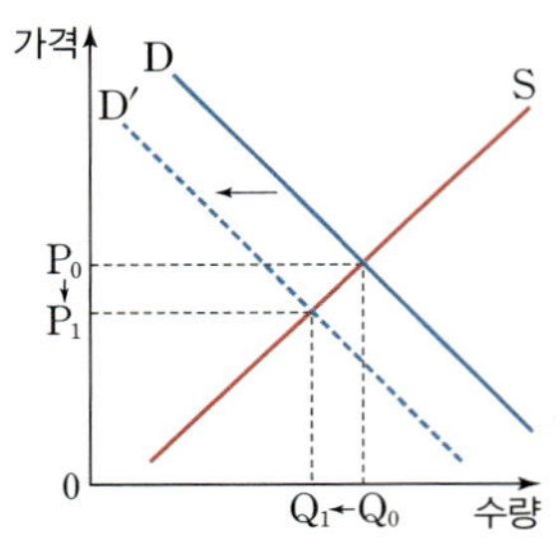
▲ 수요 감소, 공급 불변

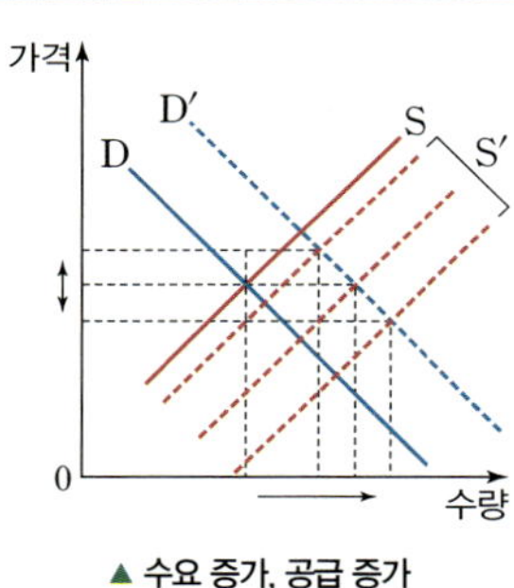
▲ 수요 불변, 공급 증가

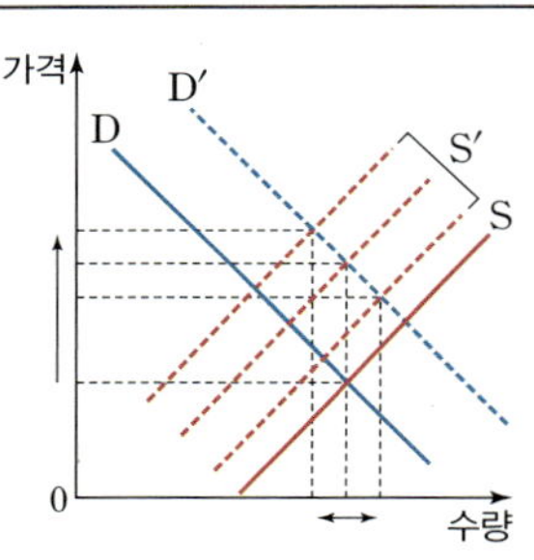
▲ 수요 불변, 공급 감소

③ 수요와 공급이 모두 변동하는 경우

└ 균형 거래량과 균형 거래량의 변동 결과를 모두 정확하게 판단하기 위해서는 수요와 공급의 변동폭이 제시되어야 한다.

수요 증가, 공급 증가	균형 가격 불분명, 균형 거래량 증가
수요 증가, 공급 감소	균형 가격 상승, 균형 거래량 불분명
수요 감소, 공급 증가	균형 가격 하락, 균형 거래량 불분명
수요 감소, 공급 감소	균형 가격 불분명, 균형 거래량 감소

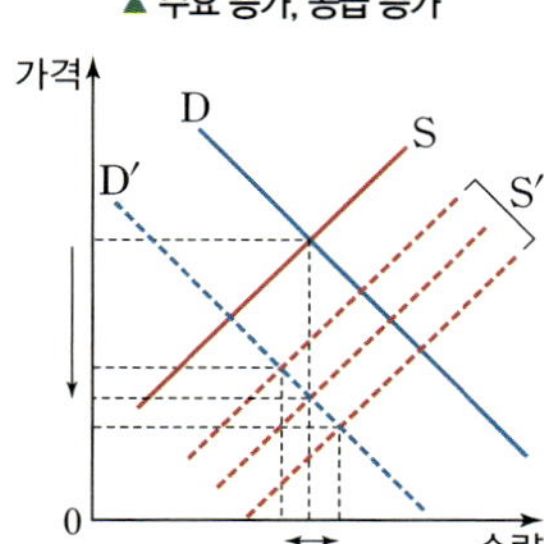
▲ 수요 증가, 공급 증가

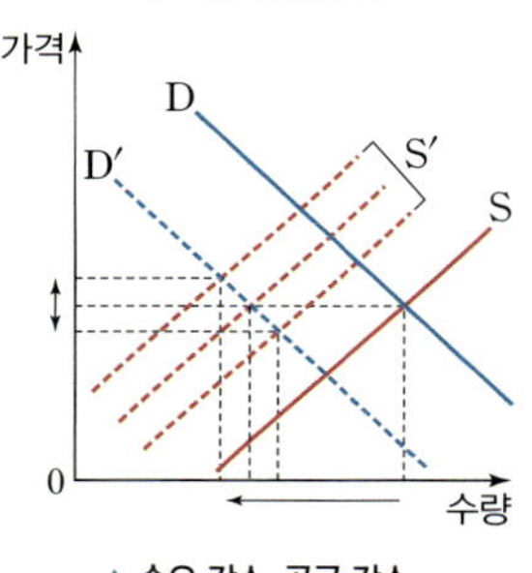
▲ 수요 증가, 공급 감소

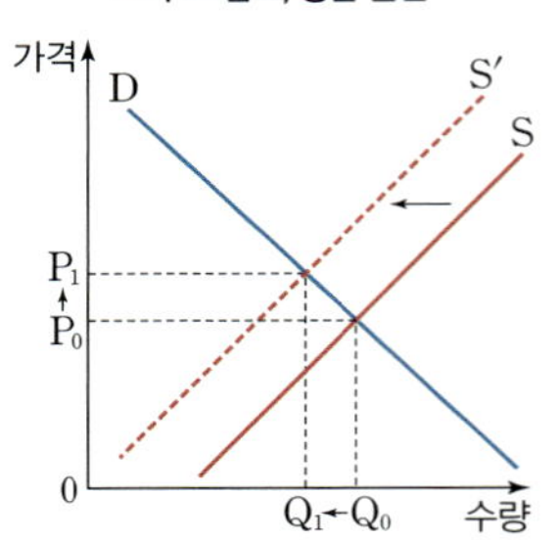
▲ 수요 감소, 공급 증가

▲ 수요 감소, 공급 감소

수요와 공급이 동시에 증가하면 수요 곡선과 공급 곡선이 모두 오른쪽으로 이동하여 균형 거래량은 증가하고, 수요와 공급이 동시에 감소하면 수요 곡선과 공급 곡선이 모두 왼쪽으로 이동하여 균형 거래량은 감소한다. 하지만 균형 가격의 변동 방향은 수요 곡선과 공급 곡선 중 어느 쪽이 더 많이 이동하는지에 따라 달라진다.

🖊 다음 X재 시장에 대한 설명이 맞으면 'O', 틀리면 'X'에 표시하시오.

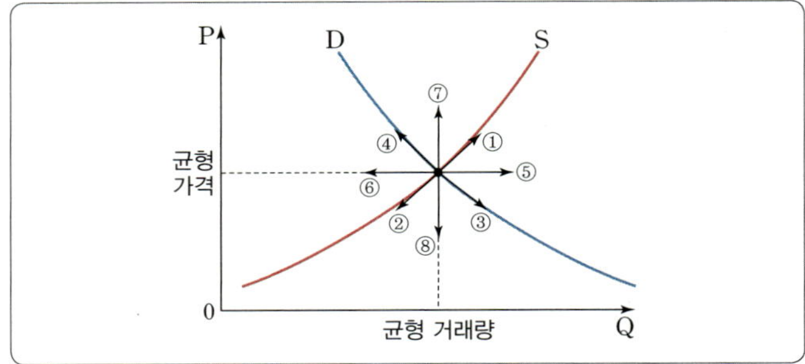

01 수요가 증가하고 공급이 불변하면 시장 균형은 ①번 방향으로 이동한다. (O , X)

02 수요가 감소하고 공급이 증가하면 시장 균형은 ⑦번 방향으로 이동한다. (O , X)

03 수요가 불변하고 공급이 감소하면 시장 균형은 ④번 방향으로 이동한다. (O , X)

🖊 다음 자료에 대한 설명이 맞으면 'O', 틀리면 'X'에 표시하시오.

〈X재의 수요량과 공급량〉

가격(원)	수요량(개)	공급량(개)
500	120	50
1,000	100	100
1,500	50	170

04 X재 시장의 균형 거래량은 100개이다. (O , X)

05 가격이 500원일 때 X재의 거래량은 120개이다. (O , X)

06 X재의 가격이 1,500원일 때 120개의 초과 공급이 발생한다. (O , X)

🖊 다음 X재의 수요 곡선에 대한 설명이 맞으면 'O', 틀리면 'X'에 표하시오.

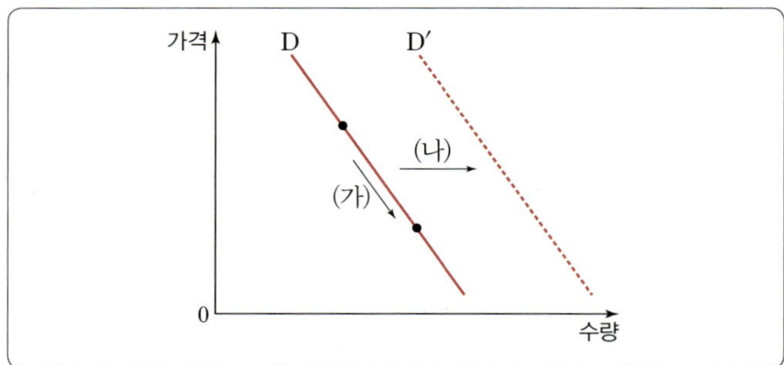

07 X재의 가격 하락은 (가)와 같은 결과를 초래한다. (O , X)

08 X재에 대한 소비자들의 선호도 감소는 (나)와 같은 결과를 초래한다. (O , X)

수요 곡선과 공급 곡선은 어떻게 이동할까?

개념 | 고난도 수능 자료로 확인

■ (가)는 갑국의 경제 뉴스를, (나)는 갑국의 전기 자동차 시장 상황을 나타낸다.

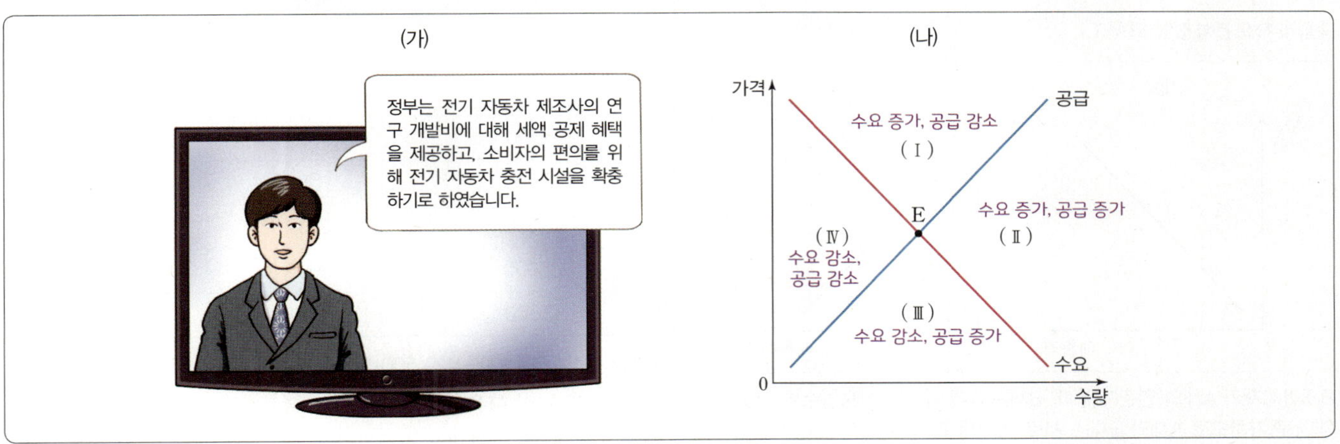

• 정부 정책의 실시에 따라 갑국의 전기 자동차 시장에 나타날 변화를 정리하면 다음과 같다.

수요 측면	소비자들의 편의를 위한 충전 시설 확충 → 전기 자동차에 대한 소비자들의 구매 욕구 자극 → 수요 증가
공급 측면	전기 자동차 제조사에 대한 세액 공제 혜택 → 생산비 절감 → 공급 증가

• 수요 증가와 공급 증가가 함께 진행될 경우, 균형 거래량은 확실히 증가하지만 균형 가격의 변동은 정확한 예측이 불가능하다. 즉, 수요의 증가폭과 공급의 증가폭이 같은 경우 균형 가격은 불변하고, 수요의 증가폭이 공급의 증가폭보다 큰 경우 균형 가격은 상승하며, 수요의 증가폭이 공급의 증가폭보다 작은 경우 가격은 하락한다.

개념 | 기출문제에 적용

01 [연습하기] X재의 시장 상황 변화에 따라 균형점이 이동할 영역을 (Ⅰ)~(Ⅳ)에서 골라 쓰시오.

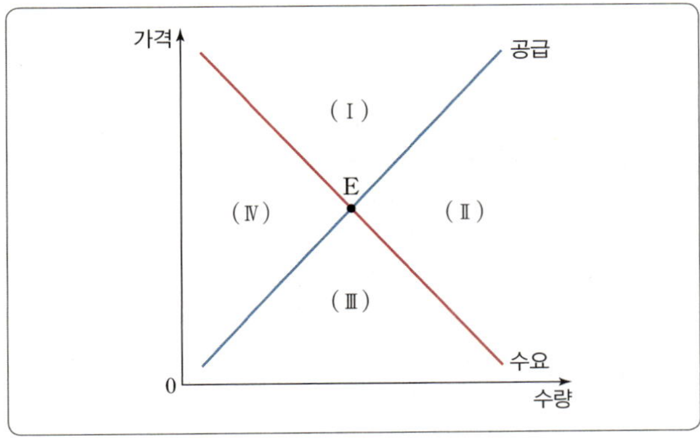

❶ X재의 보완재 가격이 상승하고, X재의 공급자 수가 증가하였다.
(   )

❷ X재에 대한 소비자의 기호가 증가하고, X재 생산 요소의 가격이 하락하였다.
(   )

02 [적용하기] 01번 문제의 그래프에서 다음 상황에 따라 균형점이 이동할 영역으로 옳은 것은?

• X재의 대체재의 가격이 하락하였다.
• X재의 생산 요소의 가격이 상승하였다.

① (Ⅰ)　　　② (Ⅱ)　　　③ (Ⅲ)
④ (Ⅳ)　　　⑤ 변화하지 않음

HOW & WHAT 정답 01 ❶ (Ⅲ) ❷ (Ⅱ)　02 ④

주제 8 수요와 공급

족집게 전략 | 수요와 공급의 변동 요인을 묻는 문제나, 연관재(보완재, 대체재)의 가격 변동이 해당 재화의 수요와 공급에 미치는 영향을 묻는 문제가 자주 출제된다.

족집게 자료 분석 전략 START |

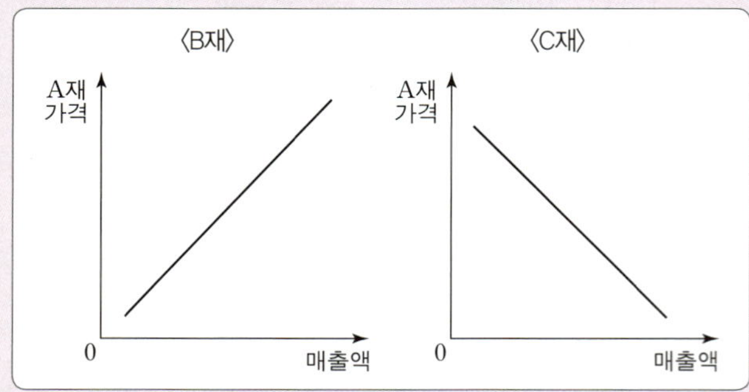

B재과 C재가 A재의 연관재일 때, B재는 A재 가격이 상승할수록 매출액이 증가하므로 A재와 B재는 서로 대체재 관계이다. 한편, C재는 A재의 가격이 상승할수록 매출액이 감소하므로 A재와 C재는 서로 보완재 관계이다.

070 ◀대표 문항▶ | 평가원 기출 |

다음 자료의 ㉠으로 인해 예상되는 결과로 옳은 것은?

그림은 A재 가격 변화에 따른 B, C재의 매출액 변화를 나타낸다. (단, B, C재는 A재의 연관재이며, A~C재는 수요 및 공급 법칙을 따른다.)

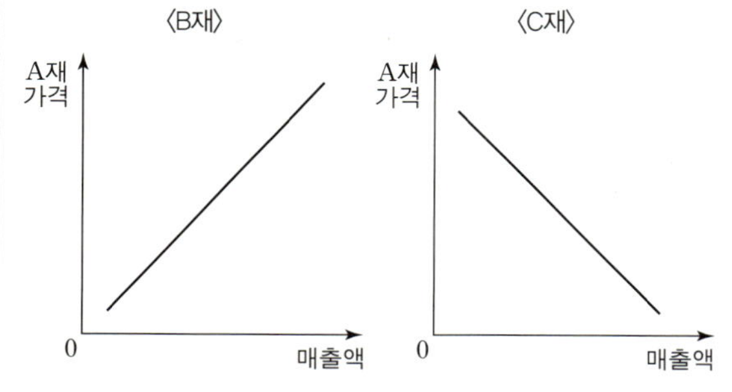

최근 ㉠정부가 A재 단위당 일정한 금액의 판매세를 생산자에게 부과하기로 결정하였다.

① A재의 균형 거래량은 증가한다.
② B재의 매출액은 감소한다.
③ B재의 균형 가격은 하락한다.
④ C재의 수요는 증가한다.
⑤ C재의 균형 거래량은 감소한다.

✎ **한줄 Tip** 정부가 판매세를 부과하면 상품의 가격은 상승하게 돼!

071

표는 X재 시장의 상황을 나타낸다. 이에 대한 설명으로 옳은 것은? (단, X재의 수요 · 공급 곡선은 직선이며, X재는 수요 · 공급 법칙을 따른다.)

가격(원)	공급량(개)	수요량(개)
500	50	350
1,000	100	300
1,500	150	250
2,000	㉠	200
2,500	250	㉡
3,000	300	100
3,500	350	50

① 시장 균형 가격은 2,500원이다.
② ㉠과 ㉡의 합은 350개이다.
③ 시장 균형 거래량은 400개이다.
④ 1,000원을 최저 가격으로 설정하면 실효성이 있다.
⑤ 공급자에게 개당 500원의 세금을 부과하면 수요량이 증가한다.

072

다음은 갑과 을이 일정한 가격 수준에서 공급하고자 하는 X재의 수량을 나타낸다. 이에 대한 옳은 설명만을 〈보기〉에서 고른 것은? (단, X재 시장에서의 생산자는 갑과 을이 전부이고, X재는 공급 법칙을 따른다.)

구분	갑			을		
가격(원)	600	200	100	500	300	100
수량(개)	3	2	1	3	2	1

〈보기〉
ㄱ. 시장 가격이 100원이면 시장 생산량은 1개이다.
ㄴ. 시장 가격이 200원이면 갑의 생산량은 2개이다.
ㄷ. 시장 가격이 300원이면 시장 생산량은 4개이다.
ㄹ. 시장 가격이 600원이면 시장 생산량은 3개이다.

① ㄱ, ㄴ   ② ㄱ, ㄷ   ③ ㄴ, ㄷ
④ ㄴ, ㄹ   ⑤ ㄷ, ㄹ

073

표는 X재의 가격에 따른 수요량과 공급량을 나타낸다. 이에 대한 설명으로 옳지 <u>않은</u> 것은? (단, X재는 수요 · 공급 법칙을 따르며, 수요 · 공급 곡선은 직선이다.)

가격(천 원)	70	80	90	100	110
수요량(개)	70	80	90	100	110
공급량(개)	90	85	80	75	70

① 시장 균형 거래량은 160개이다.

② 가격이 7만 원일 때, 20개의 초과 공급이 발생한다.

③ 가격이 8만 원일 때, 5개의 초과 공급이 발생한다.

④ 시장 균형 가격은 8만 원과 9만 원 사이에서 결정된다.

⑤ 가격 상한선을 10만 원으로 설정하면 실효성이 없다.

074 고난도

그림은 X재의 수요와 수요량의 변동을 나타낸다. 이에 대한 옳은 설명만을 〈보기〉에서 고른 것은? (단, X재는 정상재이다.)

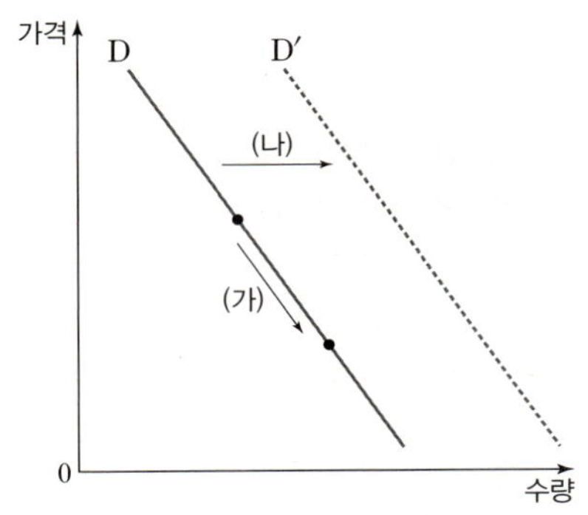

〈보기〉

ㄱ. X재의 가격 상승은 (가)의 원인이 될 수 있다.

ㄴ. X재의 대체재 가격 하락은 (가)의 원인이 될 수 있다.

ㄷ. X재 소비자들의 가격 상승 예측은 (나)의 원인이 될 수 있다.

ㄹ. X재 소비자들의 소득 증가는 (나)의 원인이 될 수 있다.

① ㄱ, ㄴ   ② ㄱ, ㄷ   ③ ㄴ, ㄷ

④ ㄴ, ㄹ   ⑤ ㄷ, ㄹ

075

(가), (나)에 대한 옳은 설명만을 〈보기〉에서 고른 것은? (단, X재는 정상재이며, 수요 법칙을 따른다.)

(가) X재의 수요 곡선 자체의 이동으로, 수요 곡선이 왼쪽으로 이동한다.

(나) X재의 수요 곡선상의 이동으로, X재의 가격이 상승했을 때 나타난다.

〈보기〉

ㄱ. X재 수요자들의 소득 감소는 (가)의 요인이다.

ㄴ. X재의 가격이 하락할 것으로 예측되는 것은 (가)와 같은 현상의 요인이다.

ㄷ. X재 생산비 하락은 (나)의 요인이다.

ㄹ. X재의 대체재의 가격 상승은 (나)의 요인이다.

① ㄱ, ㄴ   ② ㄱ, ㄷ   ③ ㄴ, ㄷ

④ ㄴ, ㄹ   ⑤ ㄷ, ㄹ

076

다음 글의 A~C재에 대한 옳은 설명만을 〈보기〉에서 고른 것은? (단, A~C재는 수요 · 공급 법칙을 따른다.)

B재와 C재는 A재와 연관재 관계에 있다. 그런데 A재의 원자재 가격이 상승하자 B재의 수요 곡선은 왼쪽으로 이동하였고, C재의 수요 곡선은 오른쪽으로 이동하였다.

〈보기〉

ㄱ. A재의 공급이 증가하면 B재의 가격은 하락한다.

ㄴ. A재의 가격이 하락하면 C재의 균형 거래량은 증가한다.

ㄷ. B재의 가격 상승은 C재의 거래량 증가의 원인이 될 수 있다.

ㄹ. A재와 B재는 보완재, A재와 C재는 대체재 관계에 있다.

① ㄱ, ㄴ   ② ㄱ, ㄷ   ③ ㄴ, ㄷ

④ ㄴ, ㄹ   ⑤ ㄷ, ㄹ

077

A~C재에 대한 옳은 설명만을 〈보기〉에서 고른 것은?

- A재와 B재는 서로 대체재 관계에 있다.
- A재와 C재는 서로 보완재 관계에 있다.

〈보기〉
ㄱ. A재의 공급 증가는 B재의 공급 감소 요인이다.
ㄴ. A재의 공급 감소는 B재의 가격 상승 요인이다.
ㄷ. B재의 공급 감소는 C재의 수요 감소 요인이다.
ㄹ. C재의 공급 증가는 A재의 수요 증가 요인이다.

① ㄱ, ㄴ ② ㄱ, ㄷ ③ ㄴ, ㄷ
④ ㄴ, ㄹ ⑤ ㄷ, ㄹ

078

다음 상황에서 A재의 가격 상승이 시장에 미칠 영향으로 적절한 것만을 〈보기〉에서 고른 것은? (단, A~C재는 수요·공급 법칙을 따른다.)

- B재는 A재의 대체재이다.
- C재는 A재를 생산 원료로 쓴다.

〈보기〉
ㄱ. A재의 공급이 증가할 것이다.
ㄴ. B재의 가격이 상승할 것이다.
ㄷ. C재의 수요량이 증가할 것이다.
ㄹ. A, C재는 B재와 달리 거래량이 감소할 것이다.

① ㄱ, ㄴ ② ㄱ, ㄷ ③ ㄴ, ㄷ
④ ㄴ, ㄹ ⑤ ㄷ, ㄹ

079

다음 상황에서 정부가 X재 공급자에게 X재 1개당 5천 원의 세금을 부과하기로 결정하였다. 이에 대한 설명 및 추론으로 옳은 것은? (단, X~Z재는 모두 수요·공급 법칙을 따르며, Y재와 Z재는 X재의 연관재이다.)

재화	관계	특징
X재와 Y재	(가)	함께 사용할 때 효용의 크기가 더 커지는 재화
X재와 Z재	(나)	성격이 거의 비슷하여 서로를 대신할 수 있는 재화

① (가)는 대체재이고, (나)는 보완재이다.
② X재의 균형 가격은 하락할 것이다.
③ Y재의 균형 거래량은 증가할 것이다.
④ Z재의 수요 곡선은 오른쪽으로 이동할 것이다.
⑤ X, Y재 모두 균형 가격은 상승하고, 균형 거래량은 증가할 것이다.

080

다음은 보완재 관계에 있는 X재와 Y재 시장을 나타낸다. X재의 공급이 증가할 때 나타날 변화로 가장 적절한 것은? (단, X재와 Y재는 정상재이며, 수요·공급 법칙을 따른다.)

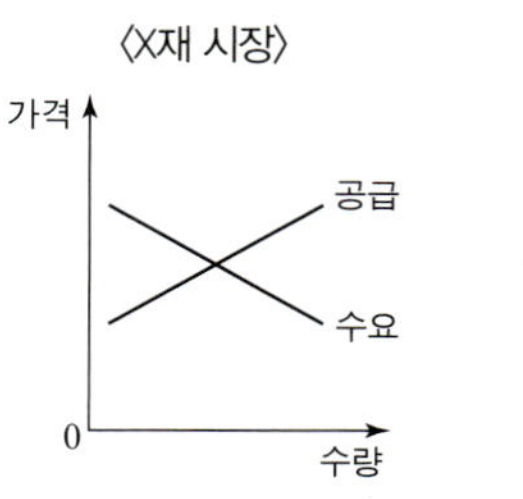

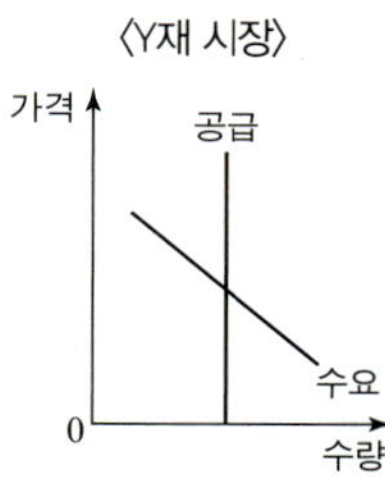

① X재의 균형 가격은 상승할 것이다.
② X재의 판매 수입은 일정할 것이다.
③ Y재의 판매 수입이 증가할 것이다.
④ Y재의 균형 거래량이 증가할 것이다.
⑤ X재의 거래량은 증가하고, Y재의 거래량은 감소할 것이다.

081

다음 자료에 대한 설명으로 옳은 것은? (단, X재와 A~C재는 모두 수요 · 공급 법칙을 따른다.)

A~C재는 모두 X재와 연관재 관계에 있다. 표는 X재의 가격이 5% 상승에 따른 A~C재의 매출액 변화를 나타낸다.

A재	3% 증가
B재	5% 감소
C재	7% 증가

① X재의 공급 곡선이 아래쪽으로 이동하였다.
② X재는 A재나 C재로 대체가 가능하다.
③ A재와 B재는 상호 보완 관계이다.
④ A재와 C재의 시장 균형 거래량은 모두 감소하였다.
⑤ B재는 C재와 함께 소비할 때 효용이 커진다.

082

그림에서 균형 가격을 상승시키는 요인으로 적절한 것만을 〈보기〉에서 고른 것은? (단, X재는 정상재이다.)

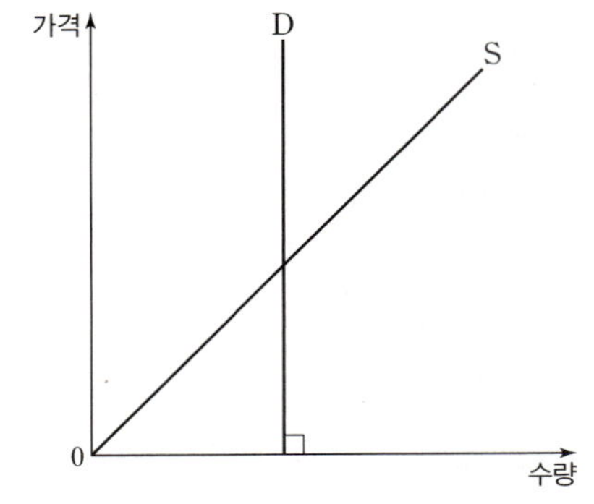

보기
ㄱ. 소득의 감소
ㄴ. 기호의 증가
ㄷ. 생산비의 감소
ㄹ. 원자재 가격의 상승

① ㄱ, ㄴ　　　② ㄱ, ㄷ　　　③ ㄴ, ㄷ
④ ㄴ, ㄹ　　　⑤ ㄷ, ㄹ

083

| 평가원 기출 |

밑줄 친 ㉠으로 인해 X, Y, Z재 시장에서 나타날 변화로 옳은 것은?

X재와 Y재는 서로 보완재이고, X재와 Z재는 서로 대체재이다. 그런데 ㉠기술의 발달로 인해 X재의 생산 비용이 낮아졌다. (단, X, Y, Z재 모두 수요와 공급의 법칙을 따른다.)

① X재의 가격은 상승한다.
② Y재의 거래량은 감소한다.
③ Y재 시장의 생산자 잉여는 증가한다.
④ Z재의 판매 수입은 증가한다.
⑤ Z재 시장의 총잉여는 증가한다.

084 고난도

| 평가원 기출 |

다음 자료의 X재 가격과 수요량의 관계에 대한 설명으로 옳은 것은?

그림에서 e는 X재의 가격이 P_0일 때 수요량이 Q_0이라는 것을 나타내고, a~d는 조건의 변화에 따라 나타날 수 있는 가격과 수요량의 조합을 나타낸다. (단, 수요 곡선의 이동은 좌우 평행으로만 가능하다.)

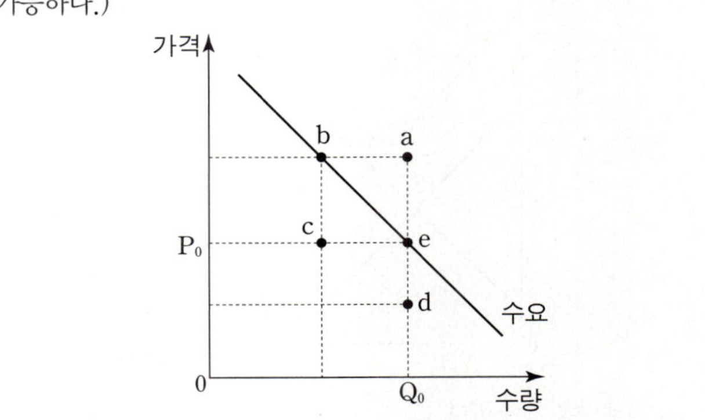

① X재의 가격이 P_0보다 낮아지면 e는 d로 이동할 것이다.
② X재의 가격이 P_0보다 높아질 것으로 예상되면 e는 b로 이동할 수 있다.
③ X재가 정상재라면 소득이 증가할 때 e는 b로 이동할 수 있다.
④ 보완재의 가격이 상승하면 e는 a로 이동할 수 있다.
⑤ X재의 연관재인 Y재의 가격이 하락할 때 e가 c로 이동하면 두 재화는 대체재이다.

주제 9 시장 균형과 균형의 변동

족집게 전략 | 시장 균형의 변동에 따른 수요와 공급의 변화를 유추하는 문제나, 수요와 공급의 변동 요인을 제시하고 시장 균형 가격의 변화를 파악하는 문제가 자주 출제된다.

족집게 자료 분석 전략 START |

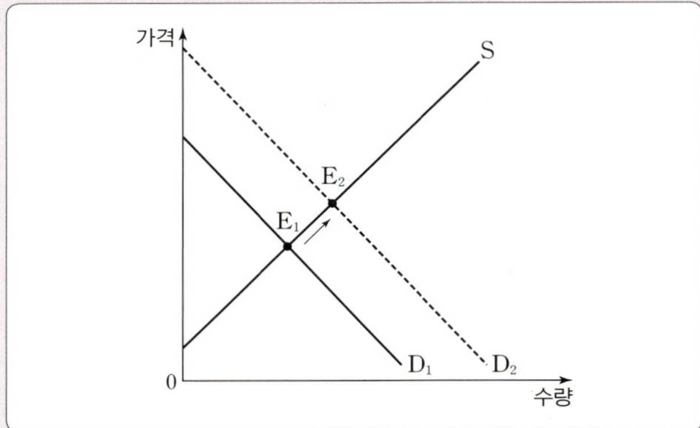

위 그림은 수요의 증가(D_1 → D_2)로 인해 시장 균형 가격이 상승하고, 균형 거래량이 증가한 것을 나타낸다. 이를 통해 수요의 증가가 시장에 미치는 영향을 알 수 있다. 만일 D_1과 D_2의 거리가 더 멀어진다면 시장 가격은 더 큰 폭으로 상승하고, 시장 거래량도 더 큰 폭으로 증가한다. 가격이 상승하고 거래량도 증가하면 생산자의 판매 수입(개당 가격 × 판매 수량)도 당연히 증가하게 된다. 이때 재화의 수요 증가 요인을 정리하면서 연관재와의 관계도 함께 정리해 두면 좋다.

085 대표 문항
| 평가원 기출 |

그림은 X재 시장 균형점의 변화(E_1 → E_2)를 나타낸다. 이에 대한 분석 및 추론으로 옳은 것은? (단, X재는 정상재이다.)

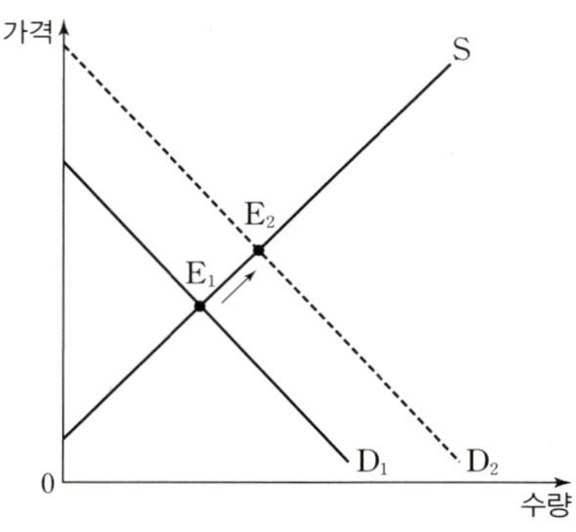

① 거래량은 감소한다.
② 생산자 잉여는 감소한다.
③ 판매 수입은 변하지 않는다.
④ 소득 감소는 이런 변화의 원인이 될 수 있다.
⑤ X재의 대체재 가격 상승은 이런 변화의 원인이 될 수 있다.

한줄 Tip 수요 곡선은 수요가 증가하면 오른쪽으로 이동하고, 수요가 감소하면 왼쪽으로 이동해!

086

그림은 X재 시장에서의 변화를 나타낸다. 이에 대한 설명으로 옳은 것은?

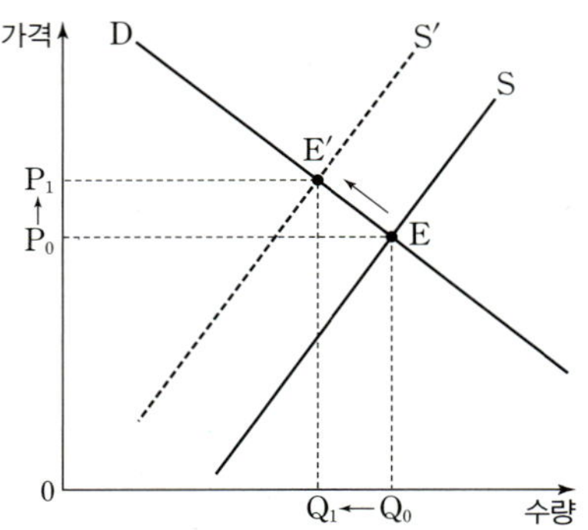

① 수요 증가로 가격이 상승하였다.
② 생산자의 수가 증가할 경우에 나타날 수 있는 변화이다.
③ 상품의 가격이 상승할 경우에 나타날 수 있는 변화이다.
④ 수요자의 소득이 감소할 경우에 나타날 수 있는 변화이다.
⑤ 미래에 상품의 가격이 상승할 것으로 예측될 경우에 나타날 수 있는 변화이다.

087

다음 상황에서 X재 시장에 나타날 변화로 가장 적절한 것은?

> X재의 보완재 가격이 하락하고, X재의 생산 기술이 발전하였다. 그런데 X재 시장에서는 X재의 생산 기술의 발전보다 X재의 보완재의 가격 하락이 더 큰 영향을 미친다.

① 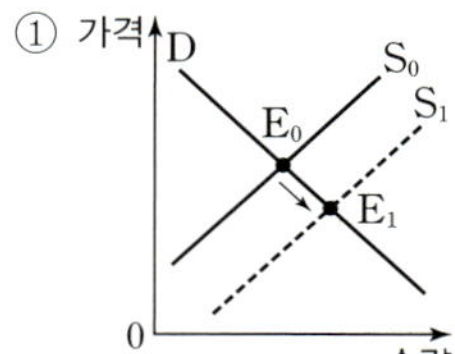
② 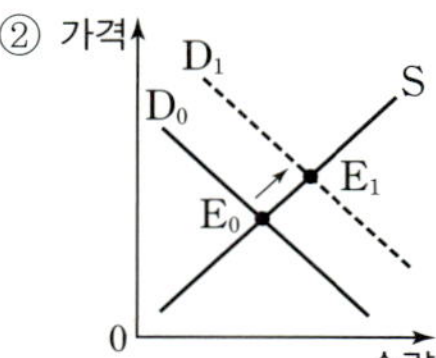
③ 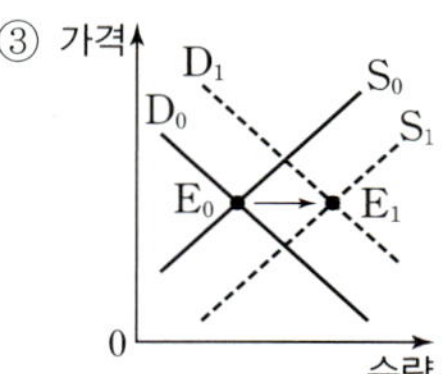
④ 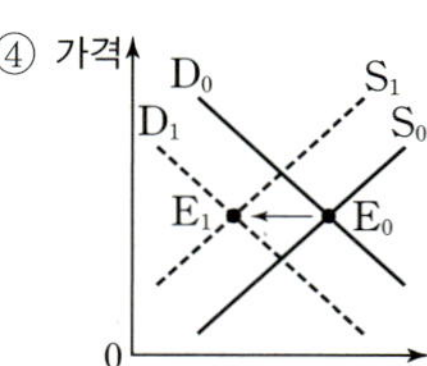
⑤ 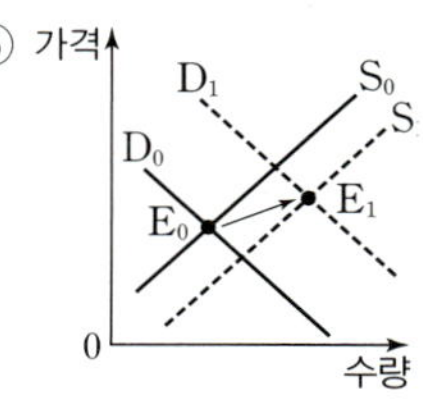

088

다음 상황에서 X재 시장에 나타날 균형점의 이동 방향으로 가장 적절한 것은? (단, 정상재이며, 수요·공급 법칙을 따른다.)

욜로(YOLO)족의 유행으로 저축보다는 소비를 선호하는 풍조가 유행하면서 X재 시장에도 새로운 바람이 불고 있다. 특히 주요 소비층인 청년들의 소득이 증가하면서 X재의 유행은 식을 줄 모르고 있다. 또한 X재 생산 기술의 발달과 원자재 가격 하락은 X재 시장의 변화를 이끄는 가장 큰 요인이라고 할 수 있다.

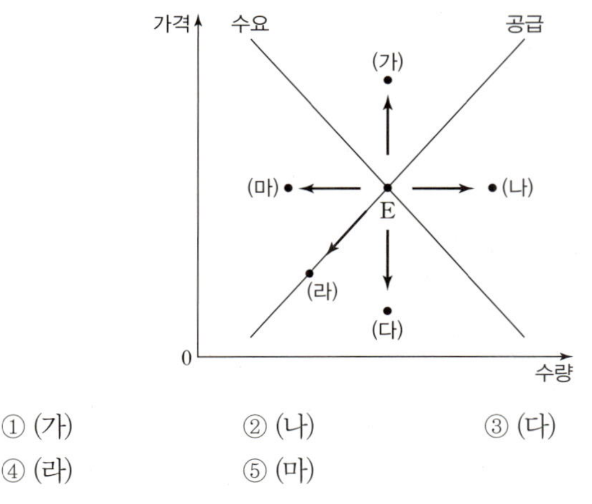

① (가) ② (나) ③ (다)
④ (라) ⑤ (마)

089

밑줄 친 ㉠으로 인하여 X재 시장에 나타날 변화로 가장 적절한 것은?

현재 X재 시장에서 수요 곡선은 D_0, 공급 곡선은 S_0이다. 이때 ㉠X재 시장의 수요자와 공급자가 모두 증가하였다.

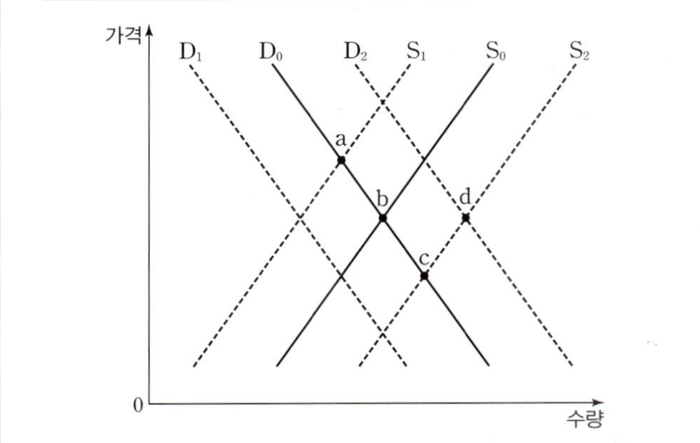

① 공급 곡선의 이동은 없다.
② 변동 이후 균형 거래량은 증가한다.
③ 수요 곡선은 D_0에서 D_1으로 이동한다.
④ X재의 가격은 상승하고, 거래량은 불분명하다.
⑤ 변화 이전의 균형점은 b이고, 변화 이후의 균형점은 c이다.

090 고난도

다음 자료에 대한 옳은 분석만을 〈보기〉에서 고른 것은? (단, X재는 수요·공급 법칙을 따른다.)

오른쪽 그림은 X재 시장에 대한 수요와 공급 곡선이다. 갑국은 X개를 150달러의 가격으로 170개를 구입하여 50달러의 가격으로 소비자들에게 전량 판매하는 정책을 실시하였다.

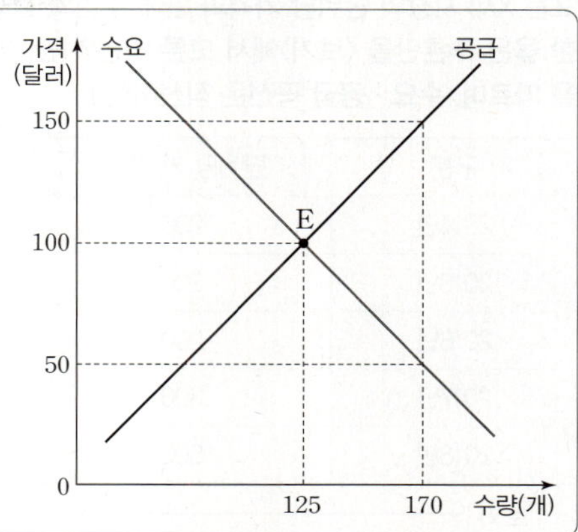

〈보기〉

ㄱ. 정책 실시 이전보다 거래량은 감소한다.
ㄴ. 소비자는 시장 균형 가격보다 낮은 가격으로 구입할 수 있게 된다.
ㄷ. 생산자는 정책 실시 이전보다 13,000달러 증가한 판매 수입을 얻게 된다.
ㄹ. 갑국의 정책은 생산자에게 유리하고, 소비자에게 불리한 방향으로 작용한다.

① ㄱ, ㄴ ② ㄱ, ㄷ ③ ㄴ, ㄷ
④ ㄴ, ㄹ ⑤ ㄷ, ㄹ

091

다음 X재 시장에서 균형점의 변화($E_0 \rightarrow E_1$)에 대한 분석 및 추론으로 옳은 것은? (단, X재는 정상재이다.)

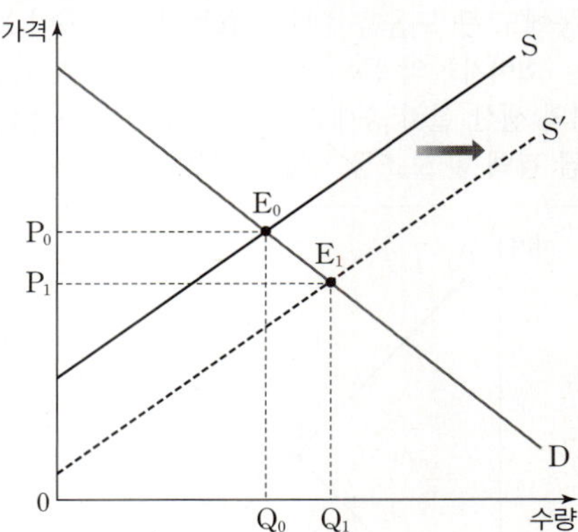

① $Q_0 Q_1$만큼 초과 수요가 발생한다.
② 생산 비용의 증가가 원인이 될 수 있다.
③ 대체재의 가격 상승이 원인이 될 수 있다.
④ 소비자들의 소득 증가가 원인이 될 수 있다.
⑤ 미래 가격의 하락이 예측될 경우에 나타날 수 있다.

092

표는 X재 시장의 단위당 가격과 판매 수입의 변화를 나타낸다. 이에 대한 옳은 추론만을 〈보기〉에서 고른 것은? (단, X재는 수요·공급 법칙을 따르며, 수요·공급 곡선은 직선이다.)

구분	단위당 가격(원)	판매 수입(천 원)
2014년	200	60
2015년	200	70
2016년	200	80
2017년	300	90
2018년	500	100

〈보기〉
ㄱ. 판매량이 가장 많은 연도의 판매 수입이 가장 많다.
ㄴ. 2018년의 전년 대비 판매량 증가율보다 가격 상승률이 더 높다.
ㄷ. 대체재 가격의 상승은 2014년부터 2016년 사이에 나타난 변화의 원인이 될 수 있다.
ㄹ. 원자재 가격의 하락은 2016년부터 2017년 사이에 나타난 변화의 원인이 될 수 있다.

① ㄱ, ㄴ   ② ㄱ, ㄷ   ③ ㄴ, ㄷ
④ ㄴ, ㄹ   ⑤ ㄷ, ㄹ

093

다음 상황에서 현재의 균형점 E가 이동할 영역으로 옳은 것은? (단, X재는 수요·공급 법칙을 따른다.)

최근 갑국에서는 X재의 효능이 선풍적인 인기를 끌고 있다. 특히 X재를 꾸준히 섭취할 경우, 체내 면역력 증강은 물론 피로 회복 및 두뇌 활동에도 큰 도움을 준다는 효능이 검증되어 X재를 구입하고자 하는 소비자들의 문의 전화가 빗발치고 있다. 이에 갑국 정부는 X재의 생산 설비 증대를 돕기 위해 X재를 생산하는 기업에 대한 세금 감액 및 보조금 지급을 결정하였다.

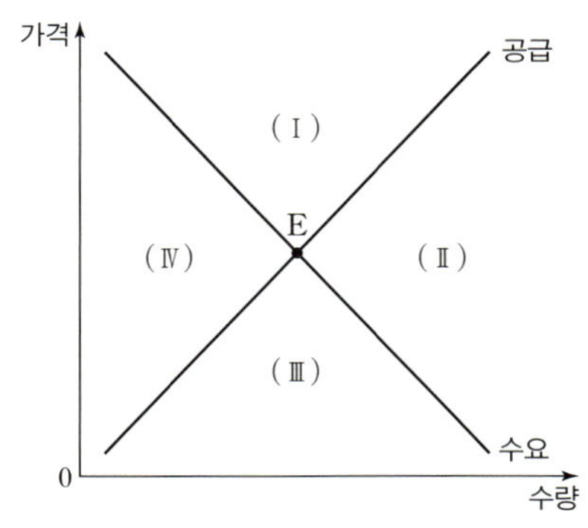

① (Ⅰ)   ② (Ⅱ)   ③ (Ⅲ)
④ (Ⅳ)   ⑤ 변동 없음

094

(가), (나)는 각각 서로 다른 재화의 시장을 나타낸다. 이에 대한 분석으로 옳은 것은?

(가) 수요 곡선은 B점과 D점을 지나는 직선이고, 공급 곡선은 C점과 D점을 지나며 공급 법칙을 따르는 직선이다.
(나) 수요 곡선은 B점을 지나며 수요 법칙을 따르는 직선이고, 공급 곡선은 A점과 C점을 지나는 직선이다.

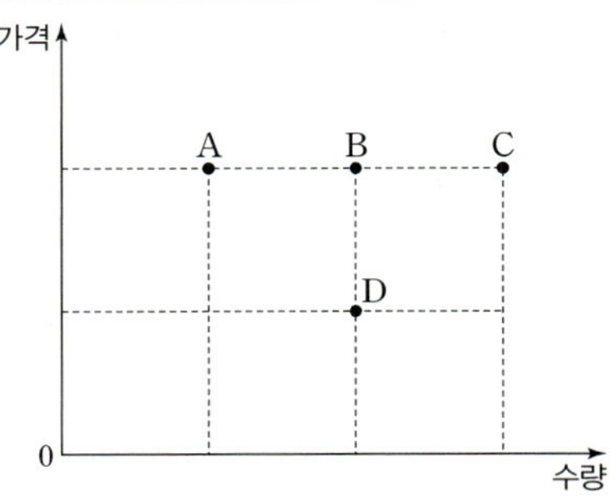

① (가)에서 가격이 하락하면 균형점이 B로 이동한다.
② (가)에서 생산자 수가 증가하면 균형점이 C로 이동한다.
③ (나)에서 생산 기술이 발달해도 균형점은 이동하지 않는다.
④ (나)에서 수요자의 기호가 증가하면 균형점은 A로 이동한다.
⑤ (가), (나) 모두 수요가 증가하면 D점에서 시장 균형이 결정된다.

095

| 평가원 기출 |

그림의 점 a~d는 X재 시장의 수요량과 공급량 조합을 나타낸다. 이에 대한 설명으로 옳은 것은? (단, X재는 수요와 공급의 법칙을 따른다.)

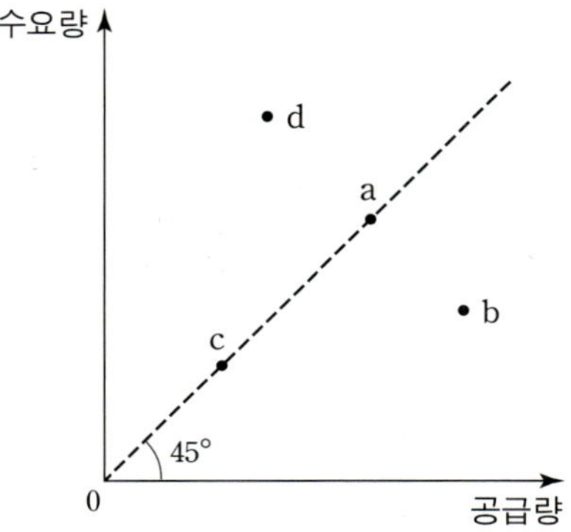

① a와 c의 시장 거래량은 동일하다.
② b에서는 초과 수요로 인해 암시장이 발생할 수 있다.
③ d에서는 가격 하락 압력이 발생한다.
④ 현재 균형이 a라면 생산 요소 가격의 상승으로 d가 새로운 균형이 될 수 있다.
⑤ 현재 균형이 a라면 대체재 가격의 하락은 균형이 c로 이동하는 요인이 될 수 있다.

096

다음 상황에서 나타날 수 있는 X재 시장의 변화를 옳게 연결한 것은?
(단, X재는 정상재이며 수요·공급 법칙을 따른다.)

> 정부는 X재 제조사의 연구 개발비에 대해 세액 공제 혜택을 제공하고, 소비자의 편의를 위해 X재 활용 시설을 확충하기로 결정하였다.

	균형 가격	균형 거래량
①	상승	알 수 없음
②	상승	감소
③	하락	알 수 없음
④	하락	증가
⑤	알 수 없음	증가

097

|교육청 기출|

그림은 가격 결정 원리를 이해하기 위한 협상 게임에서 갑~정에게 주어진 카드이다. 이에 대한 설명으로 옳은 것은?

〈갑의 카드〉

당신은 가능한 한 높은 가격으로 빵 1개를 팔려고 한다. 단, 빵 1개를 2천 원 이하로 팔 수는 없다.

〈을의 카드〉

당신은 가능한 한 높은 가격으로 빵 1개를 팔려고 한다. 단, 빵 1개를 5천 원 이하로 팔 수는 없다.

〈병의 카드〉

당신은 가능한 한 낮은 가격으로 빵 1개를 사려고 한다. 단, 빵 1개에 1천 원 이상 지출할 수는 없다.

〈정의 카드〉

당신은 가능한 한 낮은 가격으로 빵 1개를 사려고 한다. 단, 빵 1개에 4천 원 이상 지출할 수는 없다.

① 갑과 을은 수요자, 병과 정은 공급자가 된다.
② 갑과 병 간에 거래가 이루어질 수 있다.
③ 갑~정 간의 거래량은 2개일 것이다.
④ 협상 가격이 3,000원이라면 갑과 정은 거래에 참여한다.
⑤ 협상 가격이 4,000원이라면 을은 병과 달리 거래에 참여한다.

098

다음 상황에서 나타날 수 있는 변화로 가장 적절한 것은? (단, 주택 매매 시장과 주택 임대 시장은 수요·공급 법칙이 적용된다.)

> 갑국의 중앙은행은 경제 활성화를 위해 기준 금리를 인하하기로 결정하였다. 이로 인해 주택 매매를 미루어 왔던 사람들이 실수요자로 돌아서고 전·월세와 같은 주택 임대 시장에서는 수요가 줄어드는 조짐이 나타나고 있다.

① 주택 임대 가격이 상승할 것이다.
② 주택 매매 가격이 상승할 것이다.
③ 주택 임대 거래량이 증가할 것이다.
④ 주택 매매 거래량이 감소할 것이다.
⑤ 주택 매매 시장의 공급자는 감소할 것이다.

099

그림은 X재와 Y재의 시장 상황을 나타낸다. 이에 대한 옳은 설명만을 〈보기〉에서 고른 것은? (단, X재와 Y재 시장에서의 최초 균형점은 각각 A, B이다.)

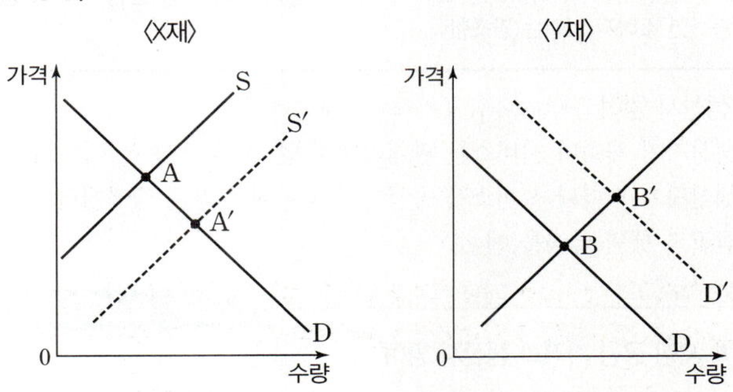

〔보기〕
ㄱ. X재의 생산 기술의 발전은 균형점을 A'로 이동시키는 요인이 된다.
ㄴ. Y재에 대한 소비자의 선호 증가는 균형점을 B'로 이동시키는 요인이 된다.
ㄷ. Y재가 정상재라면, Y재 소비자의 소득 감소는 균형점을 B'로 이동시키는 요인이 된다.
ㄹ. 두 재화가 대체 관계라면, X재의 균형점이 A'로 이동하는 것은 Y재의 균형점을 B'로 이동시키는 요인이 된다.

① ㄱ, ㄴ ② ㄱ, ㄷ ③ ㄴ, ㄷ
④ ㄴ, ㄹ ⑤ ㄷ, ㄹ

05강 잉여와 자원 배분의 효율성

주제 10   시장의 효율성과 잉여

1. 시장의 효율성
→ 자유로운 거래를 통해 재화와 서비스를 필요한 곳에 필요한 만큼 배분할 수 있는 효율적 기구이다.

① 시장 효율성 : 수요량과 공급량이 일치해 자원의 낭비가 없음
② 경쟁 시장 : 무수히 많은 수요자들과 공급자들이 존재하는 시장으로, 그 누구도 시장 가격에 영향을 줄 수 없음
③ 경쟁 시장 가격 : 수요와 공급에 의해 결정 → 자원의 효율적 배분
→ 초과 공급과 초과 수요를 방지하는 기능을 수행한다.

2. 시장의 잉여

① 소비자 잉여   → 최대 지불 용의 금액 – 실제 지불 금액
• 소비자가 재화나 서비스를 구매하면서 얻었다고 느끼는 이득의 크기
• 소비자가 재화나 서비스를 구매하기 위해 최대로 지불할 의사가 있는 금액에서 실제로 지불한 금액을 뺀 것

그래프로 살펴보기

■ 시장 균형 가격과 소비자 잉여

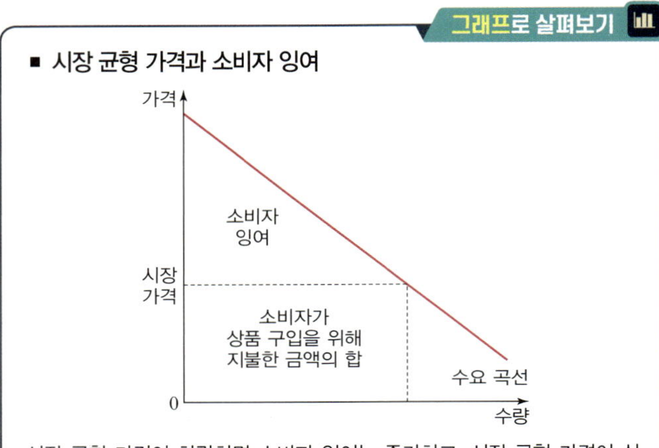

시장 균형 가격이 하락하면 소비자 잉여는 증가하고, 시장 균형 가격이 상승하면 소비자 잉여는 감소한다.

② 생산자 잉여   → 실제 수취 금액 – 최소 요구 금액
• 생산자가 재화나 서비스를 판매하면서 얻었다고 느끼는 이득의 크기
• 생산자가 재화나 서비스를 공급하면서 실제로 받은 금액에서 최소한 받고자 했던 금액을 뺀 것

그래프로 살펴보기

■ 시장 균형 가격과 생산자 잉여

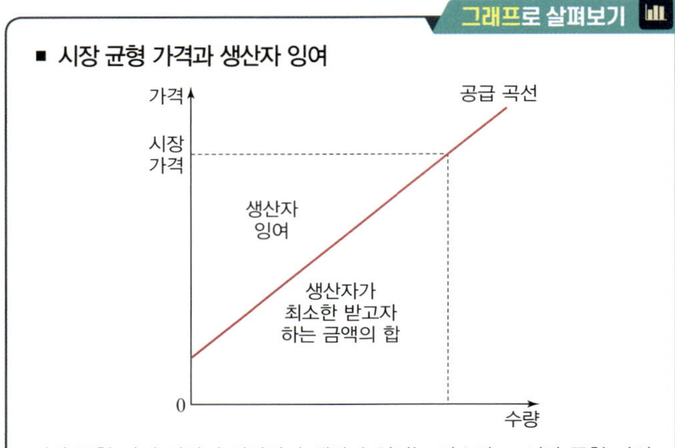

시장 균형 가격 하락이 하락하면 생산자 잉여는 감소하고, 시장 균형 가격이 상승하면 생산자 잉여는 증가한다.

③ 총잉여
• 소비자 잉여와 생산자 잉여를 합한 것(= 교환의 이득)
• 수요 곡선과 공급 곡선이 일치하는 시장 균형에서 가장 커짐 → 시장의 효율성은 총잉여의 크기로 평가함

그래프로 살펴보기

■ 총잉여

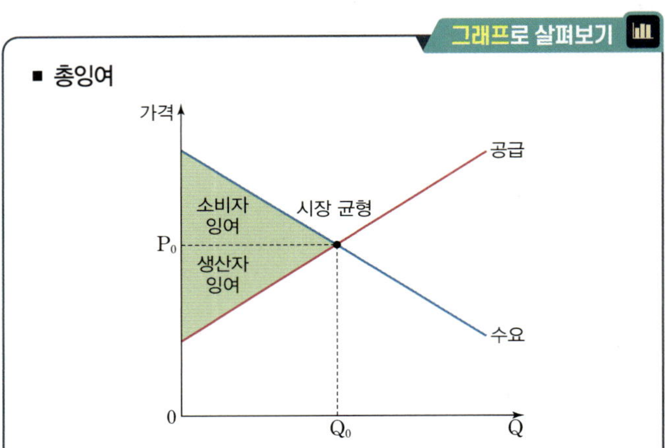

수요량과 공급량이 일치하는 시장 균형에서는 교환을 통한 이득이 최대가 되어 양적인 측면에서 낭비 없이 자원이 효율적으로 배분된다. 총잉여는 이러한 시장 균형 상황에서 가장 커진다.

④ 정부의 가격 규제 정책과 총잉여

• 최저 가격제(가격 하한제)

의미	정부가 균형 가격보다 높은 수준에서 상품 가격의 하한선을 정해 놓고, 그 이하로 가격이 내려가지 못하도록 규제하는 제도 ⑩ 최저 임금제
목적	생산자(공급자) 보호
영향	• 가격 : 시장 균형 가격 < 정부 결정 최저 가격 → 시장 거래 가격 상승 • 거래량 : 시장 균형 거래량 > 최저 가격에 따른 거래량 → 시장 거래량 감소 • 수요량과 공급량 : 수요량 감소, 공급량 증가 → 초과 공급 발생

• 최고 가격제(가격 상한제)

의미	정부가 균형 가격보다 낮은 수준에서 상품 가격의 상한선을 정해 놓고, 그 이상으로 가격이 올라가지 못하도록 규제하는 제도 ⑩ 이자율 상한제
목적	소비자(수요자) 보호
영향	• 가격 : 시장 균형 가격 > 정부 결정 최고 가격 → 시장 거래 가격 하락 • 거래량 : 시장 균형 거래량 > 최고 가격에 따른 거래량 → 시장 거래량 감소 • 수요량과 공급량 : 수요량 증가, 공급량 감소 → 초과 수요 발생

• 총잉여와의 관계

최저 가격제	초과 공급 상태가 해결되지 못함 → 총잉여 감소
최고 가격제	초과 수요 상태가 해결되지 못함 → 총잉여 감소

그래프로 살펴보기

■ 정부의 가격 통제 정책이 미치는 영향

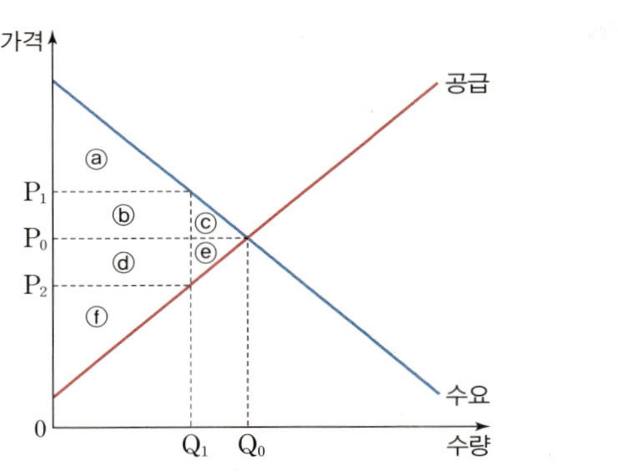

가격	거래량	소비자 잉여	생산자 잉여	총잉여	사회적 순손실
P₀	Q₀	ⓐ+ⓑ+ⓒ	ⓓ+ⓔ+ⓕ	ⓐ+ⓑ+ⓒ+ⓓ +ⓔ+ⓕ	–
P₁	Q₁	ⓐ	ⓑ+ⓓ+ⓕ	ⓐ+ⓑ+ⓓ+ⓕ	ⓒ+ⓔ
P₂	Q₁	ⓐ+ⓑ+ⓓ	ⓕ	ⓐ+ⓑ+ⓓ+ⓕ	ⓒ+ⓔ

P_1은 최저 가격제를 나타내고, P_2는 최고 가격제를 나타낸다. 정부는 최저 가격제와 최고 가격제를 통해 정책 목표를 달성할 수도 있지만, 경우에 따라서는 의도한 것과 다른 효과를 초래할 수도 있다. 따라서 정부의 가격 통제 정책은 매우 신중하게 이루어져야 한다.

주제 11 다양한 시장의 균형

1. 노동 시장의 균형

임금이 상승하면 노동의 수요량은 감소하고, 노동의 공급량은 증가한다. 반면, 임금이 하락하면 노동의 수요량은 증가하고, 노동의 공급량은 감소한다.

① 노동 시장 : 노동의 수요자와 공급자 간에 노동이 거래되는 시장

② 노동 시장에서의 수요자와 공급자

• 수요자 : 노동력을 구매하려는 의사를 가진 기업

• 공급자 : 노동력을 판매하려는 의사를 가진 가계

③ 노동 시장에서의 균형 : 수요량과 공급량이 일치하는 지점에서 균형 임금과 거래량이 결정됨

④ 최저 임금제와 노동 시장 : 최저 임금제 시행 → 기업의 소비자 잉여 감소, 가계의 생산자 잉여 증가 → 시장 전체의 고용량 감소 → 총잉여 감소

→국가가 임금의 최저 수준을 정하고, 사용자에게 그 수준 이상의 임금을 지급하도록 강제하는 제도를 말한다.

2. 금융 시장의 균형

① 금융 시장(자금 시장) : 자금의 수요자와 공급자 간에 금융 자본의 융통(자금의 거래)이 이루어지는 시장

② 금융 시장에서의 수요자와 공급자

→가계의 자금 수요도 존재한다.

• 수요자 : 기업 투자는 금융 시장에서 가장 큰 수요임

• 공급자 : 가계 저축은 금융 시장에서 가장 큰 공급임

→기업의 잉여 자금도 금융 시장에 공급된다.

③ 금융 시장에서의 균형 : 수요량과 공급량이 일치하는 지점에서 균형 이자율과 거래량이 결정됨

④ 이자 제한법과 금융 시장 : 이자 제한법 시행 → 수요자의 소비자 잉여 증가, 자금 공급자의 생산자 잉여 감소 → 시장 전체의 자금 거래량 감소 → 총잉여 감소

→국가가 돈을 빌릴 때 지불해야 할 이자의 최고 한도를 정해 두는 법이다.

→이자율이 상승하면 자금의 수요량은 감소하고, 자금의 공급량은 증가한다. 반면, 이자율이 하락하면 자금의 수요량은 증가하고, 자금의 공급량은 감소한다.

그림은 X재 시장을 나타낸다. 이에 대한 설명이 맞으면 'O', 틀리면 'X'에 표하시오.

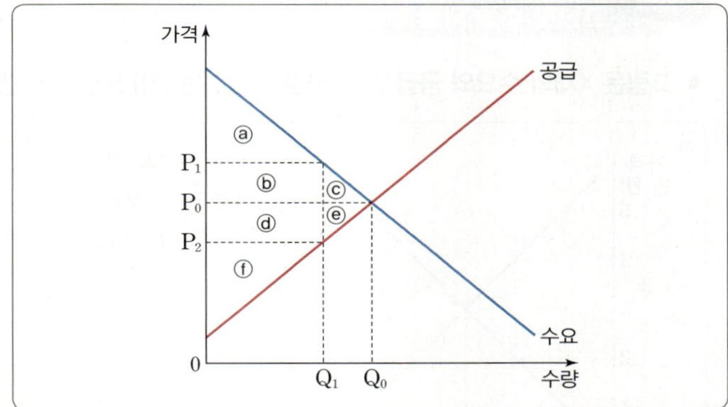

01 시장 균형 거래량이 Q₀일 때, 총잉여가 가장 크다. (O , X)

02 시장 가격이 P₁이나 P₂일 때, 시장 거래량은 Q₁로 동일하다. (O , X)

03 시장 가격이 P₀일 때보다 P₁일 때, 생산자 잉여는 더 크다. (O , X)

04 시장 가격이 P₁일 때, 소비자 잉여가 생산자 잉여보다 크다. (O , X)

05 시장 가격이 P₀에서 P₁이나 P₂로 변할 때, 총잉여는 ⓒ+ⓔ만큼 감소한다. (O , X)

다음 설명이 맞으면 'O', 틀리면 'X'에 표하시오.

06 수요 곡선과 공급 곡선이 만나는 시장 균형에서 자원 배분이 가장 효율적으로 이루어진다. (O , X)

07 소비자 잉여란 소비자가 재화나 서비스를 구매하기 위해 실제로 지불한 금액에서 최대로 지불할 의사가 있는 금액을 뺀 것이다. (O , X)

08 소비자 잉여는 시장 가격이 상승할수록 커진다. (O , X)

09 생산자 잉여는 생산자가 재화나 서비스를 판매하면서 얻었다고 느끼는 이익의 크기를 말한다. (O , X)

10 총잉여는 소비자 잉여와 생산자 잉여를 합한 것이다. (O , X)

11 정부의 가격 규제 정책은 항상 긍정적인 영향을 미친다. (O , X)

12 최고 가격제는 생산자 보호를 주된 목적으로 하고, 최저 가격제는 소비자 보호를 주된 목적으로 한다. (O , X)

13 노동 시장에서 공급자는 기업이고, 수요자는 가계이다. (O , X)

14 금융 시장에서는 자금량에 따라 수요량과 공급량이 결정된다. (O , X)

15 금융 시장에서 이자 제한법이 시행되면 시장 전체의 자금 거래량이 증가하여 총잉여도 증가한다. (O , X)

정부의 정책 실시에 따라 총잉여는 어떻게 변할까?

개념 고난도 수능 자료로 확인

■ 그림은 X재의 수요와 공급을 나타낸다. 정부는 (가) 또는 (나) 정책을 고려하고 있다.

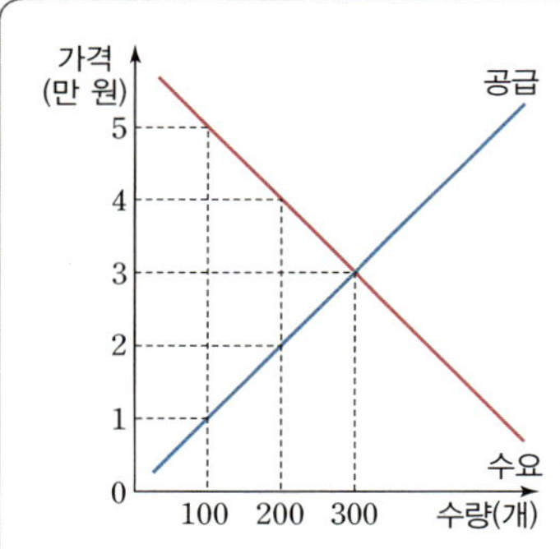

(가) 최저 가격을 5만 원으로 설정한다. → 최저 가격제를 실시하는 경우 거래량은 100 수준이 된다.

(나) 정부가 생산자와 소비자 간 직접 거래를 금지하고, 그 대신 X재를 생산자로부터 2만 원에 전량 매입해 개당 2만 원의 세금을 부과한 후 소비자에게 4만 원에 판매한다.
→ 생산자는 개당 2만 원에 판매하고, 정부는 개당 2만 원의 조세 수입을 얻으며, 소비자는 4만 원을 지불하게 된다.

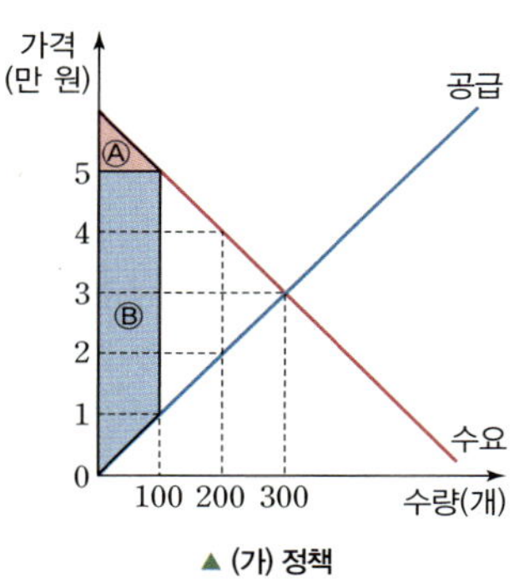

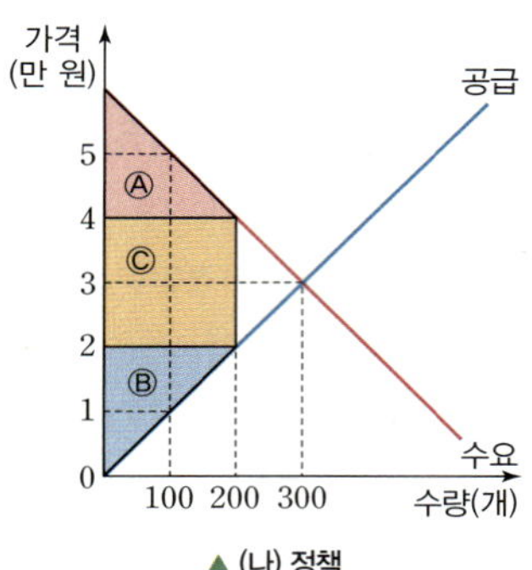

(가) 정책과 (나) 정책을 각각 시행할 경우 총잉여를 나타내면 왼쪽 그래프와 같다. 이때 Ⓐ는 소비자 잉여, Ⓑ는 생산자 잉여, Ⓒ는 정부 수입이다. 이를 수치로 정리하면 다음 표와 같다.

구분	(가) 정책	(나) 정책
소비자 잉여	약 50만 원	약 200만 원
생산자 잉여	약 450만 원	약 200만 원
정부 수입	0원	약 400만 원
총잉여	약 500만 원	약 800만 원

개념 기출문제에 적용

01 연습하기 밑줄 친 ㉠, ㉡에서 질문에 해당하는 정책을 골라 쓰시오.

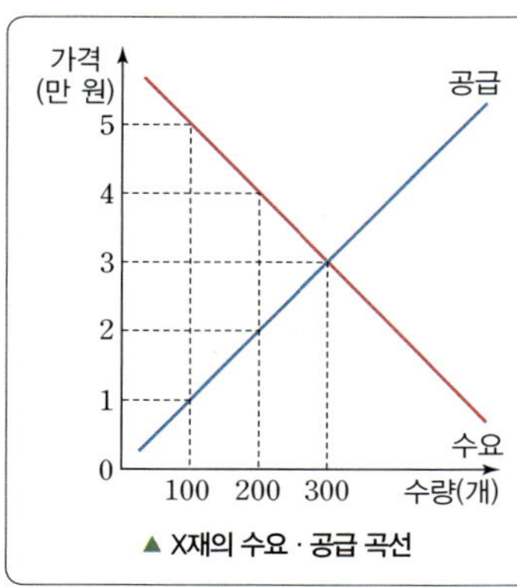

정부는 ㉠X재의 최저 가격을 5만 원으로 설정하는 정책이나 ㉡X재의 직접 거래를 금지하고 정부가 2만 원에 전량 매입해 개당 2만 원의 세금을 부과한 후 4만 원에 판매하는 정책 중 하나를 실시하려고 한다.

❶ 소비자 잉여가 더 큰 정책은? ( )
❷ 생산자 잉여가 더 큰 정책은? ( )

02 적용하기 01번 문제의 자료에서 밑줄 친 ㉠, ㉡ 정책에 대한 옳은 설명만을 〈보기〉에서 고른 것은?

보기
ㄱ. 소비자 잉여는 ㉡보다 ㉠을 시행할 때 더 크다.
ㄴ. 생산자 잉여는 ㉡보다 ㉠을 시행할 때 더 크다.
ㄷ. 소비자 잉여, 생산자 잉여, 정부 수입의 합은 ㉠보다 ㉡을 시행할 때 더 크다.
ㄹ. ㉠을 시행할 때 최저 가격을 5만 원보다 낮게 설정하면, 소비자 잉여와 생산자 잉여의 합은 감소할 것이다.

① ㄱ, ㄴ ② ㄱ, ㄷ ③ ㄴ, ㄷ
④ ㄴ, ㄹ ⑤ ㄷ, ㄹ

HOW & WHAT 정답 01 ❶ ㉡ ❷ ㉠ 02 ③

주제 10 시장의 효율성과 잉여

족집게 전략 | 소비자 잉여와 생산자 잉여, 총잉여를 묻는 문제는 지속적으로 출제되고 있다. 다양한 유형의 기출 문제 풀이를 통해 문제 유형에 익숙해지도록 하자.

족집게 자료 분석 전략 START |

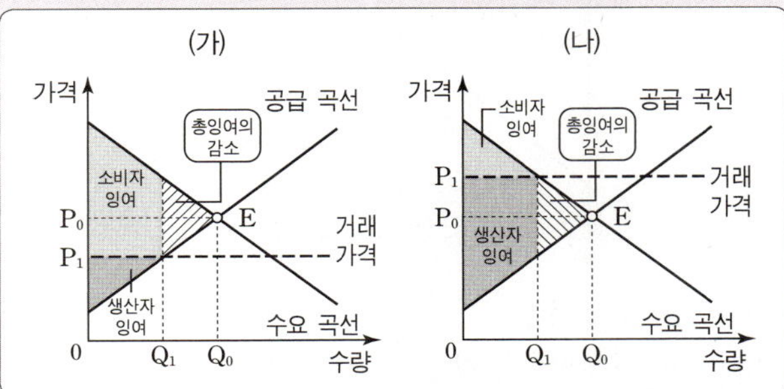

(가)에서는 시장 가격이 균형 가격보다 낮아져 총잉여가 감소하였고, (나)에서는 시장 가격이 균형 가격보다 높아 총잉여가 감소하였다. 이처럼 소비자 잉여와 생산자 잉여를 합한 총잉여는 수요 곡선과 공급 곡선이 만나는 시장 균형에서 가장 커진다.

100 대표 문항 | 교육청 기출 |

그림은 X재 시장의 변화를 나타낸다. 이에 대한 옳은 분석만을 〈보기〉에서 고른 것은?

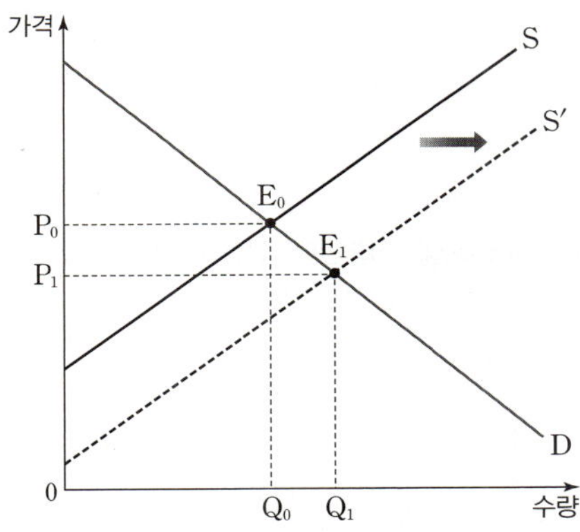

〈보기〉

ㄱ. 소비자 잉여는 증가했다.
ㄴ. 생산자 잉여는 감소했다.
ㄷ. 균형 가격은 하락했고, 균형 거래량은 증가했다.
ㄹ. 생산 비용의 증가는 S → S′의 요인이 될 수 있다.

① ㄱ, ㄴ   ② ㄱ, ㄷ   ③ ㄴ, ㄷ
④ ㄴ, ㄹ   ⑤ ㄷ, ㄹ

✏️ **한줄 Tip** 제시된 그래프에 직접 소비자 잉여와 생산자 잉여를 표시해 보자!

101

그림에서 A~E는 X재 시장에서 서로 다른 시기의 균형점을 나타낸다. 이에 대한 분석 및 추론으로 옳은 것은?

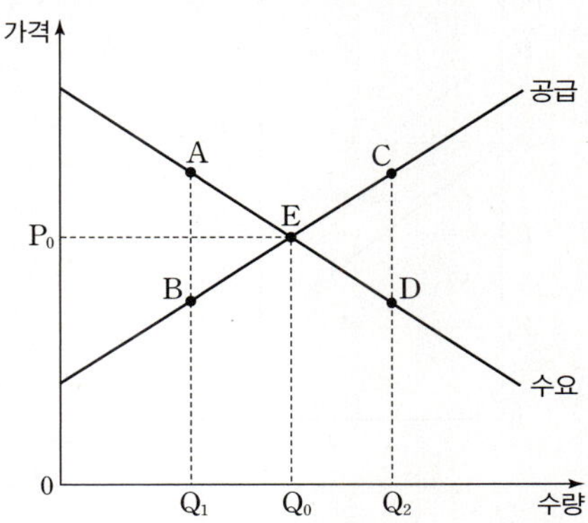

① 거래량이 Q_1일 때, 총잉여의 크기는 △ABE이다.
② 시장 균형이 E일 때, 총잉여의 크기가 가장 크다.
③ 시장 균형이 E일 때, 소비자 잉여가 생산자 잉여보다 크다.
④ 시장 균형점이 E에서 D로 이동할 때, 총잉여의 크기는 줄어든다.
⑤ 거래량이 Q_0에서 Q_2로 이동할 때, 총잉여의 크기는 △CDE만큼 줄어든다.

102

그림은 X재 시장을 나타낸다. 이에 대한 분석 및 추론으로 옳은 것은?

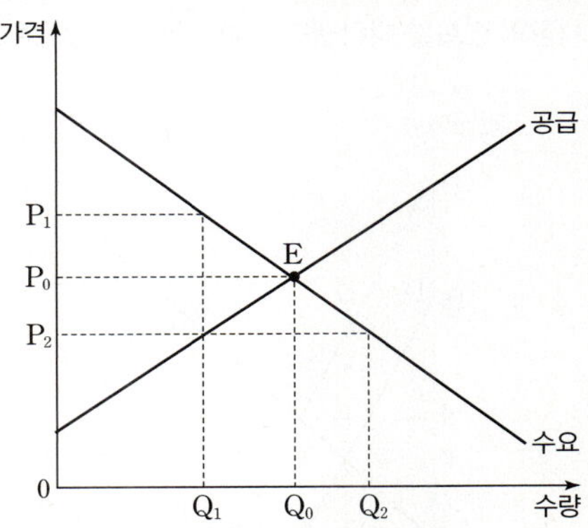

① 가격이 P_2일 때, Q_1Q_2만큼 초과 공급이 발생한다.
② 시장 균형이 E일 때 총잉여의 크기는 $P_0 \times Q_0$이다.
③ 공급 곡선이 왼쪽으로 이동하면 생산자 잉여는 증가한다.
④ 가격이 P_1로 고정되면 생산자 잉여가 소비자 잉여보다 크다.
⑤ 시장 균형 가격이 P_2, 균형 거래량이 Q_1이 되면 소비자 잉여는 감소한다.

103

그림은 X재 시장의 변화를 나타낸다. 이에 대한 옳은 분석만을 〈보기〉에서 고른 것은?

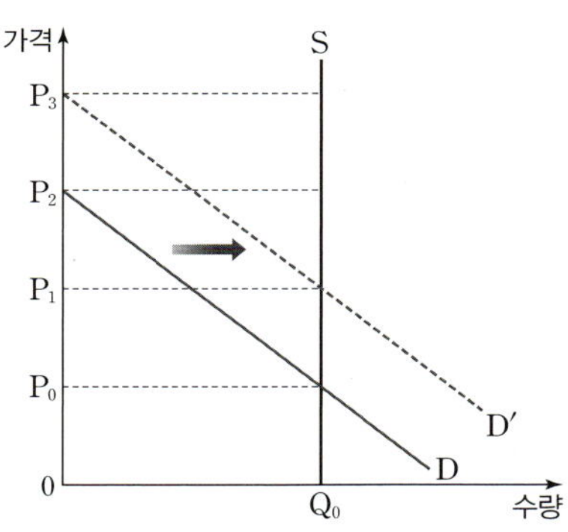

〈보기〉
ㄱ. 생산자 잉여의 크기는 변하지 않았다.
ㄴ. 수요의 증가로 균형 가격이 P_2에서 P_3로 상승하였다.
ㄷ. 균형 가격의 변동으로 인해 총잉여는 증가하였다.
ㄹ. 소비자 잉여는 $[(P_0P_2 \times Q_0) \div 2]$에서 $[(P_1P_3 \times Q_0) \div 2]$로 이동하였다.

① ㄱ, ㄴ   ② ㄱ, ㄷ   ③ ㄴ, ㄷ
④ ㄴ, ㄹ   ⑤ ㄷ, ㄹ

104

그림은 X재 시장의 변화를 나타낸다. 이에 대한 분석으로 옳은 것은?

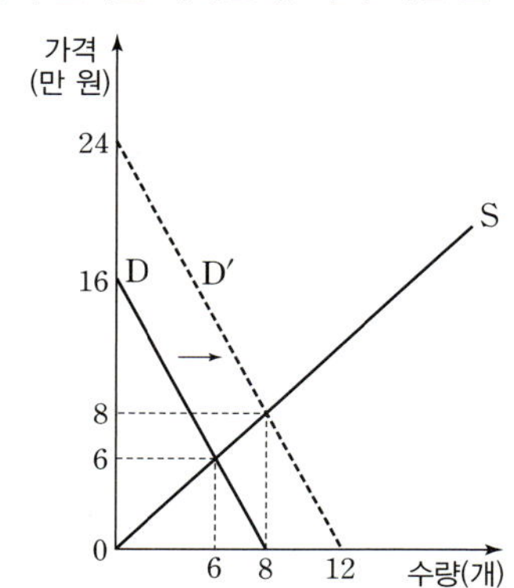

① 최초의 시장 균형에서 총잉여는 36만 원이다.
② 수요 변동 후 총잉여는 144만 원이다.
③ 수요 변동 후 생산자 잉여는 28만 원 증가하였다.
④ 수요 변동 후 소비자 잉여는 34만 원 증가하였다.
⑤ X재의 대체재 가격 상승은 D → D′의 요인이 될 수 없다.

105

그림에 대한 설명으로 옳은 것은?

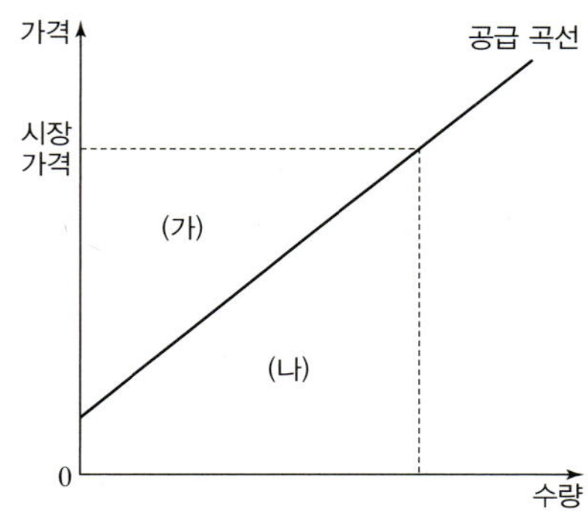

① (가)는 소비자 잉여이다.
② (가)는 가격의 영향을 받지 않는 부분이다.
③ (가)는 소비자가 느끼는 효용의 크기와 같다.
④ (나)는 생산자가 판매하고자 하는 최소 금액이다.
⑤ (가)와 (나)를 합친 것을 총잉여라고 한다.

106

그림은 X재 시장의 변화를 나타낸다. 이에 대한 분석으로 옳은 것은?

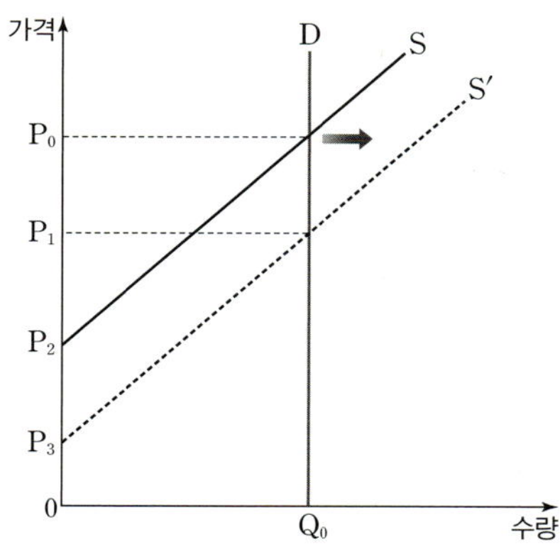

① 가격 변동으로 소비자 잉여가 감소하였다.
② 가격 변동으로 생산자 잉여가 증가하였다.
③ 공급 곡선의 이동으로 총잉여가 감소하였다.
④ 생산자 잉여의 크기는 변화 전과 변화 후가 동일하다.
⑤ 공급의 증가로 시장 균형 가격이 P_2에서 P_3로 하락하였다.

107

그림은 X재 시장의 변화를 나타낸다. 이에 대한 옳은 분석만을 〈보기〉에서 고른 것은? (단, 수요 곡선과 공급 곡선의 변동폭은 같다.)

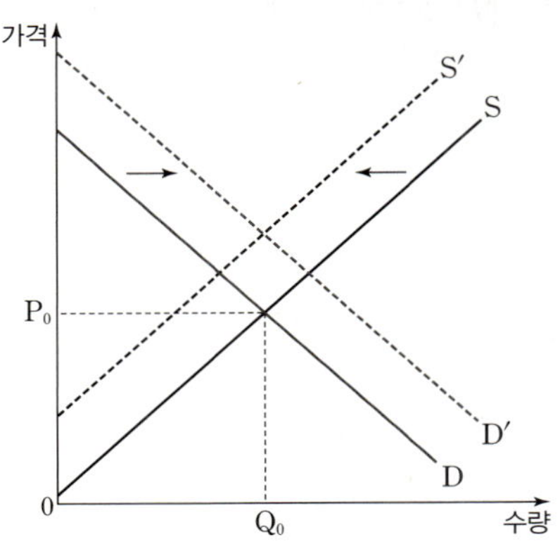

〈보기〉

ㄱ. 균형 가격이 상승하였다.
ㄴ. 균형 거래량이 증가하였다.
ㄷ. 총잉여가 증가하였다.
ㄹ. 소비자 잉여의 위치가 변화하였다.

① ㄱ, ㄴ ② ㄱ, ㄹ ③ ㄴ, ㄷ
④ ㄴ, ㄹ ⑤ ㄷ, ㄹ

108

그림의 (가), (나)에 대한 옳은 설명만을 〈보기〉에서 고른 것은?

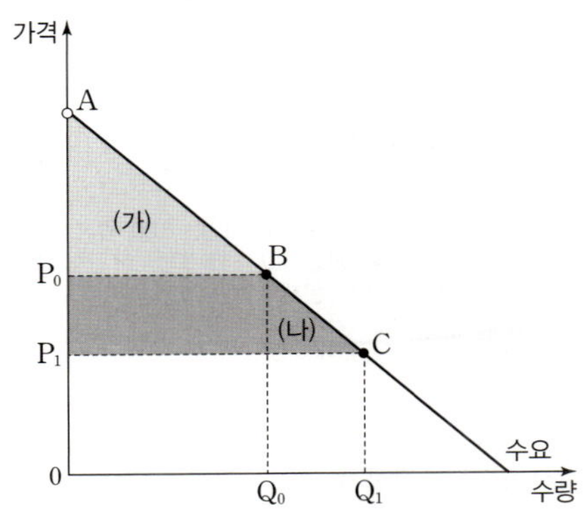

〈보기〉

ㄱ. (가)는 가격 하락 전(P₀) 소비자 잉여이다.
ㄴ. (나)는 가격 하락 후(P₁) 소비자 잉여가 증가한 부분이다.
ㄷ. (가)는 (나)와 달리 가격의 영향을 받지 않는다.
ㄹ. (가)와 (나)는 모두 소비자가 경제 활동을 하며 비용을 부담하는 부분이다.

① ㄱ, ㄴ ② ㄱ, ㄷ ③ ㄴ, ㄷ
④ ㄴ, ㄹ ⑤ ㄷ, ㄹ

109

다음 자료에 대한 분석으로 옳은 것은?

표는 소비자 갑, 을이 X재를 구입하기 위해 지불할 의사가 있는 최대 금액과 생산자 병이 X재를 판매하면서 받고자 하는 최소 금액을 나타낸다. (단, 갑~병은 X재 시장에 참여한 무수히 많은 소비자와 생산자 중 일부이다.)

(단위 : 원)

구분	소비자 갑	소비자 을	생산자 병
첫 번째 X재	1,000	900	200
두 번째 X재	900	800	400
세 번째 X재	700	600	700
네 번째 X재	400	300	1,100

① 가격이 550원일 때 갑의 수요량은 4개이다.
② 가격이 650원일 때 병의 공급량은 3개이다.
③ 가격이 750원일 때 을의 수요량이 병의 공급량보다 많다.
④ 가격이 850원일 때 병의 생산자 잉여는 450원이다.
⑤ 가격이 850원일 때 갑의 소비자 잉여는 을의 소비자 잉여보다 150원 크다.

110

그림은 X재 시장의 변화를 나타낸다. 이에 대한 분석 및 추론으로 옳은 것은?

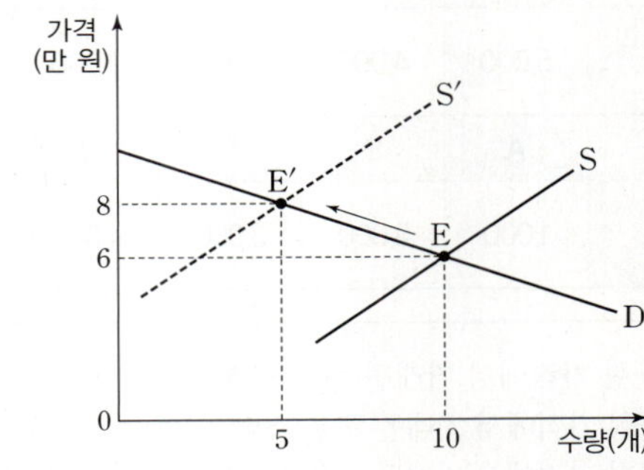

① 소비자 잉여가 증가하였다.
② 대체재의 가격이 하락했을 것이다.
③ 변화 후 소비자 잉여는 40만 원이다.
④ 변화 이전 생산자 잉여는 60만 원이다.
⑤ 총잉여는 변화 전이 변화 후보다 크다.

111

다음 상황에서 정부가 생산자에게 개당 100원의 지원금을 지급하기로 결정했을 때 나타날 변화로 가장 적절한 것은?

〈X재의 수요량과 공급량〉

가격(원)	수요량(개)	공급량(개)
500	110	50
600	100	60
700	90	70
800	80	80
900	70	90
1000	60	100
1100	50	110

① 소비자 잉여가 감소한다.
② 총잉여가 증가한다.
③ 생산자 잉여는 변하지 않는다.
④ 시장 균형 가격이 100원 상승한다.
⑤ 시장 균형 거래량이 10개 감소한다.

113

그림은 X재 시장에서 수요의 변화를 나타낸다. 이에 대한 옳은 설명만을 〈보기〉에서 고른 것은?

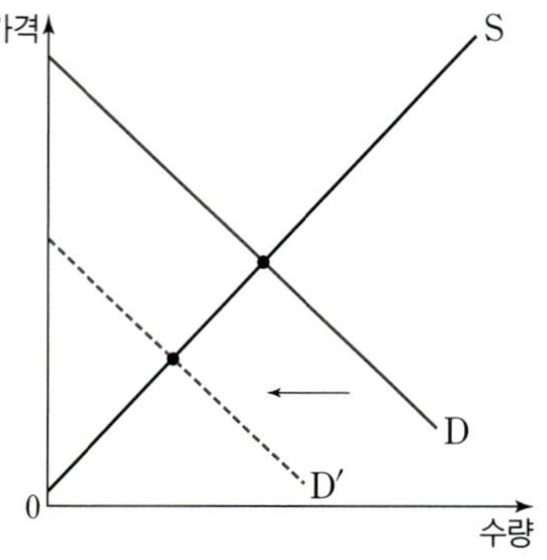

보기
ㄱ. 균형 가격이 하락했다.
ㄴ. 균형 거래량이 증가했다.
ㄷ. 생산자 잉여는 감소했다.
ㄹ. 소비자 잉여는 증가했다.

① ㄱ, ㄴ ② ㄱ, ㄷ ③ ㄴ, ㄷ
④ ㄴ, ㄹ ⑤ ㄷ, ㄹ

112

다음 사례에 대한 옳은 분석만을 〈보기〉에서 고른 것은? (단, X재 시장 참여자는 갑~무, A~E가 전부이며, 모두 1개씩만 거래하고자 한다.)

〈X재에 대한 소비자와 생산자의 거래 의사〉

소비자	갑	을	병	정	무
최대 지불 용의 금액(원)	5,000	4,000	3,000	2,000	1,000
생산자	A	B	C	D	E
최소 요구 금액(원)	1,000	2,000	3,000	4,000	5,000

보기
ㄱ. 시장 균형 가격에서 거래될 경우 균형 거래량은 4개이다.
ㄴ. 시장 균형 가격에서 거래될 경우 소비자 잉여는 3,000원이다.
ㄷ. 시장 균형 가격에서 거래될 경우 생산자 잉여는 3,000원이다.
ㄹ. 시장 균형 가격에서 거래될 경우 거래에 참여하는 사람은 모두 10명이다.

① ㄱ, ㄴ ② ㄱ, ㄷ ③ ㄴ, ㄷ
④ ㄴ, ㄹ ⑤ ㄷ, ㄹ

114

다음 교사의 질문에 대한 답으로 옳은 것은?

① 1,800원 ② 2,000원 ③ 2,200원
④ 3,800원 ⑤ 4,000원

115

다음 상황에서 X재의 구매 가격이 250원으로 결정되었을 때 소비자 잉여의 값으로 옳은 것은? (단, X재는 1인당 1개만 구입할 수 있다.)

〈X재의 구매 의사 가격〉

수요자	단위당 구매 의사 가격
갑	500원
을	400원
병	300원
정	200원
무	100원

① 300원 ② 350원 ③ 400원
④ 450원 ⑤ 500원

116

다음은 수업 시간의 대화이다. 교사가 제시한 표를 바탕으로 할 때 (가)~(다)를 모두 합한 값으로 옳은 것은?

교사 : 오늘 수업 주제는 '시장의 효율성과 잉여'입니다. 각자 다음 표를 보면서 준비해 온 내용을 발표해 봅시다.

가격(원)	수요량(개)	공급량(개)
5,000	0	20
4,000	5	15
3,000	10	10
2,000	15	5
1,000	20	0

갑 : 저는 (가)에 대해 준비했습니다. (가)는 소비자가 재화나 서비스를 구매하기 위한 최대 지불 의사 금액에서 실제로 지불한 금액을 뺀 것으로 소비자가 재화나 서비스를 구매하면서 얻었다고 느끼는 이득의 크기입니다.

을 : 저는 (나)에 대해 준비했습니다. (나)는 생산자의 판매 수입에서 최소한 받고자 했던 금액을 뺀 것으로 생산자가 재화나 서비스를 판매하면서 얻었다고 느끼는 이득의 크기를 의미합니다.

교사 : 두 사람 모두 잘했습니다. 갑과 을이 이야기한 (가)와 (나)를 합친 것을 (다)라고 합니다.

① 1만 원 ② 2만 원 ③ 4만 원
④ 7만 원 ⑤ 9만 원

117

다음 사례에 대한 분석 및 추론으로 옳은 것은?

X재는 수요 법칙을 따르는 재화이다. 특히 수요 곡선의 기울기의 절댓값은 1이며 직선으로 되어 있다. 그러나 X재는 공급 법칙을 따르지 않는다. X재의 공급 곡선은 수직선으로 되어 있어 어떤 가격대에서도 동일한 공급량을 나타낸다. 이런 상황에서 수요 곡선이 오른쪽으로 이동하였고, 공급 곡선에는 변화가 없다.

① 생산자 잉여가 증가할 것이다.
② 총잉여의 크기는 변함이 없다.
③ X재의 보완재 가격이 상승한 결과이다.
④ 가격 상승으로 소비자 잉여가 감소할 것이다.
⑤ X재의 대체재의 가격은 하락할 것이다.

118 고난도 | 평가원 기출 |

다음 자료에 대한 분석 및 추론으로 옳은 것은?

그림은 쇠고기 구이를 판매하는 A 식당에서 식사를 하고자 하는 갑이 쇠고기 구이를 1인분씩 주문할 때마다 지불하고자 하는 최대 금액을 나타낸다.

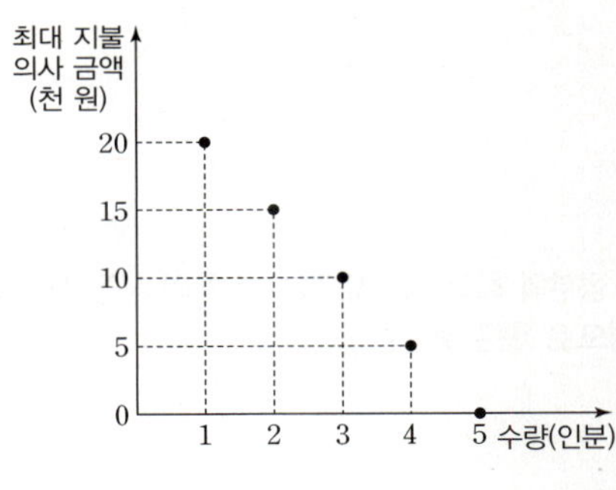

A 식당은 한 번에 1인분씩 주문을 받으며 한 번에 1인분씩만 추가 주문을 받는다. 이 식당의 쇠고기 구이 1인분 주문 가격은 1만 2천 원이다. 하지만 추가 주문부터는 할인 제도를 둔다. 두 번째 주문에서는 8천 원, 세 번째 주문부터는 4천 원을 받는다. 예를 들어 갑이 3인분을 주문하면 2만 4천 원(=1만 2천 원+8천 원+4천 원)을 지불한다.

① 현행 할인 제도에서 갑의 총 주문량은 3인분이다.
② 현행 할인 제도에서 갑의 소비자 잉여는 2인분을 주문할 경우 가장 크다.
③ A 식당이 현행 할인 제도를 폐지하면 갑의 소비자 잉여는 폐지 이전보다 증가할 것이다.
④ A 식당이 현행 할인 제도를 폐지하면 갑이 지불하는 총 금액은 폐지 이전보다 감소할 것이다.
⑤ A 식당이 현행 할인 제도를 두 번째 주문부터는 8천 원을 받는 할인 제도로 변경하면 갑이 지불하는 총 금액은 변경 이전보다 증가할 것이다.

119

그림은 가격 규제와 총잉여의 변화를 나타낸다. 이에 대한 옳은 분석만을 〈보기〉에서 고른 것은?

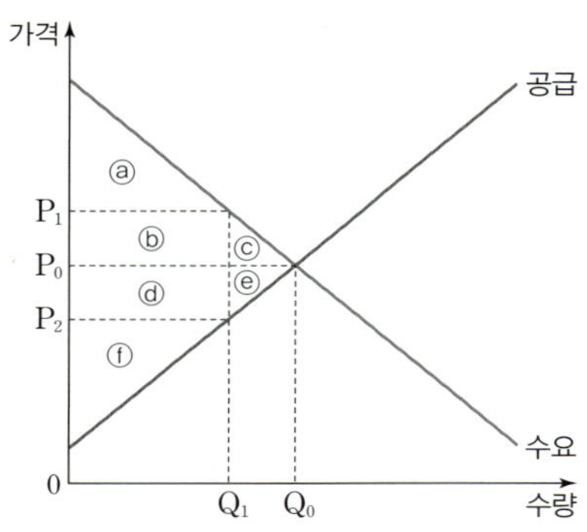

보기

ㄱ. P₁에서 시장 가격이 결정될 경우, 생산자 잉여는 ⓑ+ⓒ+ⓓ+ⓔ+ⓕ가 된다.
ㄴ. P₂에서 시장 가격이 결정될 경우, 소비자 잉여는 ⓐ+ⓑ+ⓓ가 된다.
ㄷ. P₁은 최고 가격제이고, P₂는 최저 가격제이다.
ㄹ. P₁이나 P₂로 시장 가격을 규제할 경우, 총잉여에서 ⓒ+ⓔ만큼의 손실이 나타난다.

① ㄱ, ㄴ   ② ㄱ, ㄷ   ③ ㄴ, ㄷ
④ ㄴ, ㄹ   ⑤ ㄷ, ㄹ

120

| 평가원 기출 |

그림은 X재 시장에 대한 정부의 최고 가격제 실시 전후의 시장 상황을 나타낸다. 이에 대한 분석으로 옳은 것은?

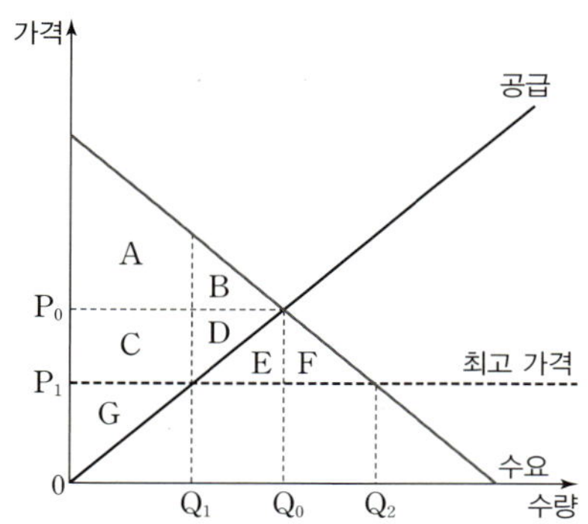

① 가격 규제 이전 생산자 잉여는 C+G이다.
② 가격 규제 이후 Q₀Q₂만큼의 초과 수요가 발생한다.
③ 가격 규제 이후 총잉여는 E+F만큼 증가한다.
④ 가격 규제 이후 소비자 잉여는 A+B+C +D+E+F이다.
⑤ 가격 규제 이전 생산자 잉여에 포함된 C는 규제 이후 소비자 잉여에 포함된다.

족집게 전략 | 노동 시장과 자금 시장의 균형과 변동에 대한 문제가 주로 출제된다. 특히 노동 시장과 자금 시장에서 주요 수요자인 기업이 공급을 줄이거나 늘릴 경우의 변화를 묻는 문제가 출제될 수 있다.

족집게 자료 분석 전략 START |

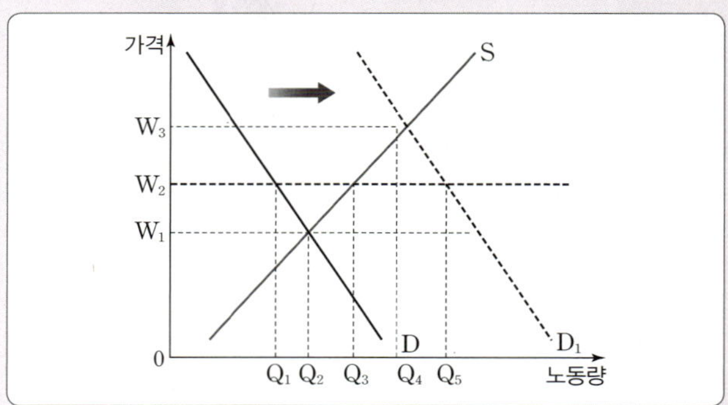

위 그림은 노동 시장에서 균형의 변동을 나타내고 있다. 최초의 시장 균형 가격은 W₁이고, 균형 거래량은 Q₂인데, 정부가 W₂ 수준에서 최저 임금제를 실시하면서 Q₁에서 거래가 이루어졌다. 이후 수요 곡선이 D₁으로 이동하면서 W₂ 수준에서의 최저 임금제는 의미가 없어졌다. 왜냐하면 W₃ 수준에서 시장 가격이 새롭게 형성되고, 이로 인해 노동 수요가 증가하면서 자연스럽게 최저 임금 이상의 수준에서 거래가 이루어지고 있기 때문이다.

121 ◀ 대표 문항

| 평가원 기출 |

갑국의 정부는 노동 시장에는 P₁을 최저 가격으로, 금융 시장에는 P₂를 최고 가격으로 각각 설정하였다. 이에 대한 분석으로 옳은 것은?

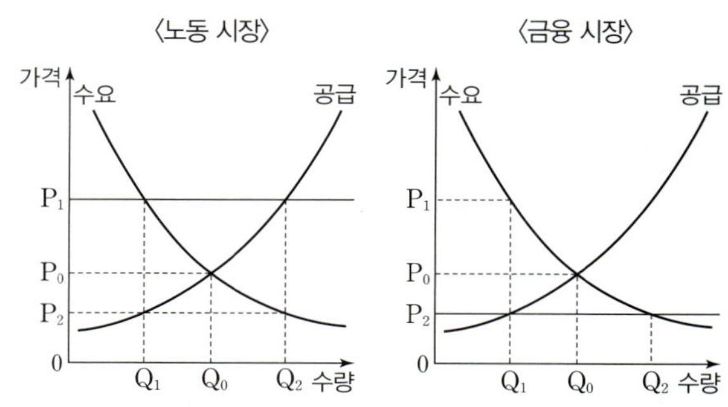

① 노동 시장에서는 Q₀Q₂만큼의 실업이 발생한다.
② 금융 시장에서는 Q₁Q₀만큼의 초과 수요가 발생한다.
③ 두 시장 모두에서 정부의 가격 규제는 실효성을 갖는다.
④ 노동 시장에서는 금융 시장에서와 달리 암시장이 형성될 수 없다.
⑤ 두 시장 모두에서 시장 균형일 때에 비해 생산자 잉여는 감소하였다.

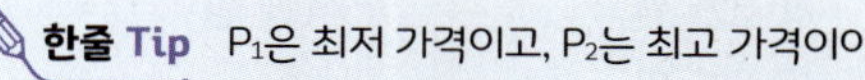

✎ **한줄 Tip** P₁은 최저 가격이고, P₂는 최고 가격이야!

122

밑줄 친 부분이 갑국의 시장 이자율과 자금 거래량에 미칠 영향을 옳게 연결한 것은?

그림은 갑국의 자금 시장 상황을 나타낸다. 갑국 정부는 이자율이 r_0보다 높은 수준으로 상승하지 못하도록 규제하고 있다. 최근 경기 호황에 대한 기대가 커지면서 기업의 신규 투자를 위한 자금 수요가 증가할 것으로 예상된다. (단, 국가 간 자본 이동은 없다.)

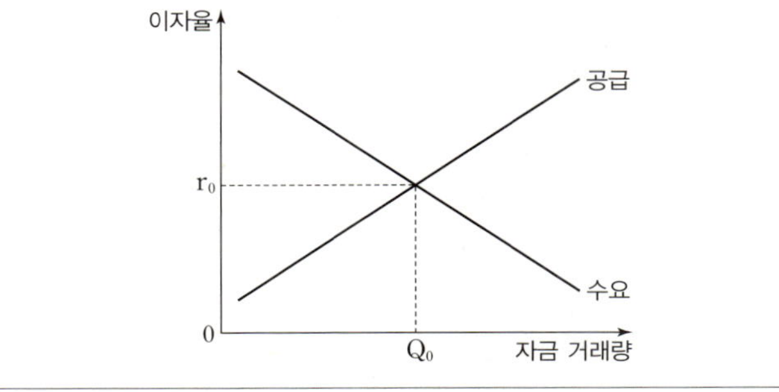

	시장 이자율	자금 거래량
①	불변	불변
②	불변	증가
③	하락	감소
④	하락	불변
⑤	상승	증가

123

다음 상황에서 갑국의 금융 시장 균형점의 변화로 가장 적절한 것은? (단, E점은 최초의 상황이다.)

갑국에서는 경기 불황이 예상되어 기업이 투자를 줄일 것으로 전망되고 있다.

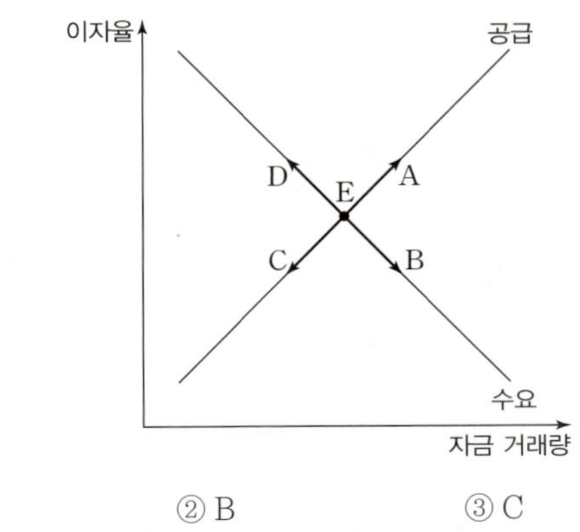

① A ② B ③ C
④ D ⑤ E

124

밑줄 친 상황에 대한 변화 요인으로 적절한 것만을 〈보기〉에서 고른 것은?

갑국의 노동 시장에서는 시장 균형 임금이 시간당 1만 원, 균형 거래 노동량이 2천 명이었다. 그런데 6개월 후 갑국의 노동 시장 상황이 크게 달라졌다. 균형 거래 노동량은 동일한데 시장 균형 임금이 시간당 1만 2천 원으로 상승하였다. 갑국에서는 아직까지 정부가 노동 시장에 개입하지 않고 있는 상황에서 발생한 일이다. 갑국의 노동 시장에서 수요와 공급은 수요·공급 법칙을 따르며, 노동의 수요 곡선과 공급 곡선은 모두 직선이고 기울기의 절댓값은 같다.

〈보기〉
ㄱ. 노동의 수요 측면 – 기업의 생산량 감소
ㄴ. 노동의 수요 측면 – 경기 상황에 대한 기업의 낙관적 전망
ㄷ. 노동의 공급 측면 – 가계의 소득 감소
ㄹ. 노동의 공급 측면 – 여가에 대한 선호의 증가

① ㄱ, ㄴ ② ㄱ, ㄷ ③ ㄴ, ㄷ
④ ㄴ, ㄹ ⑤ ㄷ, ㄹ

125

다음 사례에 대한 설명 및 추론으로 옳은 것은?

갑국에서는 무리한 대출을 받아 주택을 매매하는 것보다 대출을 받지 않거나 아주 조금 받아서 전세를 구하는 것이 유행이었다. 이는 이자율이 높아 무리한 대출을 받을 경우 원리금 상환에 대한 부담이 클 뿐만 아니라 저축을 통한 자산 축적이 가능했기 때문이다. 하지만 최근 들어 자금 시장의 변화로 인해 갑국의 주택 시장에 큰 변화가 나타나고 있다. 임대 시장에서 전세 거래는 크게 감소하고, 주택 매매 시장의 호가는 치솟고 있는 상황이다.

① 시중 금리가 인상된 결과이다.
② 주택 임대 시장의 공급이 감소한 결과이다.
③ 주택 매매 시장에서 수요 곡선이 오른쪽으로 이동하고 있다.
④ 이자율은 주택 시장의 변화에 직접적인 영향을 미치지 않았다.
⑤ 자금 시장의 공급 감소가 주택 매매 시장의 변화의 요인이 될 수 있다.

06강 수요와 공급의 가격 탄력성

주제 12 수요와 공급의 가격 탄력성

1. 수요의 가격 탄력성

① 의미
- 상품의 가격 변동에 대한 수요량의 변화 정도
- 수요량이 얼마나 민감하게 가격 변동에 반응하는지를 나타내는 지표

② 계산 방법
- 수요의 가격 탄력성(Ed) = $\left| \dfrac{\text{수요량 변화율(\%)}}{\text{가격 변화율(\%)}} \right|$
- 가격과 수요량은 음(−)의 관계에 있으므로 수요의 가격 탄력성 값은 절댓값으로 표현함

③ 유형

Ed=0 (완전 비탄력적)	가격이 변화해도 수요량은 변화하지 않음
0＜Ed＜1 (비탄력적)	가격의 변화 정도보다 수요량의 변화 정도가 더 작음
Ed=1 (단위 탄력적)	가격과 수요량의 변화 정도가 같음
Ed＞1 (탄력적)	가격의 변화 정도보다 수요량의 변화 정도가 더 큼
Ed=∞ (완전 탄력적)	가격이 조금만 변화해도 수요량은 무한히 변화함

그래프로 살펴보기

■ 수요의 가격 탄력성과 수요 곡선

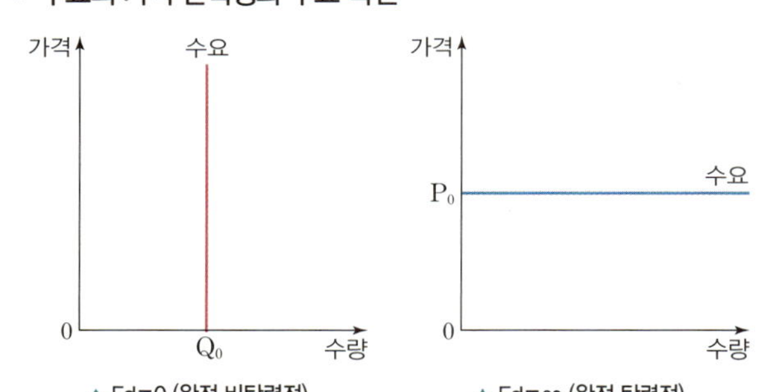

수요의 가격 탄력성이 완전 비탄력적인 상품은 가격이 변화해도 수요량은 변화하지 않는다. 반면, 수요의 가격 탄력성이 완전 탄력적인 상품은 가격이 조금만 변화해도 수요량은 무한대로 변화한다. 따라서 수요 곡선의 기울기는 '비탄력적 → 단위 탄력적 → 탄력적'으로 갈수록 완만해진다.

④ 수요의 가격 탄력성과 판매 수입의 관계
- 수요의 가격 탄력성 유형과 판매 수입

구분	가격 상승 시	가격 하락 시
Ed=0	판매 수입 증가	판매 수입 감소
0＜Ed＜1	판매 수입 증가	판매 수입 감소
Ed=1	변동 없음	변동 없음
Ed＞1	판매 수입 감소	판매 수입 증가
Ed=∞	판매 수입 없음	판매 수입 무한대 증가

→ 수요의 가격 탄력성이 탄력적인 상품은 가격과 판매 수입이 반대 방향으로 움직이는 데 비해, 비탄력적인 상품은 같은 방향으로 움직인다.

- 수요의 가격 탄력성이 비탄력적인 경우 : 가격 상승으로 인한 총수입의 증가분이 수요량 감소로 인한 총수입의 감소분보다 크기 때문에 판매 수입은 증가함
- 수요의 가격 탄력성이 탄력적인 경우 : 가격 인하로 인한 총수입의 감소분보다 수요량 증가로 인한 총수입의 증가분이 크기 때문에 판매 수입은 감소함

⑤ 수요의 가격 탄력성에 영향을 미치는 요인
- 상품의 성격

생필품	비탄력적 → 일상생활에 반드시 필요한 물품인 생필품은 가격 변동에 대해 소비량을 크게 변동시키기 어렵기 때문에 수요의 가격 탄력성이 비교적 작게 나타남
사치품	탄력적 → 사치품은 없다고 해서 삶에 큰 지장을 주지 않기 때문에 가격 변동에 대해 소비량을 크게 변동시킬 수 있어서 수요의 가격 탄력성이 비교적 크게 나타남

- 대체재의 유무

있음	탄력적 → 대체재가 있는 경우 가격 변동 시 다른 상품으로의 수요 이동이 비교적 용이하기 때문에 가격 변동에 대해 소비량을 크게 변동시킬 수 있어서 수요의 가격 탄력성이 비교적 크게 나타남
없음	비탄력적 → 대체재가 없는 경우 가격 변동 시 다른 상품으로의 수요 이동이 비교적 어렵기 때문에 가격 변동에 대해 소비량을 크게 변동시킬 수 있어서 수요의 가격 탄력성이 비교적 작게 나타남

- 가격 변동에 대한 소비자의 대응 기간

단기	비탄력적 → 상품의 가격 변동에 대한 소비자의 대응 기간이 짧을수록 소비량 조절이나 대체재 탐색이 어렵기 때문에 수요의 가격 탄력성이 비교적 작게 나타남
장기	탄력적 → 상품의 가격 변동에 대한 소비자의 대응 기간이 길수록 소비량 조절이나 대체재 탐색이 가능해지기 때문에 수요의 가격 탄력성이 비교적 크게 나타남

- 가계의 예산에서 차지하는 비중

작음	비탄력적 → 가계의 예산에서 차지하는 비중이 작으면 가격이 높아져도 크게 신경 쓰지 않기 때문에 수요의 가격 탄력성이 비교적 작게 나타남
큼	탄력적 → 가계의 예산에서 차지하는 비중이 크면 가격이 조금만 높아져도 신경을 많이 쓰기 때문에 수요의 가격 탄력성이 비교적 크게 나타남

2. 공급의 가격 탄력성

① 의미
- 상품의 가격 변동에 대한 공급량의 변화 정도
- 공급량이 얼마나 민감하게 가격 변동에 반응하는지를 나타내는 지표

② 계산 방법
- 공급의 가격 탄력성(Es) = $\left| \dfrac{\text{공급량 변화율(\%)}}{\text{가격 변화율(\%)}} \right|$

→ 대체재인 돼지고기의 가격은 변하지 않았는데 쇠고기의 가격이 오르면, 쇠고기의 수요량은 크게 감소한다. 하지만 대체재가 없는 소금은 가격이 오르더라도 수요량이 크게 변화하지 않는다.

③ 유형

Es=0 (완전 비탄력적)	가격이 변화해도 공급량은 변화하지 않음
0<Es<1 (비탄력적)	가격의 변화 정도보다 공급량의 변화 정도가 더 작음
Es=1 (단위 탄력적)	가격과 공급량의 변화 정도가 같음
Es>1 (탄력적)	가격의 변화 정도보다 공급량의 변화 정도가 더 큼
Es=∞ (완전 탄력적)	가격이 조금만 변화해도 공급량은 무한히 변화함

■ 공급의 가격 탄력성과 공급 곡선

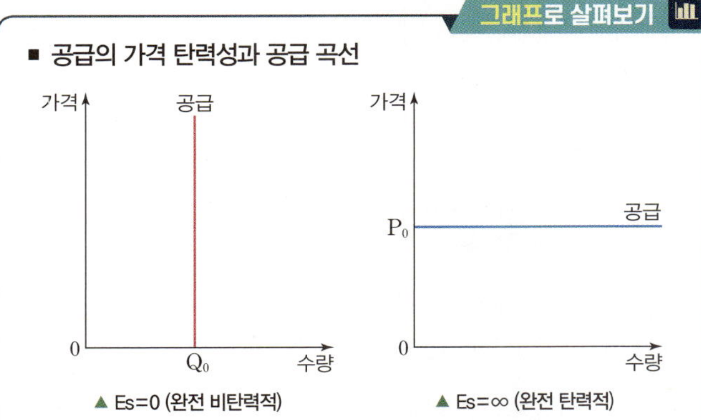

공급의 가격 탄력성이 완전 비탄력적인 상품은 가격이 변화해도 공급량은 변화하지 않는다. 반면, 공급의 가격 탄력성이 완전 탄력적인 상품은 가격이 조금만 변화해도 공급량은 무한대로 변화한다. 따라서 공급 곡선의 기울기는 '비탄력적 → 단위 탄력적 → 탄력적'으로 갈수록 완만해진다.

④ 공급의 가격 탄력성에 영향을 미치는 요인

• 생산 기간

| 단기 | 비탄력적 → 생산 기간이 짧은 경우 가격이 변동할 때마다 즉각적인 생산이 가능하여 공급량의 조절이 용이하기 때문에 공급의 가격 탄력성이 비교적 크게 나타남 |
| 장기 | 비탄력적 → 생산 기간이 긴 경우 가격이 변동하더라도 즉각적인 생산이 불가능하여 공급량의 조절이 어렵기 때문에 공급의 가격 탄력성이 비교적 작게 나타남 |

• 저장 용이성

| 저장 용이 | 탄력적 → 저장이 쉬운 상품의 경우 변질의 우려가 적기 때문에 가격이 변동할 때마다 공급량을 조절하기 용이하므로 공급의 가격 탄력성이 비교적 크게 나타남 |
| 저장 곤란 | 비탄력적 → 저장이 어려운 상품의 경우 변질의 우려가 크기 때문에 가격이 변동할 때마다 공급량을 조절하기 어려우므로 공급의 가격 탄력성이 비교적 작게 나타남 |

• 가격 변동에 대한 생산자의 대응 기간

| 단기 | 비탄력적 → 상품의 가격 변동에 대한 생산자의 대응 기간이 짧을수록 공급량 조절이 어렵기 때문에 공급의 가격 탄력성이 비교적 작게 나타남 |
| 장기 | 탄력적 → 상품의 가격 변동에 대한 생산자의 대응 기간이 길수록 공급량 조절이 용이하기 때문에 공급의 가격 탄력성이 비교적 크게 나타남 |

• 정답 및 해설 026쪽

다음은 (가), (나) 시장의 변화를 나타낸다. 이에 대한 설명이 맞으면 '○', 틀리면 '×'에 표하시오.

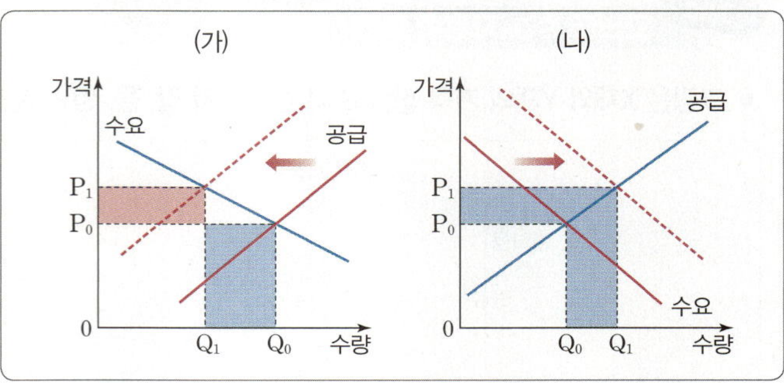

01 (가)에서 수요는 변화하지 않았고, 공급은 증가하였다. (○,×)

02 (가)에서 수요·공급 곡선의 이동에 따라 가격은 하락하고, 거래량은 증가하였다. (○,×)

03 (가)에서 수요는 가격에 대해 완전 탄력적이다. (○,×)

04 (가)에서 공급은 가격에 대해 완전 탄력적이다. (○,×)

05 (나)에서 수요는 증가하였고, 공급은 변화하지 않았다. (○,×)

06 (나)에서 수요·공급 곡선의 이동과 관계없이 판매 수입은 일정하다. (○,×)

07 (나)에서 수요는 가격에 대해 완전 비탄력적이다. (○,×)

08 (나)에서 공급은 가격에 대해 완전 비탄력적이다. (○,×)

생산 요소 간의 대체 가능성도 공급의 가격 탄력성에 영향을 미친다. 즉, 상황에 따라 사용하는 생산 요소를 쉽게 다른 것으로 대체할 수 있는 상품은 공급의 가격 탄력성이 크다.

다음 설명이 맞으면 '○', 틀리면 '×'에 표하시오.

09 수요의 가격 탄력성이 0일 때, 가격이 상승하면 판매 수입은 감소한다. (○,×)

10 수요의 가격 탄력성이 0일 때, 가격 변동률과 판매 수입의 변동률은 동일하다. (○,×)

11 수요의 가격 탄력성이 1일 때, 가격이 변동해도 판매 수입은 일정하다. (○,×)

12 수요가 가격에 대해 비탄력적일 때, 가격이 상승하면 판매 수입은 증가한다. (○,×)

13 수요가 가격에 대해 탄력적일 때, 가격이 하락하면 판매 수입은 감소한다. (○,×)

14 공급의 가격 탄력성이 0일 때, 가격이 변동해도 공급량은 일정하다. (○,×)

15 공급의 가격 탄력성이 1보다 클 때, 가격의 변화 정도보다 공급량의 변화 정도가 더 작다. (○,×)

16 일반적으로 저장이 용이할수록 공급의 가격 탄력성은 0에 가까워진다. (○,×)

17 일반적으로 생산 기간이 긴 상품이 짧은 상품에 비해 공급의 가격 탄력성이 작게 나타난다. (○,×)

수요와 공급의 탄력성에 따라 판매 수입은 어떻게 변할까?

개념 고난도 수능 자료로 확인

■ 그림은 X재와 Y재의 가격 상승에 따른 수요자 갑, 을, 병의 지출액 변화율과 수요량 변화율을 나타낸다.

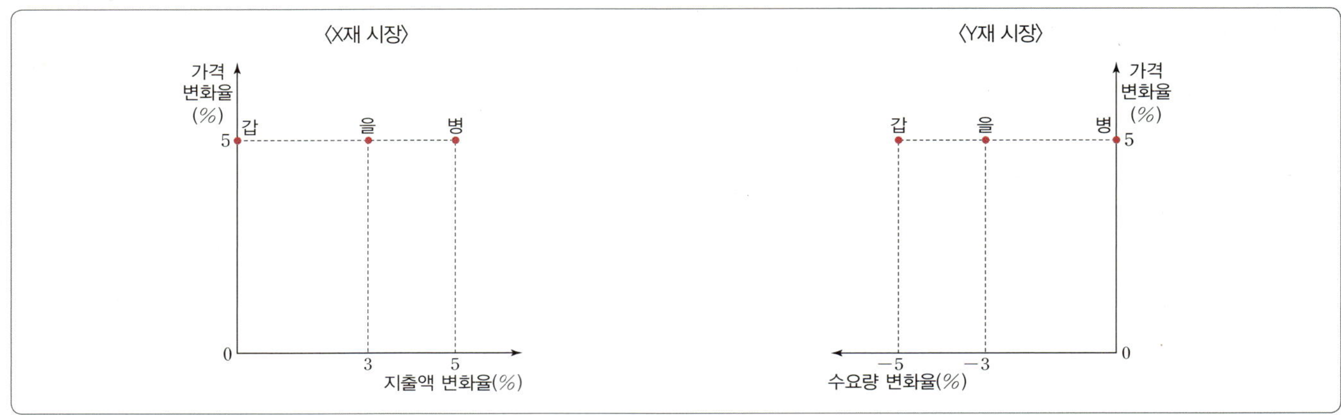

- X재 시장의 그래프에서 가로축이 지출액 변화율을 나타내고 있다. 이때, 가격 변화율과 지출액 변화율을 바로 비교하여 수요의 가격 탄력성을 구할 수 있다. 하지만 일반적으로 '가격 변화율 + 수요량 변화율'이 지출액 변화율과 거의 일치한다는 사실을 통해 X재 시장의 수요량 변화율을 구할 수도 있다.
- X재 시장과 Y재 시장의 수요의 가격 탄력성과 수요량 변화율을 구체적 수치로 나타내면 다음과 같다.

구분	X재 시장		Y재 시장	
	수요의 가격 탄력성	수요량 변화율(%)	수요의 가격 탄력성	수요량 변화율(%)
갑	단위 탄력적	−5	단위 탄력적	−5
을	비탄력적	−2	비탄력적	−3
병	완전 비탄력적	0	완전 비탄력적	0

개념 기출문제에 적용

01 연습하기 그림은 X재와 Y재의 가격 상승에 따른 수요자 갑, 을, 병의 지출액 변화율과 수요량 변화율을 나타낸다. 이에 대한 설명이 맞으면 '○', 틀리면 '×'에 표하시오.

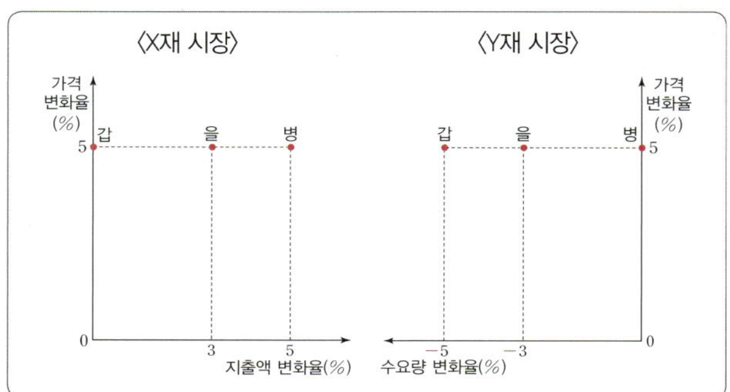

❶ X재보다 Y재의 수요의 가격 탄력성이 크다.　　　　(○ , ×)

❷ 수요를 고려할 때 X재보다 Y재가 생필품에 더 가깝다.　(○ , ×)

02 적용하기 다음과 같은 상황에서 **01**번 문제의 그림에 대한 분석으로 옳은 것은?

> X재와 Y재의 공급이 감소하여 두 재화의 가격이 각각 5% 상승하였다.

① 갑의 Y재 수요는 가격에 대해 완전 비탄력적이다.
② 을의 X재 수요는 가격에 대해 탄력적이다.
③ 병의 수요량 변화는 X재 시장보다 Y재 시장에서 크다.
④ 을과 달리 갑의 X재 수요량은 가격 상승 전과 같다.
⑤ X재와 Y재 시장에서 갑, 을, 병이 지출한 금액의 합은 가격 상승 전보다 증가하였다.

HOW & WHAT 정답 01 ❶ × ❷ ○　02 ⑤

주제 12 수요와 공급의 가격 탄력성

족집게 전략 | 수요·공급 곡선의 기울기를 통해 탄력성의 정도를 비교하는 문제가 자주 출제된다. 또한 탄력성을 바탕으로 가격이 변동할 때 판매 수입의 변화를 묻는 문제도 출제될 수 있다.

족집게 자료 분석 전략 START |

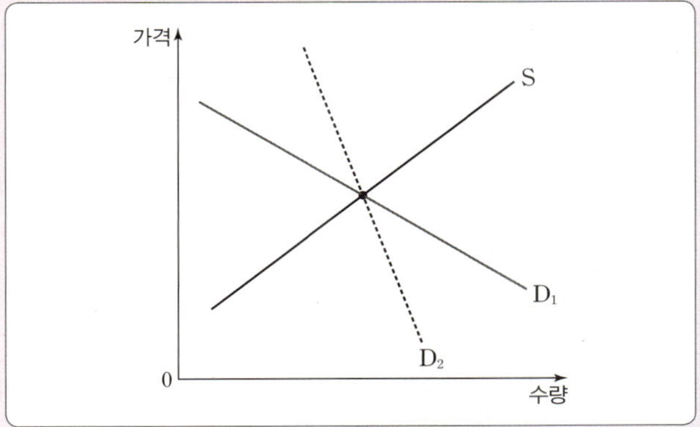

위 그림에서 수요 곡선의 기울기를 살펴보면, D_2가 D_1보다 가파르다. 따라서 D_1이 D_2보다 수요의 가격 탄력성이 더 탄력적인 것을 알 수 있다.

126 ◀ 대표 문항
| 평가원 기출 |

교사의 질문에 대해 옳게 답변을 한 학생만을 〈보기〉에서 고른 것은? (단, 수요 곡선은 직선이다.)

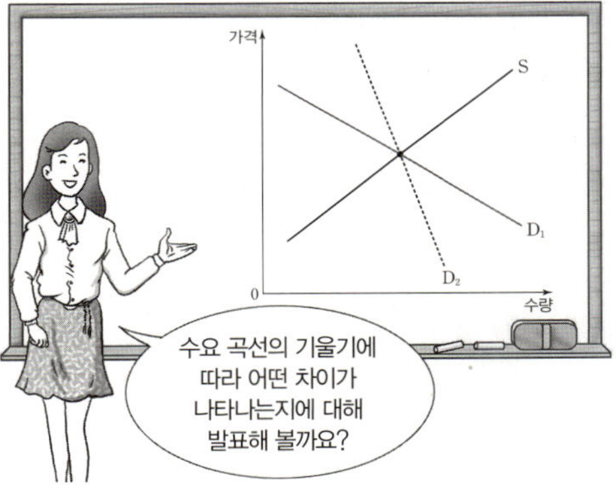

┌ 보기 ┐
갑 : 수요는 D_1보다 D_2일 때 가격 변동에 더 민감해요.
을 : 균형에서 소비자 잉여는 D_1보다 D_2일 때 더 커요.
병 : 사치품에 대한 수요는 D_1보다 D_2에 가까워요.
정 : 공급이 증가하면 판매 수입은 D_1보다 D_2일 때 더 작아요.

① 갑, 을   ② 갑, 병   ③ 을, 병
④ 을, 정   ⑤ 병, 정

✏️ **한줄 Tip** D_1은 사치품의 수요 곡선에 가깝고, D_2는 생필품의 수요 곡선에 가까워!

127

다음 사례에 나타난 X재 수요의 가격 탄력성으로 옳은 것은?

> X재는 대형 마트에서 명절에나 만나볼 수 있는 상품으로, 올해 추석에는 작년 동일 기간 대비 1단위 가격이 1만 원에서 1만 5천 원으로 상승하였다. X재를 생산하는 기업은 명절 특수를 기대하고 작년 추석과 동일한 양을 생산했지만, 실제 판매량은 10만 단위에서 8만 단위로 감소한 것으로 나타났다.

① -2.5   ② -0.4   ③ 0
④ 0.4   ⑤ 2.5

128

그림은 X재의 수요 곡선이다. 이에 대한 분석 및 추론으로 옳은 것은?
(단, X재는 정상재이다.)

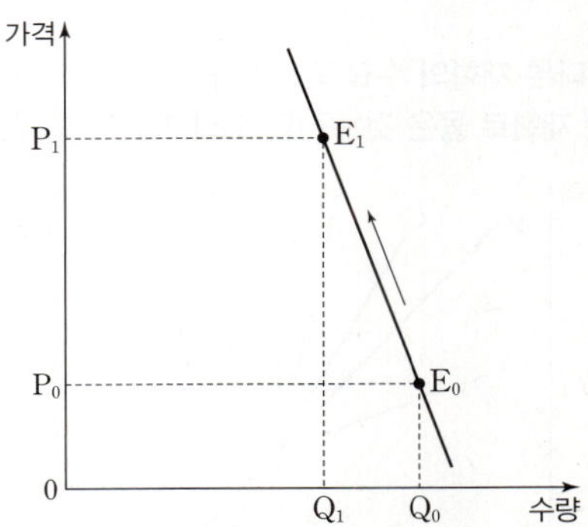

① X재의 대체재는 비교적 많을 것이다.
② X재 수요의 가격 탄력성은 1보다 크다.
③ X재는 사치품보다 생필품의 성격이 더 강한 재화이다.
④ X재 수요자들은 가격과 상관없이 일정한 양을 구입하고자 한다.
⑤ 가격 변동으로 인해 거래량이 감소하여 판매 수입이 감소하였다.

129 고난도

그림은 A~C재 시장의 변화를 나타낸다. 이에 대한 분석으로 옳은 것은? (단, A~C재는 정상재이다.)

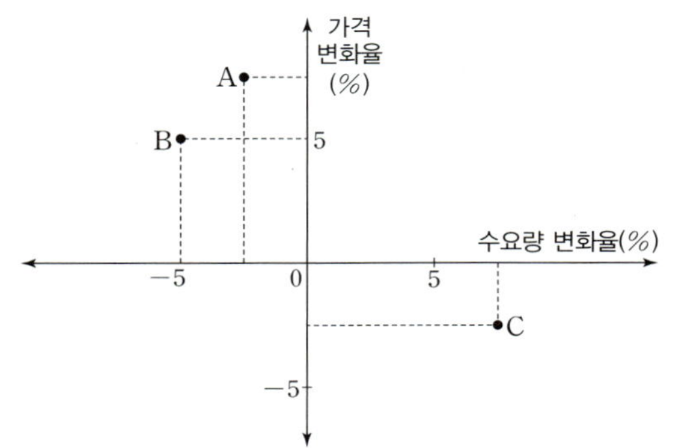

① A재는 생필품보다 사치품의 성격이 강하다.
② B재는 가격 변동이 판매 수입에 영향을 미치지 않는다.
③ C재의 수요는 가격에 대해 완전 비탄력적이다.
④ A재는 B재보다 공급의 가격 탄력성이 작다.
⑤ B재는 C재와 달리 가격이 변해도 수요량은 변하지 않는다.

130

A~E는 서로 다른 재화의 수요 곡선이다. 가격이 하락했을 때 판매 수입이 증가하는 재화로 옳은 것은? (단, B의 기울기의 절댓값은 1이다.)

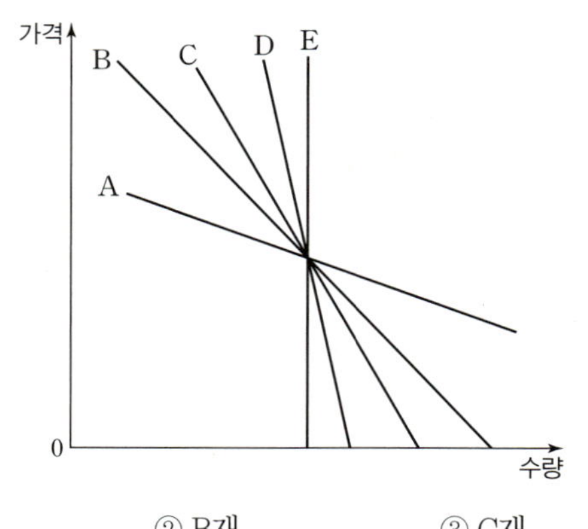

① A재　　　　② B재　　　　③ C재
④ D재　　　　⑤ E재

131

그림은 A 집단과 B 집단의 X재에 대한 수요 곡선을 나타낸다. 이에 대한 옳은 설명만을 〈보기〉에서 고른 것은? (단, A 집단의 수요 곡선은 수직선이다.)

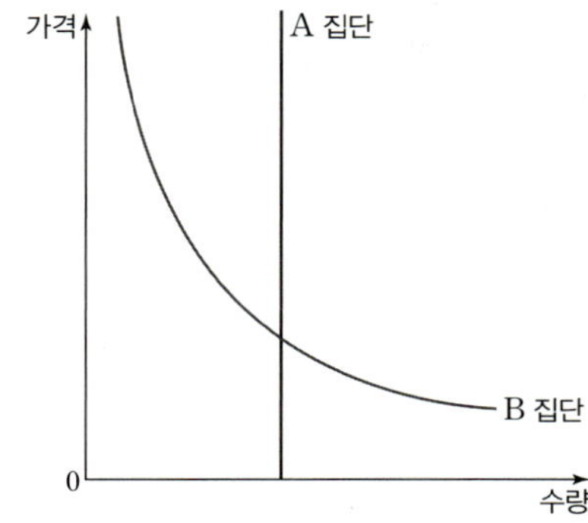

〈보기〉
ㄱ. A 집단은 정량 구매 집단이다.
ㄴ. B 집단은 가격에 대해 완전 탄력적으로 반응한다.
ㄷ. A 집단은 B 집단과 달리 가격에 대해 완전 비탄력적이다.
ㄹ. A 집단과 B 집단 모두 수요의 가격 탄력성이 1이다.

① ㄱ, ㄴ　　　　② ㄱ, ㄷ　　　　③ ㄴ, ㄷ
④ ㄴ, ㄹ　　　　⑤ ㄷ, ㄹ

132

다음 X재와 Y재에 대한 설명으로 옳은 것은? (단, X재와 Y재의 수요 곡선은 직선이다.)

- X재와 Y재의 수요 곡선은 우하향한다.
- X재의 공급 곡선은 수직선의 형태를 나타낸다.
- Y재의 공급 곡선은 수평선의 형태를 나타낸다.

① X재의 공급이 증가하면 시장 균형 가격이 상승한다.
② X재의 공급이 증가해도 시장 균형 거래량은 변하지 않는다.
③ Y재의 수요가 감소하면 판매 수입이 증가한다.
④ Y재의 수요가 증가해도 시장 균형 가격은 변하지 않는다.
⑤ X재와 Y재 모두 수요의 가격 탄력성이 0이다.

133

다음은 X재에 대한 갑~병의 수요량이다. 갑~병의 수요의 가격 탄력성을 옳게 연결한 것은?

구분	가격(원)	수요량(개)
갑	500	900
을	500	500
병	900	100

위와 같은 상황에서 X재의 가격이 100원 변할 때마다 갑~병 세 사람의 수요량은 100개 변한다.

	갑	을	병
①	탄력적	탄력적	비탄력적
②	탄력적	단위 탄력적	비탄력적
③	비탄력적	비탄력적	탄력적
④	비탄력적	단위 탄력적	탄력적
⑤	단위 탄력적	단위 탄력적	단위 탄력적

134

다음 사례에 대한 옳은 설명만을 〈보기〉에서 고른 것은?

X재를 생산하는 갑은 얼마전 X재의 가격을 7% 인하하였다. 이에 Y재를 생산하는 을은 갑과 비슷한 시기에 가격을 10% 인상하였다. 일주일 후 갑과 을의 판매 수입을 비교한 결과, 갑의 판매 수입은 7% 감소한 반면, 을의 판매 수입은 6% 증가하였다.

〈보기〉
ㄱ. X재의 수요는 가격에 대해 단위 탄력적이다.
ㄴ. Y재의 수요는 가격에 대해 비탄력적이다.
ㄷ. X재와 Y재 모두 수요 곡선이 수직선이다.
ㄹ. 갑과 달리 을은 자신이 생산하는 재화의 탄력성을 정확히 이해하고 있었다.

① ㄱ, ㄴ   ② ㄱ, ㄷ   ③ ㄴ, ㄷ
④ ㄴ, ㄹ   ⑤ ㄷ, ㄹ

135

다음 대화에 대한 분석으로 옳은 것은? (단, A 지역에서 갑은 숙박 서비스를, 을은 한우를 독점적으로 공급하고 있다.)

① A 지역에서 숙박 서비스 요금 인상으로 숙박 서비스 수요량이 증가하였다.
② A 지역에서 숙박 서비스에 대한 수요의 가격 탄력성은 1이다.
③ A 지역에서 한우 판매 가격 인하로 한우 판매 수입이 증가하였다.
④ A 지역에서 한우에 대한 수요의 가격 탄력성은 1보다 크다.
⑤ A 지역에서 숙박 서비스에 대한 수요의 가격 탄력성보다 한우에 대한 수요의 가격 탄력성이 더 작다.

136

그림은 가격 수준에서 재화의 가격이 1% 하락할 때의 수요량 증가율을 나타낸다. 이에 대한 분석으로 옳은 것은?

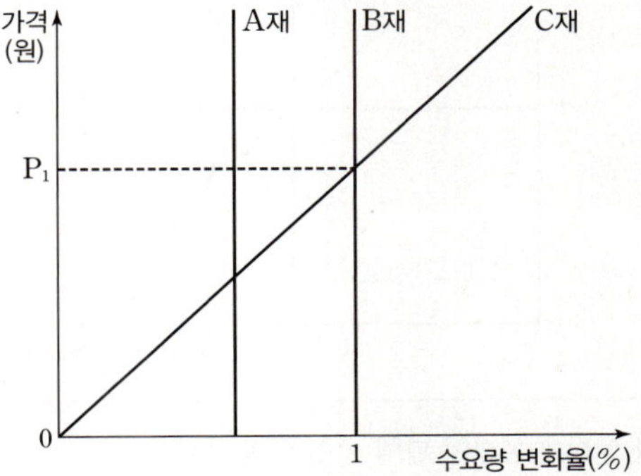

① A재의 수요 곡선은 수직선의 형태이다.
② B재는 수요 법칙이 적용되지 않는다.
③ C재의 판매 수입은 P_1일 때 가장 크다.
④ A재와 B재의 수요의 가격 탄력성은 모든 가격에서 완전 비탄력적이다.
⑤ 가격이 P_1일 때 수요의 가격 탄력성은 B재보다 C재가 크다.

137

그림은 X재와 Y재의 가격이 각각 10%씩 하락했을 때의 수요량 변화율을 나타낸다. 이에 대한 옳은 분석만을 〈보기〉에서 고른 것은?

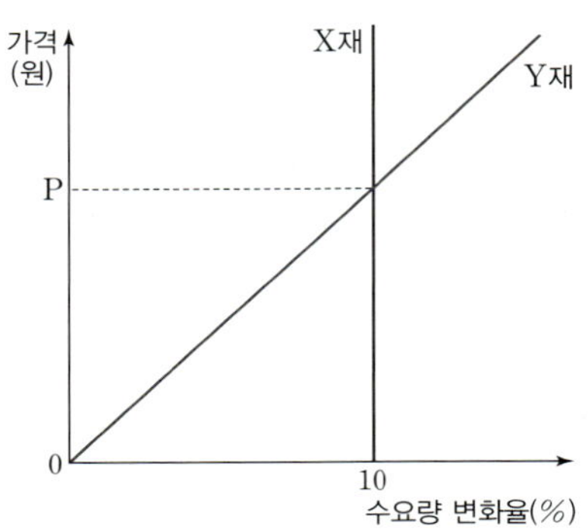

┌ 보기 ┐
ㄱ. X재의 수요의 가격 탄력성은 1이다.
ㄴ. X재의 판매 수입은 가격 변동에 상관없이 항상 일정하다.
ㄷ. Y재의 수요의 가격 탄력성은 0이다.
ㄹ. Y재의 판매 수입은 가격이 상승할수록 커진다.

① ㄱ, ㄴ   ② ㄱ, ㄷ   ③ ㄴ, ㄷ
④ ㄴ, ㄹ   ⑤ ㄷ, ㄹ

138

그림에 대한 옳은 설명만을 〈보기〉에서 고른 것은? (단, X재의 수요 곡선은 수평선이고, 공급 곡선은 수직선이다.)

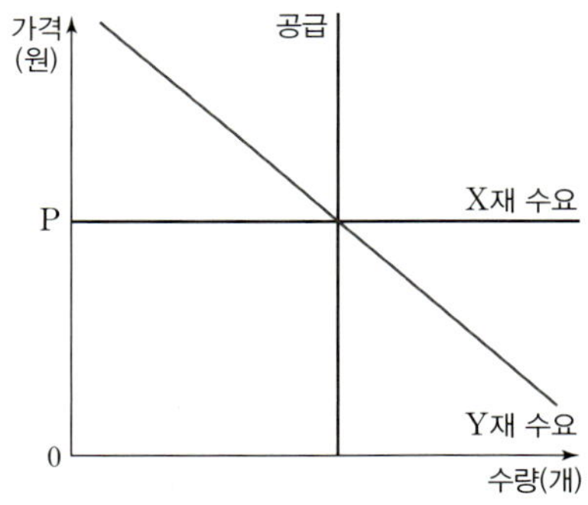

┌ 보기 ┐
ㄱ. 가격 인상은 X재의 판매 수입을 증가시킨다.
ㄴ. 수요의 가격 탄력성은 X재가 Y재보다 크다.
ㄷ. Y재와 달리 X재는 가격에 대해 완전 탄력적이다.
ㄹ. 공급이 증가할 경우, 판매 수입은 Y재가 X재보다 많이 증가한다.

① ㄱ, ㄴ   ② ㄱ, ㄷ   ③ ㄴ, ㄷ
④ ㄴ, ㄹ   ⑤ ㄷ, ㄹ

139

다음과 같은 조건에서 나타날 수 있는 상황으로 가장 적절한 것은?

> X재의 수요 곡선은 수평선이며, Y재의 수요 곡선은 수직선이다. 가격은 고정되어 있으며, 이 상태에서 X재와 Y재의 공급만 동일하게 증가하였다. 단, 변화 이전 X재와 Y재의 판매 수입은 동일하였고, 두 재화 모두 공급 법칙을 따른다.

① 변화 이후 X재의 판매 수입은 증가하였다.
② Y재를 수입하는 수요자들은 정액 구매를 하는 사람들이다.
③ X재는 Y재와 달리 수요 법칙을 따르지 않는다.
④ X재 수요의 가격 탄력성보다 Y재 수요의 가격 탄력성이 더 크다.
⑤ X재와 Y재 모두 수요의 가격 탄력성이 1보다 크다.

140

그림은 고객 유형에 따라 가격을 차등 책정한 후의 변화를 나타낸다. 이에 대한 분석으로 옳은 것은?

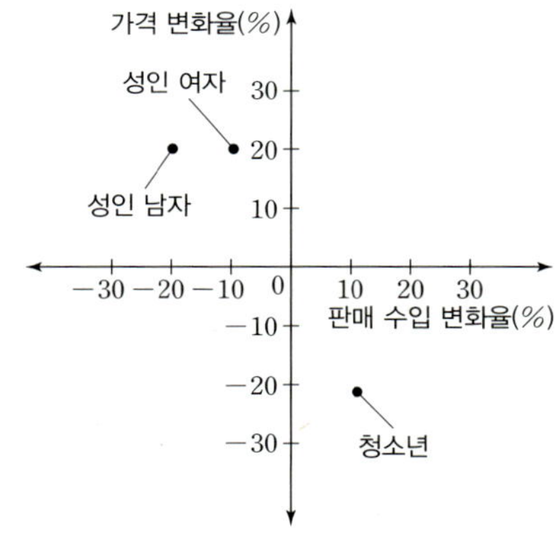

① 성인 남자는 수요가 가격에 대해 비탄력적이다.
② 성인 여자의 수요량 변동률은 가격 변동률보다 작다.
③ 성인 남자는 청소년, 성인 여자와 달리 수요의 가격 탄력성이 1이다.
④ 청소년과 달리 성인 남자와 성인 여자는 수요의 가격 탄력성이 무한대이다.
⑤ 청소년, 성인 남자, 성인 여자의 수요의 가격 탄력성은 모두 1보다 크다.

141

표는 X재의 가격 수준별 수요량의 변화율을 나타낸다. 이에 대한 옳은 분석만을 〈보기〉에서 고른 것은?

구분	가격(원)	수요량 변화율(%)
A	400	2
B	200	1
C	100	0.5

* 수요량 변화율(%)은 각 가격 수준에서 가격이 1% 하락할 때 측정한 것이다.

〔보기〕
ㄱ. 모든 가격 수준에서 수요의 가격 탄력성은 동일하다.
ㄴ. C보다 낮은 가격 수준에서 가격을 인하하면 판매 수입은 증가한다.
ㄷ. A에서 가격을 인하할 경우 B에서 판매 수입이 최대치가 된다.
ㄹ. B와 C 사이의 가격 수준에서 가격을 1% 인하하면 판매 수입은 감소한다.

① ㄱ, ㄴ   ② ㄱ, ㄷ   ③ ㄴ, ㄷ
④ ㄴ, ㄹ   ⑤ ㄷ, ㄹ

142

표는 X재의 가격 변화에 대한 갑~병의 소비 지출액 변화율을 나타낸다. 이에 대한 설명으로 옳은 것은?

수요자	가격 변화율(%)	소비 지출액 변화율(%)
갑	3	0
을	−3	−3
병	−3	3

① 갑의 수요의 가격 탄력성은 0이다.
② 을의 수요는 가격에 대해 완전 탄력적이다.
③ 병의 수요의 가격 탄력성은 1보다 크다.
④ 을은 갑과 달리 가격이 하락하면 구매량이 감소한다.
⑤ 병은 을보다 수요의 가격 탄력성이 작다.

143

| 평가원 기출 |

다음 자료에 대한 옳은 분석 및 추론만을 〈보기〉에서 있는 대로 고른 것은?

프로야구 갑 구단은 A 구장과 B 구장을 운영하고 있다. 갑 구단이 두 구장의 입장권 가격을 각각 5% 인상시키자 두 구장의 전체 입장권 판매 수입이 증가하였다. 구장별로는 A 구장의 판매 수입은 감소하였고, B 구장의 판매 수입은 증가하였다. (단, 각 구장별 수요의 가격 탄력성은 일정하고 어느 한 구장의 입장권 가격 변동은 다른 구장의 입장권 수요에 영향을 미치지 않는다. 또한 각 구장에서 좌석이 매진되는 경우는 없다.)

〔보기〕
ㄱ. A 구장의 입장권 가격이 상승하면 A구장의 입장권 수요량은 감소한다.
ㄴ. B 구장의 입장권 수요의 가격 탄력성은 1보다 크다.
ㄷ. 만약 A 구장의 입장권 가격을 5% 인하하고 B 구장의 입장권 가격을 5% 인상하였다면, 전체 판매 수입은 증가하였을 것이다.
ㄹ. 만약 A 구장의 입장권 가격을 5% 인상하고 B 구장의 입장권 가격을 5% 인하하였다면, 전체 판매 수입은 변하지 않았을 것이다.

① ㄱ, ㄴ   ② ㄱ, ㄷ   ③ ㄴ, ㄹ
④ ㄱ, ㄷ, ㄹ   ⑤ ㄴ, ㄷ, ㄹ

144 고난도↗

| 평가원 기출 |

그림은 A~D재를 독점 생산하는 기업의 판매 실적 보고 장면이다. 이에 대한 설명으로 옳은 것은?

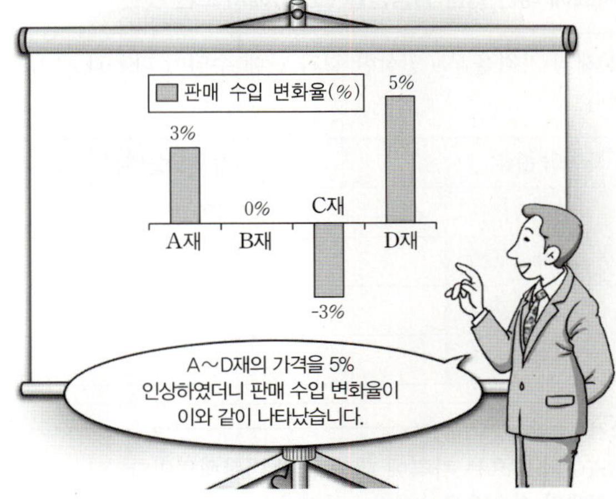

① A재의 수요량 변화율은 3%이다.
② B재 수요의 가격 탄력성은 0이다.
③ C재는 A재에 비해 필수재의 성격이 강하다.
④ D재는 수요의 법칙을 따르지 않는다.
⑤ 가격 인상에 따라 수요량이 가장 크게 감소한 재화는 C재이다.

145

다음 X~Z재를 수요의 가격 탄력성이 큰 순서대로 나열한 것은? (단, 시장에서는 X~Z재만 거래되며, X~Z재의 수요의 가격 탄력성은 절댓값으로 나타낸다.)

> 시장에서 X~Z재의 가격을 모두 5% 인상한 후 판매 수입 변화를 살펴보았다. 그 결과 판매 수입의 변화율은 다음과 같이 나타났다.
>
> | X재 | 5% |
> |---|---|
> | Y재 | −5% |
> | Z재 | 0% |

① X재>Y재>Z재   ② X재>Z재>Y재
③ Y재>Z재>X재   ④ Y재>X재>Z재
⑤ Z재>Y재>X재

146

다음 자료에 대한 옳은 설명만을 〈보기〉에서 고른 것은?

> A~D재의 가격을 7% 인상한 결과 판매 수입이 다음과 같이 변화하였다.
>
> | 재화의 종류 | 판매 수입 변화율(%) |
> |---|---|
> | A재 | 7% |
> | B재 | 5% |
> | C재 | 0% |
> | D재 | −2% |

┌ 보기 ┐
ㄱ. A재의 수요는 가격에 대해 완전 비탄력적이다.
ㄴ. B재의 수요량은 2% 감소하였다.
ㄷ. C재의 수요의 가격 탄력성은 0이다.
ㄹ. D재는 수요 법칙을 따르지 않는다.

① ㄱ, ㄴ   ② ㄱ, ㄷ   ③ ㄴ, ㄷ
④ ㄴ, ㄹ   ⑤ ㄷ, ㄹ

147

다음 자료에 대한 분석으로 옳은 것은? (단, X재와 Y재의 수요자는 갑~병 세 사람이 전부이다.)

> X재와 Y재의 원자재 가격 상승으로 인한 공급의 변화가 생겨 두 재화의 가격이 동일하게 3%씩 상승하였다. 표는 두 재화의 가격 상승에 따른 수요자들의 지출액 변화율과 수요량 변화율을 정리한 것이다.
>
> (단위 : %)
>
> | 수요자 | X재 시장 | | Y재 시장 | |
> |---|---|---|---|---|
> | | 가격 변화율 | 지출액 변화율 | 가격 변화율 | 수요량 변화율 |
> | 갑 | 3 | 0 | 3 | −3 |
> | 을 | 3 | 1 | 3 | −1 |
> | 병 | 3 | 3 | 3 | 0 |

① 갑의 Y재 수요의 가격 탄력성은 0이다.
② 을의 X재 수요는 가격에 대해 탄력적이다.
③ 병의 수요량 변화 정도는 X재 시장보다 Y재 시장에서 더 크다.
④ 을과 달리 갑의 X재 수요량은 가격 변화 전과 같다.
⑤ X재와 Y재 시장에서 갑~병이 지출한 금액의 합은 가격 변화 이전보다 증가하였다.

148

| 평가원 기출 |

다음 자료에 대한 분석으로 옳은 것은?

> A 기업은 X재와 Y재만을 독점 생산하여 판매하고 있다. 표는 X재와 Y재의 가격 변화율에 따른 소비자 갑과 을의 소비 지출액 변화율을 나타낸다. 단, X재와 Y재의 소비자는 갑과 을만 존재한다.
>
> | 구분 | | X재 | Y재 |
> |---|---|---|---|
> | 가격 변화율(%) | | 1.0 | 2.2 |
> | 소비 지출액 변화율(%) | 갑 | 0.6 | 2.2 |
> | | 을 | (가) | −2.2 |

① 갑의 X재에 대한 수요는 가격에 대해 탄력적이다.
② 을의 Y재에 대한 수요는 가격에 대해 단위 탄력적이다.
③ (가)가 0이라면 가격 변동 이후 을의 X재 수요량은 변하지 않는다.
④ (가)가 1.0이라면 을의 X재에 대한 수요는 가격에 대해 완전 비탄력적이다.
⑤ 가격 변동 이후 A 기업의 Y재 판매량은 변하지 않는다.

149

X재와 Y재에 대한 설명으로 옳은 것은? (단, X재와 Y재의 수요·공급 곡선은 모두 직선이다.)

> - X재 : 수요 곡선의 기울기의 절댓값은 1이고, 공급 곡선은 수평선이다.
> - Y재 : 수요 곡선은 수직선이고, 공급 곡선의 기울기의 절댓값은 1이다.

① X재의 공급이 증가하면 균형 가격이 상승한다.
② X재의 공급이 증가해도 균형 거래량의 변화는 없다.
③ Y재의 가격이 상승하면 판매 수입은 감소한다.
④ Y재의 공급 증가는 판매 수입 증가의 원인이 된다.
⑤ X재와 Y재 모두 공급의 가격 탄력성이 1보다 작다.

150

다음 글을 바탕으로 할 때 공급의 가격 탄력성을 결정하는 요인만을 〈보기〉에서 고른 것은?

> 공산품과 농산물은 그 생산 과정이 매우 다르다. 공산품의 경우 주문이 들어오면 주문량에 맞춰 생산을 하거나 주어진 기간 안에 생산량을 조절하는 데 용이하다. 또한 재화의 특성상 비교적 오랜 기간 저장이 가능하여 생산자가 공급하고 싶은 시점에 맞춰 공급할 수 있다는 특징이 있다. 그에 비해 농산물의 경우 주문량이 변하더라도 이미 시작한 생산을 극적으로 늘리거나 줄일 수 없다. 또한 주어진 기간 동안 생산량을 조절하는 데도 어려움이 있을 뿐만 아니라 오랜 기간 저장이 쉽지 않아 생산자가 공급하고 싶은 시점에 맞춰 공급량을 조절하기가 어렵다.

> **보기**
> ㄱ. 대체재의 존재 여부
> ㄴ. 소비자들의 대응 기간
> ㄷ. 제품 생산에 필요한 기간
> ㄹ. 생산한 제품 보관의 용이성

① ㄱ, ㄴ　　　② ㄱ, ㄷ　　　③ ㄴ, ㄷ
④ ㄴ, ㄹ　　　⑤ ㄷ, ㄹ

151

그림은 갑국 노동 시장의 수요와 공급을 나타낸다. 이에 대한 분석으로 옳은 것은?

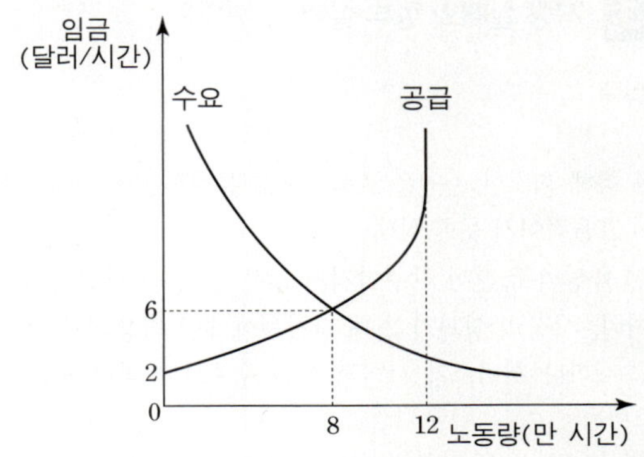

① 노동 공급 곡선에서 임금에 대해 완전 비탄력적인 부분이 존재한다.
② 노동 수요 곡선에서 임금에 대해 완전 탄력적인 부분이 존재한다.
③ 시장 균형에서 임금이 하락할수록 초과 수요량이 감소한다.
④ 시장 균형에서 임금이 상승할수록 초과 공급량이 감소한다.
⑤ 시장 균형에서 총 노동 소득은 6만 달러이다.

152

다음 자료에 대한 분석으로 옳은 것은?

> 갑국 정부는 건강에 유해한 X재의 단위당 세금을 인상하였다. 표는 인상 전후의 X재 단위당 세금과 시장 가격을 나타낸다. 세금 인상 후 1년간 X재로부터의 세금 수입은 인상 전 1년간 세금 수입의 2배가 되었다. 단, 세금 인상 이외에 시장 가격에 영향을 주는 다른 요인은 없었다.
>
> (단위 : 천 원)
>
> | 구분 | 인상 전 | 인상 후 |
> |---|---|---|
> | 단위당 세금 | 1 | 3 |
> | 시장 가격 | 3 | 4 |
>
> * 시장 가격은 세금을 포함한다.

① 세금 인상 후 시장 가격은 25% 상승하였다.
② 공급은 가격에 대해 완전 비탄력적이었다.
③ 세금 인상 후 소비자 잉여는 감소하였고 생산자 잉여는 변하지 않았다.
④ 세금 인상 후 1년간 거래량은 인상 전 1년간 거래량의 절반이다.
⑤ 세금 인상 후 1년간 판매 수입은 인상 전 1년간 판매 수입보다 적다.

07강 시장 실패와 정부 실패

주제 13 시장 실패와 정부 실패

1. 시장 실패

① 의미
- 거래를 통해 희소한 자원을 효율적으로 분배하는 시장의 자원 배분 기능이 효율적이지 못한 상태
- 시장 효율성의 조건이 갖추어지지 않은 상태 → 완전 경쟁 시장이 아니거나, 시장의 성과가 거래 당사자에게만 적용되지 않음

② 양상 : 재화나 서비스가 사회적 최적 수준보다 과다 또는 과소 생산·소비됨
- 과다 생산·소비 : 외부 불경제
- 과소 생산·소비 : 외부 경제, 공공재, 독과점 시장

③ 유형
- 불완전한 경쟁 시장

소비자들은 필요한 만큼의 재화나 서비스를 충분히 소비할 수 없게 된다.

독과점 시장	• 독점 시장 : 상품을 공급하는 기업이 하나밖에 없는 시장 → 기업은 시장 지배력을 통해 공급량을 줄이고 가격을 높여 이윤을 극대화함 • 과점 시장 : 상품을 공급하는 기업이 소수인 시장 → 기업들이 담합 등 부당한 공동 행동을 통해 더 큰 이윤을 추구하는 과정에서 시장의 기능이 왜곡됨
불공정 거래 행위	거래 상대방 차별, 경쟁 사업자 배제 등 불공정 거래 행위로 인해 자원이 비효율적으로 배분됨

부당하게 거래를 거절하거나 거래 상대방을 차별하여 취급하는 행위를 말한다.

- 공공재의 부족

공공재의 의미	대가를 지불하지 않더라도 누구나 사용할 수 있는 재화
공공재의 특징	• 비배제성 : 대가를 치르지 않더라도 소비를 막을 수 없음 • 비경합성 : 누군가 소비를 하더라도 다른 사람의 소비 기회가 줄어들지 않음
공공재의 문제점	• 무임승차자 : 대가를 치르지 않은 사람도 혜택을 누릴 수 있음 • 생산량 부족 : 시장 공급에 맡길 경우 사회가 필요로 하는 양보다 적게 생산되거나 생산되지 않음

일반 기업이 시장에서 공공재를 생산할 경우 이윤을 얻기가 어렵기 때문이다.

- 외부 효과 : 한 경제 주체의 선택이 다른 사람들에게 의도하지 않은 결과(손해나 이익)를 주고도 그에 대한 대가를 받거나 주지 않는 상태

생산 주체의 사적 비용과 다른 사회 구성원이 부담하는 비용의 합을 의미한다.

구분	외부 경제 (긍정적 외부 효과)	외부 불경제 (부정적 외부 효과)
의미	의도하지 않은 이익에 대한 정당한 대가를 받지 않는 상태	의도하지 않은 손해에 대한 정당한 대가를 지불하지 않는 상태
양상	• 생산 : 사회적 비용 < 사적 비용 • 소비 : 사회적 편익 > 사적 편익 → 사회적 최적 수준보다 적은 수준에서 생산·소비됨	• 생산 : 사회적 비용 > 사적 비용 • 소비 : 사회적 편익 < 사적 편익 → 사회적 최적 수준보다 많은 수준에서 생산·소비됨
사례	양봉업자가 과수원 인근에서 양봉을 하는 것, 정원 가꾸기 등	공장의 매연, 자동차 배기가스, 길거리 흡연 등

소비 주체의 사적 편익과 다른 사회 구성원의 편익의 합을 의미한다.

- 정보의 비대칭성

의미	거래 당사자 간에 정보의 차이가 나타나는 것
원인	현실적으로 경제 주체들이 모든 정보를 알기 어렵고, 알고 있는 정보의 양에서도 차이가 나타남
영향	• 역선택 : 의사 결정에 필요한 정보가 충분하지 않아 품질이 낮은 상품을 선택하게 됨 • 도덕적 해이 : 정보를 가진 당사자가 그렇지 못한 상대방의 이익에 반하는 행동을 하게 됨

정보의 비대칭성은 합리적 선택을 왜곡하거나, 경제 주체들이 서로에게 유익한 경제적 거래를 하지 못하도록 방해할 수 있다.

그래프로 살펴보기

■ 외부 경제와 외부 불경제

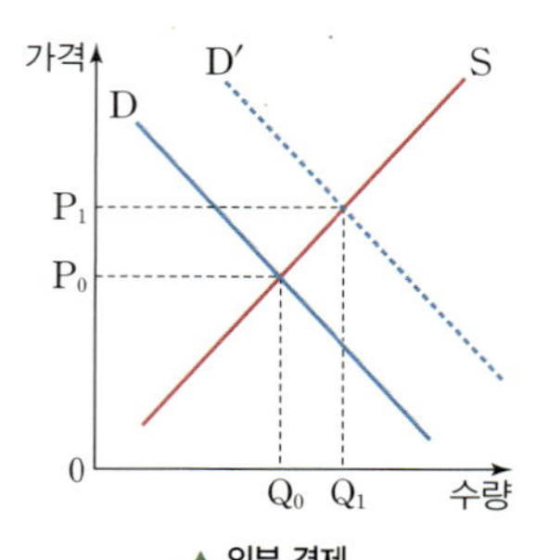

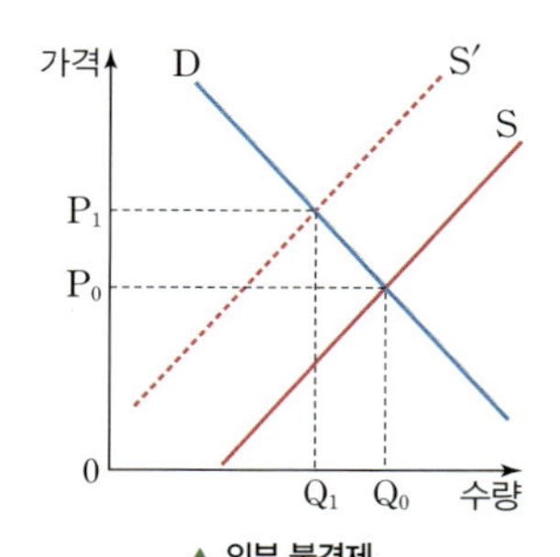

독감 예방 접종과 같은 외부 경제는 생산량을 결정할 때 다른 사람에게 주는 편익이 고려되지 않기 때문에 사회적으로 필요한 양보다 적게 생산된다. 반면, 환경 오염과 같은 외부 불경제는 생산량을 결정할 때 다른 사람에게 주는 피해가 고려되지 않기 때문에 사회적으로 필요한 양보다 많이 생산된다. 즉, 외부 경제는 사회적 최적 수준(Q_1)보다 적게 생산(Q_0)되고, 외부 불경제는 사회적 최적 수준(Q_1)보다 많이 생산(Q_0)된다.

자료로 살펴보기

■ 경합성과 배재성에 따른 재화와 서비스의 구분

구분	경합성	비경합성
배제성	옷, 의료 서비스, 혼잡한 유료 도로 등	유료 케이블 방송, 한산한 유료 도로 등
비배제성	바닷속의 물고기, 혼잡한 무료 도로 등	국방, 치안 서비스, 한산한 무료 도로 등

배제성과 경합성이 모두 있으면 사적 재화, 배제성은 있고 경합성은 없으면 자연 독점, 배제성은 없고 경합성은 있으면 공유 자원, 배제성과 경합성이 모두 없으면 공공재에 해당한다.

④ 시장 실패 개선을 위한 정부의 개입
- 공정한 경쟁의 촉진

독과점 규제	담합, 진입 장벽, 부당한 가격 인상 등을 규제함
불공정 거래 규제	허위·과장 광고, 기업 간 내부 거래 등을 규제함

- 공공재의 생산

정부	정부가 직접 공공재를 생산하여 공급함
공기업	공기업을 통해 공공재와 사회 간접 자본을 공급함

• 외부 효과의 개선

구분	외부 경제 (긍정적 외부 효과)	외부 불경제 (부정적 외부 효과)
방법	보조금 지급 → 사적 비용 감소 또는 사적 편익 증가	정부 규제(세금 부과 등) → 사적 비용 증가 또는 사적 편익 감소
결과	생산·소비 증가 → 사회적 최적 수준 회복	생산·소비 감소 → 사회적 최적 수준 회복
사례	의무 교육 확대, 백신 예방 접종, 새로운 기술 개발 등	환경 개선 부담금, 환경세, 오염 물질 배출량 제한 정책 등

• 정보의 비대칭성 완화

정보 제공	품질 인증제, 원산제 표시제 등 → 거래 당사자의 합리적 선택을 도움
잘못된 선택의 구제	「제조물 책임법」, 결함 보상제(리콜제) 등을 통해 정보 부족에 따른 잘못된 선택을 구제함

2. 정부 실패

① 의미 : 시장 실패를 개선하기 위한 정부의 개입이 시장 실패를 개선하지 못하거나 오히려 악화시키는 상태

② 원인

• 불완전한 지식과 정보 : 관료들의 전문적 지식 및 시장 정보 부족, 미래의 불확실성 등
• 정치적 제약 : 경제적 의사 결정보다 정치적 의사 결정을 우선시함
• 경제적 유인 부족 : 민간에 비해 경제적 효율성을 추구해야 할 동기가 부족함
• 정책과 실제 간 시차 : 정책 수립 및 집행 시기와 실제 정책의 효과가 나타나기까지의 시차가 존재하여 의도치 않게 역기능이 나타나기도 함

③ 사례

• 잘못된 경기 예측 → 재정 정책 실패 → 경기 악화
• 정치적 의도 → 공약 남발 → 비효율적 재정 지출 → 예산 악화

④ 보완책

• 규제 완화(규제 개혁)

필요성	• 정부의 불필요한 규제로 인한 효율성 저하 • 규제를 위한 업무 집행 → 정부 규모의 비대화
방법	불필요한 규제 완화 및 폐지

• 공기업 민영화 — 효율성 향상, 조직 내 민주주의 실현, 서비스의 질 향상 등을 기대할 수 있다.

필요성	비대한 공기업 조직의 규모와 관료화로 인한 효율성 저하
방법	• 효율성 제고를 위한 조직 개편 • 꼭 필요한 분야를 제외한 민간 이양

• 시민 단체의 감시

필요성	공익을 추구하는 시민 단체의 감시와 활동이 정부의 의사 결정 과정을 효율적으로 작동하도록 할 수 있음
방법	• 적극적인 정부 활동 모니터링 • 캠페인 활동 등을 통한 정부 활동 홍보

• 정답 및 해설 032쪽

🖊 A~D에 들어갈 재화에 대한 설명이 맞으면 '○', 틀리면 '✕'에 표하시오.

구분		경합성	
		있음	없음
배제성	있음	A	B
	없음	C	D

01 A는 사적 재화이다. (○, ✕)

02 B의 사례로는 의료 서비스나 혼잡한 유료 도로를 들 수 있다. (○, ✕)

03 C는 공공재이다. (○, ✕)

04 D의 사례로는 치안 서비스나 한산한 무료 도로를 들 수 있다. (○, ✕)

🖊 (가)~(라)는 외부 효과에 대한 시장 상황을 나타낸다. 이에 대한 설명이 맞으면 '○', 틀리면 '✕'에 표하시오.

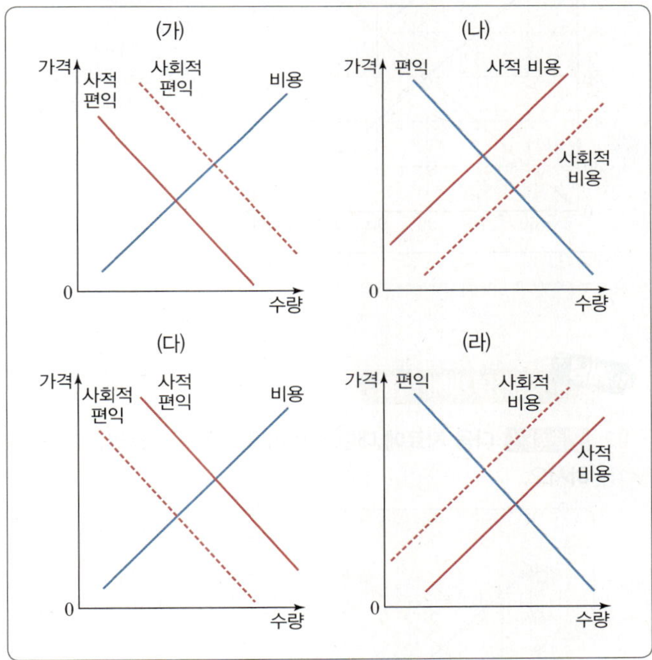

05 (가)는 외부 경제를 소비 측면에서 바라보는 그래프이다. (○, ✕)

06 (나)와 같은 상황에서 정부가 생산자에게 보조금을 제공하면 사회적 최적 수준으로 생산이 감소한다. (○, ✕)

07 (다)와 같은 상황에서 정부가 소비자에게 세금을 부과하면 사회적 최적 수준에서 소비가 이루어질 수 있다. (○, ✕)

08 (라)는 외부 불경제를 소비 측면에서 바라보는 그래프이다. (○, ✕)

정부의 시장 개입이 시장에 미치는 영향은 무엇일까?

개념 | **고난도 수능 자료로 확인**

■ 그림은 X재의 수요와 공급을 나타낸다. 정부는 (가), (나) 정책 중 하나를 시행한다.

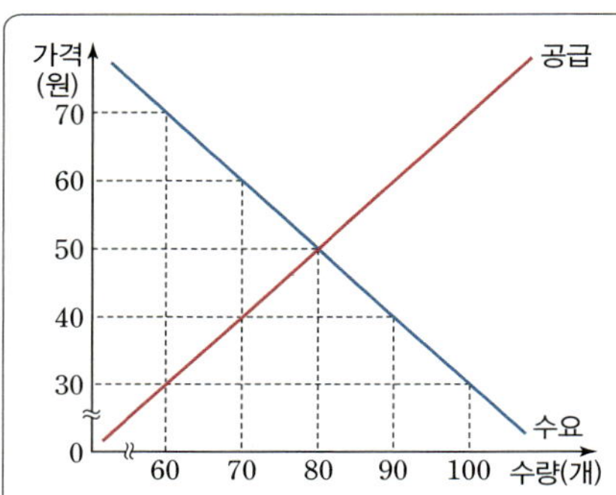

(가) 소비자에게 개당 20원씩 보조금을 지급한다.
→ 20원만큼 수요 곡선이 상승 이동하여 시장 가격이 60원이 된다.

(나) 최고 가격을 40원으로 설정한다.
→ 시장 가격이 40원이 된다.

(가), (나) 정책의 시행에 따른 X재 시장의 변화를 나타내면 다음과 같다.

(가) 정책 시행 시	(나) 정책 시행 시

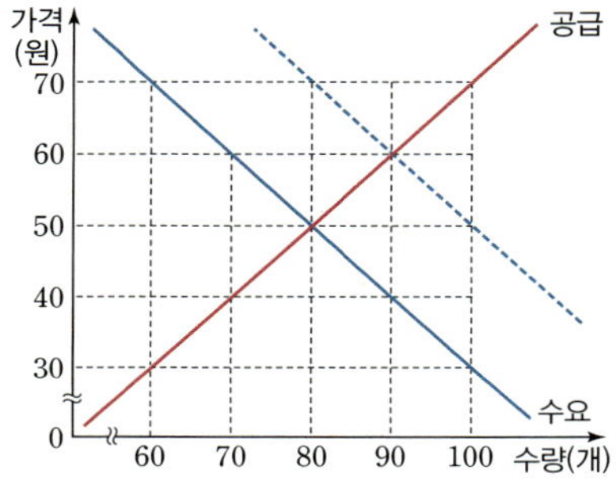

20원만큼의 보조금이 지급되면 소비자들은 실제 지출은 40원이지만 20원만큼의 금액을 더 지불할 수 있다. 따라서 수요 곡선이 20원만큼 상승하면서 시장의 균형 가격은 60원, 균형 거래량은 90개가 된다.

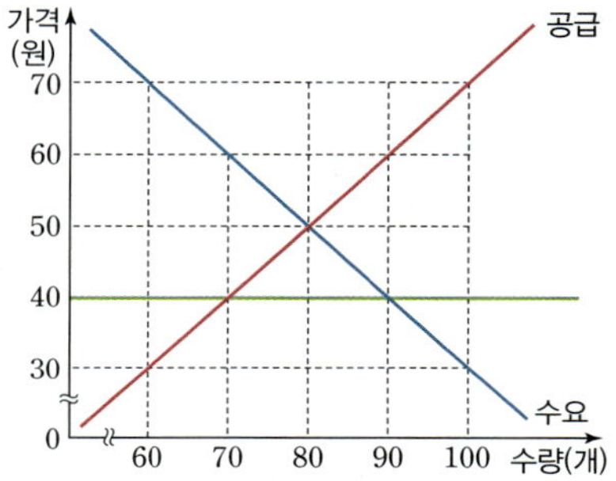

최고 가격을 40원으로 설정하면 원래 시장 균형 가격인 50원보다 낮기 때문에 실효성을 발휘한다. 이로 인해 시장 가격은 40원, 거래량은 70개가 되면서 20개의 초과 수요가 발생한다.

개념 | **기출문제에 적용**

01 **연습하기** 다음 자료에 대한 설명이 맞으면 '○', 틀리면 '×'에 표 하시오.

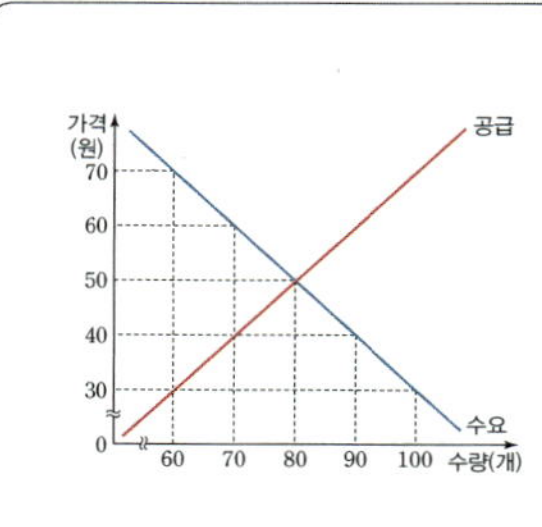

왼쪽 그림은 X재 시장의 수요와 공급을 나타낸다. 정부는 다음 (가), (나) 정책 중 하나를 시행한다.
(가) 소비자에게 개당 20원씩 보조금을 지급한다.
(나) 최고 가격을 40원으로 설정한다.

❶ (가) 정책을 실시하면 수요는 감소할 것이다. (○, ×)
❷ (나) 정책을 실시하면 초과 공급이 나타날 것이다. (○, ×)

02 **적용하기** 01번 문제의 자료에 대한 분석으로 옳은 것은?

① (가)의 경우 균형 가격이 하락한다.
② (가)의 경우 정부가 지급하는 보조금 총액은 1,600원이다.
③ (나)의 경우 시장 거래량이 증가한다.
④ 시장 거래량은 (나)에 비해 (가)의 경우에 30개 더 많다.
⑤ 보조금을 제외한 소비자의 지출 총액은 (나)에 비해 (가)의 경우에 800원 더 많다.

HOW & WHAT 정답 01 ❶ × ❷ × 02 ⑤

주제 13 시장 실패와 정부 실패

족집게 전략 | 시장 실패와 관련하여 특히 외부 효과나 공공재와 관련된 문제가 출제될 가능성이 높다. 또한 정부 실패 부분에서는 정부 실패의 보완 방법을 알아 두는 것이 좋다.

족집게 자료 분석 전략 START |

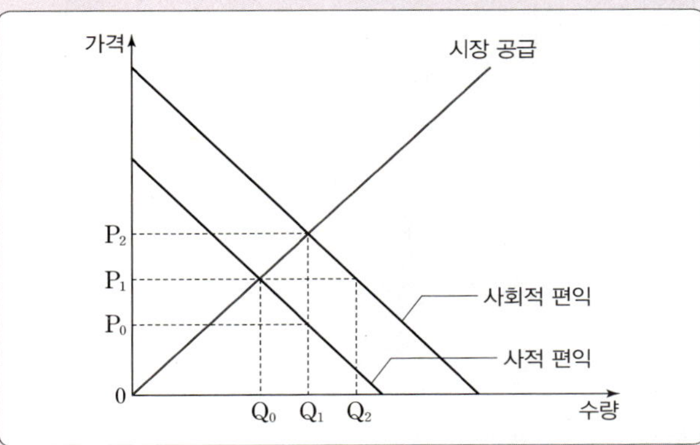

위 그림은 사회적 편익이 사적 편익보다 큰 것으로 보아, 소비 활동으로 외부 경제가 발생한 경우이다. 이런 경우 시장의 자율에 맡기면 가격이 상승하여 과소 소비의 문제가 발생한다. 이를 해결하기 위해 정부는 소비자에게 보조금을 지급하는 방법을 고려할 수 있다.

153 대표 문항 | 평가원 기출 |

그림은 X재의 시장 상황을 나타낸다. 이에 대한 옳은 분석만을 〈보기〉에서 고른 것은? (단, S는 사적 비용만을 반영한 공급 곡선이고, S′은 사회적 비용을 반영한 공급 곡선이다.)

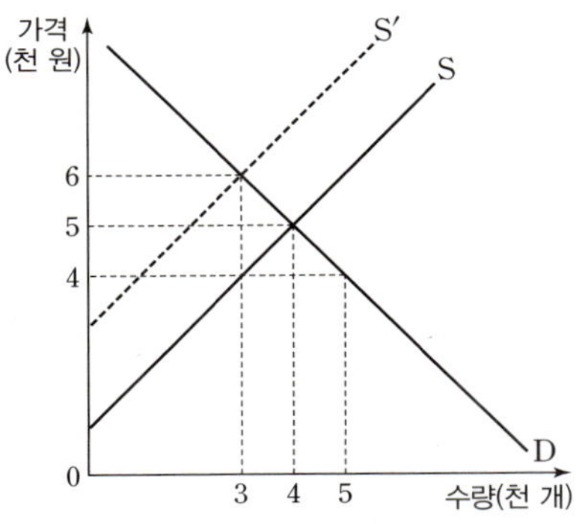

【보기】
ㄱ. 사적 비용이 사회적 비용보다 크다.
ㄴ. 생산 활동으로 인해 외부 경제가 발생한 경우이다.
ㄷ. 시장 거래량이 사회적 최적 거래량보다 1천 개 많다.
ㄹ. 정부가 생산자에게 X재 한 개당 2천 원의 세금을 부과하면 자원 배분의 효율성이 높아진다.

① ㄱ, ㄴ   ② ㄱ, ㄷ   ③ ㄴ, ㄷ
④ ㄴ, ㄹ   ⑤ ㄷ, ㄹ

✎ **한줄 Tip** X재 시장에서는 소비 활동으로 인해 외부 경제가 발생했어!

154

다음은 수업 시간의 대화이다. 밑줄 친 ㉠～㉢에 대한 설명으로 옳은 것은?

교사 : 가로등이 어떤 종류의 재화인지 설명해 볼까요?
학생 : ㉠가로등은 시민들의 안전한 이동을 위한 시설물입니다. 어두운 길거리를 비춰 주는 가로등의 불빛은 ㉡어두운 도로나 인도를 지나는 모든 차량 및 보행자에게 안전한 길을 비춰 주고 있습니다. 인도를 지나는 사람들 중 ㉢사용료를 내지 않은 사람들을 찾아서 가로등 이용을 제한하기란 거의 불가능한 일입니다. 그렇기 때문에 가로등은 민간에서 생산하는 경우는 거의 없고, 대부분 국가에 의해 생산 및 공급이 됩니다.

① ㉠과 같은 재화의 부족은 정부 실패를 보여 주는 대표적 사례이다.
② ㉠과 같은 재화는 사회적으로 필요한 수준보다 많이 생산되는 경향이 있다.
③ ㉡과 ㉢으로 인한 문제는 시장의 가격 기구를 통해 해결될 수 있다.
④ ㉢은 ㉠과 같은 재화에 무임승차의 문제가 발생할 수 있음을 보여 준다.
⑤ ㉡은 ㉠과 같은 재화의 소비가 다른 사람의 소비를 제약한다는 사실을 보여 준다.

155

다음은 어떤 용어에 대해 교사가 판서한 내용이다. (가)에 들어갈 내용으로 적절한 것만을 〈보기〉에서 고른 것은?

- 의미 : 시장 기구가 자원의 최적 배분에 실패한 상태
- 사례 : _________________ (가)

【보기】
ㄱ. 공공재의 공급 부족
ㄴ. 과점 시장에서의 담합 행위
ㄷ. 긍정적 외부 효과가 있는 재화의 초과 공급
ㄹ. 공정 거래를 유도하기 위한 정부의 정책 집행

① ㄱ, ㄴ   ② ㄱ, ㄷ   ③ ㄴ, ㄷ
④ ㄴ, ㄹ   ⑤ ㄷ, ㄹ

156

표는 A~D재를 특성에 따라 분류한 것이다. 이에 대한 옳은 설명만을 〈보기〉에서 고른 것은?

구분	A재	B재	C재	D재
대가를 지불하지 않으려는 사람의 소비를 막을 수 있는가?	○	×	○	×
한 사람의 소비가 다른 사람의 소비를 감소시키는가?	○	○	×	×

〔보기〕
ㄱ. A재는 사적 재화를 의미한다.
ㄴ. B재는 남용으로 인한 자원 고갈의 문제가 발생한다.
ㄷ. C재는 혼잡한 무료 도로를 예로 들 수 있다.
ㄹ. D재는 희소성이 없는 재화이다.

① ㄱ, ㄴ　　　② ㄱ, ㄷ　　　③ ㄴ, ㄷ
④ ㄴ, ㄹ　　　⑤ ㄷ, ㄹ

157

| 평가원 기출 |

밑줄 친 ㉠~㉢에 대한 설명으로 가장 적절한 것은?

• ㉠연필은 한 사람이 사용하면 다른 사람이 이를 유용하게 사용하기 어렵다. 즉, 갑이 연필을 사용한다면, 이 연필을 동시에 을이 사용할 수 없다. 또한 이 연필의 구매자는 다른 사람이 이를 사용하지 못하도록 하는 재산권을 가진다.
• 지식은 여러 사람이 동시에 유용하게 사용할 수 있다. 내가 수학 문제를 풀기 위하여 ㉡사칙 연산을 사용하더라도 다른 사람이 동시에 이를 유용하게 사용할 수 있다. 한편 ㉢일부 지식에 대해서는 사칙 연산과 달리 특허 등을 통하여 재산권이 부여된다.

① ㉠은 비배제성을 가진다.
② ㉡은 배제성을 가진다.
③ ㉢은 비경합성을 가진다.
④ ㉡은 ㉠과 달리 경합성을 가진다.
⑤ ㉢은 ㉡과 달리 비배제성을 가진다.

158

(가)~(라)에 대한 옳은 설명만을 〈보기〉에서 고른 것은?

A는 대가를 치르지 않는 경우에도 소비를 막을 수 없는 성질을 의미한다. 그에 비해 B는 누군가 소비를 해도 다른 사람의 소비 기회가 줄어들지 않는 성질을 의미한다. 이를 그림으로 나타내면 다음과 같다.

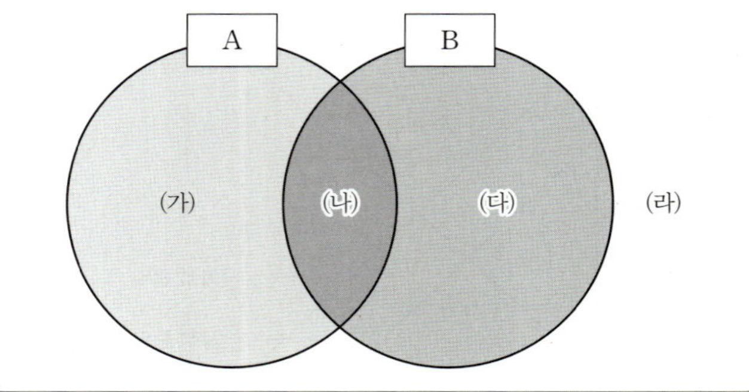

〔보기〕
ㄱ. (가)에는 막히는 유료 도로가 해당한다.
ㄴ. (나)는 한번 공급되면 누구나 공동으로 사용할 수 있다.
ㄷ. (다)와 같은 재화는 자원 고갈의 문제가 발생할 수 있다.
ㄹ. (라)에는 서점에서 구입하는 책이 해당한다.

① ㄱ, ㄴ　　　② ㄱ, ㄷ　　　③ ㄴ, ㄷ
④ ㄴ, ㄹ　　　⑤ ㄷ, ㄹ

159

| 평가원 기출 |

다음에 나타난 현상에 대한 설명으로 옳은 것은?

해안에 등대를 설치하면 오가는 모든 배들이 항로를 파악하는 데 도움을 얻는다. 그런데 일단 등대가 설치되면 대가를 지불하지 않고도 혜택을 얻을 수 있기 때문에 누군가가 먼저 설치해 주기만을 기다리게 된다.

① 소비에 경합성이 있어서 발생하는 문제이다.
② 무임승차를 배제할 수 없다는 점에서 비롯된다.
③ 생산 측면의 외부 불경제를 보여 주는 사례이다.
④ 정부의 시장 개입 축소를 주장하는 근거가 된다.
⑤ 선착순 자원 배분을 통해 해결할 수 있는 문제이다.

160

다음 사례들에 공통으로 나타난 시장 실패의 원인으로 적절한 것은?

- 소비자가 상품의 품질을 정확하게 확인할 수 없어 가격에 비해 품질이 좋지 않은 상품을 구매한다.
- 건강이 좋지 않은 사람이 건강한 사람보다 질병 보험에 더 많이 가입하여 보험 회사가 경제적으로 손해를 본다.

① 규모의 경제
② 정보의 비대칭성
③ 정부의 진입 규제
④ 이익 집단의 압력
⑤ 관료 집단의 지나친 이기주의

161

(가), (나)에 따라 예상할 수 있는 변화를 〈보기〉에서 골라 옳게 연결한 것은?

(가) 갑국 정부는 첨단 기술의 확산을 위해 새로운 기술을 개발하는 기업에 보조금을 지급하였다.
(나) 을국 정부는 하천의 수질 오염을 해소하기 위해 가축 분뇨를 정화하지 않고 배출하는 축산 농가들에 대한 과징금 부과를 강화하였다.

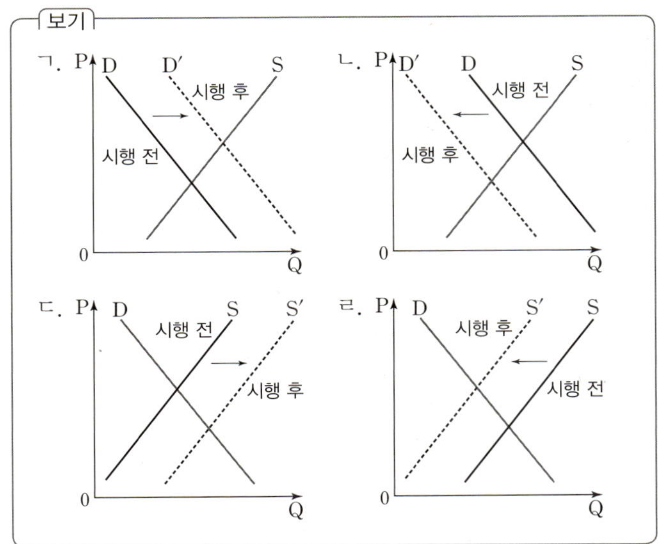

	(가)	(나)		(가)	(나)		(가)	(나)
①	ㄱ	ㄴ	②	ㄱ	ㄹ	③	ㄴ	ㄷ
④	ㄴ	ㄹ	⑤	ㄷ	ㄹ			

162

다음 글에 나타난 외부 효과와 같은 유형의 사례만을 〈보기〉에서 고른 것은?

축구의 인기가 많은 도시에서는 프로축구 경기가 열리는 날이면 열광적인 축구팬들이 경기장에 찾아와 열띤 응원전을 펼친다. 이 때 축구장 근처에 거주하는 사람들은 응원으로 인한 소음 때문에 고통을 느끼지만 그 누구도 보상은 하지 않고 있다.

보기
ㄱ. 독감 백신을 접종하면 다른 사람에게 전염시킬 위험이 감소한다.
ㄴ. 아파트 아래층에서 흡연을 할 경우 냄새와 연기가 위층으로 올라간다.
ㄷ. 대형 마트의 등장으로 먼저 영업을 하고 있던 소규모 가게들의 매출이 감소한다.
ㄹ. 자가용을 운전하는 사람들은 편리하게 생활하지만, 자동차 배기가스는 대기 오염을 심화시킨다.

① ㄱ, ㄴ 　　② ㄱ, ㄷ 　　③ ㄴ, ㄷ
④ ㄴ, ㄹ 　　⑤ ㄷ, ㄹ

163

다음 자료에 대한 옳은 분석만을 〈보기〉에서 고른 것은?

표는 X재의 가격대별 시장 공급량과 수요량을 나타낸다. X재 생산 과정에서 오염 물질이 발생하여 1개가 생산될 때마다 주변 지역에 200원의 피해가 발생한다.

가격(원)	공급량(개)	수요량(개)
9,900	900	500
9,800	800	600
9,700	700	700
9,600	600	800
9,500	500	900

보기
ㄱ. X재 생산 과정에서 외부 경제가 발생한다.
ㄴ. 사회적 최적 가격은 시장 가격보다 200원 높다.
ㄷ. X재 생산의 사회적 비용은 1개당 200원보다 많다.
ㄹ. 사회적 최적 거래량은 시장 거래량보다 100개 적다.

① ㄱ, ㄴ 　　② ㄱ, ㄷ 　　③ ㄴ, ㄷ
④ ㄴ, ㄹ 　　⑤ ㄷ, ㄹ

164

표가 나타내는 외부 효과에 대한 옳은 설명만을 〈보기〉에서 고른 것은? (단, 현재 시장은 수요·공급 법칙을 따르며, 외부 효과의 유형 중 하나만 발생한다.)

비용	사회적 비용 < 사적 비용
거래량	시장 균형 거래량 < 사회적 최적 거래량

〈보기〉
ㄱ. 사회적 편익이 사적 편익보다 크다.
ㄴ. 외부 경제가 발생하고 있는 상황이다.
ㄷ. 생산자에게 조세를 부과하면 해결된다.
ㄹ. 재화의 비배제성 때문에 나타나는 현상이다.

① ㄱ, ㄴ　　② ㄱ, ㄷ　　③ ㄴ, ㄷ
④ ㄴ, ㄹ　　⑤ ㄷ, ㄹ

165

| 평가원 기출 |

그림은 □□ 모둠 수행 평가 보고서의 일부이다. A, B에 대한 설명으로 옳은 것은?

〈경제 수행 평가 보고서〉	점수
탐구 과제 : 외부 효과의 의미와 유형	10/10

제출 모둠 : □□

• 외부 효과의 의미 : 한 경제 주체의 경제 활동이 다른 경제 주체에게 의도하지 않은 이익이나 손해를 주면서도 이에 대한 대가를 받거나 지불하지 않는 현상
• 외부 효과의 유형

구분		주요 특징
소비 측면	A	시장 균형 거래량이 사회적 최적 거래량보다 많다.
	B	시장 균형 거래량이 사회적 최적 거래량보다 적다.
생산		

① A는 외부 경제, B는 외부 불경제이다.
② B의 해결 방안으로 소비자에 대한 보조금 지급을 들 수 있다.
③ A, B 모두 시장 가격은 사회적 최적 가격보다 높다.
④ A의 사례로 한 기업이 개발한 기술이 다른 기업에 전파되어 이득을 주는 것을 들 수 있다.
⑤ B의 사례로 공동 주택에서 층간 소음으로 인해 발생하는 피해를 들 수 있다.

166

| 평가원 기출 |

그림은 현재 시장 상황에서 A~C재를 사회적 비용과 사적 비용의 크기에 따라 구분한 것이다. 이에 대한 설명으로 옳은 것은? (단, A~C재는 각 재화별로 사회적 편익과 사적 편익이 동일하다.)

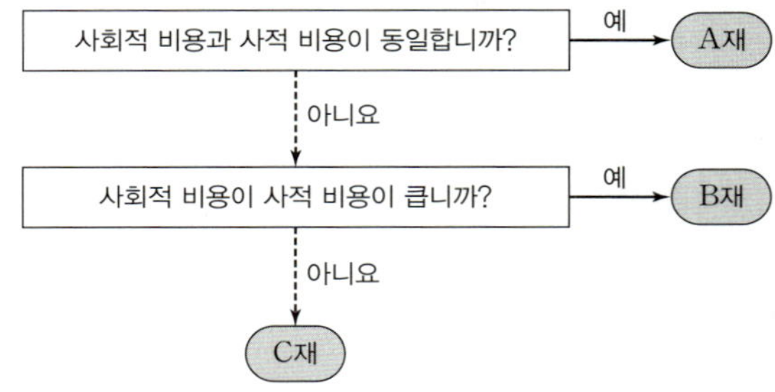

① A재의 사적 생산량은 사회적 최적 생산량보다 많다.
② B재의 사적 생산량은 사회적 최적 생산량보다 적다.
③ 생산자에 대한 보조금 지급은 C재 시장에서 나타나는 문제점의 해결 방안 가운데 하나이다.
④ B재는 외부 경제의 사례, C재는 공공재의 사례에 해당한다.
⑤ C재는 A재와 달리 시장에 맡겨 두면 자원이 효율적으로 배분된다.

167

(가), (나)에 대한 옳은 설명만을 〈보기〉에서 고른 것은?

(가) 사람들이 많이 있는 길거리에서 누군가가 소리를 지르고 난동을 부리면 주변 사람들은 불쾌감을 느낀다.
(나) 기업이 생산 과정에서 발생한 미세먼지를 정화하지 않고 날려버리면 대기가 오염되어 사람들의 건강에 해를 끼친다.

〈보기〉
ㄱ. (가)는 외부 경제의 사례이다.
ㄴ. (나)는 사회적 비용이 사적 비용보다 큰 경우이다.
ㄷ. (가)는 (나)와 달리 시장에 의해 자원 배분이 효율적으로 이루어진 결과이다.
ㄹ. (가)와 (나)는 모두 사회적 편익보다 사적 편익이 큰 경우이다.

① ㄱ, ㄴ　　② ㄱ, ㄷ　　③ ㄴ, ㄷ
④ ㄴ, ㄹ　　⑤ ㄷ, ㄹ

168

(가)는 사적 비용과 사회적 비용이 서로 다른 재화의 시장 상황이고, (나)는 사적 편익과 사회적 편익이 서로 다른 재화의 시장 상황이다. 이에 대한 설명으로 옳은 것은?

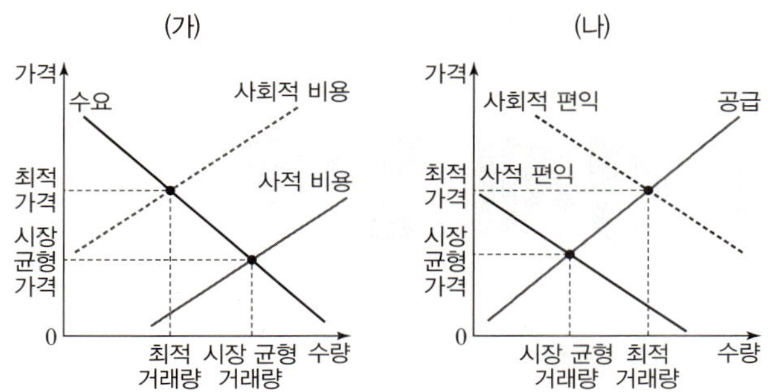

① (가)와 같은 상황에서는 생산자에게 보조금을 지급하는 것이 효율적이다.

② (나)와 같은 현상의 사례로 층간 소음을 들 수 있다.

③ (가)는 (나)와 달리 소비 측면에서 외부 경제가 발생한 경우이다.

④ (나)는 (가)와 달리 사적 비용이 낮기 때문에 초과 공급이 발생한다.

⑤ (가)와 (나)는 모두 시장에서의 자원 배분이 효율적이지 못한 상태이다.

169

다음은 마약 문제와 관련한 토론이다. 이에 대한 설명으로 옳지 <u>않은</u> 것은?

> 갑 : 마약의 국내 반입을 막고, 마약 밀수업자에 대한 단속을 강화해야 합니다.
> 을 : 갑이 제시한 대책은 마약 거래량의 감소폭에 비해 가격의 상승폭을 크게 할 것입니다.
> 병 : 마약 상습 복용자에 대한 재활과 예방이 더 중요하다고 생각합니다.
> 정 : 병이 제시한 대책은 마약으로 인한 범죄를 줄일 수 있을 것입니다.

① 갑의 대책은 마약 수요자보다 공급자에 초점을 맞춘 것이다.

② 을은 마약의 수요가 가격에 대해 비탄력적이라고 보고 있다.

③ 병은 수요 곡선 자체가 왼쪽으로 이동하도록 유도하는 정책을 강조하고 있다.

④ 정이 말한 범죄는 외부 불경제에 해당한다.

⑤ 을과 병은 마약의 공급 감소에 초점을 맞추고 있다.

170

다음 대화에 대한 설명으로 가장 적절한 것은?

① 독과점 시장의 형성은 ㉠으로 인한 부작용이다.

② ㉡의 해결 방안으로 규제 개혁과 공기업의 민영화를 제시할 수 있다.

③ ㉢은 시장에 대한 정부의 정보 부족 때문이다.

④ ㉡은 ㉢과 달리 자유로운 시장 경쟁에 반대하여 나타난 현상이다.

⑤ ㉡과 ㉢ 모두 지나친 정부의 개입이 원인이다.

171

교사의 질문에 대한 답변으로 적절한 것만을 〈보기〉에서 고른 것은?

> **보기**
> ㄱ. (가)의 사례로 규칙 제정 및 관리·감독을 들 수 있습니다.
> ㄴ. (나)의 사례로 외부 효과에 대한 대응 정책의 실시를 들 수 있습니다.
> ㄷ. (다)의 사례로 독과점 규제 정책의 실시를 들 수 있습니다.
> ㄹ. (라)의 사례로 공공재의 생산을 들 수 있습니다.

① ㄱ, ㄴ ② ㄱ, ㄷ ③ ㄴ, ㄷ ④ ㄴ, ㄹ ⑤ ㄷ, ㄹ

III 국가와 경제 활동

08강 국민 경제의 순환과 경제 성장
09강 실업과 인플레이션
10강 경기 변동과 경제 안정화 정책

III단원 출제 예감 주제 BEST 5

순위	주제	출제 예감 지수	빈출 출제 유형	문제 페이지
1	**주제 14** 국민 경제의 순환과 경제 성장	★★★★★	· 2019학년도 수능 16번 · 2018학년도 수능 6번 · 2018학년도 9월 모평 1번	**083** 쪽
2	**주제 17** 경기 변동과 경기 순환	★★★★☆	· 2019학년도 9월 모평 5번 · 2019학년도 6월 모평 16번 · 2016학년도 9월 모평 12번	**103** 쪽
3	**주제 15** 경제 안정화 정책	★★★☆☆	· 2019학년도 6월 모평 8번 · 2017학년도 9월 모평 17번 · 2016학년도 수능 14번	**106** 쪽
4	**주제 16** 물가와 인플레이션	★★★☆☆	· 2018학년도 수능 11번 · 2018학년도 6월 모평 16번	**096** 쪽
5	**주제 15** 실업	★★★☆☆	· 2019학년도 수능 9번 · 2018학년도 수능 12번	**093** 쪽

08강 국민 경제의 순환과 경제 성장 (본책 080~089쪽)	**주제 14** 국민 경제의 순환과 경제 성장	• 국민 경제 순환 • 가계 • 기업 • 정부 • 외국 • 국내 총생산(GDP) • 명목 국내 총생산(GDP) • 실질 국내 총생산(GDP) • 경제 성장 • 경제 성장률 • 정부 주도 성장 • 수출 지향형 성장 • 지속적 성장
09강 실업과 인플레이션 (본책 090~099쪽)	**주제 15** 실업	• 실업 • 경기적 실업 • 계절적 실업 • 구조적 실업 • 마찰적 실업 • 자발적 실업 • 경제 활동 인구 • 비경제 활동 인구 • 실업률
	주제 16 물가와 인플레이션	• 물가 • 물가 지수 • 물가 상승률 • 소비자 물가 지수 • 생산자 물가 지수 • GDP 디플레이터 • 인플레이션 • 수요 견인 인플레이션 • 비용 인상 인플레이션
10강 경기 변동과 경제 안정화 정책 (본책 100~109쪽)	**주제 17** 경기 변동과 경기 순환	• 총수요 • 총공급 • 경기 변동 • 경기 순환 • 확장기 • 후퇴기 • 수축기 • 회복기
	주제 18 경제 안정화 정책	• 경제 안정화 정책 • 재정 정책 • 긴축 재정 • 확대 재정 • 금융 정책 • 긴축 금융 • 확대 금융

▶ 경제 성장이나 물가를 나타내는 지표에 대한 문제가 고난도 문제로 출제된다.

경제 성장률, 실업률, 물가 상승률 등과 관련된 자료의 해석 능력을 확인하는 문제가 자주 출제된다. 다양한 유형의 문제를 풀어 보면서 자료뿐만 아니라 선택지를 해석하는 능력도 키워 두어야 한다.

▶ 경기 상황에 따라 적합한 경제 안정화 정책을 제시할 수 있어야 한다.

제시된 경기 상황에 따라 필요한 재정 정책과 금융 정책을 판단해야 한다. 경기 과열 시와 경기 침체 시로 구분하여 사용할 수 있는 정책 수단을 반드시 정리해 두도록 한다.

08강 국민 경제의 순환과 경제 성장

주제 14 국민 경제의 순환과 경제 성장

1. 국민 경제의 순환
① 국민 경제와 국민 경제의 순환
- 국민 경제 : 가계, 기업, 정부 등 경제 주체가 한 나라를 단위로 하는 경제 활동
- 국민 경제 순환 : 한 나라의 경제 주체가 재화와 서비스를 생산·분배·소비하는 경제 활동을 지속적으로 되풀이하면서 순환하는 과정

그래프로 살펴보기

■ 국민 경제의 순환

국민 경제에서는 재화, 서비스와 같은 실물의 흐름과 이를 구매하기 위한 대가를 나타내는 화폐의 흐름이 서로 반대 방향으로 나타난다.

② 국민 경제의 주체
- 국내 경제 주체

가계	소비의 주체 → 효용의 극대화 추구
기업	생산의 주체 → 이윤의 극대화 추구
정부	재정의 주체 → 사회적 후생의 극대화 추구

- 해외 경제 주체 : 외국(무역의 주체 → 자국의 이익 추구)

③ 국민 경제 지표
- 국내 총생산(GDP) `보통 1년을 의미한다.`

의미	일정 기간 동안 한 국가 내에서 생산된 최종 생산물의 가치를 시장 가격으로 계산하여 합한 것
의의	한 나라의 경제 활동 규모를 파악할 수 있는 가장 대표적인 경제 지표
계산	• 최종 생산물 가치의 합 `최종 생산물을 생산하기 위해 사용되는 원재료를 말한다.` • 총생산물 가치의 합 − 중간 생산물 가치의 합 • 각 생산 단계에서 창출된 부가 가치의 합
한계	• 시장에서 거래되는 재화와 서비스의 가치만 포함 : 가사 노동, 자원봉사, 지하 경제에서의 거래 등은 포함하지 않음 • 정확한 삶의 질 수준의 파악 곤란 : 환경 오염, 교통사고 등은 국민의 삶의 질을 떨어뜨리지만, 그 해결 과정에서 국내 총생산은 오히려 증가할 수 있음 • 분배 상황의 파악 곤란 : 국내 총생산의 크기만으로는 생산의 결과가 분배된 상황이나 빈부 격차의 정도를 파악하기 어려움 `환경 오염의 해결을 위한 설비를 설치하면, 그 비용은 국내 총생산에 포함되어 국내 총생산이 증가하게 된다.`

자료로 살펴보기

■ 국내 총생산(GDP)의 계산

> • 농부가 쌀을 생산하여 제분업자에게 1천만 원에 판매하였다.
> • 제분업자는 쌀을 쌀가루로 만들어 제빵업자에게 1천 2백만 원에 판매하였다.
> • 제빵업자는 쌀가루로 빵을 만들어 소비자에게 2천만 원에 판매하였다.

- 최종 생산물 가치의 합 : 2천만 원(빵의 시장 가격)
- 총생산물 가치의 합−중간 생산물 가치의 합 : 4천 2백만 원(쌀의 가치+쌀가루의 가치+빵의 가치)−2천 2백만 원(쌀의 가치+쌀가루의 가치)=2천만 원
- 각 생산 단계에서 창출된 부가 가치의 합 : 1천만 원(쌀)+2백만 원(쌀가루)+8백만 원(빵)=2천만 원

- 1인당 국내 총생산(GDP) : 국내 총생산을 인구수로 나눈 값 → 한 나라 국민들의 평균적인 소득 및 경제생활 수준을 가늠할 수 있게 해 줌
- 명목 국내 총생산(GDP)과 실질 국내 총생산(GDP) `명목 국내 총생산에서 물가 상승(하락)분을 제거하여 재화와 서비스의 실질적인 가치를 측정한 지표이다.`

명목 GDP	해당 연도의 가격으로 계산한 GDP
실질 GDP	기준 연도의 가격으로 계산한 GDP
GDP 디플레이터	국내에서 생산된 모든 재화와 서비스의 종합적인 가격 수준을 지수화한 것

`'(명목 GDP/실질 GDP)×100'으로 계산한다.`
- 국민 총소득 : 한 나라의 국민이 일정 기간 벌어들인 임금, 이자, 이윤 등의 소득을 모두 합한 것 `'국내 총생산(GDP)+자국민의 해외 소득−외국인의 국내 소득'으로 계산한다.`

그래프로 살펴보기

■ 국민 소득 삼면 등가의 원칙

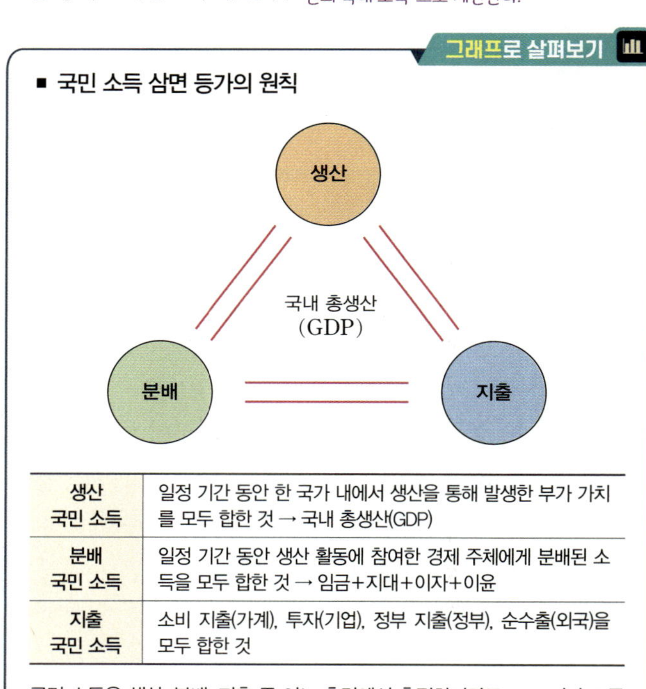

생산 국민 소득	일정 기간 동안 한 국가 내에서 생산을 통해 발생한 부가 가치를 모두 합한 것 → 국내 총생산(GDP)
분배 국민 소득	일정 기간 동안 생산 활동에 참여한 경제 주체에게 분배된 소득을 모두 합한 것 → 임금+지대+이자+이윤
지출 국민 소득	소비 지출(가계), 투자(기업), 정부 지출(정부), 순수출(외국)을 모두 합한 것

국민 소득은 생산, 분배, 지출 중 어느 측면에서 측정하더라도 그 크기가 모두 일치한다.

2. 경제 성장

① 경제 성장의 의미 : 국가의 경제 규모가 커지는 것(양적 확대)

② 경제 성장의 의의 : 국가의 경제 성장이 이루어지면 한 국가에서 일자리가 창출되고 국민의 생활수준이 향상됨

③ 경제 성장률 : 실질 국내 총생산(GDP)의 증가율

= (금년도 실질 GDP − 전년도 실질 GDP) / 전년도 실질 GDP × 100

④ 경제 성장의 요인

경제적 요인	생산 요소의 양적 증가, 생산 요소의 질적 향상
경제 외적 요인	기업가 정신, 사회 제도, 경제 성장을 위한 경제 주체의 활동 의지 등

→ 기업가가 미래의 불확실성을 두려워하지 않고 생산을 수행하는 데 있어 혁신을 추구하는 자세를 말한다.

→ 기업의 투자를 촉진하는 법과 제도의 도입 등을 말한다.

3. 한국 경제의 성장

① 한국 경제의 발전 과정

→ 노동 집약적 경공업이 성장을 주도하였다.

1960년대	광복 이후 분단과 전쟁으로 경제 기반 취약 → 풍부한 노동력을 바탕으로 수출 주도형 성장 우선 정책을 실시함
1970년대	• 자본 집약적 중화학 공업 중심의 산업 구조로 전환함 • 대외 지향적 공업화의 추진으로 수출 규모가 크게 증가함
1980년대	• 기업들이 연구 · 개발을 통해 기술 경쟁력을 강화함 • 삼저 호황으로 대규모의 무역 흑자가 발생하고, 자동차 등 기술 집약적 산업이 발전함
1990년대	• 반도체 등 첨단 산업을 바탕으로 경제 성장이 지속됨 • 1997년 외환 위기에 따라 국제 통화 기금(IMF)의 구제 금융을 받음
2000년대 이후	• 2007년 미국에서 시작된 세계 금융 위기로 경기가 침체됨 • 세계 각국과 자유 무역 협정(FTA)을 체결하고, 2011년에는 무역 규모 1조 달러를 돌파함

■ 삼저(三低) 호황

1986년부터 1988년까지 한국 경제는 주요 국가들의 금리 하락에 따른 투자 증대, 원유 가격의 폭락에 따른 생산비 하락, 엔화 가치의 상승에 따른 우리나라 상품의 가격 경쟁력 강화 등을 배경으로 유례없는 호황을 맞았다. 당시의 호황을 저금리, 저유가, 저달러를 배경으로 하였다고 해서 삼저 호황이라고 한다.

삼저 호황 당시 한국 경제는 연 10% 이상의 성장률을 기록하는 등 고도 성장의 시기를 맞이하였다.

② 한국 경제 발전의 특징과 문제점

→ 부존자원의 부족으로 원료를 수입한 후 가공하여 수출하는 전략을 채택하였다.

특징	정부 주도형 성장, 수출 주도형 성장
문제점	대기업과 중소기업 간 격차, 도시와 농촌 간 격차 등 경제적 불균형 발생

③ 지속적 성장을 위한 한국 경제의 과제

• 형평성 향상 : 경제 발전 과정에서 심화된 불균형을 해소해야 함

• 대외 의존성 완화 : 수출 주도형 성장에 따라 심화된 대외 의존성을 완화하여 국제 경제의 흐름에 안정적으로 대처해야 함

• 경제 성장의 동력 약화 방지 : 저출산·고령화에 따른 노동력 부족이나 생산성 저하 등에 대처해야 함

• 정답 및 해설 034쪽

다음 글에 대한 설명이 맞으면 '○', 틀리면 '✕'에 표하시오.

2019년 갑국에서 이루어진 모든 생산 활동은 다음과 같다. 농부는 밀을 생산하여 제분업자에게 1억 원에 판매하였고, 제분업자는 농부로부터 구입한 밀을 밀가루로 가공하여 제빵업자에게 1억 5천만 원에 판매하였다. 제빵업자는 제분업자로부터 구입한 밀가루를 사용하여 빵을 만들어 소비자에게 2억 2천만 원에 모두 판매하였다.

01 농부가 생산한 쌀은 최종 생산물이다. (○, ✕)

02 제분업자가 창출한 부가 가치는 1억 5천만 원이다. (○, ✕)

03 제빵업자가 창출한 부가 가치는 7천만 원이다. (○, ✕)

04 갑국의 중간 생산물 가치의 합은 4억 7천만 원이다. (○, ✕)

05 갑국의 국내 총생산(GDP)은 2억 2천만 원이다. (○, ✕)

그림은 국민 소득 삼면 등가의 원칙을 나타낸다. 이에 대한 설명이 맞으면 '○', 틀리면 '✕'에 표하시오.

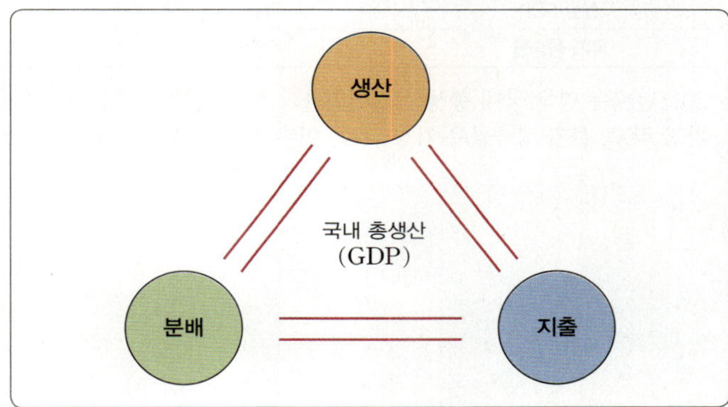

06 생산 국민 소득은 일정 기간 동안 한 국가 내에서 발생한 부가 가치를 모두 합한 것이다. (○, ✕)

07 가계의 소비 지출이나 기업의 투자는 분배 국민 소득에 포함된다. (○, ✕)

08 임금이나 이자는 지출 국민 소득에 포함된다. (○, ✕)

09 국민 소득 삼면 등가의 원칙에 따라 생산 국민 소득, 분배 국민 소득, 지출 국민 소득을 모두 합하면 국내 총생산(GDP)을 구할 수 있다. (○, ✕)

다음 설명이 맞으면 '○', 틀리면 '✕'에 표하시오.

10 경제 성장률은 명목 국내 총생산(GDP)의 증가율로 구한다. (○, ✕)

11 1960년대 우리나라는 풍부한 노동력을 바탕으로 수출 주도형 성장 우선 정책을 실시하였다. (○, ✕)

12 앞으로 한국 경제가 지속적 성장을 이루기 위해서는 대외 의존성을 강화해야 한다. (○, ✕)

명목 GDP와 실질 GDP는 어떻게 다를까?

개념 고난도 수능 자료로 확인

■ 그림은 갑국의 명목 국내 총생산(GDP)과 실질 국내 총생산(GDP)의 전년 대비 변화율을 나타낸다. (단, 물가 수준은 GDP 디플레이터로 측정한다.)

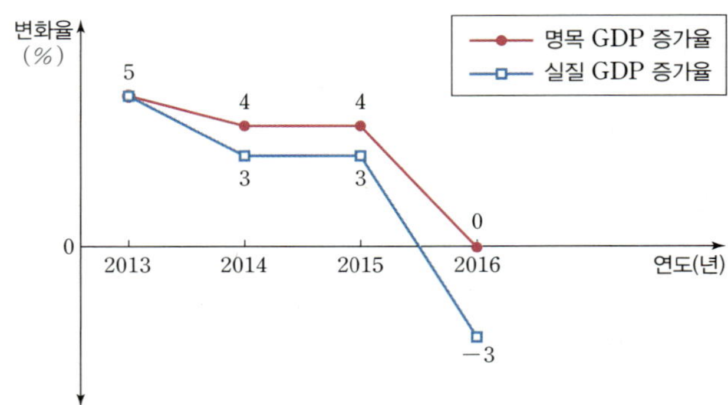

위 그림에서 2013년의 실질 국내 총생산을 A라고 할 때 연도별 실질 국내 총생산과 물가 상승률을 정리하면 다음과 같다.

구분	2013년	2014년	2015년	2016년
실질 GDP	A	A×1.03	A×1.03×1.03	A×1.03×1.03×0.97
물가 상승률	0%	1%	1%	3%

2013년에는 명목 국내 총생산의 변화율과 실질 국내 총생산의 변화율이 같으므로 물가 상승률은 0%이다. 따라서 2013년에 실질 국내 총생산은 가장 작고, 물가 상승률은 가장 낮다. 이후 2014년부터 물가 상승률은 매년 양(+)의 값이므로 물가 수준은 2016년에 가장 높다.

개념 기출문제에 적용

01 연습하기 그림에 나타난 갑국의 경제 상황에 대한 설명이 맞으면 '○'표, 틀리면 '×'에 표하시오.

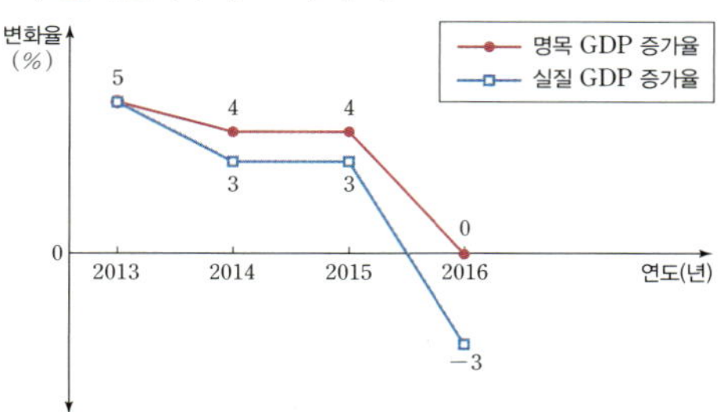

❶ 경제 규모는 2013년에 가장 크다. (○, ×)
❷ 물가 상승률은 2016년에 가장 높다. (○, ×)
❸ 실질 GDP 증가액은 2014년보다 2015년에 크다. (○, ×)

02 적용하기 01번 문제의 그림에 대한 옳은 설명만을 〈보기〉에서 고른 것은? (단, 물가 수준은 GDP 디플레이터로 측정한다.)

> 보기
> ㄱ. 2013년보다 2016년에 물가 수준이 낮다.
> ㄴ. 실질 GDP는 2016년보다 2014년에 크다.
> ㄷ. 실질 GDP 증가액은 2014년보다 2015년에 작다.
> ㄹ. 2014년 이후 물가 상승률은 매년 양(+)의 값이다.

① ㄱ, ㄴ　　② ㄱ, ㄷ　　③ ㄴ, ㄷ
④ ㄴ, ㄹ　　⑤ ㄷ, ㄹ

HOW & WHAT 정답 01 ❶ × ❷ ○ ❸ ○ 02 ④

주제 14 국민 경제의 순환과 경제 성장

족집게 전략 | 생산 국민 소득, 분배 국민 소득, 지출 국민 소득의 의미를 바탕으로 각 측면의 국민 소득에 해당하는 사례를 판단할 수 있는지 확인하는 문제가 출제될 수 있다.

족집게 자료 분석 전략 START |

(가)	최종 생산물의 시장 가치 합
(나)	임금+지대+이자+이윤
(다)	소비 지출+투자+정부 지출+순수출

(가)는 생산 국민 소득, (나)는 분배 국민 소득, (다)는 지출 국민 소득이다. 국민 소득 삼면 등가의 원칙에 대한 이해를 바탕으로 각 측면의 국민 소득이 어떻게 구성되는지를 정확히 비교하여 기억해 두어야 한다.

172 대표 문항
| 평가원 기출 |

교사의 질문에 대한 학생의 답변으로 옳지 <u>않은</u> 것은?

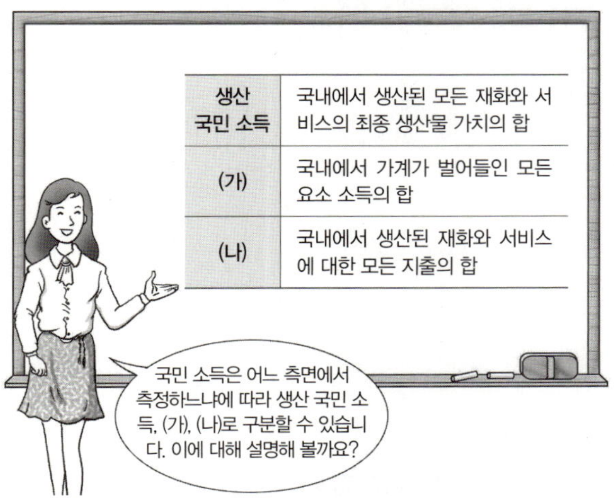

① 국내 기업이 해외 공장에서 생산한 자동차의 시장 가치는 (가)를 측정할 때 포함됩니다.

② 부모님이 국내 은행에 보유하고 있는 예금을 통해 취득한 이자 소득은 (가)를 측정할 때 포함됩니다.

③ 국내 기업의 스마트폰 해외 수출액은 (나)를 측정할 때 포함됩니다.

④ 가족들이 함께 다녀온 국내 여행의 경비는 (나)를 측정할 때 포함됩니다.

⑤ 정부가 주민들의 휴식 공간으로 공원을 조성하는 데 든 비용은 (나)를 측정할 때 포함됩니다.

✏️ **한줄 Tip** (가)는 분배 국민 소득이고, (나)는 지출 국민 소득이야!

173
| 평가원 기출 |

교사의 질문에 대한 학생의 답변으로 옳은 것은?

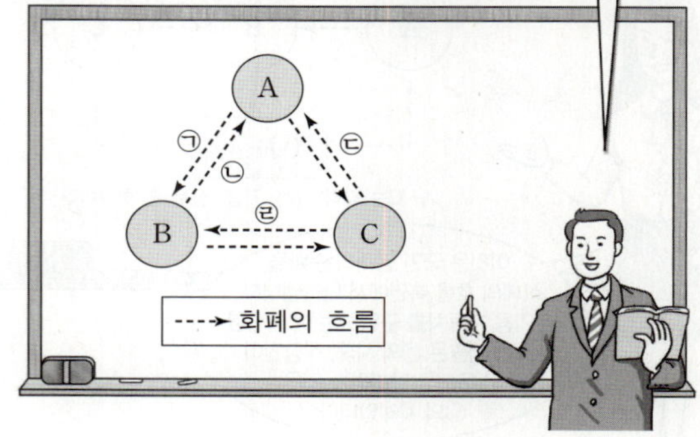

① 갑 : ㉠은 생산물 시장에서 발생합니다.

② 을 : ㉡은 소비 지출에 해당합니다.

③ 병 : ㉢의 사례에는 국민 연금 보험료 납부가 포함됩니다.

④ 정 : ㉣의 사례에는 법인세 납부가 포함됩니다.

⑤ 무 : ㉢은 ㉡과 달리 생산 요소 시장에서 발생합니다.

174

그림은 갑국의 국민 경제 순환을 나타낸다. 이에 대한 설명으로 옳은 것은? (단, (가), (나)는 경제 주체이고 A, B는 시장이다.)

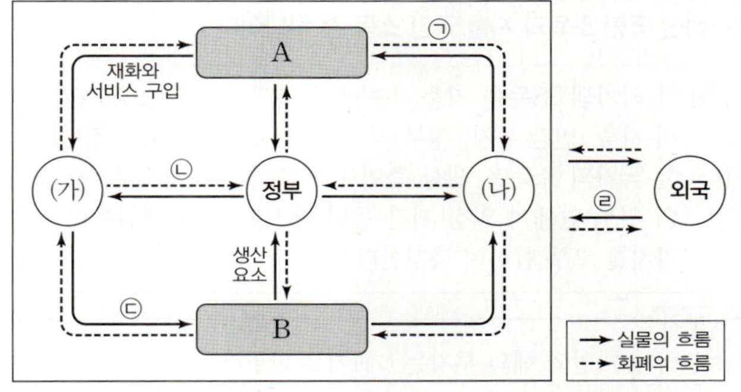

① (가)는 생산 활동의 주체이다.

② (가)와 달리 (나)는 민간 경제 주체이다.

③ ㉠은 만족감을 얻기 위한 대가이다.

④ ㉡은 정부 지출이고, ㉢은 생산 요소이다.

⑤ ㉣은 갑국의 국내 총생산(GDP)에 포함되지 않는다.

175

| 평가원 기출 |

그림은 교사의 수업 장면이다. 이에 대한 설명으로 옳은 것은?

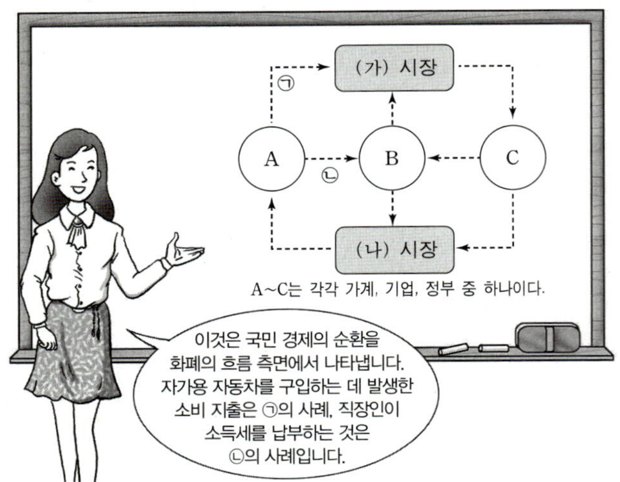

① 노동과 자본은 (가) 시장에서 거래된다.
② 가계는 (나) 시장의 공급자이다.
③ A는 재정 활동의 주체로서 공공재를 공급한다.
④ B는 생산 활동의 주체로서 이윤 극대화를 추구한다.
⑤ C는 생산물 시장의 수요자이다.

176

(가), (나)에 대한 옳은 설명만을 〈보기〉에서 고른 것은? (단, (가)와 (나)는 생산 국민 소득과 지출 국민 소득 중 하나이다.)

(가) 한 국가의 소득을 지출 측면에서 측정하는 것으로, 민간 소비 지출, 민간 투자, 정부 지출, 순수출의 합계로 측정한다.
(나) 한 국가의 소득을 생산 측면에서 측정하는 것으로, 한 국가의 영토 안에서 일정 기간 동안 생산된 최종 생산물의 시장 가치를 모두 합하여 측정한다.

〈보기〉
ㄱ. 국내 기업의 해외 투자는 (가)에 포함된다.
ㄴ. 외국 상품의 수입 증가는 (가)의 감소 요인이다.
ㄷ. 내국인이 해외에서 받은 월급은 (나)에 포함된다.
ㄹ. 일반적으로 한 국가의 (가)와 (나)는 같다.

① ㄱ, ㄴ ② ㄱ, ㄷ ③ ㄴ, ㄷ
④ ㄴ, ㄹ ⑤ ㄷ, ㄹ

177

표는 2019년 갑국의 국민 소득을 서로 다른 측면에서 측정한 것이다. 이에 대한 옳은 분석만을 〈보기〉에서 고른 것은? (단, (가), (나)는 지출 국민 소득과 분배 국민 소득 중 하나이다.)

(가)

(단위 : 억 달러)

구분	금액
민간 소비	50
민간 투자	30
정부 지출	10
수출	35
수입	㉠

(나)

(단위 : 억 달러)

구분	금액
임금	45
이자	20
지대	15
이윤	20

〈보기〉
ㄱ. ㉠은 25이다.
ㄴ. 정부가 댐을 건설하는 데 들어간 비용은 (가)에 포함된다.
ㄷ. 갑국에서 생산된 최종 생산물의 가치는 115억 달러이다.
ㄹ. 노동이나 자본을 제공하고 받은 소득이 국민 소득에서 차지하는 비중은 50% 미만이다.

① ㄱ, ㄴ ② ㄱ, ㄷ ③ ㄴ, ㄷ
④ ㄴ, ㄹ ⑤ ㄷ, ㄹ

178 고난도

다음 글은 2019년에 이루어진 갑국의 모든 생산 활동을 나타낸다. 이에 대한 옳은 설명만을 〈보기〉에서 고른 것은?

농부가 밀을 생산하여 제분업자에게 1만 달러에 판매하였다. 제분업자는 이 밀을 밀가루로 만들어 제빵업자에게 1만 2천 달러에 판매하였다. 제빵업자는 이 밀가루로 빵을 만들어 소비자들에게 1만 5천 달러에 모두 팔았다.

〈보기〉
ㄱ. 갑국의 국내 총생산은 1만 5천 달러이다.
ㄴ. 밀가루는 빵과 달리 중간 생산물에 해당한다.
ㄷ. 창출한 부가 가치는 제분업자가 제빵업자보다 크다.
ㄹ. 농부는 최종 생산물을 생산했으며, 그때의 부가 가치는 1만 달러이다.

① ㄱ, ㄴ ② ㄱ, ㄷ ③ ㄴ, ㄷ
④ ㄴ, ㄹ ⑤ ㄷ, ㄹ

179
| 평가원 기출 |

교사의 질문에 대한 학생의 답변으로 옳지 <u>않은</u> 것은?

① 중간 생산물과 최종 생산물의 시장 가치의 합입니다.
② 지출 측면이나 분배 측면에서 측정하더라도 동일합니다.
③ 한 나라의 계층 간 소득 불평등 정도를 반영하지 못합니다.
④ 국내에서 생산하여 해외로 수출한 자동차는 (가)의 계산에 포함
됩니다.
⑤ 금전적 대가를 받지 않는 봉사 활동은 (가)의 계산에 포함되지 않
습니다.

180

다음은 국내 총생산(GDP)에 포함되는 경제 활동의 성격이다. 이를 바탕
으로 할 때 국내 총생산에 포함되는 사례로 적절한 것만을 〈보기〉에서
고른 것은?

• 한 나라의 국경 안에서 생산된 것
• 일정 기간 동안 새롭게 생산된 것
• 시장에서 거래되는 생산물의 가치
• 최종적으로 생산된 재화와 서비스의 가치

┌ 보기 ┐
ㄱ. 전업 주부가 집에서 빨래하는 것
ㄴ. 대학 교수가 월급을 받으며 강의하는 것
ㄷ. 고등학생이 아버지 구두를 닦고 용돈을 받는 것
ㄹ. 의사가 자신이 운영하는 병원에서 돈을 받고 진료하는 것

① ㄱ, ㄴ　　　② ㄱ, ㄷ　　　③ ㄴ, ㄷ
④ ㄴ, ㄹ　　　⑤ ㄷ, ㄹ

181

다음은 수업 시간의 대화이다. 밑줄 친 부분에 들어갈 내용으로 가장
적절한 것은?

교사 : 전업 주부의 가사 노동이 국내 총생산(GDP)에 반영되지
않는 이유는 무엇일까요?
학생 : 국내 총생산은 ________________________

① 소비 활동은 포함하지 않기 때문입니다.
② 삶의 질을 정확하게 측정하지 못하기 때문입니다.
③ 환경 오염과 자원 고갈을 반영하지 못하기 때문입니다.
④ 재화나 서비스의 품질 변화를 측정하지 못하기 때문입니다.
⑤ 시장에서 거래되는 재화와 서비스의 가치만 포함하기 때문입니다.

182
| 평가원 기출 |

다음 사례에서 공통으로 파악할 수 있는 국내 총생산(GDP)의 한계로
가장 적절한 것은?

• 갑국의 기업들이 생산 활동을 활발히 한 결과, GDP는 크게 증
가했지만 환경이 심각하게 오염되었고 노동자들의 여가 시간은
크게 줄어들었다.
• 을국에서는 치명적인 전염병이 유행하여 국민들이 불안에 떨었
지만 병원 진료와 보험 가입은 급증하여 결과적으로 GDP는 증
가하였다.

① 소득 분배 상황을 파악하기 어렵다.
② 국민의 삶의 질을 측정하기 어렵다.
③ 지하 경제의 규모를 파악하기 어렵다.
④ 국가 간 경제 규모를 비교하기 어렵다.
⑤ 한 국가의 국제 거래 규모를 파악하기 어렵다.

183

그림은 갑국의 실질 국내 총생산(GDP)과 명목 국내 총생산(GDP)의 연도별 변화를 나타낸다. 이에 대한 옳은 설명만을 〈보기〉에서 있는 대로 고른 것은?

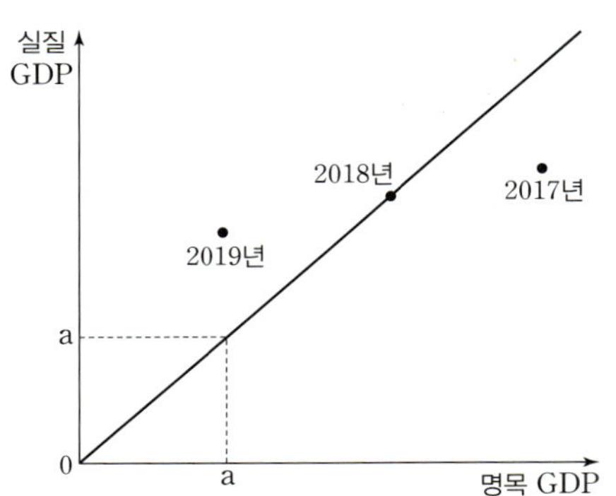

보기
ㄱ. 2018년의 경제 성장률은 양(+)의 값이다.
ㄴ. 2018년의 전년 대비 물가 수준은 하락하였다.
ㄷ. 2019년의 경제 성장률은 음(−)의 값이다.
ㄹ. 2019년의 전년 대비 물가 수준은 하락하였다.

① ㄱ, ㄴ   ② ㄱ, ㄹ   ③ ㄴ, ㄷ
④ ㄱ, ㄷ, ㄹ   ⑤ ㄴ, ㄷ, ㄹ

184

표에 대한 옳은 분석만을 〈보기〉에서 있는 대로 고른 것은? (단, 기준 연도는 2016년이고, 물가 수준은 GDP 디플레이터로 측정한다.)

구분	2017년	2018년	2019년
명목 GDP 증가율(%)	2	4	6
물가 상승률(%)	2	1	−2

보기
ㄱ. 2017년의 경제 성장률은 0%이다.
ㄴ. 2018년의 실질 GDP는 전년 대비 증가하였다.
ㄷ. GDP 디플레이터는 2019년에 가장 크다.
ㄹ. 실질 GDP는 2018년에 가장 크고, 명목 GDP는 2019년에 가장 크다.

① ㄱ, ㄴ   ② ㄱ, ㄹ   ③ ㄴ, ㄷ
④ ㄱ, ㄷ, ㄹ   ⑤ ㄴ, ㄷ, ㄹ

185

그림은 갑국의 실질 국내 총생산(GDP)과 명목 국내 총생산(GDP)의 연도별 변화를 나타낸다. 이에 대한 설명으로 옳지 <u>않은</u> 것은? (단, 기준 연도는 2016년이고, 물가 수준은 GDP 디플레이터로 측정한다.)

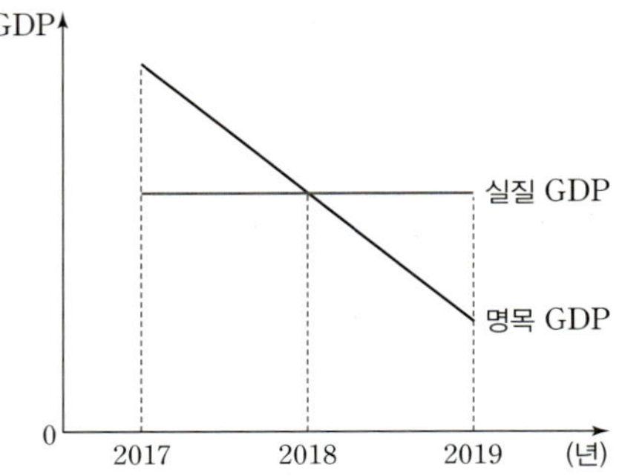

① 명목 GDP 증가는 2017년의 전년 대비 GDP 디플레이터의 변화 요인이다.
② 2018년의 경제 성장률은 0%이다.
③ GDP 디플레이터는 2016년과 2018년이 같다.
④ 2019년의 전년 대비 물가 수준은 하락하였다.
⑤ 2019년에는 명목 GDP 변화율이 물가 상승률보다 크다.

186

그림은 갑국의 경제 상황을 나타낸다. 이에 대한 옳은 분석만을 〈보기〉에서 있는 대로 고른 것은?

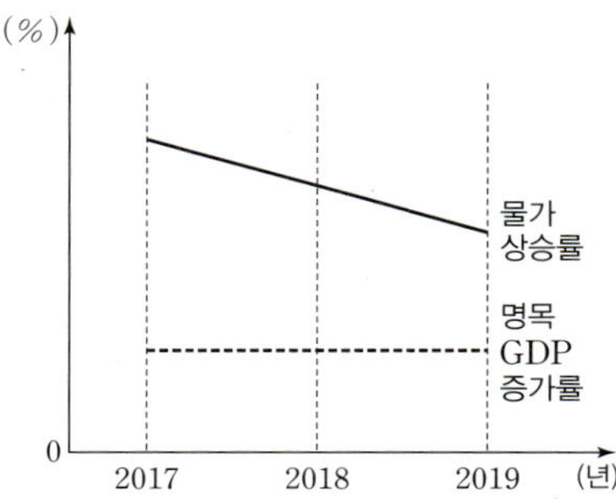

보기
ㄱ. 물가는 지속적으로 상승하고 있다.
ㄴ. 2018년의 명목 GDP는 전년 대비 증가하였다.
ㄷ. 2019년의 실질 GDP는 전년 대비 증가하였다.
ㄹ. 2019년의 경제 성장률은 양(+)의 값이다.

① ㄱ, ㄴ   ② ㄱ, ㄹ   ③ ㄴ, ㄷ
④ ㄱ, ㄷ, ㄹ   ⑤ ㄴ, ㄷ, ㄹ

187 고난도

표는 갑국의 전년 대비 경제 성장률을 나타낸다. 이에 대한 옳은 분석만을 〈보기〉에서 있는 대로 고른 것은? (단, 물가 수준은 GDP 디플레이터로 측정한다.)

(단위 : %)

2016년	2017년	2018년	2019년
2	1	0	−1

〈보기〉
ㄱ. 2016년의 실질 GDP는 전년 대비 증가하였다.
ㄴ. 2017년의 명목 GDP는 전년 대비 감소하였다.
ㄷ. 2017년과 2018년의 경제 규모는 동일하다.
ㄹ. 2018년과 2019년의 명목 GDP가 동일하다면 2019년의 물가 수준은 전년 대비 높아졌다.

① ㄱ, ㄴ   ② ㄱ, ㄹ   ③ ㄴ, ㄷ
④ ㄱ, ㄷ, ㄹ   ⑤ ㄴ, ㄷ, ㄹ

188

표는 갑국의 GDP 디플레이터와 실질 국내 총생산(GDP)의 연도별 변화를 나타낸다. 이에 대한 옳은 분석만을 〈보기〉에서 있는 대로 고른 것은? (단, 기준 연도는 2016년이고, 물가 수준은 GDP 디플레이터로 측정한다.)

구분	2016년	2017년	2018년	2019년
GDP 디플레이터	100	110	100	90
실질 GDP(억 달러)	950	950	800	800

〈보기〉
ㄱ. 명목 GDP는 2017년이 2016년보다 작다.
ㄴ. 물가 수준은 2018년에 가장 높다.
ㄷ. 2019년의 경제 성장률은 0%이다.
ㄹ. 명목 GDP는 2019년에 가장 작다.

① ㄱ, ㄴ   ② ㄱ, ㄹ   ③ ㄷ, ㄹ
④ ㄱ, ㄴ, ㄷ   ⑤ ㄴ, ㄷ, ㄹ

189

그림은 갑국의 GDP 디플레이터와 명목 국내 총생산(GDP)의 변화를 나타낸다. 이에 대한 옳은 분석만을 〈보기〉에서 있는 대로 고른 것은? (단, 기준 연도는 2017년이고, 물가 수준은 GDP 디플레이터로 측정한다.)

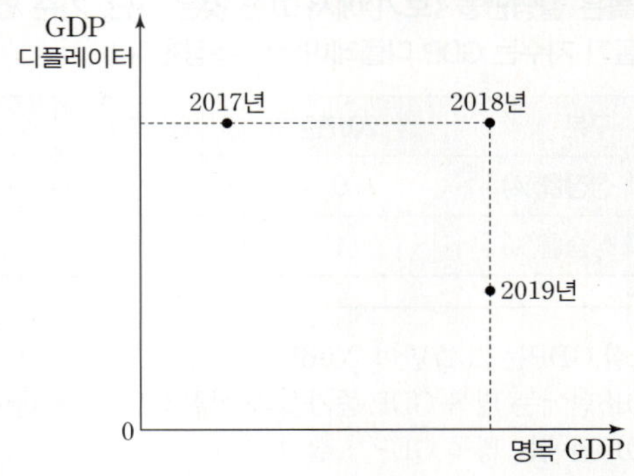

〈보기〉
ㄱ. 2018년의 명목 GDP와 실질 GDP는 같다.
ㄴ. 2018년의 실질 GDP는 전년 대비 증가하였다.
ㄷ. 2019년의 경제 성장률은 음(−)의 값이다.
ㄹ. 경제 규모는 2019년이 2017년보다 작다.

① ㄱ, ㄴ   ② ㄱ, ㄹ   ③ ㄷ, ㄹ
④ ㄱ, ㄴ, ㄷ   ⑤ ㄴ, ㄷ, ㄹ

190

표는 최종 생산물 A, B만 생산하는 갑국의 연도별 경제 상황을 나타낸다. 이에 대한 옳은 분석만을 〈보기〉에서 고른 것은? (단, 기준 연도는 2018년이고, 물가 수준은 GDP 디플레이터로 측정한다.)

구분		2018년	2019년
A재	가격(달러)	30	50
	생산량(개)	100	200
B재	가격(달러)	10	50
	생산량(개)	300	50

〈보기〉
ㄱ. 2018년의 명목 GDP는 5,000달러이다.
ㄴ. 2019년의 실질 GDP는 6,500달러이다.
ㄷ. 2019년의 명목 GDP는 전년 대비 증가하였다.
ㄹ. 2019년의 물가 수준은 전년 대비 하락하였다.

① ㄱ, ㄴ   ② ㄱ, ㄷ   ③ ㄴ, ㄷ
④ ㄴ, ㄹ   ⑤ ㄷ, ㄹ

191

표는 갑국의 연도별 경제 성장률과 물가 상승률의 변화를 나타낸다. 이에 대한 옳은 설명만을 〈보기〉에서 고른 것은? (단, 기준 연도는 2016년이고, 물가 지수는 GDP 디플레이터로 측정한다.)

구분	2017년	2018년	2019년
경제 성장률(%)	0	2	2
물가 상승률(%)	1	0	1

〈보기〉

ㄱ. 실질 GDP는 2017년이 2016년보다 크다.
ㄴ. 2018년에는 명목 GDP 증가율과 실질 GDP 증가율이 같다.
ㄷ. 2019년에는 명목 GDP가 실질 GDP보다 작다.
ㄹ. 실질 GDP와 명목 GDP 모두 2019년에 가장 크다.

① ㄱ, ㄴ ② ㄱ, ㄷ ③ ㄴ, ㄷ
④ ㄴ, ㄹ ⑤ ㄷ, ㄹ

192

(가), (나)에 대한 설명으로 옳은 것만을 〈보기〉에서 있는 대로 고른 것은?

(가) 해당 연도의 가격으로 계산한 국내 총생산(GDP)
(나) 기준 연도의 가격으로 계산한 국내 총생산(GDP)

〈보기〉

ㄱ. (가)는 실질 GDP이고, (나)는 명목 GDP이다.
ㄴ. 물가 지수는 '(가)/(나)×100'으로 구할 수 있다.
ㄷ. (가)의 증가율이 물가 상승률보다 크다면 (나)는 증가한다.
ㄹ. (나)의 증가율이 물가 상승률보다 작다면 (가)는 증가한다.

① ㄱ, ㄴ ② ㄱ, ㄹ ③ ㄴ, ㄷ
④ ㄱ, ㄷ, ㄹ ⑤ ㄴ, ㄷ, ㄹ

193

| 평가원 기출 |

표에 대한 옳은 분석만을 〈보기〉에서 고른 것은? (단, 기준 연도는 2013년이고, 물가 수준은 GDP 디플레이터로 측정한다.)

(전년 대비, 단위 : %)

구분	2014년	2015년	2016년
실질 GDP 증가율	0	3	−3
물가 상승률	2	0	1

〈보기〉

ㄱ. 2014년의 명목 GDP 증가율은 2%이다.
ㄴ. 2015년의 명목 GDP와 실질 GDP는 같다.
ㄷ. GDP 디플레이터는 2016년에 가장 높다.
ㄹ. 2014년과 2016년의 경제 규모는 같다.

① ㄱ, ㄴ ② ㄱ, ㄷ ③ ㄴ, ㄷ
④ ㄴ, ㄹ ⑤ ㄷ, ㄹ

194

| 평가원 기출 |

그림은 갑국의 연도별 실질 국내 총생산(GDP)과 명목 국내 총생산(GDP) 추이를 나타낸다. 이에 대한 분석으로 옳은 것은? (단, 물가 수준은 GDP 디플레이터로 측정하고, 기준 연도는 2010년이다.)

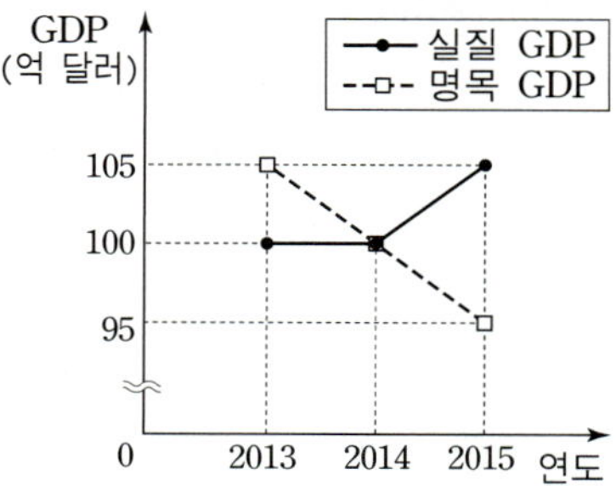

① 생산량은 2013년에 가장 많다.
② 2014년의 경제 성장률은 음(−)의 값이다.
③ 2014년의 물가 수준은 기준 연도의 물가 수준보다 높다.
④ 2015년의 물가 상승률은 양(+)의 값이다.
⑤ 2014년의 물가 수준은 2013년보다 낮다.

195

| 평가원 기출 |

다음 자료에 대한 설명으로 옳은 것은?

> 그림은 2016~2017년 갑국 명목 국내 총생산(GDP)의 지출 항목별 비중을 나타낸다. 2017년 갑국의 전년 대비 경제 성장률과 물가 상승률은 각각 5%이다. 단, 기준 연도는 2016년이며 물가 수준은 GDP 디플레이터로 측정한다.

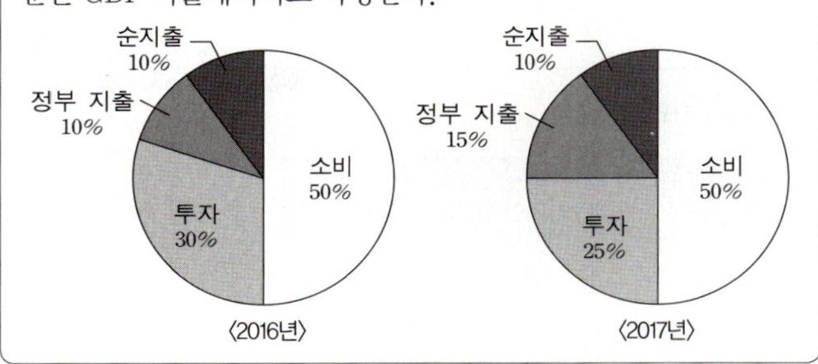

① 2016년에 생산·판매되어 2017년에 직거래된 중고 자동차의 가격은 2017년 GDP에 포함된다.
② 2016년과 2017년의 수출액은 같다.
③ 2017년 실질 GDP는 2016년 실질 GDP보다 크다.
④ 2017년 명목 GDP는 해당 연도 실질 GDP보다 작다.
⑤ 가계의 서비스 지출이 포함되는 항목의 총액은 2016년과 2017년이 같다.

196

| 평가원 기출 |

표는 갑국의 연도별 명목 국내 총생산(GDP)과 실질 국내 총생산(GDP)을 나타낸다. 이에 대한 분석으로 옳은 것은? (단, 물가 수준은 GDP 디플레이터로 측정한다.)

구분	2015년	2016년	2017년
명목 GDP(조 원)	1,000	1,200	1,400
실질 GDP(조 원)	1,050	1,200	1,350

① 2015년 이후 갑국의 화폐 가치는 높아지고 있다.
② 2016년의 물가 수준은 2015년보다 낮다.
③ 2017년의 GDP 디플레이터는 2016년보다 높다.
④ 2017년의 경제 성장률은 2016년보다 높다.
⑤ 2017년에는 명목 GDP 증가율이 실질 GDP 증가율보다 낮다.

197

다음 글에 나타난 경제 성장 전략의 변화와 직접 관련된 경제 문제만을 〈보기〉에서 고른 것은?

> 우리나라는 1960년대에는 가발과 같은 노동 집약적 경공업 중심의 성장 전략을 추진하였다. 하지만 1970년대에는 철강, 기계와 같은 자본 집약적 중공업 중심으로 성장 전략을 바꾸었다.

〔보기〕
ㄱ. 무엇을 생산할 것인가?
ㄴ. 어떻게 생산할 것인가?
ㄷ. 누구를 위해 생산할 것인가?
ㄹ. 누구에게, 얼마만큼 나누어 줄 것인가?

① ㄱ, ㄴ   ② ㄱ, ㄷ   ③ ㄴ, ㄷ
④ ㄴ, ㄹ   ⑤ ㄷ, ㄹ

198

다음 신문 기사에 나타난 한국 경제의 문제점을 해결하기 위한 방안으로 적절한 것만을 〈보기〉에서 고른 것은?

> ○○ 신문
>
> 우리 국민 10명 중 4명 이상이 한국 경제의 가장 큰 문제점으로 소득 양극화를 꼽았다. 기획 재정부는 한국 개발 연구원(KDI)이 일반 국민 1,000명과 경제 전문가 334명을 대상으로 실시한 설문 조사에서 이 같은 결과가 나왔다고 밝혔다. 일반 국민 43.1%가 가장 시급하게 해결해야 할 과제로 소득 양극화를 선택하였고, 저출산(31.9%)과 저성장(11.5%) 등을 뒤이어 꼽았다. 전문가 의견도 비슷하였다. 전문가의 34.7%가 소득 양극화를 가장 큰 문제로 지목했고, 저출산(25.1%)과 저성장(18.3%)이 그 뒤를 이었다.
> – 2017. 7. 25. –

〔보기〕
ㄱ. 수출 주도형 성장 전략을 강화한다.
ㄴ. 빈부 격차 등 경제적 불균형을 해소한다.
ㄷ. 저출산·고령화에 따른 노동력 부족에 대비한다.
ㄹ. 노동 집약적 경공업 중심으로 산업 구조를 재편한다.

① ㄱ, ㄴ   ② ㄱ, ㄷ   ③ ㄴ, ㄷ
④ ㄴ, ㄹ   ⑤ ㄷ, ㄹ

09강 실업과 인플레이션

주제 15 실업

1. 실업의 이해
① 실업의 의미 : 일할 능력과 일할 의사가 있는데도 일을 못하는 상태
② 실업의 유형
- 자발적 실업과 비자발적 실업

자발적 실업	자신의 의지에 따라 일을 하지 않음으로써 발생하는 실업 ⓔ 마찰적 실업
비자발적 실업	일할 의지가 있으나 일자리가 없어 발생하는 실업 ⓔ 경기적 실업, 구조적 실업, 계절적 실업

- 발생 원인에 따른 유형

경기가 침체되면 기업들이 생산과 고용을 줄여 실업이 증가한다.

경기적 실업	경기 침체로 노동 수요가 감소하면서 나타나는 실업
구조적 실업	산업 구조의 변화나 기술 혁신에 따른 실업
계절적 실업	계절의 변화에 따라 나타나는 실업
마찰적 실업	더 나은 근무 환경이나 적성에 맞는 일자리를 찾기 위해 직장을 옮기는 과정에서 나타나는 실업

농한기 농부들의 실업과 같이 계절의 영향을 많이 받는 농업, 건설업, 관광업 등에서 주로 나타난다.

③ 실업의 영향

개인적 측면	• 개인 및 가계의 소득 감소로 생계유지가 어려워질 수 있음 • 직업을 통한 자아실현의 기회를 잃게 되고, 자아 존중감을 상실할 수 있음 • 다른 사람들과의 사회적 관계가 단절될 수 있음
사회적 측면	• 일할 수 있는 사람이 생산 활동에 참여할 수 없게 되어 인적 자원이 낭비됨 • 국민 경제의 생산력 저하로 경제 성장이 저해될 수 있음 • 소득 분배 상황이 악화되어 사회가 불안정해질 수 있음

④ 실업의 대책

경기적 실업	정부의 재정 지출 확대 → 소비와 투자의 활성화, 새로운 일자리 창출 등
구조적 실업	직업 교육의 활성화, 개인의 능력에 알맞은 일자리 알선 등
계절적 실업	시기별 일자리 부족에 대한 대책 마련 ⓔ 부업 알선, 농촌 지역에 농공 단지 조성 등
마찰적 실업	취업 정보 제공, 직업 훈련 실시 등

농부들이 농한기에 경제 활동을 할 수 있도록 유도한다.

2. 고용 지표
① 인구 구성

15세 이상 인구	노동 가능 인구 → 경제 활동 인구+비경제 활동 인구
경제 활동 인구	15세 이상 인구 중 일할 능력과 일할 의사가 있는 사람 → 취업자+실업자
비경제 활동 인구	15세 이상 인구 중 일할 능력이나 일할 의사가 없는 사람 ⓔ 전업 주부, 학생 등
취업자	경제 활동 인구 중 일자리가 있는 사람
실업자	경제 활동 인구 중 일자리가 없는 사람

② 다양한 고용 지표
- 경제 활동 참가율(%) = (경제 활동 인구/15세 이상 인구) × 100
- 실업률(%) = (실업자 수/경제 활동 인구) × 100
- 고용률(%) = (취업자 수/15세 이상 인구) × 100

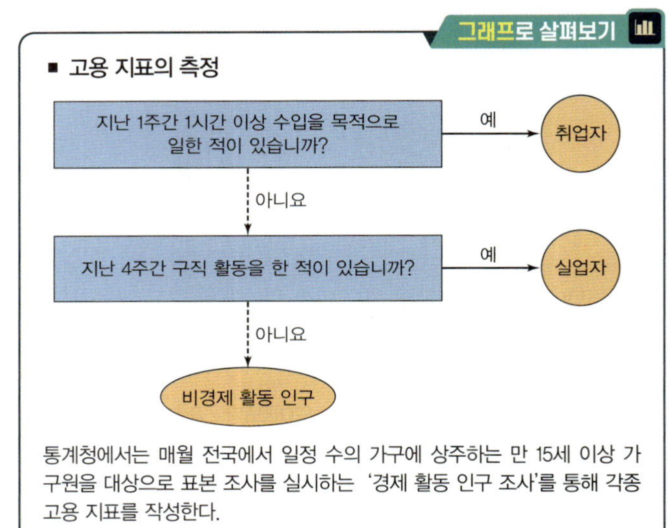

통계청에서는 매월 전국에서 일정 수의 가구에 상주하는 만 15세 이상 가구원을 대상으로 표본 조사를 실시하는 '경제 활동 인구 조사'를 통해 각종 고용 지표를 작성한다.

주제 16 물가와 인플레이션

1. 물가와 물가 지수
① 가격과 물가

가격	개별 상품의 가치를 화폐 단위로 나타낸 것
물가	여러 상품의 개별 가격을 종합하여 평균한 것

② 물가 지수

전년 대비 물가 상승률은 '(금년 물가 지수－전년 물가 지수)/전년 물가 지수×100'으로 계산한다.

- 의미 : 기준 시점의 물가를 100으로 하여 비교 시점의 물가 수준을 측정한 것
- 종류

소비자 물가 지수	가계가 일상생활을 하기 위해 구입하는 재화와 서비스의 종합적인 가격 수준을 측정해 지수화한 것
생산자 물가 지수	국내 생산자가 국내 시장에 공급하는 재화와 서비스의 가격 수준을 측정해 지수화한 것
GDP 디플레이터	• 국내 총생산(GDP)에 포함되는 모든 재화와 서비스의 종합적인 가격 수준을 지수화한 것 → 다른 물가 지수보다 포괄적인 성격을 지님 • (명목 GDP/실질 GDP)×100

- 활용

화폐 구매력 측정	물가가 상승하면 화폐의 구매력이 감소하고, 물가가 하락하면 화폐의 구매력이 증가함
경기 동향 판단	일반적으로 경기가 좋아지면 물가가 상승하고, 경기가 나빠지면 물가가 하락함

2. 인플레이션

① 의미 : 물가가 지속적으로 상승하는 현상

② 유형

> '민간 소비+민간 투자+정부 지출+수출'로 구성되는 국민 경제 전체의 수요를 말한다.

수요 견인 인플레이션	• 원인 : 총수요 증가 • 특징 : 일반적으로 경기 호황기에 나타남
비용 인상 인플레이션	• 원인 : 총공급 감소 • 특징 : 스태그플레이션이 나타날 수 있음

> 인건비 상승, 국제 원유가 상승 등 생산비의 상승 요인에 의해 발생한다.

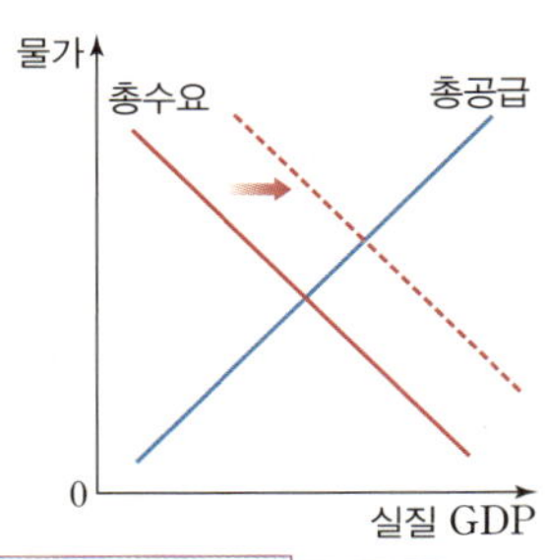

▲ 수요 견인 인플레이션

▲ 비용 인상 인플레이션

> 총수요 곡선이 우측으로 이동하여 물가가 상승하고 실질 국내 총생산(GDP)이 감소한다.

> 총공급 곡선이 좌측으로 이동하여 물가가 상승하고, 실질 국내 총생산(GDP)이 감소한다.

자료로 살펴보기

■ 스태그플레이션(Stagflation)

1973년 제1차 석유 파동 이후 세계 경제는 크게 침체하여 생산과 고용이 급격히 감소하였다. 그런데도 물가는 급격히 상승하는 새로운 현상이 나타났다. 이렇게 경기 침체 속에서 물가가 상승하는 현상을 경기 침체를 의미하는 스태그네이션(stagnation)과 인플레이션(inflation)을 합성하여 스태그플레이션이라고 한다.

석유 파동에 따른 스태그플레이션은 '석유 파동 → 국제 원유 가격 상승 → 원자재 가격 상승 → 원자재 수요 감소 → 국내 총생산 감소 → 총공급 감소 → 스태그플레이션'의 순서로 나타났다.

> 스태그플레이션과 달리, 경기 침체와 물가 하락이 동시에 나타나는 현상은 디플레이션이라고 한다.

④ 영향

• 부와 소득의 불공정한 재분배

유리한 경제 주체	실물 자산 보유자, 채무자, 자영업자 등
불리한 경제 주체	화폐 자산 보유자, 채권자, 봉급 생활자, 연금 생활자 등

• 무역 불균형

수출	국내 상품의 가격 상승 → 수출 감소
수입	외국 상품의 가격 하락 → 수입 증가

• 건전한 경제 성장 저해 : 투기 증가, 근로자의 근로 의욕 저하 등

> 장기적 투자보다 단기적 이익을 추구한다.

⑤ 대책

수요 견인 인플레이션	• 가계 : 과소비 자제, 합리적 소비 등 • 기업 : 과도한 투자 지출 자제 • 정부 : 재정 지출 축소, 세율 인상, 통화량 감축(중앙은행) 등
비용 인상 인플레이션	• 기업 : 생산성 향상, 신기술 개발 등을 통한 생산 비용 절감 등 • 정부 : 장기적 관점에서 총공급의 증대 방안 마련

> 에너지 가격이나 부동산 임대료 등의 상승을 억제하는 것 등을 예로 들 수 있다.

• 정답 및 해설 039쪽

✏ 다음 설명이 맞으면 'O', 틀리면 '✕'에 표시하시오.

01 마찰적 실업은 비자발적 실업에 해당한다. (O , ✕)

02 산업 구조의 변화나 기술 혁신에 따른 실업을 구조적 실업이라고 한다. (O , ✕)

03 경기적 실업을 해결하기 위해서는 정부의 재정 지출을 축소해야 한다. (O , ✕)

04 경제 활동 인구는 취업자와 실업자로 구성된다. (O , ✕)

05 전업 주부나 학생은 경제 활동 인구에 해당한다. (O , ✕)

06 경제 활동 참가율은 '(경제 활동 인구/총인구)×100'으로 구한다. (O , ✕)

✏ 그림은 갑국의 경제 상황을 나타낸다. 이에 대한 설명이 맞으면 'O', 틀리면 '✕'에 표하시오.

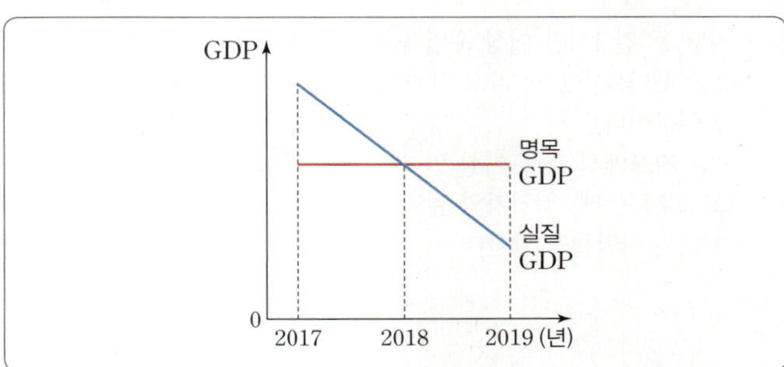

07 2017년에 물가 지수는 100보다 작다. (O , ✕)

08 2018년의 GDP 디플레이터는 100보다 크다. (O , ✕)

09 2019년에 물가가 가장 높다. (O , ✕)

10 물가는 지속적으로 상승하고 있다. (O , ✕)

✏ (가), (나)는 총수요·총공급 곡선의 이동을 나타낸다. 이에 대한 설명이 맞으면 'O', 틀리면 '✕'에 표하시오.

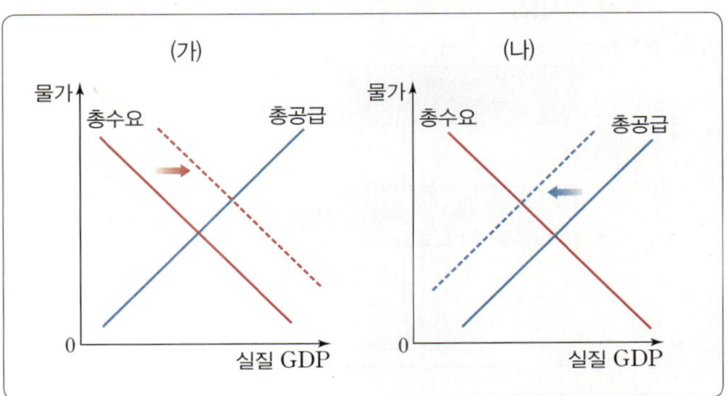

11 정부 지출의 감소는 (가)의 요인이다. (O , ✕)

12 인건비의 상승은 (나)의 요인이다. (O , ✕)

13 재정 지출 확대와 세율 인하는 (가)를 해결하기 위한 정부의 노력에 해당한다. (O , ✕)

고용 지표는 어떻게 구성되는가?

개념 고난도 수능 자료로 확인

■ 그림은 고용 지표를 작성하기 위해 15세 이상 인구를 A~C로 분류한 것이다. (단, 15세 이상 인구는 일정하며, 무급 가족 종사자와 휴직자는 없다.)

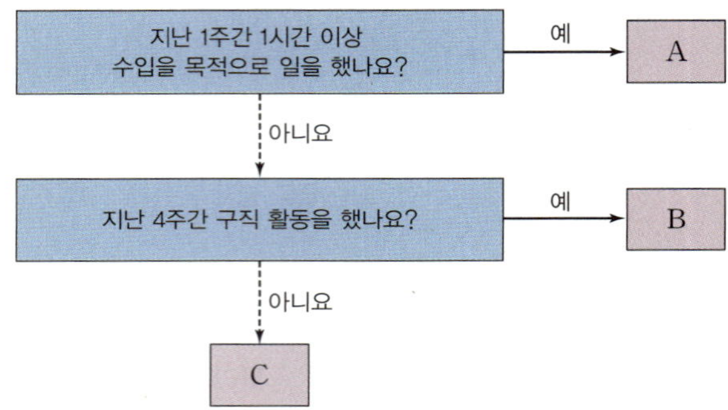

• '지난 1주간 1시간 이상 수입을 목적으로 일을 했나요?'에 '예'라고 답변하면 취업자이다. '아니오'라고 답변한 사람 중에서 '지난 4주간 구직 활동을 했나요?'에 '예'라고 답변하면 실업자이고, '아니오'라고 답변하면 비경제 활동 인구이다. 따라서 A는 취업자, B는 실업자, C는 비경제 활동 인구이다.

• 고용 지표에서 15세 이상 인구는 노동 가능 인구로, 경제 활동 인구와 비경제 활동 인구로 구분된다. 경제 활동 인구는 다시 취업자와 실업자로 구분되는데, 취업자와 실업자는 일할 능력과 일할 의사를 지닌다는 점에서 공통적이다. 한편, 비경제 활동 인구는 일할 능력이나 일할 의사가 없는 사람들을 말한다.

개념 기출문제에 적용

01 연습하기 다음은 고용 지표를 작성하기 위해 15세 이상 인구를 A~C로 분류한 것이다. 이에 대한 설명이 맞으면 'O'표, 틀리면 'X'표 하시오.

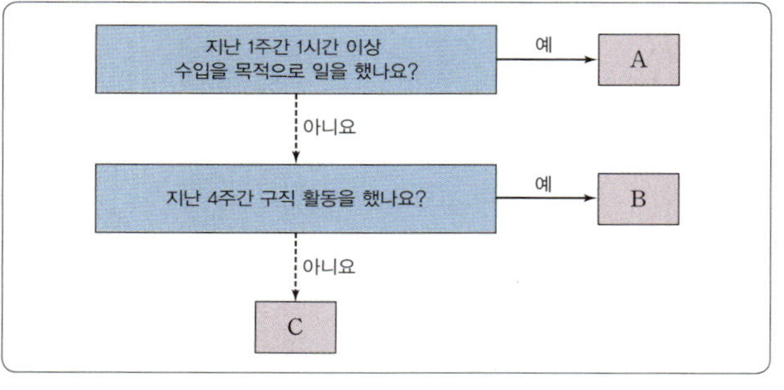

❶ A는 실업자이다. (O , X)
❷ B는 취업자이다. (O , X)
❸ C는 비경제 활동 인구이다. (O , X)

02 적용하기 01번 문제의 A~C에 대한 옳은 설명만을 〈보기〉에서 고른 것은? (단, A~C는 각각 취업자, 실업자, 비경제 활동 인구 중 하나이다.)

> 보기
> ㄱ. 일할 능력과 일할 의사를 가진 사람은 A에 해당한다.
> ㄴ. 일할 능력은 있는데 일할 의사가 없는 사람은 B에 해당한다.
> ㄷ. C에 해당하기 위해서는 일할 능력과 일할 의사 중 한 개는 반드시 없어야 한다.
> ㄹ. 15세 이상 인구와 취업자가 불변인 경우 C의 감소는 B를 감소시킨다.

① ㄱ, ㄴ   ② ㄱ, ㄷ   ③ ㄴ, ㄷ
④ ㄴ, ㄹ   ⑤ ㄷ, ㄹ

HOW & WHAT 정답 01 ❶ × ❷ × ❸ ○ 02 ②

주제 15 실업

족집게 전략 | 15세 이상 인구를 경제 활동 인구와 비경제 활동 인구로 구분하고, 경제 활동 인구를 취업자와 실업자로 구분하여 각각의 특징을 묻거나, 한 개인의 직장 이동 등을 통해 개념을 확실하게 이해하고 있는지 확인하는 문제가 자주 출제된다. 비교적 간단한 개념 정리로 쉽게 해결할 수 있는 문제가 출제되니 놓치지 않도록 하자.

족집게 자료 분석 전략 START |

15세 이상 인구	경제 활동 인구+비경제 활동 인구
경제 활동 인구	15세 이상 인구 중 일할 능력과 일할 의사가 있는 사람 → 취업자+실업자
비경제 활동 인구	15세 이상 인구 중 일할 능력이나 일할 의사가 없는 사람
취업자	경제 활동 인구 중 일자리가 있는 사람
실업자	경제 활동 인구 중 일자리가 없는 사람
경제 활동 참가율	(경제 활동 인구 / 15세 이상 인구)×100
실업률	(실업자 수 / 경제 활동 인구)×100
고용률	(취업자 수 / 15세 이상 인구)×100

고용 지표와 관련된 개념을 분명히 이해하고 있어야 자료가 나타내는 바를 정확하게 파악할 수 있다. 한편, 취업률은 '(취업자 수/경제 활동 인구)×100'으로 착각하지 말아야 한다. 우리나라는 현재 취업률을 구하는 공식을 따로 사용하지 않고 있다. 만일 문제에 취업률이 나온다면 공식을 별도로 제시해 줄 것이다.

199 대표 문항
| 평가원 기출 |

그림은 우리나라의 고용 지표와 관련된 인구 구성을 나타낸다. 이에 대한 설명으로 옳은 것은?

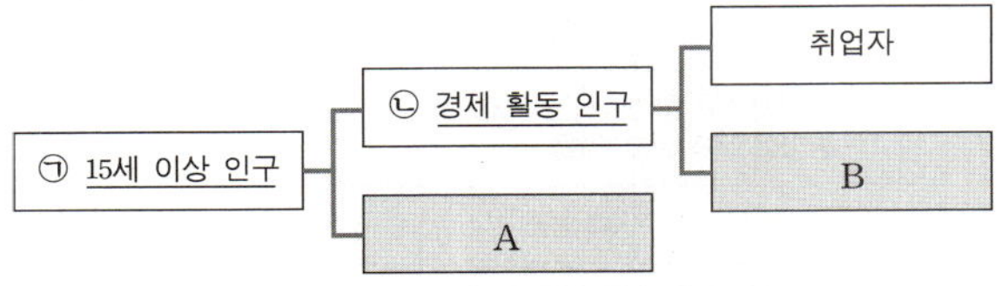

① ㉠이 일정할 때 A가 감소하면 경제 활동 참가율은 하락한다.
② ⓛ이 일정할 때 B가 증가하면 실업률은 상승한다.
③ 직장에 다니면서 야간 대학원에 다니는 경우 A에 해당한다.
④ 군 제대 후 대학에 복학하는 경우 A에서 B로 바뀐다.
⑤ 기업에서 해고된 직후 구직 활동을 하는 경우 B에서 A로 바뀐다.

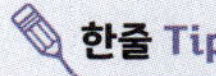
한줄 Tip 경제 활동 인구는 취업자와 실업자로 구성돼!

200

다음은 수업 시간의 대화이다. 밑줄 친 ㉠~㉣에 대한 옳은 설명만을 〈보기〉에서 고른 것은?

> 학생 : 실업의 유형에는 어떤 것이 있나요?
> 교사 : 실업에는 ㉠직장 이동에 따른 정보 수집 과정에서 일시적으로 발생하는 실업, ㉡산업 구조의 변화에 따른 실업, ㉢경기 침체로 인한 실업, ㉣계절의 변화에 따라 발생하는 실업 등이 있습니다.

> 보기
> ㄱ. ㉠은 자발적 실업에 해당한다.
> ㄴ. 기술 교육이나 인력 개발은 ㉡의 대책에 해당한다.
> ㄷ. 정부의 긴축 재정 정책은 ㉢의 감소 요인이다.
> ㄹ. ㉣의 근본적인 원인은 인적 자원의 활용 부족에서 찾을 수 있다.

① ㄱ, ㄴ   ② ㄱ, ㄷ   ③ ㄴ, ㄷ
④ ㄴ, ㄹ   ⑤ ㄷ, ㄹ

201

A~C는 서로 다른 실업의 유형이다. 이에 대한 옳은 설명만을 〈보기〉에서 고른 것은? (단, A~C는 경기적 실업, 계절적 실업, 마찰적 실업 중 하나이다.)

> A와 B는 자발적으로 발생한 것인지를 기준으로 구분할 수 있고, B와 C는 계절의 변화에 의해 발생한 것인지를 기준으로 구분할 수 있다. 한편, C를 해결하는 데는 일반적으로 총수요 증가 정책이 효과적이다.

> 보기
> ㄱ. 취업 정보 제공은 A의 해결 방안에 해당한다.
> ㄴ. 사회 구조 변화는 B가 발생하는 전형적 원인이다.
> ㄷ. 가계 소비 증가는 C를 감소시키는 요인이다.
> ㄹ. A는 구조적 실업, B는 경기적 실업, C는 계절적 실업이다.

① ㄱ, ㄴ   ② ㄱ, ㄷ   ③ ㄴ, ㄷ
④ ㄴ, ㄹ   ⑤ ㄷ, ㄹ

202

다음 글에 대한 옳은 분석 및 추론만을 〈보기〉에서 고른 것은?

1930년대의 대공황은 미국 뉴욕 월스트리트의 주가 대폭락과 함께 전 세계적으로 확대된 사상 최악의 경제 공황이었다. 당시 대공황의 주요 원인으로는 유효 수효의 부족이 지적되었고, 루즈벨트 대통령은 이를 해결하기 위해 대규모 공공사업의 실시 등을 내용으로 하는 ㉠뉴딜 정책을 실시하였다.

보기

ㄱ. ㉠은 전형적인 적자 재정 정책에 해당한다.
ㄴ. 경기적 실업이 발생하였을 것이다.
ㄷ. 비경제 활동 인구가 급격히 증가하였을 것이다.
ㄹ. 기업 투자 증진과 경기 침체라는 모순된 상황이 발생하였을 것이다.

① ㄱ, ㄴ ② ㄱ, ㄷ ③ ㄴ, ㄷ
④ ㄴ, ㄹ ⑤ ㄷ, ㄹ

203

밑줄 친 ㉠, ㉡에 대한 옳은 설명만을 〈보기〉에서 있는 대로 고른 것은?

㉠고용 보험은 우리나라의 사회 보험 제도 중 하나로, 고용 보험료는 ㉡실업 급여 지급 등을 위한 재원으로 사용된다.

보기

ㄱ. ㉠의 보험료는 사업주와 근로자가 함께 납부한다.
ㄴ. 기업에 지급하는 직업 훈련 장려금은 ㉠에 포함된다.
ㄷ. ㉡은 기간에 제한 없이 실업자에게 지급된다.
ㄹ. ㉡은 ㉠에 가입한 사람이 실업에 처했을 때 지급된다.

① ㄱ, ㄴ ② ㄱ, ㄹ ③ ㄴ, ㄷ
④ ㄱ, ㄷ, ㄹ ⑤ ㄴ, ㄷ, ㄹ

204

| 평가원 기출 |

다음 자료에 대한 옳은 설명만을 〈보기〉에서 고른 것은?

그림은 고용과 관련한 갑국의 15세 이상 인구 구성을 나타낸다. 갑국은 기존에 취업자로 분류되던 A와 비경제 활동 인구로 분류되던 B를 재분류하여 고용 상황을 보다 정확히 파악하려고 한다.

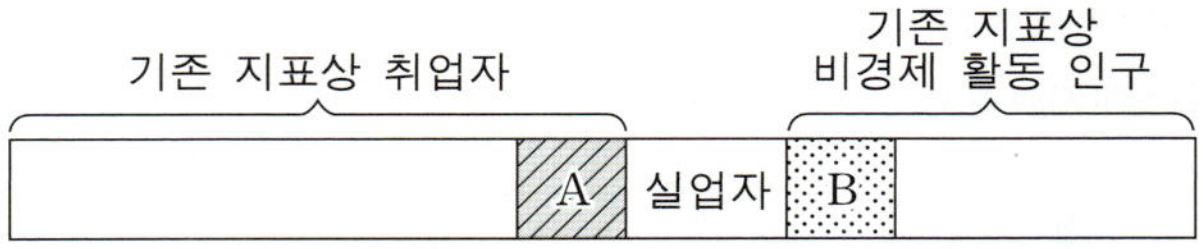

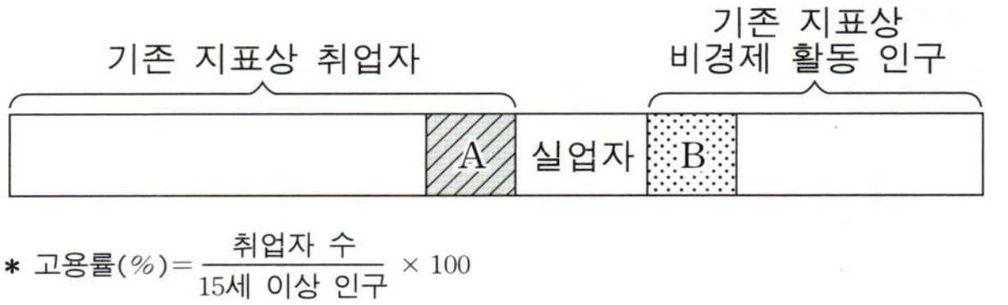

* 고용률(%) $= \frac{\text{취업자 수}}{\text{15세 이상 인구}} \times 100$

보기

ㄱ. A를 실업자에 포함하면 경제 활동 참가율이 상승한다.
ㄴ. B를 실업자에 포함하면 실업률이 상승한다.
ㄷ. A, B를 모두 실업자에 포함하면 고용률이 하락한다.
ㄹ. A, B를 모두 실업자에 포함하면 경제 활동 참가율이 하락한다.

① ㄱ, ㄴ ② ㄱ, ㄷ ③ ㄴ, ㄷ
④ ㄴ, ㄹ ⑤ ㄷ, ㄹ

205

그림은 우리나라의 고용 지표 조사를 위한 질문을 나타낸다. 이에 대한 설명으로 옳지 않은 것은?

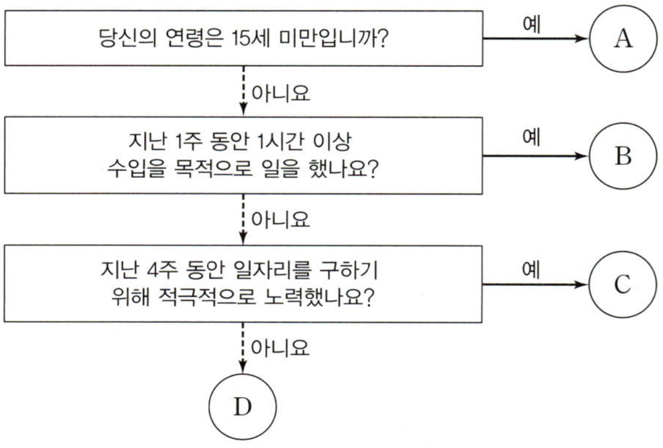

① A는 생산 가능 인구에서 제외된다.
② B의 증가는 고용률 상승의 요인이다.
③ C의 감소는 실업률의 감소 요인이다.
④ 일할 능력과 일할 의사의 유무로는 B와 C를 구분할 수 없다.
⑤ C와 D는 모두 일할 능력이 있다는 공통점을 가진다.

206

그림은 우리나라의 고용 지표와 관련된 인구 구성을 나타낸다. 이에 대한 옳은 설명만을 〈보기〉에서 있는 대로 고른 것은? (단, 15세 이상 인구는 변화가 없다.)

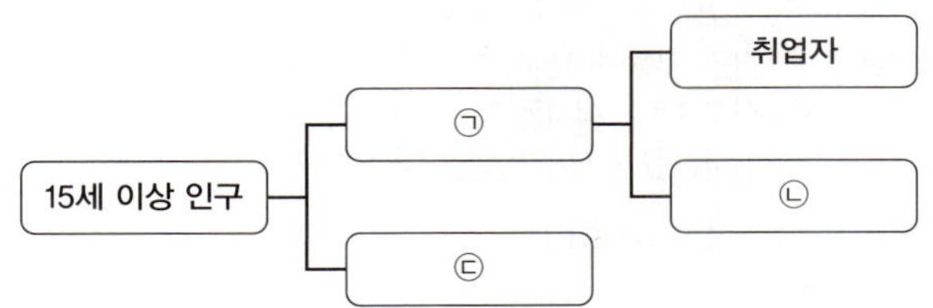

〈보기〉
ㄱ. ㉠의 증가는 고용률의 감소 요인이다.
ㄴ. ㉡의 증가는 실업률의 증가 요인이다.
ㄷ. 학생은 ㉡에 포함되고, 전업 주부는 ㉢에 포함된다.
ㄹ. 취업자는 변함이 없고 ㉡이 감소한다면 ㉢은 증가한다.

① ㄱ, ㄴ   ② ㄱ, ㄷ   ③ ㄴ, ㄹ
④ ㄱ, ㄷ, ㄹ   ⑤ ㄴ, ㄷ, ㄹ

208

그림은 갑국의 취업자 수와 비경제 활동 인구의 연도별 변화를 나타낸다. 이에 대한 옳은 설명만을 〈보기〉에서 있는 대로 고른 것은? (단, 15세 이상 인구는 변화가 없다.)

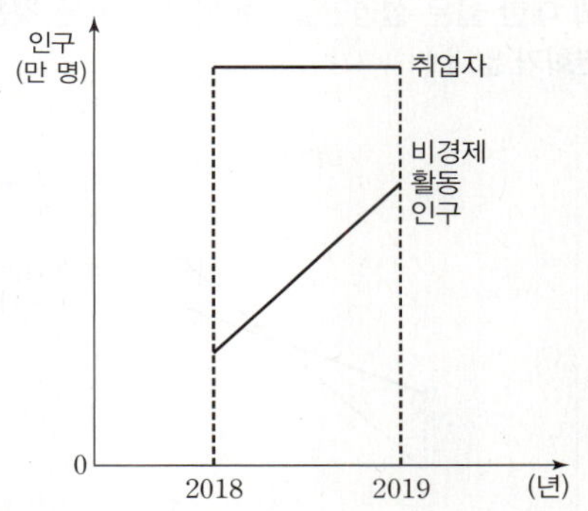

* 취업률=(취업자 수 / 경제 활동 인구)×100

〈보기〉
ㄱ. 2019년의 실업자 수는 전년 대비 감소하였다.
ㄴ. 2019년의 취업률은 전년 대비 감소하였다.
ㄷ. 2019년의 고용률은 전년 대비 동일하다.
ㄹ. 2019년의 경제 활동 인구는 전년 대비 감소하였다.

① ㄱ, ㄴ   ② ㄱ, ㄹ   ③ ㄴ, ㄷ
④ ㄱ, ㄷ, ㄹ   ⑤ ㄴ, ㄷ, ㄹ

207

밑줄 친 ㉠~㉤에 대한 옳은 설명만을 〈보기〉에서 있는 대로 고른 것은? (단, 15세 이상 인구는 변화가 없다.)

㉠전업 주부였던 갑은 3년간의 ㉡공무원 시험 준비생 시기를 거쳐 공무원 시험에 합격하여 ㉢공무원이 되었다. 이후 갑은 약 30년간 공무원 생활을 하고 정년퇴직하였다. 현재 62세인 갑은 소일거리로 ㉣일주일에 2시간 이상 일하며 돈을 벌 수 있는 아르바이트를 하기 위해 구직 활동을 하였지만 일자리를 구하지 못하였다. 결국 갑은 ㉤구직을 단념하고 고향으로 내려가 편안한 전원 생활을 하며 지내고 있다.

〈보기〉
ㄱ. ㉠과 ㉡는 고용 지표상 같은 범주에 속한다.
ㄴ. 일할 의사와 일할 능력의 유무로 ㉢과 ㉣을 구분할 수 있다.
ㄷ. 경제 활동 인구에 변화가 없다면, ㉢과 같은 유형의 고용 지표 감소는 ㉣과 같은 유형의 고용 지표를 감소시킨다.
ㄹ. 취업자 수에 변함이 없다면, ㉣과 같은 유형의 고용 지표 증가는 ㉤과 같은 유형의 고용 지표를 감소시킨다.

① ㄱ, ㄴ   ② ㄱ, ㄹ   ③ ㄷ, ㄹ
④ ㄱ, ㄴ, ㄷ   ⑤ ㄴ, ㄷ, ㄹ

209

| 평가원 기출 |

다음 자료에 대한 옳은 분석만을 〈보기〉에서 고른 것은?

(가)는 갑국의 15세 이상 인구와 취업자 수의 변화를 나타내고, (나)는 갑국의 실업률을 나타낸다.

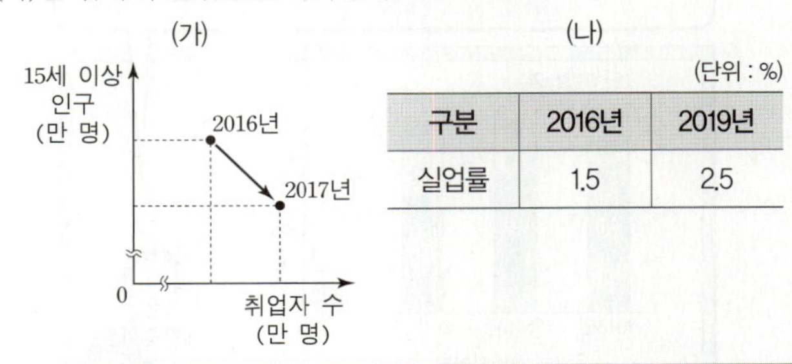

(나)
(단위 : %)

구분	2016년	2019년
실업률	1.5	2.5

〈보기〉
ㄱ. 2017년의 고용률은 2016년보다 하락하였다.
ㄴ. 2017년의 실업자 수는 2016년보다 증가하였다.
ㄷ. 2017년의 경제 활동 참가율은 2016년보다 상승하였다.
ㄹ. 2017년의 비경제 활동 인구는 2016년보다 증가하였다.

① ㄱ, ㄴ   ② ㄱ, ㄷ   ③ ㄴ, ㄷ
④ ㄴ, ㄹ   ⑤ ㄷ, ㄹ

210

그림은 갑국의 전년 대비 취업자 수 증가율과 경제 활동 인구 증가율을 나타낸다. 이에 대한 옳은 설명만을 〈보기〉에서 고른 것은? (단, 15세 이상 인구는 변화가 없다.)

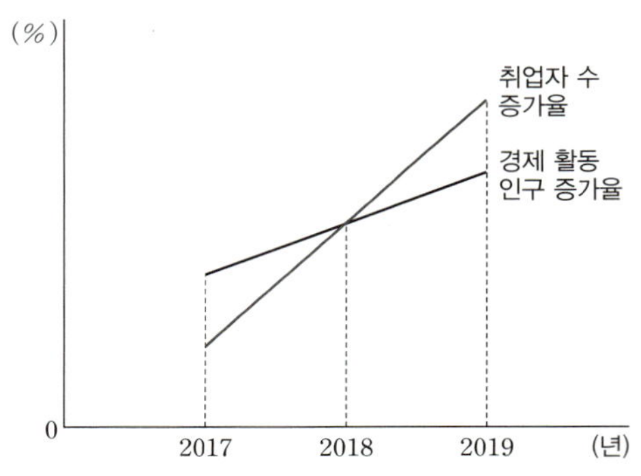

보기
ㄱ. 2017년의 취업자 수는 전년 대비 증가하였다.
ㄴ. 2018년의 실업자 수는 전년 대비 변화가 없다.
ㄷ. 고용률은 2018년에 가장 크다.
ㄹ. 비경제 활동 인구는 지속적으로 증가하고 있다.

① ㄱ, ㄴ   ② ㄱ, ㄷ   ③ ㄴ, ㄷ
④ ㄴ, ㄹ   ⑤ ㄷ, ㄹ

211 고난도

| 평가원 기출

교사의 질문에 대한 답변으로 옳은 것은? (단, (가)~(다)는 각각 취업자 수, 실업자 수, 비경제 활동 인구 중 하나이다.)

$$\text{고용률}(\%) = \frac{\text{취업자 수}}{\text{15세 이상 인구}} \times 100$$

① 2015년의 고용률은 90%입니다.
② 2015년과 2016년의 경제 활동 참가율은 같습니다.
③ 2017년에 신규 취업자는 없습니다.
④ 2016년과 2017년의 실업률은 같습니다.
⑤ 2018년에 (나)가 전년 대비 증가한다면 실업률은 상승할 것입니다.

주제 16 물가와 인플레이션

족집게 전략 | 물가 상승이 발생하는 요인을 총수요와 총공급 측면에서 찾게 되면 총수요의 증가나 총공급의 감소에서 찾을 수 있다. 전자의 경우를 수요 견인 인플레이션이라고 하고, 후자의 경우를 비용 인상 인플레이션이라고 한다. 제시된 자료에 나타난 물가 상황을 파악하는 문제나, 그러한 상황을 가져온 원인을 찾는 문제가 자주 출제된다.

족집게 자료 분석 전략 START |

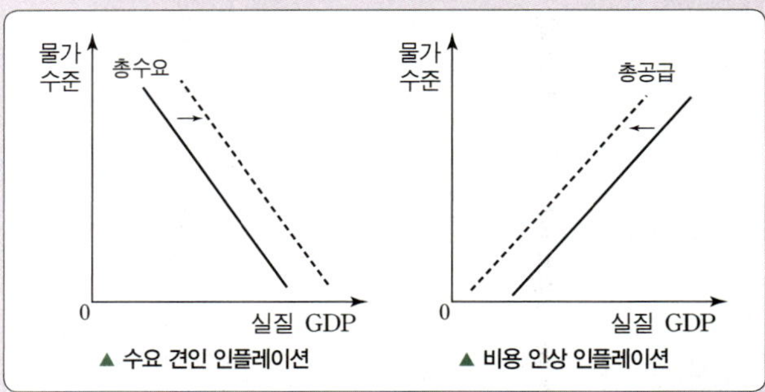

수요 견인 인플레이션은 민간 소비 지출 증가, 민간 투자 증가, 정부 지출 증가, 순수출 증가나 이를 유발하는 요인에 의해 발생한다. 비용 인상 인플레이션은 총공급을 감소시키는 생산비의 상승과 같은 요인에 의해 발생한다. 기출 문항에서 가장 많이 언급되는 요인에는 원자재 가격 인상, 석유 파동 등이 있다.

212 대표 문항

| 평가원 기출

그림은 갑국 ○○ 경제 연구소의 조사 보고서 일부이다. (가)에 들어갈 수 있는 내용으로 옳은 것은?

① 소비 심리의 위축
② 민간 투자 지출의 감소
③ 가계의 처분 가능 소득 감소
④ 갑국이 수입하는 원자재의 가격 상승
⑤ 갑국 제품을 수입하는 국가의 경기 침체

✎ **한줄 Tip** 물가 상승의 요인은 총수요의 증가나 총공급의 감소에서 찾을 수 있어!

213

밑줄 친 ㉠~㉢에 대한 옳은 설명만을 〈보기〉에서 고른 것은?

〈보기〉
ㄱ. ㉠은 가계가 구입하는 소비재를 토대로 작성된다.
ㄴ. ㉡은 기업이 구입하는 자본재를 토대로 작성된다.
ㄷ. ㉢은 기준 연도와 해당 연도의 생산물의 양의 비교를 통해 작성된다.
ㄹ. 일반적으로 ㉠이 상승하면 채무자에게 유리하고, ㉡이 상승하면 채권자에게 유리하다.

① ㄱ, ㄴ   ② ㄱ, ㄹ   ③ ㄷ, ㄹ
④ ㄱ, ㄴ, ㄷ   ⑤ ㄴ, ㄷ, ㄹ

214

그림은 갑국의 총수요 곡선의 이동을 나타낸다. 그 요인으로 적절한 것만을 〈보기〉에서 고른 것은?

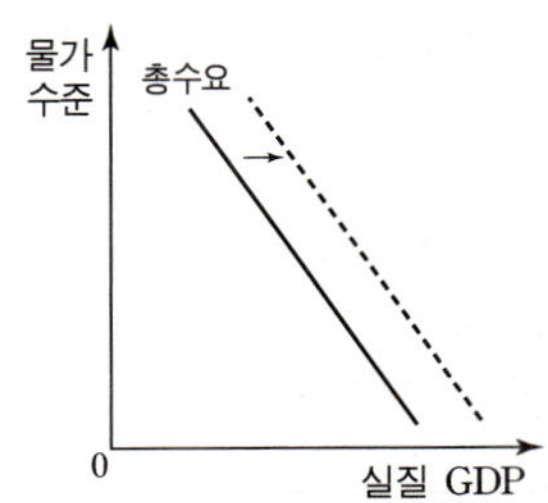

〈보기〉
ㄱ. 법인세율 인상   ㄴ. 가계 소비의 증가
ㄷ. 대출 이자율의 인상   ㄹ. 확대 재정 정책의 실시

① ㄱ, ㄴ   ② ㄱ, ㄷ   ③ ㄴ, ㄷ
④ ㄴ, ㄹ   ⑤ ㄷ, ㄹ

215

밑줄 친 ㉠, ㉡에 대한 옳은 설명만을 〈보기〉에서 있는 대로 고른 것은?

인플레이션은 ㉠총수요 곡선의 이동이나 ㉡총공급 곡선의 이동에 의해 발생한다. 단, 총수요 곡선은 우하향하고, 총공급 곡선은 우상향하며, 모두 직선이다.

〈보기〉
ㄱ. 처분 가능 소득의 증가는 ㉠의 우측 이동을 가져온다.
ㄴ. 원자재 가격의 상승은 ㉡의 좌측 이동을 가져온다.
ㄷ. ㉠의 좌측 이동은 수요 견인 인플레이션의 발생 요인이다.
ㄹ. ㉡의 우측 이동은 비용 인상 인플레이션의 발생 요인이다.

① ㄱ, ㄴ   ② ㄴ, ㄷ   ③ ㄷ, ㄹ
④ ㄱ, ㄴ, ㄷ   ⑤ ㄴ, ㄷ, ㄹ

216

그림은 갑국의 국민 경제 균형점의 이동(A → B)을 나타낸다. 이에 대한 옳은 분석만을 〈보기〉에서 있는 대로 고른 것은? (단, 균형점 A, B는 동일한 총수요 곡선상의 점이며, 총공급 곡선은 우상향하는 직선이다.)

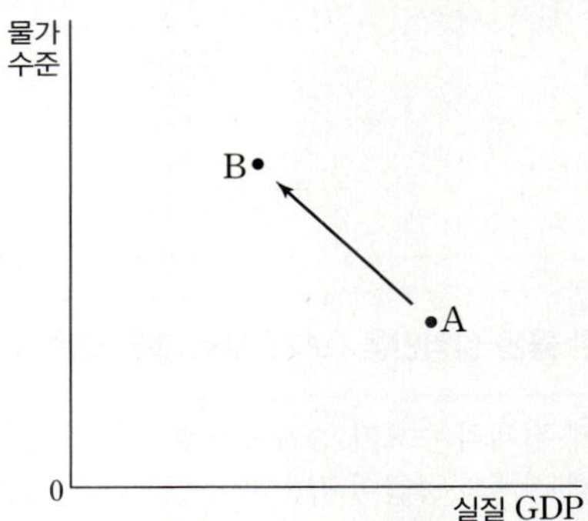

〈보기〉
ㄱ. 스태그플레이션이 나타날 수 있다.
ㄴ. 수요 견인 인플레이션이 발생하였다.
ㄷ. 화폐 구매력을 하락시키는 요인으로 작용한다.
ㄹ. 세계적인 석유 파동으로 인해 발생할 수 있다.

① ㄱ, ㄴ   ② ㄱ, ㄹ   ③ ㄴ, ㄷ
④ ㄱ, ㄷ, ㄹ   ⑤ ㄴ, ㄷ, ㄹ

217

그림에 대한 옳은 설명만을 〈보기〉에서 고른 것은? (단, 최초의 균형점은 E이다.)

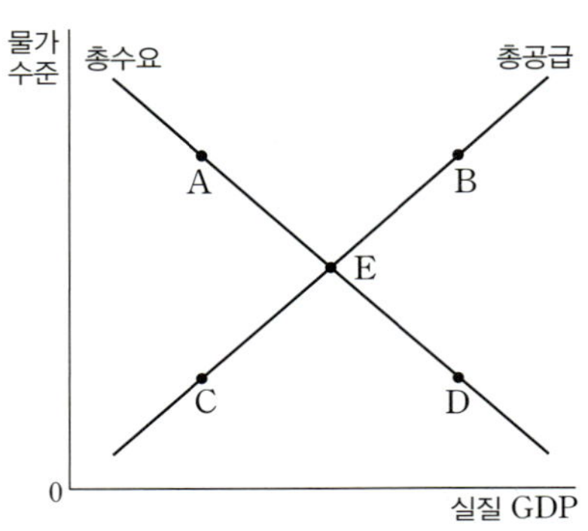

┌─ 보기 ─────────────────────────────┐
ㄱ. 인건비 상승은 A로의 이동 요인이다.
ㄴ. B로의 이동은 스태그플레이션의 발생 요인이다.
ㄷ. C로의 이동은 경기적 실업의 발생 요인이다.
ㄹ. 국제 원유가의 상승은 D로의 이동 요인이다.
└────────────────────────────────────┘

① ㄱ, ㄴ ② ㄱ, ㄷ ③ ㄴ, ㄷ
④ ㄴ, ㄹ ⑤ ㄷ, ㄹ

218

(가), (나)에 대한 옳은 설명만을 〈보기〉에서 고른 것은?

┌────────────────────────────────────┐
(가) 국민 경제 전체의 수요가 증가하여 발생하는 인플레이션
(나) 국민 경제 전체의 공급이 감소하여 발생하는 인플레이션
└────────────────────────────────────┘

┌─ 보기 ─────────────────────────────┐
ㄱ. 정부의 공공사업 시행은 (가)의 발생 요인이다.
ㄴ. 정부 지출의 증가는 (나)의 발생 요인이다.
ㄷ. 산업 전반에 걸친 인건비의 상승은 (나)의 발생 요인이다.
ㄹ. (가)와 (나)는 모두 시중 이자율 상승의 요인이 된다.
└────────────────────────────────────┘

① ㄱ, ㄴ ② ㄱ, ㄷ ③ ㄴ, ㄷ
④ ㄴ, ㄹ ⑤ ㄷ, ㄹ

219

밑줄 친 ㉠~㉢에 대한 설명으로 옳은 것은?

┌────────────────────────────────────┐
인플레이션의 유형은 크게 세 가지로 나누어 구분할 수 있다. 국민 경제의 ㉠총수요가 증가하여 발생하는 인플레이션, ㉡공급 측면에서 전반적인 생산비가 상승하여 발생하는 인플레이션, ㉢총수요 증가와 총공급 감소가 동시에 발생하여 나타나는 인플레이션 등이 그것이다.
└────────────────────────────────────┘

① ㉠은 화폐의 실질 구매력을 증가시키는 요인이다.
② ㉡은 물가 수준과 실업률을 동시에 상승시킨다.
③ ㉢은 실질 GDP를 감소시킨다.
④ ㉡과 달리 ㉠은 경기적 실업을 발생시키는 요인이다.
⑤ ㉠은 실질 GDP를 감소시키고, ㉡은 실질 GDP를 증가시킨다.

220

다음은 수업 시간에 교사가 판서한 내용이다. (가)에 들어갈 내용으로 가장 적절한 것은?

┌────────────────────────────────────┐
학습 주제 : (가)

물가 수준의 지속적인 하락 → 기업의 생산 활동 위축 → 고용 감소 → 소득 감소 → 가계 소비 감소 → 기업 활동 위축
└────────────────────────────────────┘

① 인플레이션의 특징
② 디플레이션의 영향
③ 금융 정책의 순기능
④ 재정 정책의 부작용
⑤ 스태그플레이션의 발생 원인

221

A~C는 갑국의 국민 경제 균형점에서의 경제 상황을 나타낸다. 이에 대한 옳은 설명만을 〈보기〉에서 있는 대로 고른 것은? (단, 갑국의 총수요 곡선은 우하향하고, 총공급 곡선은 우상향하며, 모두 직선이다.)

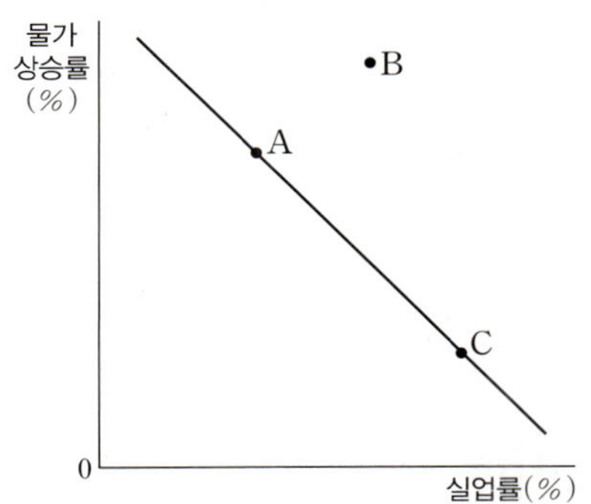

〈보기〉
ㄱ. 총수요 감소는 A에서 C로의 이동 요인이다.
ㄴ. 총수요 증가는 C에서 A로의 이동 요인이다.
ㄷ. 해외 석유 파동 발생은 A에서 B로의 이동 요인이다.
ㄹ. B에서 A나 C로의 이동은 채무자와 채권자 모두에게 유리하다.

① ㄱ, ㄴ　　② ㄱ, ㄹ　　③ ㄷ, ㄹ
④ ㄱ, ㄴ, ㄷ　　⑤ ㄴ, ㄷ, ㄹ

222

밑줄 친 ㉠~㉢에 대한 옳은 설명만을 〈보기〉에서 고른 것은?

갑국에서는 전쟁 배상금의 재원을 충당하기 위해 방대한 양의 화폐를 발행하였다. 그 결과 ㉠시중 화폐량이 급격히 많아졌고, ㉡화폐 가치는 하락하였다. 이로 인해 발생한 하이퍼인플레이션은 갑국의 국민 경제를 어렵게 만들었지만, 갑국 정부는 그 ㉢해결책을 찾기 위해 노력하였다.

〈보기〉
ㄱ. ㉠은 실업 문제를 악화시키는 요인이다.
ㄴ. ㉡은 화폐 수요의 감소 요인으로 작용한다.
ㄷ. ㉠, ㉡ 모두 실물 자산 가치를 하락시키는 요인이다.
ㄹ. 정부의 총수요 감소 정책은 ㉢의 예에 해당한다.

① ㄱ, ㄴ　　② ㄱ, ㄷ　　③ ㄴ, ㄷ
④ ㄴ, ㄹ　　⑤ ㄷ, ㄹ

223

다음 글에서 갑국의 경제 상황에 대한 분석 및 추론으로 옳은 것만을 〈보기〉에서 고른 것은?

2019년 갑국에는 전년과 달리 제로(0) 금리 시대가 도래하였다. 전문가들은 금리의 지속적인 하락을 원인으로 지목하는 가운데, 물가 상승률은 여전히 5%대를 유지하고 있다.

〈보기〉
ㄱ. 실질 이자율은 음(−)의 값이다.
ㄴ. 은행 예금에 대한 유인이 낮아졌다.
ㄷ. 실물 자산에 대한 수요는 감소하였다.
ㄹ. 채무자에 비해 채권자가 유리해졌을 것이다.

* 실질 이자율(%)=명목 이자율(%)−물가 상승률(%)

① ㄱ, ㄴ　　② ㄱ, ㄷ　　③ ㄴ, ㄷ
④ ㄴ, ㄹ　　⑤ ㄷ, ㄹ

224 고난도 ↑

〈평가원 기출〉

교사의 질문에 대한 학생의 답변으로 가장 적절한 것은?

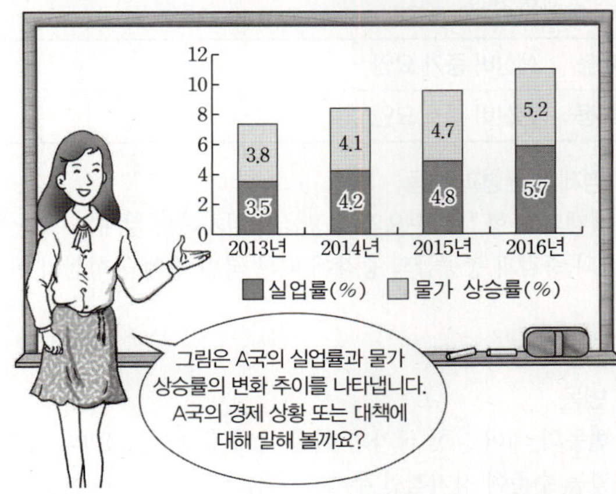

① 갑 : 수입 원자재 가격 상승으로 발생할 수 있는 상황입니다.
② 을 : 가계 소득세율 인상으로 발생할 수 있는 상황입니다.
③ 병 : 경기 침체로 인해 디플레이션 상황이 발생하였습니다.
④ 정 : 물가 상승률과 실업률이 서로 반대 방향으로 움직이고 있습니다.
⑤ 무 : 중앙은행이 재할인율을 인하하면 현재의 물가 추세를 반전시킬 수 있습니다.

10강 경기 변동과 경제 안정화 정책

1. 총수요와 총공급

① **총수요** : 한 나라 안에서 일정 기간 모든 경제 주체들이 구매하고자 하는 재화와 서비스의 시장 가치를 모두 합한 것(소비 지출＋투자 지출＋정부 지출＋순수출) ← '수출－수입'으로 계산한다.

② **총공급** : 한 나라 안에서 일정 기간 생산자들이 판매하고자 하는 재화와 서비스의 시장 가치를 모두 합한 것 ← 국내 총생산(GDP)을 의미한다.

③ **총수요 곡선과 총공급 곡선**
- 총수요 곡선 : 물가 수준과 경제 주체들의 국내 총생산물에 대한 수요량 간 역(－)의 관계를 나타냄 → 우하향 곡선
- 총공급 곡선 : 물가 수준과 생산자들의 총생산물에 대한 공급량 간 정(＋)의 관계를 나타냄 → 우상향 곡선

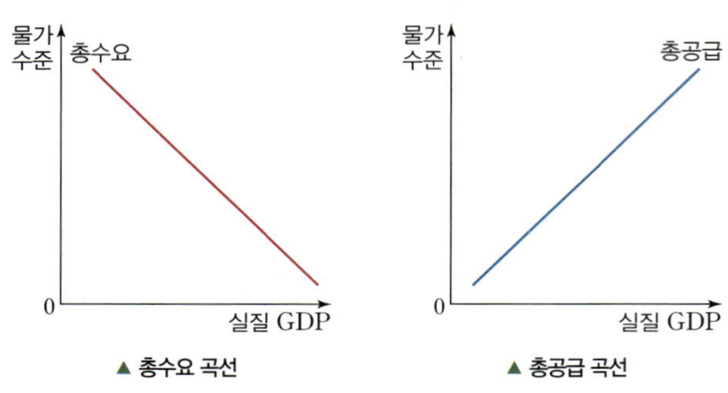

- 총수요 곡선의 변동

우측 이동	(민간) 소비 지출, (민간) 투자, 정부 지출, 순수출 등의 증가
좌측 이동	(민간) 소비 지출, (민간) 투자, 정부 지출, 순수출 등의 감소

- 총공급 곡선의 변동

우측 이동	생산비 증가 요인
좌측 이동	생산비 감소 요인

④ **국민 경제의 균형과 변동**
- 국민 경제의 균형 : 총수요와 총공급이 일치하는 상태
- 총수요와 증감과 총공급의 증감에 따른 국민 경제 균형점의 이동

2. 경기 변동과 경기 순환

① **경기 변동**
- 경기 변동의 의미 : 한 국가의 실질 국내 총생산(GDP)의 상승과 하락의 활동 수준이 장기적인 추세를 중심으로 나타나는 현상
- 경기 변동의 원인 : 총수요의 증감과 총공급의 증감

원인		경기 변동의 양상
총수요	증가	생산 및 고용 증가, 물가 상승 등
	감소	생산 및 고용 감소, 물가 하락 등
총공급	증가	생산 및 고용 증가, 물가 하락 등
	감소	생산 및 고용 감소, 물가 상승 등

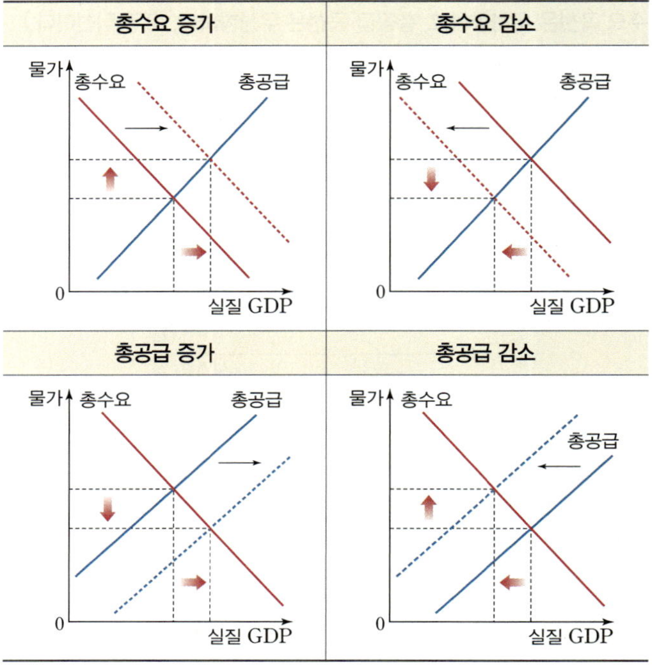

- 경기 변동의 네 국면과 특징

구분		특징
상승 국면	확장기	생산 증가, 고용 증가, 소득 증가, 물가 상승 → 경제 활동이 가장 활발함
	후퇴기	소비와 투자 감소 및 재고 증가, 물가 상승률 하락
하강 국면	수축기	생산 감소, 고용 감소, 소득 감소, 물가 하락 → 경제 활동이 가장 저조함
	회복기	소비와 투자 증가 및 재고 감소, 물가의 점진적 상승

② **경기 순환** : 국민 경제의 총체적인 활동 수준이 확장기, 후퇴기, 수축기, 회복기의 네 국면으로 반복하여 나타나는 현상 ← 확장기, 후퇴기, 수축기, 회복기가 반복되는 경기의 순환은 장기적인 관점에서 나타난다.

그래프로 살펴보기

■ 경기 순환

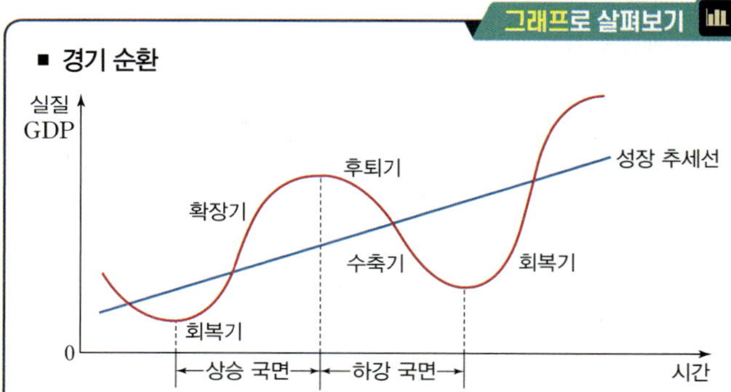

경기 순환 과정에서 경기가 지나치게 과열되거나 침체되면 사회 구성원들의 생활이 어려워지고, 국민 경제의 안정적인 성장에도 방해가 될 수 있다. 따라서 대부분의 국가에서는 재정 정책과 통화 정책, 즉 경제 안정화 정책을 통해 경기의 지나친 과열이나 침체를 방지하고자 한다.

• 정답 및 해설 043쪽

주제 18 · 경제 안정화 정책

1. 재정 정책

① 의미 : 정부가 물가와 고용을 안정시키기 위해 정책 수단을 사용하는 것

② 종류

주체	내용	예
정부	세입, 세출의 수단 사용 → 총수요 관리	확대(적자) 재정 정책, 긴축(흑자) 재정 정책
중앙은행	이자율의 수단 사용 → 총수요 관리	확대 금융 정책, 긴축 금융 정책

③ 정책 수단

조세	세율 인상 → 총수요 감소, 세율 인하 → 총수요 증가
정부 지출	확대 → 총수요 증가, 축소 → 총수요 감소

④ 유형

구분	시기	수단
긴축(흑자) 재정 정책	경기 과열 시	세율 인상, 정부 지출 축소
확대(적자) 재정 정책	경기 침체 시	세율 인하, 정부 지출 확대

2. 금융 정책

① 의미 : 금융 기관이 물가와 고용을 안정시키기 위해 정책 수단을 사용하는 것
└─ 일반적으로 중앙은행을 의미한다.

② 종류

경제 내에 유통되는 화폐의 양으로, 한 나라의 통화 정책을 수행하는 데 중요한 지표가 된다.

지급 준비율	지급 준비율 인상 → 시중 은행 대출 감소 → 통화량 감소 및 이자율 상승 → 물가 안정
	지급 준비율 인하 → 시중 은행 대출 증가 → 통화량 증가 및 이자율 하락 → 고용 창출
재할인율	재할인율 인상 → 중앙은행으로부터 시중 은행 자금 차입 감소 → 통화량 감소 및 이자율 상승 → 물가 안정
	재할인율 인하 → 중앙은행으로부터 시중 은행 자금 차입 증가 → 통화량 증가 및 이자율 하락 → 고용 창출
국공채	국공채 매각 → 시중 자금 흡수 → 통화량 감소 및 이자율 상승 → 물가 안정
	국공채 매입 → 시중 자금 방출 → 통화량 증가 및 이자율 하락 → 고용 창출

③ 유형

국채는 중앙 정부가 자금 조달을 위해 발행한 증권이고, 공채는 공공 단체와 정부 투자 기관 등 주로 공공 기관이 발행한 채권을 말한다.

구분	내용	
	시기	수단
긴축 금융 정책	경기 과열 시	지급 준비율 인상, 재할인율 인상, 국공채 매각
확대 금융 정책	경기 침체 시	지급 준비율 인하, 재할인율 인하, 국공채 매입

그림은 국민 경제 균형점의 변화를 나타낸다. 이에 대한 설명이 맞으면 'O', 틀리면 '×'에 표시하시오.

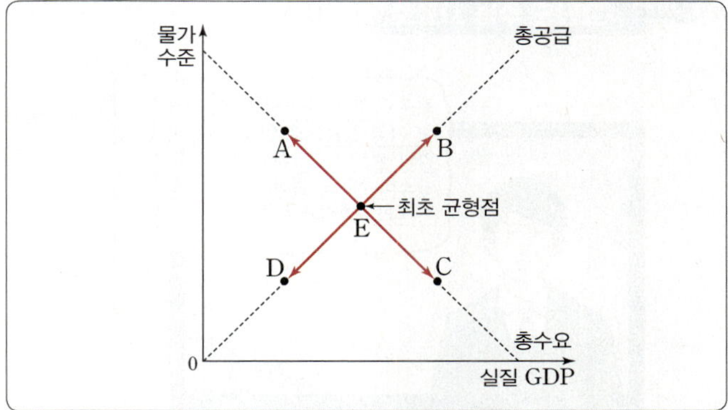

01 임금의 하락은 A로의 이동 요인이다. (O , ×)

02 민간 투자의 감소는 B로의 이동 요인이다. (O , ×)

03 원자재 가격의 하락은 C로의 이동 요인이다. (O , ×)

04 정부 지출의 증가는 D로의 이동 요인이다. (O , ×)

그림은 경기 순환을 나타낸다. 이에 대한 설명이 맞으면 'O', 틀리면 '×'에 표시하시오.

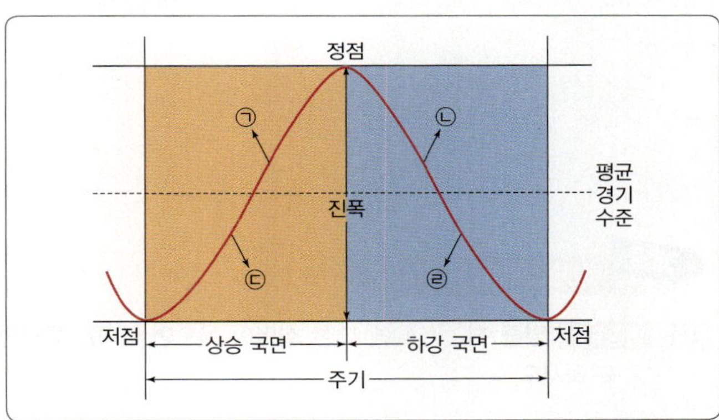

05 ㉠ 시기에는 경제 활동이 가장 활발하다. (O , ×)

06 ㉡ 시기에는 소비와 투자가 증가한다. (O , ×)

07 ㉢ 시기에는 물가가 점진적으로 하락한다. (O , ×)

08 ㉣ 시기에는 경제 활동이 가장 저조하다. (O , ×)

다음 설명이 맞으면 'O', 틀리면 '×'에 표시하시오.

09 정부는 경기 과열 시에 확대(적자) 재정 정책을 실시해야 한다.

(O , ×)

10 중앙은행이 지급 준비율을 인상하면 시중의 통화량이 감소한다.

(O , ×)

11 중앙은행의 국공채 매각은 확대 금융 정책에 해당한다.

(O , ×)

총수요와 총공급 곡선은 어떻게 이동할까?

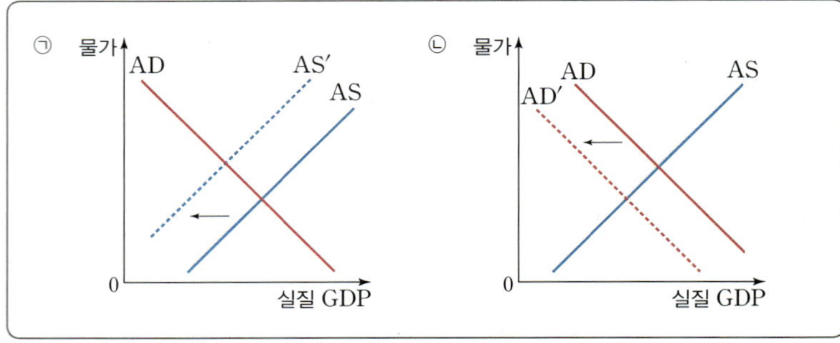

- ㉠에서 수입 원자재의 급격한 가격 상승은 생산비의 급격한 증가를 의미하므로 총공급의 감소 요인으로 작용한다. 따라서 총공급 곡선이 좌측으로 이동한다.
- ㉡에서 소비 심리가 얼어붙어 민간 소비가 감소하면, 이는 총수요의 감소 요인으로 작용한다. 따라서 총수요 곡선이 좌측으로 이동한다.
- 총수요 곡선과 총공급 곡선의 이동 문제는 자주 출제되는 중요한 유형의 문제이다. 이 유형은 크게 두 가지로 나누어 볼 수 있는데, 첫 번째는 총수요나 총공급의 구성 요소나 그 구성 요소에 영향을 주는 변인을 언급하여 총수요와 총공급 곡선의 이동을 묻는 문제가 있다. 두 번째는 정부의 재정 정책이나 금융 정책을 통해 총수요와 총공급 곡선의 이동을 묻는 문제가 있다. 따라서 총수요와 총공급의 개념뿐만 아니라 재정 정책과 금융 정책의 개념도 정확하게 이해해야 한다.

01 연습하기 밑줄 친 ㉠, ㉡에 대한 설명이 옳으면 '○'표, 틀리면 '✕'표 하시오.

❶ ㉠은 총공급의 감소 요인이다. (○, ✕)

❷ ㉡은 총수요의 증가 요인이다. (○, ✕)

❸ ㉠과 ㉡ 모두 실질 국내 총생산(GDP)의 감소 요인이다. (○, ✕)

02 적용하기 01번 문제의 그림에서 밑줄 친 ㉠, ㉡에 대한 옳은 설명만을 〈보기〉에서 고른 것은?

보기
ㄱ. ㉠은 실질 GDP의 증가 요인이다.
ㄴ. ㉡은 실질 GDP의 하락 요인이다.
ㄷ. ㉡과 달리 ㉠은 물가 수준을 상승시킨다.
ㄹ. ㉠은 비용 인상 인플레이션이고, ㉡은 수요 견인 인플레이션이다.

① ㄱ, ㄴ   ② ㄱ, ㄷ   ③ ㄴ, ㄷ
④ ㄴ, ㄹ   ⑤ ㄷ, ㄹ

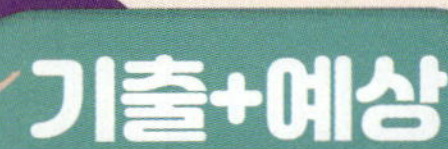

주제 17 | 경기 변동과 경기 순환

족집게 전략 | 총수요와 총공급의 변동 요인을 총수요와 총공급의 구성 요소 및 그 변인에서 찾는 문제가 있고, 경제 안정화 정책, 즉 재정 정책이나 금융 정책의 수단에서 찾는 문제가 있다. 비교적 자주 출제되는 문제인 만큼 관련 개념을 정확하게 이해하는 것이 중요하다.

족집게 자료 분석 전략 START |

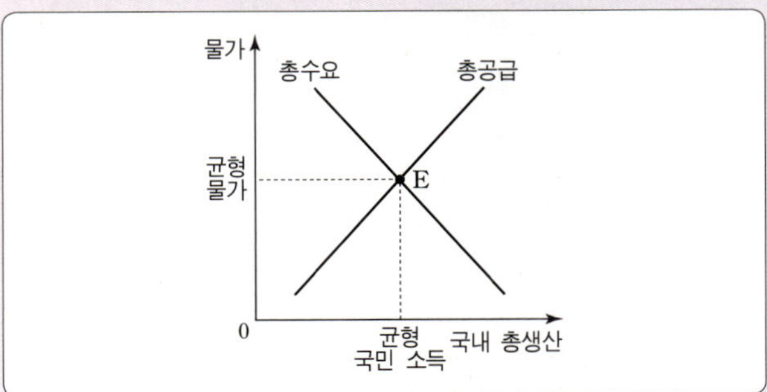

국민 경제의 균형점은 총수요와 총공급이 일치하는 상태에서 총수요와 총공급의 증가 및 감소에 따라 다양한 방향으로 이동한다. 따라서 국민 경제의 균형을 나타낸 자료가 제시되면 균형점 이동의 양상을 먼저 파악한 후, 그 요인을 따져보아야 한다. 총수요 측면과 총공급 측면에서 변화를 가져올 수 있는 여러 요인들을 꼼꼼히 정리해 두어야 문제 풀이에 걸리는 시간을 단축할 수 있다.

225 [대표 문항]
| 평가원 기출 |

그림은 갑국 국민 경제 균형점의 변화(E → E′)를 나타낸다. 이러한 변화를 가져올 수 있는 요인으로 옳은 것은?

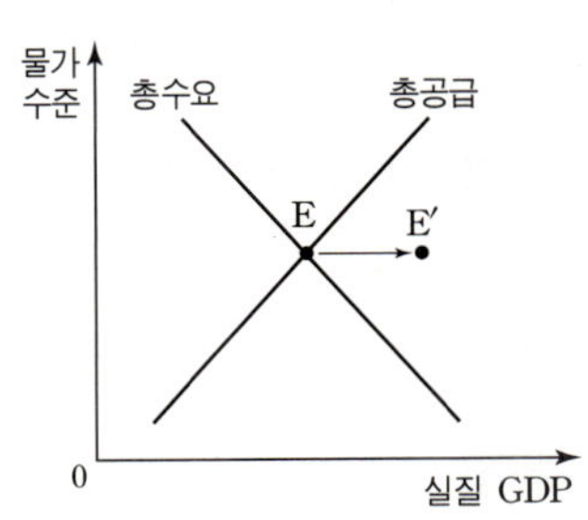

	총수요 측면	총공급 측면
①	재할인율 인하	노동 생산성 향상
②	재할인율 인하	원자재 가격 상승
③	소득세율 인상	노동 생산성 향상
④	소득세율 인상	정부 지출 증가
⑤	지급 준비율 인하	원자재 가격 상승

✏️ **한줄 Tip** 총수요와 총공급 곡선의 이동 원인이 그 구성 요소 때문인지, 경제 안정화 정책 때문인지를 구분해야 해!

226

밑줄 친 ㉠~㉣에 대한 옳은 설명만을 〈보기〉에서 있는 대로 고른 것은?

> 한 국가의 영토 안에서 일정 기간 동안 모든 경제 주체들이 구입하고자 하는 재화와 서비스의 시장 가치의 합을 총수요라고 한다. 따라서 총수요는 다음과 같이 구성된다.
> ㉠소비 지출＋㉡투자＋㉢정부 지출＋㉣순수출

〔보기〕
ㄱ. ㉠에는 내국인의 소비 지출만 포함한다.
ㄴ. 외국 기업이 국내에서 투자한 것은 ㉡에 포함된다.
ㄷ. ㉢의 증가는 총수요의 증가 요인이다.
ㄹ. 외국의 국내 총생산(GDP)은 모두 ㉣에서 제외된다.

① ㄱ, ㄴ　　　② ㄱ, ㄷ　　　③ ㄴ, ㄹ
④ ㄱ, ㄷ, ㄹ　　　⑤ ㄴ, ㄷ, ㄹ

227

그림은 갑국의 총수요 구성 비중을 나타낸다. 이에 대한 옳은 설명만을 〈보기〉에서 고른 것은?

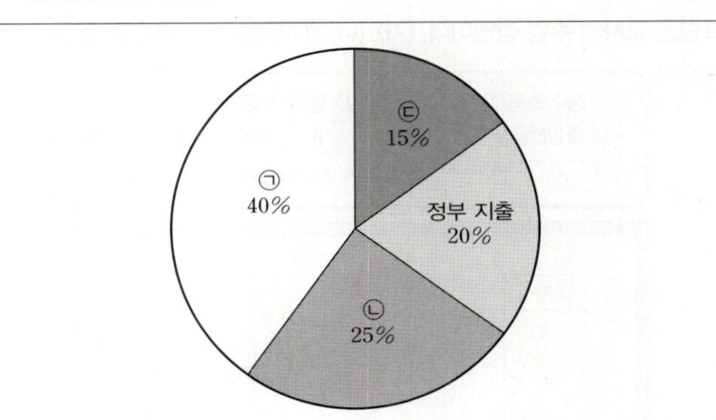

㉠은 처분 가능 소득에 직접적인 영향을 받는 요소이고, ㉡은 기업의 자본재 구입 비용이 포함되는 요소이다.

〔보기〕
ㄱ. 처분 가능 소득과 ㉠은 정(＋)의 관계이다.
ㄴ. 은행의 대출 이자율과 ㉡은 부(－)의 관계이다.
ㄷ. 외국에서 수입한 상품은 ㉢의 값을 증가시킨다.
ㄹ. 갑국 기업이 해외에서 설립한 공장은 ㉡에 포함되고, 그 공장 종업원들의 소득은 ㉠에 포함된다.

① ㄱ, ㄴ　　　② ㄱ, ㄷ　　　③ ㄴ, ㄷ
④ ㄴ, ㄹ　　　⑤ ㄷ, ㄹ

228 고난도

(가), (나)의 경제 상황에 대한 옳은 분석만을 〈보기〉에서 고른 것은?

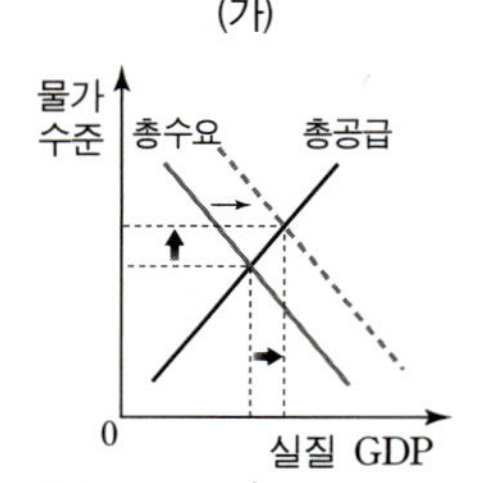

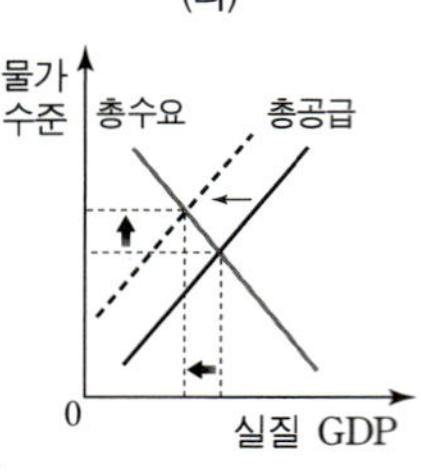

〈보기〉
ㄱ. (가)는 물가 상승과 실업 증가를 동시에 유발한다.
ㄴ. 소득세율 인하는 (나)의 문제점을 해결할 수 있다.
ㄷ. (나)와 달리 (가)는 국민 소득을 증가시킨다.
ㄹ. (가), (나)는 모두 현금 자산 보유자에게 불리하게 작용한다.

① ㄱ, ㄴ   ② ㄱ, ㄷ   ③ ㄴ, ㄷ
④ ㄴ, ㄹ   ⑤ ㄷ, ㄹ

229

| 평가원 기출 |

그림은 교사의 수업 장면이다. (가), (나)에 해당하는 내용으로 옳은 것은?

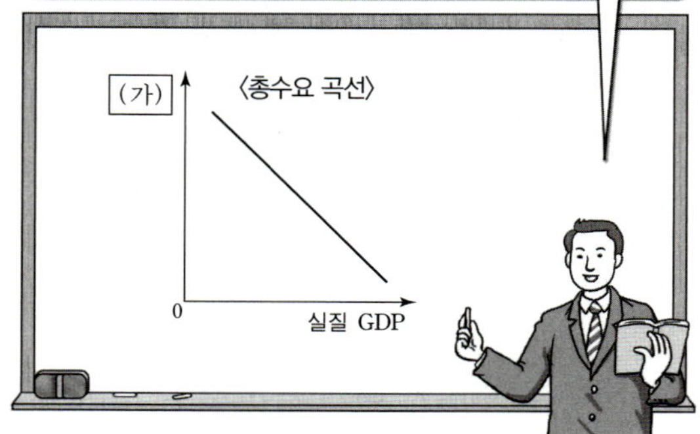

	(가)	(나)
①	가격	지급 준비율 인상
②	가격	가계의 자산 가치 증가
③	물가	기업의 투자 증가
④	물가	생산 기술의 향상
⑤	물가	중앙은행의 국공채 매각

230

표의 ㉠, ㉡는 총수요와 총공급의 변동에 따른 국민 경제의 변화를 나타낸다. 이에 대한 옳은 설명만을 〈보기〉에서 고른 것은? (단, 총수요 곡선은 우하향하는 직선이고, 총공급 곡선은 우상향하는 직선이다.)

구분		총수요	
		증가	감소
총공급	증가	㉠	
	감소		㉡

〈보기〉
ㄱ. ㉠은 물가 상승을 포함한다.
ㄴ. ㉠은 실질 GDP의 증가를 포함한다.
ㄷ. ㉡에서 실질 GDP의 증감은 알 수 없다.
ㄹ. ㉡에서 물가의 상승이나 하락은 알 수 없다.

① ㄱ, ㄴ   ② ㄱ, ㄷ   ③ ㄴ, ㄷ
④ ㄴ, ㄹ   ⑤ ㄷ, ㄹ

231

A, B의 요인을 옳게 연결한 것만을 〈보기〉에서 고른 것은? (단, 총수요 곡선은 우하향하는 직선이고, 총공급 곡선은 우상향하는 직선이다.)

최초의 국민 경제 균형점은 E이다. 그리고 A, B는 서로 다른 방향으로 이루어진 국민 경제 균형점의 이동을 나타낸다. A와 B는 물가의 상승이나 하락을 알 수 없다는 것을 기준으로는 구분할 수 없지만, A의 경우 실질 국내 총생산(GDP)이 증가하였고, B의 경우 실질 국내 총생산이 감소하였다는 점에서 구분된다. 단, 총수요와 총공급은 동시에 변동한다.

〈보기〉
ㄱ. A – 민간 소비의 감소
ㄴ. A – 국제 원유 가격의 상승
ㄷ. B – 인건비의 상승
ㄹ. B – 정부 지출의 감소

① ㄱ, ㄴ   ② ㄱ, ㄷ   ③ ㄴ, ㄷ
④ ㄴ, ㄹ   ⑤ ㄷ, ㄹ

232

(가)~(라)의 경제 상황에 대한 옳은 설명만을 〈보기〉에서 고른 것은?

> (가) 정부가 법인세를 인하하였다.
> (나) 국제 시장에서 유가가 하락하였다.
> (다) 전분기 대비 소비 지출이 크게 증가하였다.
> (라) 국내 기업이 주요 산업의 기술 혁신에 성공하였다.

> ┌ 보기 ┐
> ㄱ. (가) – 경기적 실업의 대책
> ㄴ. (나) – 물가 상승의 요인
> ㄷ. (다) – 실질 국내 총생산(GDP) 증가의 요인
> ㄹ. (라) – 물가 상승의 요인, 실질 국내 총생산 감소의 요인

① ㄱ, ㄴ 　② ㄱ, ㄷ 　③ ㄴ, ㄷ
④ ㄴ, ㄹ 　⑤ ㄷ, ㄹ

233

다음은 수업 시간의 대화이다. 밑줄 친 부분에 들어갈 학생의 답변으로 가장 적절한 것은? (단, 총수요는 우하향하는 직선이고, 총공급은 우상향하는 직선이다.)

> 교사 : 실질 국내 총생산(GDP)에는 변함이 없는데 물가만 상승하는 현상이 발생하고 있습니다. 그 원인이 무엇인지 발표해 볼까요?
> 학생 : ________________________________

① 총수요와 총공급이 모두 증가했으며, 그 변동폭이 서로 같기 때문입니다.
② 총수요는 증가하고 총공급은 감소했으며, 그 변동폭이 서로 같기 때문입니다.
③ 총수요는 증가하고 총공급은 감소했으며, 총수요의 증가폭이 총공급의 감소폭보다 크기 때문입니다.
④ 총수요와 총공급이 모두 감소했으며, 그 변동폭이 서로 같기 때문입니다.
⑤ 총수요는 감소하고 총공급은 증가했으며, 총수요의 감소폭이 총공급의 증가폭보다 크기 때문입니다.

234

그림의 대화에 대한 분석 및 추론으로 가장 적절한 것은?

① 갑은 총수요의 감소가 디플레이션을 초래한다고 보고 있다.
② 갑은 확대 통화 정책보다 긴축 통화 정책을 지지할 것이다.
③ 을은 실질 국내 총생산(GDP)이 감소할 것으로 예상하고 있다.
④ 을은 총공급의 감소를 물가 하락의 원인으로 보고 있다.
⑤ 갑과 을이 진단하는 경제 상황이 동시에 나타나면 스태그플레이션이 발생할 것이다.

235

다음 자료에 나타난 갑국 경제의 변동 과정으로 가장 적절한 것은?

> 그림에서 최초의 균형점은 (가)이다. 이후 갑국에서는 물가 상승과 실업 증가라는 두 마리 토끼를 모두 놓치는 스태그플레이션이 발생하였고, 이에 갑국 정부는 대규모 공공사업을 시행하여 국민 경제의 균형점이 이동하였다.

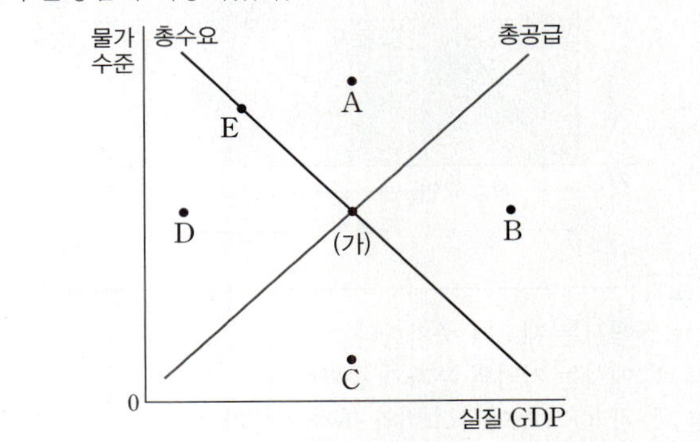

① (가) → E → A 　② (가) → E → D
③ (가) → A → B 　④ (가) → B → C
⑤ (가) → C → D

236

그림의 갑국의 경기 변동 추세를 나타낸다. 이에 대한 옳은 설명만을 〈보기〉에서 고른 것은?

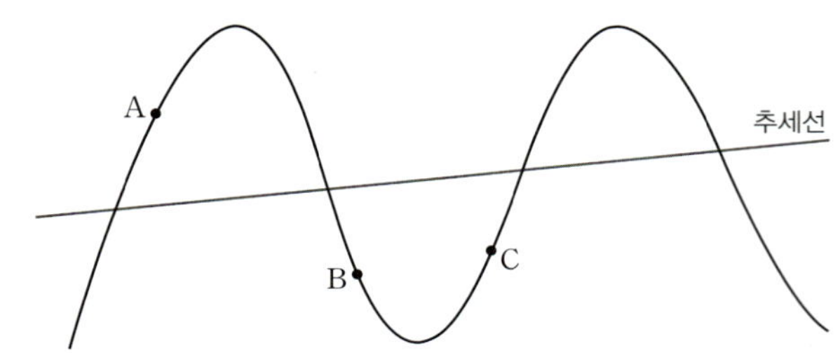

보기
ㄱ. A 시기에는 국민 소득이 증가한다.
ㄴ. B 시기에는 고용 및 투자가 증가한다.
ㄷ. C 시기에는 소비와 생산이 증가한다.
ㄹ. A는 회복기, B는 수축기, C는 확장기에 해당한다.

① ㄱ, ㄴ　　　② ㄱ, ㄷ　　　③ ㄴ, ㄷ
④ ㄴ, ㄹ　　　⑤ ㄷ, ㄹ

237 고난도

그림은 경기 순환을 나타낸다. ㉠~㉣에 대한 옳은 설명만을 〈보기〉에서 고른 것은?

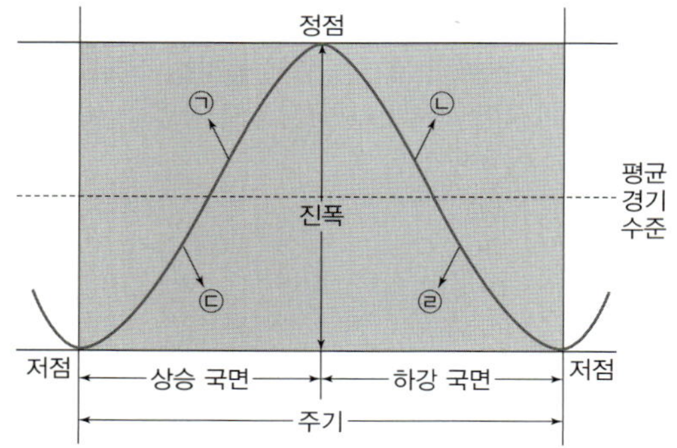

보기
ㄱ. ㉠에서는 재고가 증가한다.
ㄴ. ㉡에서는 기업의 투자가 증가한다.
ㄷ. ㉠과 ㉢ 모두에서 소비와 투자가 증가한다.
ㄹ. ㉠과 달리 ㉣에서는 소비나 고용이 감소한다.

① ㄱ, ㄴ　　　② ㄱ, ㄷ　　　③ ㄴ, ㄷ
④ ㄴ, ㄹ　　　⑤ ㄷ, ㄹ

족집게 전략 | 경기 변동 곡선이나 특정한 경제 상황을 제시하고, 필요한 경제 안정화 정책을 찾는 문제가 자주 출제된다. 중앙은행의 통화 정책과 관련하여 기준 금리의 변화 추세를 해석하는 문제도 출제될 수 있으므로 금리 변동의 영향을 정확히 정리해 두어야 한다.

족집게 자료 분석 전략 START |

구분	경기 과열 시	경기 침체 시
재정 정책	(가)	(나)
금융 정책	(다)	(라)

(가)에는 세율 인상, 정부 지출 축소가 들어갈 수 있고, (나)에는 세율 인하, 정부 지출 확대가 들어갈 수 있다. (다)에는 지급 준비율 인상, 재할인율 인상, 국공채 매각이 들어갈 수 있고, (라)에는 지급 준비율 인하, 재할인율 인하, 국공채 매입이 들어갈 수 있다.

238 대표 문항

| 평가원 기출 |

그림은 갑국의 기준 금리 변화 추세를 나타낸다. A, B에 대한 옳은 추론만을 〈보기〉에서 고른 것은?

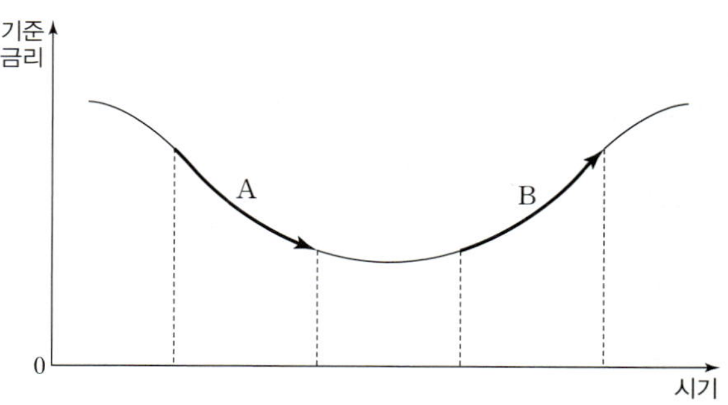

* 기준 금리 : 갑국 중앙은행의 통화 정책 운용 목표 금리

보기
ㄱ. A는 투자를 촉진하는 요인이 되었을 것이다.
ㄴ. A는 물가 상승을 억제하는 요인이 되었을 것이다.
ㄷ. B는 총수요를 억제하는 요인이 되었을 것이다.
ㄹ. B는 소비 지출을 촉진하는 요인이 되었을 것이다.

① ㄱ, ㄴ　　　② ㄱ, ㄷ　　　③ ㄴ, ㄷ
④ ㄴ, ㄹ　　　⑤ ㄷ, ㄹ

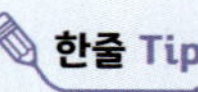
한줄 Tip　기준 금리 인상은 경기가 과열되었을 때, 기준 금리 인하는 경기가 침체되었을 때 효과적이야!

239

밑줄 친 ㉠, ㉡에 대한 옳은 설명만을 〈보기〉에서 있는 대로 고른 것은?

> 1930년대 대공황 발생 후 미국의 루즈벨트 대통령은 중앙은행을 통해 화폐 공급을 늘리는 한편, ㉠정부 지출의 확대에 따른 대규모 공공사업을 시행하였다. 즉, 테네시 강 유역 개발 계획을 추진하여 일자리 창출과 이로 인한 ㉡소득 창출을 꾀하였다.

〈보기〉
ㄱ. ㉠은 흑자 재정 정책의 일환이다.
ㄴ. ㉠은 물가 수준을 높이고, 실질 GDP를 증가시킨다.
ㄷ. ㉡은 은행 예금의 수요 증가 요인이다.
ㄹ. ㉡은 유효 수요를 창출하는 요인으로 작용한다.

① ㄱ, ㄴ   ② ㄴ, ㄹ   ③ ㄷ, ㄹ
④ ㄱ, ㄴ, ㄷ   ⑤ ㄴ, ㄷ, ㄹ

241

밑줄 친 '이 정책'의 사례로 적절한 것만을 〈보기〉에서 있는 대로 고른 것은?

> 최근 갑국에서는 경기 침체 현상이 심화되고 있다. 이에 갑국의 경제학자들은 중앙은행이 이 정책의 시행을 검토해야 한다고 주장하고 있다.

〈보기〉
ㄱ. 국공채의 매입   ㄴ. 재할인율의 인하
ㄷ. 기준 금리의 인상   ㄹ. 지급 준비율의 인하

① ㄱ, ㄴ   ② ㄱ, ㄷ   ③ ㄴ, ㄷ
④ ㄱ, ㄴ, ㄹ   ⑤ ㄴ, ㄷ, ㄹ

240

그림은 토론회의 모습이다. 갑, 을에 대한 옳은 설명만을 〈보기〉에서 고른 것은?

〈보기〉
ㄱ. 갑의 대책은 시중 통화량을 증가시킨다.
ㄴ. 을의 대책은 실질 GDP를 증가시킨다.
ㄷ. 갑과 달리 을은 재정 정책 시행을 주장하고 있다.
ㄹ. 갑, 을 모두 물가 상승을 경제 문제로 인식하고 있다.

① ㄱ, ㄴ   ② ㄱ, ㄷ   ③ ㄴ, ㄷ
④ ㄴ, ㄹ   ⑤ ㄷ, ㄹ

242

그림은 갑국과 을국의 기준 금리 추이를 나타낸다. 이에 대한 옳은 분석 및 추론만을 〈보기〉에서 있는 대로 고른 것은?

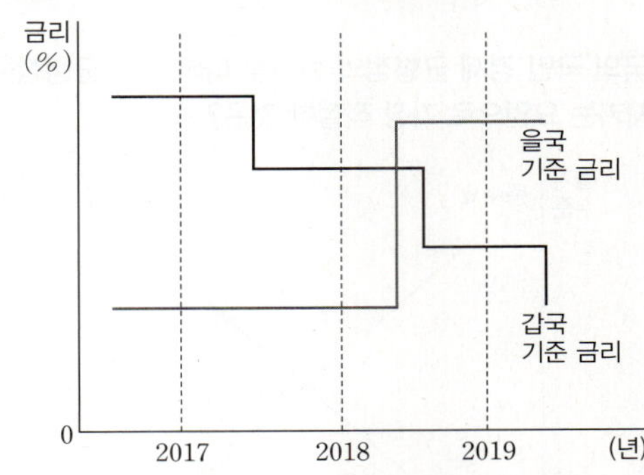

〈보기〉
ㄱ. 2017년 이전에 예금 유인은 갑국보다 을국이 강하다.
ㄴ. 2017년에 기업 투자는 갑국보다 을국에서 유리하다.
ㄷ. 2018년 이후 갑국 중앙은행과 달리 을국 중앙은행은 물가 상승을 우려하였을 것이다.
ㄹ. 2019년에는 갑국보다 을국의 시중 이자율이 더 높을 것이다.

① ㄱ, ㄴ   ② ㄱ, ㄹ   ③ ㄴ, ㄷ
④ ㄱ, ㄷ, ㄹ   ⑤ ㄴ, ㄷ, ㄹ

243

그림에서 갑, 을의 입장에 대한 추론으로 옳지 <u>않은</u> 것은?

① 갑은 총수요 감소 정책을 선호할 것이다.
② 을은 국제 원유가 하락을 긍정적으로 볼 것이다.
③ 갑은 을과 달리 국공채 매입에 대해 부정적일 것이다.
④ 을은 갑과 달리 기준 금리 인하에 대해 긍정적일 것이다.
⑤ 갑은 적자 재정 정책을, 을은 흑자 재정 정책을 선호할 것이다.

244

그림은 갑국의 국민 경제 균형점의 변화를 나타낸다. 균형점을 E_0에서 E_1로 이동시키는 요인으로 가장 적절한 것은?

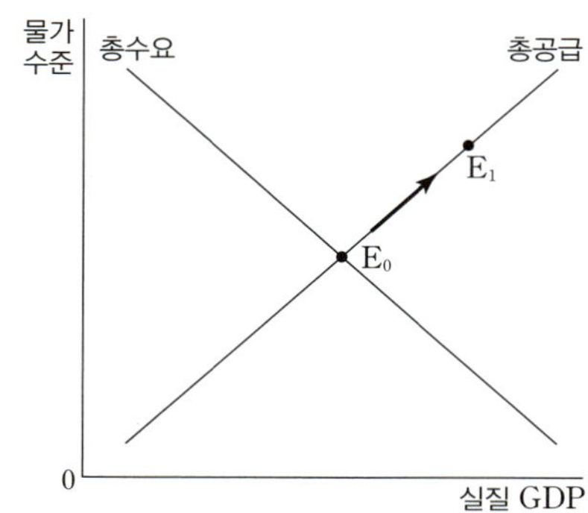

① 국공채 매각
② 재할인율 인상
③ 지급 준비율 인상
④ 적자 재정 정책 시행
⑤ 기업에 대한 기술 혁신 지원

245

밑줄 친 '이 정책'의 내용으로 적절한 것만을 〈보기〉에서 고른 것은?

2000년대 세계 금융 위기가 발생하였다. 이후 미국의 연 2.5%였던 기준 금리는 0%대로 급락하여 더 이상 금리를 내릴 수도 없는 상황이 발생하였다. 이때 미국의 중앙은행인 연방 준비 제도 이사회에서는 시중의 채권을 사들이면서 시중 통화량 증가에 박차를 가하였는데, 이와 같은 정책을 양적 완화라고 한다. 양적 완화는 시중 통화량 조절의 측면에서 <u>이 정책</u>과 맥락을 같이한다.

〈보기〉
ㄱ. 재할인율을 인하하는 정책
ㄴ. 대출 이자율을 인상하는 정책
ㄷ. 지급 준비율을 인하하는 정책
ㄹ. 세입을 늘리고 세출을 줄이는 정책

① ㄱ, ㄴ   ② ㄱ, ㄷ   ③ ㄴ, ㄷ
④ ㄴ, ㄹ   ⑤ ㄷ, ㄹ

246 고난도↑

표의 ㉠~㉣에 대한 옳은 설명만을 〈보기〉에서 고른 것은?

구분		지급 준비율	
		인상	인하
국공채	매각	㉠	㉡
	매입	㉢	㉣

〈보기〉
ㄱ. 경기 과열 시에는 ㉠이 효과적이다.
ㄴ. 경기 침체 시에는 ㉣이 효과적이다.
ㄷ. 경기 후퇴기에는 ㉡이 ㉢보다 효과적이다.
ㄹ. 경기 회복기에는 ㉢이 ㉡보다 효과적이다.

① ㄱ, ㄴ   ② ㄱ, ㄷ   ③ ㄴ, ㄷ
④ ㄴ, ㄹ   ⑤ ㄷ, ㄹ

247

다음 글에 대한 옳은 설명만을 〈보기〉에서 고른 것은? (단, A~C는 각각 지급 준비율, 재할인율, 적자 재정 중 하나이다.)

A~C 정책은 시중의 통화량을 조절하는 정책이라는 것을 기준으로는 구분할 수 없지만, 주체가 정부인지 금융 기관인지를 기준으로는 구분할 수 있다. 즉, A 정책과 B 정책의 주체는 금융 기관이고, C 정책의 주체는 정부이다. 또한 A 정책은 중앙은행이 일반 은행에 대출할 때의 이자율을 이용한다.

〈보기〉
ㄱ. 경기 과열 시에는 A를 인상하는 정책이 효과적이다.
ㄴ. B의 인하는 시중 통화량 증가의 요인으로 작용한다.
ㄷ. C는 경기 침체를 악화시키는 요인으로 작용한다.
ㄹ. A를 인상하는 정책과 B를 인하하는 정책 모두 C 정책과 목적을 같이한다.

① ㄱ, ㄴ　　　② ㄱ, ㄷ　　　③ ㄴ, ㄷ
④ ㄴ, ㄹ　　　⑤ ㄷ, ㄹ

248

그림은 갑국의 경기 변동을 나타낸다. (가), (나) 시기에 필요한 경기 안정화 정책을 옳게 연결한 것은?

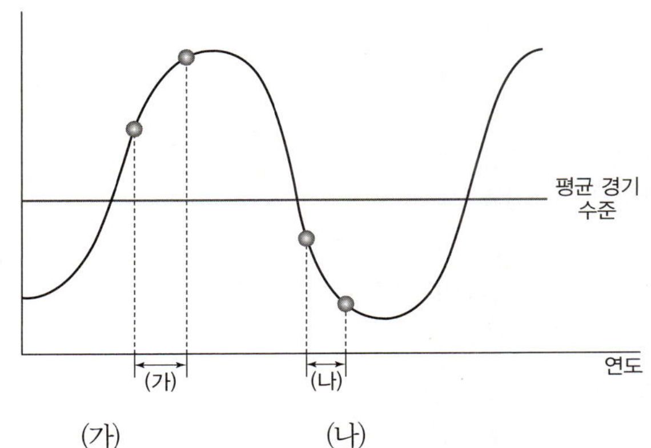

	(가)	(나)
①	지급 준비율 인상	재할인율 인상
②	국공채 매입	정부 지출 축소
③	재할인율 인상	국공채 매입
④	소득세율 인하	법인세율 인상
⑤	정부 지출 확대	기준 금리 인상

249

교사의 질문에 대한 옳은 답변만을 〈보기〉에서 고른 것은?

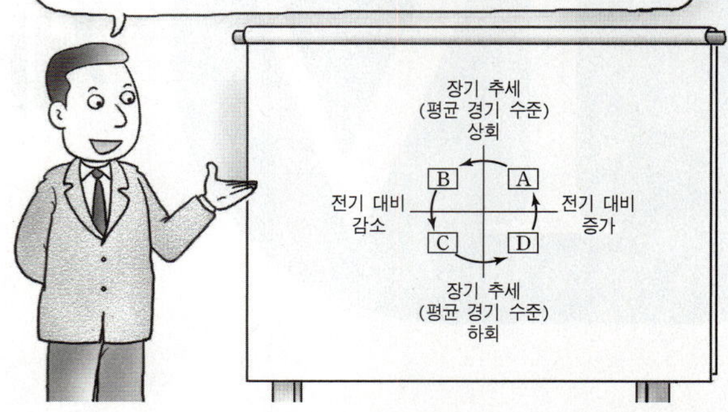

〈보기〉
ㄱ. 정부는 재정 지출을 늘려야 합니다.
ㄴ. 정부는 법인세율을 인상해야 합니다.
ㄷ. 중앙은행은 국공채를 매입해야 합니다.
ㄹ. 중앙은행은 기준 금리를 인상해야 합니다.

① ㄱ, ㄴ　　　② ㄱ, ㄷ　　　③ ㄴ, ㄷ
④ ㄴ, ㄹ　　　⑤ ㄷ, ㄹ

250

그림의 (가)는 갑국의 경기 변동 상황을 나타내고, (나)는 특정 시기에 갑국이 실시한 경제 정책에 관한 자료이다. 이에 대한 옳은 설명만을 〈보기〉에서 고른 것은?

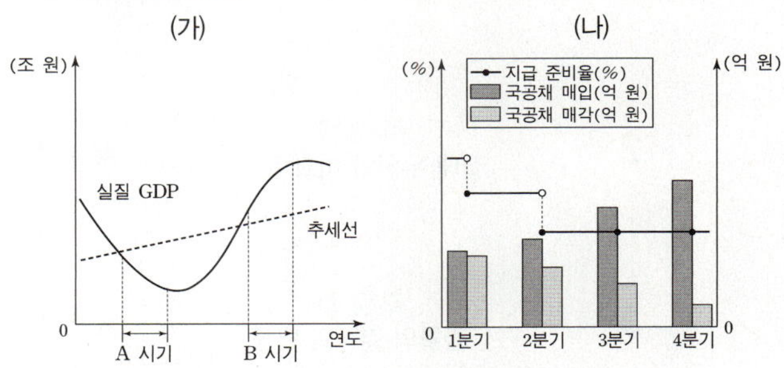

〈보기〉
ㄱ. (가)의 A 시기에는 경제 규모가 지속적으로 성장하였다.
ㄴ. 총공급이 일정한 상태에서의 총수요 증가는 (가)의 B 시기와 같은 경기 변동을 초래하는 요인이 될 수 있다.
ㄷ. (나)에 나타난 정책은 인플레이션에 대응하기 위해 시행된다.
ㄹ. (나)에 나타난 정책은 (가)의 B 시기보다 A 시기에 필요하다.

① ㄱ, ㄴ　　　② ㄱ, ㄷ　　　③ ㄴ, ㄷ
④ ㄴ, ㄹ　　　⑤ ㄷ, ㄹ

IV 세계 시장과 교역

11강 무역 원리와 무역 정책
12강 외환 시장과 환율
13강 국제 수지와 국제 경제 환경

IV단원 출제 예감 주제 BEST 5

순위	주제	출제 예감 지수	빈출 출제 유형	문제 페이지
1	주제 22 환율 변동의 경제적 효과	★★★★★	· 2020학년도 6월 모평 17번 · 2019학년도 수능 14번 · 2019학년도 9월 모평 17번 · 2018학년도 수능 13번	128 쪽
2	주제 19 절대 우위와 비교 우위	★★★★☆	· 2020학년도 6월 모평 7번 · 2019학년도 수능 10번 · 2019학년도 9월 모평 7번 · 2018학년도 수능 15번	115 쪽
3	주제 21 환율의 결정과 변동	★★★☆☆	· 2017학년도 9월 모평 5번 · 2017학년도 6월 모평 8번 · 2016학년도 수능 19번	125 쪽
4	주제 24 경상 수지의 변동과 영향	★★★☆☆	· 2020학년도 6월 모평 14번 · 2019학년도 9월 모평 11번 · 2018학년도 9월 모평 11번	138 쪽
5	주제 20 자유 무역 정책과 보호 무역 정책	★★★☆☆	· 2019학년도 수능 13번 · 2018학년도 수능 17번	119 쪽

11강 무역 원리와 무역 정책 (본책 112~121쪽)	**주제 19** 절대 우위와 비교 우위	• 무역 • 무역 원리 • 절대 우위 • 비교 우위 • 특화
	주제 20 자유 무역 정책과 보호 무역 정책	• 자유 무역 • 보호 무역 • 관세 정책 • 비관세 정책
12강 외환 시장과 환율 (본책 122~131쪽)	**주제 21** 환율의 결정과 변동	• 외환 시장 • 외화 • 환율 • 고정 환율 제도 • 변동 환율 제도
	주제 22 환율 변동의 경제적 효과	• 외화의 수요 • 외화의 공급 • 환율의 결정 • 환율의 변동 • 환율 변동의 영향
13강 국제 수지 (본책 132~141쪽)	**주제 23** 국제 수지	• 국제 수지 • 경상 수지 • 자본 수지 • 금융 계정
	주제 24 경상 수지의 변동과 영향	• 국제 수지의 균형 • 경상 수지 흑자의 영향 • 경상 수지 적자의 영향

▶ 주로 3점 문제가 출제되는 단원이다. 관련 문제를 반복하여 풀어 보자.

경제에서 가장 어렵거나 시간이 많이 소요되는 문제가 주로 출제되는 단원이다. 표나 그래프를 제시하고 관련 자료 속에 담긴 의미나 원리를 해석하는 문제가 항상 출제되고 있다. 주요 기출 문제를 반복적으로 풀어 보면서 관련 내용이 어떻게 녹아들어 있는지 확인해야 한다.

▶ 관세 부과의 경제적 효과에 대해 출제 시 고난도 문제로 출제된다.

관세 부과 전과 관세 부과 후의 변화에 대해 묻는 문제는 항상 고난도로 출제된다. 관세 부과 전과 관세 부과 후의 소비자 잉여와 생산자 잉여의 변화, 관세 부과에 따른 시장 가격과 거래량 및 정부의 관세 수입 변화를 그래프상에서 파악할 수 있도록 꾸준히 연습해야 한다.

무역 원리와 무역 정책

주제 19 절대 우위와 비교 우위

1. 무역 → 오늘날 교통수단 및 정보 통신 기술의 발달에 따라 무역이 점점 더 활발해지고 있다.
① 의미 : 국가 간에 이루어지는 수출과 수입
② 필요성 : 세계 각국은 무역을 통해 자국에서 생산되지 않거나 부족한 자원 및 재화와 서비스를 거래할 수 있음

2. 절대 우위론 → 동일한 생산 요소로 다른 나라보다 많은 양의 상품을 생산할 수 있거나, 더 적은 생산 요소로 동일한 양의 상품을 생산할 수 있는 능력을 말한다.
① 절대 우위론의 내용 : 각국이 생산비가 적게 드는 재화 생산에 특화하여 상호 교환할 경우 무역 이익이 발생함
② 사례를 통한 절대 우위론의 원리 이해

〈X재와 Y재의 생산 비용〉

구분	A국	B국
X재 1개당 생산 비용	10달러	15달러
Y재 1개당 생산 비용	12달러	8달러

- A국은 B국보다 적은 비용으로 X재를 생산할 수 있고, B국은 A국보다 적은 비용으로 Y재를 생산할 수 있음
- A국은 X재 생산에, B국은 Y재 생산에 절대 우위가 있고, 각국이 절대 우위가 있는 상품을 특화해 교환하면 두 나라 모두 이익을 얻을 수 있음
③ 절대 우위론의 한계 : 한 나라의 모든 재화가 절대 우위 또는 절대 열위인 경우에 발생하는 무역을 설명하지 못함

3. 비교 우위론 → 다른 나라보다 상대적으로 낮은 생산 비용으로 상품을 생산할 수 있는 능력을 말한다.
① 비교 우위론의 내용 : 각국이 다른 나라보다 작은 기회비용으로 생산할 수 있는 재화의 생산에 특화해 교환하면 양국 모두에 무역 이익이 발생함
② 사례를 통한 비교 우위론의 이해

〈X재와 Y재 생산에 필요한 생산 요소〉

구분	C국	D국
X재	10명	9명
Y재	12명	8명

* 생산 요소는 노동만 존재하고, 양국의 노동량은 각각 720명임

- C국이 X재만 생산하면 최대 72개, Y재만 생산하면 최대 60개 생산할 수 있고, D국이 X재만 생산하면 최대 80개, Y재만 생산하면 최대 90개 생산할 수 있음

〈X재와 Y재 생산의 기회비용〉

구분	C국	D국
X재 1개 생산의 기회비용	Y재 5/6개	Y재 9/8개
Y재 1개 생산의 기회비용	X재 6/5개	X재 8/9개

〈비교 우위의 판단〉

X재 1개 생산의 기회비용	C국(Y재 5/6개) < D국(Y재 9/8개)
Y재 1개 생산의 기회비용	C국(X재 6/5개) > D국(X재 8/9개)

- C국은 X재 생산에, D국은 Y재 생산에 비교 우위가 있음
- C국은 X재 생산에 특화해 D국에 수출하고, D국은 Y재 생산에 특화해 C국에 수출해야 함 → X재 1개와 교환되는 Y재의 수량이 5/6개보다 많고 9/8개보다 적은 수준에서 결정되어야 양국 모두에 무역 이익이 발생함 → 양국 간 X재와 Y재의 교환 비율은 무역 전 양국의 기회비용 사이에서 결정된다.
③ 비교 우위론의 의의 : 국제 분업 및 무역에 관한 기초 이론으로 자유 무역의 이론적 근거가 됨

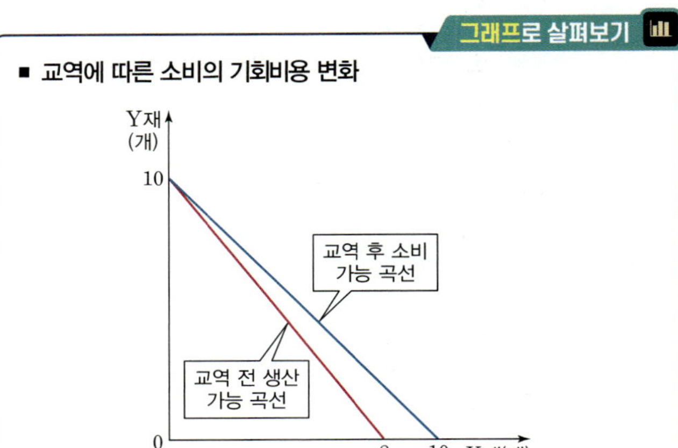

▲ 갑국의 교역 전 생산 가능 곡선과 교역 후 소비 가능 곡선

갑국은 Y재 생산에 비교 우위가 있고, X재 생산에 비교 열위가 있다. 갑국은 교역 전 X재를 최대 8개 생산하여 소비할 수 있었지만, 교역 후 X재를 최대 10개 소비할 수 있게 되었다. 따라서 갑국의 교역 전 Y재 1개 소비의 기회비용은 X재 8/10개이고, 교역 후 Y재 1개 소비의 기회비용은 X재 1개로 교역 전보다 증가한다.

주제 20 자유 무역 정책과 보호 무역 정책

1. 자유 무역 정책
① 전제 : 국가 간 무역 활동이 시장 경제의 원리에 따라 자유롭게 이루어져야 함
② 결과

구분	수출품	수입품
국내 가격	상승	하락
국내 생산자	생산자 잉여 증가	생산자 잉여 감소
국내 소비자	소비자 잉여 감소	소비자 잉여 증가

③ 경제적 효과
- 소비자의 이익 증대 : 소비자들은 자국에서 생산되지 않는 상품이나 자국에서 생산되는 것보다 낮은 가격으로 생산되는 외국의 상품을 소비할 수 있음
- 경제 성장 : 국내 기업이 외국 기업과 경쟁하는 과정에서 새로운 기술을 개발하거나 지속적으로 품질을 관리함 → 기업의 생산성, 효율성 향상 → 경제 성장

• 생산량을 늘릴수록 단위당 평균 생산 비용이 하락하는 것을 말한다.

• 규모의 경제 실현 : 기업의 판매 시장이 국내 시장을 벗어나 전 세계로 확대됨 → 평균 생산비 감소
• 새로운 기술의 습득 : 무역을 통해 재화나 서비스가 들어올 때 새로운 기술도 함께 전해짐
④ 한계
• 경쟁력에 따른 유·불리 발생 : 경쟁력이 없는 개인, 기업, 산업, 국가에는 불이익을 초래할 수 있음
• 해외 의존도 심화 : 수출과 수입을 모두 증가시켜 국내 시장의 해외 의존도를 높임 ← 해외 의존도가 높을수록 해외 원자재 가격 변화와 같은 국제 경제의 상황 변화가 국내 시장에 미치는 영향이 커진다.

2. 보호 무역 정책

① 전제 : 국내 산업을 보호·육성하고 경제를 성장시키기 위해 국가가 적극적으로 수입을 규제해야 함
② 유형
• 관세 장벽

의미	수입품에 세금인 관세를 부과하는 정책
영향	• 수입품의 가격 상승 → 수입품에 대한 국내 소비 감소, 관련 국내 기업의 가격 경쟁력 상승 • 관세 수입 발생 → 국가의 재원 증가

• 비관세 장벽 ← 수출 기업이 보조금을 받으면 외국보다 상품의 생산비가 많이 들더라도 수출을 할 수 있다.

수입 할당제	수입품의 수량을 제한하여 해당 상품의 수입을 억제함
수출 보조금	자국의 수출 산업을 촉진하기 위해 보조금을 지급함
기타	수입품에 대한 기술 규제, 원산지 표시 규제, 통관 기준 강화 등

③ 경제적 효과 ← 성장 잠재력이 높지만, 초기에는 생산비가 많이 들고 생산량도 적어 국가가 보호하지 않으면 외국 기업과 경쟁하기 어려운 산업을 말한다.
• 유치산업의 보호 : 어느 정도 경쟁력을 갖출 때까지 자국의 유치산업을 보호할 수 있음 ← 수입이 증가하면 국내 기업의 공급량이 감소하여 실업이 발생할 수 있다.
• 수입 증가에 따른 실업 방지 : 국내 시장이 확대되고 고용이 증가하여 실업이 발생하는 것을 막을 수 있음
• 안보 산업 보호 : 농업과 같이 국가의 안전 보장에 중요한 산업을 정책적으로 보호하고 육성할 수 있음
④ 한계
• 국가 간 분쟁 : 교역 상대국의 보호 무역을 유발하고, 국가 간 무역 마찰을 초래할 수 있음
• 소비자의 이익 축소 : 자유 무역하에서보다 소비자가 다양한 상품을 낮은 가격으로 구매할 수 있는 기회가 제한될 수 있음

3. 세계 경제 환경과 무역 정책의 변화

← 재화와 서비스뿐만 아니라 노동, 자본, 기술 등이 국경을 넘어 자유롭게 이동하고 있다.
① 국가 간 교역 증가 : 교통·통신의 발달로 세계가 거대한 단일 시장으로 통합됨 → 국가 간 재화와 서비스의 교역 증가
② 자유 무역의 강화 : 세계 무역 기구(WTO)의 출범 이후 모든 분야에서 무역에 관한 규제가 완화됨 ← 공산품 관세 인하, 농산물 시장 개방의 확대, 지식 재산권 정비 등을 예로 들 수 있다.
③ 지역주의 확대 : 유럽 연합(EU), 아시아·태평양 경제 협력체(APEC) 등 경제 블록이 형성됨 ← 지리적으로 가깝거나 경제적 상호 의존도가 높은 국가들이 경제 블록을 형성하는 것을 말한다.
④ 자유 무역 협정(FTA)의 체결 증가 : 국가 간 경제적 상호 의존 관계가 더욱 긴밀해짐 ← 국가 간의 무역 거래에서 관세 장벽을 허무는 것을 말한다.

• 정답 및 해설 047쪽

그림은 X재와 Y재만을 생산하는 갑국과 을국의 생산 가능 곡선이다. 이에 대한 설명이 맞으면 '○', 틀리면 '✕'에 표하시오.

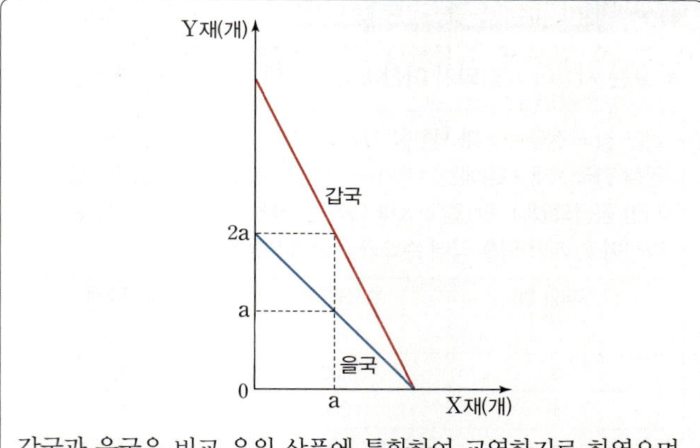

갑국과 을국은 비교 우위 상품에 특화하여 교역하기로 하였으며, 양국의 생산 요소의 양은 동일하다.

01 갑국에서 X재 1개 생산의 기회비용은 Y재 2개이다. (○ , ✕)

02 을국에서 X재 1개 생산의 기회비용은 Y재 1/2개이다. (○ , ✕)

03 Y재 1개 생산의 기회비용은 갑국이 을국보다 크다. (○ , ✕)

04 X재는 갑국의 비교 우위 상품이고, Y재는 을국의 비교 우위 상품이다. (○ , ✕)

자유 무역 정책에 따른 영향이 맞으면 '○', 틀리면 '✕'에 표하시오.

05 소비자가 소비할 수 있는 상품의 종류가 감소한다. (○ , ✕)

06 기업의 기술 개발과 품질 관리로 경제가 성장할 수 있다. (○ , ✕)

07 기업의 평균 생산비가 높아져 규모의 경제를 실현할 수 있다. (○ , ✕)

08 재화나 서비스를 들여오는 과정에서 외국의 새로운 기술을 습득할 수 있다. (○ , ✕)

09 경쟁력의 유무와 관계없이 모든 개인, 기업, 산업, 국가가 이익을 얻을 수 있다. (○ , ✕)

보호 무역 정책에 따른 영향이 맞으면 '○', 틀리면 '✕'에 표하시오.

10 각국이 자국의 유치산업을 보호할 수 있다. (○ , ✕)

11 농업과 같이 국가의 안전 보장에 중요한 산업을 보호하고 육성하기 어렵다. (○ , ✕)

12 국가 간 무역 마찰을 초래하는 등 국가 간 분쟁의 원인이 될 수 있다. (○ , ✕)

13 수출과 수입을 모두 증가시켜 국내 시장의 해외 의존도가 높아질 수 있다. (○ , ✕)

14 다양한 상품을 낮은 가격으로 구매할 수 있는 소비자의 기회가 제한될 수 있다. (○ , ✕)

자유 무역의 영향은 **무엇**일까?

개념 고난도 수능 자료로 확인

■ 표는 시장이 개방되기 이전에 갑국 X재 시장의 수요와 공급 곡선상에 있는 점들의 일부를 나타낸다.

최근 갑국 정부는 X재 시장을 개방하여 자유 무역을 허용하였고, 이로 인해 갑국 X재 시장에는 X재가 국제 시장으로부터 1개당 3만 원에 무제한 공급되었다. 단, 갑국 X재 시장의 국내 수요와 공급 곡선은 모두 직선이고, 개방 이후 국내 수요와 공급의 변동은 일어나지 않았다.

가격(만 원)	수요량(개)	공급량(개)
2	1,200	700
3	1,100	800
4	1,000	900
5	900	1,000
6	800	1,100

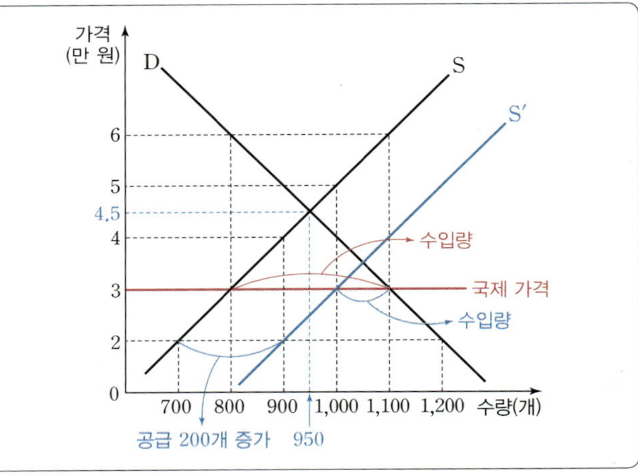

- 개방 이전 X재의 시장 균형 가격은 45,000원이고, 시장 균형 거래량은 950개이다. 개방 이후 X재는 3만 원의 가격에서 1,100개가 거래되므로 수입량은 국내 생산자의 공급량인 800개를 제외한 300개이다.
- 개방 이후 X재는 가격이 하락하고, 소비량은 증가한다. 따라서 자유 무역의 결과로 국내 소비자 잉여는 증가한다.
- 개방 이전 국내 생산자의 판매 수입은 4,275만 원이고, 개방 이후 국내 생산자의 판매 수입은 2,400만 원이다.

개념 기출문제에 적용

01 연습하기 그림은 갑국의 X재 시장과 을국의 X재 수요를 나타낸다. 이에 대한 설명이 맞으면 '○'표, 틀리면 '×'에 표하시오.

갑국의 X재 생산자는 개당 P_0 가격에 X재를 무한히 공급할 수 있다. 을국은 X재를 생산하지 못하기 때문에 소비를 하기 위해서는 X재를 수입해야 한다. 을국은 갑국으로부터 X재를 개당 P_0 가격에 수입하고 관세를 부과하고자 한다.

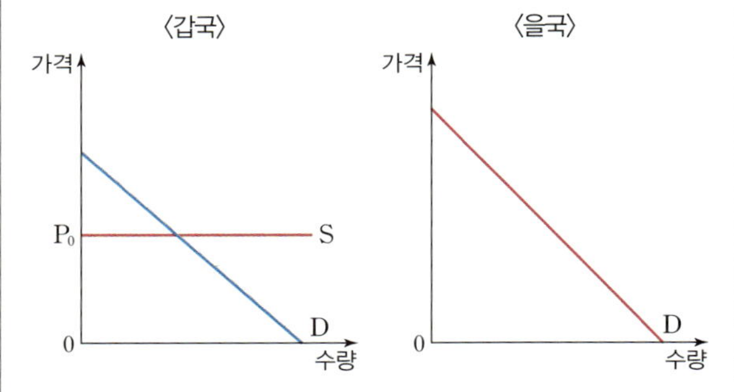

❶ 교역 전 갑국의 생산자 잉여는 0보다 크다.　　(○ , ×)
❷ 교역 전 을국의 소비자 잉여는 0보다 크다.　　(○ , ×)

02 적용하기 01번 문제의 자료에 대한 옳은 설명 및 추론만을 〈보기〉에서 고른 것은?

보기
ㄱ. 교역을 통해 갑국의 생산자 잉여는 증가한다.
ㄴ. 교역 전 갑국의 생산자 잉여는 소비자 잉여보다 크다.
ㄷ. 교역 후 관세가 높을수록 을국의 소비자 잉여는 감소한다.
ㄹ. 교역 전에 비해 교역 후 을국의 사회적 잉여는 증가할 수 있다.

① ㄱ, ㄴ　　　② ㄱ, ㄷ　　　③ ㄴ, ㄷ
④ ㄴ, ㄹ　　　⑤ ㄷ, ㄹ

HOW & WHAT 정답 01 ❶ × ❷ × 02 ⑤

주제 19 절대 우위와 비교 우위

족집게 전략 | 생산 가능 곡선이나 표를 제시하고 비교 우위 재화를 파악하는 문제가 주로 출제되므로, 제시된 자료를 통해 각 재화 생산의 기회비용을 구하는 연습을 충분히 해 두어야 한다.

족집게 자료 분석 전략 START |

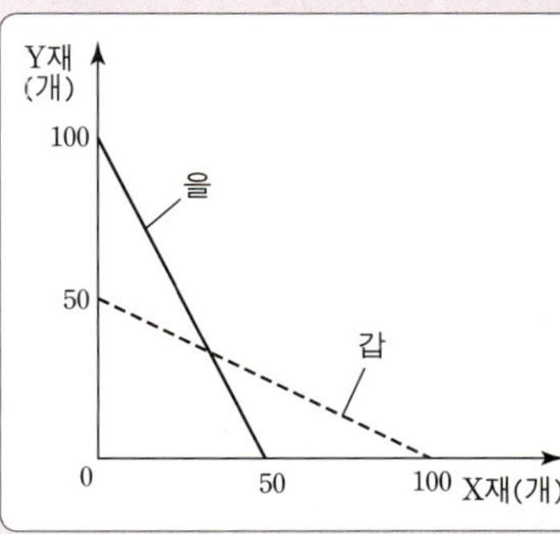

A국은 X재와 Y재만을 생산하는 갑과 을 두 사람으로 구성되어 있다. 왼쪽 그림은 갑과 을의 생산 가능 곡선을 나타낸다. 단, 갑과 을의 노동 투입 시간은 동일하다.

X재 1개 생산의 기회비용은 갑이 Y재 1/2개, 을이 Y재 2개이다. Y재 1개 생산의 기회비용은 갑이 X재 2개, 을이 X재 1/2개이다. 따라서 갑은 X재 생산에, 을은 Y재 생산에 비교 우위가 있다.

251 대표 문항 | 평가원 기출 |

다음 자료에 대한 설명으로 옳은 것은?

그림은 X재와 Y재만을 생산하는 갑국과 을국의 생산 가능 곡선을 나타낸다. 양국은 비교 우위가 있는 재화의 생산에만 특화하여 교역하였고, A점과 B점은 각각 교역 후 갑국과 을국의 소비점이다.(단, 교역은 거래 비용 없이 양국 간에만 이루어지며, 양국이 보유한 생산 요소의 양은 같다.)

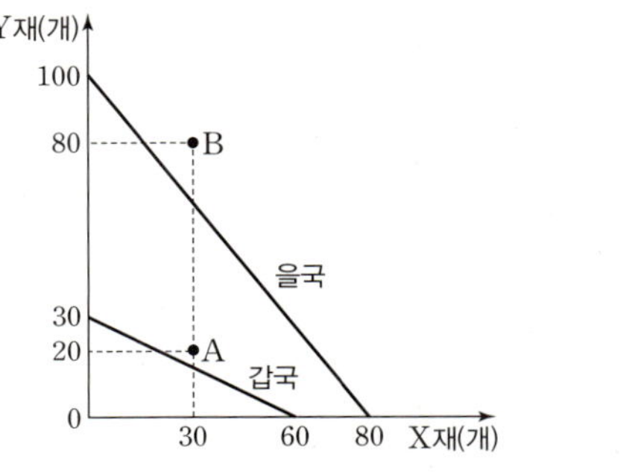

① 갑국은 X재와 Y재 생산 모두에 절대 우위를 가진다.
② 을국에서 X재 1개 생산의 기회비용은 Y재 4/5개이다.
③ 갑국은 Y재 생산에, 을국은 X재 생산에 특화하였다.
④ 교역 조건은 X재 1개당 Y재 3/2개이다.
⑤ 교역 후 을국에서 X재로 표시한 Y재 1개 소비의 기회비용은 증가하였다.

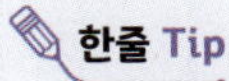 **한줄 Tip** 먼저 X재 1개 생산의 기회비용과 Y재 1개 생산의 기회비용을 구해야 해!

252 | 평가원 기출 |

다음 자료에 대한 분석으로 옳은 것은?

표는 X재와 Y재만을 생산하는 갑국과 을국에 대한 자료이다. 양국의 생산 가능 곡선은 직선이고, 생산은 효율적으로 이루어진다. 양국은 비교 우위가 있는 재화의 생산에만 특화하여 일정 비율로 교역하며, 교역 후 모든 재화는 전량 소비된다. 단, 교역은 거래 비용 없이 양국 간에만 이루어지고, 생산 요소는 노동뿐이다.

구분	1개 생산에 필요한 노동 시간		교역 후 소비량	
	X재	Y재	X재	Y재
갑국	6시간	2시간	10개	20개
을국	4시간	10시간	5개	10개

① 갑국은 X재 생산에 절대 우위가 있다.
② 을국의 Y재 1개 생산의 기회비용은 X재 0.4개이다.
③ 갑국이 한 재화만 생산한다면 X재는 최대 15개, Y재는 최대 30개를 생산할 수 있다.
④ X재와 Y재의 교환 비율은 2:1이다.
⑤ 생산에 투입된 노동 시간은 갑국과 을국이 같다.

253

㉠～㉢에 대한 설명으로 옳은 것은?

동일한 자원을 이용해서 다른 생산자보다 많은 양의 상품을 생산하는 능력, 또는 동일한 양의 상품을 생산하면서 자원을 더 적게 사용하는 능력을 (㉠)(이)라고 한다. 반면에 (㉡)은/는 다른 나라에 비해 더 작은 (㉢)(으)로 재화를 생산할 수 있는 능력을 뜻한다. 즉, 한 나라에서 어떤 재화를 생산하기 위해 포기하는 재화의 양이 다른 나라보다 적다면 (㉡)이/가 있다고 말한다.

① ㉠은 비교 우위이고, ㉡은 절대 우위이다.
② ㉢은 매몰 비용이다.
③ 한 국가가 모든 재화의 생산에서 ㉠을 갖는 경우에는 국제 거래의 필요성이 없어진다.
④ 양국 간 국제 거래 시 각국은 최소한 하나의 상품에서 ㉡을 가질 수 있다.
⑤ ㉠은 ㉡과 달리 경제적 능력이 서로 다른 국가 간의 무역이 이루어지게 한다.

254

평가원 기출

다음 자료에 대한 설명으로 옳은 것은?

표는 갑~병이 X재 또는 Y재를 1개 생산할 때마다 필요한 노동 시간을 나타낸다. 갑~병은 상호 이익이 되는 조건에서 교환한다. 노동은 X재와 Y재의 유일한 생산 요소이다.

(단위 : 시간)

구분	갑	을	병
X재	2	4	3
Y재	4	2	8

① 갑의 X재 1개 생산에 대한 기회비용은 Y재 2개이다.
② 을이 40시간을 일할 경우 X재 6개와 Y재 9개를 생산할 수 있다.
③ 갑은 을에 대하여 X재 생산에는 비교 우위를, Y재 생산에는 절대 우위를 갖는다.
④ X재와 Y재의 교환 비율이 1 : 3이라면 갑과 병 간에는 교환이 발생하지 않을 것이다.
⑤ 갑이 을과 병 각각에 대하여 비교 우위를 갖는 재화는 동일하다.

255

그림은 X재와 Y재만을 생산하는 갑과 을의 생산 가능 곡선이다. 이에 대한 옳은 분석만을 〈보기〉에서 고른 것은? (단, 갑과 을의 생산 요소의 양은 동일하며, 이익이 발생할 경우에만 교역에 참여한다.)

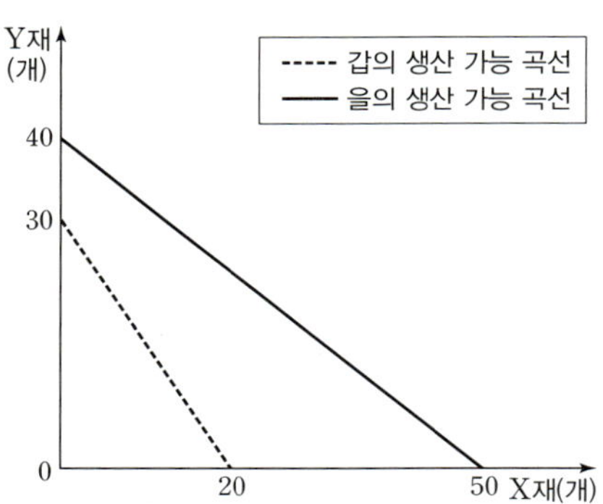

〈보기〉
ㄱ. 갑의 X재 1개 생산의 기회비용은 Y재 1개보다 작다.
ㄴ. 을의 Y재 1개 생산의 기회비용은 X재 4/5개이다.
ㄷ. 갑은 Y재 생산에, 을은 X재에 비교 우위가 있다.
ㄹ. 갑과 을이 X재와 Y재를 1 : 1로 교역하면 갑은 X재 20개와 Y재 10개를 소비할 수 있다.

① ㄱ, ㄴ   ② ㄱ, ㄷ   ③ ㄴ, ㄷ
④ ㄴ, ㄹ   ⑤ ㄷ, ㄹ

256

다음 자료에 대한 옳은 분석만을 〈보기〉에서 있는 대로 고른 것은?

표는 갑국과 을국의 노동 1단위당 X재와 Y재의 생산량을 나타낸다. 단, 갑국과 을국의 생산 요소는 노동뿐이고, 노동의 양은 동일하며 양국 간에 노동의 이동은 없다.

구분	노동 1단위당 생산량	
갑국	X재 10개	Y재 20개
을국	X재 8개	Y재 2개

〈보기〉
ㄱ. X재 1개 생산의 기회비용은 갑국이 을국보다 크다.
ㄴ. 갑국은 Y재 생산에, 을국은 X재 생산에 절대 우위가 있다.
ㄷ. 갑국은 X재 생산에, 을국은 Y재 생산에 비교 우위가 있다.
ㄹ. 갑국은 Y재에, 을국은 X재에 각각 특화하여 교역하면 양국은 무역의 이익을 얻을 수 있다.

① ㄱ, ㄴ   ② ㄱ, ㄹ   ③ ㄴ, ㄷ
④ ㄱ, ㄴ, ㄹ   ⑤ ㄴ, ㄷ, ㄹ

257

㉠~㉢에 들어갈 내용을 옳게 연결한 것은?

표는 갑국과 을국의 X재와 Y재 생산에 필요한 노동자 수를 나타낸다. 단, 양국의 생산 요소는 노동뿐이며, 양국은 이익이 발생할 경우에만 비교 우위 재화에 특화하여 교역한다.

구분	갑국	을국
X재 1개	10명	9명
Y재 1개	12명	8명

위 표를 통해 갑국은 (㉠), 을국은 (㉡)에 비교 우위가 있음을 알 수 있다. 이때 양국 사이의 교역 조건은 두 나라 모두에게 이익이 되는 범위에서 결정된다. 양국 모두에 이익이 발생하기 위해서는 X재 1개와 교환되는 Y재의 수량이 Y재 (㉢)개에서 (㉣)개 사이여야 한다.

	㉠	㉡	㉢	㉣
①	X재	Y재	5/6	9/8
②	X재	Y재	5/6	8/9
③	X재	Y재	6/5	9/8
④	Y재	X재	5/6	9/8
⑤	Y재	X재	6/5	8/9

258

| 평가원 기출 |

다음 자료에 대한 분석으로 옳은 것은?

표는 X재와 Y재만을 생산하는 갑국과 을국에 대한 자료이다. 양국은 비교 우위가 있는 재화의 생산에만 특화하여 교역하며, 교역은 거래 비용 없이 양국 간에만 이루어진다. 양국의 생산 가능 곡선은 직선이고, 양국이 보유한 생산 요소의 양은 같다.

(단위 : 개)

구분	갑국			을국		
	교역 전 최대 생산 가능량	교역량	교역 후 소비량	교역 전 최대 생산 가능량	교역량	교역 후 소비량
X재	㉠	㉢ 35	55	120	35	35
Y재	60	30	30	㉡	㉣ 30	110

* 교역 전 최대 생산 가능량 : 모든 생산 요소를 한 재화 생산에만 투입했을 때의 최대 생산량

① ㉠은 90, ㉡은 100이다.
② 갑국은 X재 생산에, 을국은 Y재 생산에 절대 우위가 있다.
③ 갑국의 X재 1개 생산의 기회비용은 Y재 2/3개이다.
④ ㉢은 갑국의 수입량, ㉣은 을국의 수출량이다.
⑤ 교역 조건은 X재 1개당 Y재 7/6개이다.

259

다음 대화에 대한 옳은 설명만을 〈보기〉에서 고른 것은?

〈보기〉
ㄱ. 갑은 비교 우위의 원리에 따라 B국과의 교역에 반대한다.
ㄴ. 을의 관점에서는 B국도 비교 우위 상품을 갖게 된다고 본다.
ㄷ. 갑의 관점에 따르면, A국은 B국보다 모든 상품의 생산에 있어 기회비용이 작다.
ㄹ. 을의 관점에 따르면, B국은 A국보다 생산의 기회비용이 작은 상품에 특화하여 수출할 수 있다.

① ㄱ, ㄴ　　② ㄱ, ㄷ　　③ ㄴ, ㄷ
④ ㄴ, ㄹ　　⑤ ㄷ, ㄹ

260

다음 글에 대한 설명으로 옳은 것은?

갑국은 주어진 생산 요소를 최대로 사용해 Y재를 100개까지 생산할 수 있다. 주어진 생산 요소를 최대로 사용해 X재 40개와 Y재 50개를 생산하여 소비하던 갑국은 비교 우위 품목에 특화해 을국과 1:1로 교역한 결과 X재 소비량은 변함이 없고, Y재는 10개를 더 소비할 수 있게 되었으며, 을국도 이익을 얻게 되었다. 단, 갑국과 을국의 생산 요소의 양은 동일하며, 생산 가능 곡선은 모두 직선이다.

① 갑국은 X재를 최대 100개까지 생산할 수 있다.
② 갑국은 X재 생산에, 을국은 Y재 생산에 비교 우위가 있다.
③ 교역을 통해 을국은 갑국에게 Y재 60개를 수출하였다.
④ 교역 전 갑국의 Y재 1개 생산의 기회비용은 X재 1개보다 크다.
⑤ 교역 전 을국의 X재 1개 생산의 기회비용은 Y재 1개보다 작다.

261

| 평가원 기출 |

다음 자료에 대한 옳은 분석만을 〈보기〉에서 고른 것은?

갑국과 을국은 X재와 Y재를 생산하며 양국의 생산 가능 곡선은 직선이다. 그림 (가)는 갑국의 생산 가능 곡선을 시기별로 나타낸다. 그림 (나)는 양국 간 무역에서 X재 1개와 교환되는 Y재의 개수를 시기별로 나타낸다. 무역 시 양국은 비교 우위가 있는 재화에 완전 특화하며, 을국은 주어진 교환 비율에서 갑국이 원하는 만큼 교환에 응한다. (단, 무역은 양국 간에만 이루어지며, 무역에 따른 거래 비용은 없다.)

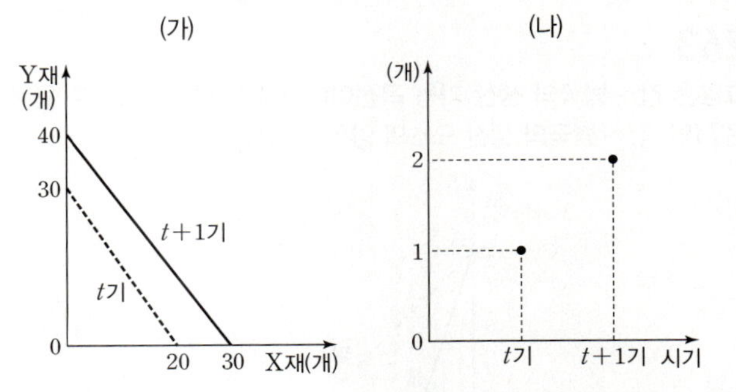

〈보기〉
ㄱ. t기에 갑국은 X재 생산에 비교 우위를 갖는다.
ㄴ. t기에 갑국은 무역 후 X재 10개, Y재 20개를 소비할 수 있다.
ㄷ. t+1기에 갑국의 무역에 따른 이익은 X재 1개당 Y재 2/3개이다.
ㄹ. t+1기에 을국의 Y재 1개 생산에 대한 기회비용은 X재 2개 이상이다.

① ㄱ, ㄴ　　② ㄱ, ㄷ　　③ ㄴ, ㄷ
④ ㄴ, ㄹ　　⑤ ㄷ, ㄹ

262

다음 자료에 대한 옳은 분석만을 〈보기〉에서 고른 것은?

표는 X재와 Y재만 생산하는 갑국과 을국이 비교 우위 상품에 특화하여 교역한 결과를 나타낸다. 단, 양국의 생산 가능 곡선은 직선이다.

구분	갑국	을국
생산 가능한 각 재화의 최대 수량	X재 50개 또는 Y재 100개	X재 40개 또는 Y재 50개
교역 이후 소비량	X재 20개와 Y재 70개	X재 20개와 Y재 30개

〈보기〉

ㄱ. 갑국은 X재 생산에 비교 우위가 있다.
ㄴ. 을국에서 Y재 1개 생산의 기회비용은 X재 1개보다 작다.
ㄷ. 갑국과 을국은 X재 1개당 Y재 1.5개를 교환하였다.
ㄹ. 교역 이전 갑국의 X재 소비량이 20개였다면, 교역으로 인해 증가한 갑국의 Y재 소비량은 10개보다 작다.

① ㄱ, ㄴ ② ㄱ, ㄷ ③ ㄴ, ㄷ
④ ㄴ, ㄹ ⑤ ㄷ, ㄹ

263

그림은 갑~병국의 생산 가능 곡선이다. 이에 대한 설명으로 옳은 것은? (단, 갑~병국의 생산 요소의 양은 동일하다.)

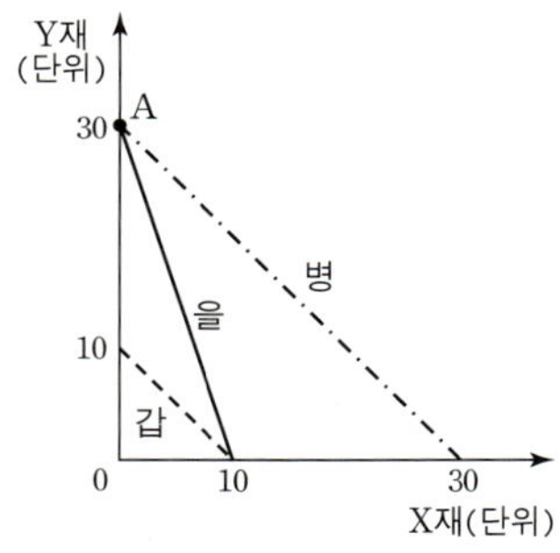

① 갑국은 X와 Y 생산 모두에 을국보다 절대 우위가 있다.
② 을국과 병국만 교역할 경우 을국은 Y재 생산에 비교 우위가 있다.
③ 갑국과 병국만 교역할 경우 갑국은 X재에, 병국은 Y재에 특화할 것이다.
④ X재 한 단위 추가 생산에 따른 기회비용은 을국이 가장 작다.
⑤ A는 세 국가 모두에게 효율적인 생산점이다.

264 고난도

다음 자료에 대한 옳은 분석만을 〈보기〉에서 있는 대로 고른 것은?

그림은 X재와 Y재만 생산하는 갑국과 을국의 생산 가능 곡선을 나타낸다. 단, 양국의 생산 요소 양은 같으며, 양국은 이익이 발생할 경우에만 비교 우위 재화에 특화하여 교역한다.

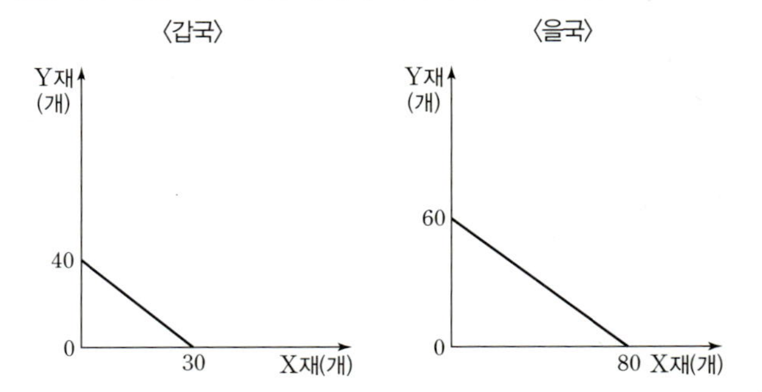

〈보기〉

ㄱ. 갑국은 Y재 생산에 비교 우위가 있다.
ㄴ. X재 1개 생산의 기회비용은 갑국이 을국보다 작다.
ㄷ. 교역 후 갑국의 Y재 소비에 따른 기회비용은 감소한다.
ㄹ. X재와 Y재의 교환 비율이 3 : 1이라면 갑국은 무역에 응하지 않을 것이다.

① ㄱ, ㄴ ② ㄱ, ㄹ ③ ㄴ, ㄷ
④ ㄱ, ㄷ, ㄹ ⑤ ㄴ, ㄷ, ㄹ

265

다음 자료에 대한 옳은 분석만을 〈보기〉에서 고른 것은?

표는 X재와 Y재만 생산하는 갑국과 을국의 생산비를 나타낸다. 단, 양국의 생산 가능 곡선은 직선이며, 교역은 양국 간에 손해가 발생하지 않는 범위 내에서만 이루어진다.

(단위 : 달러)

구분	갑국	을국
X재 1개	2	4
Y재 1개	3	3

〈보기〉

ㄱ. 갑국에서 X재 1개 생산의 기회비용은 Y재 1.5개이다.
ㄴ. 갑국은 X재 생산에, 을국은 Y재 생산에 비교 우위가 있다.
ㄷ. 교역 후 을국에서 Y재의 1개당 생산비는 증가한다.
ㄹ. X재와 Y재의 교환 비율이 1 : 1이면, 양국 모두 이익을 얻는다.

① ㄱ, ㄴ ② ㄱ, ㄷ ③ ㄴ, ㄷ
④ ㄴ, ㄹ ⑤ ㄷ, ㄹ

주제 20 자유 무역 정책과 보호 무역 정책

족집게 전략 | 시장 개방 전후 또는 관세 부과 전후의 상황을 묻는 문제가 주로 출제된다. 따라서 다양한 상황에 따른 소비자 잉여, 생산자 잉여, 시장 가격, 시장 거래량 등의 변화를 파악하는 연습을 해 두어야 한다.

족집게 자료 분석 전략 START |

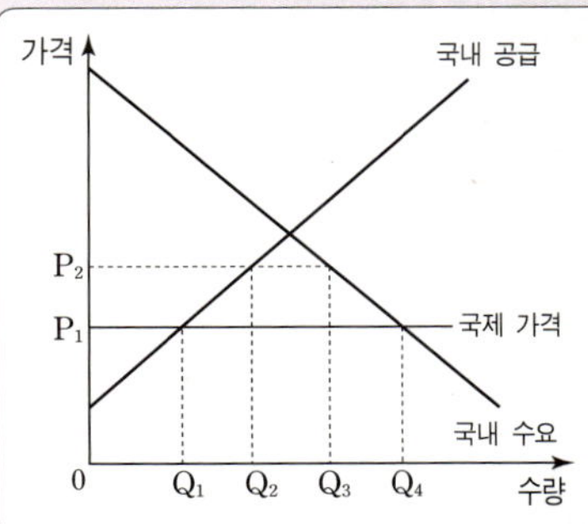

왼쪽 그림은 무역에 따른 X재의 시장 상황을 나타낸다. 갑국 정부는 X재 산업을 보호하기 위해 관세 부과를 결정하였다. 관세 부과 후 가격 P₂는 P₀과 P₁ 사이에서 결정된다.

관세 부과 후 가격이 무역 후 국내 가격인 P_1에 가까울수록 X재 수입량은 증가한다. 왜냐하면 낮은 관세가 부과될수록 국내 소비는 증가하고 국내 생산은 감소하여 수입량이 증가하기 때문이다. 또한 관세 부과 후 가격이 무역 전 국내 가격인 P_0에 가까울수록, 즉 관세를 많이 부과할수록 국내 생산량은 무역 전 수준인 Q_0에 가까워진다.

266 대표 문항 | 평가원 기출 |

다음 자료에서 갑국의 X재 국내 수요 변화 후 시장 상황에 대한 분석으로 옳은 것은?

그림은 갑국의 X재 시장을 나타낸다. X재의 국제 가격은 50달러이며, 갑국 정부는 X재 한 개당 10달러의 관세를 부과하고 있다. 최근 갑국 소비자들의 X재에 대한 선호가 증가해 국내 수요 곡선이 D_1에서 D_2로 이동하였다.

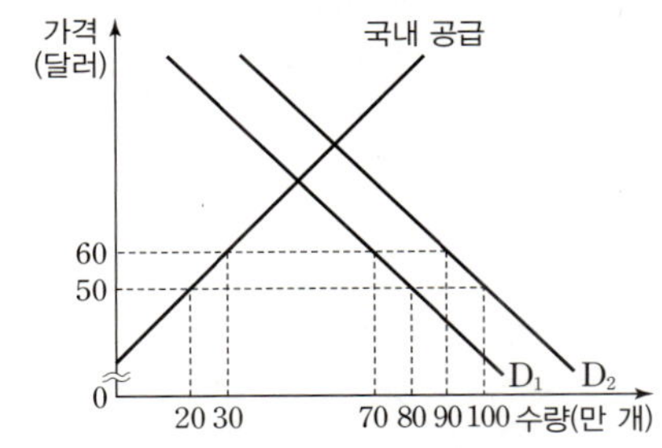

* 갑국은 국제 가격 50달러에서 X재를 무제한 수입할 수 있음

① X재 수입량은 60만 개이다.
② X재 국내 소비량은 80만 개이다.
③ X재 국내 생산량은 20만 개이다.
④ 관세 수입은 400만 달러이다.
⑤ 수요 변화 전에 비해 국내 생산자 잉여는 증가하였다.

✎ **한줄 Tip** X재의 수입량은 국내 소비량에서 국내 생산량을 뺀 만큼 나타나!

267

㉠~㉢에 들어갈 내용을 옳게 연결한 것은?

그림은 관세 부과에 따른 갑국 X재 시장의 변화를 나타낸다.

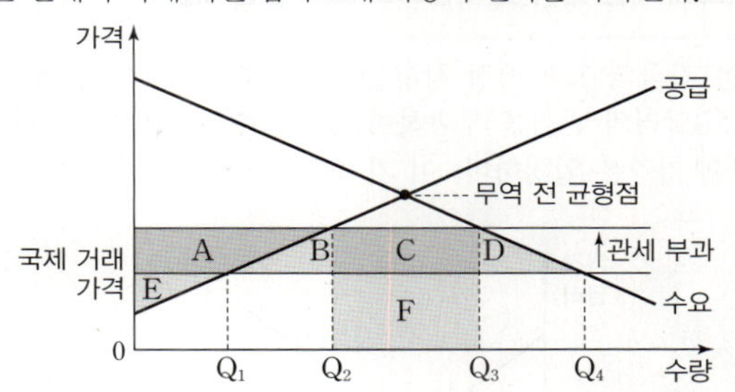

관세 부과 이후 소비자 잉여는 (㉠)만큼 감소하고, 생산자 잉여는 (㉡)만큼 증가하며, 정부의 조세 수입은 (㉢)만큼 증가한다.

	㉠	㉡	㉢
①	A+B	A+D	C+F
②	A+B+C	A	C+F
③	A+B+C	A+E	C
④	A+B+C+D	A+E	C+F
⑤	A+B+C+D	A	C

268

밑줄 친 ㉠~㉤에 대한 설명으로 옳지 <u>않은</u> 것은?

○○ 신문

최근 갑국 정부가 주요 교역 상대국인 을국에게 ㉠반덤핑 관세를 부과하는 등 ㉡보호 무역의 움직임을 보이고 있어 세계의 관심이 집중되고 있다. 이에 을국은 갑국에 대해 대표적인 보호 무역 정책인 ㉢관세 외에 ㉣수입 할당제, ㉤수출 보조금 지급 등의 실시를 고려하기 시작하였다.

① ㉠은 수출국이 수출품의 가격을 국내 가격보다 높여 수출할 경우 수입국이 부과하는 관세이다.
② ㉡의 근거로는 자국민의 실업 방지와 유치산업 보호를 들 수 있다.
③ ㉢을 부과하면 수입품의 가격이 높아져 수입 상품에 대한 국내의 소비가 감소할 수 있다.
④ ㉣은 수입 수량을 제한하여 수입을 억제하는 정책으로 수입 쿼터제라고도 한다.
⑤ 수출 기업이 정부로부터 ㉤을 받으면 국제 시장에서 가격 경쟁력이 높아질 수 있다.

269

|평가원 기출|

다음 자료에 대한 분석 및 추론으로 옳지 <u>않은</u> 것은?

그림은 갑국의 X재 시장 상황을 나타낸다. 갑국은 국제 가격에 개당 20달러의 관세를 부과하여 X재를 수입하고 있다. 단, X재의 국제 가격은 일정하며, 이 가격에서 X재를 무제한 수입할 수 있다.

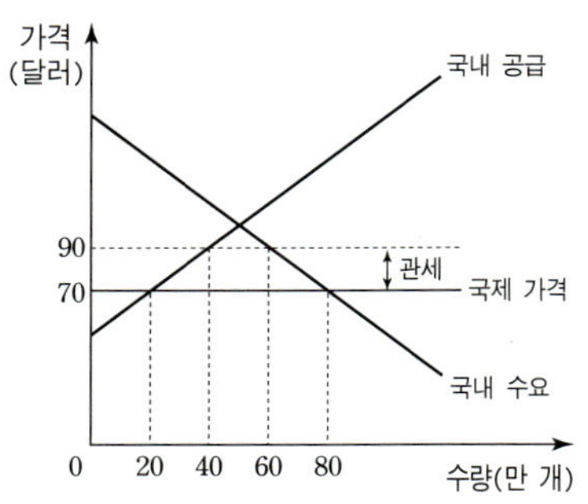

① 수입량은 20만 개이다.
② 관세 수입은 400만 달러이다.
③ 국내 생산자의 판매 수입은 3,600만 달러이다.
④ 관세를 폐지하면 수입량은 20만 개 증가할 것이다.
⑤ 관세를 폐지하면 국내 소비자 잉여 증가분은 국내 생산자 잉여 감소분보다 클 것이다.

270

A국은 자유 무역에서 보호 무역으로의 정책 전환을 선언하였다. 이와 관련된 갑, 을의 대화에 대한 옳은 추론만을 〈보기〉에서 고른 것은?

갑 : 자유 무역은 무역 당사국 모두에게 이익을 가져다줍니다. 따라서 A국의 결정은 스스로의 이익을 감소시키는 부적절한 결정입니다.
을 : 현재 A국 입장에서 보면 보호 무역을 통한 국가적 이익이 자유 무역에서 얻는 이익보다 큽니다. 따라서 적절한 결정입니다.

〔보기〕
ㄱ. 갑은 자유 무역이 A국의 소비자 잉여와 생산자 잉여를 모두 증가시킬 것이라고 볼 것이다.
ㄴ. 을은 A국 이익을 위해 관세를 폐지해야 한다고 볼 것이다.
ㄷ. 보호 무역을 실시하면 A국의 실업률이 하락할 수 있다는 주장은 갑보다 을의 견해에 가깝다.
ㄹ. 자유 무역을 실시하면 A국의 수출 기업이 규모의 경제를 실현할 수 있다는 주장은 을보다 갑의 견해에 가깝다.

① ㄱ, ㄴ   ② ㄱ, ㄷ   ③ ㄴ, ㄷ
④ ㄴ, ㄹ   ⑤ ㄷ, ㄹ

271

밑줄 친 부분의 영향으로 가장 적절한 것은?

① 갑국 생산 제품의 국내 소비량이 감소할 것이다.
② 갑국 생산 제품의 국내 판매 가격이 상승할 것이다.
③ 갑국에 대한 우리나라 정부의 관세 수입이 증가할 것이다.
④ 갑국 생산 제품을 소비하는 국내 소비자들의 소비자 잉여가 증가할 것이다.
⑤ 갑국 생산 제품과 경쟁 관계에 있는 우리나라 기업 제품의 국내 판매량이 증가할 것이다.

272

다음 자료에 대한 설명으로 옳은 것은?

그림은 갑국의 X재 시장 상황이다. 관세 부과 이전 갑국은 자유 무역을 허용해 P_1 가격에 X재가 무한정 공급되었지만, 갑국 정부가 자국의 X재 산업을 보호하기 위해 관세를 부과하자 P_2로 가격이 변동되었다.

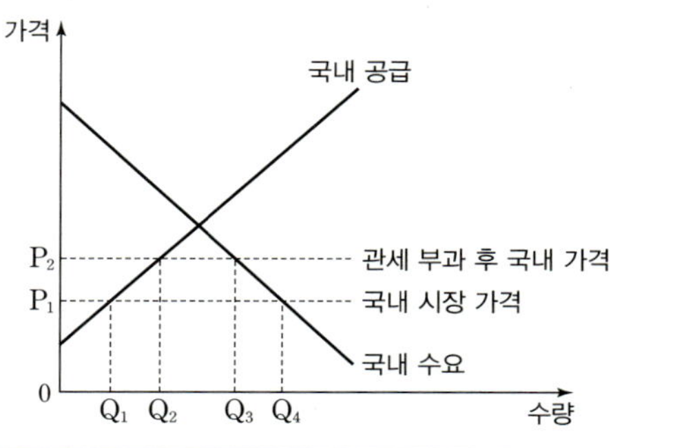

① 정부의 관세 수입은 $P_2 \times Q_3$이다.
② 관세 부과 후 X재 수입량은 Q_2Q_4이다.
③ 관세 부과 후 X재 국내 생산량은 Q_1Q_2만큼 증가한다.
④ 관세 부과 후 생산자 잉여는 감소하고 소비자 잉여는 증가한다.
⑤ 관세 부과 후 갑국 소비자는 X재를 Q_3Q_4만큼 더 소비할 수 있다.

273

(가)~(다)에 대한 옳은 설명만을 〈보기〉에서 있는 대로 고른 것은?

> (가) 수입품의 수량을 일정량으로 제한한다.
> (나) 수입품에 대해 일정 비율의 관세를 부과한다.
> (다) 수출품에 대해 일정 비율의 지원금을 지급한다.

〈보기〉
ㄱ. (가)는 수입 할당제로서 비관세 장벽에 해당한다.
ㄴ. (나)의 경우 정부의 관세 수입보다 감소한 소비자 잉여가 더 작을 것이다.
ㄷ. (다)는 (가), (나)와 달리 국내 생산자를 보호하기 위한 것이다.
ㄹ. (가), (나), (다) 모두 무역 분쟁의 원인이 될 수 있다.

① ㄱ, ㄴ　　　② ㄱ, ㄹ　　　③ ㄴ, ㄷ
④ ㄱ, ㄷ, ㄹ　　　⑤ ㄴ, ㄷ, ㄹ

274

| 평가원 기출 |

다음 자료에 대한 설명으로 옳은 것은?

> 그림은 갑국의 X재 시장 상황을 나타낸다.

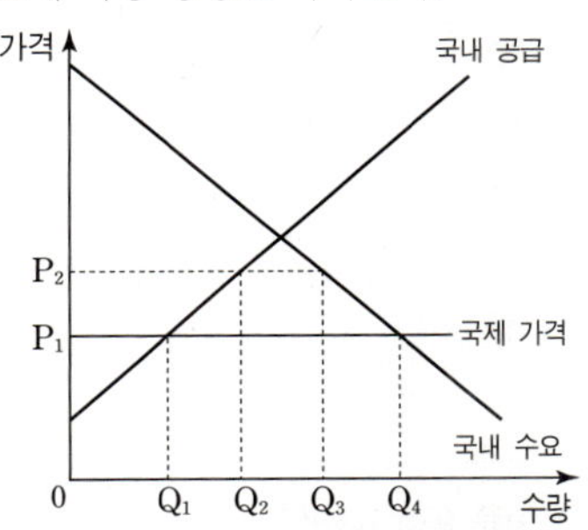

> 갑국은 t~t+2 시기별로 다음과 같은 정책을 실시하였다. 단, 갑국 기업이 생산한 X재는 전량 국내 시장에서 판매되며, 갑국은 국제 가격으로 X재를 무제한 수입할 수 있다.

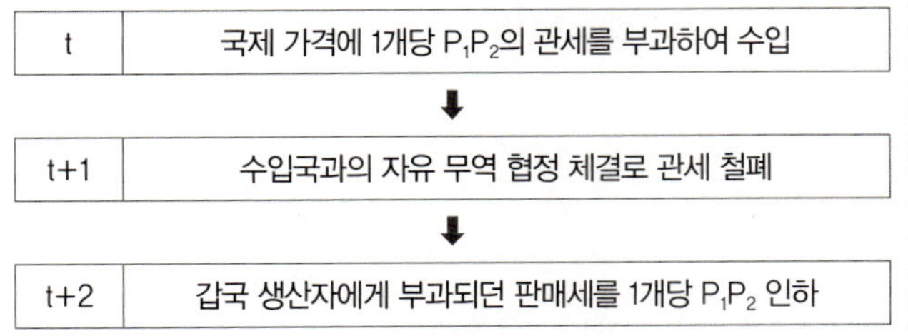

t	국제 가격에 1개당 P_1P_2의 관세를 부과하여 수입
t+1	수입국과의 자유 무역 협정 체결로 관세 철폐
t+2	갑국 생산자에게 부과되던 판매세를 1개당 P_1P_2 인하

① t 시기 갑국 기업의 공급량은 Q_1이다.
② t+1 시기 갑국의 수입량은 Q_2Q_3이다.
③ 갑국 기업의 생산자 잉여는 t+1 시기가 t 시기보다 작다.
④ 국내 거래량은 t+2 시기가 t+1 시기보다 많다.
⑤ 국내 가격은 t+2 시기가 t+1 시기보다 낮다.

275

밑줄 친 부분의 영향으로 적절한 것만을 〈보기〉에서 고른 것은?

> 갑국의 X재 시장에서 국내산 X재의 수요는 가격에 대해 비탄력적이고, X재의 공급은 가격에 대해 완전 비탄력적이다. 최근 X재 시장이 개방되어 X재의 수입이 증가하자, 갑국 정부는 X재에 대해 관세를 부과하였다. 단, 수입되는 X재는 국제 가격 수준에서 무제한 공급이 가능하다.

〈보기〉
ㄱ. X재의 수요량은 감소할 것이다.
ㄴ. 정부의 재정 수입은 감소할 것이다.
ㄷ. X재의 총판매 수입은 증가할 것이다.
ㄹ. 국내산 X재의 공급량은 증가할 것이다.

① ㄱ, ㄴ　　　② ㄱ, ㄷ　　　③ ㄴ, ㄷ
④ ㄴ, ㄹ　　　⑤ ㄷ, ㄹ

276

밑줄 친 부분의 영향으로 적절한 것만을 〈보기〉에서 고른 것은?

> 그림은 갑국과 을국의 X재 시장을 나타낸다. 갑국과 을국만 존재하는 상황에서 두 국가는 자유 무역을 실시하기로 하였다. 단, 무역에 따른 거래 비용은 없다.

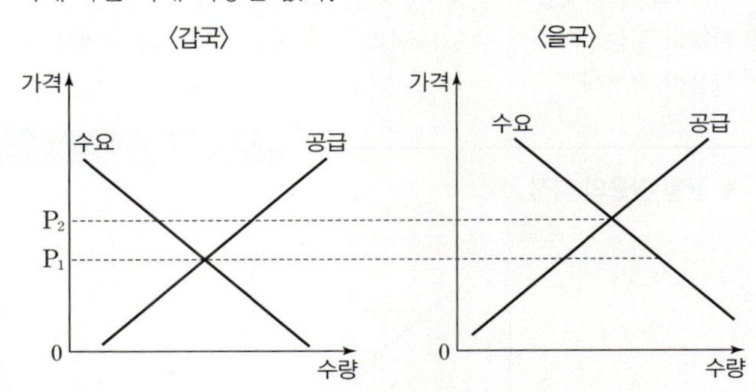

〈보기〉
ㄱ. 갑국의 X재 공급량은 증가할 것이다.
ㄴ. 을국의 경상 수지는 악화될 것이다.
ㄷ. 을국의 생산자 잉여는 증가할 것이다.
ㄹ. X재의 국제 가격은 P_2에서 결정될 것이다.

① ㄱ, ㄴ　　　② ㄱ, ㄷ　　　③ ㄴ, ㄷ
④ ㄴ, ㄹ　　　⑤ ㄷ, ㄹ

12강 외환 시장과 환율

주제 21 환율의 결정과 변동

1. 환율과 외환 시장
① 환율 : 자국 화폐와 외국 화폐의 교환 비율 → 외국 화폐 1단위와 교환되는 자국 화폐의 비율로 표시함
② 외환 시장 : 외국의 화폐를 의미하는 외화에 비해, 외화 및 외화 표시 증권 등을 포함하는 넓은 개념이다.

추상적 의미	외환 거래가 이루어지는 시장
통상적 의미	외환을 하나의 상품처럼 사고파는 시장 → 달러화와 같은 기축 통화를 거래함

→ 세계 각국에서 널리 통용될 수 있는 중심 화폐를 말한다.

2. 환율 제도

구분	고정 환율 제도	변동 환율 제도
의미	정부(중앙은행)가 시장에 개입해 환율을 일정 수준으로 유지시키는 제도	환율이 외화의 수요·공급에 의해 시장에서 자유롭게 결정되는 제도
장점	환율 변동의 위험 부담, 불확실성 없음 → 기업의 장기 계획 수립 용이	외환 시장의 불균형과 경상 수지 불균형의 자동 조절 가능함
단점	• 인위적 환율 조정 → 무역 분쟁 발생 우려 • 경상 수지 불균형의 자동 조절 곤란	• 환율 관련 불확실성 → 국내 경제 불안정 • 환율 변동으로 인한 환 위험 발생

→ 예상하지 못한 환율 변동으로 손실을 입을 수 있는 위험을 말한다.

3. 환율의 결정과 변동
① 외화의 수요 곡선 : 환율이 오르면 외화의 수요량 감소, 환율이 내리면 외화의 수요량 증가 → 외화의 가격(환율)과 외화의 수요량 간에 역(−)의 관계 성립
→ 상품의 수입 대금 결제, 해외 투자 등의 목적으로 외화를 사고자 하는 것을 말한다.
② 외화의 공급 곡선 : 환율이 오르면 외화의 공급량 증가, 환율이 내리면 외화의 공급량 감소 → 외화의 가격(환율)과 외화의 공급량 간에 정(+)의 관계 성립
→ 상품 수출 대금의 수취, 외국인의 국내 투자 등으로 외화를 팔고자 하는 것을 말한다.
③ 환율의 결정 : 외화의 수요 곡선과 공급 곡선이 만나는 점에서 균형 환율이 결정됨

그래프로 살펴보기

■ 균형 환율의 결정

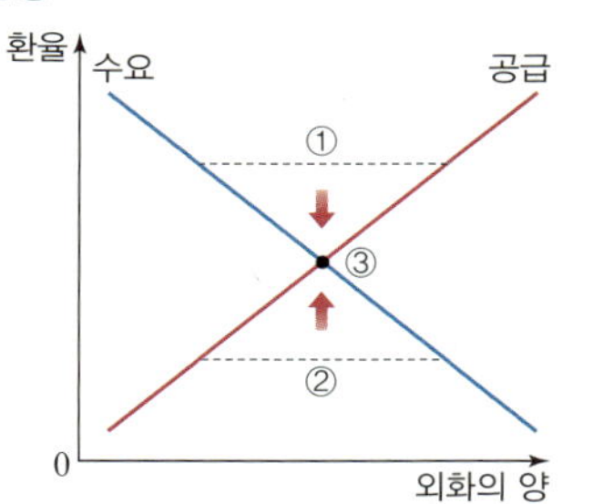

① 외화 공급량 > 외화 수요량 : 외화의 초과 공급 → 외화의 가치 하락(환율 하락)
② 외화 공급량 < 외화 수요량 : 외화의 초과 수요 → 외화의 가치 상승(환율 상승)
③ 외화 공급량 = 외화 수요량 : 균형 환율의 결정

④ 환율의 변동
• 외화의 수요 변화에 따른 환율 변동

수요 증가	수요 곡선의 좌측 이동 → 환율 상승
수요 감소	수요 곡선의 우측 이동 → 환율 하락

• 외화의 공급 변화에 따른 환율 변동

공급 증가	공급 곡선의 좌측 이동 → 환율 하락
공급 감소	공급 곡선의 우측 이동 → 환율 상승

그래프로 살펴보기

■ 외화의 수요·공급 변화에 따른 환율 변동

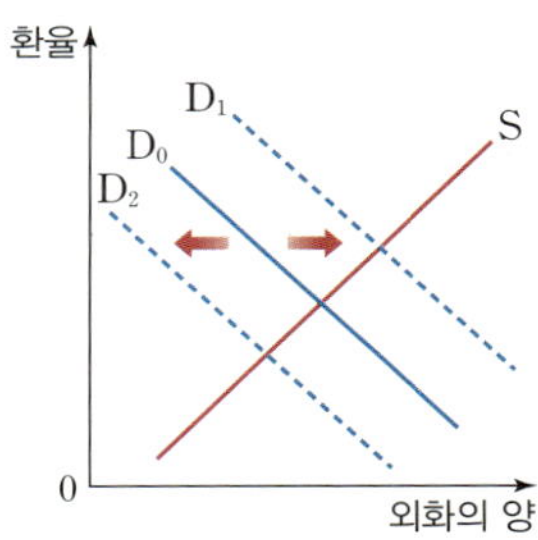

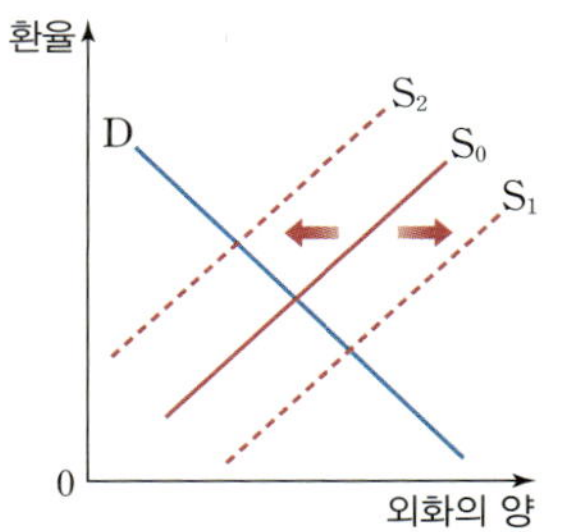

• $D_0 → D_1$: 외화의 수요 증가(수입 증가, 해외 투자 증가 등) → 환율 상승
• $D_0 → D_2$: 외화의 수요 감소(수입 감소, 해외 투자 감소 등) → 환율 하락
• $S_0 → S_1$: 외화의 공급 증가(수출 증가, 외국인의 국내 투자 증가 등) → 환율 하락
• $S_0 → S_2$: 외화의 공급 감소(수출 감소, 외국인의 국내 투자 감소 등) → 환율 상승

⑤ 환율의 변동과 수출입

환율 상승	수출 증가, 수입 감소 → 경상 수지 개선
환율 하락	수출 감소, 수입 증가 → 경상 수지 악화

그래프로 살펴보기

■ 수출입 변화에 따른 환율의 변동

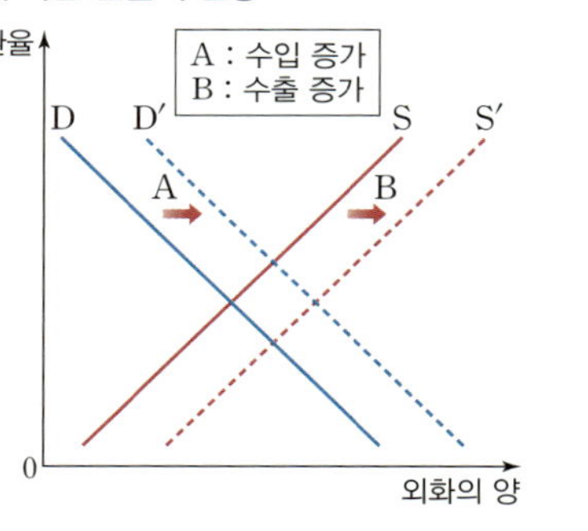

• 수출 증가(감소) → 외화의 공급 증가(감소) → 환율 하락(상승)
• 수입 증가(감소) → 외화의 수요 증가(감소) → 환율 상승(하락)

⑥ 자본 거래와 환율 변동

자본 유입	외화의 공급 증가 → 환율 하락
자본 유출	외화의 수요 증가 → 환율 상승

→ 외자 도입을 예로 들 수 있다.
→ 해외 투자를 예로 들 수 있다.

■ 국내 물가 상승과 환율의 변동

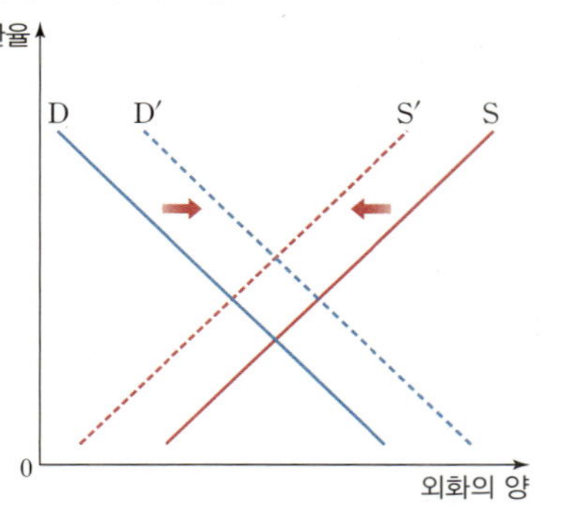

일반적으로 국내 물가가 상승하면 수출품의 가격 상승에 따라 수출은 감소하고, 수입품의 가격 하락에 따라 수입은 증가한다. 즉, 외화의 수요 증가와 공급 감소가 동시에 나타나게 되어 환율은 상승한다.

주제 22 환율 변동의 경제적 효과

1. 환율 상승의 효과

① 수출입

┌→ 수출품의 가격 경쟁력이 높아진다.

수출	수출품의 외화 표시 가격 하락 → 수출 증가
수입	수입품의 원화 표시 가격 상승 → 수입 감소

└→ 수입품의 가격 경쟁력이 낮아진다.

② 경상 수지
- 수출 증가, 수입 감소 → 상품 수지 개선
- 자국민의 해외여행 감소, 외국인의 국내 여행 증가 등 → 서비스 수지 개선
  └→ 해외여행 경비는 증가하고, 국내 여행 경비는 감소하기 때문이다.

③ 통화량 : 수출 증가, 수입 감소로 외화의 순유입액 증가 → 통화량의 증가 요인으로 작용함

④ 국내 물가 : 순수출 증가로 인한 통화량 증가, 원유 및 국제 원자재의 가격 상승에 따른 생산비 증가, 수입품 가격 상승 → 국내 물가 상승

⑤ 외채 상환 부담 : 외채의 원화 환산액 증가 → 외채 상환 부담 증가

2. 환율 하락의 효과

① 수출입

┌→ 수출품의 가격 경쟁력이 낮아진다.

수출	수출품의 외화 표시 가격 상승 → 수출 감소
수입	수입품의 원화 표시 가격 하락 → 수입 증가

└→ 수입품의 가격 경쟁력이 높아진다.

② 경상 수지
- 수출 감소, 수입 증가 → 상품 수지 악화
- 자국민의 해외여행 증가, 외국인의 국내 여행 감소 등 → 서비스 수지 악화
  └→ 해외여행 경비는 감소하고, 국내 여행 경비는 증가하기 때문이다.

③ 통화량 : 수출 감소, 수입 증가로 외화의 순유입액 감소 → 통화량 감소 요인으로 작용함

④ 국내 물가 : 순수출 감소로 인한 통화량 감소, 원유 및 국제 원자재의 가격 하락에 따른 생산비 감소, 수입품 가격 하락 → 국내 물가 하락

⑤ 외채 상환 부담 : 외채의 원화 환산액 감소 → 외채 상환 부담 감소

핵심 개념 CHECK!

· 정답 및 해설 052쪽

그림은 국내 외환 시장의 균형점 이동을 나타낸다. 이에 대한 설명이 맞으면 '○', 틀리면 '✕'에 표하시오.

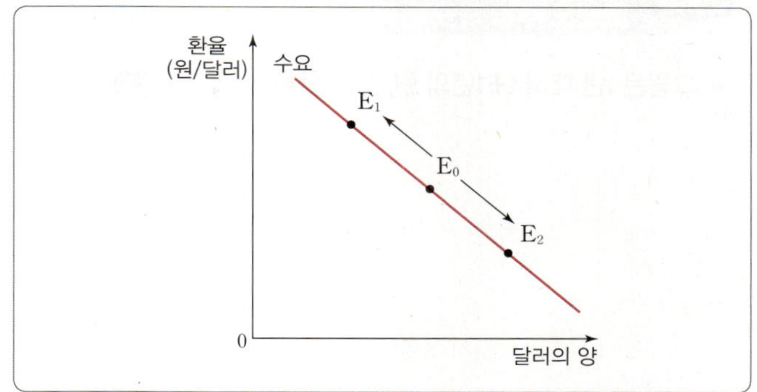

01 달러의 공급이 증가하면 E_0에서 E_1로 이동한다.　(○ , ✕)

02 달러의 수요가 감소하면 E_0에서 E_1로 이동한다.　(○ , ✕)

03 대미 수출 증가는 E_0에서 E_1로 이동하는 요인이다.　(○ , ✕)

04 미국인의 국내 여행 증가는 E_0에서 E_2로 이동하는 요인이다.
(○ , ✕)

05 국내 기업의 미국 투자 감소는 E_0에서 E_1로 이동하는 요인이다.
(○ , ✕)

06 미국으로부터의 신규 차관 도입은 E_0에서 E_2로 이동하는 요인이다.　(○ , ✕)

환율 상승의 요인에 대한 설명이 맞으면 '○', 틀리면 '✕'에 표하시오.

07 외국 자본의 유입은 외화의 공급 증가에 따른 환율 상승 요인이다.　(○ , ✕)

08 외국에 있는 기업에 대한 투자 증가는 외화의 수요 감소에 따른 환율 상승 요인이다.　(○ , ✕)

09 국내 물가가 상승하면 수출품의 가격이 상승해 수출이 감소하는데, 이는 외화의 공급 감소에 따른 환율 상승 요인이다.　(○ , ✕)

환율 상승의 효과에 대한 설명이 맞으면 '○', 틀리면 '✕'에 표하시오.

10 수출품의 외화 표시 가격 상승으로 수출품의 가격 경쟁력이 높아져 수출이 증가한다.　(○ , ✕)

11 자국민의 해외여행이 감소하고 외국인의 국내 여행이 증가하여 서비스 수지가 개선된다.　(○ , ✕)

12 순수출의 증가로 통화량이 증가하여 국내 물가가 상승한다.
(○ , ✕)

13 외채의 원화 환산액이 감소하여 기업의 외채 상환 부담을 감소시킨다.　(○ , ✕)

환율 변동은 국민 경제에 어떤 변화를 미칠까?

개념 **고난도 수능 자료로 확인**

■ 그림은 t년 대비 t+1년의 원/달러 환율과 엔/달러 환율 변화를 나타낸다.

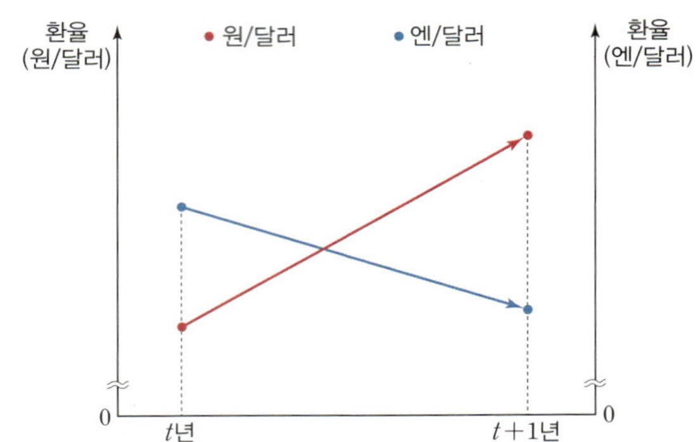

- t년에 비해 t+1년에 원/달러 환율은 상승하였고, 엔/달러 환율은 하락하였다. 따라서 '원화 가치 < 달러화 가치 < 엔화 가치'이다. 즉, 달러화 대비 원화의 가치는 하락하였고, 달러화 대비 엔화의 가치는 상승하였다.
- 엔/달러 환율이 하락하여 달러화 대비 엔화 가치가 상승하므로 일본의 대미 수입은 증가한다.
- 엔/달러 환율이 하락하여 달러화 대비 엔화 가치가 상승하므로 달러화 자금을 차입한 일본 기업의 상환 부담은 감소한다.
- 원/달러 환율이 상승하여 원화 대비 달러화 가치가 상승하므로 한국으로 여행을 오는 미국인들의 여행 비용 부담은 감소한다.
- 미국 시장에서 한국 제품의 달러화 표시 가격은 하락하고, 일본 제품의 달러화 표시 가격은 상승한다. 따라서 미국 시장에서 일본 기업과 경쟁하는 한국 기업의 수출품 가격 경쟁력은 상승한다.

개념 **기출문제에 적용**

01 **연습하기** 그림의 A, B 중에서 설명에 해당하는 환율의 변화 방향을 골라 쓰시오.

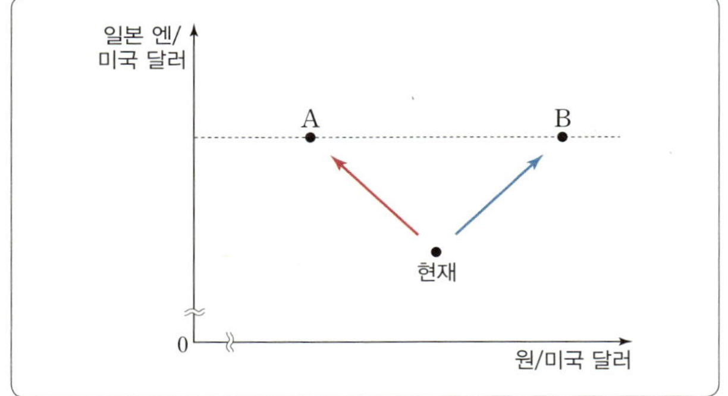

❶ 원/달러 환율과 엔/달러 환율이 모두 상승한다. ( )
❷ 원/달러 환율은 하락하고, 엔/달러 환율은 상승한다. ( )

02 **적용하기** 01번 문제의 자료에 대한 옳은 추론만을 〈보기〉에서 고른 것은?

〔 보기 〕
ㄱ. A의 경우 미국 시장에서 한국산 제품의 가격 경쟁력이 상승할 것이다.
ㄴ. B의 경우 미국으로 자녀를 유학 보낸 일본 학부모의 학비 부담이 감소할 것이다.
ㄷ. A, B 경우 모두 엔화를 달러화로 환전하는 일본 관광객의 부담이 증가할 것이다.
ㄹ. 일본산 부품을 사용하여 한국에서 제품을 생산하는 기업은 B보다 A의 경우에 생산 비용이 적게 들 것이다.

① ㄱ, ㄴ   ② ㄱ, ㄷ   ③ ㄴ, ㄷ
④ ㄴ, ㄹ   ⑤ ㄷ, ㄹ

HOW & WHAT 정답 01 ❶ B ❷ A   02 ⑤

주제 21 환율의 결정과 변동

족집게 전략 | 외환 시장의 수요 변동 및 공급 변동과 관련된 사례를 제시하고 그에 따른 환율 변동을 묻는 문제가 자주 출제된다. 원/달러 환율 상승은 원화 대비 달러화의 가치 상승, 달러화 대비 원화의 가치 하락을 의미한다는 것을 꼭 기억하고 있어야 한다.

족집게 자료 분석 전략 START |

- 우리나라의 대미 수입은 변화가 없으나, 대미 수출이 증가하여 경상 수지 흑자 규모가 증가했다.
- 우리나라 기업이 국내 자산을 팔아 달러로 환전하여 미국 자산에 투자하는 거래가 증가했다.

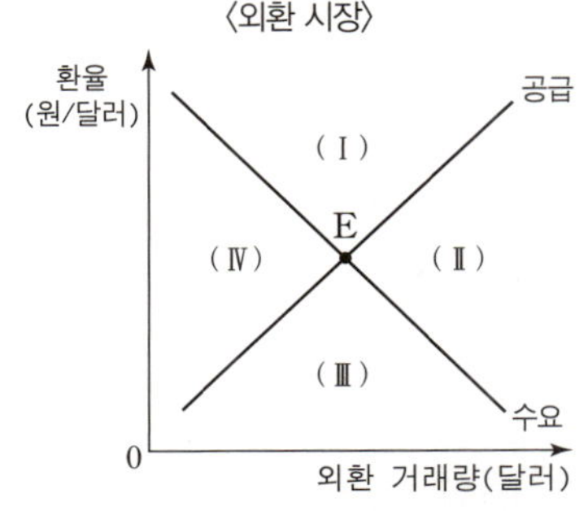

대미 수입은 불변하고 대미 수출이 증가하여 경상 수지 흑자 규모가 증가하였다는 것은 순수출의 증가에 따른 외화 공급 증가를 의미한다. 또한 달러 환전으로 미국 자산에 투자하는 거래가 증가하였다는 것은 외화 수요의 증가를 의미한다. 따라서 제시된 변화에 따라 외환 시장의 균형점은 E에서 (II) 영역으로 이동한 것이다.

277 대표 문항

밑줄 친 ㉠에 들어갈 내용으로 가장 적절한 것은?

① 갑국의 금리 상승
② 갑국의 달러 수요 감소
③ 갑국의 대미 경상 수지 흑자 확대
④ 미국인의 갑국 여행 증가
⑤ 미국인의 갑국 투자금 회수

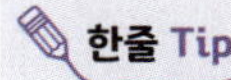
한줄 Tip 외환 시장에서 환율이 상승하려면 수요가 증가하거나 공급이 감소해야 해!

278

그림은 외환 시장 균형점 e의 변화를 나타낸다. 이에 대한 옳은 분석만을 〈보기〉에서 고른 것은? (단, 외환 시장은 수요와 공급의 법칙이 적용된다.)

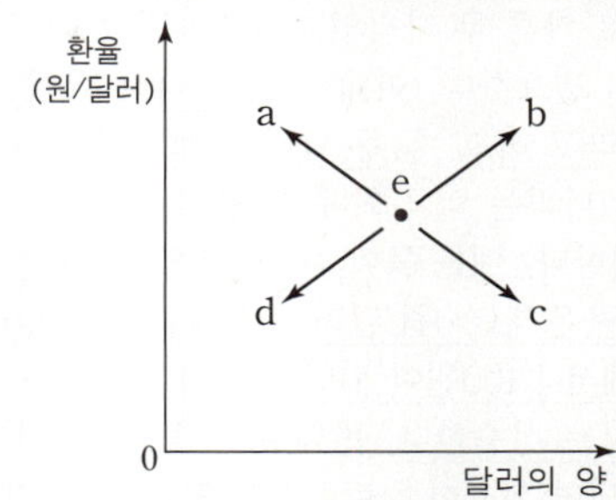

보기
ㄱ. 외국 제품에 대한 선호도 하락으로 인한 수입 감소는 a로 이동하는 요인이 된다.
ㄴ. 국내 이자율의 지속적인 하락으로 인한 해외 자본의 유출은 b로 이동하는 요인이 된다.
ㄷ. 국내 상품의 품질 개선으로 인한 수출 증가는 c로 이동하는 요인이 된다.
ㄹ. 외국 기업에 대한 조세 감면 정책으로 인한 해외 자본의 국내 투자 유입은 d로 이동하는 요인이 된다.

① ㄱ, ㄴ ② ㄱ, ㄷ ③ ㄴ, ㄷ
④ ㄴ, ㄹ ⑤ ㄷ, ㄹ

279

외환 시장의 균형점이 a에서 b로 이동할 수 있는 상황으로 가장 적절한 것은?

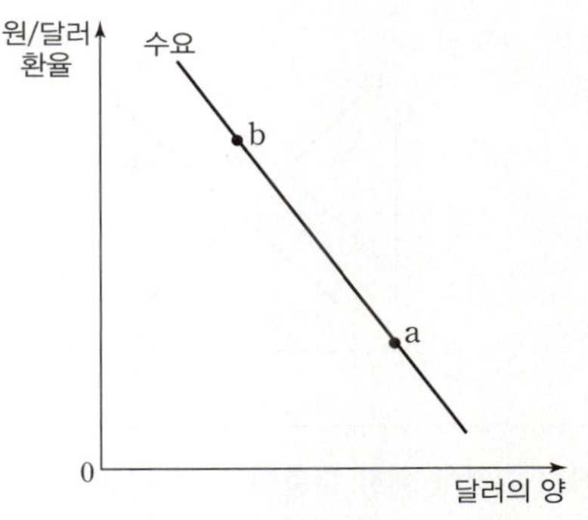

① 미국에 대한 수출이 증가하였다.
② 미국 상품의 수입이 증가하였다.
③ 우리나라에 대한 미국 기업의 투자가 감소하였다.
④ 미국 여행을 가는 우리나라 사람들이 증가하였다.
⑤ 우리나라 사람들의 미국 주식에 대한 투자가 감소하였다.

280

밑줄 친 ㉠~㉤ 중 옳지 <u>않은</u> 것은?

> 국가 간 교역을 위해서는 국가 간 화폐의 교환이 수시로 이루어져야 하는데, 서로 다른 두 나라의 화폐를 교환하기 위해서는 일정한 교환 비율이 필요하다. 이때 ㉠<u>다른 나라 화폐 및 외화 표시 증권을 외환이라고 하고,</u> ㉡<u>두 나라 화폐의 교환 비율을 환율이라고 한다.</u> 우리나라는 외국 화폐 한 단위와 교환할 수 있는 원화로 환율을 표시한다. 예를 들어, ㉢<u>1달러와 1,000원을 교환할 수 있다면 달러 환율은 '1,000원/달러'로 표시한다.</u> ㉣<u>달러 환율이 1달러당 1,000원에서 1,100원이 되면 환율이 상승한다고 말하며, 이 경우 원화 가치는 상승한다.</u> 반대로 ㉤<u>환율이 1달러당 1,100원에서 1,000이 되면 환율이 하락한다고 말하며 이 경우 원화 가치는 상승한다.</u>

① ㉠　　　　② ㉡　　　　③ ㉢

④ ㉣　　　　⑤ ㉤

281

그림은 우리나라 외환 시장의 변화를 나타낸다. 변화의 방향과 그 요인을 옳게 연결한 것만을 〈보기〉에서 고른 것은?

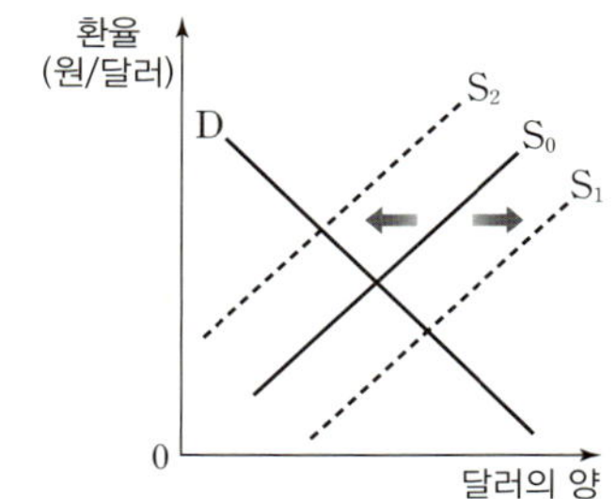

> **보기**
> ㄱ. $S_0 \rightarrow S_1$: 미국에 대한 수출이 증가하였다.
> ㄴ. $S_0 \rightarrow S_1$: 미국 상품의 수입이 증가하였다.
> ㄷ. $S_0 \rightarrow S_2$: 미국인의 국내 투자가 감소하였다.
> ㄹ. $S_0 \rightarrow S_2$: 미국 주식에 대한 투자가 증가하였다.

① ㄱ, ㄴ　　　② ㄱ, ㄷ　　　③ ㄴ, ㄷ

④ ㄴ, ㄹ　　　⑤ ㄷ, ㄹ

282

다음 사례에서 갑, 을이 예상하는 1년 후의 환율 변화를 옳게 연결한 것은?

> • 한국인 갑은 비과세 정기 예금의 금리가 한국의 경우 연 10%, 미국의 경우 연 5%인 상황에서 미국의 비과세 정기 예금에 투자하였다.
> • 일본인 을은 올해 가족과 함께 가기로 한 미국 여행을 1년 후에 가기로 하였다.

	갑의 예상 원/달러 환율	을의 예상 엔/달러 환율
①	상승	불변
②	상승	상승
③	상승	하락
④	하락	상승
⑤	하락	하락

283

밑줄 친 부분의 내용으로 가장 적절한 것은?

① 해외로 진학하는 유학생 증가

② 외국인의 국내 채권 구입 증가

③ 국내 기업들의 해외 투자 축소

④ 해외 경기 침체로 대외 수출 감소

⑤ 해외 원자재 가격 하락으로 수입 증가

284

| 평가원 기출 |

다음은 국내 물가 변동이 환율에 미치는 영향을 설명한 것이다. 이와 관련된 외환 시장의 변화 ㉠과 ㉡을 나타낸 그림으로 옳은 것은?

> 국내 물가가 상승하면 생산비 증가로 수출품의 가격이 상승하게 된다. 이로 인해 수출이 감소하게 되어 외환 시장에서 외화의 (㉠)을/를 가져온다. 반면, 국내 물가가 상승하면 수입품의 가격이 상대적으로 하락하게 된다. 이로 인해 수입이 증가하게 되어 외환 시장에서 외화의 (㉡)을/를 가져온다.

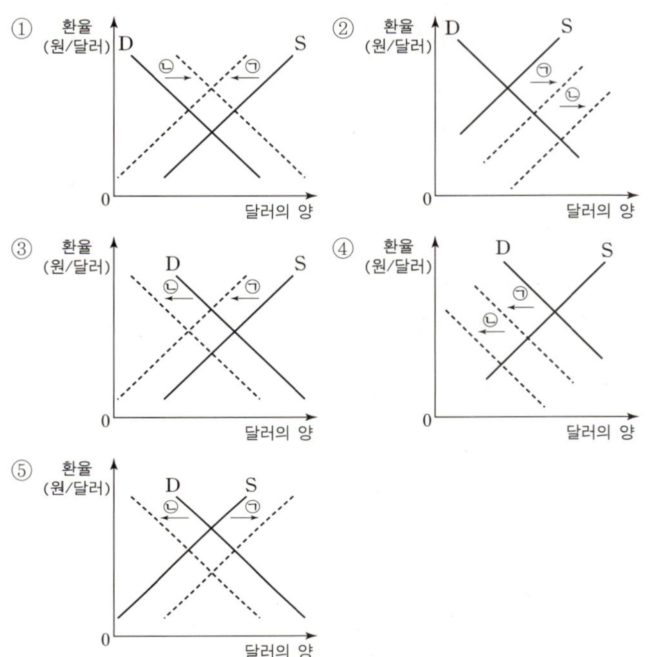

285

표는 원/달러 환율의 변동 추이를 나타낸다. 이에 따른 변화를 추론한 내용으로 옳은 것은?

시기	3월 31일	4월 30일	5월 31일
원/달러	1,137	1,167	1,191

① 달러화 대비 원화의 가치가 상승하였을 것이다.
② 수입품의 달러화 표시 가격이 상승하였을 것이다.
③ 달러화와 교환되는 원화의 비율이 감소하였을 것이다.
④ 한국에서 달러화 예금의 자산 가치가 상승하였을 것이다.
⑤ 미국에서 한국 상품의 가격 경쟁력이 하락하였을 것이다.

286

(가)~(라)가 원/달러 환율에 미치는 영향을 옳게 연결한 것만을 〈보기〉에서 있는 대로 고른 것은?

> (가) 우리나라 여행객들이 해외여행 경비로 100만 달러를 사용하였다.
> (나) 외국계 기업이 우리나라에 공장을 건설하는 데 1억 달러를 투자하였다.
> (다) 우리나라 기업이 외국 금융 기관에서 빌린 자금의 이자 300만 달러를 지급하였다.
> (라) 우리나라에서 일하고 있는 외국인 근로자들이 국내 기업에서 받은 임금 5,000만 달러를 모국에 송금하였다.

보기
ㄱ. (가) – 원/달러 환율 상승   ㄴ. (나) – 원/달러 환율 하락
ㄷ. (다) – 원/달러 환율 상승   ㄹ. (라) – 원/달러 환율 하락

① ㄱ, ㄴ   ② ㄱ, ㄷ   ③ ㄷ, ㄹ
④ ㄱ, ㄴ, ㄷ   ⑤ ㄴ, ㄷ, ㄹ

287

㉠~㉢에 들어갈 내용을 옳게 연결한 것은?

> 그림은 미국, 한국, 일본의 3년간 물가 상승률을 나타낸 것이다. 단, 환율은 각국 화폐의 구매력으로 결정된다.
>
> 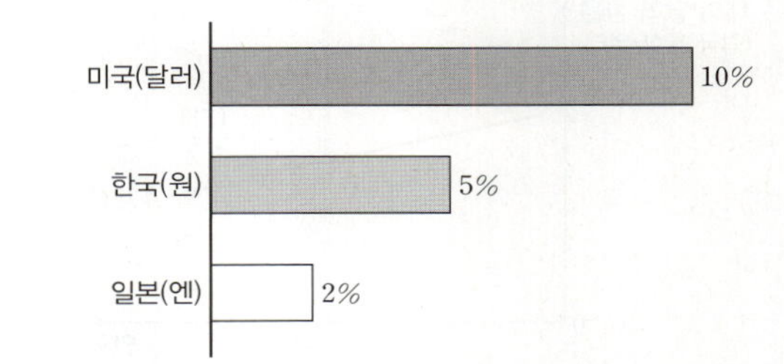
>
>
> 위 그림을 통해 다음과 같은 내용을 파악할 수 있다.
> • 원/달러 환율은 (㉠)하였다.
> • 엔화 대비 원화의 가치는 (㉡)하였다.
> • 달러화 대비 엔화의 가치는 (㉢)하였다.
> • 화폐 가치의 하락 정도는 미국보다 일본이 (㉣).

	㉠	㉡	㉢	㉣
①	상승	상승	상승	크다
②	상승	하락	상승	작다
③	하락	상승	상승	작다
④	하락	하락	상승	작다
⑤	하락	하락	하락	작다

주제 22   환율 변동의 경제적 효과

족집게 전략 | 환율 변동 추이와 관련된 표나 그래프 등을 제시하고, 그에 따른 영향을 묻는 문제가 해마다 출제되고 있다. 환율 상승 및 환율 하락이 국내 경제에 미치는 영향을 체계적으로 정리해 두어야 한다.

족집게 자료 분석 전략 START |

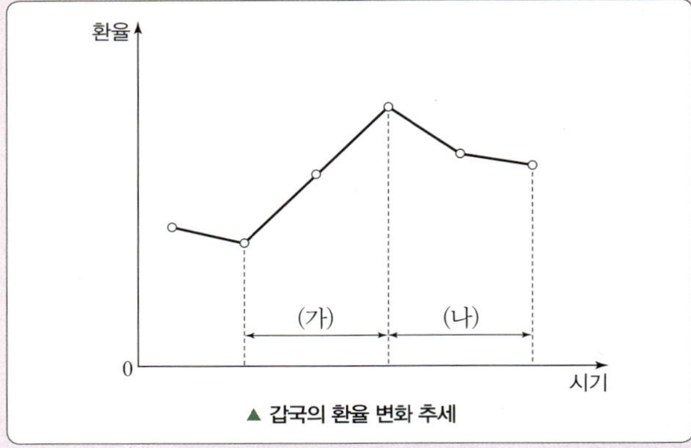

▲ 갑국의 환율 변화 추세

(가) 구간에서는 환율 상승(갑국 통화 가치의 하락)이, (나) 구간에서는 환율 하락(갑국 통화 가치의 상승)이 나타나고 있다. (가)에서는 갑국 수출품의 외화 표시 가격 하락으로 수출이 증가하며, (나)에서는 수입품의 갑국 통화 표시 가격 하락으로 수입이 증가할 것이다.

288 대표 문항 | 평가원 기출 |

다음 자료에 대한 분석 및 추론으로 가장 적절한 것은?

> 그림은 갑국의 대미 달러 환율의 변화 추세를 나타낸다. 이러한 추세는 지속될 것으로 전망된다.
>
> 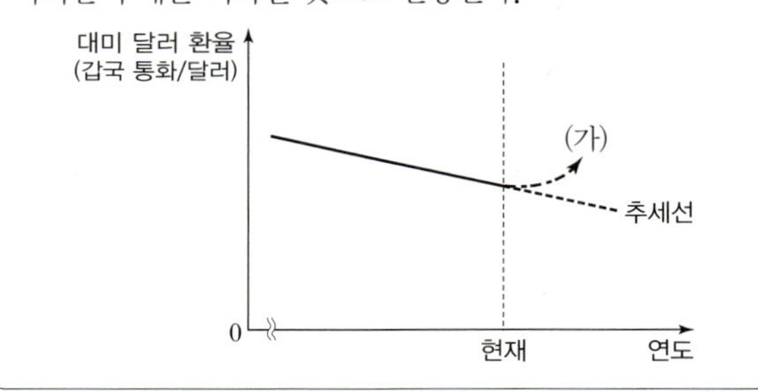
>

① 갑국의 달러화 대비 통화 가치는 하락할 것이다.

② 미국 시장에서 갑국 재화의 가격 경쟁력은 높아질 것이다.

③ 미국과의 국제 거래에서 갑국의 경상 수지는 개선될 것이다.

④ 갑국 기업은 수출 대금으로 받은 달러의 환전을 미룰수록 유리할 것이다.

⑤ 갑국의 중앙은행이 환율의 변화 추세를 (가) 방향으로 바꾸고자 한다면 외환 시장에서 달러를 매입할 것이다.

✎ **한줄 Tip**   갑국의 대미 달러 환율은 하락하고 있고, (가) 방향은 환율의 상승을 의미해!

---

289 | 평가원 기출 |

그림의 A와 B는 서로 다른 시기에 외환 시장에서 시장 환율로 교환된 미국 달러화와 원화의 양을 나타낸다. A에서 B로 변한 경우에 대한 옳은 추론만을 〈보기〉에서 있는 대로 고른 것은? (단, 환율 변화 이외의 다른 조건은 고려하지 않는다.)

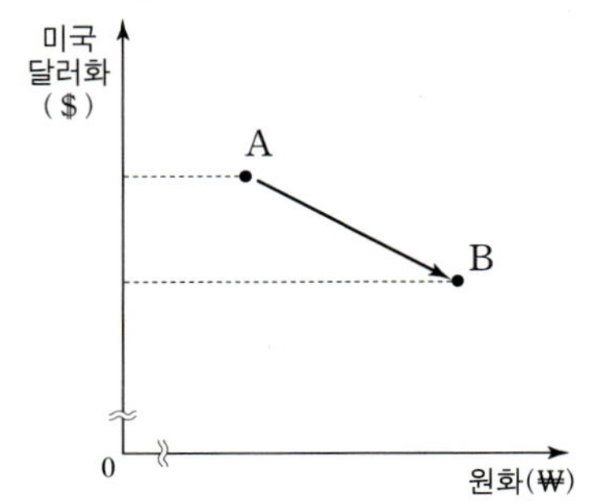

〈보기〉

ㄱ. 미국 시장에서 한국 상품의 가격 경쟁력은 높아질 것이다.

ㄴ. 한국을 여행하려는 미국인의 여행 경비 부담은 감소할 것이다.

ㄷ. 한국에서 달러화 예금을 원화로 환산한 자산 가치는 하락할 것이다.

ㄹ. 미국에서 유학 중인 자녀에게 송금해야 하는 한국 부모의 학비 부담은 증가할 것이다.

① ㄱ, ㄷ   ② ㄴ, ㄷ   ③ ㄴ, ㄹ

④ ㄱ, ㄴ, ㄹ   ⑤ ㄱ, ㄷ, ㄹ

290

그림은 갑국의 환율 변동을 나타낸다. 이러한 추세가 지속될 것으로 예상될 때 옳은 추론만을 〈보기〉에서 있는 대로 고른 것은?

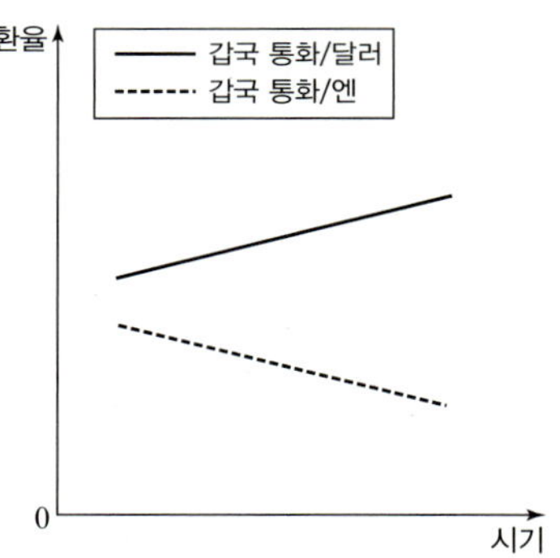

〈보기〉

ㄱ. 달러에 대한 엔화의 통화 가치는 하락할 것이다.

ㄴ. 대미 수출품의 달러 표시 가격은 하락할 것이다.

ㄷ. 엔화로 환전하려는 경우 빨리할수록 유리할 것이다.

ㄹ. 갑국에서 미국산 부품의 수입 가격은 상승할 것이다.

① ㄱ, ㄴ   ② ㄴ, ㄷ   ③ ㄷ, ㄹ

④ ㄱ, ㄴ, ㄹ   ⑤ ㄱ, ㄷ, ㄹ

291

| 평가원 기출 |

다음 자료에 대한 분석 및 추론으로 옳은 것은?

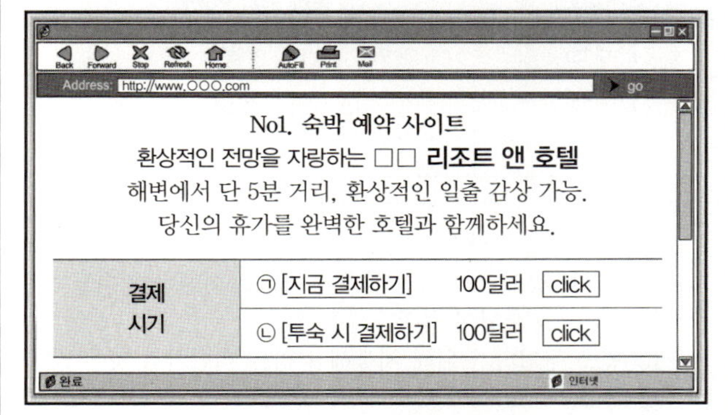

인터넷을 통해 3개월 후에 숙박할 호텔을 결정한 갑은 그 결제 시기를 선택하고자 한다. 단, 갑은 숙박비를 결제할 때 원화를 달러화로 환전하며, 환전 비용은 없다.

① 환율 변화와 상관없이 갑이 부담하는 숙박비에는 변화가 없다.
② 원화 대비 달러화 가치 하락이 예상된다면 ㉠을 선택할 것이다.
③ 달러화 대비 원화 가치 하락이 예상된다면 ㉡을 선택할 것이다.
④ 한국 외환 시장에서 달러화 수요가 지속적으로 감소할 것으로 예상된다면 ㉠을 선택할 것이다.
⑤ 한국 외환 시장에서 달러화 공급이 지속적으로 증가할 것으로 예상된다면 ㉡을 선택할 것이다.

292

(가), (나)에 들어갈 내용을 옳게 연결한 것은?

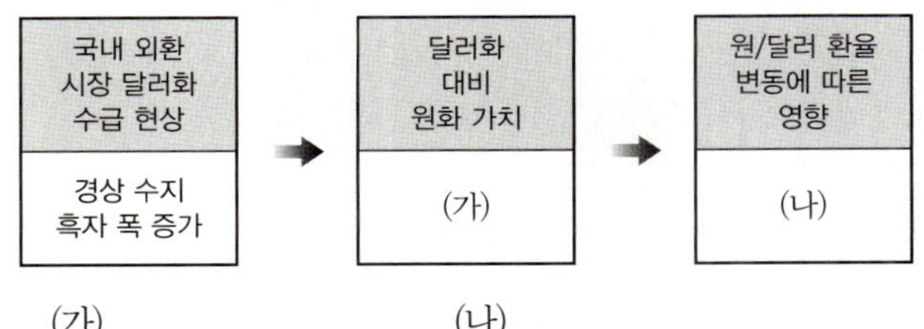

	(가)	(나)
①	하락	국내 상품 수지 개선
②	하락	미국산 수입 상품의 원화 표시 가격 상승
③	상승	미국에 송금하는 유학비 부담 증가
④	상승	미국인의 한국 여행 시 경비 부담 감소
⑤	상승	미국산 원자재 수입 대금 외화 결제 시 부담 감소

293

| 평가원 기출 |

대화의 밑줄 친 ㉠, ㉡의 영향에 대한 추론으로 옳은 것은? (단, 환율 변동 이외의 다른 조건은 고려하지 않으며 국제 거래는 달러화로 이루어진다.)

① ㉠으로 인해 미국산 제품의 한국 내 판매 가격은 상승했을 것이다.
② ㉠으로 인해 한국 기업의 달러화 표시 외채 상환 부담은 증가했을 것이다.
③ ㉡으로 인해 미국으로부터 원재료를 수입하는 일본 기업의 부담은 증가했을 것이다.
④ ㉡으로 인해 일본에서 임금을 달러화로 받아 엔화로 환전하여 생활하는 사람은 불리해졌을 것이다.
⑤ ㉠, ㉡으로 인해 미국 시장에서 일본 기업과 경쟁하는 한국 기업의 가격 경쟁력은 높아졌을 것이다.

294 고난도

| 평가원 기출 |

다음 자료에 대한 설명으로 옳은 것은?

표는 원화를 사용하는 갑국의 원화 표시 GDP 변화율과 미국 달러화 표시 GDP 변화율을 나타낸다.

(전년 대비, 단위 : %)

구분	2016년	2017년	2018년
원화 표시 GDP 변화율	-1	2	1
달러화 표시 GDP 변화율	3	2	-3

① 2016년의 원/달러 환율은 전년 대비 상승했다.
② 2017년의 원/달러 환율은 전년 대비 변화가 없다.
③ 2018년의 달러화 대비 원화 가치는 전년 대비 상승했다.
④ 원/달러 환율은 2016년이 2018년과 같다.
⑤ 2018년의 갑국산 대미 수출품의 가격 경쟁력은 전년에 비해 낮아졌다.

295
| 평가원 기출 |

그림은 미국 달러화 대비 원화 가치의 변화 추이를 나타낸다. (가), (나) 구간에 대한 설명으로 가장 적절한 것은?

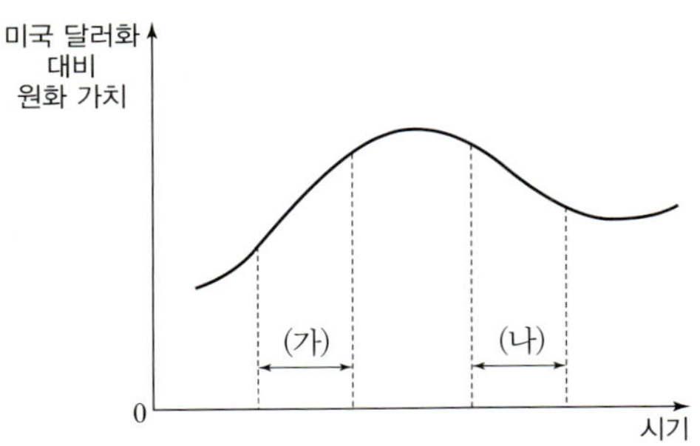

① (가)에서는 미국 달러화 대비 원화 환율이 상승한다.
② (가)에서는 우리나라 상품의 가격 경쟁력이 미국 시장에서 하락한다.
③ (나)에서는 미국에서 수입하는 원자재의 국내 가격이 하락한다.
④ (나)에서는 우리나라 기업의 미국 달러화 표시 외채 상환 부담이 작아진다.
⑤ (나)에서는 미국으로 유학을 떠나는 우리나라 학생의 유학 경비 부담이 작아진다.

296 고난도

그림은 앞으로 예상되는 환율의 변화 방향을 나타낸다. 이에 대한 추론으로 적절한 것만을 〈보기〉에서 고른 것은?

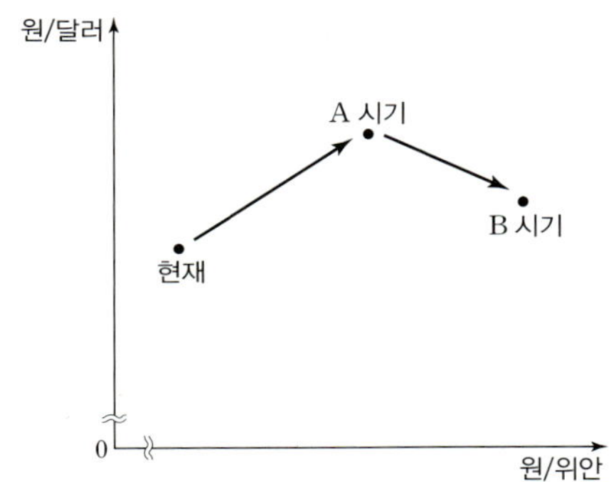

〈보기〉
ㄱ. 한국인이 미국을 여행하려는 경우 현재가 A 시기보다 유리할 것이다.
ㄴ. 미국 시장에서 한국 상품의 가격 경쟁력은 현재가 A 시기보다 낮을 것이다.
ㄷ. 중국 기업이 한국산 제품을 수입할 경우 A 시기가 B 시기보다 유리할 것이다.
ㄹ. 원화를 위안화로 환전할 경우 B 시기가 A 시기보다 유리할 것이다.

① ㄱ, ㄴ   ② ㄱ, ㄷ   ③ ㄴ, ㄷ
④ ㄴ, ㄹ   ⑤ ㄷ, ㄹ

297
| 평가원 기출 |

표는 각 국가 통화 가치의 미국 달러화에 대한 전년 대비 변동률을 나타낸다. 이에 대한 옳은 분석만을 〈보기〉에서 고른 것은?

국가(통화)	통화 가치 변동률(%)
한국(원)	+3.0
일본(엔)	−3.3
중국(위안)	−4.5

〈보기〉
ㄱ. 원/달러 환율이 하락했다.
ㄴ. 일본 유학 중인 자녀에게 원화를 엔화로 환전하여 송금하는 한국 부모의 부담이 커졌다.
ㄷ. 100엔을 구입하기 위해 지불해야 하는 위안화의 양이 많아졌다.
ㄹ. 중국으로부터 원자재를 수입하고 원화를 위안화로 환전하여 대금을 지불하는 한국 기업의 부담이 커졌다.

① ㄱ, ㄴ   ② ㄱ, ㄷ   ③ ㄴ, ㄷ
④ ㄴ, ㄹ   ⑤ ㄷ, ㄹ

298

그림은 A국 화폐 대비 B국, C국 화폐 가치의 변동률을 나타낸다. 이러한 상황이 지속될 경우에 나타날 수 있는 결과로 적절한 것만을 〈보기〉에서 고른 것은? (단, 국제 거래는 A국, B국, C국 간에만 이루어진다.)

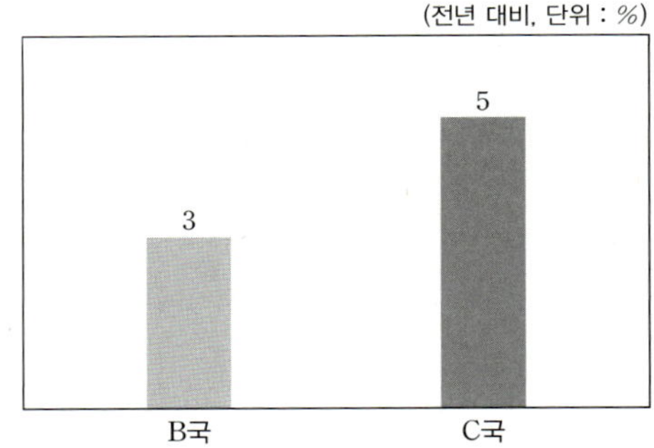

〈보기〉
ㄱ. A국의 수출은 증가한다.
ㄴ. C국 국민의 해외여행은 감소한다.
ㄷ. A국 시장에서 C국 상품의 가격 경쟁력은 하락한다.
ㄹ. B국에서 C국으로의 수출은 감소한다.

① ㄱ, ㄴ   ② ㄱ, ㄷ   ③ ㄴ, ㄷ
④ ㄴ, ㄹ   ⑤ ㄷ, ㄹ

299

| 평가원 기출 |

그림은 교사의 수업 장면이다. 이에 대한 옳은 설명만을 〈보기〉에서 고른 것은?

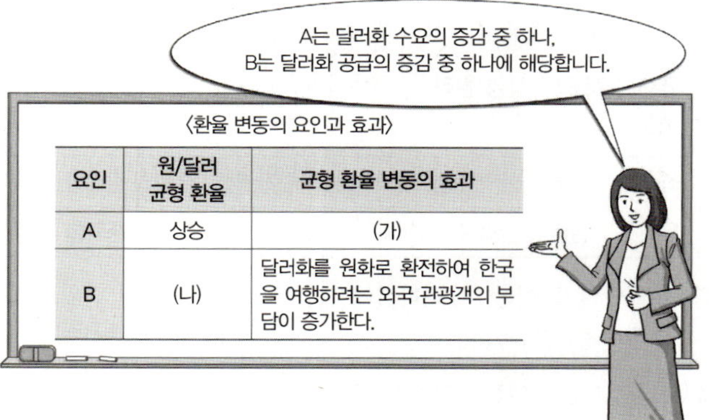

〈보기〉
ㄱ. A는 '달러화 수요의 증가'이다.
ㄴ. B는 '달러화 공급의 감소'이다.
ㄷ. (가)에는 '미국 시장에 수출되는 국내산 제품의 가격 경쟁력이 향상된다.'가 들어갈 수 있다.
ㄹ. (나)로 인해 순수출이 증가하여 경상 수지가 개선된다.

① ㄱ, ㄴ   ② ㄱ, ㄷ   ③ ㄴ, ㄷ
④ ㄴ, ㄹ   ⑤ ㄷ, ㄹ

300

다음과 같은 상황에서 현재의 균형점 E가 이동할 방향으로 옳은 것은?

미국산 제품의 수입이 날로 증가하고 있는 가운데, 우리나라에 대한 미국 기업들의 투자가 급감하고 있다.

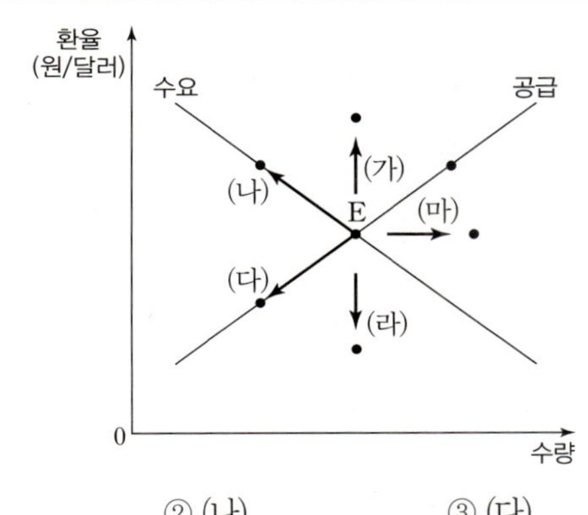

① (가)   ② (나)   ③ (다)
④ (라)   ⑤ (마)

301

| 평가원 기출 |

그림은 각 국가 통화 가치의 미국 달러화에 대한 전년 대비 변동률을 나타낸다. 이에 대한 옳은 추론만을 〈보기〉에서 고른 것은?

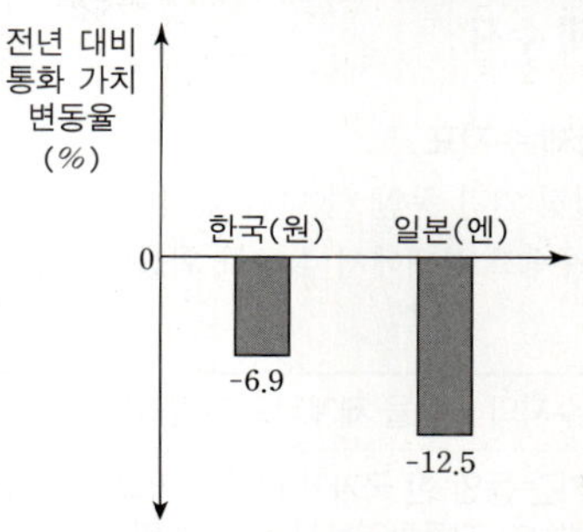

〈보기〉
ㄱ. 한국 기업의 달러화 표시 외채 상환 부담이 감소했을 것이다.
ㄴ. 미국에서 유학 중인 자녀를 둔 한국 학부모의 학비 부담이 증가했을 것이다.
ㄷ. 미국 사람들의 일본 여행 경비 부담이 감소했을 것이다.
ㄹ. 일본 상품은 한국 상품과 비교해 미국 시장에서 가격 경쟁력이 낮아졌을 것이다.

① ㄱ, ㄴ   ② ㄱ, ㄷ   ③ ㄴ, ㄷ
④ ㄴ, ㄹ   ⑤ ㄷ, ㄹ

302

그림은 달러화 대비 원화와 엔화의 환율 변동을 나타낸다. t기 대비 t+1기의 경제 상황에 대한 분석으로 옳은 것은?

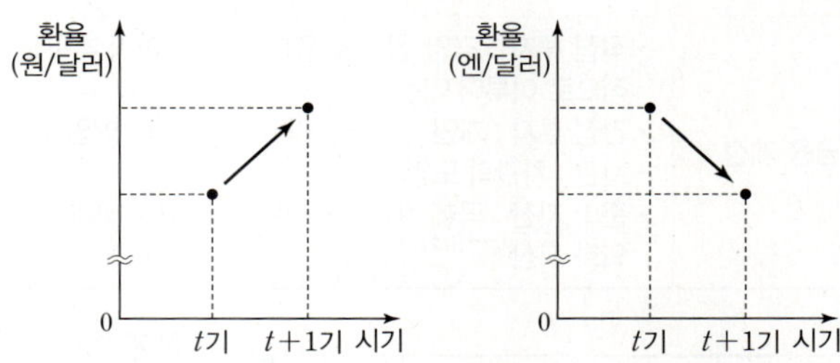

① 원화 대비 엔화 가치가 하락하였다.
② 달러화 대비 원화 가치가 상승하였다.
③ 한국인의 미국 여행 경비 부담이 증가하였다.
④ 일본산 부품을 수입하여 제품을 생산하는 한국 기업의 생산비 부담이 감소하였다.
⑤ 미국 시장에서 일본산 제품과 경쟁하는 한국산 제품의 가격 경쟁력이 약화되었다.

13강 국제 수지

주제 24 국제 수지

1. 국제 수지와 국제 수지표
① 국제 수지 : 일정 기간 동안 한 나라의 거주자와 비거주자 사이에 이루어진 모든 경제적 거래에서 수취한 외화와 지급한 외화의 차액
② 국제 수지표

의미	국제 수지의 내용을 체계적으로 정리하여 기록한 표
의의	일정 기간 동안 한 국가가 다른 국가와의 거래로 외화를 얼마만큼 수취하고 지급하였는지를 알 수 있음

└ 외화의 수취와 지급 과정에서 외화가 남거나 부족할 때, 이를 어떻게 해결했는지도 알 수 있다.

2. 국제 수지표의 구성
① 경상 수지
- 의미 : 재화, 서비스, 생산 요소 등의 거래에 따른 외화의 수취와 지급의 차액을 나타낸 것
- 구성 (노동, 자본 등의 거래를 말한다.)

상품 수지	• 상품의 수출액과 수입액의 차이를 나타냄 예 자동차, 휴대 전화 등 • 일반적으로 경상 수지에서 가장 큰 비중을 차지함
서비스 수지	외국과의 서비스 거래에 따라 수취한 외화와 지급한 외화의 차이를 나타냄 예 운송, 여행, 금융, 지식 재산권 등
본원 소득 수지	외국과의 생산 요소 거래에 따라 수취한 외화와 지급한 외화의 차이를 나타냄 예 임금, 이자, 배당금 등
이전 소득 수지	외국과 아무런 대가 없이 주고받은 거래에서 수취한 외화와 지급한 외화의 차이를 나타냄 예 해외 송금, 기부금, 무상 원조 및 구호물자 등

② 자본 수지와 금융 계정 : 자본의 국제적 이동에 따라 국내로 들어온 외화와 외국으로 나간 외화의 차액

자본 수지	자산 소유권의 무상 이전 등과 같은 자본 이전, 상표 등의 취득과 처분 등에 따라 수취한 외화와 지급한 외화의 차이를 나타냄
금융 계정	• 직접 투자 : 경영 참여를 통한 지속적 이익 추구를 목적으로 이루어지는 투자 등 • 간접 투자 : 개인이나 기업의 주식, 채권의 매입 등 • 차관 : 차관의 도입과 제공 • 준비 자산 : 국제 수지 불균형에 대비해 준비하고 있는 외화 자산

└ 외환 시장의 안정, 자국 통화 및 경제의 대외 신인도 유지를 위해 언제든지 사용할 수 있다.

자료로 살펴보기 🔍

■ **준비 자산의 증감**

우리나라 국민의 국제 거래에서 지불보다 수취가 많으면 한국은행의 준비 자산이 증가하고, 수취보다 지불이 많으면 준비 자산이 감소한다.

준비 자산은 경상 수지와 금융 계정이 흑자가 되면 증가하고, 적자가 되면 감소한다.

③ 오차 및 누락 : 국제 거래의 내역을 집계하는 과정에서 발생할 수 있는 통계적 오류를 조정하기 위한 항목

└ 경상 및 자본 수지의 합계와 금융 계정의 금액이 같지 않을 경우 이를 조정하기 위한 항목이다.

3. 국제 수지표의 작성 원리
① 기록

좌측	실물 자산의 수입, 대외 자산의 증가, 대외 부채의 감소를 기록함
우측	실물 자산의 수출, 대외 자산의 감소, 대외 부채의 증가를 기록함

② 계산 단위 및 환산 : 우리나라에서는 미 달러화를 계산 단위로 하여 국제 수지표를 작성함

4. 국제 수지표와 외화의 유출 및 유입

구분	외화의 유출	외화의 유입
경상 수지	• 상품 수입 (실물 자산 증가) • 서비스 이용 • 본원 소득 지급 • 이전 소득 지급	• 상품 수출 (실물 자산 감소) • 서비스 제공 • 본원 소득 수입 • 이전 소득 수입
자본 수지	• 자본 이전 지급 • 비생산 · 비금융 자산 취득	• 자본 이전 수입 • 비생산 · 비금융 자산 처분
금융 계정	• 금융 자산 증가 • 금융 부채 감소	• 금융 자산 감소 • 금융 부채 증가

자료로 살펴보기 🔍

■ **국제 거래와 국제 수지표**

(가) 우리나라 국민이 외국 기업의 주식을 5백만 달러어치 취득하였다.
(나) 우리나라 기업이 자동차를 9천만 달러어치 수출하고 대금을 현금으로 받았다.

(가)는 금융 자산의 증가로서 국제 수지표 좌측에 기록되며, 외화의 유출을 의미한다. (나)는 상품 수출로서 국제 수지표 우측에 기록되며, 외화의 유입을 의미한다.

주제 25 경상 수지의 변동과 영향

1. 경상 수지와 국민 경제
① 경상 수지의 균형 : 경상 거래에서의 외화 유입액과 외화 유출액이 같은 경우
② 경상 수지의 불균형
- 경상 수지 흑자

의미	경상 거래에서의 외화 유입액이 외화 유출액보다 많은 경우
영향	국민 경제가 활성화되고 대외 신용도가 향상되지만, 통화량 증가로 이어지는 경우 물가 상승 및 교역 상대국과의 무역 마찰 우려가 있음

• 경상 수지 적자

의미	경상 거래에서의 외화 유입액이 외화 유출액보다 적은 경우
영향	국민 경제 위축, 대외 채무 증가, 대외 신용도 하락 등 부정적 영향을 미치지만, 물가가 안정되는 효과가 나타날 수도 있음

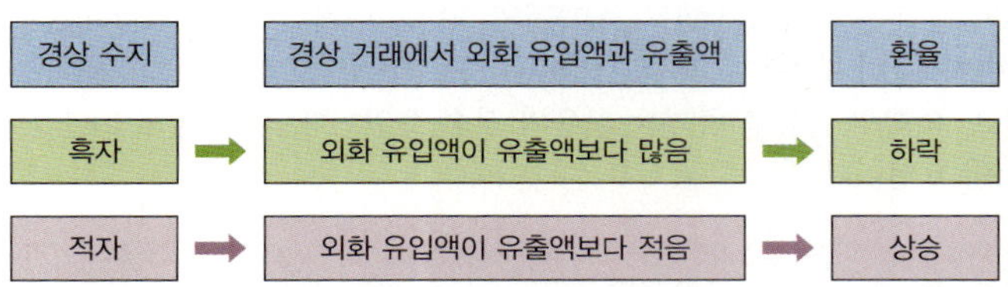

2. 경상 수지와 환율

① 경상 수지의 불균형이 환율에 미치는 영향 : 일반적으로 경상 수지의 불균형은 외환 시장에서 외화의 초과 공급 혹은 초과 수요를 발생시켜 환율에 영향을 미침

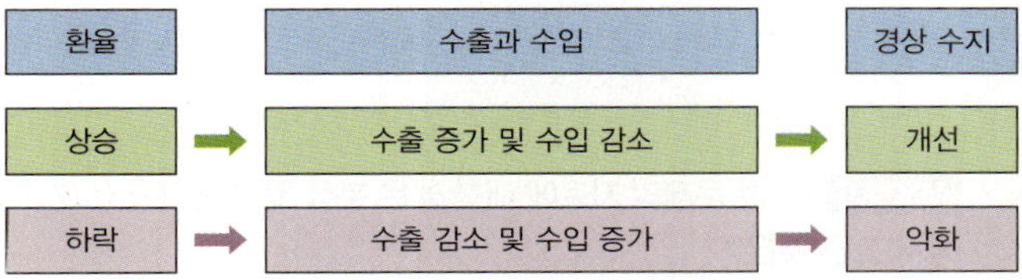

② 환율 변동이 경상 수지에 미치는 영향 : 환율 변동은 수출품 및 수입품의 가격 경쟁력, 서비스의 상대적인 가격 등에 변화를 초래하여 경상 수지에 영향을 미침

그래프로 살펴보기

■ 우리나라의 경상 수지 추이

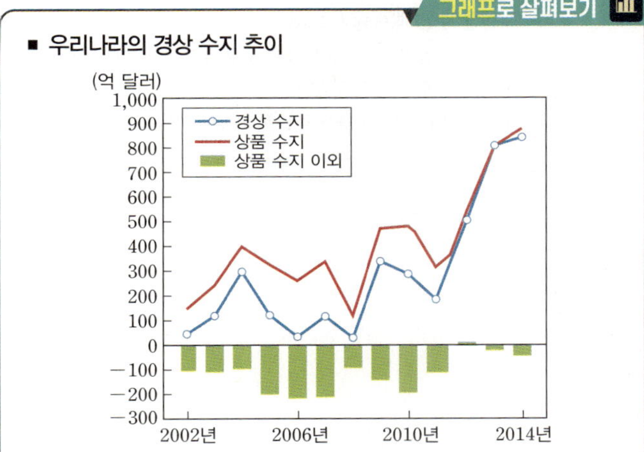

경상 수지는 2000년대 들어서도 이전과 마찬가지로 흑자 기조를 지속하였으나, 국제 경제 환경의 영향으로 흑자 규모는 연도별로 크게 차이가 나타났다. 대체로 상품 수지 이외에서는 상당한 규모의 적자를 기록했지만, 상품 수지가 큰 폭의 흑자를 기록함에 따라 경상 수지는 흑자 기조를 유지할 수 있었다. 2012년부터는 상품 수지에서 흑자 폭이 증가할 뿐만 아니라 상품 수지 이외에서도 적자 폭이 감소하면서 경상 수지의 흑자 폭 역시 증가하였다.

핵심 개념 CHECK!

• 정답 및 해설 057쪽

다음 설명이 맞으면 'O', 틀리면 'X'에 표하시오.

01 국제 수지는 일정 기간 동안 한 나라가 수취한 외화와 지급한 외화의 차액을 의미한다. (O , X)

02 국제 수지표는 경상 수지, 금융 계정, 오차 및 누락으로 구성된다. (O , X)

03 경상 수지는 상품 수지, 서비스 수지, 본원 소득 수지로 구성된다. (O , X)

04 재화의 수출은 재화의 수입과 달리 상품 수지에 기록된다. (O , X)

05 운송, 여행, 통신, 보험에 관한 서비스 거래와 달리 지식 재산권 사용료는 자본 수지에 기록된다. (O , X)

06 이자 및 배당금과 같은 투자 소득은 본원 소득 수지에 기록된다. (O , X)

07 임금과 같은 근로 소득은 이전 소득 수지에 기록된다. (O , X)

08 무상 원조, 기부금, 구호물자, 국제기구 출연금은 자본 수지에 기록된다. (O , X)

09 증권 투자는 직접 투자와 달리 금융 계정에 기록된다. (O , X)

10 국제 수지표의 오차 및 누락은 통계상의 불일치를 조정하기 위한 항목이다. (O , X)

경상 수지의 불균형이 국민 경제에 미치는 영향이 맞으면 'O', 틀리면 'X'에 표하시오.

11 경상 거래에서의 외화 유입액과 외화 유출액이 같은 경우를 경상 수지의 균형이라고 한다. (O , X)

12 경상 수지의 흑자는 국가 경제에 항상 긍정적인 영향을 미친다. (O , X)

13 경상 수지가 흑자를 기록하면 통화량이 증가하여 국내 물가가 하락한다. (O , X)

14 경상 수지가 흑자를 기록하면 기업의 생산이 증가하고, 내수 산업이 확대된다. (O , X)

15 경상 수지가 적자를 기록하면 외환 보유액이 감소하여 대외 신용도가 상승한다. (O , X)

16 경상 수지가 적자를 기록하면 경상 거래로 인한 외화의 유입액이 유출액보다 적어 환율이 하락한다. (O , X)

환율의 변동이 경상 수지에 미치는 영향이 맞으면 'O', 틀리면 'X'에 표하시오.

17 환율이 상승하면 수출이 증가하고 수입이 감소하여 상품 수지가 악화된다. (O , X)

18 환율이 하락하면 외국인의 국내 여행이 감소하고 자국민의 해외 여행이 증가하여 서비스 수지가 개선된다. (O , X)

국제 수지표는 어떻게 구성되어 있을까?

개념 | 고난도 수능 자료로 확인

■ 표는 갑국 국제 수지의 구성을 나타낸다.

(단위 : 억 달러)

구분	2016년	2017년
경상 수지	140	175
상품 수지	180	220
서비스 수지	−40	(나)
(가)	10	5
이전 소득 수지	−10	−20
자본 수지	3	−2
㉠금융 계정(준비 자산 제외)	−130	−140

- 경상 수지는 '상품 수지+서비스 수지+(가)+이전 소득 수지'이다. 따라서 (가)는 본원 소득 수지이고, 2017년의 서비스 수지인 (나)는 −30이다.
- 갑국이 외국에 무상으로 제공하는 구호물자가 포함되는 항목은 이전 소득 수지로, 이 항목은 2016년과 2017년 모두 수취액보다 지급액이 많다.
- 2016년과 2017년의 금융 계정은 모두 적자로 외화의 순유출이 증가하였고, 외화의 순유출 증가는 환율의 상승 요인이다. 따라서 2016년과 2017년 사이 밑줄 친 ㉠에 나타난 변동은 달러화 대비 갑국 통화 가치의 하락 요인이다.

개념 | 기출문제에 적용

01 연습하기 그림은 2013년과 2014년 A국의 B국에 대한 상품 수출액과 상품 수지를 나타낸다. 이를 보고 표의 빈칸을 채우시오. (단, 교역은 A국과 B국 간에만 존재한다.)

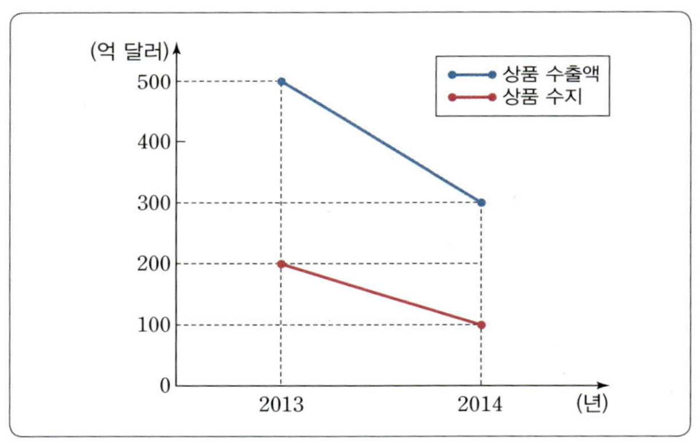

(단위 : 억 달러)

구분	수출액	수입액
2013년	500	❶
2014년	300	❷

02 적용하기 01번 문제의 자료에 대한 옳은 분석 및 추론만을 〈보기〉에서 고른 것은?

〔보기〕
ㄱ. A국의 상품 수입액은 증가하였다.
ㄴ. A국의 상품 수입액 변동폭은 상품 수출액 변동폭보다 크다.
ㄷ. B국의 상품 수지는 개선되었다.
ㄹ. A국이 B국보다 상품 수출액 감소폭이 더 크다.

① ㄱ, ㄴ 　② ㄱ, ㄷ 　③ ㄴ, ㄷ
④ ㄴ, ㄹ 　⑤ ㄷ, ㄹ

HOW & WHAT 정답 01 ❶ 300 ❷ 200　02 ⑤

주제 23　국제 수지

족집게 전략 | 국제 수지표의 각 항목(경상 수지, 자본 수지, 금융 계정, 오차 및 누락)과 경상 수지의 각 항목(상품 수지, 서비스 수지, 본원 소득 수지, 이전 소득 수지)은 필수 암기 사항이다. 국제 수지표의 각 항목에 해당하는 사례를 묻는 문제가 자주 출제되므로, 관련 내용을 확실히 정리해 두어야 한다.

족집게 자료 분석 전략 START |

		(단위 : 억 달러)			(단위 : 억 달러)
구분	갑국	을국	구분	갑국	을국
상품 수지 항목의 수출액	50	30	본원 소득 수지	20	−25
서비스 수지 항목의 지급액	40	20	이전 소득 수지	−10	10

* 단, 국제 거래는 갑국과 을국 사이에서만 발생하고, 제시된 자료 이외의 거래는 없다.

국제 거래가 갑국과 을국 사이에서만 발생하므로 갑국의 수출액은 을국의 수입액과 같고, 갑국의 지급액은 을국의 수취액과 같다. 따라서 갑국의 경우 상품 수지는 20억 달러, 서비스 수지는 −20억 달러이고, 을국의 경우 상품 수지는 −20억 달러, 서비스 수지는 20억 달러이다.

---

303 대표 문항

| 평가원 기출 |

(가)~(라)에 해당하는 적절한 사례만을 〈보기〉에서 고른 것은?

〈국제 수지표〉

계정 ＼ 수취 및 지급	외화 수취	외화 지급
경상 수지	(가)	(나)
자본 · 금융 계정	(다)	(라)

〈보기〉

ㄱ. (가) − 갑 기업이 휴대 전화를 해외로 수출하였다.
ㄴ. (나) − 을이 해외 주식 시장에서 외국 A 기업 주식을 구입하였다.
ㄷ. (다) − 국내에 있는 병 자동차 공장을 외국 B 기업이 인수하였다.
ㄹ. (라) − 정 여행사가 단체 관광객의 숙박을 위해 해외 C 호텔을 이용하였다.

* 단, 갑~정은 국내 경제 주체이다.

① ㄱ, ㄴ　　② ㄱ, ㄷ　　③ ㄴ, ㄷ
④ ㄴ, ㄹ　　⑤ ㄷ, ㄹ

✎ **한줄 Tip** 먼저 국제 수지표에서 어떤 항목에 해당하는 사례인지 확인한 후, 외화의 수취인지 지급인지를 판단해야 해!

---

304 고난도↑

| 교육청 기출 |

다음 자료에서 자신이 고른 카드에 대한 학생들의 진술로 옳은 것은?

- A~E는 교사가 제시한 우리나라의 국제 거래 사례 카드이다. 교사는 학생 갑~무에게 각각 카드 두 장씩을 고르게 한 후 자신이 고른 카드를 국제 수지와 관련하여 설명하도록 하였다.

〈A〉
미국 기업으로부터 자동차 수출 대금 100만 달러 수취

〈B〉
독일 기업으로부터 화물 운송비 30만 달러 수취

〈C〉
중국인 관광객으로부터 제주도 여행비 80만 달러 수취

〈D〉
일본 거주 투자자에게 주식 배당금 10만 달러 지급

〈E〉
지진 피해 국가에 재해 구호금 50만 달러 지급

- 표는 갑~무가 각각 고른 카드를 나타낸다.

학생	갑	을	병	정	무
카드	A, B	A, D	B, C	C, E	D, E

① 갑 : 두 장 모두 외화 유출을 발생시키는 사례에 해당합니다.
② 을 : 두 장 모두 자본 수지 항목에 해당합니다.
③ 병 : 두 장 모두 서비스 수지 항목에 해당합니다.
④ 정 : 한 장은 서비스 수지, 다른 한 장은 본원 소득 수지 항목에 해당합니다.
⑤ 무 : 한 장은 금융 계정, 다른 한 장은 이전 소득 수지 항목에 해당합니다.

305

다음은 2019년 갑국에서 발생한 경상 거래 전부를 나타낸다. 2019년 갑국의 경상 수지로 옳은 것은?

- 재화 수출 30억 달러
- 재화 수입 20억 달러
- 해외 무상 원조 2억 달러 지급
- 지식 재산권 사용료 2억 달러 지급
- 해외에 투자한 국내 기업의 배당금 2억 달러 수취
- 국내 운송 기업의 외국인 여객 운송료 10억 달러 수취

① 18억 달러 흑자　　② 20억 달러 흑자
③ 22억 달러 흑자　　④ 23억 달러 적자
⑤ 24억 달러 흑자

306

그림은 경상 수지의 하위 항목 A~C를 분류한 것이다. 이에 대한 옳은 설명만을 〈보기〉에서 고른 것은? (단, A~C는 각각 상품 수지, 서비스 수지, 본원 소득 수지 중 하나이다.)

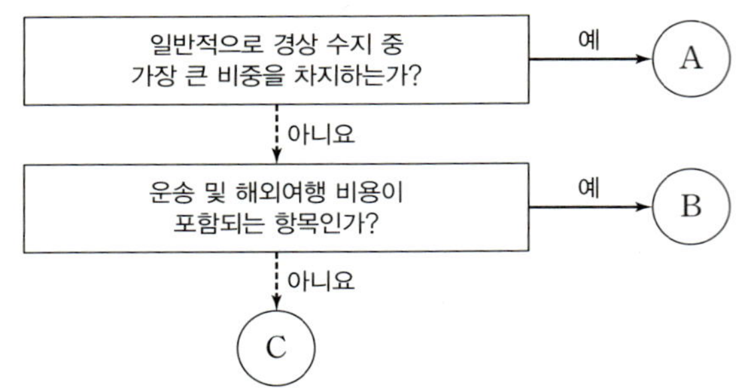

〈보기〉
ㄱ. A는 서비스 수지이다.
ㄴ. B는 외국인의 국내 여행 비용을 포함한다.
ㄷ. C는 외국 주식을 보유하고 받는 배당금을 포함한다.
ㄹ. A, B, C가 모두 균형을 이루면 경상 수지는 균형을 이룬다.

① ㄱ, ㄴ　　② ㄱ, ㄷ　　③ ㄴ, ㄷ
④ ㄴ, ㄹ　　⑤ ㄷ, ㄹ

307

㉠~㉣에 대한 옳은 설명만을 〈보기〉에서 있는 대로 고른 것은? (단, 준비 자산은 제외한다.)

구분	지급액	수취액
경상 수지	㉠	㉡
금융 계정	㉢	㉣

〈보기〉
ㄱ. 자국민이 해외여행을 위해 지출한 외화는 ㉠에 해당한다.
ㄴ. 자국 상품의 수출액은 ㉡에 해당한다.
ㄷ. 외국 기업에 지급한 특허권 사용료는 ㉢에 포함된다.
ㄹ. 외국 정부가 제공한 차관은 ㉣에 포함된다.

① ㄱ, ㄴ　　② ㄱ, ㄷ　　③ ㄷ, ㄹ
④ ㄱ, ㄴ, ㄹ　　⑤ ㄴ, ㄷ, ㄹ

308

다음은 우리나라 갑 기업의 국제 거래 내역을 나타낸다. (가)~(다)가 반영되는 경상 수지 항목을 옳게 연결한 것은?

(가) 연료 전지를 10억 달러어치 수출하였다.
(나) 중국 기업에게 특허권 사용료 300만 달러를 지급하였다.
(다) 영국과 일본 주주들에게 배당금 1,000만 달러를 지급하였다.

	(가)	(나)	(다)
①	상품 수지	상품 수지	이전 소득 수지
②	상품 수지	서비스 수지	본원 소득 수지
③	상품 수지	본원 소득 수지	서비스 수지
④	서비스 수지	상품 수지	이전 소득 수지
⑤	본원 소득 수지	서비스 수지	상품 수지

309

(가)에 들어갈 내용으로 적절한 것만을 〈보기〉에서 고른 것은?

〈보기〉
ㄱ. 경상 거래로 수취한 외화가 500억 달러겠구나.
ㄴ. 올해 해외로 유출된 실물의 가치가 500억 달러라는 말이네.
ㄷ. 경상 수지의 흐름이 국내 물가의 상승 요인으로 작용하겠어.
ㄹ. 국제 거래 규모가 예전보다 감소했다면 경상 수지가 흑자라고 해서 마냥 긍정적으로 볼 수는 없겠어.

① ㄱ, ㄴ　　② ㄱ, ㄷ　　③ ㄴ, ㄷ
④ ㄴ, ㄹ　　⑤ ㄷ, ㄹ

310

(가)~(라)의 상황에 해당하는 신문 기사의 제목으로 적절한 것만을 〈보기〉에서 고른 것은?

구분	외화 수취	외화 지급
서비스 수지	(가)	(나)
본원 소득 수지	(다)	(라)

〔보기〕
ㄱ. (가) – 올해 상반기 외국인에게 벌어들인 관광 수입 50억 달러 돌파
ㄴ. (나) – 정부, 지진 피해를 입은 ○○국에 5억 달러의 무상 원조 제공
ㄷ. (다) – 국내 투자자의 외국 주식 배당금 수입 10억 달러 기록
ㄹ. (라) – 국내 기업, 이번 달 외국 주식 및 채권에 20억 달러 투자

① ㄱ, ㄴ   ② ㄱ, ㄷ   ③ ㄴ, ㄷ
④ ㄴ, ㄹ   ⑤ ㄷ, ㄹ

311

우리나라의 국제 수지표는 다음과 같이 지급과 수취의 두 부분으로 나누어 기록한다. 밑줄 친 ㉠~㉣에 대한 옳은 설명만을 〈보기〉에서 고른 것은?

구분	지급	수취
경상 수지	㉠상품 수입	상품 수출
	서비스 이용에 따른 대금 지급	㉡서비스 제공에 따른 대금 수취
	본원 소득 및 이전 소득 지급	㉢본원 소득 및 이전 소득 수취
자본 수지	자본 이전 지급	자본 이전 수취
	해외 비생산 · 비금융 자산 취득	해외 비생산 · 비금융 자산 처분
금융 계정	㉣해외 금융 자산 취득	해외 금융 자산 처분
	대외 금융 부채 상환	대외 금융 부채 차입

〔보기〕
ㄱ. ㉠의 증가는 외환 시장의 공급 증가 요인이다.
ㄴ. 외국인의 국내 여행 증가는 ㉡의 증가 요인이다.
ㄷ. 국내 노동 시장으로의 외국인 근로자 유입 증가는 ㉢의 증가 요인이다.
ㄹ. 국내 기업의 해외 주식 투자는 ㉣에 해당한다.

① ㄱ, ㄴ   ② ㄱ, ㄷ   ③ ㄴ, ㄷ
④ ㄴ, ㄹ   ⑤ ㄷ, ㄹ

312

표는 갑국의 국제 수지표를 나타낸다. 이에 대한 설명으로 옳은 것은?

(단위 : 억 달러)

구분	2018년	2019년
㉠경상 수지	20	(나)
자본 수지	(가)	10
㉡금융 계정	−30	−20
A	2	0

① (가)는 (나)보다 크다.
② A는 준비 자산 증감이다.
③ 2019년 경상 수지는 적자이다.
④ ㉠은 해외 무상 원조를 포함한다.
⑤ ㉡은 해외 채권 투자를 포함하지 않는다.

313

다음은 우리나라 국제 수지표의 구성을 나타낸다. (가)~(마)에 포함되는 사례로 옳은 것은? (단, 갑~무는 국내에 거주하는 우리나라 국민이다.)

구분		해당 거래 사례
경상 수지	상품 수지	(가)
	서비스 수지	(나)
	본원 소득 수지	(다)
	이전 소득 수지	(라)
자본 수지		(마)
금융 계정		−
오차 및 누락		−

① (가) – 갑은 해외의 지진 피해 국가에 구호금을 보냈다.
② (나) – 을은 보유한 외국 기업의 주식에 대한 배당금을 받았다.
③ (다) – 병은 해외의 외국 기업에 취업하여 임금을 받았다.
④ (라) – 정은 방학 동안 유럽을 여행하며 유료 박물관을 견학하였다.
⑤ (마) – 무는 해외 직접 구매를 통해 텔레비전을 구입하였다.

주제 24 경상 수지의 변동과 영향

족집게 전략 | 경상 수지의 항목별 변화를 표나 그래프로 제시하고, 이로 인한 해당 국가의 물가, 환율, 경기 상황 변화를 묻는 문제가 자주 출제되므로, 관련 내용에 대한 정확한 이해가 필수적이다.

족집게 자료 분석 전략 START |

(단위 : 억 달러)

구분		2016년	2017년
경상 수지	상품 수지	70	90
	서비스 수지	−20	20
	본원 소득 수지	10	−10
	이전 소득 수지	10	−20
자본 수지		−20	−10
금융 계정		−50	−70

* 단, 준비 자산과 오차 및 누락은 없다.

2017년 상품 수지는 90억 달러로 2016년 상품 수지인 70억 달러에 비해 증가하였다. 해외 지식 재산권 사용료가 포함된 항목, 즉 서비스 수지는 2016년에 20억 달러 적자, 2017년에 20억 달러 흑자이다. 따라서 2017년 경상 수지는 80억 달러 흑자(=90억 달러+20억 달러−10억 달러−20억 달러)이다.

314 대표 문항
| 평가원 기출 |

그림에 대한 옳은 설명만을 〈보기〉에서 고른 것은?

〈갑국의 2016년 상반기 상품 수지 흑자 규모〉

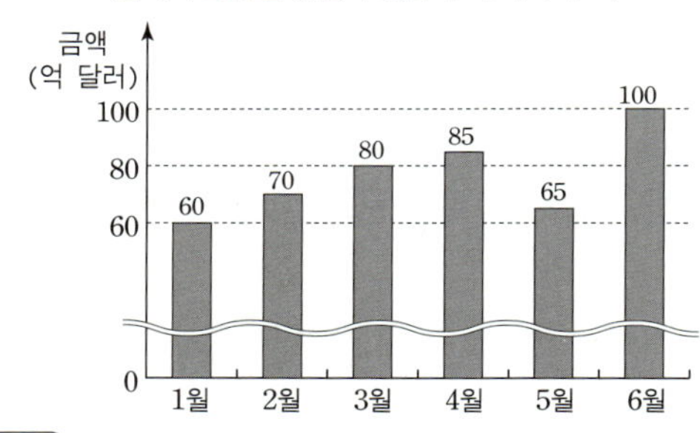

보기
ㄱ. 1∼4월 기간 중 경상 수지 흑자는 증가했다.
ㄴ. 1∼4월의 상품 수지는 물가를 하락시키는 요인이다.
ㄷ. 5월의 상품 수지는 달러화 대비 갑국 화폐 가치를 전월에 비해 상승시키는 요인이다.
ㄹ. 6월의 상품 수입액이 가장 컸다면 상품 수출액도 6월이 가장 컸을 것이다.

① ㄱ, ㄴ　　　② ㄱ, ㄷ　　　③ ㄴ, ㄷ
④ ㄴ, ㄹ　　　⑤ ㄷ, ㄹ

✏️ **한줄 Tip** 제시된 그림에서 상품 수지는 지속적으로 흑자를 기록하고 있어!

315
| 평가원 기출 |

표는 갑국의 2016년 경상 수지를 나타낸다. 이에 대한 분석으로 옳은 것은?

(단위 : 억 달러)

경상 수지			
상품 수지	서비스 수지	본원 소득 수지	이전 소득 수지
120	−20	10	−35

① 재화의 수출액은 전년 대비 120억 달러 증가하였다.
② 해외 투자에 따른 배당금을 기록하는 항목은 적자이다.
③ 서비스 거래에 따른 외화 유출액이 유입보다 많았다.
④ 해외에 제공한 공적 개발 원조액을 기록하는 항목은 흑자이다.
⑤ 경상 수지는 달러화 대비 갑국 통화 환율의 상승 요인이다.

316

그림은 갑국의 상품 수지와 서비스 수지의 변화를 나타낸다. 이에 대한 옳은 설명만을 〈보기〉에서 고른 것은? (단, 모든 시기 본원 소득 수지와 이전 소득 수지는 0이다.)

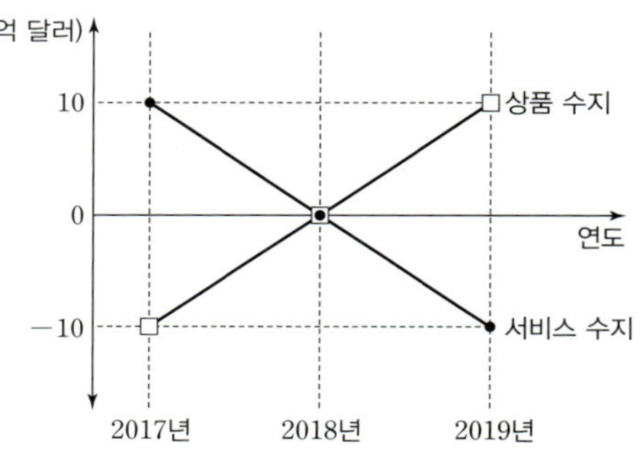

보기
ㄱ. 2017년 재화의 수출액은 수입액보다 많았다.
ㄴ. 2017년과 2018년 모두 경상 수지는 0이다.
ㄷ. 2018년에 비해 2019년의 재화 수출액은 10억 달러 증가하였다.
ㄹ. 모든 연도에서 재화와 서비스의 대외 거래에 따른 수취액과 지급액은 같다.

① ㄱ, ㄴ　　　② ㄱ, ㄷ　　　③ ㄴ, ㄷ
④ ㄴ, ㄹ　　　⑤ ㄷ, ㄹ

317 고난도↗ |평가원 기출|

다음 자료의 A~D는 갑국의 상품 수출액과 수입액 변화 가능성을 나타낸다. 이에 따라 예상되는 갑국의 경제 상황으로 가장 적절한 것은?

현재 갑국의 상품 수출액과 수입액은 그림에서 E로 표시되어 있고, 그 점에서 경상 수지는 0이다. 단, 갑국의 서비스 수지, 본원 소득 수지, 이전 소득 수지는 각각 일정하며 자본 수지와 금융 계정은 고려하지 않는다.

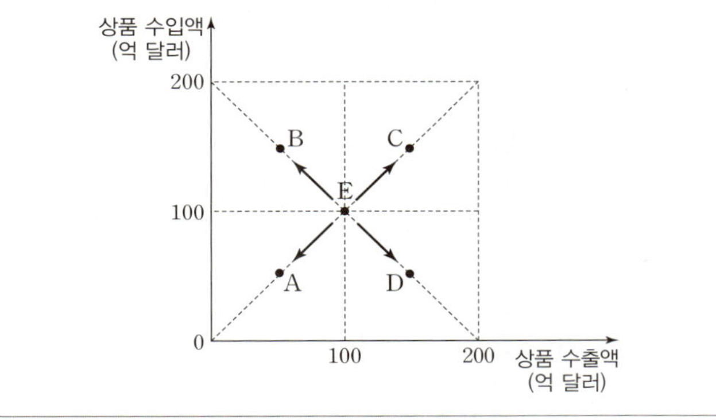

① A로 이동하면 상품 수지는 흑자가 될 것이다.
② B로 이동하면 외화 유입액이 유출액보다 많아질 것이다.
③ C로 이동하면 상품 수지는 개선될 것이다.
④ D로 이동하면 경상 수지는 흑자가 될 것이다.
⑤ A 또는 B로 이동하면 두 경우 모두 경상 수지는 적자가 될 것이다.

318

㉠에 들어갈 내용으로 가장 적절한 것은?

갑국에서는 최근 경상 수지의 외화 지급액이 크게 늘어나 외화 수취액을 압도하고 있다. 전문가들은 이러한 상황이 지속될 경우 (㉠)의 가능성이 높다고 예측하고 있다.

① 환율 하락
② 대외 채무 감소
③ 국민 경제 활성화
④ 대외 신용도 하락
⑤ 통화량 증가로 인한 인플레이션 발생

319

표는 갑국의 경상 수지 항목별 변화를 나타낸다. 이에 대한 분석 및 추론으로 옳은 것은?

(단위 : 억 달러)

구분	2017년	2018년	2019년
상품 수지	10	20	30
서비스 수지	−5	−20	−30
본원 소득 수지	15	10	−30
이전 소득 수지	5	−10	5

① 2017년의 경상 수지는 갑국 화폐/달러 환율의 하락 요인이다.
② 2018년에 지적 재산권 사용료가 포함되는 항목은 흑자를 기록하였다.
③ 2019년에는 경상 수지가 흑자이다.
④ 2019년은 본원 소득보다 이전 소득으로 인한 외화 유입액이 많다.
⑤ 상품의 수출입 규모는 매년 증가하였다.

320 |평가원 기출|

그림은 경제 수업 시간에 활용한 시청각 자료이다. 밑줄 친 ㉠을 옳게 이해한 학생만을 〈보기〉에서 고른 것은?

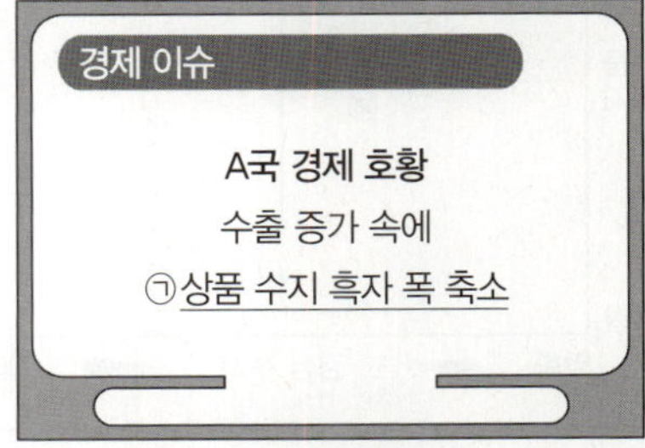

보기
갑 : A국 통화의 가치가 하락했기 때문이야.
을 : 상품 수입이 수출보다 더 큰 폭으로 늘어났군.
병 : 상품 수지가 흑자이니 상품 수출이 수입보다 많겠네.
정 : A국 국민이 해외여행에서 사용한 경비가 많아졌기 때문이야.

① 갑, 을　　　　② 갑, 병　　　　③ 을, 병
④ 을, 정　　　　⑤ 병, 정

321

(가)~(다)에 대한 옳은 설명만을 〈보기〉에서 고른 것은?

> (가) 환율이 하락하였다.
> (나) 국내 금리가 하락하였다.
> (다) 전량 수입하는 원자재의 국제 가격이 상승하였다.

〔보기〕
ㄱ. (가)는 상품 수지 악화 요인이다.
ㄴ. (가)는 자국민의 해외여행 감소에 따른 서비스 수지 개선 요
인이다.
ㄷ. (나)는 외국 자본의 국내 유입 감소 요인이다.
ㄹ. (다)는 상품 수지에서 외화 수취액 증가, 외화 지급액 감소
요인이다.

① ㄱ, ㄴ   ② ㄱ, ㄷ   ③ ㄴ, ㄷ
④ ㄴ, ㄹ   ⑤ ㄷ, ㄹ

322

그림에 나타난 경상 수지 변화에 대한 옳은 설명만을 〈보기〉에서 고른
것은? (단, 본원 소득 수지와 이전 소득 수지는 0이다.)

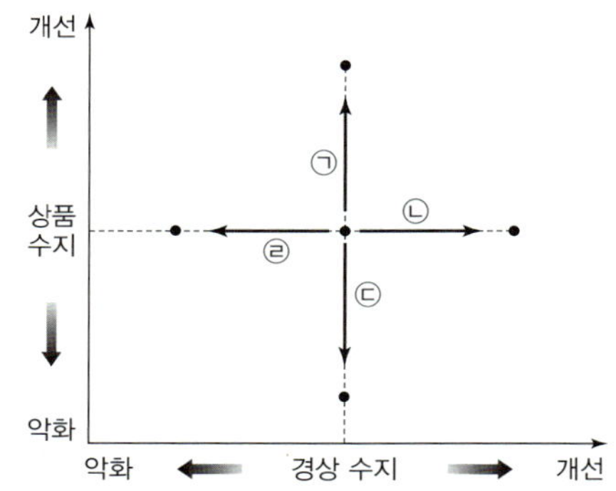

〔보기〕
ㄱ. 외국인의 국내 투자 증가는 ㉡의 발생 요인이다.
ㄴ. 서비스 수지의 적자 감소와 함께 ㉢이 나타날 수 있다.
ㄷ. ㉣은 환율의 상승 요인이다.
ㄹ. 환율 하락은 ㉠의 발생 요인이고, 환율 상승은 ㉢의 발생 요
인이다.

① ㄱ, ㄴ   ② ㄱ, ㄷ   ③ ㄴ, ㄷ
④ ㄴ, ㄹ   ⑤ ㄷ, ㄹ

323 고난도

다음 수행 평가지의 (가)에 들어갈 내용으로 가장 적절한 것은?

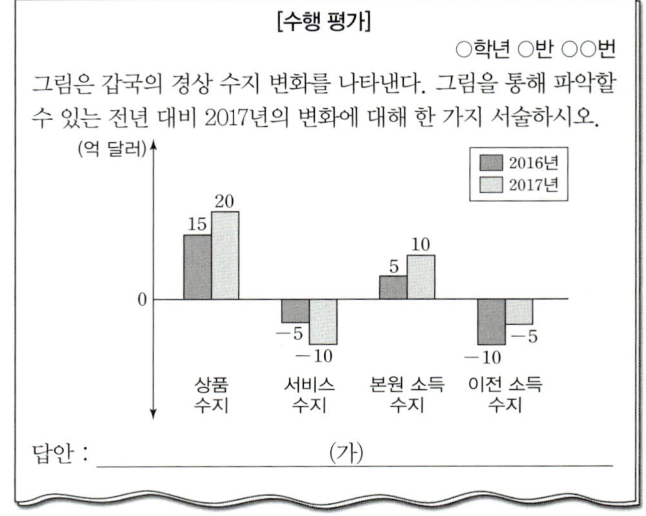

① 상품 수출 증가액이 상품 수입 증가액보다 작다.
② 서비스 사용에 따른 외화의 유출액은 5억 달러 증가하였다.
③ 대가 없이 이루어진 거래를 기록하는 항목의 적자 폭이 커졌다.
④ 경상 수지의 변화는 달러화 대비 갑국 화폐 가치 하락 요인이다.
⑤ 해외 투자에 따른 배당금을 기록하는 항목의 흑자액은 증가하였다.

324

㉠~㉢에 들어갈 용어를 옳게 연결한 것은?

> 소득이나 이자율 등을 고려하지 않는다면, 경상 수지는 자동 조정
> 기구의 작용에 따라 환율과의 관계를 토대로 균형을 이룬다. 만약
> 경상 수지의 흑자가 지속된다면, 이는 외환 시장에서 (㉠)의
> 증가 요인으로 작용하여 환율이 (㉡)하도록 한다. 이와 같은
> 환율 변화로 인해 장기적으로 경상 수지의 흑자 폭은 (㉢)
> 한다.

	㉠	㉡	㉢
①	수요	상승	감소
②	수요	하락	감소
③	공급	하락	증가
④	공급	상승	감소
⑤	공급	하락	감소

325

다음 현상들이 우리나라에 미치는 공통적 영향으로 적절한 것만을 〈보기〉에서 고른 것은?

- 우리나라를 찾는 일본인 관광객이 급증하고 있다.
- 우리나라에 대한 대규모 엔화 투자가 큰 폭으로 증가하고 있다.

〈보기〉
ㄱ. 외환 보유액 감소
ㄴ. 서비스 수지 수취액 증가
ㄷ. 엔화 대비 원화 가치 상승
ㄹ. 본원 소득 수지 지급액 감소

① ㄱ, ㄴ ② ㄱ, ㄷ ③ ㄴ, ㄷ
④ ㄴ, ㄹ ⑤ ㄷ, ㄹ

326

다음은 설문 조사 결과이다. 밑줄 친 ㉠~㉤에 대한 설명으로 옳지 <u>않은</u> 것은?

질문 : 환율 변동에 관심을 갖는 주된 이유는 무엇입니까?	
㉠ 해외여행을 가기 위해	34.3%
㉡ 각종 해외 소비재의 직구를 위해	29%
㉢ 해외 투자에 대한 배당금 때문에	15.1%
㉣ 해외 주식 투자에 대한 관심 때문에	12.6%
㉤ 소비재의 수입 가격 때문에	9%

① ㉠은 서비스 수지 항목에 속한다.
② ㉡은 외화 지급 요인이다.
③ ㉣의 증가는 외환 보유액의 감소 요인이다.
④ ㉡, ㉤은 상품 수지 항목에 속한다.
⑤ ㉢, ㉣은 금융 계정 항목에 속한다.

[327~328] 다음 자료를 보고 물음에 답하시오.

표는 갑국의 경상 수지 변화를 나타낸다. 단, 갑국에서 일하는 외국인 근로자에 대한 임금 지급은 (나)에 포함된다.

(단위 : 억 달러)

구분	2018년	2019년
경상 수지	55	72
상품 수지	115	100
(가)	−25	32
(나)	−40	−65
이전 소득 수지	5	5

327

위 자료에 대한 옳은 설명만을 〈보기〉에서 고른 것은?

〈보기〉
ㄱ. 내국인 투자자의 해외 주식 투자액은 (나)에 반영된다.
ㄴ. 2019년 서비스 수지는 외화 유입액이 유출액보다 많다.
ㄷ. 2019년 재화의 수출액과 수입액의 차이는 전년보다 감소하였다.
ㄹ. 이전 소득 수지의 수취액과 지급액 규모는 2018년과 2019년이 같다.

① ㄱ, ㄴ ② ㄱ, ㄷ ③ ㄴ, ㄷ
④ ㄴ, ㄹ ⑤ ㄷ, ㄹ

328

2019년에 전년 대비 (가)의 변화를 가져온 요인으로 가장 적절한 것은?

① 수출 장려 보조금 삭감, 수입품 관세 인하
② 국제기구 출연금 증가, 해외로부터 들어오는 무상 송금액 감소
③ 갑국 내 체류 외국인의 근로 소득 감소, 갑국 국민의 해외 소득 증가
④ 해외 기술 특허권 사용료 감소, 외국에 있는 기업의 갑국 특허권 사용료 증가
⑤ 갑국으로 유입되는 투자 소득 증가, 외국인 투자자들에게 지급되는 이자 및 배당금 감소

V 경제생활과 금융

14강 금융 생활과 신용
15강 금융 상품과 재무 계획

V단원 출제 예감 주제 BEST 5

순위	주제	출제 예감 지수	빈출 출제 유형	문제 페이지
1	주제 28 금융 상품의 유형과 특징	★★★★★	• 2019학년도 수능 12번 • 2019학년도 6월 모평 4번 • 2019학년도 9월 모평 3번 • 2018학년도 6월 모평 12번	155 쪽
2	주제 27 가계의 금융 생활	★★★★☆	• 2018학년도 수능 2번 • 2018학년도 수능 3번 • 2018학년도 6월 모평 6번 • 2017학년도 수능 18번	150 쪽
3	주제 25 화폐와 이자율	★★★☆☆	• 2019학년도 6월 모평 19번 • 2019학년도 6월 모평 16번 • 2018학년도 6월 모평 10번 • 2018학년도 수능 5번	147 쪽
4	주제 26 금융과 금융 시장	★★★☆☆	• 2018학년도 9월 모평 17번 • 2015학년도 9월 모평 12번	149 쪽
5	주제 29 생애 주기와 재무 계획	★★★☆☆	• 2018학년도 9월 모평 13번 • 2017학년도 9월 모평 8번	158 쪽

14강		· 화폐 · 이자 · 이자율 · 단리 · 복리 · 명목 이자율 · 실질 이자율
금융 생활과 신용 (본책 144~151쪽)	**주제 25** 화폐와 이자율	
	주제 26 금융과 금융 시장	· 금융 · 금융 거래 · 직접 금융 시장 · 간접 금융 시장
	주제 27 가계의 금융 생활	· 경상 소득 · 비경상 소득 · 소비 지출 · 비소비 지출 · 자산 · 부채 · 신용
15강		· 예금 · 주식 · 채권 · 펀드 · 연금 · 보험 · 수익성 · 안전성 · 유동성
금융 상품과 재무 계획 (본책 152~159쪽)	**주제 28** 금융 상품의 유형과 특징	
	주제 29 생애 주기와 재무 계획	· 생애 주기 · 재무 목표 · 재무 계획

▶ **비교적 쉬운 문제가 출제되는 단원이다. 그러나 긴장을 늦추지 말자.**

다른 단원에 비해 상대적으로 쉬운 문제가 출제된다. 하지만 금융 상품의 종류와 특징, 이자율 관련 자료 분석 문제에서 실수하기 쉽다. 따라서 관련 내용을 정확히 숙지하고, 기출 문제를 비롯한 다양한 문제를 반복적으로 풀면서 실전 감각을 익혀야 한다.

▶ **가계 수지 구성 자료를 제시하고, 이를 분석하는 문제가 자주 출제된다.**

우선 가계 소득의 구성 항목에 대해 정확히 이해해야 하고, 가계의 수입과 지출, 자산과 부채, 순자산의 개념을 분명히 알고 있어야 한다. 가계 수지에 대한 간단한 계산 문제도 출제될 수 있으므로 실수하지 않도록 연습해 두어야 한다.

14강 금융 생활과 신용

주제 25 화폐와 이자율

1. 화폐
① 의미 : 재화나 서비스의 교환을 위해 통상적으로 사용하는 자산
② 종류 : 주화, 지폐, 수표 등
③ 기능
- 교환의 매개 기능 : 교환이나 거래 대가의 지불 수단 → 화폐를 매개로 하여 분업과 특화에 따른 경제 활동이 촉진됨
- 가치의 저장 기능 : 경제적 가치를 보존하는 수단 → 미래의 지출에 대비하거나 자산을 형성할 수 있음
- 가치의 척도 기능 : 재화나 서비스의 가치를 측정하는 수단 → 화폐 단위에 의해 재화와 서비스의 가치를 통일적으로 표현할 수 있음

2. 이자율
① 이자와 이자율

이자	• 일정 기간 자금을 빌리거나 빌려준 것에 대한 대가 • 화폐 보유의 기회비용
이자율	원금에 대한 이자의 비율

② 이자의 계산 방법

단리	• 예금한 원금에 대해서만 이자를 계산하는 방법 • 원리금＝원금×[1+(이자율×기간)]
복리	• 예금한 원금뿐만 아니라 앞서 발생한 이자에 대해서도 다시 이자를 계산하는 방법 • 원리금＝원금×$(1+이자율)^{기간}$

↳ 투자 기간이 길어질수록 원리금이 기하급수적으로 증가하면서 위력을 발휘한다.

그래프로 살펴보기

■ 72법칙

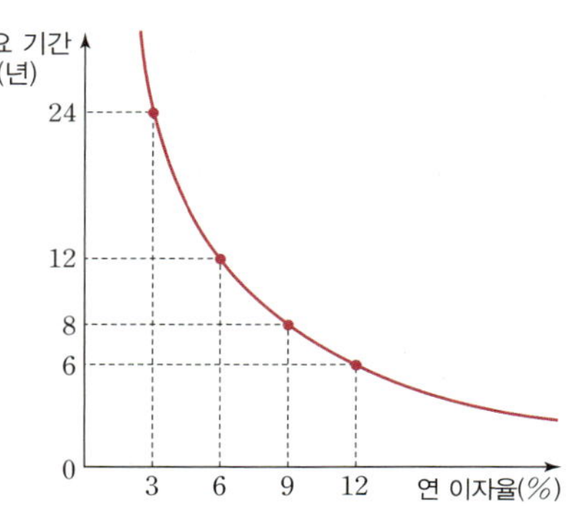

* 72/연 이자율＝원금이 2배가 되는 데 필요한 기간
** 72/기간＝원금이 2배가 되기 위해 필요한 연평균 수익률

72법칙이란 72를 연간 복리 수익률로 나누면 원금이 두 배가 되는 기간과 같아지는 법칙을 말한다. 위 그림은 원금이 2배가 되는 데 소요되는 기간을 연 이자율에 따라 나타낸 것이다. 예를 들어, 원금 1,000만 원으로 복리 방식의 연 이자율 4%인 예금에 가입한다면, 원금을 2배로 만드는 데 걸리는 기간은 18년(=72/4)이다. 또한, 72법칙은 정해진 기간 동안 원금이 2배가 되기 위해 필요한 복리 이자율은 얼마인지를 파악하는 데도 활용될 수 있다. 예를 들어, 원금 1,000만 원을 5년 후에 원금의 2배로 만들고 싶다면, 연 14.4%(=72/5)의 복리 이자를 주는 예금 상품에 가입해야 한다.

③ 물가와 이자율

명목 이자율	물가 변동을 고려하지 않은 이자율
실질 이자율	물가 변동을 고려한 이자율

주제 26 금융과 금융 시장

1. 금융
① 금융의 의미 : 자금의 융통, 즉 여윳돈이 있는 사람에게서 돈이 필요한 사람에게 돈이 융통되는 것
② 금융 거래의 기능
- 자금의 여유 또는 부족으로 인한 어려움을 감소시킴 → 가계 살림이나 기업 경영 등을 안정시킴
- 인적·물적 자본에 대한 투자 확대를 가능하게 함 → 소득 증대 및 생산성 향상으로 이어짐
- 대규모의 자금이 소요되는 초기 투자를 가능하게 함 → 소규모 기업도 생산 활동에 나설 수 있음
③ 금융 거래와 실물 거래

금융 거래	• 금융 거래 증서와 화폐의 교환 • 화폐를 빌린 사람의 상환 약속을 전제로 하여 금융 거래 당사자 간의 믿음을 바탕으로 이루어짐
실물 거래	• 재화 또는 서비스와 화폐의 교환 • 재화 또는 서비스를 화폐와 직접 거래하므로 금융 거래에 비해 위험성이 낮음

2. 금융 시장과 금융 기관
① 금융 시장
- 의미 : 자금 공급자와 자금 수요자 간에 금융 거래가 이루어지는 장소 또는 관계
- 유형
  ↱ 자금 공급자가 스스로 금융 거래의 책임을 지고 거래에 참여한다.

직접 금융 시장	• 자금 공급자와 자금 수요자가 자기 책임하에 직접 자금을 거래하는 금융 시장 • 수익률은 높은 편이나, 안전성이 상대적으로 낮음
간접 금융 시장	• 자금 공급자가 맡긴 자금을 금융 기관이 자금 수요자와 거래하는 금융 시장 • 수익률은 낮은 편이나, 안전성이 상대적으로 높음

↳ 금융 기관의 자기 책임하에 자금이 거래된다.

② 금융 기관

의미	금융 거래를 직간접적으로 중개하는 기관 ⑩ 은행, 보험 회사, 증권 회사 등
의의	• 금융 거래가 원활히 이루어질 수 있도록 함 • 금융 거래에 수반되는 거래 비용을 낮추어 경제 전체의 효율성을 높임 • 거래 목적에 맞춘 다양한 금융 상품을 판매함 • 채무 불이행과 가격 변동의 위험을 낮추어 금융 시장 참가자들의 후생을 높임

3. 올바른 금융 거래
① 금융 소비자의 능동적 자세 함양 : 금융 지식의 습득, 금융 정보의
　　정확한 파악 등
② 금융 거래 관련 분쟁의 해결 노력 : 예금자 보호 제도 등 금융 제도
　　활동, 금융 감독원에 도움 요청 등
　　　　→ 금융 기관이 건전하게 운영되도록 감독하고 공정한 금융 질서를 확립
　　　　　함으로써 금융 소비자를 보호하는 것을 목적으로 한다.

주제 27　가계의 금융 생활

1. 가계의 수입과 지출

① 수입 → 개인의 자산이나 인적 자원, 조세 및 사회 보장 제도 등에 의해 결정된다.
• 수입의 원천 : 소득 및 기타 수입 등
• 소득의 분류

경상 소득	근로 소득	근로자가 노동을 제공한 대가로 얻은 소득 예 봉급, 상여금, 수당 등
	사업 소득	자영업자나 고용주가 사업을 경영해 얻은 소득 예 이윤 등
	재산 소득	금융 자산과 실물 자산을 운용하여 얻은 소득 예 예·적금 이자, 주식 배당금 등
	이전 소득	생산 활동과 관계없이 무상으로 주어지는 소득 예 정부로부터 지급받는 생계비, 공적 연금 등
비경상 소득		비정기적이고 일시적인 요인에 의해 발생하는 소득 예 퇴직금, 경조금, 사고 보상 보험금 등

• 처분 가능 소득 : 소득에서 비소비 지출을 뺀 것
② 지출　→ 소비 지출을 충당하는 원천이 된다.
• 가계 지출의 구성

소비 지출	생활에 필요한 재화와 서비스의 구입을 위한 지출 예 식료품비, 교통비 등
비소비 지출	법 또는 제도에 의한 의무적 지출 예 조세, 공적 연금, 사회 보험료, 대출 이자 등

• 지출의 결정 요인 : 소득, 이자율, 개인의 자산 등
③ 저축과 투자

저축	미래의 지출에 대비해 소득 중 소비하지 않고 남겨 놓은 부분
투자	미래의 가치 증식을 위해 저축한 돈을 여러 형태의 자산으로 전환하는 것

④ 자산과 부채　→ 총자산에서 총부채를 뺀 것을 순자산이라고 한다.
• 자산 : 경제적 가치가 있는 유형 또는 무형의 재산
• 부채 : 과거의 거래로 인해 미래에 자산 등을 제공해야 하는 의무

2. 신용 거래와 신용 관리

① 신용과 신용 거래　→ 장래의 일정한 시점에 부채를 상환하겠다는 약속에 대한
　　　　　　　　　　　사회적 평가를 반영한다.

신용	돈을 빌려 쓰고 약속한 대로 갚을 수 있는 능력
신용 거래	현금, 재화와 서비스 등을 거래할 때 돈을 바로 내지 않고 정해진 기일에 대가를 지급하기로 약속하고 이루어지는 거래

② 신용 관리 : 소득 수준을 고려한 합리적 지출, 상환 능력을 고려한
　　대출 등이 이루어져야 함

• 정답 및 해설 062쪽

✎ (가), (나)에 대한 설명이 맞으면 '○', 틀리면 '✕'에 표하시오.

> (가) 화폐는 시간이 흘러도 그 가치가 쉽게 변하지 않는다. 따라서 소득의 일부를 틈틈이 저축하면 나중에 목돈이 필요한 때를 대비할 수 있다.
> (나) 물물 교환 경제에서는 하나의 상품에 여러 가격이 매겨진다. 화폐는 이러한 불편함을 막고 상품의 가치를 통일적으로 표현할 수 있게 한다.

01 (가)를 통해 화폐의 기능 중 가치의 척도 기능을 파악할 수 있다.
　　　　　　　　　　　　　　　　　　　　　　(○, ✕)

02 (나)를 통해 화폐의 기능 중 교환의 매개 기능을 파악할 수 있다.
　　　　　　　　　　　　　　　　　　　　　　(○, ✕)

✎ 다음 설명이 맞으면 '○', 틀리면 '✕'에 표하시오.

03 자산이 양(+)의 값이면 순자산도 양(+)의 값이다.　(○, ✕)

04 주식과 채권은 직접 금융 시장에서 주로 거래되고, 예금은 간접 금융 시장에서 주로 거래된다.　　　　　(○, ✕)

05 사회 보험료와 달리 공적 연금은 비소비 지출에 해당한다.
　　　　　　　　　　　　　　　　　　　　　　(○, ✕)

06 직접 금융 시장에서는 자금 공급자가 맡긴 자금을 금융 기관이 자금 수요자와 거래한다.　　　　　　　　(○, ✕)

07 단리는 복리와 달리 원금에 대해서만 이자를 계산한다.　(○, ✕)

08 저축은 소득 중 정기 예금이나 정기 적금에 예치된 금액만을 의미한다.　　　　　　　　　　　　　　　(○, ✕)

09 일반적으로 간접 금융 시장보다 직접 금융 시장에서 거래되는 금융 상품의 수익률이 더 높다.　　　　　(○, ✕)

✎ 표는 어떤 가구의 소득 구성 변화를 나타낸다. 이에 대한 설명이 맞으면 '○', 틀리면 '✕'에 표하시오.

(단위 : 만 원)

구분	2019년 3월	2019년 4월
회사 급여	250	300
가계 운영 수익	200	100
국민 연금	50	50
사고 보상 보험금	0	100

10 전체 소득은 감소하였다.　　　　　　　　　(○, ✕)

11 근로 소득은 일정하였다.　　　　　　　　　(○, ✕)

12 사업 소득은 증가하였다.　　　　　　　　　(○, ✕)

13 이전 소득은 일정하였다.　　　　　　　　　(○, ✕)

14 경상 소득은 일정하였다.　　　　　　　　　(○, ✕)

15 비경상 소득은 감소하였다.　　　　　　　　(○, ✕)

단리와 복리, 실질 이자율과 명목 이자율은 어떻게 다를까?

개념 | 고난도 수능 자료로 확인

■ 갑은 2015년 연초에 단리가 적용되는 예금 상품 A와 복리가 적용되는 예금 상품 B에 동일한 금액을 투자하였다. 각 상품에 매년 적용된 이자율은 표와 같고, 투자 기간 중 전년 대비 물가 상승률은 매년 4%로 일정하였다. 단, A, B 모두 3년 만기 정기 예금 상품으로 이자는 매년 말일에 적립되었다.

구분	2015년	2016년	2017년
A	4%	4%	4%
B	2%	4%	6%

A는 단리로 매년 4%의 이자율이 적용되며, B는 복리로 2%, 4%, 6%의 이자율이 적용된다. 2015년 초에 A와 B에 각각 100만 원을 투자했을 경우, 연말에 발생하는 이자와 원리금은 다음 표와 같다.

구분	2015년		2016년		2017년	
	A	B	A	B	A	B
이자(만 원)	4	2	4	4.08 (=102만 원 × 0.04)	4	6.3648 (=106.08 × 0.06)
원리금(만 원)	104	102	108	106.08	112	112.4448

- A는 이자율과 물가 상승률이 같지만 2015년에 발생한 이자의 1년 후 실질 가치가 감소하게 되므로 원리금의 실질 구매력은 감소하였다. 한편, B는 이자율보다 물가 상승률이 높으므로 원리금의 실질 구매력은 감소하였다.
- A의 경우 명목 이자율이 물가 상승률과 같으므로, 실질 이자율이 0일 것이라는 판단을 할 수 있다. 그러나 A는 단리가 적용되므로 2015년부터 매해 발생하는 4만 원의 이자가 다음해 이자를 계산할 때 포함되지 않는다. 이때 물가는 매년 4%씩 상승하므로, A의 만기 시 실질 이자율은 0보다 작고, 실질 구매력 또한 감소한다.
- A는 이자율과 물가 상승률이 일치하지만 단리가 적용되므로 A에 투자한 자산의 만기 시 실질 이자율은 음(−)의 값을 가진다. 한편, B에 투자한 자산의 원리금 증가율은 2%, 4%, 6%로 매년 증가하였다.

개념 | 기출문제에 적용

01 연습하기 그림은 갑국의 명목 이자율과 실질 이자율의 변화를 나타낸다. 이에 대한 설명이 맞으면 '○'표, 틀리면 '×'에 표하시오.

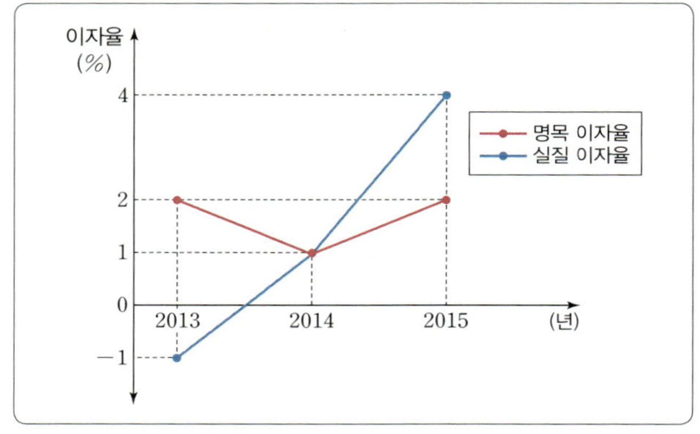

❶ 물가 상승률이 가장 큰 연도는 2013년이다.　(○, ×)
❷ 물가 상승률이 0인 연도는 2015년이다.　(○, ×)

02 적용하기 01번 문제의 그림에 대한 옳은 분석만을 〈보기〉에서 고른 것은?

〈보기〉
ㄱ. 2013년에는 디플레이션이 발생하였다.
ㄴ. 2013년에는 현금 보유보다 예금이 유리하였다.
ㄷ. 2014년에는 예금의 실질 구매력이 상승하였다.
ㄹ. 2015년에는 물가 상승률과 명목 이자율이 같다.

① ㄱ, ㄴ　　② ㄱ, ㄷ　　③ ㄴ, ㄷ
④ ㄴ, ㄹ　　⑤ ㄷ, ㄹ

HOW & WHAT 정답　01 ❶ ○ ❷ ×　02 ③

주제 25 화폐와 이자율

족집게 전략 | 명목 이자율, 물가 상승률, 실질 이자율 중 두 개의 수치만 제시하고, 예금과 현금 보유 중 유리한 결정, 물가 수준의 변화, 이자율의 변화 등을 물어보는 문제가 출제될 가능성이 높다.

족집게 자료 분석 전략 START |

구분	2012년	2013년	2014년	2015년	2016년
물가 상승률(%)	2.0	2.0	2.0	2.0	2.0
예금 금리(%)	4.7	4.5	4.0	3.5	3.2

매년 물가 상승률이 2%이므로 물가는 지속적으로 상승하였고, 명목 금리가 지속적으로 0%보다 높으므로 현금 보유보다는 예금 상품에 가입하는 것이 유리하다. 한편, 실질 금리는 '명목 금리−물가 상승률'이므로, 연도별 실질 금리를 구하면 다음 표와 같다.

2012년	2013년	2014년	2015년	2016년
2.7%	2.5%	2%	1.5%	1.2%

329 대표 문항 | 평가원 기출 |

그림은 갑국의 명목 이자율과 물가 상승률의 변화를 나타낸다. 이에 대한 분석으로 옳은 것은?

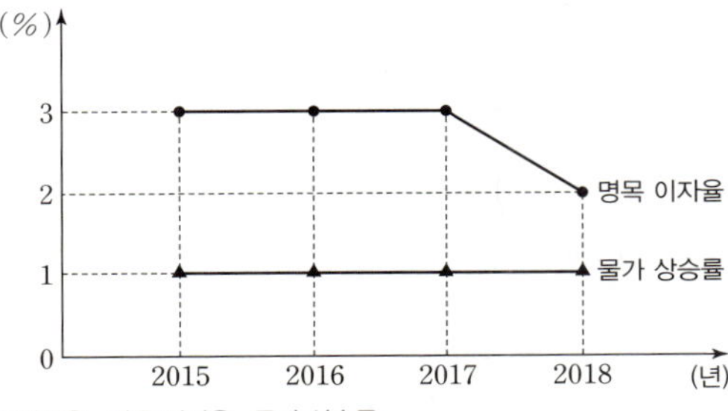

* 실질 이자율=명목 이자율−물가 상승률

① 물가는 일정하게 유지되었다.
② 실질 이자율은 지속적으로 하락하였다.
③ 실질 이자율은 양(+)의 값을 유지하였다.
④ 2017년의 명목 이자율과 실질 이자율은 같다.
⑤ 2018년에는 은행에 예금하는 것보다 현금 보유가 유리하였다.

✎ **한줄 Tip** 실질 이자율의 값이 양(+)인 상황에서 현금을 보유하는 것은 예금을 통해 얻을 수 있는 이자 수익을 포기하는 거야!

330 | 평가원 기출 |

다음 자료에 대한 옳은 설명만을 〈보기〉에서 고른 것은?

표는 원금이 100만 원인 경우 6년 만기 정기 예금 상품 A, B의 예금 기간에 따른 원리금을 나타낸다. 단, 이자는 매년 발생한다.

예금 기간(년)	0	1	2	3	4	5	6
A의 원리금 (만 원)	100	110	120	130	140	150	160
B의 원리금 (만 원)	100	105	110	115	135	155	175

* 원리금=원금+이자 총액
** 이자 총액 : 예금 기간 동안 발생한 이자의 누적 합계

〈 보기 〉
ㄱ. A가 단리 예금 상품이라면 연 이자율은 10%이다.
ㄴ. B는 연 이자율이 5%인 복리 예금 상품이다.
ㄷ. 4년 이후 매년 발생하는 B의 이자는 A의 이자보다 크다.
ㄹ. 만기 시점에 이자 총액은 A가 B보다 크다.

① ㄱ, ㄴ ② ㄱ, ㄷ ③ ㄴ, ㄷ
④ ㄴ, ㄹ ⑤ ㄷ, ㄹ

331 고난도↑

표는 갑국과 을국의 명목 이자율과 물가 상승률의 변화를 나타낸다. 이에 대한 옳은 분석만을 〈보기〉에서 고른 것은?

구분	갑국		을국	
	2018년	2019년	2018년	2019년
명목 이자율	2%	2%	4%	4%
물가 상승률	1%	3%	2%	3%

〈 보기 〉
ㄱ. 2018년 을국에서는 예금보다 현금 보유가 유리하였다.
ㄴ. 2019년 갑국에서 실질 이자율은 음(−)의 값을 갖는다.
ㄷ. 2019년 갑국과 을국의 물가 수준은 같다.
ㄹ. 2019년 갑국과 을국의 실질 이자율은 모두 전년 대비 하락하였다.

① ㄱ, ㄴ ② ㄱ, ㄷ ③ ㄴ, ㄷ
④ ㄴ, ㄹ ⑤ ㄷ, ㄹ

332

다음 자료에 대한 옳은 분석만을 〈보기〉에서 있는 대로 고른 것은?

> 표는 100만 원을 예금했을 때 예치 기간에 따른 이자를 나타낸다. 단, (가), (나)는 각각 단리 또는 복리 중 하나이며, 최초 약정한 이자율은 변하지 않고, 매년 물가는 5%씩 상승한다.

구분	1년	2년	3년
(가)	50,000원	100,000원	150,000원
(나)	40,000원	81,600원	124,864원

〈보기〉
ㄱ. (가)에서 예치 기간이 10년일 때 받는 이자는 50만 원이다.
ㄴ. (나)에서 실질 이자율은 1%이다.
ㄷ. (가)는 (나)와 달리 최초 원금에 대해서만 이자를 계산한다.
ㄹ. (나)는 (가)와 달리 예치 기간이 1년 늘어날 때 추가되는 이자는 매년 증가한다.

① ㄱ, ㄴ 　② ㄱ, ㄹ 　③ ㄴ, ㄷ
④ ㄱ, ㄷ, ㄹ 　⑤ ㄴ, ㄷ, ㄹ

333

표는 갑국의 물가 상승률과 명목 이자율의 변화를 나타낸다. 이에 대한 옳은 설명만을 〈보기〉에서 고른 것은?

구분	2017년	2018년	2019년
물가 상승률(%)	1	2	2
명목 이자율(%)	4	2	1

〈보기〉
ㄱ. 명목 이자율과 실질 이자율의 차이는 2017년에 가장 크다.
ㄴ. 2018년의 경우 전년에 비해 예금의 실질 구매력이 증가하였다.
ㄷ. 2019년의 물가 수준은 전년보다 상승하였다.
ㄹ. 명목 이자율과 실질 이자율은 매년 하락하였다.

① ㄱ, ㄴ 　② ㄱ, ㄷ 　③ ㄴ, ㄷ
④ ㄴ, ㄹ 　⑤ ㄷ, ㄹ

334

다음 사례에 대한 분석으로 옳은 것은?

> 갑은 여유 자금 1,000만 원을 비과세 정기 예금 A, B 중 하나에 투자하려고 한다. A는 연 5%의 단리가 적용되며, B는 연 4%의 복리가 적용된다. 단, A, B의 만기는 2년부터 연 단위로 선택할 수 있다.

① A는 B와 달리 원리금에 대해 이자를 계산한다.
② 2년을 만기로 투자한다면 A보다 B가 유리하다.
③ B는 A와 달리 매년 발생하는 이자가 감소한다.
④ A, B에서 발생하는 이자 수입은 모두 재산 소득에 해당한다.
⑤ 갑이 3년을 만기로 B에 투자한다면 만기 시 원리금은 1,120만 원이다.

335

다음 신문 기사를 옳게 이해한 학생만을 〈보기〉에서 고른 것은?

> ○○ 신문
>
> 갑국에서는 9분기 연속 물가 상승률이 상승하여 예금 이자율을 넘어섰다. 전문가들은 물가가 계속 상승하여 이러한 현상이 지속될 것으로 보고 있다.

〈보기〉
갑 : 예금의 자산 가치가 하락하겠어.
을 : 실질 이자율이 음(−)의 값이겠네.
병 : 명목 이자율과 실질 이자율의 차이가 좁혀지겠군.
정 : 예금을 찾아서 현금으로 보관하는 것이 유리하겠어.

① 갑, 을 　② 갑, 병 　③ 을, 병
④ 을, 정 　⑤ 병, 정

주제 26 금융과 금융 시장

족집게 전략 | 금융의 의미와 기능을 직접적으로 묻는 문제는 출제될 가능성이 적지만, 그 내용은 반드시 정리해 두어야 한다. 금융 시장의 대표적 유형인 직접 금융 시장과 간접 금융 시장의 차이점을 묻는 문제는 지속으로 출제되고 있으므로, 이에 대한 대비가 필요하다.

족집게 자료 분석 전략 START |

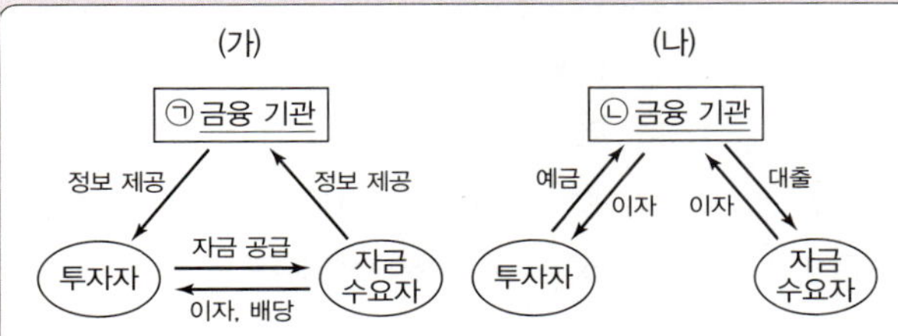

(가)는 투자자와 자금 수요자가 직접 거래하고 있으므로, 직접 금융 시장이고, (나)는 투자자가 금융 기관에 자금을 예금하고 이 자금이 금융 기관을 통해 자금 수요자에게 대출되므로 간접 금융 시장이다. 직접 금융 시장에서는 투자자와 자금 수요자 사이에서 직접 거래가 이루어지므로 본인의 자금이 어느 기업으로 갔는지 알기 쉽다. 일반적으로 증권 회사는 직접 금융 시장에 해당하고, 은행은 간접 금융 시장에 해당한다. 따라서 증권 회사는 ㉠의 사례이고, 은행은 ㉡의 사례이다.

336 《대표 문항》
| 평가원 기출 |

(가), (나)에 대한 옳은 설명만을 〈보기〉에서 고른 것은? (단, (가)와 (나)는 각각 직접 금융 시장과 간접 금융 시장 중 하나이다.)

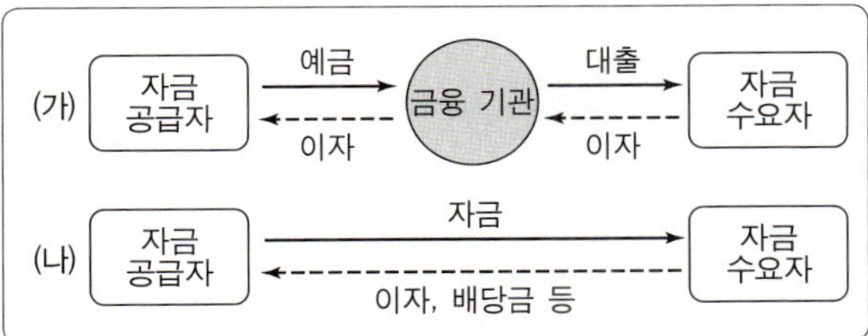

〔보기〕
ㄱ. (가)에서는 자금 공급자가 자신의 예금이 어느 수요자에게 대출되었는지 알 수 있다.
ㄴ. (나)에서는 주식, 채권 등이 거래된다.
ㄷ. (나)에서 공급되는 자금에는 (가)와 달리 예금자 보호 제도가 적용된다.
ㄹ. (나)에서는 (가)에 비해 일반적으로 자금 공급자가 기대할 수 있는 수익률이 높다.

① ㄱ, ㄴ   ② ㄱ, ㄷ   ③ ㄴ, ㄷ
④ ㄴ, ㄹ   ⑤ ㄷ, ㄹ

✎ **한줄 Tip** (가)는 간접 금융 시장의 형태이고, (나)는 직접 금융 시장의 형태야!

337
| 평가원 기출 |

금융 시장 (가), (나)에 대한 옳은 설명만을 〈보기〉에서 고른 것은? (단, (가)와 (나)는 각각 직접 금융 시장과 간접 금융 시장 중 하나이다.)

(가) 자금 공급자와 수요자가 직접 거래하여 자금이 어느 수요자에게 갔는지 알 수 있는 시장
(나) 자금 공급자와 수요자가 직접 거래하지 않아 자금이 누구에게 갔는지 명확히 드러나지 않는 시장

〔보기〕
ㄱ. 증권 회사는 (가)에서 활동하지 않는다.
ㄴ. (나)에서 활동하는 금융 기관의 예로 은행이 있다.
ㄷ. (나)에서 자금 공급자는 금융 거래에서 발생할 수 있는 모든 위험을 직접 부담한다.
ㄹ. 일반적으로 자금 공급자는 (나)보다 (가)에서 더 높은 수익률을 기대한다.

① ㄱ, ㄴ   ② ㄱ, ㄷ   ③ ㄴ, ㄷ
④ ㄴ, ㄹ   ⑤ ㄷ, ㄹ

338

다음 자료에 대한 옳은 설명만을 〈보기〉에서 고른 것은?

• (가) : 다른 사람에게 자금을 빌리거나 다른 사람에게 자금을 빌려 주는 행위
• 금융 제도 : 거래 비용을 줄여 금융 거래를 원활하게 하기 위한 각종 제도적 장치
• ㉠금융 시장 : 자금의 수요자와 공급자 사이에 금융 거래가 조직적으로 이루어지는 곳 → ㉡자금 공급자와 ㉢자금 수요자를 효율적으로 중개하는 역할

〔보기〕
ㄱ. (가)는 금융이다.
ㄴ. (가)는 가계의 소득을 늘리거나 기업의 경영을 안정화하기도 한다.
ㄷ. ㉠은 생산물 시장에 해당한다.
ㄹ. ㉡이 가계라면, ㉢은 생산물 시장의 수요자이다.

① ㄱ, ㄴ   ② ㄱ, ㄷ   ③ ㄴ, ㄷ
④ ㄴ, ㄹ   ⑤ ㄷ, ㄹ

주제 28 가계의 금융 생활

족집게 전략 | 특정인이나 특정 가구의 수입과 지출 항목을 제시하고, 해당 사례를 소득 유형과 소비 유형으로 분류하는 문제가 주로 출제되고 있다. 따라서 소득의 유형과 그 사례에 대해 정확하게 파악하고 있어야 한다.

족집게 자료 분석 전략 START |

수입	지출
• 월급 • ㉠주식 배당금 • 정기 예금 이자 • ㉡자녀 결혼 축하금 • 임대료 ⋮	• 근로 소득세 • ㉢사회 보험료 • ㉣대출 이자 • 통신비 • 식료품비 ⋮

소득은 경상 소득과 비경상 소득으로 구분되고, 경상 소득은 근로 소득, 사업 소득, 재산 소득, 이전 소득으로 분류된다. 또한 지출은 소비 지출과 비소비 지출로 분류된다. 제시된 그림에서 월급은 근로 소득에 해당하고, 주식 배당금, 정기 예금 이자, 임대료는 재산 소득, 자녀 결혼 축하금은 비경상 소득에 해당한다. 그리고 근로 소득세와 사회 보험료, 대출 이자는 비소비 지출에 해당하며, 통신비와 식료품비는 소비 지출에 해당한다.

339 대표 문항 | 평가원 기출 |

표는 어느 가계의 2017년 5월 수입 및 지출 내역 전부를 나타낸다. 이에 대한 분석으로 옳지 <u>않은</u> 것은?

(단위 : 만 원)

수입		지출	
항목	금액	항목	금액
급여	200	식료품비	50
상여금	50	세금	30
㉠주식 배당금	20	사회 보험료	40
㉡국민연금	30	대출 이자	20
		통신비	20

* 처분 가능 소득=소득−비소비 지출

① ㉠은 재산 소득에 해당한다.
② ㉡은 이전 소득에 해당한다.
③ 소비 지출액은 70만 원이다.
④ 근로 소득은 가계 지출 총액보다 크다.
⑤ 처분 가능 소득은 160만 원이다.

✎ **한줄 Tip** 처분 가능 소득은 소득에서 비소득 지출을 빼서 구해!

340

표는 갑, 을이 2019년 6월에 얻은 소득 전부를 항목별로 정리한 것이다. 이에 대한 옳은 설명만을 〈보기〉에서 고른 것은?

(단위 : 만 원)

갑		을	
항목	금액	항목	금액
급여	210	급여	300
정기 상여금	105	주식 배당금	100
예금 이자	50	부동산 임대료	200
부친상 조의금	400	마라톤 대회 우승 상금	250

보기

ㄱ. 을은 재산 소득과 근로 소득이 같다.
ㄴ. 갑은 을보다 근로 소득이 적다.
ㄷ. 을은 갑보다 비경상 소득이 적다.
ㄹ. 을의 재산 소득은 갑의 5배를 넘지 않는다.

① ㄱ, ㄴ   ② ㄱ, ㄷ   ③ ㄴ, ㄷ
④ ㄴ, ㄹ   ⑤ ㄷ, ㄹ

341

밑줄 친 ㉠~㉥에 대한 설명으로 옳은 것은?

가계의 소득은 ㉠경상 소득과 ㉡비경상 소득으로 구성되며, ㉢가계 수입의 주요 원천이다. 가계는 저마다 다른 방식으로 얻은 수입을 ㉣가계 지출에 사용하며, 이때 가계 지출은 ㉤소비 지출과 ㉥비소비 지출로 나뉜다.

① 빌린 돈은 저축에서 인출한 돈과 달리 ㉢에 해당하지 않는다.
② 법 또는 제도에 의한 의무적 가계 지출은 ㉥에 해당한다.
③ 근로 소득은 ㉠에 포함되고, 기타 수입은 ㉡에 포함된다.
④ ㉢보다 ㉣이 크면 적자이고, ㉢보다 ㉣이 작으면 흑자이다.
⑤ 처분 가능 소득은 ㉢에서 ㉥을 뺄 것이다.

342

표는 어느 가구의 연간 소득 변화를 나타낸다. 이에 대한 옳은 분석만을 〈보기〉에서 고른 것은?

(단위 : 만 원)

구분		2016년	2017년	2018년	2019년
소득		3,480	4,200	4,800	4,910
경상 소득		3,380	4,060	4,620	4,770
	근로 소득	2,200	2,670	3,000	3,300
	사업 소득	800	1,000	1,200	1,000
	재산 소득	30	20	20	30
	이전 소득	350	370	400	440
비경상 소득		100	140	180	140

〔보기〕

ㄱ. 생산 활동과 관계없이 무상으로 받은 소득은 매년 같은 금액만큼 변화하였다.

ㄴ. 2018년에는 전년 대비 전체 소득 중 사업 소득이 차지하는 비율이 증가하였다.

ㄷ. 2019년에는 전년 대비 근로 소득의 증가율과 이전 소득의 증가율이 같다.

ㄹ. 2017년과 2018년에는 전년 대비 비경상 소득의 증가율이 같다.

① ㄱ, ㄴ ② ㄱ, ㄷ ③ ㄴ, ㄷ
④ ㄴ, ㄹ ⑤ ㄷ, ㄹ

343

(가)~(다)에 대한 옳은 설명만을 〈보기〉에서 고른 것은?

(가) 시중 은행이 대출 금리를 인하하였다.
(나) 가계 소득이 점차 증가할 것으로 예상된다.
(다) 정부는 세수 확보를 위해 소득세율을 인상하였다.

〔보기〕

ㄱ. (가)는 비소비 지출의 증가 요인이다.
ㄴ. (나)는 신용 거래의 증가 요인이다.
ㄷ. (다)는 처분 가능 소득의 감소 요인이다.
ㄹ. (나)는 (다)와 달리 소비 지출의 감소 요인이다.

① ㄱ, ㄴ ② ㄱ, ㄷ ③ ㄴ, ㄷ
④ ㄴ, ㄹ ⑤ ㄷ, ㄹ

344

다음 자료의 제목으로 가장 적절한 것은?

- 현금 서비스는 되도록 이용하지 않는다.
- 자신의 신용 정보를 정기적으로 확인한다.
- 자신의 소득을 고려해 합리적으로 소비한다.
- 신용 카드는 자신의 소비 행태에 적합하게 사용한다.

① 개인의 신용 관리 방법
② 소득을 늘릴 수 있는 방법
③ 신용 회복 제도의 이용 방법
④ 자산의 유동성을 높이는 방법
⑤ 금융 사기 피해를 예방할 수 있는 방법

345

⊙, ⓛ에 들어갈 용어를 옳게 연결한 것은?

갑은 2018년에 5백만 원의 현금, 2천만 원의 보통 예금, 친구에게 무이자로 빌린 1억 원으로 투자한 3억 원의 부동산을 보유하고 있었다. 2019년에 갑은 보유하고 있던 현금 전액을 보통 예금에 넣었고, 갑이 보유하고 있던 부동산의 가치는 3억 5천만 원이 되었다. 그 결과 (⊙)은/는 변하지 않았고, (ⓛ)은/는 증가하였다.

	⊙	ⓛ
①	부채	순자산
②	부채	경상 소득
③	부채	비경상 소득
④	순자산	부채
⑤	총자산	순자산

15강 금융 상품과 재무 계획

주제 28 금융 상품의 유형과 특징

1. 자산 관리의 주요 판단 기준
① 안전성 : 금융 상품의 원금과 이자가 보전될 수 있는 정도
② 수익성 : 금융 상품에 대해 가격 상승이나 이자 수익을 기대할 수 있는 정도
③ 유동성(환금성) : 현금이 필요할 때 그 자산을 얼마나 쉽게 현금화할 수 있는지의 정도

2. 금융 상품의 유형과 특징
① 예금
- 의미 : 금융 기관에 자금을 예치하고 이자를 받는 금융 상품
- 특징 : 수익성이 상대적으로 낮지만 원금 손실 없이 안정적 수익을 얻을 수 있고, 다른 금융 상품에 비해 상대적으로 유동성이 높은 편임
- 종류

구분	요구불 예금	저축성 예금
의미	입출금이 자유로운 예금 ⑳ 보통 예금, 당좌 예금 등	이자 수입을 목적으로 하는 예금 ⑳ 정기 예 · 적금, 주택 청약 종합 저축 등
특징	• 수시로 자금을 맡기거나 찾을 수 있음 • 이자율이 낮음	• 만기를 채워야 정해진 이자를 받을 수 있음 • 자산 증식에 적합함

② 주식
- 의미 : 주주가 주식회사에 출자한 지분 또는 이를 나타낸 증권
- 특징 : 높은 투자 수익률을 기대할 수 있지만, 주식 가격의 변동에 따라 원금 손실이 발생할 수 있음
- 수익 형태 : 배당금, 시세 차익

③ 채권
- 의미 : 자금을 필요로 하는 정부, 공공 기관, 기업 등이 만기일에 일정한 이자 지급을 약속하고 돈을 빌린 후 발행하는 증서
- 특징 : 채권 발행 기관에서 원리금 지급을 약속하기 때문에 주식에 비해 안전성이 높음
- 수익 형태 : 이자, 시세 차익
- 발행 주체에 따른 종류

국채	정부채	금융채	회사채
정부	지방 자치 단체 및 공공 기관	금융 기관	기업

④ 펀드 └투자 전문 기관이 일반인들로부터 돈을 모아 증권 투자를 하고, 여기서 올린 수익을 다시 투자자에게 나누어 주는 금융 상품이다.
- 의미 : 금융 기관에 돈을 맡겨서 대신 투자하도록 하는 금융 상품
- 특징 : 예금보다 높은 투자 수익률을 기대할 수 있지만, 자산 운용의 결과로 원금 손실이 발생할 수 있고 별도의 수수료를 납부해야 함
- 수익 형태 : 운용 수익

⑤ 보험
- 의미 : 보험 가입자가 장래에 예상되는 위험을 보험 회사에 전가하는 대가로 보험료를 내는 계약
- 특징 : 개인이 수익을 목적으로 가입하는 것이 아니라 위험을 관리하기 위해 가입하는 금융 상품임
- 종류

공적 보험	국가나 공공 단체가 운영하는 보험 → 어느 정도의 강제성을 지님 ⑳ 국민 건강 보험, 고용 보험 등
민영 보험	민간 단체나 민영 회사가 운영하는 보험 → 개인이 필요에 따라 자발적으로 가입함 ⑳ 생명 보험, 손해 보험 등

⑥ 연금 └신체상의 손해나 재물 손해가 발생했을 경우 그 손해를 보상해 주는 보험을 말한다.
- 의미 : 노후 생활의 안정을 위해 필요한 자금을 적립하여 노령, 퇴직 등의 사유가 발생했을 때 급여를 지급받는 금융 상품 또는 제도
- 특징 : 생산 활동을 하는 기간에 벌어들인 소득의 일부를 적립하여 생산 활동이 어려운 노후 시기를 대비할 수 있음
- 종류

공적 연금	국가가 운영 주체가 되는 연금 ⑳ 국민연금, 공무원 연금, 군인 연금 등
퇴직 연금	기업이 퇴직금 지급을 위한 재원을 금융 기관에 적립하고, 이를 퇴직 시에 근로자에게 연금 또는 일시금으로 지급하는 제도
개인 연금	개인이 필요에 따라 자율적으로 가입할 수 있는 연금 → 국민연금이나 퇴직 연금을 보완함

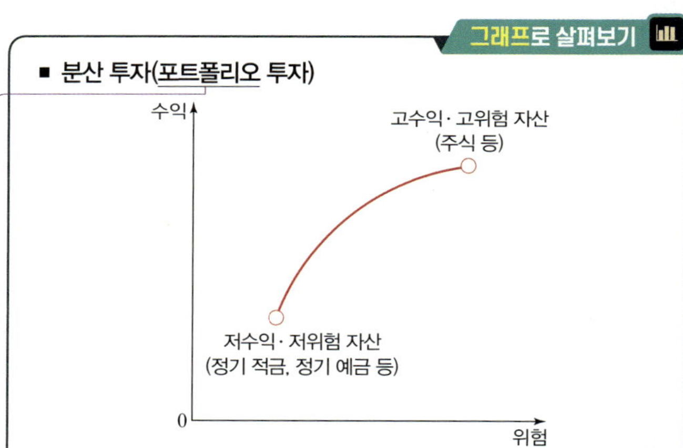

어떤 사람이 자신이 가지고 있는 돈을 한 가지 금융 자산에만 모두 투자하는 경우 그 금융 자산의 가치가 크게 떨어지면 큰 손해를 입을 수 있다. 따라서 금융 자산을 분산 투자하여 포트폴리오를 만들면 분산 투자를 하지 않은 경우보다 투자의 위험성을 줄일 수 있다.

└원래는 서류 가방을 뜻하는 말로, 투자에서는 여러 종목에 분산 투자함으로써 한 곳에 투자할 경우 생길 수 있는 위험을 피하고 투자 수익을 극대화하기 위한 방법을 말한다.

주제 29 생애 주기와 재무 계획

1. 생애 주기
① 생애 주기의 의미 : 개인의 생애를 시간의 흐름에 따라 단계별로 구분하여 나타낸 것

② 생애 주기에 따른 소득과 소비

유소년기	• 소득보다 소비가 많은 시기 • 일반적으로 부모의 소득에 의존하여 경제생활을 함
청년기	• 취업과 함께 소득이 발생하는 시기 • 점차 본인의 소득으로 경제생활을 함
중 · 장년기	• 왕성하게 경제 활동을 하는 시기 • 소득이 가장 많지만, 소비 규모도 큼
노년기	• 은퇴 후 소득이 줄어드는 시기 • 평균 수명 연장에 따라 노후 대비의 중요성이 커지고 있음

그래프로 살펴보기

■ 생애 주기 곡선의 사례

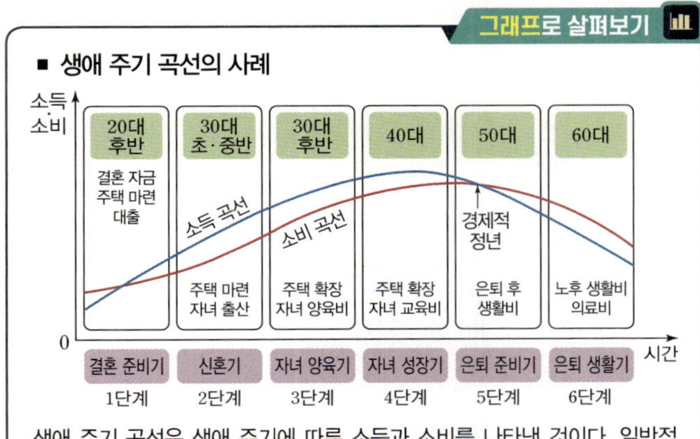

생애 주기 곡선은 생애 주기에 따른 소득과 소비를 나타낸 것이다. 일반적으로 소득은 청년기부터 증가하기 시작하다가, 중·장년기에 최고점에 도달한 후 감소하기 시작한다. 반면, 지출은 전 생애에 걸쳐 이루어진다.

2. 재무 계획

① 재무 계획의 의미 : 재무 목표를 달성하기 위한 저축, 투자, 위험 관리의 계획

② 재무 계획의 필요성 : 생애 주기에 따른 수입과 지출의 변화를 고려하여 노후를 대비해야 자신이 원하는 생활수준을 유지할 수 있음

③ 합리적 재무 계획의 일반적인 절차

재무 목표 설정	단기, 중기, 장기에 따른 재무 목표를 설정함
재무 상태 파악	재무 상태표와 수지 상태표를 각각 비교하여 자신과 가계의 재무 상태를 파악함
예산 수립 및 실행	소득이 들어오는 기간에 따라 수입과 지출 및 투자 계획을 포함한 예산을 수립하고 실행함
결산 및 평가	수입과 지출에 대한 기록을 바탕으로 결산하고 평가하여 더 좋은 재무 계획이 수립될 수 있도록 함

재무 상태표는 자산과 부채에 대한 기록이고, 수지 상태표는 수입과 지출에 대한 기록이다.

④ 생애 주기에 따른 주요 재무 계획의 사례

청년기	학업, 부모로부터의 경제적 독립, 결혼 등에 필요한 자금을 마련하기 위해 취업이나 창업 등 소득 창출 방안을 마련해야 함
중 · 장년기	자녀의 교육 및 결혼, 주택의 마련 및 확장 등에 필요한 자금을 마련하고, 노후 자금 마련을 위한 저축 및 투자 계획을 수립해야 함
노년기	은퇴로 발생하는 새로운 경제 상황에 적응하고, 가족 구성원의 질병이나 죽음 등에 대비한 재무 위험 관리 계획을 세우고 실천해야 함

• 정답 및 해설 065쪽

다음 설명이 맞으면 '○', 틀리면 '✕'에 표하시오.

01 자산 관리의 판단 기준 중 수익성은 금융 상품의 원금과 이자가 보전될 수 있는 정도를 의미한다. (○, ✕)

02 자산 관리의 판단 기준 중 안전성은 필요할 때 금융 상품을 얼마나 쉽게 현금화할 수 있는지의 정도를 의미한다. (○, ✕)

03 요구불 예금은 저축성 예금과 달리 이자 수입을 주된 목적으로 하는 금융 상품이다. (○, ✕)

04 주식은 기업이 정기적인 사업 자금 조달을 위해 발행하는 증권으로, 회사 소유권의 일부를 투자자에게 주는 증표이다. (○, ✕)

05 주식은 예금 상품보다 안전성이 높고, 높은 배당이나 시세 차익과 같은 수익을 기대할 수 있다. (○, ✕)

06 채권은 자금을 필요로 하는 기관이 돈을 빌리면서 언제까지 빌리고, 이자는 얼마를 줄 것인지 약속하는 증서이다. (○, ✕)

07 채권은 주식보다 안전성이 낮고, 부동산보다 유동성이 낮다. (○, ✕)

08 펀드는 자산 운용의 결과로 원금 손실이 발생할 수 있고, 별도의 수수료를 납부해야 한다. (○, ✕)

09 민영 보험과 달리 사회 보험은 영리를 목적으로 판매하는 금융 상품이다. (○, ✕)

10 금융 자산을 분산 투자하여 포트폴리오를 만들면 투자의 위험성이 높아진다. (○, ✕)

그림은 갑의 생애 주기에 따른 소득 곡선과 소비 곡선을 나타낸다. 이에 대한 설명이 맞으면 '○', 틀리면 '✕'에 표하시오.

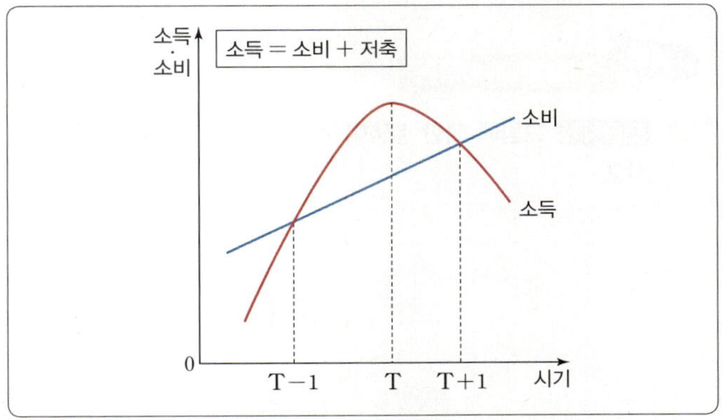

11 갑의 소득은 소득 발생 이후 T 시기까지 증가하다가 감소한다. (○, ✕)

12 갑의 소비는 지속적으로 증가하고 있다. (○, ✕)

13 T−1 시기와 T 시기 사이에는 소비 증가율보다 소득 증가율이 낮다. (○, ✕)

14 T 시기 이후에는 소득 대비 소비의 비중이 감소하였다. (○, ✕)

15 T 시기와 T+1 시기 사이에는 누적 저축액이 증가하였다. (○, ✕)

자산 관리의 기준 중 수익성과 안전성은 어떤 관계일까?

개념 고난도 수능 자료로 확인

■ 그림은 포트폴리오 A~D의 위험성과 수익성을 나타낸다. 단, 투자자는 위험과 수익만을 고려하여 투자한다.

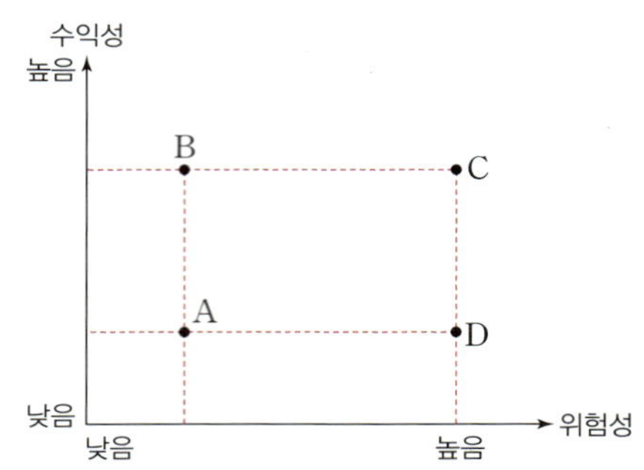

- A는 저수익·저위험 상품이고, B는 고수익·저위험 상품이며, C는 고수익·고위험 상품이고, D는 저수익·고위험 상품이다.
- 투자자의 입장에서는 위험성이 낮을수록, 수익성이 높을수록 유리하다. 따라서 투자자는 A~D 중 B를 가장 선호할 것이다.
- B는 D에 비해 수익성은 높고, 위험성은 낮다.
- 일반적으로 주식은 채권보다 위험성이 높다. 따라서 C는 A에 비해 채권보다 주식 위주로 구성되어 있을 것이다.
- 안전 자산을 원하는 투자자는 A와 C중 하나를 선택할 수 있다면 A를 선택할 것이다.

개념 기출문제에 적용

01 연습하기 그림에 대한 설명이 맞으면 '○'표, 틀리면 '×'에 표하시오.

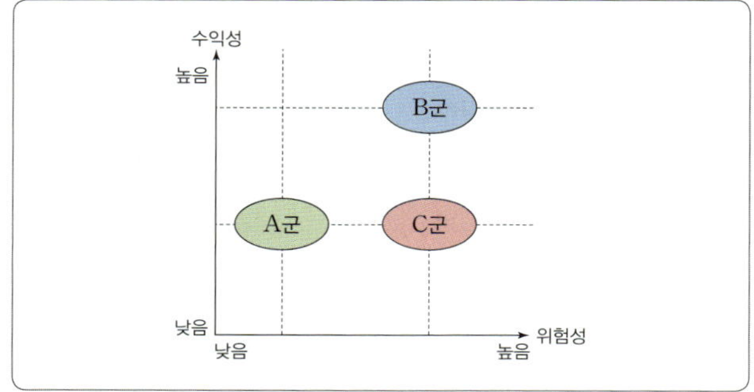

❶ 주식은 A군보다 B군에 가까운 금융 상품이다. (○, ×)
❷ 정기 예금은 B군보다 C군에 가까운 금융 상품이다. (○, ×)

02 적용하기 01번 문제의 자료에 대한 옳은 분석만을 〈보기〉에서 고른 것은?

> 보기
> ㄱ. "계란을 한 바구니에 담지 마라."라는 격언에 충실하려면 C군을 포함해 투자해야 한다.
> ㄴ. 안전 자산을 선호하는 투자자일수록 B군보다 A군에 투자할 가능성이 높다.
> ㄷ. 채권은 C군보다 B군에 가깝다.
> ㄹ. 그림을 통해 위험도를 낮추기 위해서는 수익성을 낮춰야 함을 알 수 있다.

① ㄱ, ㄴ   ② ㄱ, ㄷ   ③ ㄴ, ㄷ
④ ㄴ, ㄹ   ⑤ ㄷ, ㄹ

HOW & WHAT 정답 01 ❶ ○ ❷ × 02 ④

주제 **29** 금융 상품의 유형과 특징

족집게 전략 | 자산 관리의 원칙인 수익성, 안전성, 유동성과 금융 상품의 유형을 연관지어 묻는 문제가 출제될 가능성이 높으므로, 금융 상품별 특징을 정확히 파악하고 있어야 한다.

족집게 자료 분석 전략 START |

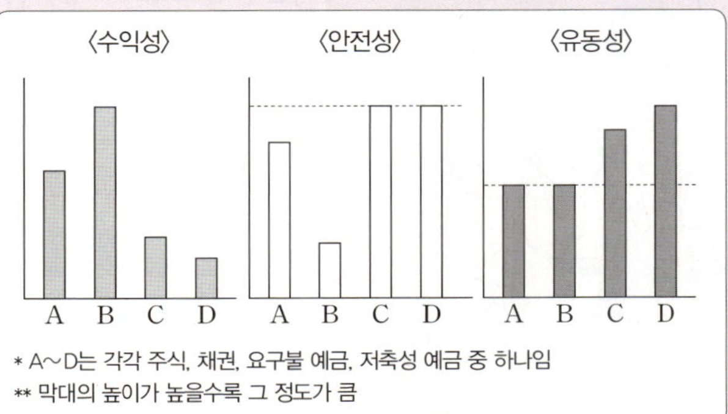

수익성이 가장 높고 안전성이 가장 낮은 B는 주식에 해당하고, 안전성이 가장 높은 C, D는 예금에 해당한다. 그런데 C는 수익성이 다소 높은 반면 유동성은 다소 낮으므로 저축성 예금에 해당하고, D는 요구불 예금에 해당한다. 따라서 A는 채권에 해당한다. 원금 손실 위험을 기피하는 투자자일수록 B보다 A를 선호할 것이다.

---

346 `대표 문항` | 평가원 기출 |

갑~병의 투자 사례에 대한 옳은 분석만을 〈보기〉에서 고른 것은?

> 갑 : 5년 만기의 우리나라 국채를 매입하였다.
> 을 : 3년 만기의 A은행 정기 적금에 가입하였다.
> 병 : 연리 5%로 받은 대출금에 자기 자금을 더해 B사의 주식을 매입하였다. 1년 후 B사 주가가 10% 상승하자, 보유한 B사 주식을 모두 처분하고 대출 원리금 전액을 즉시 상환하였다.

〈보기〉
ㄱ. 갑은 정부로부터 배당금을 받을 수 있다.
ㄴ. 을이 가입한 금융 상품은 우리나라에서 예금자 보호 제도의 적용 대상이다.
ㄷ. 병은 B사 주식에 자기 자금으로만 투자하는 것보다 부채를 더하여 투자한 결과 더 큰 투자 수익을 얻게 되었다.
ㄹ. 갑, 병의 투자 상품에서는 모두 이자 수익이 발생한다.

① ㄱ, ㄴ ② ㄱ, ㄷ ③ ㄴ, ㄷ
④ ㄴ, ㄹ ⑤ ㄷ, ㄹ

✏️ **한줄 Tip** 갑은 국채, 을은 정기 적금, 병은 주식에 투자했어!

---

347 | 평가원 기출 |

그림은 갑이 보유하고 있는 금융 자산의 구성을 나타낸다. A~D의 일반적 특성과 갑의 금융 투자 성향에 대한 설명으로 옳은 것은?

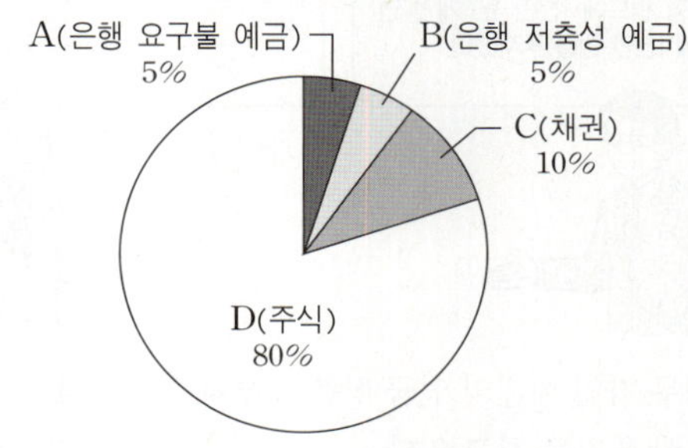

① A는 예금자 보호 제도의 대상이 아니다.
② B는 D에 비해 수익성이 높다.
③ C는 A에 비해 유동성이 높다.
④ D 보유자는 시세 차익과 배당금을 기대할 수 있다.
⑤ 갑은 수익성보다 안전성을 우선시하는 투자 성향을 보이고 있다.

348

그림은 갑~병의 금융 상품별 투자 비중을 나타낸다. 이에 대한 옳은 분석만을 〈보기〉에서 고른 것은?

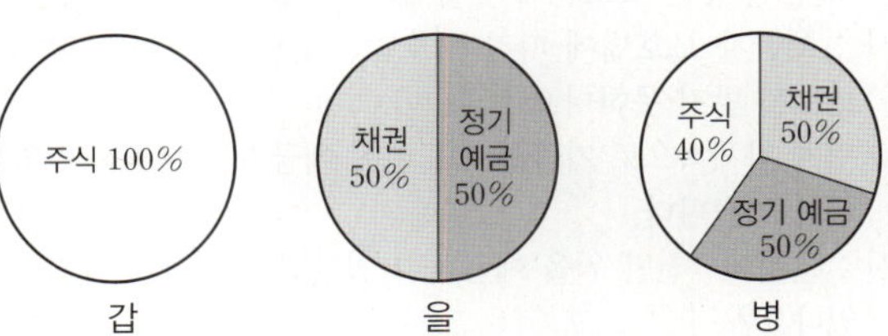

〈보기〉
ㄱ. 을은 배당금을 받을 수 있는 상품에 투자하였다.
ㄴ. 병은 시세 차익을 기대할 수 있는 상품에 투자하였다.
ㄷ. 갑은 을보다 수익성이 높은 상품을 선호한다.
ㄹ. 병은 을보다 안전성이 높은 상품을 선호한다.

① ㄱ, ㄴ ② ㄱ, ㄷ ③ ㄴ, ㄷ
④ ㄴ, ㄹ ⑤ ㄷ, ㄹ

349

갑, 을의 투자에 대한 분석으로 옳은 것은? (단, 세금은 고려하지 않는다.)

① 갑은 의무 가입 형태의 연금 상품에 투자하고 있다.

② 을은 분산 투자를 하고 있다.

③ A 회사의 주가가 10% 상승할 경우 그로 인한 수익은 갑과 을이 같다.

④ 갑에 비해 을은 수익성보다 유동성을 중시하는 투자를 하고 있다.

⑤ 을과 달리 갑은 간접 투자 상품에 투자하고 있다.

350

다음은 수업 시간의 대화이다. 교사의 질문에 옳게 답한 학생만을 고른 것은?

교사 : 예금자 보호 제도로 보호되는 금융 상품에는 무엇이 있나요?

갑 : 보통 예금, 정기 예금 등이 있습니다. 실적 배당 상품이나 수익 증권 등은 보호받지 못합니다.

교사 : 예금자 보호법에 따라 보호받는 금융 기관이 아니면 예금 보호를 받지 못하나요?

을 : 업계 자체적으로 기금을 적립하여 예금자를 보호하고 있는 경우도 있습니다.

교사 : 은행에 7천만 원을 예금하고 있다면 얼마까지 돌려받을 수 있나요?

병 : 5천만 원 한도 내에서 원금만 돌려받을 수 있습니다.

교사 : 개인이 두 군데 이상 금융 기관에 예금한 경우에는 어떻게 되나요?

정 : 1인당 5천만 원이 보장 한도이며, 한 군데 금융 기관에 있는 예금만 보장받을 수 있습니다.

① 갑, 을　　　② 갑, 병　　　③ 을, 병
④ 을, 정　　　⑤ 병, 정

351

그림은 교사의 수업 장면이다. 이에 대한 설명으로 가장 적절한 것은?

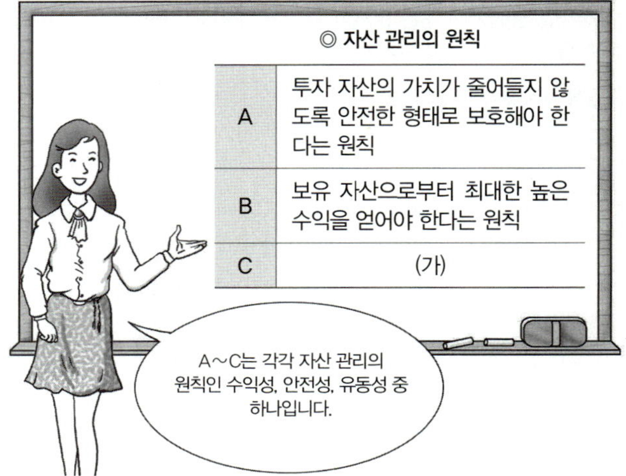

① 일반적으로 주식은 채권에 비해 A가 높다.

② 일반적으로 요구불 예금은 저축성 예금에 비해 B가 높다.

③ 예금자 보호 제도는 C를 높이는 수단이 된다.

④ 고위험을 감수하더라도 고수익을 추구하는 투자자는 B보다 A가 높은 금융 상품을 선호할 것이다.

⑤ (가)에는 '보유 자산을 쉽게 현금으로 바꿀 수 있어야 한다는 원칙'이 들어갈 수 있다.

352

표는 갑 기업이 개인 투자자 A~C로부터 자금을 조달한 방법을 나타낸다. 이에 대한 분석으로 옳은 것은?

A	10억 원을 대출함
B	회사채를 발행하여 B에게 10억 원에 매각함
C	주식을 발행하여 C에게 10억 원에 매도함

① A는 갑 기업의 경영에 참여할 권리를 가진다.

② B는 회사채의 만기가 되어야만 수익을 얻을 수 있다.

③ C는 갑 기업으로부터 경영 성과에 따른 배당금을 받을 수 있다.

④ A와 C를 통해 조달한 자금은 갑 기업의 부채에 해당한다.

⑤ B와 C로부터의 자금 조달은 간접 금융 시장에서 이루어진다.

353

| 평가원 기출 |

그림은 금융 상품 A, B의 일반적인 특징을 연결한 것이다. 이에 대한 설명으로 옳은 것은? (단, A와 B는 각각 주식과 채권 중 하나이다.)

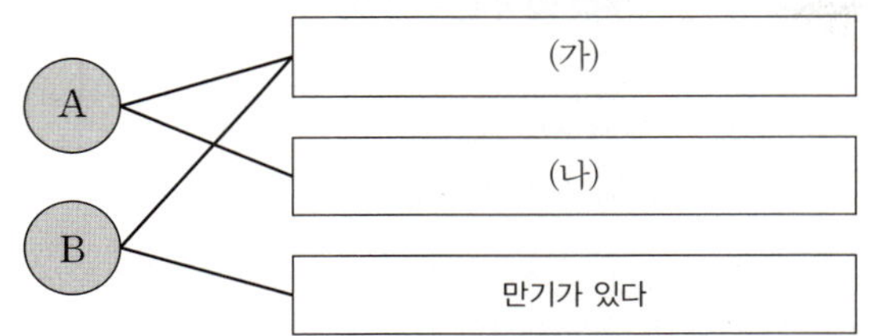

① (가)는 '배당 수익을 기대할 수 있다'가 들어갈 수 있다.
② (가)에는 '시세 차익을 기대할 수 있다'가 들어갈 수 있다.
③ (나)에는 '원금을 보장받는다'가 들어갈 수 있다.
④ B는 일반적으로 예금자 보호 제도의 적용 대상이다.
⑤ A는 일반적으로 B보다 안전성이 높다.

354

다음 대화에 나타난 금융 상품 A~C에 대한 옳은 설명만을 〈보기〉에서 고른 것은? (단, A~C는 각각 주식, 채권, 정기 적금 중 하나이다.)

> 은행원 : 이번 달만 불입하시면 고객님의 A가 곧 만기네요. 어떻게 하실 건가요? A의 이자 소득은 비과세입니다.
> 갑 : ○○ 자동차의 B를 10만 주 사 볼까 합니다.
> 은행원 : 그보다는 □□ 주식회사에서 발행하는 연리 4%의 C에 투자하시는 것은 어떨까요?

〈보기〉
ㄱ. A는 요구불 예금에 해당한다.
ㄴ. B는 배당 수익을 기대할 수 있다.
ㄷ. A는 C와 달리 만기 시 원금과 함께 이자를 받는다.
ㄹ. B의 소유자는 C의 소유자와 달리 주주로서의 권리를 갖는다.

① ㄱ, ㄴ   ② ㄱ, ㄷ   ③ ㄴ, ㄷ
④ ㄴ, ㄹ   ⑤ ㄷ, ㄹ

355

㉠~㉢에 대한 옳은 설명만을 〈보기〉에서 고른 것은?

> 우리나라에서는 금융 기관이 고객의 예금을 지급하지 못하게 될 경우를 방지하기 위해 고객들의 예금을 보호하는 제도를 갖추어 놓고 있는데, 이를 (㉠)(이)라고 한다. 예금자 보호법에 의해 설립된 예금 보험 공사가 평소에 금융 기관으로부터 예금 보험료를 받아 예금 보험 기금을 적립한 후, 금융 기관이 예금을 지급할 수 없게 되면 금융 기관을 대신하여 고객에게 ㉡예금 보험금을 지급한다. 단, 이러한 예금자 보호 제도는 ㉢예금의 전액을 보호하지 않고 일정액만을 보호하고 있다.

〈보기〉
ㄱ. ㉠은 직접 금융 시장에서의 거래를 보호하기 위한 제도이다.
ㄴ. ㉡은 개인별로 금융 기관당 최대 5,000만 원이다.
ㄷ. ㉢은 다수의 소액 예금자보다 금융 기관을 우선 보호하는 것을 목적으로 한다.
ㄹ. ㉢을 통해 금융 기관의 건전성을 고려하지 않고 수익성만을 선호하는 투자 행태의 감소를 유도할 수 있다.

① ㄱ, ㄴ   ② ㄱ, ㄷ   ③ ㄴ, ㄷ
④ ㄴ, ㄹ   ⑤ ㄷ, ㄹ

356

표는 정기 예금, 채권, 주식의 특징을 나타낸다. (가)~(마)에 들어갈 내용을 옳게 연결한 것은?

정기 예금	채권	주식
(가)	(나)	
(다)		(라)
(마)		

① (가) – 시세 차익을 기대할 수 있음
② (나) – 배당 수익을 기대할 수 있음
③ (다) – 주식에 비해 수익성이 높음
④ (라) – 재산 소득에 해당하는 수익이 발생할 수 있음
⑤ (마) – 예금자 보호 제도에 의해 원리금의 일부가 보장됨

357

㉠, ㉡에 들어갈 용어를 옳게 연결한 것은?

	㉠	㉡		㉠	㉡
①	수익성	안전성	②	수익성	유동성
③	안전성	수익성	④	안전성	유동성
⑤	유동성	안전성			

358

갑, 을의 투자에 대한 옳은 설명만을 〈보기〉에서 있는 대로 고른 것은?

> 갑 : 나는 금융 기관 ○○사의 주식 거래 중개 서비스를 이용해서 신규 발행 주식 1억 원 어치를 사들였어.
> 을 : 나는 고수익을 얻을 수 있는 주식, 채권 등에 골고루 투자금을 배분하는 금융 기관 □□사의 펀드 상품에 2억 원을 투자했어.

〔보기〕
ㄱ. 갑이 투자한 금융 상품은 고수익, 고위험을 특징으로 한다.
ㄴ. 을이 투자한 금융 상품은 사전에 정한 이자율만큼 수익이 보장된다.
ㄷ. 을의 투자는 금융 거래 과정에서 채무 불이행의 위험 부담을 전적으로 을이 진다.
ㄹ. 갑의 투자는 직접 투자에 해당하고, 을의 투자는 간접 투자에 해당한다.

① ㄱ, ㄴ ② ㄱ, ㄹ ③ ㄴ, ㄷ
④ ㄱ, ㄷ, ㄹ ⑤ ㄴ, ㄷ, ㄹ

359

다음 자료에 대한 분석 및 추론으로 옳지 <u>않은</u> 것은?

> 갑 : 나는 금융 상품에 투자할 때 수익성만 중시해.
> 을 : 나는 안전성, 수익성, 유동성을 모두 중시해.

표는 금융 상품 A~C에 대한 평가표이다. 위 대화에서 갑, 을은 이 표를 토대로 각각 자신의 기준에 따라 투자하려고 한다.

(단위 : 점)

평가 요소 \ 금융 상품	A	B	C
안전성	4	1	3
수익성	2	5	3
유동성	4	3	4

* 숫자는 최저 1점, 최고 5점을 기준으로 작성되었음

① B는 요구불 예금보다 주식에 더 가깝다.
② A는 C보다 안전성은 높고 수익성은 낮다.
③ 갑은 B-C-A 순으로 선호할 것이다.
④ 을은 A와 C를 동일하게 선호할 것이다.
⑤ A~C 중에서 갑과 을이 가장 선호하는 상품은 같을 것이다.

360

다음 글에서 강조하는 자산 관리의 원칙으로 가장 적절한 것은?

> 조선 시대에는 조선왕조실록을 보관하는 사고(史庫)가 5곳이나 되었다. 창덕궁의 춘추관을 비롯하여 강화도 정족산, 무주 적상산, 태백산과 오대산에 위치한 사고가 그것이다. 임진왜란과 같은 외침의 경험을 통해서 중요 문서를 안전하게 보관할 필요성을 깨달았기 때문이다. "계란을 한 바구니에 담지 마라."라는 서양 격언과 같이 자산 관리에도 이러한 원칙은 준수되어야 한다.

① 생애 주기를 고려하여 투자하라.
② 여러 자산에 분산해서 투자하라.
③ 수입과 지출을 고려하여 투자하라.
④ 수익성이 높은 자산에 집중 투자하라.
⑤ 단기보다 장기 목표에 맞추어 투자하라.

주제 **29** **생애 주기와 재무 계획**

족집게 전략 | 생애 주기 그래프를 제시하고, 이를 분석하는 문제가 출제될 가능성이 높다. 생애 시기별 재무 계획의 특징을 파악하고, 생애 주기 그래프를 꼼꼼히 분석해야 한다.

족집게 자료 분석 전략 START |

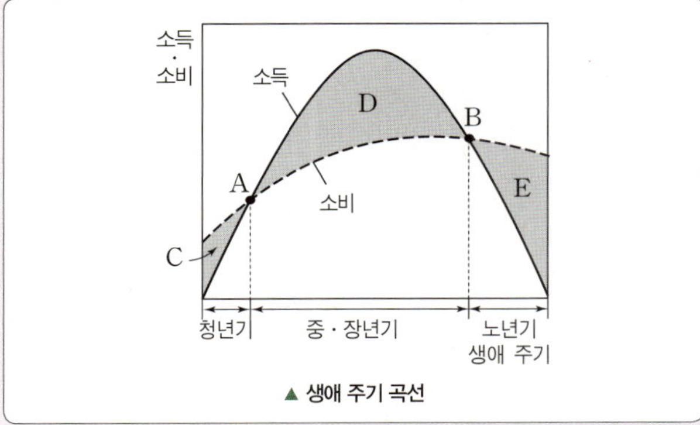

▲ 생애 주기 곡선

생애 주기 곡선이란 한 개인의 전 생애를 통해 소득과 소비의 성향을 나타낸 것으로, 노후를 위해 합리적인 자산 관리 계획을 세우는 기초가 된다. 그림에서 청년기에는 소득이 증가하고 있고, 노년기에는 소득이 감소하고 있다. A점과 B점 모두 소득과 소비가 일치하므로, 저축은 0이다. 또한 C와 E는 음(−)의 저축을 나타내며, D에서는 소비보다 소득이 크므로 소득에서 소비가 차지하는 비율인 소비 성향은 1보다 작다.

---

361 대표 문항 | 평가원 기출 |

그림은 A 시점부터 남은 일생 동안의 소득과 소비를 일치시키려는 사람의 재무 계획을 나타낸다. 이에 대한 분석으로 옳은 것은? (단, A 시점 이전에는 자산과 부채가 없다.)

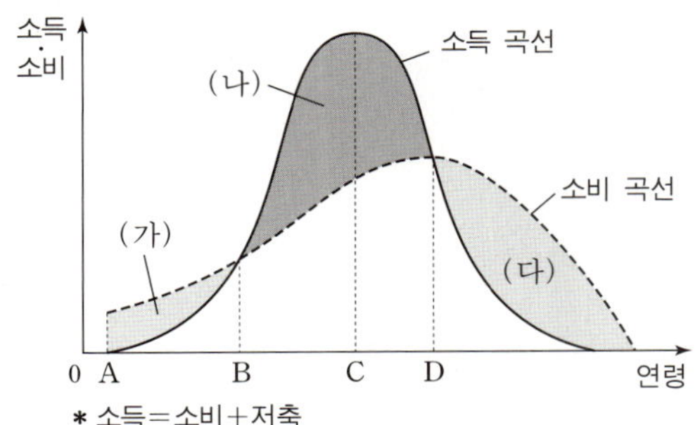

① A~B 기간에는 소득이 소비보다 크다.
② B~D 기간에는 누적 저축액이 지속적으로 증가한다.
③ C~D 기간에는 소득 대비 소비가 지속적으로 감소한다.
④ D 시점에서 누적 소비액은 일생 중 최대가 된다.
⑤ (가)와 (다)의 합은 (나)보다 작다.

✎ **한줄 Tip** 남은 일생 동안 소득과 소비가 일치된다는 것은 일생을 마친 시점에서 저축액이 0이 된다는 의미야!

---

362 고난도↑ | 평가원 기출 |

그림은 갑과 을의 생애 주기에 따른 저축을 나타낸 것이다. 이에 대한 옳은 분석만을 〈보기〉에서 고른 것은?

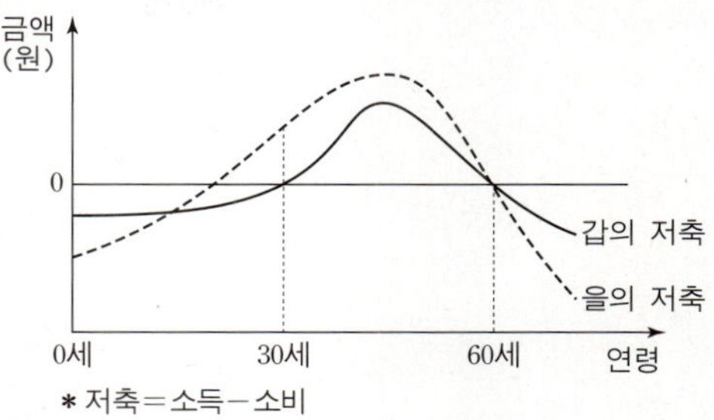

〈보기〉
ㄱ. 30세일 때의 소득은 갑이 을보다 많다.
ㄴ. 소득이 소비보다 많았던 기간은 을이 갑보다 길다.
ㄷ. 누적 저축액이 최대가 되는 연령은 갑과 을이 같다.
ㄹ. 갑의 경우, 30세부터 60세까지 매년 소득의 증가폭이 소비의 증가폭보다 크다.

① ㄱ, ㄴ   ② ㄱ, ㄷ   ③ ㄴ, ㄷ
④ ㄴ, ㄹ   ⑤ ㄷ, ㄹ

363

표는 갑의 노후 생활을 위한 재무 설계를 나타낸다. 이에 대한 옳은 설명만을 〈보기〉에서 고른 것은? (단, 소득 외에 기타 수입은 고려하지 않는다.)

현재부터 정년까지의 예상 소득	12억 원
현재부터 정년까지의 예상 소비	8억 원
정년 이후의 예상 소득	4억 원
정년 이후의 예상 소비	8억 원

〈보기〉
ㄱ. 은퇴 이후에는 소득만으로 소비를 충당할 수 없다.
ㄴ. 현재부터 은퇴 이후를 포함한 소득 총액은 소비 총액과 같다.
ㄷ. 현재부터 은퇴까지의 소득만으로 안정적인 노후 생활이 가능하다.
ㄹ. 은퇴 이전에는 순자산이 감소하고, 은퇴 이후에는 순자산이 증가한다.

① ㄱ, ㄴ   ② ㄱ, ㄷ   ③ ㄴ, ㄷ
④ ㄴ, ㄹ   ⑤ ㄷ, ㄹ

사회탐구 1등급을 위한 시험 유형 훈련서
BON. N제
본
경제
정답 및 해설
이투스북

BON. N제

정답 및 해설

Ⅰ 경제생활과 경제 문제 ……………… 004

Ⅱ 시장과 경제 활동 ……………… 016

Ⅲ 국가와 경제 활동 ……………… 034

Ⅳ 세계 시장과 교역 ……………… 047

Ⅴ 경제생활과 금융 ……………… 062

I. 경제생활과 경제 문제

본문 009쪽 01 ○ 02 × 03 ○ 04 × 05 ○ 06 × 07 ○ 08 ○ 09 × 10 ○
11 × 12 ×

본문 011~017쪽 001 ① 002 ⑤ 003 ③ 004 ④ 005 ③ 006 ④ 007 ③ 008 ③
009 ④ 010 ① 011 ⑤ 012 ④ 013 ④ 014 ③ 015 ② 016 ② 017 ① 018 ⑤
019 ② 020 ④ 021 ⑤ 022 ④ 023 ⑤ 024 ④ 025 ⑤ 026 ③

본문 019쪽 01 × 02 ○ 03 ○ 04 × 05 × 06 × 07 ○ 08 × 09 × 10 ○

본문 021~025쪽 027 ① 028 ⑤ 029 ⑤ 030 ④ 031 ④ 032 ④ 033 ③ 034 ④
035 ② 036 ④ 037 ② 038 ② 039 ① 040 ② 041 ③ 042 ④ 043 ③ 044 ①

본문 027쪽 01 ○ 02 × 03 × 04 ○ 05 × 06 × 07 ○ 08 × 09 × 10 ○
11 × 12 ○

본문 029~035쪽 045 ④ 046 ⑤ 047 ③ 048 ① 049 ② 050 ① 051 ② 052
⑤ 053 ④ 054 ④ 055 ④ 056 ② 057 ③ 058 ② 059 ① 060 ① 061 ④ 062 ②
063 ④ 064 ⑤ 065 ① 066 ① 067 ③ 068 ⑤ 069 ⑤

II. 시장과 경제 활동

본문 040쪽 01 ○ 02 × 03 ○ 04 ○ 05 × 06 ○ 07 ○ 08 ×

본문 042~049쪽 070 ⑤ 071 ② 072 ③ 073 ① 074 ⑤ 075 ① 076 ⑤ 077 ④
078 ④ 079 ④ 080 ⑤ 081 ② 082 ④ 083 ③ 084 ⑤ 085 ⑤ 086 ④ 087 ⑤
088 ② 089 ② 090 ③ 091 ⑤ 092 ④ 093 ② 094 ③ 095 ⑤ 096 ⑤ 097 ④
098 ② 099 ①

본문 051쪽 01 ○ 02 ○ 03 ○ 04 × 05 ○ 06 ○ 07 × 08 × 09 ○ 10 ○
11 × 12 × 13 × 14 × 15 ×

본문 053~059쪽 100 ② 101 ② 102 ③ 103 ⑤ 104 ④ 105 ④ 106 ④ 107 ②
108 ① 109 ⑤ 110 ⑤ 111 ② 112 ④ 113 ⑤ 114 ② 115 ④ 116 ③ 117 ①
118 ④ 119 ④ 120 ⑤ 121 ③ 122 ① 123 ③ 124 ④ 125 ③

본문 061쪽 01 × 02 × 03 × 04 × 05 ○ 06 × 07 × 08 × 09 × 10 ○
11 ○ 12 ⑤ 13 × 14 ○ 15 × 16 × 17 ○

본문 063~069쪽 126 ④ 127 ④ 128 ③ 129 ② 130 ① 131 ② 132 ④ 133 ④
134 ④ 135 ⑤ 136 ③ 137 ① 138 ③ 139 ① 140 ⑤ 141 ⑤ 142 ③ 143 ②
144 ④ 145 ③ 146 ① 147 ⑤ 148 ④ 149 ② 150 ⑤ 151 ① 152 ⑤

본문 071쪽 01 ○ 02 × 03 ○ 04 ○ 05 ○ 06 × 07 ○ 08 ×

본문 073~077쪽 153 ⑤ 154 ④ 155 ① 156 ① 157 ③ 158 ④ 159 ② 160 ②
161 ⑤ 162 ④ 163 ⑤ 164 ① 165 ② 166 ② 167 ④ 168 ⑤ 169 ⑤ 170 ④
171 ①

III. 국가와 경제 활동

본문 081쪽 01 × 02 × 03 ○ 04 × 05 ○ 06 ○ 07 × 08 × 09 × 10 ×
11 ○ 12 ×

본문 083~089쪽 172 ① 173 ① 174 ⑤ 175 ② 176 ④ 177 ① 178 ① 179 ①
180 ④ 181 ⑤ 182 ② 183 ④ 184 ① 185 ⑤ 186 ① 187 ④ 188 ③ 189 ①
190 ③ 191 ④ 192 ③ 193 ② 194 ⑤ 195 ② 196 ③ 197 ① 198 ③

본문 091쪽 01 × 02 ○ 03 × 04 ○ 05 × 06 × 07 ○ 08 × 09 ○ 10 ○
11 × 12 ○ 13 ×

본문 093~099쪽 199 ② 200 ① 201 ② 202 ① 203 ② 204 ③ 205 ⑤ 206 ③
207 ② 208 ④ 209 ③ 210 ① 211 ② 212 ④ 213 ① 214 ④ 215 ① 216 ④
217 ② 218 ② 219 ② 220 ② 221 ④ 222 ④ 223 ① 224 ①

본문 101쪽 01 × 02 × 03 ○ 04 × 05 ○ 06 × 07 × 08 ○ 09 × 10 ○
11 ×

본문 103~109쪽 225 ① 226 ⑤ 227 ① 228 ⑤ 229 ③ 230 ④ 231 ⑤ 232 ②
233 ② 234 ① 235 ① 236 ② 237 ⑤ 238 ② 239 ② 240 ⑤ 241 ④ 242 ⑤
243 ⑤ 244 ④ 245 ② 246 ① 247 ① 248 ③ 249 ② 250 ④

IV. 세계 시장과 교역

본문 113쪽 01 ○ 02 × 03 × 04 × 05 × 06 ○ 07 × 08 × 09 × 10 ○
11 × 12 ○ 13 × 14 ○

본문 115~121쪽 251 ⑤ 252 ⑤ 253 ④ 254 ④ 255 ⑤ 256 ② 257 ① 258 ③
259 ④ 260 ⑤ 261 ④ 262 ③ 263 ④ 264 ② 265 ④ 266 ① 267 ⑤ 268 ①
269 ④ 270 ⑤ 271 ④ 272 ③ 273 ② 274 ③ 275 ② 276 ①

본문 123쪽 01 × 02 × 03 × 04 ○ 05 × 06 ○ 07 × 08 × 09 ○ 10 ×
11 ○ 12 ○ 13 ×

본문 125~131쪽 277 ⑤ 278 ③ 279 ③ 280 ④ 281 ② 282 ③ 283 ④ 284 ①
285 ④ 286 ③ 287 ④ 288 ⑤ 289 ④ 290 ④ 291 ⑤ 292 ⑤ 293 ④ 294 ②
295 ② 296 ① 297 ② 298 ② 299 ② 300 ① 301 ③ 302 ③

본문 133쪽 01 ○ 02 ○ 03 × 04 × 05 × 06 ○ 07 × 08 × 09 × 10 ○
11 ○ 12 × 13 × 14 ○ 15 × 16 × 17 × 18 ×

본문 135~141쪽 303 ② 304 ③ 305 ① 306 ③ 307 ④ 308 ② 309 ⑤ 310 ②
311 ④ 312 ③ 313 ① 314 ⑤ 315 ③ 316 ④ 317 ④ 318 ④ 319 ① 320 ②
321 ② 322 ③ 323 ⑤ 324 ⑤ 325 ③ 326 ① 327 ③ 328 ④

V. 경제생활과 금융

본문 145쪽 01 × 02 × 03 × 04 ○ 05 × 06 × 07 ○ 08 × 09 ○ 10 ×
11 × 12 × 13 ○ 14 × 15 ×

본문 147~151쪽 329 ③ 330 ② 331 ④ 332 ④ 333 ⑤ 334 ④ 335 ① 336 ④
337 ④ 338 ① 339 ⑤ 340 ② 341 ④ 342 ③ 343 ③ 344 ① 345 ①

본문 153쪽 01 × 02 × 03 × 04 ○ 05 × 06 ○ 07 × 08 ○ 09 × 10 ×
11 ○ 12 ○ 13 × 14 × 15 ○

본문 155~159쪽 346 ③ 347 ④ 348 ③ 349 ⑤ 350 ① 351 ⑤ 352 ③ 353 ②
354 ④ 355 ④ 356 ④ 357 ③ 358 ② 359 ⑤ 360 ② 361 ② 362 ③ 363 ①

I. 경제생활과 경제 문제

01강 경제생활과 기본적인 경제 문제

핵심 개념 CHECK!

▶ 본문 009쪽

| 01 ○ | 02 × | 03 ○ | 04 × | 05 ○ | 06 × | 07 × | 08 ○ |
| 09 × | 10 ○ | 11 × | 12 × |

○|× 문장 바로 알기

01 가계는 생산물 시장의 수요자이다.

02 기업은 생산 요소 시장의 ~~공급자~~이다.
　　 수요자

03 가계는 소비 활동의 주체로서 효용의 극대화를 추구한다.

04 ~~기업~~은 재정 활동의 주체로서 사회적 후생의 극대화를 추구한다.
　　 정부는

05 인간의 욕구에 비해 자원이 상대적으로 부족한 상태를 희소성이라고 한다.

06 한 자원의 희소성은 시간과 장소가 ~~달라져도 변화하지 않는다.~~
　　　　　　　　　　　　　　　달라지면 변화할 수 있다.

07 모든 사회에서 경제 문제가 발생하는 원인은 자원의 ~~희귀성~~이다.
　　　　　　　　　　　　　　　　　　　　　　희소성

08 어떤 대안을 선택함에 따라 포기하는 대안 중에서 가장 가치가 큰 것을 기회비용이라고 한다.

09 편익이 같은 경우에는 기회비용이 ~~큰~~ 것을 선택해야 합리적이다.
　　　　　　　　　　　　　　　　작은

10 갑이 회사를 그만두고 카페를 운영하는 데 따르는 명시적 비용은 8천만 원이다.

11 갑이 회사를 그만두고 카페를 운영하는 데 따르는 순편익은 ~~양(+)~~의 값이다.
　　　　　　　　　　　　　　　　　　　　　　　　　음(-)

12 갑이 회사를 그만두고 카페를 개업하는 것은 ~~합리적 선택이다.~~
　　　　　　　　　　　　　　　　　　　　　합리적 선택이 아니다.

기출+예상 문제로 주제 정복하기

▶ 본문 011~017쪽

001 ①	002 ⑤	003 ③	004 ④	005 ③	006 ④
007 ③	008 ③	009 ④	010 ①	011 ⑤	012 ④
013 ④	014 ③	015 ②	016 ②	017 ①	018 ⑤
019 ②	020 ④	021 ⑤	022 ④	023 ⑤	024 ④
025 ⑤	026 ③

001　경제 주체와 경제 활동　　정답 ①

문제 분석 가계와 기업이라는 경제 주체가 제시되어 있으므로 실물과 화폐의 흐름을 통해 (가) 시장과 (나) 시장을 생산 요소 시장과 생산물 시장으로 구분할 수 있습니다.

정답 찾기 ① 가계가 (가) 시장에 실물을 공급하는 것을 통해 (가) 시장이 생산 요소 시장임을 알 수 있습니다.

오답 피하기 ② (나) 시장은 생산물 시장이고, 생산물 시장에서 가계는 수요자입니다. ③ ㉠은 요소 소득이고, 자본은 생산 요소에 해당합니다. ④ ㉡은 재화와 서비스입니다. ⑤ ㉢은 판매 수입입니다.

002　경제 주체와 경제 활동　　정답 ⑤

문제 분석 제시된 대화에서 갑은 인터넷 영어 강의라는 서비스를 생산하여 공급하므로 기업의 역할을 하고 있고, 을은 인터넷 중국어 강의라는 서비스를 구매하여 사용하고 있으므로 가계의 역할을 하고 있습니다.

정답 찾기 ⑤ 갑은 기업의 역할을 하고 있고, 을은 가계의 역할을 하고 있습니다. 따라서 갑과 을은 모두 민간 경제 주체에 해당합니다.

오답 피하기 ① 효용의 극대화를 추구하는 경제 활동을 하는 경제 주체는 가계입니다. 기업의 역할을 하고 있는 갑은 이윤의 극대화를 추구합니다. ② 사회적 후생의 극대화를 추구하는 경제 활동을 하는 경제 주체는 정부입니다. 가계의 역할을 하고 있는 을은 효용의 극대화를 추구합니다. ③ 세금을 징수하는 경제 주체는 정부입니다. 갑과 을은 모두 민간 경제 주체로서 정부에 세금을 납부합니다. ④ 기업의 역할을 하고 있는 경제 주체는 을이 아니라 갑입니다.

003　경제 활동의 종류　　정답 ③

🔍 눈으로 보는 해설

밑줄 친 ㉠, ㉡에 대한 옳은 설명만을 〈보기〉에서 고른 것은?

> 갑과 을은 쌀음료를 생산하는 ○○ 회사에서 일하고 있다. 갑은 ㉠쌀음료를 만드는 데 필요한 쌀의 구입을 담당하고 있고, 을은 만들어진 ㉡쌀음료를 판매 대리점에 배달하는 운송을 담당하고 있다.
> 　　　　　　└ 재화의 가치를 높이는 활동이므로 생산 활동에 해당한다.

> **보기**
> ㄱ. ㉠은 소비 활동에 해당한다.
> ㄴ. ㉡은 생산 활동에 해당한다.
> ㄷ. ㉠, ㉡ 모두 이윤을 추구하기 위한 활동에 해당한다.
> ㄹ. ㉠과 달리 ㉡은 생산에 참여한 대가를 받는 행위에 해당한다.
> 　　　　　　　　　　　　　　　└ 분배

① ㄱ, ㄴ　　　② ㄱ, ㄷ　　　③ ㄴ, ㄷ
④ ㄴ, ㄹ　　　⑤ ㄷ, ㄹ

문제 분석 제시된 사례에서 갑과 을은 모두 생산에 해당하는 경제 활동을 하고 있습니다.

정답 찾기 ㄴ. 판매 대리점에 쌀 음료를 배달하는 운송은 생산 활동에 해당합니다. ㄷ. 갑과 을의 활동 모두 생산 활동에 해당하므로 이윤을 추구하기 위한 활동으로 볼 수 있습니다.

오답 피하기 ㄱ. 쌀 음료를 만들고 판매하기 위해 쌀을 구입한 활동은 기업이 자본재를 구입한 활동에 해당하므로 생산 활동입니다. ㄹ. 생산에 참여한 대가를 받는 행위는 경제 활동 중 분배에 해당합니다.

💣 함정 피하기

ㄱ이 옳다고 생각했다면 소비재와 자본재를 혼동한 것입니다. 기업이 제품을 생산하고 판매하기 위해 재화를 구입할 때의 재화는 자본재에 해당합니다. 따라서 이는 생산 활동으로 보아야 합니다.

004 경제 활동의 유형과 주체   정답 ④

문제 분석 가계가 소비재를 구입하는 것은 소비 활동에 해당하고, 기업이 자본재를 구입하는 것은 생산 활동에 해당합니다.

정답 찾기 ㄴ. 갑은 치킨 가게를 운영하고 있고 배달 전용 오토바이를 구입하였으므로 기업의 역할을 하고 있습니다. ㄹ. 을이 가족들과의 여행을 위해 캠핑카를 구입한 것은 소비 활동에 해당합니다. 또한 캠핑카는 재화이므로 생산물 시장에서 구입할 수 있습니다.

오답 피하기 ㄱ. 갑이 배달 전용 오토바이를 구입한 것은 자본재를 구입한 경제 활동에 해당합니다. ㄷ. 을의 경제 활동은 소비 활동에 해당합니다.

005 경제 활동의 유형   정답 ③

문제 분석 '가전제품을 판매하는 행위를 사례로 들 수 있습니까?'라는 질문을 통해 A는 생산, B와 C는 분배와 소비 중 하나에 해당함을 알 수 있습니다.

정답 찾기 ③ (가)에 '생산에 참여한 대가를 받는 활동입니까?'가 들어가면 B는 분배, C는 소비에 해당하며, 가계는 소비의 주체로서 효용의 극대화를 추구합니다.

오답 피하기 ① 상품을 사용하며 만족감을 얻는 활동은 소비에 해당합니다. ② '재화의 가치를 증대시키는 활동입니까?'에 긍정적 답변을 하면 생산에 해당합니다. ④ 노동의 대가로 임금을 받는 행위는 분배이고, 운송 회사의 운송 서비스 제공은 생산에 해당합니다. ⑤ 소비는 가계가 생산물 시장에서 생산물을 구입하는 활동입니다. 따라서 A~C 모두가 생산 요소 시장에서 이루어지는 활동이라고 할 수 없습니다.

006 경제 객체와 경제 활동의 유형   정답 ④

문제 분석 제시된 표에서 ㉠은 재화를 생산하는 경제 활동에, ㉡은 서비스를 소비하는 경제 활동에 해당합니다.

정답 찾기 ㄴ. 을이 판매 목적으로 기념품을 제작한 것은 재화를 생산하는 활동에 해당합니다. ㄹ. 인터넷 강의를 수강하는 것은 서비스를 구입하여 소비하는 활동에 해당합니다.

오답 피하기 ㄱ. 지하철 택배 아르바이트를 하는 것은 노동을 생산 요소 시장에 공급하는 활동에 해당합니다. ㄷ. 음식점에서 고기와 음료수를 사 먹은 것은 재화를 소비하는 활동에 해당합니다.

007 민간 경제의 순환   정답 ③

문제 분석 제시된 그림은 민간 경제의 순환 중 화폐의 흐름만을 나타낸 것입니다. 따라서 (가)는 가계, (나)는 기업이고, ㉠은 소비 지출에, ㉡은 요소 비용에 해당합니다.

정답 찾기 ㄴ. (나)는 기업이므로 생산 요소의 수요자입니다. ㄷ. 학생이 서점에서 책을 구입하고 돈을 지불하는 것은 소비 지출에 해당합니다.

오답 피하기 ㄱ. (가)는 가계이므로 재화와 서비스의 수요자에 해당합니다. ㄹ. 서점 주인이 손님에게 책을 판매하고 받은 돈은 판매 수입에 해당합니다.

008 경제 주체와 경제 활동   정답 ③

문제 분석 A는 부가 가치를 창출하는 활동이므로 생산, B는 만족감을 얻기 위한 활동이므로 소비, C는 생산 요소를 제공한 대가를 받는 활동이므로 분배에 해당합니다.

정답 찾기 ㄴ. B는 소비이고, 소비의 주체는 가계입니다. 가계는 생산 요소 시장에서 공급자에 해당합니다. ㄷ. C는 분배이고, 분배에서 요소 비용을 지불하는 주체는 기업입니다. 기업은 생산물 시장에서 공급자에 해당합니다.

오답 피하기 ㄱ. A는 생산이고, 생산의 주체는 기업입니다. ㄹ. A는 생산, B는 소비, C는 분배입니다.

009 국민 경제의 순환   정답 ④

문제 분석 제시된 그림은 국민 경제의 순환을 나타냅니다. (나)는 (가)와 (다)로부터 조세를 징수하므로 정부에 해당합니다. 그런데 (가)는 생산물 시장에서 실물을 제공받고 화폐를 지급하며, 생산 요소 시장에서는 실물을 제공하고 화폐를 지급받습니다. 따라서 생산물 시장에서는 수요자 역할을, 생산 요소 시장에서는 공급자 역할을 하는 가계임을 알 수 있습니다. 한편, (다)는 생산물 시장에서 실물을 제공하고 화폐를 지급받으며, 생산 요소 시장에서는 실물을 제공받고 화폐를 지급합니다. 따라서 생산물 시장에서는 공급자 역할을, 생산 요소 시장에서는 수요자 역할을 하는 기업임을 알 수 있습니다.

정답 찾기 ④ ㉠은 소비 지출에 해당합니다. 토지를 제공한 대가는 지대이고, 이는 요소 소득에 해당합니다.

오답 피하기 ① (가)는 가계이고, 가계는 소비 활동의 주체입니다. ② (나)는 정부이고, 정부는 사회적 후생 극대화를 목적으로 경제 활동을 합니다. ③ (다)는 기업이고, 기업은 자본재를 구입하여 재화나 서비스를 생산합니다. ⑤ ㉡은 요소 비용이고, 요소 비용은 기업이 생산 요소를 사용한 대가입니다.

010 합리적 선택   정답 ①

문제 분석 제시된 그림에서 A국 여행에 대한 본인 부담금은 대안을 선택할 때 실제로 지출되는 비용이므로 명시적 비용입니다. B국 여행에 대해 이미 지불한 계약금은 환불받을 수 없기 때문에 매몰 비용에 해당합니다. 합리적 선택을 위해서는 매몰 비용은 고려하지 말아야 합니다.

정답 찾기 ㄱ. 본인 부담금은 A국 여행 시 실제로 지출되는 돈이므로 명시적 비용입니다. ㄴ. B국 여행 상품에 대한 계약금은 이미 지불하여 돌려받을 수 없으므로 매몰 비용입니다.

오답 피하기 ㄷ. B국 여행 선택 시 암묵적 비용은 A국 여행에서의 편익에서 A국 여행 시 소요되는 비용, 즉 본인 부담금을 뺀 것입니다. ㄹ. B국 여행의 편익의 크기에 따라 갑의 선택이 달라질 수 있습니다.

011 희소성과 희귀성   정답 ⑤

문제 분석 제시된 그림에서 A는 희소성만 가지는 재화, B는 희소성과 희귀성을 모두 가지는 재화, C는 희귀성만 가지는 재화, D는 희소성과 희귀성을 모두 가지지 않는 재화에 해당합니다.

정답 찾기 ㄷ. 재화가 경제적 가치를 가지는 여부는 희소성으로 판단합니다. 따라서 B는 경제적 가치를 가지지만, C는 그렇지 못합니다. ㄹ. C와 D는 모두 희소성을 가지지 않으므로 경제적 가치가 없는 재화입니다. 따라서 모두 무상재임을 알 수 있습니다.

오답 피하기 ㄱ. 상품의 시장 가격은 희귀성이 아닌 희소성에 영향을 받습니다. ㄴ. A와 B 모두 희소성을 가지므로 시장에서 거래됩니다.

012 희소성과 희귀성   정답 ④

문제 분석 (가)는 희소성, (나)는 희귀성을 나타냅니다.

정답 찾기 ㄱ. 희소성은 시간과 장소에 따라 다르게 나타납니다. ㄷ. 한 재화가 경제적 가치를 가지는지 여부, 즉 시장에서 거래되는지 여부는 희소성의 유무에 달려 있습니다. 따라서 희소성과 희귀성을 모두 가지는 재화는 시장에서 거래됩니다. ㄹ. 햇빛은 무상재로서, 희소성과 희귀성을 모두 가지지 않습니다.

오답 피하기 ㄴ. 어떤 재화가 경제적 가치를 가지는지 여부는 희소성의 유무에 달려 있습니다.

013 희소성과 기본적인 경제 문제 정답 ④

문제 분석 자원의 희소성이란 무한한 인간한 욕구에 비해 자원은 유한하다는 것을 의미합니다. 이 희소성에 따라 기본적인 경제 문제가 발생하게 됩니다.

정답 찾기 ㄱ. 한 재화의 희소성 증가는 그 재화의 가격 상승 요인으로 작용합니다. ㄷ, ㄹ. 어떤 사회에서든지 희소성의 문제에 직면하기 때문에 기본적인 경제 문제는 어떤 사회에서나 나타나는 문제라고 할 수 있습니다.

오답 피하기 ㄴ. '어떻게 생산할 것인가?'의 문제는 생산 방법을 결정하는 것에 해당합니다.

014 무상재와 경제재 정답 ③

문제 분석 제시된 그림은 X재의 수요 곡선과 공급 곡선이 서로 만나지 않고 있음을 나타냅니다. 또한 X재를 최대한 수요하고자 하는 양이 X재의 최소한의 공급량보다 적다는 것을 나타냅니다. 따라서 이를 통해 X재가 시장에서 거래되지 않는 무상재임을 알 수 있습니다.

정답 찾기 ㄴ. X재의 공급이 증가하여 공급 곡선이 우측으로 이동하더라도 수요 곡선과 만날 수 없게 되므로 시장 거래는 불가능합니다. ㄷ. 현재 상황에서 X재의 수요가 증가하면 수요 곡선이 우측으로 이동하여 공급 곡선과 만날 수도 있습니다. 따라서 시장에서 거래될 수 있습니다.

오답 피하기 ㄱ. X재의 최소 공급량이 최대 수요량보다 큽니다. ㄹ. 수요가 감소하고 공급이 증가하면 X재의 수요 곡선과 공급 곡선이 서로 만나는 것은 불가능합니다. 따라서 X재가 경제적 가치를 가질 수 없습니다.

015 기본적인 경제 문제 정답 ②

문제 분석 제시된 그림은 경제 문제의 유형을 나타낸 것입니다. 경제 문제란 경제 활동 과정에서 희소성에 따라 발생하는 선택의 문제를 말합니다. '무엇을 얼마나 생산할 것인가를 결정하는 문제'는 생산물의 수량과 종류를 결정하는 문제에 해당합니다. 그리고 '생산 요소의 선택과 결합 방법을 결정하는 문제'는 생산 방법을 결정하는 문제에 해당합니다. 따라서 A는 생산물의 결정 문제, B는 생산 방법의 결정 문제, C는 분배 방법의 결정 문제입니다.

정답 찾기 ㄱ. 생산물의 결정 문제에서는 효율성을 중시합니다. ㄷ. 분배 방법의 결정 문제에서는 효율성과 형평성을 모두 중시합니다.

오답 피하기 ㄴ. 생산 방법의 결정 문제에서는 효율성을 중시합니다. ㄹ. A는 생산물의 결정 문제, B는 생산 방법의 결정 문제, C는 분배 방법의 결정 문제입니다.

016 기본적인 경제 문제 정답 ②

문제 분석 '무엇을 생산할 것인가?'는 생산물의 종류를 결정하는 문제에, '어떻게 생산할 것인가?'는 생산 방법을 결정하는 문제에, '누구를 위해 생산할 것인가?'는 분배 방식을 결정하는 문제에 해당합니다.

정답 찾기 ㄱ. 갑 기업이 해외 진출 사업 아이템을 스마트폰에서 태블릿 PC로 변경하는 것은 생산물의 종류를 결정하는 것에 해당합니다. ㄴ. 을 기업이 영업 수입을 사원 복지비로 편성하는 것은 분배 방식을 결정하는 것에 해당합니다. ㄷ. 병 기업이 생산 요소의 결합 방법을 노동집약적 방법에서 자본 집약적 방법으로 변경하는 것은 생산 방법을 결정하는 것에 해당합니다.

017 기본적인 경제 문제 정답 ①

문제 분석 제시된 대화에서 갑, 을, 병은 현재의 높은 실적을 이어 가기 위한 방안을 기본적인 경제 문제와 관련하여 제시하고 있습니다. 기본적인 경제 문제는 크게 '무엇을 얼마나 생산할 것인가?'라는 생산물의 결정 문제, '어떻게 생산할 것인가?'라는 생산 방법의 결정 문제, '누구를 위해 생산할 것인가?'라는 분배 방법의 결정 문제로 구분할 수 있습니다.

정답 찾기 ㄱ. 갑은 자동화 기계의 도입을 주장하고 있습니다. 생산을 위해 기계를 도입하는 것은 생산 방법의 결정 문제, 즉 '어떻게 생산할 것인가?'의 문제와 관련됩니다. ㄴ. 을은 B 제품의 생산에 투입되었던 인력과 장비를 A 제품의 생산에 투입하자고 제안하고 있습니다. 따라서 생산물의 결정 문제, 즉 생산물의 종류와 수량을 결정하는 문제에 대한 제안을 하고 있습니다.

오답 피하기 ㄷ. 병은 이익금으로 야근을 한 직원들에게 특별 보너스를 지급해야 한다고 주장하고 있습니다. 이는 '누구를 위해 생산할 것인가?', 즉 분배 방법의 결정 문제와 관련된 주장입니다. 따라서 경제생활의 유형 중 분배 활동에 대한 제안을 하고 있음을 알 수 있습니다. ㄹ. 효율성과 형평성을 동시에 중시하는 경제 문제는 분배 방법의 결정 문제입니다. 따라서 효율성과 함께 형평성을 높이기 위한 제안을 하고 있는 것은 병입니다. 갑과 을은 효율성을 높이기 위한 방안을 제시하고 있습니다.

018 합리적 선택 정답 ⑤

문제 분석 제시된 내용을 표로 정리하면 다음과 같습니다.

구분	A 요금제	B 요금제	C 요금제	합리적 선택
월 100분 통화	2만 원	4만 원	6만 원	A 요금제
월 200분 통화	4만 원	4만 5천 원	6만 원	A 요금제
월 400분 통화	8만 원	6만 5천 원	6만 원	C 요금제
월 4만 5천 원 지불	225분 통화	200분 통화	가입 불가	A 요금제
월 5만 5천 원 지불	275분 통화	300분 통화	가입 불가	B 요금제

정답 찾기 ⑤ 월 5만 5천 원을 지불할 경우 A 요금제에서는 275분 통화가 가능하고, C 요금제는 가입이 불가능하며, B 요금제에서는 300분 통화가 가능합니다.

오답 피하기 ① 월 100분을 통화하려는 경우 최저 요금은 2만 원입니다. ② 월 200분을 통화하려는 경우 A 요금제를 선택하는 것이 합리적입니다. ③ 월 400분을 통화하려는 경우 C 요금제를 선택하는 것이 합리적입니다. 따라서 A 요금제 선택 시에는 2만 원을, B 요금제 선택 시에는 5천 원을 더 지불하게 됩니다. ④ 휴대 전화 요금으로 월 4만 5천 원을 지불하려는 경우 A 요금제를 선택하는 것이 합리적입니다.

019 기회비용과 매몰 비용 정답 ②

문제 분석 두 개 이상의 대안 중에서 한 개의 대안을 선택할 때에는 기회비용을 고려해야 합니다. 매몰 비용은 이미 지출되어 회수가 불가능한 비용을 말한다. 합리적 선택이란 순편익이 양(+)의 값을 가지는 대안을 선택하는 것을 말합니다.

정답 찾기 ㄱ. 갑은 A 영화와 B 영화 중에서 A 영화를 보러 갈 것을 선택하였으므로 A 영화 관람의 순편익은 양(+)의 값이라고 할 수 있습니다. ㄷ. 명시적 비용이란 어떤 대안을 선택함에 따라 실제로 지출되는 비용입니다. 따라서 을이 B 영화의 관람을 선택하는 데 따른 관람료는 명시적 비용에 해당합니다.

오답 피하기 ㄴ. 갑에게 B 영화 관람은 A 영화 관람을 선택한 데 따라 포기한 대안이므로 암묵적 비용에 해당합니다. ㄹ. 제시된 자료만으로는 갑의 A 영화 관람에 따른 순편익이나 을의 B 영화 관람에 따른 순편익의 크기는 파악하기 어렵습니다.

020 매몰 비용과 명시적 비용   정답 ④

문제 분석 매몰 비용은 이미 지출되어 회수가 불가능한 비용으로 합리적 선택 시 고려 대상에서 제외됩니다.

정답 찾기 ㄱ. X 스마트폰 개발 투자를 계속할 경우 비용은 15억 달러이고, 수입은 27억 달러입니다. 따라서 개발 투자를 계속하는 것이 합리적입니다. ㄴ. X 스마트폰의 개발 투자를 계속할 경우에는 20억 달러의 매몰 비용이 발생합니다. ㄷ. X 스마트폰의 개발 투자를 계속할 경우 명시적 비용은 15억 달러이고, 매몰 비용은 20억 달러입니다.

오답 피하기 ㄹ. X 스마트폰의 개발 투자를 선택하지 않을 경우에는 이미 지출한 20억 달러가 명시적 비용이 됩니다.

021 합리적 선택   정답 ⑤

문제 분석 A~C 스마트폰 중에서 B 스마트폰의 순편익이 양(+)의 값을 가진다는 점에 유의해야 합니다.

정답 찾기 ㄷ. A~C 스마트폰의 가격과 기회비용이 동일하다는 조건에서 B 스마트폰의 순편익만 양(+)의 값이라는 것은 B 스마트폰을 선택할 경우 편익이 가장 크다는 의미입니다. ㄹ. A~C 스마트폰의 편익과 가격이 동일하다는 조건에서 B 스마트폰의 순편익만 양(+)의 값이라는 것은 B 스마트폰을 선택할 경우 암묵적 비용이 가장 작다는 의미입니다.

오답 피하기 ㄱ. A~C 스마트폰의 기회비용에 대한 정보가 없으므로 스마트폰 상호 간 가격 비교는 불가능합니다. ㄴ. A~C 스마트폰의 편익에 대한 정보가 없으므로 스마트폰 상호 간 가격 비교는 불가능합니다.

022 기회비용과 합리적 선택   정답 ④

고난도 평가원 기출

함정 ①	②	③	❹	⑤
44%	9%	7%	35%	3%

🔍 눈으로 보는 해설

다음 자료에 대한 옳은 분석만을 〈보기〉에서 고른 것은?

갑은 6개월 전 ○○ 회사의 ㉠ A 자동차를 3,000만 원에 구매했는데 최근 ○○ 회사는 ㉡ 최신형 B 자동차를 3,200만 원에 출시하였다. 이 회사는 A 자동차를 구매한 고객에 한해 700만 원의 추가 비용을 내면 ㉢ A 자동차를 최신형 B 자동차로 교체해 주는 행사를 하고 있다. 현재 A 자동차를 중고차 시장에 매도할 경우 [(가)] 만 원을 받을 수 있다. 이에 갑은 다음 세 가지 방안 중 하나를 선택하려고 한다. 단, 제시된 자료 이외의 다른 조건은 고려하지 않는다.

〈1안〉 ㉠을 중고차 시장에 매도하고 ㉡을 구매
〈2안〉 ㉢에 참여함으로써 ㉡을 구매
〈3안〉 ㉠을 계속 사용

[보기]
ㄱ. ㉠을 구매할 때 지불한 3,000만 원 전액은 매몰 비용이므로 갑의 선택에서 고려하지 않는다.
ㄴ. ㉢에 참여하기 위한 700만 원의 추가 비용은 〈2안〉을 선택하는 데 따른 기회비용에 포함된다. → 명시적 비용
ㄷ. (가)가 '2,400'이라면, 〈1안〉을 선택하는 것이 합리적이다. → 추가 비용이 더 큰 대안
ㄹ. (가)가 '2,500'이고 ㉡으로부터 얻게 될 편익이 ㉠으로부터 얻게 될 편익보다 600만 원이 크다면, 〈3안〉을 선택하는 것이 합리적이다. → 순편익이 가장 큰 대안

① ㄱ, ㄴ   ② ㄱ, ㄷ   ③ ㄴ, ㄷ
④ ㄴ, ㄹ   ⑤ ㄷ, ㄹ

문제 분석 기회비용, 매몰 비용, 순편익 등의 개념을 제시된 사례에 적용하여 합리적 선택을 할 수 있는지 확인하는 문제입니다.

정답 찾기 ㄴ. A 자동차를 최신형 B 자동차로 교체해 주는 행사에 참여하는 데 드는 700만 원의 추가 비용은 〈2안〉의 선택에 따른 명시적 비용에 해당하므로 기회비용에 포함됩니다. ㄹ. A 자동차를 중고차 시장에서 매도하면 2,500만 원을 받을 수 있고, 이를 토대로 〈1안〉을 선택하면 B 자동차를 구매하기 위해 700만 원의 추가 비용이 발생합니다. 그리고 〈2안〉을 선택해도 700만 원의 추가 비용이 발생합니다. 최신형 B 자동차로부터 얻게 될 편익이 A 자동차로부터 얻게 될 편익보다 600만 원 크다면, 〈3안〉을 선택할 때의 순편익은 〈1안〉과 〈2안〉을 선택할 때의 순편익보다 100만 원만큼 큽니다. 따라서 제시된 조건에서 소비자는 〈3안〉을 선택하는 것이 합리적입니다.

오답 피하기 ㄱ. 매몰 비용은 이미 투입되어 회수할 수 없는 비용을 의미하고, 합리적 선택을 위해서는 이를 고려하지 말아야 합니다. A 자동차를 중고차 시장에 매도할 경우 2,500만 원은 회수할 수 있고, 최신형 B 자동차를 구매할 때 A 자동차 구매 고객은 추가 비용을 내면 교체할 수도 있습니다. 따라서 3,000만 원 전체를 매몰 비용으로 간주할 수는 없습니다. ㄷ. (가)에 '2,400'이 들어간다면 〈1안〉을 선택할 경우 800만 원의 추가 비용이 발생하고, 〈2안〉을 선택할 경우 700만 원의 추가 비용이 발생합니다. 따라서 〈1안〉을 선택하는 것이 〈2안〉을 선택하는 것에 비해 많은 비용이 들어가므로 비합리적입니다.

> 💣 **함정 피하기**
>
> ㄱ이 옳다고 생각했다면, 매몰 비용을 잘못 계산한 것입니다. A 자동차를 중고차 시장에 매도할 경우 3,000만 원 중 일부는 회수할 수 있고, A 자동차 구매 고객은 추가 비용을 내고 최신형 B 자동차로 교체할 수도 있습니다. 따라서 3,000만 원 전체를 매몰 비용으로 간주할 수는 없다는 점을 이해해야 합니다.

023 합리적 의사 결정   정답 ⑤

문제 분석 제시된 그림은 합리적 의사 결정 과정을 나타냅니다. 선택 대안을 나열하는 단계에 해당하는 내용을 찾아야 합니다.

정답 찾기 ⑤ 예산 범위 안에서 구입 가능한 여러 대안들의 정보를 수집하는 것은 선택 대안의 나열에 해당합니다.

오답 피하기 ① 스마트폰을 구입한 것은 최종 선택에 해당합니다. ② 스마트폰을 구입하려는 것은 문제 인식에 해당합니다. ③ 평가 기준을 토대로 가장 높은 점수의 스마트폰을 찾아낸 것은 대안 평가에 해당합니다. ④ 스마트폰의 색상과 가격대 등의 평가 기준을 설정한 것은 평가 기준 설정에 해당합니다.

024 경제적 유인   정답 ④

문제 분석 갑국 정부는 흡연자들에게 비용이 되는 부정적 유인을 제공하였고, 을국 정부는 쓰레기 무단 투기자들에게 비용이 되는 부정적 유인을 제공하였습니다.

정답 찾기 ㄴ. 을국 정부는 폐쇄 회로 텔레비전(CCTV) 확충과 과태료 인상을 통해 해당 행위자의 행동을 감소시켰습니다. ㄹ. 갑국과 을국 모두 부정적 유인을 제공함으로써 해당 행위자로 하여금 특정 방식으로만 행동하도록 유도하였습니다.

오답 피하기 ㄱ. 갑국 정부의 경제적 유인은 해당 행위자의 행위를 약화시켰습니다. ㄷ. 갑국과 을국의 경제적 유인은 특정 행위자에게 비용으로 작용하였습니다.

025 경제적 유인   정답 ⑤

문제 분석 장학금은 긍정적 유인에 해당하고, 과태료는 부정적 유인에 해당합니다.

 ㄴ. 과태료는 부정적 유인에 해당하므로 을에게 비용으로 작용합니다. ㄷ. 장학금은 긍정적 유인에 해당하므로 과태료와 달리 행위자에게 편익으로 작용합니다. ㄹ. 긍정적 유인과 부정적 유인 모두 행위자로 하여금 합리적 결정을 내리도록 합니다.

 ㄱ. 장학금은 갑에게 해당 행위를 강화시키는 유인으로 작용합니다.

026 경제적 유인   정답 ③

 경제적 유인은 사람들이 특정한 방식으로 행동하고 선택하도록 유도하는 금전적 보상 또는 손실을 의미하며, 긍정적 유인과 부정적 유인으로 구분합니다. 제시된 사례에서 40분 이내에 식사를 마친 손님에게 아이스크림을 제공하는 것은 긍정적 유인에 해당합니다.

 ㄴ, ㄷ. 올림픽 입상자에게 포상금을 수여하는 것이나 학점이 우수한 재학생에게 장학금을 지급하는 것은 긍정적 유인에 해당합니다.

 ㄱ, ㄹ. 음주 운전자에게 벌금을 부과하는 것이나 버스 정류장에서 흡연하는 사람에게 과태료를 부과하는 것은 부정적 유인에 해당합니다.

02강 경제 체제

핵심 개념 CHECK!   ▶ 본문 019쪽

| 01 × | 02 ○ | 03 ○ | 04 × | 05 × | 06 × | 07 ○ | 08 × |
| 09 × | 10 ○ | | | | | | |

○⏐× 문장 바로 알기

01 모든 경제 체제에서 경제 문제를 해결하는 방식은 ~~동일하다.~~ 다르다.

02 전통 경제 체제에서는 사회 구성원들의 경제 활동이 전통이나 관습에 의해 제약된다.

03 계획 경제 체제는 다른 경제 체제에 비해 비교적 평등한 분배를 달성할 수 있다.

04 시장 경제 체제에서 개별 경제 주체는 ~~공익~~의 극대화를 추구한다. 사익

05 우리나라는 ~~순수한 시장 경제 체제~~를 운용하고 있다. 혼합 경제 체제

06 북한은 ~~시장 경제 체제를 근간으로 계획 경제 체제의 요소를 일부 받아들였다.~~ 계획 경제 체제를 채택하고 있다.

07 분업은 재화 생산의 효율성을 증진한다.

08 ~~정부의 명령~~은 가계와 기업이 경제 활동을 하는 데 신호등 역할을 한다. 시장 가격

09 자유롭고 공정한 경쟁을 실현하기 위해서는 국가가 ~~반드시 시장에 개입해야 한다.~~ 시장에 되도록 개입하지 않아야 한다.

10 경쟁은 시장의 자발적인 규율 장치로서 희소한 자원이 낭비되지 않도록 한다.

기출+예상 문제로 주제 정복하기   ▶ 본문 021~025쪽

027 ①	028 ⑤	029 ⑤	030 ④	031 ④	032 ④
033 ③	034 ③	035 ②	036 ④	037 ②	038 ②
039 ①	040 ②	041 ③	042 ④	043 ③	044 ①

027 자본주의 시장 경제와 사회주의 계획 경제   정답 ①

 A는 시장 경제 체제, B는 계획 경제 체제, C는 혼합 경제 체제입니다.

 ㄱ. 시장 경제 체제에서는 시장의 가격 기구에 의해 희소한 자원이 배분됩니다. ㄴ. 혼합 경제 체제에서는 경제 문제에 대해 가계와 기업, 즉 민간 경제 주체의 자율적 해결 능력에 한계가 있음을 전제로 이를 보완하기 위한 정부 개입의 필요성을 인정합니다.

 ㄷ. 계획 경제 체제에 비해 시장 경제 체제는 실업과 인플레이션이 자주 발생하여 경제가 불안정해질 가능성이 큽니다. ㄹ. 시장 경

제 체제는 계획 경제 체제와 혼합 경제 체제에 비해 이윤 동기에 의한 경제적 유인을 통해 효율성을 실현하는 데 유리합니다.

028 경제 제체의 유형　　정답 ⑤

문제 분석 A국은 생산 수단의 소유 형태에 있어 원칙적으로 국·공유화를 인정하고 경제 문제를 정부의 명령이나 계획에 의해 해결하므로 사회주의 계획 경제 체제를 채택하고 있음을 알 수 있습니다. B국은 생산 수단의 소유 형태에 있어 원칙적으로 사유화를 인정하고 경제 문제를 시장 원리에 의해 해결하므로 자본주의 시장 경제 체제를 채택하고 있음을 알 수 있습니다.

정답 찾기 ㄷ. 개별 경제 주체의 자유로운 선택을 중시하는 것은 사회주의 계획 경제 체제가 아닌 자본주의 시장 경제 체제입니다. ㄹ. A국은 사회주의 경제 체제, B국은 자본주의 시장 경제 체제입니다.

오답 피하기 ㄱ. 전통이나 관습에 의해 경제를 운영하는 경제 체제는 전통 경제 체제입니다. ㄴ. 복지 국가는 시장 원리를 인정하는 가운데 국가의 개입에 따른 복지 정책을 시행하므로 혼합 경제 체제에 해당합니다.

029 정부 개입과 생산 수단에 따른 경제 체제　　정답 ⑤

문제 분석 제시된 표의 (가)~(라)는 생산 수단의 사적 소유의 허용 여부와 정부 개입에 따른 경제 문제의 해결 여부에 따른 경제 체제의 유형입니다. 따라서 (가)는 혼합 경제 체제, (나)는 계획 경제 체제, (다)는 시장 경제 체제, (라)는 전통 계획 경제 체제입니다.

정답 찾기 ⑤ (가)는 혼합 경제 체제입니다. 혼합 경제 체제는 (나)+(다)로 성립될 수 있습니다.

오답 피하기 ① (가)는 혼합 경제 체제입니다. ② (나)는 계획 경제 체제입니다. ③ (다)는 시장 경제 체제입니다. 빈부 격차와 같은 경제 문제는 시장 경제 체제에서 나타납니다. ④ (라)는 전통 경제 체제입니다.

030 혼합 경제 체제의 특징　　정답 ④

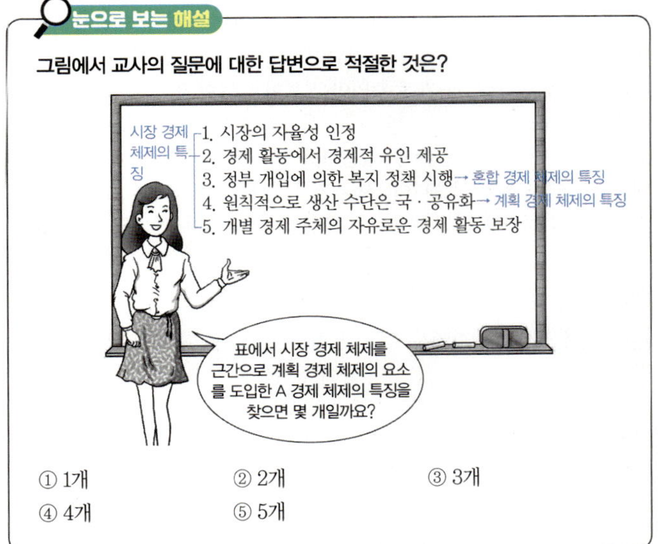

문제 분석 시장 경제 체제를 근간으로 계획 경제 체제의 요소를 도입한 A 경제 체제는 혼합 경제 체제입니다.

정답 찾기 1. 시장의 자율성 인정, 2. 경제 활동에서 경제적 유인 제공, 5. 개별 경제 주체의 자유로운 경제 활동 보장은 모두 시장 경제 체제의 특징입니다. 따라서 시장 경제 체제를 근간으로 하는 혼합 경제 체제의 특징에도 해당합니다. 3. 정부 개입에 의한 복지 정책 시행은 계획 경제

체제의 요소를 도입함으로써 나타나는 혼합 경제 체제의 특징에 해당합니다.

오답 피하기 4. 원칙적으로 생산 수단의 국·공유화는 계획 경제 체제의 특징입니다. 시장 경제 체제를 근간으로 하는 혼합 경제 체제에서는 생산 수단의 사유화를 인정합니다.

함정 피하기
A 경제 체제는 혼합 경제 체제이지만, 계획 경제 체제의 특징을 모두 채택하는 것은 아닙니다. 즉, 시장 경제 체제를 근간으로 하는 혼합 경제 체제에서 채택하고 있는 계획 경제 체제의 요소만을 선별할 수 있어야 합니다.

031 우리나라 경제 체제의 특징　　정답 ④

문제 분석 제시된 헌법을 통해 우리나라 경제 체제의 특징을 파악할 수 있는지 확인하는 문제입니다.

정답 찾기 ㄴ. 헌법 제119조 1항에는 개별 경제 주체의 자유로운 경제 활동을 보장하는 내용이 나타나 있습니다. ㄹ. 헌법 제119조 2항에는 국가의 개입에 따른 국민의 공공복리에 대한 내용이 나타나 있습니다.

오답 피하기 ㄱ. 시장에 대한 국가의 개입을 인정하고 있으므로 계획 경제 체제의 요소가 나타난다고 볼 수 있습니다. ㄷ. '보이지 않는 손'은 시장 가격 기구를 의미합니다. 우리나라는 경제 문제를 시장 원리에 의해 해결하는 시장 경제 체제를 근간으로 합니다.

032 혼합 경제와 계획 경제의 차이　　정답 ④

문제 분석 갑국의 헌법 (가)에는 시장 경제 제체를 근간으로 계획 경제 체제 요소를 도입한 근거가 나타나 있습니다. 반면, 을국의 헌법 (나)에는 계획 경제 체제의 특징이 나타나 있습니다.

정답 찾기 ㄱ. 시장 경제 체제에서는 사유 재산권을 바탕으로 자유로운 경제 활동이 이루어집니다. ㄴ. 계획 경제 체제에서는 정부의 계획이나 명령에 의해 경제 문제를 해결합니다. ㄷ. 갑국은 시장 경제 체제를 근간으로 계획 경제 체제의 요소를 도입하고 있습니다. 따라서 계획 경제 체제를 채택하고 있음을 알 수 있습니다.

오답 피하기 ㄹ. 시장 실패는 시장에 의해 자원의 비효율적 배분이 발생하는 것을 의미합니다. 따라서 시장 경제 체제에서 나타납니다.

033 경제 체제의 특징　　정답 ③

문제 분석 A국은 시장의 자율성과 생산 수단의 사유화 정도는 높고, 경제 문제에 대한 국가의 개입 정도는 낮습니다. 따라서 시장 경제 체제에 가깝습니다. 한편, B국은 경제 문제에 대한 국가의 개입 정도는 높고, 시장의 자율성과 생산 수단의 사유화 정도는 낮습니다. 따라서 계획 경제 체제에 가깝습니다.

정답 찾기 ③ 시장 경제 체제에서는 시장 가격에 의해 효율적 자원 배분을 추구합니다. 하지만 계획 경제 체제에서는 자원 배분이 정부의 계획이나 명령에 의해 이루어집니다.

오답 피하기 ①, ④ A국은 시장 경제 체제에 가깝고, B국은 계획 경제 체제에 가깝습니다. ② 시장 경제 체제에서는 경제 활동의 자유가 보장됩니다. ⑤ 계획 경제 체제에서는 정부가 자원의 배분 과정을 주도합니다.

034 자본주의 시장 경제와 사회주의 계획 경제　　정답 ③

문제 분석 제시된 그림에서 (가)에는 자본주의 시장 경제 체제의 특징에만 해당하는 내용이 들어갈 수 있고, (나)에는 사회주의 계획 경제 체제의 특징에만 해당하는 내용이 들어갈 수 있습니다.

정답 찾기 ③ 생산 수단을 사회 공동으로 소유하는 것은 사회주의 계획 경제 체제의 특징에만 해당합니다.

오답 피하기 ① 경제 문제 해결에 있어 전통과 관습을 중시하는 것은 자본주의 시장 경제 체제와 사회주의 계획 경제 체제 어디에도 해당하지 않습니다. ② 효율적인 자원 배분을 위해 정부가 적극 개입하는 것은 혼합 경제 체제의 특징에 해당합니다. ④ 기업의 이윤 추구 동기가 강하게 나타나는 것은 자본주의 시장 경제 체제만의 특징에 해당합니다. ⑤ 중앙 정부가 아닌 시장 원리에 의해 생산물의 수량을 결정하는 것은 자본주의 시장 경제 체제만의 특징에 해당합니다.

035 경제 체제의 특징   정답 ②

문제 분석 제시된 그림은 개인의 이익 추구 보장과 정부 개입의 정도에 따라 경제 체제를 구분한 것입니다. A국은 시장 경제 체제이고, B국은 계획 경제 체제입니다.

정답 찾기 ㄱ. 사적 이익 추구는 시장 경제 체제에서 강조합니다. ㄷ. 일반적으로 시장 경제 체제보다 계획 경제 체제에서 형평성을 강조합니다.

오답 피하기 ㄴ. 계획 경제 체제와 달리 시장 경제 체제가 지원의 효율적 배분을 위한 정부 역할을 강조한다고 보기 어렵습니다. ㄹ. 특화와 분업의 원리는 시장 경제 체제에서 강조합니다.

036 경제 체제의 특징   정답 ④

문제 분석 제시된 표에서 A는 전통 경제 체제, B는 시장 경제 체제, C는 계획 경제 체제입니다.

정답 찾기 ㄴ. 경제적 효율성은 계획 경제 체제가 아닌 시장 경제 체제에서 중시합니다. ㄹ. 희소성에 따른 경제 문제는 어느 경제 체제에서나 나타납니다.

오답 피하기 ㄱ. 전통 경제 체제가 계획 경제 체제보다 형평성이 크다고 단정 짓기 어렵습니다. ㄷ. 시장 경제 체제를 토대로 계획 경제 체제의 요소가 도입되거나 계획 경제 체제를 토대로 시장 경제 체제의 요소가 도입된 것이 혼합 경제 체제입니다.

037 경제 체제의 장단점   정답 ②

문제 분석 전통 경제 체제와 시장 경제 체제 그리고 시장 경제 체제의 장점과 단점을 파악해야 합니다.

정답 찾기 ② 사유 재산권 보장은 시장 경제 체제의 장점에 해당합니다.

오답 피하기 ① 형평성 추구를 전통 경제 체제의 장점으로 보기 어렵습니다. ③ 경제적 효율성 추구를 계획 경제 체제의 장점으로 보기 어렵습니다. ④ 생산 수단의 사적 소유를 전통 경제 체제의 단점으로 보기 어렵습니다. ⑤ 경제적 유인 부족은 시장 경제 체제가 아닌 계획 경제 체제의 단점으로 적절합니다.

038 경제 체제의 특징   정답 ②

문제 분석 갑국은 경제 문제 해결에 있어 시장 운영의 원리를 중시하면서 생산 수단의 사유화를 인정하고 있으므로 자본주의 시장 경제 체제를 채택하고 있음을 알 수 있습니다. 반면, 을국은 경제 문제 해결에 있어 정부의 명령이나 계획을 중시하면서 생산 수단의 국유화를 인정하고 있으므로 사회주의 계획 경제 체제를 채택하고 있음을 알 수 있습니다.

정답 찾기 ㄱ. '보이지 않는 손'은 시장 원리를 의미하므로 갑국의 특징에 해당합니다. ㄹ. 갑국은 자본주의 시장 경제 체제이고, 을국은 사회주의 계획 경제 체제입니다.

오답 피하기 ㄴ. 정부 실패란 정부에 의해 자원의 비효율적 배분이 나타나는 것을 의미합니다. 따라서 갑국보다 을국에서 나타날 가능성이 높습니다. ㄷ. 개별 경제 주체들의 경제 활동은 사회주의 계획 경제 체제보다 자본주의 시장 경제 체제에서 자유롭습니다.

039 경제 체제의 특징   정답 ①

문제 분석 갑은 실업 문제에 대해 시장의 자율성을 토대로 정부 개입 배제를 통한 해결을 주장하고 있으므로 시장 경제 체제 입장을 취하고 있음을 알 수 있습니다. 한편, 을은 시장의 자율성을 인정하면서도 정부의 적극 개입을 해결책으로 주장하고 있으므로 혼합 경제 체제 입장을 취하고 있음을 알 수 있습니다.

정답 찾기 ㄱ. 갑은 시장 경제 체제의 입장이므로 '보이지 않는 손'을 지지할 것입니다. ㄴ. 을은 혼합 경제 체제의 입장이므로 국가 개입에 따른 자원의 효율적 배분을 지지할 것입니다.

오답 피하기 ㄷ. 혼합 경제 체제는 갑이 아닌 을이 지지할 것입니다. ㄹ. 갑과 을 모두 계획 경제 체제를 지지하지 않을 것입니다.

040 시장 경제 체제의 특징   정답 ②

문제 분석 제시된 자료는 시장 경제의 특징을 마인드 맵으로 나타낸 것입니다. 시장 경제의 특징에 해당하지 않는 것을 고르면 됩니다.

정답 찾기 ㄱ. 개인주의와 자유주의는 시장 경제의 사상적 기초에 해당하지만, 평등주의는 오히려 계획 경제의 기초로 보아야 합니다. ㄷ. 1930년대에 발생한 대공황은 '보이지 않는 손'이 모든 경제 문제를 해결하지 못한다는 사실을 드러낸 사건이었습니다. 그 결과 '보이지 않는 손'을 보완하기 위해 혼합 경제 체제가 출현하였습니다.

오답 피하기 ㄴ. 개인의 공익 추구가 아니라 개인의 사익 추구가 들어가야 합니다. ㄹ. 큰 정부의 등장으로 사유 재산권의 보장이 오히려 약화되었다고 보아야 합니다.

041 시장 경제 체제의 특징   정답 ③

문제 분석 제시된 사례에서 떡볶이 가게 주인은 자신의 이익을 추구하는 과정에서 소비자의 효용을 높이고, 나아가 사회 전체의 이익을 증진시켰습니다. 따라서 밑줄 친 부분에 해당하는 내용은 시장 경제의 기본 전제와 관련되어야 합니다.

정답 찾기 ㄴ. 시장 경제에서는 개별 경제 주체가 경제 활동을 통해 사익의 극대화를 추구한다고 봅니다. ㄷ. 시장 경제에서는 개별 경제 주체의 이익 추구가 결과적으로 사회 전체의 이익 증진에 기여한다고 봅니다.

오답 피하기 ㄱ. 떡볶이 가게 주인이 떡볶이를 많이 팔아 돈을 벌고자 하는 것은 사익을 추구하는 것입니다. 하지만 떡볶이 가게 주인이 공익을 고려했는지 여부는 확인할 수 없습니다. ㄹ. 제시된 대화에 정부에 대한 내용은 나타나 있지 않습니다. 시장 경제에서는 원칙적으로 '보이지 않는 손', 즉 시장 가격에 의해 효율적인 자원 배분이 이루어진다고 봅니다.

042 작은 정부와 큰 정부   정답 ④

문제 분석 제시된 대화에서 갑은 큰 정부의 입장을, 을은 작은 정부의 입장을 취하고 있습니다. 작은 정부를 주장하는 관점은 애덤 스미스의 자유방임주의에 기초합니다. 애덤 스미스는 '최소의 정부가 최선의 정부'라는 입장을 가졌는데, 정부의 역할을 국방이나 치안과 같은 최소한의 영역으로 제한해 두고 그 외에는 정부의 간섭을 배제할 것을 주장하였습니다. 따라서 작은 정부는 '보이지 않는 손', 즉 가격 기구에 대한 신뢰를 바탕으로 시장의 자율성 중시, 정부 규제 폐지 등과 같은 입장을 취한다고 볼 수 있습니다. 이에 비해 큰 정부를 주장하는 관점은 케인즈의 수정 자본주의에 기초합니다. 케인즈는 기존의 자유방임주의에 입각한 자본주의의 문제점 때문에 대공황이 발생했다고 보았습니다. 따라서 기존 자본주의의 문제점을 해결하기 위해서는 국가가 시장에 적극 개입하여 경제 문제를 해결해야 한다고 주장하였습니다. 따라서 큰 정부는 공공사업 확대, 정부 규제 강화 등과 같은 입장을 취한다고 볼 수 있습니다.

 ④ 을은 작은 정부의 입장을 취하고 있으므로 '보이지 않는 손'의 기능을 중요시할 것입니다.

 ① 공기업을 민영화하는 것은 작은 정부의 입장입니다. ② 세율을 높이고 새로운 세금을 만드는 것에 찬성하는 것은 큰 정부의 입장입니다. ③ 경쟁을 저해하는 규제 폐지에 찬성하는 것은 작은 정부의 입장입니다. ⑤ 을은 작은 정부의 입장이지만, 정부 역할의 최소화 입장이지 정부를 배제하는 입장은 아닙니다.

043 시장 경제 체제의 특징   정답 ③

 제시된 자료에서 갑국은 계획 경제 체제를 채택하고 있다가 생산의 효율성을 위해 시장 경제 체제의 요소를 도입하였습니다. 이에 따라 나타날 수 있는 변화를 찾는 문제입니다.

 ③ '보이지 않는 손'은 시장 원리에 의한 경제 문제 해결을 의미하므로 시장 경제 체제 요소를 도입한 후 갑국 경제의 변화에 해당합니다.

 ① 기업 간 경쟁이 더 확대될 것입니다. ② 개인의 경제적 자율성이 확대될 것입니다. ④ 자원의 희소성으로 인한 경제 문제는 경제 체제에 관계없이 어느 사회에서나 나타나는 현상입니다. ⑤ 민간 경제 주체의 사익 추구가 확대될 것입니다.

044 경제 체제의 전환에 따른 특징   정답 ①

 (가) 경제 체제는 사회주의 계획 경제 체제이고, (나) 경제 체제는 자본주의 시장 경제 체제입니다.

 ㄱ. 사회주의 계획 경제 체제보다 자본주의 시장 경제 체제가 대외적 요인에 더 민감하게 반응합니다. ㄴ. 경제적 자원 배분의 효율성은 자본주의 시장 경제 체제에서 중시합니다.

 ㄷ. 경제 주체들이 분배 과정에서 형평성을 강조하는 것은 사회주의 계획 경제 체제의 특징에 해당합니다. ㄹ. 개별 경제 주체들의 경제 활동에 대한 제약은 사회주의 계획 경제 체제에서 강하게 나타납니다.

03강 가계, 기업, 정부의 경제 활동

핵심 개념 CHECK!   ▶ 본문 027쪽

| 01 ○ | 02 × | 03 × | 04 ○ | 05 × | 06 × | 07 ○ | 08 × |
| 09 × | 10 ○ | 11 × | 12 ○ |

○|× 문장 바로 알기

01 가계는 합리적 소비를 위해 소비에 따른 만족감이 기회비용보다 큰 선택을 해야 한다.

02 가계가 소비를 줄이면(늘리면) 기업의 생산이 증가하여 국민 경제가 성장할 수 있다.

03 기업은 합리적 생산을 위해 총비용의 최대화(최소화)를 추구해야 한다.

04 기업가 정신은 기업의 생산성을 높일 뿐만 아니라 국민 경제의 성장에도 기여한다.

05 간접세(직접세)는 납세자와 담세자가 일치하여 조세 전가가 발생하지 않는다.

06 정부는 경기가 지나치게 과열될 경우 경제 안정화를 위해 적자(흑자) 재정 정책을 실시한다.

07 X재 1개를 추가 판매할 때 총수입의 증가분은 일정하다.

08 X재 1개를 추가 판매할 때 총비용의 증가분은 점점 커진다.(일정하다.)

09 X재 판매량이 3개(4개)일 때 이윤이 가장 크다.

10 (가)는 비례세이고, (나)는 누진세이다.

11 (가)는 (나)와 달리 주로 직접세(간접세)에 적용된다.

12 (나)는 (가)에 비해 소득 재분배 효과가 크다.

기출+예상 문제로 주제 정복하기   ▶ 본문 029~035쪽

045 ④	046 ⑤	047 ③	048 ①	049 ②	050 ①
051 ②	052 ⑤	053 ④	054 ④	055 ④	056 ②
057 ③	058 ②	059 ①	060 ①	061 ④	062 ②
063 ④	064 ⑤	065 ①	066 ①	067 ③	068 ⑤
069 ⑤

045 총비용과 순편익   정답 ④

 개당 가격이 5만 원인 X재를 5개까지 소비할 때 소비자 갑에게 발생하는 총편익, 총비용, 순편익을 정리하면 다음과 같습니다.

생산량(개)	1	2	3	4	5
총편익(만 원)	10	18	24	28	30
총비용(만 원)	5	10	15	20	25
순편익(만 원)	5	8	9	8	5

정답 찾기 ④ 2개와 4개를 소비할 때의 순편익은 8만 원으로 같습니다.
오답 피하기 ① 순편익이 가장 큰 소비량은 3개입니다. ② 순편익은 소비량이 증가할수록 증가하다가 감소합니다. ③ 소비 지출액(총비용)이 가장 클 때 순편익은 5만 원으로 순편익이 최대가 되는 9만 원보다 작습니다. ⑤ 합리적 선택은 순편익이 가장 크게 선택하는 것입니다. 따라서 소비량이 3개일 때 순편익이 가장 크고, 그때의 총편익은 24만 원입니다.

046 가계의 합리적 선택   정답 ⑤

고난도 평가원 기출				
①	②	③	④ 함정	❺
7%	5%	4%	16%	67%

눈으로 보는 해설

다음 자료에 대한 분석으로 옳은 것은?

표는 갑과 을의 X재 또는 Y재 소비량에 따른 평균 효용을 나타낸다. X재의 가격은 1,000원, Y재의 가격은 2,000원이고, 갑과 을은 X재와 Y재를 소비하는 데 자신의 용돈을 모두 사용한다.

소비량	갑의 평균 효용		을의 평균 효용	
	X재	Y재	X재	Y재
1개	1,500	2,900	1,600	2,400
2개	1,400	2,600	1,500	2,300
3개	1,300	2,300	1,400	2,200
4개	1,200	2,000	1,200	2,100
5개	1,000	1,600	900	2,000

* 평균 효용 = 총효용 / 소비량

① 갑이 Y재 4개를 소비할 때 얻는 총효용은 5개를 소비할 때보다 크다.
                                         때와 같다
② 을이 X재 4개를 소비할 때 얻는 총효용은 5개를 소비할 때보다 작다.
                                         크다
③ 을이 X재 소비량을 1개씩 늘릴 때마다 추가적으로 얻는 효용은 모두 양(+)의 값을 가진다.
④ 갑의 용돈이 5,000원일 경우 X재 1개와 Y재 2개를 소비하는 것이 합리적이다.
                        X재 3개와 Y재 1개
⑤ 을의 용돈이 4,000원일 경우 X재 2개와 Y재 1개를 소비하는 것이 합리적이다.

문제 분석 제시된 표에 나타난 평균 효용을 총효용으로 전환하면 다음과 같습니다.

소비량	갑의 총효용		을의 총효용	
	X재	Y재	X재	Y재
1개	1,500	2,900	1,600	2,400
2개	2,800	5,200	3,000	4,600
3개	3,900	6,900	4,200	6,600
4개	4,800	8,000	4,800	8,400
5개	5,000	8,000	4,500	10,000

정답 찾기 ⑤ X재의 가격이 1천 원이고, Y재의 가격이 2천 원입니다. 따라서 을의 용돈이 4천 원인 경우 을의 소비 조합은 X재만 4개 구입, Y재만 2개 구입, X재 2개와 Y재 1개 구입 등 세 가지의 경우가 있을 수 있습니다. 이때 총효용이 가장 큰 X재 2개와 Y재 1개를 소비하는 것이 합리적입니다.
오답 피하기 ① 갑이 Y재 4개 소비 시 얻는 총효용과 5개 소비 시 얻는 총효용은 8,000으로 같습니다. ② 을이 X재 4개 소비 시 얻는 총효용은 4,800이고 5개를 소비 시 얻는 총효용은 4,500입니다. ③ 을이 X재를 4개에서 5개로 늘릴 때 얻는 추가적인 효용은 음(−)의 값입니다. ④ 합리적 소비를 위해서는 총효용이 가장 큰 소비 조합을 찾아야 합니다. 따라서 갑의 용돈이 5천 원일 경우에는 X재 3개와 Y재 1개를 소비하는 것이 합리적입니다.

함정 피하기

④를 골랐다면 제시된 조건에서 소비 조합을 정확히 구하지 못했을 가능성이 큽니다. 갑의 용돈이 5천 원일 경우에는 X재 1개와 Y재 2개 구입, X재 3개와 Y재 1개 구입, X재만 5개 구입 등 세 가지의 소비 조합이 가능합니다.

047 개별 경제 주체의 구분   정답 ③

문제 분석 경제 주체로서 가계와 기업의 특징을 비교하여 이해하고 있는지 확인하기 위한 문제입니다.
정답 찾기 ㄴ. 기업은 이윤의 극대화를 경제 활동의 목적으로 하는 데 비해, 가계는 효용의 극대화를 경제 활동의 목적으로 합니다. 따라서 이윤 극대화를 추구하는지 여부는 가계와 기업을 구분하는 기준이 될 수 있습니다. ㄷ. 생산물 시장에서 가계는 수요자이고, 기업은 공급자입니다. 한편, 생산 요소 시장에서 기업은 수요자이고, 가계는 공급자입니다. 따라서 생산물 시장에서 수요자인지 여부는 가계와 기업을 구분하는 기준이 될 수 있습니다.
오답 피하기 ㄱ. 국민 경제에서 공공 부문이란 정부를 의미하고, 가계와 기업은 모두 민간 부문에 해당합니다. 따라서 공공 부문에 해당하는지 여부는 가계와 기업을 구분하는 기준이 될 수 없습니다. ㄹ. 가계와 기업은 모두 국민 경제 주체에 해당합니다. 따라서 국민 경제 주체에 해당하는지 여부는 가계와 기업을 구분하는 기준이 될 수 없습니다.

048 가계와 기업의 역할   정답 ①

문제 분석 제시된 그림에서 ㉠은 판매 수입, ㉡은 재화와 서비스, ㉢은 생산 요소, ㉣은 요소 소득에 해당합니다.
정답 찾기 ㄱ. 기업의 이윤은 총수입에서 총비용을 뺀 것입니다. 따라서 판매 수입의 증가는 이윤 증가의 요인으로 작용합니다. ㄴ. 가계는 생산물 시장에서 만족감을 얻기 위해 재화와 서비스를 구입합니다.
오답 피하기 ㄷ. 이전 소득은 정부가 가계에 제공하는 연금을 포함하므로 민간 경제 흐름에서 파악하기 어렵습니다. ㄹ. 가계의 요소 소득 증가는 소비 활동의 원천이 됩니다. 따라서 재화와 서비스 구입의 증가 요인으로 작용합니다.

049 생산 요소의 특징   정답 ②

문제 분석 제시된 그림에서 (가)에는 토지의 특징에만 해당하는 내용이, (나)에는 노동의 특징에만 해당하는 내용이, (다)에는 토지와 노동 모두의 특징에 해당하는 내용이 각각 들어갈 수 있습니다.
정답 찾기 ㄱ. 기업이 생산 요소 시장을 통해 구입할 수 있는 것은 토지와 노동에 모두 해당하는 내용입니다. ㄴ. 기업이 이윤을 얻기 위해 사용하는 자연 자원 전체는 토지에만 해당하는 내용입니다. ㄹ. 가계가 임금을 받기 위해 생산 요소 시장에 제공하는 생산 요소는 노동입니다.

오답 피하기 ㄷ. 가계가 만족감을 얻기 위해 생산물 시장에서 구입할 수 있는 것은 재화와 서비스입니다.

050 총만족감 정답 ①

문제 분석 제시된 그림에서 X재를 소비할 때 느끼는 총만족감은 갑이 을보다 큽니다.

정답 찾기 ㄱ, ㄴ. 갑의 총만족감의 기울기가 을의 총만감의 기울기보다 크므로 최초 X재 1개 혹은 X재 1개 추가 소비에 따른 추가적인 만족감은 갑이 을보다 큽니다.

오답 피하기 ㄷ, ㄹ. 갑의 X재 1개 추가 소비에 따른 만족감의 증가분은 일정한 값으로 나타나는데, 이는 을의 경우도 마찬가지입니다. 따라서 갑과 을의 수요 곡선은 수평으로 나타납니다.

051 합리적 소비 정답 ②

🔍 눈으로 보는 해설

표는 갑과 을의 X재에 대한 만족감의 증가분을 나타낸다. 이에 대한 옳은 설명만을 〈보기〉에서 고른 것은?

소비량	1개	2개	3개	4개	5개
갑의 만족감의 증가분	200	180	160	140	120
을의 만족감의 증가분	180	170	160	150	140

〈보기〉
　　　　　　　　　↱갑(200)>을(180)
ㄱ. X재 최초 1개의 총만족감은 갑이 을보다 크다.
ㄴ. X재 5개 소비에 따른 총만족감은 을이 갑보다 크다.
ㄷ. X재 1개 추가 소비에 따른 추가적인 만족감의 감소폭은 을이 갑보다 작다.
　　　　　　　　　　　　　　↳갑(20)>을(10)
ㄹ. 소비량 증가에 따른 총만족감은 갑의 경우 지속적으로 증가하고, 을의 경우 지속적으로 감소한다.

① ㄱ, ㄴ　　　② ㄱ, ㄷ　　　③ ㄴ, ㄷ
④ ㄴ, ㄹ　　　⑤ ㄷ, ㄹ

문제 분석 제시된 표는 갑과 을의 X재 1개 추가 소비에 따른 만족감을 나타냅니다. 갑과 을의 총만족감을 나타내면 다음과 같습니다.

소비량(개)	1개	2개	3개	4개	5개
갑의 총만족감	200	380	540	680	800
을의 총만족감	180	350	510	660	800

정답 찾기 ㄱ. X재 최초 1개의 총만족감은 갑의 경우 200이고, 을의 경우 180입니다. ㄷ. X재 1개 추가 소비에 따른 추가적인 만족감의 감소폭은 갑의 경우 20씩 감소하고, 을의 경우 10씩 감소합니다.

오답 피하기 ㄴ. X재 5개 소비에 따른 총만족감은 갑과 을이 각각 800으로 동일합니다. ㄹ. 소비량 증가에 따른 총만족감은 갑과 을 모두 지속적으로 증가합니다.

💣 함정 피하기

ㄱ을 골랐다면 총만족감과 추가적인 만족감을 혼동하는 것입니다. X재 최초 1개의 총만족감은 X재 최초 1개의 추가적인 만족감과 같지만, 2개째부터는 각 소비량에서의 추가적인 만족감을 순차적으로 합한 것이 해당 소비량의 총만족감이 됩니다.

052 합리적 생산 정답 ⑤

문제 분석 갑 기업에서 생산하는 X재의 총수입, 총비용, 평균 비용, 이윤을 정리하면 다음과 같습니다.

생산량(개)	1	2	3	4	5
총수입(만 원)	10	20	30	40	50
총비용(만 원)	8	14	21	30	45
평균 비용(만 원)	8	7	7	7.5	9
평균 수입(만 원)	10	10	10	10	10
이윤(만 원)	2	6	9	10	5

정답 찾기 ⑤ 이윤이 극대화되는 생산량은 4개이고, 평균 비용은 7만 5천 원입니다.

오답 피하기 ① 생산량이 증가할 때 총수입의 증가분은 일정하지만, 증가율은 감소합니다. ② 모든 생산량에서 평균 수입은 시장 가격과 동일합니다. ③ 생산량이 1개씩 증가할 때 추가적으로 발생하는 비용은 감소하다가 증가합니다. ④ 생산량이 5개일 때 총수입은 50만 원으로 가장 큽니다. 하지만 이윤이 가장 큰 지점은 생산량이 4개일 때 이윤이 10만 원으로 가장 큽니다.

053 경제 주체의 역할 정답 ④

문제 분석 제시된 그림에서 소비 활동의 주체인 A는 가계입니다. 재정 활동의 주체인 B는 정부이고, 그렇지 않은 C는 기업입니다.

정답 찾기 ㄴ. 정부는 가계와 기업을 규제할 수 있습니다. ㄹ. C는 기업입니다. 기업은 생산 활동의 주체이며, 기업가 정신을 생산에 적용할 수 있습니다.

오답 피하기 ㄱ. 세금을 징수하는 경제 주체는 정부입니다. ㄷ. 공공재를 공급하는 경제 주체는 정부입니다.

054 민간 경제의 흐름 정답 ④

문제 분석 제시된 그림은 민간 경제의 흐름에서 실물의 흐름만을 나타낸 것입니다. 실물의 흐름 중 재화와 서비스를 통해 (가)는 가계, (나)는 기업, A는 생산물 시장, B는 생산 요소 시장임을 알 수 있습니다. ㉠은 토지, 노동, 자본과 같은 생산 요소입니다.

정답 찾기 ㄱ. (가)는 가계입니다. 가계는 생산 요소 시장에 노동과 같은 생산 요소를 공급합니다. ㄷ. (나)는 기업입니다. 기업은 생산물 시장에 재화와 서비스를 공급하고 판매 수입을 얻습니다. ㄹ. 부가 가치를 창출하는 활동은 생산 활동에 해당합니다. 기업은 생산 활동의 주체이고, 가계는 소비 활동의 주체입니다.

오답 피하기 ㄴ. (가)는 가계이고, B는 생산 요소 시장입니다. 가계가 생산 요소 시장에서 공급하는 것은 토지, 노동, 자본 등의 생산 요소입니다.

055 민간 경제에서의 화폐의 흐름 정답 ④

문제 분석 제시된 그림에서 A는 생산물 시장, B는 생산 요소 시장, ㉠은 판매 수입, ㉡은 요소 비용입니다.

정답 찾기 ㄴ. 기업이 생산 요소를 사용한 대가로 지불하는 요소 비용은 가계 입장에서는 요소 소득입니다. 따라서 가계 소득의 원천이라고 할 수 있습니다. ㄹ. 화폐의 흐름으로 보아 A는 생산물 시장, B는 생산 요소 시장입니다.

오답 피하기 ㄱ. ㉠은 판매 수입입니다. ㄷ. 상품 가격이 하락한다고 해서 반드시 판매 수입이 증가하는 것은 아닙니다.

056 경제 주체의 역할 　　　　　　　　　　정답 ②

문제 분석 경제 주체와 경제 활동을 정확하게 파악해야 하는 문제입니다.
정답 찾기 ㄱ. 갑은 치킨 가게를 운영하는 사장이므로 생산물 시장에서 기업의 역할을 하고 있습니다. ㄷ. 갑이 아르바이트생을 고용하는 것은 기업이 생산 요소 시장에서 노동을 구입한 것과 같은 맥락에 해당합니다.
오답 피하기 ㄴ. 치킨 가게 사장인 갑이 배달 매출을 올리려는 것은 이윤을 얻기 위한 경제 활동에 해당합니다. ㄹ. 치킨 가게 사장이 배달 전용 오토바이를 구입한 것은 생산 활동에 해당합니다.

057 합리적 생산 　　　　　　　　　　정답 ③

문제 분석 제시된 그림은 X재를 생산하는 갑 기업의 평균 비용과 평균 수입을 나타냅니다. 이를 토대로 총비용과 총수입, 이윤을 나타내면 다음과 같습니다.

판매량(개)	1	5	10
총수입(달러)	350	1,750	3,500
총비용(달러)	500	1,000	4,250
이윤(달러)	−150	750	−750

정답 찾기 ㄴ. 총수입은 '평균 수입 × 판매량'입니다. 평균 수입의 값은 일정하게 나타나므로 판매량이 늘어날수록 총수입은 증가합니다. ㄷ. 이윤은 총수입에서 총비용을 뺀 값입니다. 판매량이 5개일 때 총수입은 1,750달러이고, 총비용은 1,000달러입니다. 따라서 이윤은 750달러입니다.
오답 피하기 ㄱ. 총비용은 판매량이 1개일 때는 500달러이고, 판매량이 5개일 때는 1,000달러입니다. ㄹ. 제시된 그림을 보면 판매량이 10개까지 평균 수입과 평균 비용이 같은 지점은 두 번 발생합니다.

058 합리적 생산 　　　　　　　　　　정답 ②

문제 분석 제시된 표는 갑 기업의 총수입과 총비용을 나타낸 것입니다. 이를 통해 평균 수입과 평균 비용을 구하여 정리하면 다음과 같습니다.

판매량(개)	1	2	3	4	5
총수입(달러)	200	400	600	800	1,000
총비용(달러)	100	220	400	680	900
이윤(달러)	100	180	200	120	100
평균 수입(달러)	200	200	200	200	200
평균 비용(달러)	100	110	약 133.3	170	180

정답 찾기 ㄱ. X재 1개 판매 시 총수입의 증가분은 200으로 일정합니다. ㄷ. 판매량이 3개일 때 이윤은 200으로 가장 큽니다.
오답 피하기 ㄴ. X재 1개 판매 시 총비용의 증가분은 1개 판매 시 100, 2개 판매 시 120, 3개 판매 시 180, 4개 판매 시 280, 5개 판매 시 220으로 나타납니다. ㄹ. 판매량이 늘어날수록 평균 비용은 증가하지만, 평균 수입은 일정하게 나타납니다.

059 합리적 생산 　　　　　　　　　　정답 ①

문제 분석 갑이 푸드 트럭을 임차하여 하루 동안 음식을 판매한 것에 대한 총수입, 총비용, 이윤을 정리하면 다음과 같습니다.

운영 시간(시간)	1	2	3	4	5
총수입(만 원)	7	14	21	28	35
총비용(만 원)	11	15	18	20	30
이윤(만 원)	−4	−1	3	8	5

정답 찾기 ① 갑이 푸드 트럭을 4시간 운영할 때 이윤은 총수입 28만 원에서 총비용 20만 원을 뺀 8만 원입니다.
오답 피하기 ② 갑이 푸드 트럭을 4시간 운영할 때 이윤은 8만 원으로 극대화됩니다. ③ 갑이 푸드 트럭의 운영 시간을 1시간씩 늘릴 때마다 추가적으로 발생하는 운영 비용은 감소하다가 증가합니다. ④ 갑이 최대 3시간만 푸드 트럭을 운영할 수 있다면 3만 원의 이익을 얻을 수 있으므로 운영하는 것이 합리적입니다. ⑤ 푸드 트럭의 임차료가 7만 원일 경우의 총비용, 총수입, 이윤을 정리하면 다음과 같습니다. 따라서 푸드 트럭의 임차료가 7만 원으로 증가해도 이윤이 극대화되는 운영 시간은 4시간으로 동일합니다.

운영 시간(시간)	1	2	3	4	5
총수입(만 원)	7	14	21	28	35
총비용(만 원)	13	17	20	22	32
이윤(만 원)	−6	−3	1	6	3

060 합리적 생산 　　　　　　　　　　정답 ①

문제 분석 제시된 그림에서 생산량과 총비용을 통해 평균 비용을 구할 수 있습니다. 또한 발문에 제시된 X재 가격은 10만 원이라는 것과 생산된 X재는 모두 판매된다는 것을 통해 총수입과 평균 수입, 이윤까지 구할 수 있습니다. 이를 정리하면 다음과 같습니다.

판매량(개)	1	2	3	4	5	6
총수입(만 원)	10	20	30	40	50	60
평균 수입(만 원)	10	10	10	10	10	10
총비용(만 원)	7	10	12	20	30	48
평균 비용(만 원)	7	5	4	5	6	8
이윤(만 원)	3	10	18	20	20	12

정답 찾기 ㄱ. 평균 비용은 판매량이 4개일 때 4만 원으로 가장 작습니다. ㄴ. 판매량이 4개일 때와 5개일 때의 이윤은 20만 원으로 같습니다.
오답 피하기 ㄷ. X재의 평균 비용은 생산량이 증가함에 따라 감소하다가 증가합니다. ㄹ. X재 1개를 추가적으로 생산하는 데 드는 비용은 생산량이 증가함에 따라 감소하다가 증가합니다.

061 사회적 기업 　　　　　　　　　　정답 ④

문제 분석 사회적 기업은 취약 계층에게 일자리를 제공하고, 사회 양극화 현상의 극복을 위한 다양한 노력을 통해 기업으로서의 공공성을 추구합니다.
정답 찾기 ④ 제시된 글을 통해 사회적 기업을 활성화함으로써 복지를 확대할 수 있음을 알 수 있습니다.
오답 피하기 ① 고용 구조의 유연화에 따른 기업의 생산성 증대는 제시된 글에서 시사하는 바와 거리가 멉니다. ② 복지의 실현을 위한 정부와 기업의 노력의 중요성을 비교하는 것은 제시된 글에서 시사하는 바와 거리가 멉니다. ③ 정부가 행정적 규제 완화를 통해 분배를 둘러싼 갈등을 해결한다는 것은 제시된 글이 시사하는 바와 거리가 멉니다. ⑤ 계획과 명령에 의한 경제 운용 방식으로의 변화를 통해 사회적 이익의 극대화를 실현할 수 있다는 것은 제시된 글에서 시사하는 바와 거리가 멉니다.

062 기업가 정신　　　　　　　　　정답 ②

문제 분석 창조적 파괴의 정신으로 새로운 시장을 개척하거나 새로운 제품을 개발하는 것을 기업가 정신이라고 합니다.

정답 찾기 ㄱ. ㉠은 기업가 정신입니다. ㄹ. 기존과 다른 새로운 시장 개척이나 기존과 다른 새로운 제품 개발 등은 모두 기업가 정신의 창조적 파괴에 해당합니다.

오답 피하기 ㄴ. 이전에 없었던 드론을 이용한 농약 살포기의 개발은 새로운 제품의 개발에 해당하는 내용입니다. ㄷ. 전 세계를 휩쓸고 있는 케이팝(K-pop)의 확산은 새로운 시장 개척에 해당하는 내용입니다.

063 정부의 경제적 역할　　　　　　　정답 ④

문제 분석 제시된 그림에서 현행 갑국 정부의 소득세제는 비례세제입니다. 그리고 개편안으로 생각하는 두 가지 중 (가)는 비례세, (나)는 누진세입니다. 특히 (가)의 경우는 이전과 같은 비례세이지만 적용되는 세율이 높아진다는 점에 유의해야 합니다.

정답 찾기 ㄴ. 과세 대상 소득이 커질수록 높은 세율이 적용되는 것은 누진세입니다. ㄹ. 과세 대상 소득이 X_1을 초과하고 X_2 미만인 구간에 있는 납세자는 (가), (나) 모두에서 현행보다 높은 세율을 적용받습니다.

오답 피하기 ㄱ. (가)로 개편되면 과세 대상 소득이 X_1인 납세자가 적용받는 세율은 현행보다 높습니다. ㄷ. 과세 대상 소득이 X_1 미만인 납세자는 (나)의 세율이 현행보다 낮습니다. 따라서 (나)로 개편하는 것이 유리합니다.

064 정부의 경제적 역할　　　　　　　정답 ⑤

문제 분석 공정 거래법, 외부 불경제에 대한 과태료 부과, 공공재의 생산·제공은 모두 시장 실패를 해결하기 위한 정부의 노력에 해당합니다.

정답 찾기 ⑤ 시장 실패는 시장에 의해 자원이 비효율적으로 배분되는 것을 의미합니다. 독과점의 횡포나 외부 불경제, 공공재의 부족 등은 모두 시장 실패에 해당합니다.

065 정부의 경제적 역할　　　　　　　정답 ①

문제 분석 제시된 그림에서 A에는 정부의 소득 재분배 역할과 관련된 내용이, B에는 정부의 개입으로 시장 실패를 해결하려는 내용이, C에는 그 외의 정부 역할과 관련된 내용이 들어갈 수 있습니다.

정답 찾기 ㄱ. 사회 보장 제도의 실시는 소득 재분배와 관련된 정부 정책입니다. ㄴ. 공정 거래법은 독과점과 같은 시장 실패를 해결하기 위한 정부의 노력으로 볼 수 있습니다.

오답 피하기 ㄷ. 생산 측면의 외부 불경제에 대한 과태료 부과는 B에 적절한 내용입니다. ㄹ. '보이지 않는 손'은 시장 원리를 의미하는 것으로 정부의 역할과는 관련이 없습니다.

066 정부의 경제적 역할　　　　　　　정답 ①

문제 분석 제시된 그림은 정부의 네 가지 역할을 소개하고 있습니다. 정부는 사유 재산 제도, 가계와 기업의 자유로운 경제 활동 보장 등의 시장 경제 질서를 유지하고, 공공재 생산 및 외부 효과의 보완 등을 통해 효율적인 자원 배분을 유도합니다. 그리고 누진세 적용 등의 세입·세출의 조절을 통해 소득 격차를 개선하며, 재정·조세 정책을 통해 경기 변동을 조절합니다.

정답 찾기 갑. 정부의 시장 경제 질서 유지 역할로, 이 역할에는 사유 재산 제도, 가계와 기업의 자유로운 경제 활동의 보장 등이 포함됩니다. 을. 정부의 효율적인 자원 배분 유도 역할로, 여기에는 공공재 생산, 외부 효과의 보완 등이 포함됩니다.

오답 피하기 병. 국방 및 치안 서비스 제공은 공공재의 과소 생산 문제를 해결하기 위한 정부의 정책으로 효율적인 자원 배분의 유도를 목적으로 합니다. 정. 정부의 경기 변동 조절 역할에 해당합니다. 정부는 경기 변동의 조절을 위해 경기 침체 시에는 정부 지출을 확대하고, 조세 수입을 축소하여 경기 활성화를 유도합니다. 그리고 경기 과열 시에는 정부 지출을 축소하고, 조세 수입을 확대하여 경기 진정을 유도합니다.

067 조세의 종류　　　　　　　　　　정답 ③

문제 분석 직접세는 납세자와 담세자가 일치하는 세금이고, 간접세는 납세자와 담세자가 서로 다른 세금입니다.

정답 찾기 ㄴ. 직접세는 주로 소득에 부과되고, 간접세는 주로 소비에 부과되는 세금입니다. ㄷ. 일반적으로 누진세는 직접세에, 비례세는 간접세에 적용됩니다.

오답 피하기 ㄱ. 직접세는 납세자와 담세자가 일치하는 세금입니다. ㄹ. 소득세나 재산세는 납세자와 담세자가 일치하는 직접세의 전형적인 예입니다.

068 조세의 종류　　　　　　　　　　정답 ⑤

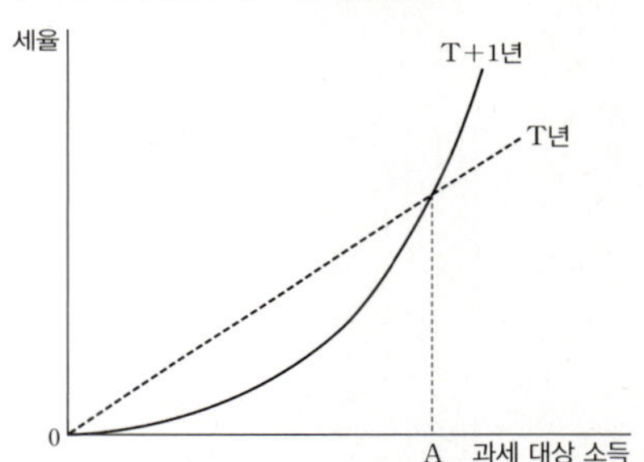

문제 분석 제시된 그림에서 갑국의 T년과 T+1년 모두 누진세가 적용되고 있습니다. 다만, T년에 비해 T+1년에는 과세 대상 금액이 A보다는 낮은 경우에는 유리해지고 A보다 큰 경우에는 불리해졌습니다.

정답 찾기 ㄴ. 과세 대상 금액이 A보다 낮은 납세자들은 적용 세율이 낮아졌으므로 유리해졌습니다. ㄷ. 과세 대상 금액이 A보다 큰 납세자들은 이전에 비해 불리해졌기 때문에 과세 방식의 변화에 반대했을 것입니다. ㄹ. T년과 T+1년 모두 과세 대상 금액이 커질수록 높은 세율이 적용되는 누진세가 적용되었습니다.

오답 피하기 ㄱ. 제시된 자료만으로는 조세 저항이 줄어들었다고 단정하기 어렵습니다.

069 조세의 유형 정답 ⑤

문제 분석 제시된 그림에서 (가)는 비례세, (나)는 누진세를 나타냅니다.

정답 찾기 ㄷ. 일반적으로 누진세가 비례세보다 소득 재분배 효과가 큽니다. ㄹ. (가)는 과세 대상 금액에 상관없이 동일한 세율이 적용되는 양상이고, (나)는 과세 대상 금액이 커질수록 높은 세율이 적용되는 양상입니다. 따라서 (가)는 비례세이고, (나)는 누진세입니다.

오답 피하기 ㄱ. 조세 부담의 역진성이란 과세 대상 금액이 커질수록 적용되는 세율이 감소하는 것을 의미하는데, (나) 그림에서는 이러한 양상을 파악할 수 없습니다.

Ⅱ. 시장과 경제 활동

04강 시장 가격의 결정과 변동

핵심 개념 CHECK! ▶본문 040쪽

01 ○ 02 × 03 ○ 04 ○ 05 × 06 ○ 07 ○ 08 ×

○|× 문장 바로 알기

01 수요가 증가하고 공급이 불변하면 시장 균형은 ①번 방향으로 이동한다.

02 수요가 감소하고 공급이 증가하면 시장 균형은 ⑦번 방향으로 이동한다.
(감소 → 증가) (증가 → 감소)

03 수요가 불변하고 공급이 감소하면 시장 균형은 ④번 방향으로 이동한다.

04 X재 시장의 균형 거래량은 100개이다.

05 가격이 500원일 때 X재의 거래량은 120개이다.
(120 → 50개)

06 X재의 가격이 1,500원일 때 120개의 초과 공급이 발생한다.

07 X재의 가격 하락은 (가)와 같은 결과를 초래한다.

08 X재에 대한 소비자들의 선호도 감소는 (나)와 같은 결과를 초래한다.
(감소 → 증가)

기출+예상 문제로 주제 정복하기 ▶본문 042~049쪽

070 ⑤	071 ②	072 ③	073 ①	074 ⑤	075 ①
076 ⑤	077 ④	078 ④	079 ④	080 ③	081 ②
082 ④	083 ③	084 ⑤	085 ⑤	086 ⑤	087 ⑤
088 ②	089 ②	090 ③	091 ⑤	092 ③	093 ②
094 ③	095 ⑤	096 ⑤	097 ④	098 ②	099 ①

070 연관재의 가격 변동 정답 ⑤

문제 분석 A재와 B, C재는 대체재 혹은 보완재인 연관재 관계에 있습니다. 따라서 A재의 가격 변화가 B, C재의 수요 변동 요인으로 작용합니다. A재의 가격이 상승함에 따라 B재의 매출액이 증가하는 것을 통해 A재와 B재는 대체재 관계임을 확인할 수 있고, A재의 가격이 상승함에 따라 C재의 매출액이 감소하는 것을 통해 A재와 C재는 보완재 관계임을 확인할 수 있습니다. 또한 정부가 A재 단위당 일정한 금액의 판매세를 생산자에게 부과하면 A재의 공급이 감소하며, 그에 따라 A재의 가격이 상승하고 거래량은 감소합니다.

정답 찾기 ⑤ 정부가 A재의 생산자에게 일정한 금액의 판매세를 부과함에 따라 보완재인 C재의 수요가 감소합니다. 이로 인해 C재의 가격이 하락하고, 거래량은 감소합니다.

오답 피하기 ① 정부가 A재에 판매세를 부과함에 따라 A재의 공급이 감소하여 가격이 상승하고, 거래량은 감소합니다. ② 정부가 A재에 판매세를 부과함에 따라 대체재인 B재의 수요는 증가합니다. 그 결과 가격이 상승하고 거래량은 증가하여 매출액이 증가합니다. ③ 정부가 A재에 판매세를 부과함에 따라 대체재인 B재의 수요가 증가하고, 균형 가격은 상승합니다. ④ 정부가 A재에 판매세를 부과함에 따라 보완재인 C재의 수요는 감소합니다.

071 가격 변화에 따른 수요량과 공급량의 변동　　정답 ②

문제 분석 X재는 가격이 상승할수록 공급량은 증가하고, 수요량은 감소하는 정상재입니다. 그리고 X재의 수요·공급 곡선은 직선이므로 ㉠은 200개, ㉡은 150개입니다.

정답 찾기 ② ㉠은 200개, ㉡은 150개이므로 그 합은 350개입니다.

오답 피하기 ① 시장 균형 가격은 공급량(200개)과 수요량(200개)이 일치하는 가격인 2,000원입니다. ③ 시장 균형 거래량은 공급량과 수요량이 일치하는 200개입니다. ④ 최저 가격은 생산자를 보호하기 위한 것이므로 시장 균형 가격보다 높을 때 실효성이 있습니다. ⑤ 공급자에게 개당 500원의 세금을 부과하면 가격 상승 요인으로 작용하여 수요량은 감소합니다.

072 가격과 생산량　　정답 ③

문제 분석 X재 시장에서 생산자는 갑과 을이 전부입니다. 따라서 각 가격 수준에서 갑과 을의 생산량을 합치면 시장 생산량을 구할 수 있다는 점을 먼저 이해해야 합니다.

정답 찾기 ㄴ. 제시된 표에서 시장 가격이 200원일 때 갑의 생산량은 2개입니다. ㄷ. 시장 가격이 300원일 때 갑과 을은 각각 2개씩 X재를 생산합니다. 따라서 X재 시장에서 생산되는 상품의 개수는 갑과 을의 생산량을 더한 4개가 됩니다.

오답 피하기 ㄱ. 시장 가격이 100원일 때 갑과 을은 각각 1개씩 X재를 생산합니다. 따라서 X재 시장에서 생산되는 상품의 개수는 갑과 을의 생산량을 더한 2개가 됩니다. ㄹ. 시장 가격이 600원일 때 갑과 을은 각각 3개씩 X재를 생산합니다. 따라서 X재 시장에서 생산되는 상품의 개수는 갑과 을의 생산량을 더한 6개가 됩니다.

073 수요량과 공급량　　정답 ①

문제 분석 제시된 표는 7만 원부터 11만 원까지 가격대에서 형성되는 수요량과 공급량을 정리한 것입니다. 이때 8만 원에서는 수요량 80개, 9만 원에서는 공급량 80개를 확인할 수 있습니다. 이는 시장 균형 가격이 8~9만 원 사이에서 결정되고, 균형 거래량도 80~85개 사이에서 결정된다는 것을 알려 주는 단서가 됩니다.

정답 찾기 ① X재 시장에서 균형 가격은 8~9만 원 사이에서 결정되고, 균형 거래량은 80~85개 사이에서 결정됩니다.

오답 피하기 ② 가격이 7만 원일 때 수요량은 70개, 공급량은 90개이므로 초과 공급량은 20개입니다. ③ 가격이 8만 원일 때 수요량은 80개, 공급량은 85개이므로 5개의 초과 공급이 발생합니다. ④ 시장 균형 가격은 8~9만 원 사이에서 결정됩니다. ⑤ 가격 상한선은 소비자를 보호하기 위한 것으로 시장 균형 가격보다 낮을 때 실효성이 있습니다.

074 수요와 수요량의 변동　　정답 ⑤

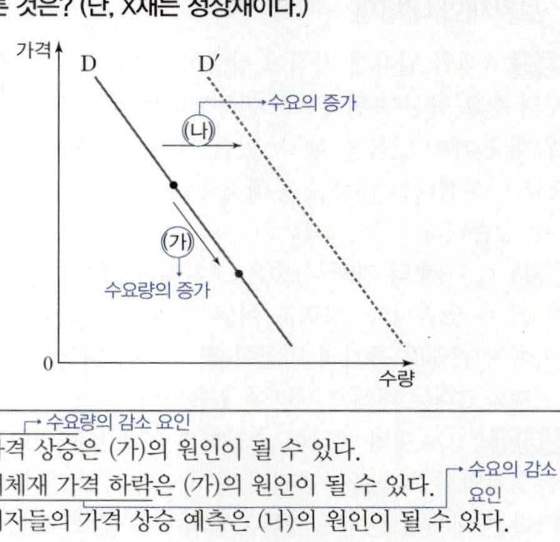

① ㄱ, ㄴ　　　② ㄱ, ㄷ　　　③ ㄴ, ㄷ
④ ㄴ, ㄹ　　　⑤ ㄷ, ㄹ

문제 분석 제시된 그림에서 (가)는 수요 곡선상의 점이 아래로 이동한 것으로, 가격 하락으로 인한 수요량의 증가를 의미합니다. (나)는 수요 곡선 자체가 오른쪽으로 이동한 것으로 수요의 증가를 의미합니다.

정답 찾기 ㄷ. X재 가격의 상승 예측은 현재 가격 변동이 아니라 앞으로 그럴 것으로 예상되는 것이므로 곡선상의 이동이 아닌 수요 곡선 자체의 이동을 의미합니다. 특히 앞으로 가격이 상승할 것으로 예측되면 합리적인 소비자는 현재 소비를 통해 효용의 극대화를 추구할 것이기 때문에 수요 자체가 증가합니다. 이는 수요 곡선이 오른쪽으로 이동하는 (나)의 원인이 될 수 있습니다. ㄹ. X재가 정상재라면 수요자들의 소득 증가로 인해 수요 자체가 늘어날 것입니다. 이는 (나)와 같이 수요 곡선이 오른쪽으로 이동하는 원인으로 작용할 수 있습니다.

오답 피하기 ㄱ. X재의 가격이 상승하면 수요량이 감소합니다. 따라서 수요 곡선상의 점이 (가)와 반대 방향으로 이동합니다. ㄴ. X재의 대체재 가격이 하락하면 X재의 수요는 감소합니다. 따라서 수요 곡선은 왼쪽으로 이동합니다.

함정 피하기

ㄱ을 골랐다면 곡선의 이동과 곡선상의 이동을 제대로 정리하지 않았을 가능성이 높습니다. 그리고 가격의 상승과 하락이 수요량의 증가와 감소 중 어떤 결과와 연결되는지도 다시 확인해 둘 필요가 있습니다.

075 수요와 수요량　　정답 ①

문제 분석 (가)에서 X재의 수요 곡선 자체의 이동이라는 내용을 통해 수요의 변동임을 알 수 있습니다. 이후 수요 곡선이 왼쪽으로 이동한다는 것은 수요의 감소를 의미합니다. (나)에서 X재의 수요 곡선상의 이동이라는 내용을 통해 수요량의 변동임을 알 수 있습니다. 이후 X재의 가격이 상승했을 때 나타나는 변동이란 수요량의 감소를 의미합니다.

정답 찾기 ㄱ. X재 수요자들의 소득 감소는 수요 감소의 원인이므로 (가)의 원인이 될 수 있습니다. ㄴ. X재의 가격이 하락할 것으로 예측되면 지금 사는 것은 비합리적인 선택이기 때문에 소비를 잠시 미루게 됩니다. 이는 현재 시점에서 봤을 때 수요 감소의 요인이 됩니다.

 ㄷ. X재의 생산비가 하락하면 공급이 감소합니다. 따라서 공급 곡선이 왼쪽으로 이동합니다. ㄹ. X재의 대체재 가격이 상승하면 X재의 수요는 증가합니다. 따라서 수요 곡선이 오른쪽으로 이동합니다.

076 보완재와 대체재   정답 ⑤

 A재의 원자재 가격이 상승하면 A재의 가격은 상승합니다. 이때 B재의 수요 곡선이 왼쪽으로 이동했다는 내용을 통해 A재와 B재는 서로 보완재 관계에 있음을 알 수 있습니다. 그리고 C재의 수요 곡선이 오른쪽으로 이동했다는 내용을 통해 A재와 C재는 서로 대체재 관계에 있음을 알 수 있습니다.

 ㄷ. B재의 가격 상승은 보완재 관계에 있는 A재의 수요 감소 요인이 될 수 있습니다. 그리고 이는 대체재 관계에 있는 C재의 수요 증가로 이어져 거래량 증가의 원인이 될 수 있습니다. ㄹ. A재와 B재는 보완재, A재와 B재는 대체재 관계에 있습니다.

 ㄱ. A재의 공급이 증가하면 가격이 하락하므로 보완재 관계에 있는 B재의 수요가 증가하면서 가격 상승의 요인이 됩니다. ㄴ. A재의 가격 하락은 대체재 관계에 있는 C재의 수요 감소 요인이 됩니다. C재의 수요 감소는 가격 하락과 거래량 감소로 이어집니다.

077 보완재와 대체재   정답 ④

 제시된 자료에서 A재와 B재는 대체재, A재와 C재는 보완재 관계입니다.

 ㄴ. A재의 공급 감소는 가격 상승의 요인이 됩니다. 이는 대체재인 B재의 수요 증가 요인이 되고, 그 결과 B재의 가격은 상승합니다. ㄹ. C재의 공급 증가는 가격 하락의 요인이 됩니다. 보완재인 C재의 가격 하락은 A재 수요의 증가 요인이 됩니다.

 ㄱ. A재의 공급이 증가하면 가격이 하락하고, 이는 대체재 관계에 있는 B재의 수요 감소 요인이 됩니다. ㄷ. B재의 공급 감소는 B재의 가격 상승 요인이 됩니다. B재의 가격이 상승하면 A재의 수요가 증가하고, 이는 보완재인 C재의 수요 증가 요인이 됩니다.

078 연관재의 가격 변동   정답 ④

 A재의 가격 상승으로 대체재인 B재의 수요는 증가하고, A재를 생산 원료로 사용하는 C재의 공급은 감소할 것입니다.

 ㄴ. B재의 수요가 증가하면서 가격이 상승할 것입니다. ㄹ. A재는 가격 상승에 따라 수요량이 감소하고, C재는 공급이 감소하여 거래량이 감소합니다.

 ㄱ. A재의 가격 상승은 공급이 아니라 공급량 증가의 원인입니다. ㄷ. C재의 경우 공급의 감소로 인해 가격이 상승하면 수요량이 감소할 것입니다.

079 보완재와 대체재   정답 ④

 정부가 X재 공급자에게 개당 5천 원의 세금을 부과하기로 결정한 것은 공급 곡선이 가격만큼 위로 올라간다는 것을 의미합니다. X재와 Y재는 함께 사용할 때 효용의 크기가 더 커지는 재화라는 부분에서 서로 보완재 관계에 있음을 알 수 있습니다. 그리고 X재와 Z재는 성격이 거의 비슷하여 서로를 대신할 수 있는 재화라는 부분에서 서로 대체재 관계에 있음을 알 수 있습니다.

 ④ X재 생산에 개당 5천 원의 세금을 부과하면 X재의 공급 곡선이 위로 올라가면서 그만큼 가격이 상승하게 됩니다. 이는 X재를 대체할 수 있는 Z재의 수요가 증가하는 요인으로 작용하여 Z재의 수요 곡선은 오른쪽으로 이동하게 됩니다.

 ① (가)는 보완재이고, (나)는 대체재입니다. ② X재의 공급 곡선이 세금만큼 위로 올라가면서 가격은 상승하게 됩니다. ③ X재의 가격이 상승하면서 보완재 관계에 있는 Y재의 수요는 감소하고, 이는 Y재의 균형 거래량 감소를 의미하기도 합니다. ⑤ X재는 균형 거래량이 증가하지 않고, X재의 보완재인 Y재는 수요의 감소로 균형 거래량은 감소하게 됩니다.

080 연관재의 변동   정답 ③

 X재의 공급 증가로 X재의 가격은 하락하고 거래량은 늘어납니다. 한편, X재와 보완재 관계에 있는 Y재는 X재의 가격 하락에 따라 수요가 증가합니다. 특히 Y재의 공급 곡선이 수직선인 것을 통해 Y재의 수요 증가는 고스란히 판매 수입의 증가로 이어짐을 알 수 있습니다.

 ③ Y재의 수요가 증가하면서 발생하는 가격 상승이 판매 수입의 증가로 이어집니다.

 ① X재의 공급 증가로 인해 균형 가격은 하락합니다. ② X재 수요의 가격 탄력성에 따라 X재의 판매 수입은 달라질 수 있습니다. ④ Y재의 공급 곡선이 수직선이기 때문에 균형 거래량은 변하지 않습니다. ⑤ X재의 거래량은 증가하지만, Y재의 거래량은 변하지 않습니다.

081 연관재의 변동과 판매 수입   정답 ②

 X재의 가격이 5% 상승하자 A~C재의 매출액이 각각 3% 상승, 5% 하락, 7% 상승하였습니다. 이를 통해 X재와의 관계를 분석하면, A재와 C재는 대체재, B재는 보완재임을 알 수 있습니다.

 ② A재와 C재는 X재의 대체재입니다.

 ① X재의 가격이 5% 상승하면 공급량이 증가합니다. ③ A재는 X재의 대체재이고, B재는 X재의 보완재입니다. 이는 X재와의 관계일 뿐이고, 제시된 자료에서 A재와 B재의 상호 보완성은 확인할 수 없습니다. ④ A재와 C재는 X재의 대체재입니다. 따라서 X재의 가격이 상승하면 수요가 증가하여 시장 균형 거래량이 증가합니다. ⑤ B재와 C재는 X재의 연관재일 뿐, 제시된 자료에서 B재와 C재의 관계는 확인할 수 없습니다.

082 수요과 공급의 변동   정답 ④

 균형 가격을 상승시키기 위해서는 수요가 증가하거나, 공급이 감소해야 합니다.

 ㄴ. 기호의 증가는 수요를 증가시키는 요인으로 수요 곡선이 오른쪽으로 이동합니다. ㄹ. 원자재 가격이 상승하면 기업은 공급을 줄이고, 이는 공급 곡선이 왼쪽으로 이동하는 결과를 초래합니다.

 ㄱ. 소득의 감소는 수요 감소의 요인으로 수요 곡선이 왼쪽으로 이동합니다. ㄷ. 생산비의 감소는 공급 증가의 요인이기 때문에 균형 가격 하락의 원인이 됩니다.

083 수요과 공급의 변동   정답 ③

 기술의 발달로 생산 비용이 낮아지면 X재의 공급은 증가합니다. 따라서 공급 곡선이 우측으로 이동하므로 X재의 가격은 하락하고 수요량은 증가합니다. X재 가격이 하락하면 보완재인 Y재의 수요는 증가하고, 대체재인 Z재의 수요는 감소합니다.

 ③ Y재 시장에서 수요가 증가하므로 Y재의 가격은 상승하고, 거래량은 증가합니다. 따라서 생산자는 이전보다 높은 가격으로 많은 양을 판매하게 되어 생산자 잉여는 증가합니다.

 ① X재의 생산비 감소는 공급을 증가시키므로 X재의 가격은 하락합니다. ② X재의 가격이 하락하여 X재의 수요량이 증가하면, 보완

재인 Y재의 수요도 증가합니다. 따라서 수요 곡선이 우측으로 이동하여 Y재의 가격은 상승하고, 거래량도 증가합니다. ④ X재의 수요량 증가로 대체재인 Z재의 수요는 감소합니다. 따라서 수요 곡선이 좌측으로 이동하여 Z재의 가격은 하락하고 거래량은 감소하므로 Z재의 판매 수입은 감소합니다. ⑤ Z재 시장에서 수요가 감소했으므로 Z재의 가격은 하락하고 거래량은 감소합니다. 따라서 가격과 수요 곡선이 이루는 면적인 소비자 잉여와, 가격과 공급 곡선이 이루는 면적인 생산자 잉여의 합이 감소합니다. 즉, Z재 시장의 총잉여는 감소합니다.

084 수요과 공급의 변동   정답 ⑤

①	②	③	④	⑤
1%	15%	3%	2%	77%

눈으로 보는 해설

다음 자료의 X재 가격과 수요량의 관계에 대한 설명으로 옳은 것은?

그림에서 e는 X재의 가격이 P_0일 때 수요량이 Q_0이라는 것을 나타내고, a~d는 조건의 변화에 따라 나타날 수 있는 가격과 수요량의 조합을 나타낸다. (단, 수요 곡선의 이동은 좌우 평행으로만 가능하다.)

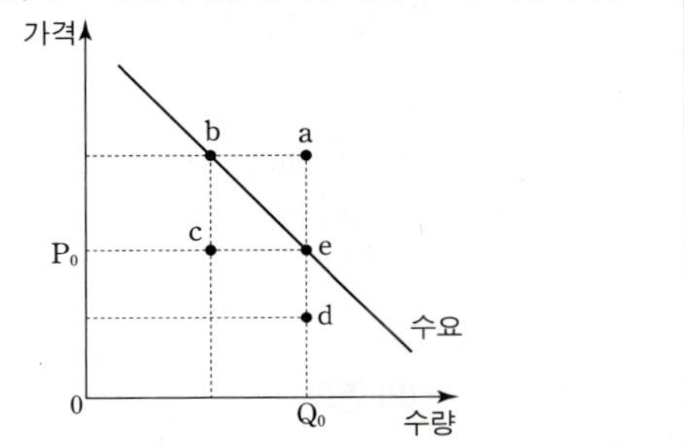

① X재의 가격이 P_0보다 낮아지면 e는 d로 이동할 것이다. ← 수요량의 감소 요인
② X재의 가격이 P_0보다 높아질 것으로 예상되면 e는 b로 이동할 수 있다. ← 수요의 증가 요인
③ X재가 정상재라면 소득이 증가할 때 e는 b로 이동할 수 있다. ← 수요의 증가 요인
④ 보완재의 가격이 상승하면 e는 a로 이동할 수 있다. ← 수요의 감소 요인
⑤ X재의 연관재인 Y재의 가격이 하락할 때 e가 c로 이동하면 두 재화는 대체재이다.

문제 분석 재화의 가격 변동은 수요량의 변동에 따라 나타나고, 수요의 변동은 가격 이외의 요인에 따라 나타납니다. 이때 수요량의 변동은 수요 곡선상 점의 이동을 의미하고, 수요의 변동은 수요 곡선 자체의 이동을 의미합니다.

정답 찾기 ⑤ 균형점이 e에서 c로 이동하기 위해서는 수요 곡선이 좌측으로 이동해야 합니다. 즉, 수요가 감소해야 합니다. 그런데 연관재 가운데 대체재의 가격이 하락할 때 수요가 감소하므로 Y재는 X재의 대체재임을 알 수 있습니다.

오답 피하기 ① X재의 가격이 P_0보다 낮아지면 수요 곡선상의 점의 이동이 나타납니다. 즉, 수요량의 증가에 따라 e는 수요 곡선을 따라 우하향하는 방향으로 움직입니다. 그런데 e에서 d로의 이동은 수요가 감소하여 수요 곡선이 좌측으로 이동할 때 나타날 수 있습니다. ② X재의 가격이 P_0보다 높아질 것으로 예상되면 수요가 증가하므로 수요 곡선이 우측으로 이동합니다. 그런데 e에서 b로의 이동은 가격의 상승으로 수요량이 감소할 때 나타날 수 있습니다. ③ X재가 정상재이면 소득이 증가할 때 수요가 증가하므로 수요 곡선이 우측으로 이동합니다. 그런데 e에서 b로의 이동은 가격의 상승으로 수요량이 감소할 때 나타날 수 있습니다. ④ 보완재의 가격이 상승하면 수요가 감소하므로 수요 곡선이 좌측으로 이동

합니다. 그런데 e에서 a로의 이동은 수요가 증가하여 수요 곡선이 우측으로 이동할 때 나타날 수 있습니다.

함정 피하기
②를 골랐다면 'X재의 가격이 P_0보다 높아질 것으로 예상되는 것'의 의미를 제대로 파악하지 못했을 가능성이 높습니다. 미래 가격의 예상에 따른 수요와 공급의 변동 방향을 정확히 이해해 두어야 합니다.

085 수요의 변동   정답 ⑤

문제 분석 제시된 그림은 원래의 수요 곡선인 D_1이 D_2로 이동한 모습입니다. D_2는 D_1이 우측으로 이동한 수요 곡선으로 수요 증가를 의미합니다. 그리고 수요 곡선의 이동 결과, 균형 가격이 상승하고, 균형 거래량은 증가합니다.

정답 찾기 ⑤ X재의 대체재 가격 상승은 대체재인 X재의 수요를 증가시키는 요인으로 작용할 수 있습니다.

오답 피하기 ① 공급의 변동 없이 수요만 증가하면 거래량은 증가합니다. ② 수요 증가 결과, 균형 가격과 균형 거래량 모두 증가했기 때문에 생산자 잉여는 증가합니다. ③ 판매 수입은 '가격 × 수량'으로 구합니다. 변동 결과 가격이 상승하고 수량도 증가했으므로 수입도 증가합니다. ④ 소득 감소는 수요 감소의 요인입니다.

086 수요와 공급의 변동   정답 ⑤

문제 분석 제시된 그림에서 X재의 공급이 감소하여 시장 가격은 상승하였고, 거래량은 감소하였습니다.

정답 찾기 ⑤ 미래에 상품의 가격이 상승할 것으로 예측되면, 공급자들은 생산 요소의 낭비를 막기 위해 현재의 공급을 줄이고 미래의 공급 증가를 도모하게 되므로 공급이 감소합니다. 이는 공급 곡선이 왼쪽으로 이동하는 요인으로 작용합니다.

오답 피하기 ① 수요가 증가하면 수요 곡선이 오른쪽으로 이동합니다. ② 생산자의 수가 증가하면 공급이 증가하여 공급 곡선이 오른쪽으로 이동합니다. ③ 상품의 가격이 상승하면 공급량이 증가하므로 공급 곡선의 변화는 나타나지 않습니다. ④ 수요자의 소득이 감소하면 수요 곡선이 왼쪽으로 이동합니다.

087 수요와 공급의 변동 요인   정답 ⑤

문제 분석 보완재 가격의 하락은 수요 증가의 요인이고, 생산 기술의 발전은 공급 증가의 요인입니다. 따라서 공급 증가 정도보다 수요 증가 정도가 더 큰 그림을 찾는 문제입니다.

정답 찾기 ⑤ 수요와 공급이 동시에 증가하였고, 공급보다 수요의 증가 폭이 더 큰 상황입니다.

오답 피하기 ① 수요는 불변하고, 공급은 증가한 상황입니다. ② 수요는 증가하고, 공급은 불변한 상황입니다. ③ 수요와 공급이 동시에 증가하였지만, 수요와 공급의 증가폭이 같은 상황입니다. ④ 수요와 공급이 동시에 감소한 상황입니다.

088 수요와 공급의 변동   정답 ②

문제 분석 욜로족은 저축보다 소비를 선호하므로 욜로족의 유행은 수요 증가의 요인이 됩니다. 또한 X재 생산 기술의 발달과 원자재 가격 하락은 공급 증가의 요인으로 작용합니다. 이를 통해 수요 곡선과 공급 곡선 모두 오른쪽으로 이동한다는 것을 알 수 있습니다.

정답 찾기 ② 수요 곡선과 공급 곡선이 모두 오른쪽으로 이동하면 (나)에서 균형이 형성됩니다.

 ① (가)는 수요 증가, 공급 감소의 결과입니다. ③ (다)는 수요 감소, 공급 증가의 결과입니다. ④ (라)는 수요 감소, 공급 불변의 결과입니다. ⑤ (마)는 수요 감소, 공급 감소의 결과입니다.

089 수요과 공급의 변동　　　　　　　　정답 ②

문제 분석 ⊙에서 X재 시장의 수요자와 공급자가 모두 증가했다는 내용을 통해 수요와 공급이 모두 증가했음을 알 수 있습니다. 수요 증가 곡선은 D_2, 공급 증가 곡선은 S_2로, 두 곡선이 만나는 d점이 새로운 균형점이 됩니다.

정답 찾기 ② 변동 이전 균형점보다 변동 이후 균형점이 오른쪽에 있는 것으로 보아 균형 거래량은 증가했음을 알 수 있습니다.

오답 피하기 ① 공급 곡선이 S_0에서 S_2로, 즉, 오른쪽으로 이동하였습니다. ③ 수요 곡선은 D_0에서 D_2로, 즉, 오른쪽으로 이동하였습니다. ④ X재의 거래량은 증가하였고, 가격은 불분명합니다. ⑤ 변화 이전 균형점은 b이지만, 변화 이후 균형점은 d입니다. c는 수요는 불변하고 공급은 증가한 경우의 균형점입니다.

090 정부의 이중 가격제에 따른 수요·공급의 변동　　　정답 ③

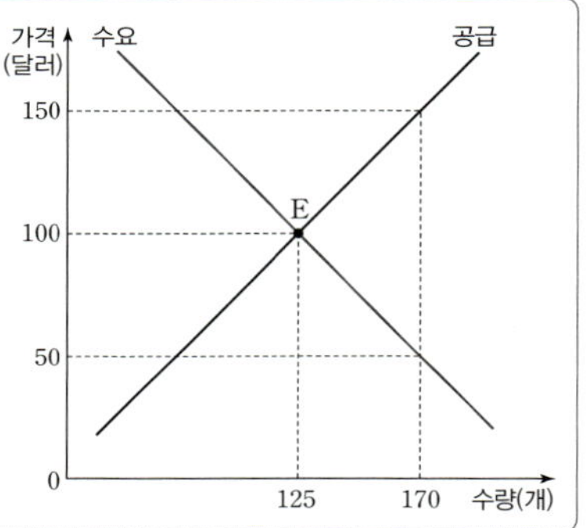

눈으로 보는 해설

다음 자료에 대한 옳은 분석만을 〈보기〉에서 고른 것은? (단, X재는 수요·공급 법칙을 따른다.)

오른쪽 그림은 X재 시장에 대한 수요와 공급 곡선이다. 갑국은 X개를 150달러의 가격으로 170개를 구입하여 50달러의 가격으로 소비자들에게 전량 판매하는 정책을 실시하였다.

〈보기〉
ㄱ. 정책 실시 이전보다 거래량은 감소한다.
ㄴ. 소비자는 시장 균형 가격보다 낮은 가격으로 구입할 수 있게 된다. (↳100달러 ↳50달러)
ㄷ. 생산자는 정책 실시 이전보다 13,000달러 증가한 판매 수입을 얻게 된다. (↳25,500달러−12,500달러)
ㄹ. 갑국의 정책은 생산자에게 유리하고, 소비자에게 불리한 방향으로 작용한다.

① ㄱ, ㄴ　　② ㄱ, ㄷ　　③ ㄴ, ㄷ
④ ㄴ, ㄹ　　⑤ ㄷ, ㄹ

문제 분석 제시된 그림에서 X재 시장의 균형 가격은 100달러이고, 균형 거래량은 125개였습니다. 이때 정부가 X재를 150달러의 가격으로 구입하고자 할 경우, 가격 상승에 따라 공급자들은 공급량을 170개까지 늘리고자 합니다. 170개를 구입한 정부는 이를 50달러에 판매하는 정책을 실시합니다. 이 경우 가격 하락에 따라 수요자들은 수요량을 170개까지 늘리고자 합니다. 따라서 공급자의 판매 수입은 정책 실시 이전보다 증가하고, 수요자는 정책 실시 이전보다 낮은 가격에 상품을 소비할 수 있게 됩니다.

정답 찾기 ㄴ. 소비자는 시장 가격(100달러)보다 낮은 가격(50달러)으로 X재를 구입할 수 있게 되었습니다. ㄷ. 생산자는 정책 실시 이전에는

12,500달러(100달러×125개)의 판매 수입을 올리고 있었으나, 정책 실시 이후에는 25,500달러(150달러×170개)의 판매 수입을 올릴 수 있게 되었습니다. 따라서 정책 실시 이후 13,000달러만큼의 추가 수입이 발생합니다.

오답 피하기 ㄱ. 정책 실시 이후 거래량은 170개로 정책 시행 이전 125개보다 45개 증가합니다. ㄹ. 갑국의 정책은 소비자와 생산자 모두에게 유리한 방향으로 작용합니다.

💥 **함정 피하기**

ㄹ을 골랐다면 자료에 나타난 정책에 따라 생산자와 소비자가 얻게 되는 이익을 임의로 비교하여 생산자의 이익이 더 크다고 판단했을 가능성이 큽니다. 하지만 ㄹ은 생산자와 소비자의 이익을 비교하는 것이 아니라 단순히 생산자와 소비자의 이익이 각각 증가했는지 감소했는지를 확인하기 위한 〈보기〉입니다.

091 공급의 변동과 판매 수입의 변화　　　　정답 ⑤

문제 분석 X재의 공급 곡선이 오른쪽으로 이동하면서 시장 가격이 하락하고, 거래량이 증가하였습니다.

정답 찾기 ⑤ 미래에 가격이 하락할 것으로 예측되면 생산자들은 조금이라도 높은 가격에서 판매하기 위해 현재의 공급을 늘려 생산물을 소진하고자 합니다.

오답 피하기 ① 곡선의 이동으로 인한 가격과 거래량의 변동이기 때문에 초과 공급이나 초과 수요는 발생하지 않습니다. ② 생산 비용의 증가는 공급 감소의 원인입니다. ③ 대체재의 가격 상승은 수요 증가의 원인입니다. ④ 소비자들의 소득 증가는 수요 증가의 원인입니다.

092 가격과 판매 수입의 변화　　　　　　　정답 ③

문제 분석 X재 시장에서 나타난 변화를 판매량까지 포함해 정리하면 표와 같습니다.

구분	단위당 가격(원)	판매 수입(천 원)	판매량(개)
2014년	200	60	300
2015년	200	70	350
2016년	200	80	400
2017년	300	90	300
2018년	500	100	200

정답 찾기 ㄴ. 2018년의 전년 대비 판매량은 300개에서 200개로 증가율은 음(−)의 값을 기록하였고, 가격은 300원에서 500원으로 상승하여 증가율은 양(+)의 값을 기록하였습니다. ㄷ. 2014년부터 2016년 사이에는 판매량이 지속적으로 증가하였습니다. 이는 대체재의 가격 상승으로 인한 수요 증가라고 추론할 수 있습니다.

오답 피하기 ㄱ. 판매량이 가장 많은 연도는 2016년이고, 판매 수입이 가장 많은 연도는 2018년입니다. ㄹ. 원자재 가격의 하락은 공급 증가의 요인으로 가격이 하락하는 결과를 가져옵니다. 그러나 2016년부터 2017년 사이에는 단위당 가격이 상승하여 연관성을 찾기가 어렵습니다.

093 수요와 공급의 변동　　　　　　　　　정답 ②

문제 분석 갑국에서 X재의 효능이 인기를 끌면서 문의 전화가 빗발친다는 부분에서 수요 증가를 확인할 수 있고, 생산 기업에 대해 세금 감액 및 보조금 지급을 결정했다는 부분에서 공급 증가를 확인할 수 있습니다.

[정답 찾기] ② 수요와 공급이 모두 증가한 결과로 나타날 수 있는 균형점은 (Ⅱ)가 됩니다.
[오답 피하기] ① 수요가 증가하고, 공급이 감소한 결과입니다. ③ 수요가 감소하고, 공급이 증가한 결과입니다. ④ 수요와 공급이 모두 감소한 결과입니다. ⑤ 수요와 공급이 모두 변동하였습니다.

094 시장 균형의 이동　　　　정답 ③

[문제 분석] (가)의 수요 곡선은 B와 D를 지나는 수직선이고, 공급 곡선은 C와 D를 지나는 직선입니다. 따라서 현재 (가)에서는 D에서 시장 균형이 이루어지고 있습니다. 그에 비해 (나)의 수요 곡선은 B를 지나면서 수요 법칙을 따르는 직선이고, 공급 곡선은 A~C를 관통하는 수평선입니다. 따라서 현재 (나)에서는 B에서 시장 균형이 이루어지고 있습니다.
[정답 찾기] ③ (나)의 공급 곡선은 수평이기 때문에 공급 곡선 자체의 이동이 균형점을 이동시키지 않습니다.
[오답 피하기] ① (가)에서 가격이 하락하면 균형점은 D보다 아래에서 이루어집니다. ② (가)에서 생산자 수가 증가하여 공급이 증가하면 균형점은 D의 아래쪽에서 이루어집니다. ④ (나)에서 수요자의 기호가 증가하여 수요 곡선이 오른쪽으로 이동하면 균형점은 C가 될 수 있습니다. A는 수요 감소 시 가능한 균형점입니다. ⑤ (가)에서 수요가 증가하면 D보다 오른쪽에서 균형이 결정됩니다.

095 시장 균형의 이동　　　　정답 ⑤

[문제 분석] 수요량과 공급량이 일치하는 a와 c는 수요 곡선과 공급 곡선이 교차하는 지점으로 시장 균형점에 해당합니다. b는 공급량이 수요량보다 많은 초과 공급 상태로 가격 하락 압력이 나타나고, d는 수요량이 공급량보다 많은 초과 수요 상태로 가격 상승 압력이 나타납니다.
[정답 찾기] ⑤ 현재 균형이 a라면 대체재 가격의 하락으로 수요와 시장 거래량이 모두 감소하여 새로운 균형점 c로 이동합니다.
[오답 피하기] ① a가 c보다 시장 거래량이 더 많습니다. ② b에서는 공급량이 수요량보다 많은 초과 공급이 나타납니다. ③ d에서는 수요량이 공급량보다 많은 초과 수요 상태가 나타나 가격 상승 압력이 발생합니다. ④ 현재 균형이 a라면 생산 요소 가격의 상승은 공급 감소의 원인이 되고, 시장 거래량이 감소하여 새로운 균형점 c로 이동합니다.

096 정부 정책으로 인한 시장 균형의 변동　　　　정답 ⑤

[문제 분석] 정부의 세액 공제 혜택은 공급의 증가를 가져오고, 편의를 위한 활용 시설 확충은 소비의 증가를 가져옵니다. 이 경우 거래량은 무조건 증가하지만, 가격의 경우는 수요와 공급의 증가폭 차이에 따라 상승하기도 하지만 하락하거나 불변인 경우도 발생할 수 있습니다.
[정답 찾기] ⑤ 균형 가격은 알 수 없고, 균형 거래량은 증가합니다.
[오답 피하기] ① 수요는 증가하고 공급은 감소하는 경우에 나타날 수 있는 변화입니다. ② 수요는 불변하고 공급은 감소하는 경우에 나타날 수 있는 변화입니다. ③ 수요는 감소하고 공급은 증가하는 경우에 나타날 수 있는 변화입니다. ④ 수요는 불변하고 공급은 증가하는 경우에 나타날 수 있는 변화입니다.

097 가격 결정의 원리　　　　정답 ④

[문제 분석] 갑과 을은 빵을 팔고자 하는 공급자로 최소한 받고자 하는 금액은 각각 2,000원과 5,000원입니다. 병과 정은 빵을 사고자 하는 수요자로 최대한 받고자 하는 금액은 각각 1,000원과 4,000원입니다.
[정답 찾기] ④ 협상 가격이 3,000원이면 갑과 정에게 잉여가 발생하므로

거래에 참여합니다. 최소 5,000원을 받고자 하는 을과 최대 1,000원을 지불하고자 하는 병은 거래에 참여하지 않습니다.
[오답 피하기] ① 갑과 을은 공급자이고, 병과 정은 수요자입니다. ② 갑은 최소 2,000원을 받고자 하는데 병은 최대 1,000원을 지불하고자 하므로 거래는 이루어지지 않습니다. ③ 갑~정 간의 거래량이 2개가 되기 위해서는 갑~정이 모두 거래에 참여해야 합니다. 그런데 을의 경우에는 5,000원을 주고 사려는 수요자가 없으므로 거래에 참여하지 않고, 병의 경우에는 1,000원에 팔려는 공급자가 없으므로 거래에 참여하지 않습니다. 따라서 최소 2,000원을 받고자 하는 갑과 최대 4,000원을 지불하고자 하는 정 사이에서만 거래가 이루어집니다. ⑤ 4,000원은 을이 최소 받고자 하는 금액보다 작고, 병이 최대 지불하고자 하는 금액보다 큽니다. 따라서 으로가 병 모두 거래에 참여하지 않습니다.

098 수요의 변동　　　　정답 ②

[문제 분석] 제시된 글에는 중앙은행의 기준 금리 인하에 따라 주택 매매 자금을 구하기 용이해진 수요자들이 임대에서 매매로 돌아서고 있는 상황이 나타나 있습니다.
[정답 찾기] ② 주택 매매 수요자들의 증가로 인해 주택 매매 가격이 상승할 것으로 전망됩니다.
[오답 피하기] ① 주택 임대 수요가 매매 수요로 전환되면서 임대 시장의 수요가 감소하고 가격이 하락할 것입니다. ③ 주택 임대 수요의 감소로 거래량도 감소할 것입니다. ④ 주택 매매 수요의 증가로 인해 거래량이 증가할 것입니다. ⑤ 제시된 글에는 수요의 변동 요인만 나타나 있고, 공급의 변동 요인은 찾아볼 수 없습니다.

099 수요와 공급의 변동 요인　　　　정답 ①

[문제 분석] 제시된 그림에서 X재는 공급이 증가하였고, Y재는 수요가 증가하였습니다.
[정답 찾기] ㄱ. X재의 생산 기술 발전은 공급 증가의 요인이므로 공급 곡선을 오른쪽으로 이동시키면서 A′로 균형점이 변하게 됩니다. ㄴ. Y재에 대한 소비자의 선호 증가는 수요 증가의 요인이므로 수요 곡선을 오른쪽으로 이동시키면서 B′로 균형점이 변하게 됩니다.
[오답 피하기] ㄷ. Y재가 정상재라면 소득 감소는 수요 감소의 요인이므로 수요 곡선이 왼쪽으로 이동하게 됩니다. ㄹ. 두 재화가 대체 관계라면 X재의 가격 하락은 Y재의 수요 감소 요인이 됩니다.

핵심 개념 CHECK!

▶ 본문 051쪽

| 01 ○ | 02 ○ | 03 ○ | 04 × | 05 ○ | 06 ○ | 07 × | 08 × |
| 09 ○ | 10 ○ | 11 × | 12 × | 13 × | 14 × | 15 × |

○× 문장 바로 알기

01 시장 균형 거래량이 Q_0일 때, 총잉여가 가장 크다.

02 시장 가격이 P_1이나 P_2일 때, 시장 거래량은 Q_1로 동일하다.

03 시장 가격이 P_0일 때보다 P_1일 때, 생산자 잉여는 더 크다.

04 시장 가격이 P_1일 때, 소비자 잉여가 생산자 잉여보다 ~~크다.~~
작다.

05 시장 가격이 P_0에서 P_1이나 P_2로 변할 때, 총잉여는 ⓒ+ⓔ만큼 감소한다.

06 수요 곡선과 공급 곡선이 만나는 시장 균형에서 자원 배분이 가장 효율적으로 이루어진다.

07 소비자 잉여란 소비자가 재화나 서비스를 구매하기 위해 ~~실제로 지불한 금액에서 최대로 지불할 의사가 있는 금액을 뺀~~ 것이다.
최대로 지불할 의사가 있는 금액에서 실제로 지불한 금액을 뺀 것

08 소비자 잉여는 시장 가격이 ~~상승~~할수록 커진다.
하락

09 생산자 잉여는 생산자가 재화나 서비스를 판매하면서 얻었다고 느끼는 이익의 크기를 말한다.

10 총잉여는 소비자 잉여와 생산자 잉여를 합한 것이다.

11 정부의 가격 규제 정책은 ~~항상 긍정적인 영향을 미친다.~~
부정적인 영향을 미칠 수도 있다.

12 최고 가격제는 ~~생산자~~ 보호를 주된 목적으로 하고, 최저 가격제는 ~~소비자~~ 보호를 주된 목적으로 한다.
소비자 / 생산자

13 노동 시장에서 공급자는 ~~기업~~이고, 수요자는 ~~가계~~이다.
가계 / 기업

14 금융 시장에서는 ~~자금량~~에 따라 수요량과 공급량이 결정된다.
이자율

15 금융 시장에서 이자 제한법이 시행되면 시장 전체의 자금 거래량이 ~~증가~~하여 총잉여도 ~~증가~~한다.
감소 / 감소

기출+예상 문제로 주제 정복하기

▶ 본문 053~059쪽

100 ②	101 ②	102 ④	103 ⑤	104 ④	105 ④
106 ④	107 ②	108 ①	109 ⑤	110 ⑤	111 ②
112 ③	113 ②	114 ①	115 ④	116 ③	117 ①
118 ④	119 ④	120 ⑤	121 ③	122 ①	123 ③
124 ④	125 ③

---

100 공급의 변동과 잉여의 변화 　　　　정답 ②

문제 분석 제시된 그림에서 원래의 시장 가격은 P_0, 거래량은 Q_0, 균형은 E_0에서 형성되었습니다. 하지만 공급의 증가(S → S′)에 따라 가격은 하락(P_0 → P_1)하고, 거래량은 증가(Q_0 → Q_1)하였습니다. 그 결과 새로운 균형점 E_1이 형성되었고, 소비자 잉여와 생산자 잉여 모두 증가하였습니다. 이를 그림으로 나타내면 다음과 같습니다.

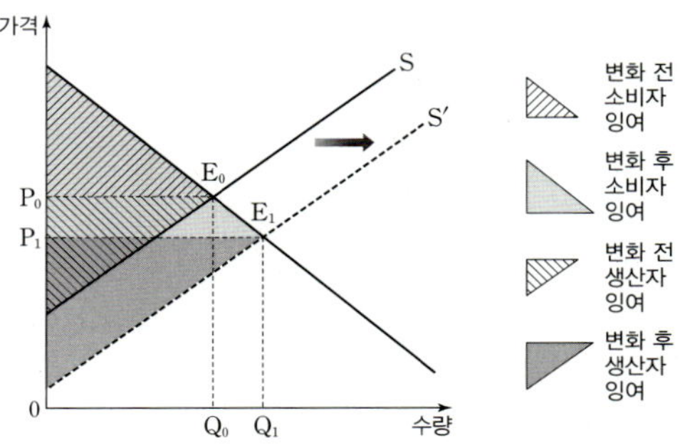

정답 찾기 ㄱ. 소비자 잉여는 [($P_0P_1 \times Q_0$)+($P_0P_1 \times Q_0Q_1 \div 2$)]만큼 증가하였습니다. ㄷ. 균형 가격은 하락(P_0 → P_1)하고, 거래량은 증가(Q_0 → Q_1)하였습니다.

오답 피하기 ㄴ. 생산자 잉여는 증가하였습니다. ㄹ. 생산 비용의 증가는 공급 감소의 요인이 됩니다.

101 시장 균형과 총잉여 　　　　정답 ②

문제 분석 시장 균형은 수요 곡선과 공급 곡선이 만나는 점에서 결정됩니다. 따라서 최초의 시장 균형은 E에서 형성되었습니다. 이때 균형 가격은 P_0이고, 균형 거래량은 Q_0입니다. 시장 균형은 수요와 공급의 변화에 따라 변동할 수 있습니다. 구체적으로 살펴보면, 균형점은 공급이 감소하면 A로 이동할 수 있고, 수요가 감소하면 B로 이동할 수 있으며, 수요가 증가하면 C로 이동할 수 있고, 공급이 증가하면 D로 이동할 수 있습니다.

정답 찾기 ② 총잉여는 생산자 잉여와 소비자 잉여를 합해서 구합니다. 따라서 제시된 그림에서는 최초의 시장 균형인 E에서 총잉여가 가장 크게 나타납니다.

오답 피하기 ① 거래량이 Q_1일 때는 거래량이 Q_0일 때보다 총잉여의 크기가 △ABE큼 줄어듭니다. ③ 만약 공급 곡선과 수요 곡선의 기울기의 절댓값이 같다면, 균형이 E일 때 소비자 잉여와 생산자 잉여의 크기는 같아집니다. 하지만 제시된 그림에 나타난 정보만으로는 소비자 잉여와 생산자 잉여 중 어떤 것이 더 큰지 파악할 수 없습니다. ④ 시장 균형점이 D로 변동하는 경우는 공급의 증가로 인해 가격은 하락하고 거래량은 증가하는 경우입니다. 이럴 경우 총잉여의 크기는 커지게 됩니다. ⑤ 거래량이 Q_2로 이동하는 경우는 수요나 공급 중 하나 혹은 둘 모두 증가하는 경우입니다. 이럴 경우 총잉여의 크기는 커집니다.

102 시장 균형과 총잉여 　　　　정답 ④

문제 분석 제시된 그림에서 최초의 균형 가격은 P_0이고, 균형 거래량은 Q_0입니다. 따라서 최초의 시장 균형은 E에서 형성되었습니다. 이때 가격이 P_0에서 P_1로 상승하면, 수요량이 감소하면서 거래량이 Q_0에서 Q_1로 줄어들게 됩니다. 가격이 P_2로 하락할 경우에도 공급량의 감소로 인해 동일한 결과가 초래되고, 총잉여는 ($P_1P_2 \times Q_0Q_1 \div 2$)만큼 사라지게 됩니다. 한편, 가격이 P_1로 상승하는 경우에는 Q_1Q_2만큼의 초과 공급이, P_2로 하락하는 경우에는 Q_1Q_2만큼의 초과 수요가 발생합니다.

정답 찾기 ④ 가격이 P_1로 고정되면 소비자 잉여는 (가)이고, 생산자 잉여는 (나)가 됩니다. 이를 그림으로 표현하면 다음과 같습니다.

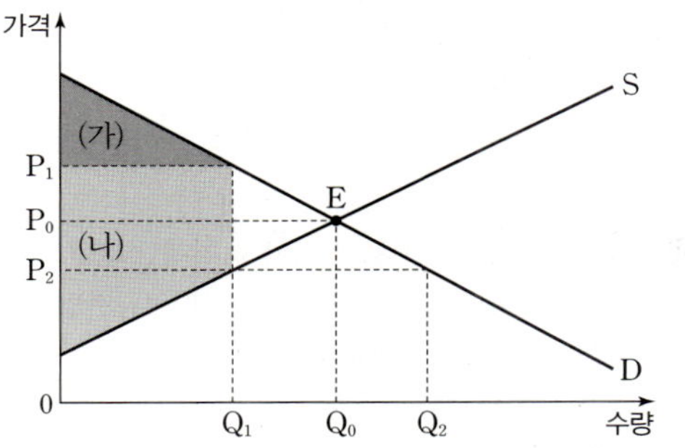

오답 피하기 ① 가격이 P_2일 때 Q_1Q_2만큼 초과 수요가 발생합니다. ② 시장 균형이 E일 때, 총잉여의 크기는 다음 그림의 (다)와 같습니다.

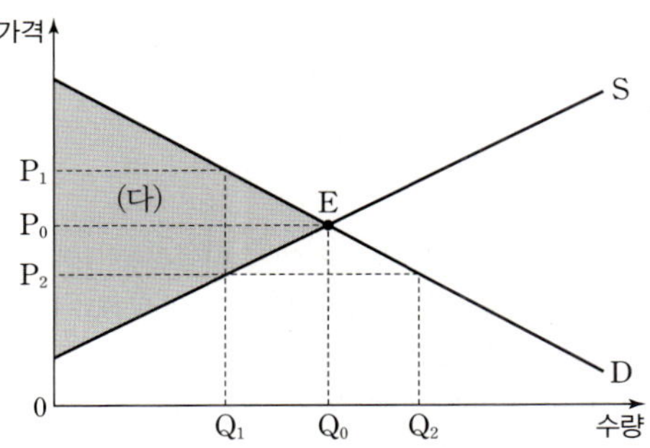

③ 공급 곡선이 왼쪽으로 이동하면, 거래량이 줄어들면서 생산자 잉여가 감소하게 됩니다. ⑤ 시장 가격이 P_2로 하락하고 거래량이 Q_1이 되면 소비자 잉여의 크기는 오히려 증가합니다.

103 시장 균형과 총잉여   정답 ⑤

문제 분석 공급 곡선이 수직선이고, 수요 곡선이 수요 법칙을 따르는 상황에서 수요가 증가하면서 수요 곡선이 오른쪽으로 이동하였습니다. 그 결과 거래량은 그대로지만, 가격은 상승하였습니다. 따라서 소비자 잉여의 크기는 변함이 없고, 생산자 잉여는 $P_0P_1 \times Q_0$만큼 증가하였습니다.

정답 찾기 ㄷ. 균형 가격이 상승하면서 소비자 잉여의 크기는 변함이 없지만, 생산자 잉여가 증가하면서 총잉여가 증가하였습니다. ㄹ. 소비자 잉여의 크기는 변함이 없지만 균형 가격의 상승으로 인해 위치만 $[(P_0P_2 \times Q_0) \div 2]$에서 $[(P_1P_3 \times Q_0) \div 2]$로 이동하였습니다.

오답 피하기 ㄱ. 생산자 잉여의 크기는 증가하였습니다. ㄴ. 수요의 증가에 따라 균형 가격은 P_0에서 P_1로 상승하였습니다.

104 수요 증가와 총잉여   정답 ④

문제 분석 최초의 시장 균형에서 소비자 잉여는 30만 원이고, 생산자 잉여는 18만 원이었습니다. 그러나 수요 증가 후 소비자 잉여는 64만 원, 생산자 잉여는 32만 원으로 증가하였습니다.

정답 찾기 ④ 소비자 잉여는 30만 원에서 64만 원으로 34만 원 증가하였습니다.

오답 피하기 ① 최초의 시장 균형에서 총잉여는 48만 원입니다. ② 수요 변동 후 총잉여는 96만 원입니다. ③ 수요 변동 후 생산자 잉여는 18만 원에서 32만 원으로 14만 원 증가하였습니다. ⑤ X재의 대체재 가격 상승은 X재 수요 증가의 요인이 될 수 있습니다.

105 생산자 잉여   정답 ④

문제 분석 제시된 그림에서 (가)는 생산자 잉여이고, (나)는 생산자가 최소한 받고자 하는 금액이 됩니다.

정답 찾기 ④ (나)는 생산자가 판매하면서 받으려는 최소한의 금액입니다.

오답 피하기 ①, ② (가)는 생산자 잉여로, 가격이 상승할수록 크기가 커

집니다. ③ 소비자가 느끼는 효용의 크기는 소비자 잉여입니다. ⑤ 총잉여는 소비자 잉여와 생산자 잉여를 합친 것입니다.

106 공급 증가와 총잉여   정답 ④

문제 분석 제시된 그림에서 시장 가격은 P_0에서 P_1로 하락하였고, 거래량의 변화는 없습니다. 변화 이전과 비교하여 소비자 잉여는 $P_0P_1 \times Q_0$만큼 증가하였고, 생산자 잉여는 크기의 변화 없이 위치만 가격의 하락폭만큼 아래로 이동하였습니다.

정답 찾기 ④ 생산자 잉여의 크기는 변화 후에도 그대로 유지됩니다.

오답 피하기 ① 가격 하락으로 소비자 잉여의 크기는 커졌습니다. ② 가격이 하락했지만 수요 곡선이 수직선의 형태를 하고 있기 때문에 생산자 잉여의 크기는 변함이 없습니다. ③ 공급 곡선이 오른쪽으로 이동하면서 소비자 잉여는 커지고, 생산자 잉여의 크기는 변함이 없습니다. 따라서 총잉여는 커졌습니다. ⑤ 공급이 증가하면서 시장 균형 가격은 P_0에서 P_1로 하락하였습니다.

107 수요 증가, 공급 감소로 인한 총잉여의 변동   정답 ②

문제 분석 제시된 그림에서는 수요의 증가에 따라 수요 곡선이 우측으로 이동($D \rightarrow D'$)하였고, 공급의 감소에 따라 공급 곡선이 좌측으로 이동($S \rightarrow S'$)하였습니다.

정답 찾기 ㄱ. 제시된 그림에서 수요의 증가폭과 공급의 감소폭은 같습니다. 따라서 가격은 상승하고, 거래량에는 변화가 없습니다. ㄹ. 균형점이 위로 올라가면서 소비자 잉여는 위치가 올라간 폭만큼 위쪽으로 이동하였습니다. 단, 이때 소비자 잉여의 크기에는 변화가 없습니다.

오답 피하기 ㄴ. 균형 거래량은 변동 후에도 Q_0으로 유지되었습니다. ㄷ. 총잉여는 위치가 변화했을 뿐이고, 그 크기에는 변화가 없습니다.

108 소비자 잉여   정답 ①

문제 분석 (가)는 최초의 가격인 P_0에서의 소비자 잉여이고, (나)는 P_1로 가격이 하락했을 때 증가한 소비자 잉여의 크기를 나타냅니다.

정답 찾기 ㄱ. (가)는 가격 하락 전 소비자 잉여입니다. ㄴ. (나)는 가격 하락 후 증가한 소비자 잉여의 크기입니다.

오답 피하기 ㄷ. (가)와 (나)는 모두 가격이 하락할수록 커지고, 상승할수록 작아집니다. ㄹ. (가)와 (나)는 모두 소비자가 경제 활동을 하며 느끼는 효용의 크기를 나타냅니다.

109 총잉여   정답 ⑤

문제 분석 소비자는 X재의 가격이 자신이 지불하고자 하는 최대 금액보다 작거나 같을 때 구입하고, 생산자는 X재의 가격이 자신이 받고자 하는 최소 금액보다 크거나 같을 때 판매합니다.

정답 찾기 ⑤ 가격이 850원일 때, 갑은 두 번째 X재까지만 구입합니다. 이 경우 갑의 소비자 잉여는 첫 번째 X재에서 150원, 두 번째 X재에서 50원입니다. 이를 합치면 200원의 소비자 잉여가 발생합니다. 한편, 을은 첫 번째 X재까지만 구입하고, 을의 소비자 잉여는 50원입니다. 따라서 갑의 소비자 잉여가 을의 소비자 잉여보다 150원 더 크게 됩니다.

오답 피하기 ① 가격이 550원일 때, 갑은 세 번째 X재까지만 구입하므로 수요량은 3개입니다. ② 가격이 650원일 때, 병은 두 번째 X재까지만 판매하므로 공급량은 2개입니다. ③ 가격이 750원일 때, 을은 두 번째 X재까지만 구입하므로 수요량은 2개이고, 병은 세 번째 X재까지만 판매하므로 공급량은 3개입니다. 따라서 을의 수요량은 병의 공급량보다 적습니다. ④ 가격이 850원일 때, 병은 세 번째 X재까지만 판매하고자 합니다. 이때 병의 생산자 잉여는 첫 번째 X재에서 650원, 두 번째 X재에서 450원, 세 번째 X재에서 150원이 발생하여 총 1,250원이 됩니다.

문제 분석 제시된 그림에서 X재의 공급이 감소하여 균형 가격은 6만 원에서 8만 원으로 상승하였고, 균형 거래량은 10개에서 5개로 감소하였습니다. 이로 인해 소비자 잉여와 생산자 잉여 모두 감소하였음을 알 수 있습니다.

정답 찾기 ⑤ 공급의 감소로 인해 가격이 상승하고, 거래량이 줄어들면서 소비자 잉여와 생산자 잉여가 모두 감소하였습니다.

오답 피하기 ① 소비자 잉여는 감소하였습니다. ② 대체재의 가격 하락은 공급 감소가 아니라 수요 감소의 요인이 됩니다. ③ 수량이 0일 때 가격을 알 수 없으므로 변화 후 소비자 잉여의 크기는 알 수 없습니다. ④ 수량이 0일 때 가격을 알 수 없으므로 변화 이전 생산자 잉여의 크기는 알 수 없습니다.

111 정부의 가격 정책과 총잉여　　　　　　　　　정답 ②

문제 분석 정부의 보조금 정책이 실시되면 공급 곡선이 100원만큼 아래쪽으로 이동합니다. 그 결과 새로운 균형 가격은 750원이고, 균형 거래량은 90개가 됩니다.

정답 찾기 ② 가격이 하락하고 거래량이 증가하면서 소비자 잉여와 생산자 잉여가 모두 증가하여 총잉여가 증가합니다.

오답 피하기 ① 소비자 잉여는 증가합니다. ③ 정부의 지원금 지급으로 인해 가격이 하락하고 거래량이 증가하므로 생산자 잉여는 증가합니다. ④ 시장 균형 가격은 800원에서 750원으로 50원 하락합니다. ⑤ 시장 균형 거래량은 80개에서 90개로 10개 증가합니다.

112 시장 균형과 총잉여　　　　　　　　　　　정답 ③

문제 분석 X재의 시장 상황을 표로 나타내면 다음과 같습니다.

가격	거래 참여 희망자	
	소비자	생산자
5,000원	갑	A, B, C, D, E
4,000원	갑, 을	A, B, C, D
3,000원	갑, 을, 병	A, B, C
2,000원	갑, 을, 병, 정	A, B
1,000원	갑, 을, 병, 정, 무	A

정답 찾기 ㄴ. 시장 균형 가격인 3,000원으로 거래할 경우 소비자 잉여는 3,000원(갑의 소비자 잉여 2,000원 + 을의 소비자 잉여 1,000원 + 병의 소비자 잉여 0원)입니다. ㄷ. 시장 균형 가격인 3,000원으로 거래할 경우 생산자 잉여는 3,000원(A의 생산자 잉여 2,000원 + B의 생산자 잉여 1,000원 + C의 생산자 잉여 0원)입니다.

오답 피하기 ㄱ, ㄹ. 시장 균형 가격인 3,000에서 거래될 경우 소비자 갑, 을, 병과 생산자 A, B, C가 거래에 참여합니다. 따라서 거래에 참여하는 사람은 모두 6명이고, 균형 거래량은 3개입니다.

113 수요의 변동과 잉여　　　　　　　　　　　정답 ②

문제 분석 X재 시장에서는 수요 감소로 인해 가격이 하락하고, 거래량이 감소하였습니다. 이러한 변화는 소비자 잉여와 생산자 잉여를 모두 감소시킵니다.

정답 찾기 ㄱ. 수요 감소로 인해 균형 가격이 하락하였습니다. ㄷ. 생산자 잉여는 가격이 상승할수록 커지는데, 수요 감소로 인해 가격과 거래량이 감소하면서 생산자 잉여가 감소하였습니다.

오답 피하기 ㄴ. 수요 감소로 인해 균형 거래량이 감소하였습니다. ㄹ. 가격이 하락하고 거래량이 감소하면서 소비자 잉여는 감소하였습니다.

114 총잉여　　　　　　　　　　　　　　　　　정답 ①

문제 분석 제시된 자료에서 현재 시장 균형 거래량이 20개라는 것과 공급자는 단위당 최소 100원을 받고자 한다는 내용을 바탕으로, 생산자는 20개를 팔고 최소 2,000원 이상을 받았음을 알 수 있습니다. 그런데 총잉여의 크기는 6,000원이므로, 거래량이 20개일 때 판매 수입이 4,000원이 되는 가격 수준인 200원에서 거래가 이루어짐을 알 수 있습니다. 따라서 소비자 잉여는 4,000원, 생산자 잉여는 2,000원, 균형 가격은 200원이 됩니다.

정답 찾기 ① 소비자 잉여 4,000원에서 생산자 잉여 2,000원과 균형 가격 200원을 합친 값을 빼면 1,800원입니다.

115 소비자 잉여　　　　　　　　　　　　　　정답 ④

문제 분석 시장에서 수요자는 상품의 가격이 단위당 구매 의사 가격보다 낮은 경우에만 거래에 참여합니다. 따라서 X재의 구매 가격이 250원으로 결정되면, 실제 거래에는 단위당 구매 의사 가격이 250원 이하인 정과 무를 제외하고 갑, 을, 병만 참여합니다. 이로 인해 소비자 잉여는 450원(갑의 소비자 잉여 250원 + 을의 소비자 잉여 150원 + 병의 소비자 잉여 50원)이 됩니다.

정답 찾기 ④ 소비자 잉여는 450원(갑의 소비자 잉여 250원 + 을의 소비자 잉여 150원 + 병의 소비자 잉여 50원)입니다.

116 시장의 효율성과 잉여　　　　　　　　　　정답 ③

문제 분석 제시된 대화에서 (가)는 소비자 잉여, (나)는 생산자 잉여, (다)는 총잉여입니다. 그리고 교사가 제시한 표를 통해 시장 균형 가격은 3,000원이고, 균형 거래량은 10개라는 것을 알 수 있습니다. 이를 바탕으로 소비자 잉여와 생산자 잉여, 총잉여의 크기를 계산하면 다음과 같습니다.

소비자 잉여	2,000원(5,000원 − 3,000원) × 10개 ÷ 2 = 10,000원
생산자 잉여	2,000원(3,000원 − 1,000원) × 10개 ÷ 2 = 10,000원
총잉여	소비자 잉여(10,000원) + 생산자 잉여(10,000원) = 20,000원

정답 찾기 ③ 소비자 잉여, 생산자 잉여, 총잉여를 모두 합한 값은 40,000원이 됩니다.

117 수요 곡선과 총잉여　　　　　　　　　　　정답 ①

문제 분석 X재의 공급 곡선이 수직선이라는 것은 공급량이 고정되어 어떤 가격대에서도 같은 양만을 공급한다는 의미입니다. 따라서 수요 곡선이 오른쪽으로 이동하면 가격은 상승하지만, 공급의 변화가 없어 거래량은 그대로입니다. 이럴 경우, 소비자 잉여는 크기의 변화 없이 위치만 위쪽으로 이동하고, 생산자 잉여의 크기가 커지면서 총잉여도 커지게 됩니다.

정답 찾기 ① 거래량은 그대로인데 가격이 상승하면서 생산자 잉여의 크기가 커집니다.

오답 피하기 ② 소비자 잉여의 크기는 그대로지만, 생산자 잉여의 크기가 커지면서 총잉여의 크기도 커집니다. ③ 수요가 증가한 것으로 보아 X재의 보완재 가격은 하락했을 것입니다. ④ 가격 상승이 있지만 소비자 잉여의 크기는 동일합니다. ⑤ X재는 수요 증가로 가격이 상승합니다. 따라서 X재의 대체재는 수요가 증가하고 가격은 상승할 것입니다.

118 소비자 잉여 정답 ④

①	②	③	❹	⑤
2%	5%	3%	**73%**	15%

눈으로 보는 해설

다음 자료에 대한 분석 및 추론으로 옳은 것은?

그림은 쇠고기 구이를 판매하는 A 식당에서 식사를 하고자 하는 갑이 쇠고기 구이를 1인분씩 주문할 때마다 지불하고자 하는 최대 금액을 나타낸다.

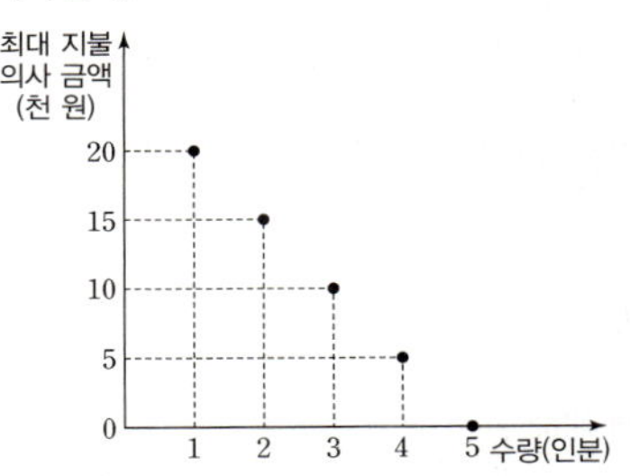

A 식당은 한 번에 1인분씩 주문을 받으며 한 번에 1인분씩만 추가 주문을 받는다. 이 식당의 쇠고기 구이 1인분 주문 가격은 1만 2천 원이다. 하지만 추가 주문부터는 할인 제도를 둔다. 두 번째 주문에서는 8천 원, 세 번째 주문부터는 4천 원을 받는다. 예를 들어 갑이 3인분을 주문하면 2만 4천 원(=1만 2천 원+8천 원+4천 원)을 지불한다.

① 현행 할인 제도에서 갑의 총 주문량은 3인분이다. (4인분)
② 현행 할인 제도에서 갑의 소비자 잉여는 2인분을 주문할 경우 가장 크다. (4인분)
③ A 식당이 현행 할인 제도를 폐지하면 갑의 소비자 잉여는 폐지 이전보다 증가할 것이다. (감소)
④ A 식당이 현행 할인 제도를 폐지하면 갑이 지불하는 총 금액은 폐지 이전보다 감소할 것이다.
⑤ A 식당이 현행 할인 제도를 두 번째 주문부터는 8천 원을 받는 할인 제도로 변경하면 갑이 지불하는 총 금액은 변경 이전보다 증가할 것이다. (변경 이전과 동일)

문제 분석 처음 1인분을 주문할 때 갑은 2만 원을 지불할 용의가 있고, 이때 실제 주문 가격은 1만 2천 원이기 때문에 갑은 8천 원의 소비자 잉여를 얻게 됩니다. 이런 방식으로 2~4인분을 주문할 때 갑이 얻는 소비자 잉여는 2인분일 때 7천 원, 3인분일 때 6천 원, 4인분일 때 1천 원이 됩니다. 그리고 5인분을 주문할 경우 최대 지불 금액이 0원이고, 실제 주문 금액은 4천 원이므로 −4천 원의 소비자 잉여가 발생합니다. 이럴 경우 갑은 4인분까지만 추가 주문을 하는 것이 합리적입니다.

정답 찾기 ④ 현행 할인 제도에서 갑은 4인분 주문 시 2만 8천 원(=1만 2천 원+8천 원+4천 원+4천 원)을 지불하게 됩니다. 그러나 현행 할인 제도를 폐지하면 갑은 3인분부터 소비자 잉여가 음(−)의 값을 갖기 때문에 2인분까지만 주문을 하게 되고, 이럴 경우 1만 2천 원씩 2인분으로 2만 4천 원만 지불하게 됩니다.

오답 피하기 ① 현행 할인 제도에서 갑의 총 주문량은 4인분입니다. ② 현행 할인 제도에서 갑의 소비자 잉여는 4인분을 주문할 경우에 가장 큽니다. ③ 현행 소비자 잉여는 2만 2천 원이지만 폐지 후 소비자 잉여는 1만 1천 원으로 감소합니다. ⑤ 현행 할인 제도를 두 번째 주문부터는 8천 원을 받는 할인 제도로 변경하면 갑은 3인분까지만 양(+)의 소비자 잉여가 발생하게 되어 3인분까지만 지불하게 되며, 지불 금액은 2만 8천 원으로 동일합니다.

함정 피하기

⑤를 골랐다면 소비자 잉여의 값이 0 이하가 되면 갑은 더 이상 추가 금액을 지불하지 않을 것이라는 점을 이해하지 못했을 가능성이 큽니다.

119 가격 규제와 잉여 정답 ④

문제 분석 제시된 그림에서 최초의 시장 균형 가격은 P_0이고, 거래량은 Q_0입니다. 이때 소비자 잉여는 ⓐ+ⓑ+ⓒ이고, 생산자 잉여는 ⓓ+ⓔ+ⓕ로 총잉여는 이를 모두 합친 값이 되어 최대치가 됩니다. 그러나 가격을 P_1로 고정할 경우, 거래량이 Q_1로 줄어들기 때문에 소비자 잉여는 ⓐ, 생산자 잉여는 ⓑ+ⓓ+ⓕ가 되어 생산자 잉여의 크기는 커지지만 소비자 잉여의 크기는 많이 줄어들게 됩니다. 한편, 가격이 P_2로 고정되는 경우에는 거래량이 Q_1로 줄어들기 때문에, 소비자 잉여는 ⓐ+ⓑ+ⓓ, 생산자 잉여는 ⓕ가 되면서 총잉여의 크기는 작아지게 됩니다. 따라서 두 경우 모두 ⓒ+ⓔ만큼 사회적 순손실이 발생하게 됩니다.

정답 찾기 ㄴ. P_2에서 가격이 결정될 경우, 거래량이 Q_1이 되면서 소비자 잉여는 ⓐ+ⓑ+ⓓ가 됩니다. ㄹ. P_1이나 P_2 수준으로 가격을 규제하면 거래량이 Q_1이 되므로 ⓒ+ⓔ만큼 사회적 순손실이 발생하게 됩니다.

오답 피하기 ㄱ. P_1에서 가격이 결정될 경우 생산자 잉여는 ⓑ+ⓓ+ⓕ가 됩니다. ㄷ. P_1은 시장 가격보다 높은 수준에서 가격이 유지되는 정책으로 생산자를 보호하기 위한 최저 가격제, P_2는 시장 가격보다 낮은 수준에서 가격이 유지됨으로써 소비자를 보호하는 최고 가격제입니다.

120 정부의 가격 정책과 잉여 정답 ⑤

문제 분석 제시된 그림에서 X재 시장의 최고 가격제 실시 이전 균형 가격은 P_0, 균형 거래량은 Q_0이었고, 소비자 잉여는 A+B, 생산자 잉여는 C+D+G였습니다. 이후 정부가 P_1로 최고 가격제를 실시하였고, 이로 인해 균형 가격은 P_1로 하락하고, 균형 거래량은 Q_1으로 감소하였습니다. 그 결과 소비자 잉여는 A+C로 증가하고, 생산자 잉여는 G로 감소하였으며, B와 D는 총잉여에서 사라지는 사회적 순손실이 발생하였습니다.

정답 찾기 ⑤ C는 가격 규제 이전 생산자 잉여의 영역에 있었으나, 가격 규제 이후 가격이 하락하고 거래량이 감소하면서 소비자 잉여에 포함되었습니다.

오답 피하기 ① 가격 규제 이전 생산자 잉여는 C+D+G입니다. ② 가격 규제 이후 Q_1Q_2만큼의 초과 수요가 발생하였습니다. ③ 가격 규제 이후 총잉여는 B와 D만큼 감소하여 사회적 순손실이 발생하였습니다. ④ 가격 규제 이후 소비자 잉여는 A+C입니다.

121 노동 시장과 금융 시장 정답 ③

문제 분석 갑국의 노동 시장에서는 시장 균형 가격이 P_0, 균형 거래량이 Q_0입니다. 이때 갑국 정부가 P_1로 최저 가격을 설정하면 기존 시장 균형 가격보다 높은 수준에서 최저 가격이 형성되므로 실효성이 발생합니다. 그러나 가격 상승으로 인해 수요량이 감소하면서 시장 거래량이 Q_1로 감소하고, Q_1Q_2만큼의 초과 공급이 발생합니다. 또한 금융 시장에서도 시장 균형 가격이 P_0, 균형 거래량이 Q_0이었으나, P_2 수준에서 최고 가격제를 실시하면 기존의 균형 가격보다 낮은 수준에서 최고 가격이 설정되어 실효성을 갖게 됩니다. 이는 가격 하락을 의미하고, 공급량 감소의 원인으로 작용하여 Q_1 수준에서 거래가 이루어집니다. 따라서 Q_1Q_2만큼의 초과 수요가 발생합니다.

정답 찾기 ③ 노동 시장에서는 균형 가격보다 높은 최저 가격이 설정되었고, 금융 시장에서는 균형 가격보다 낮은 최고 가격이 설정되었습니다. 따라서 두 시장 모두에서 정부의 가격 규제는 실효성을 갖습니다.

오답 피하기 ① 노동 시장에서는 Q_1Q_2만큼의 실업이 발생합니다. ② 금융 시장에서는 Q_1Q_2만큼의 초과 수요가 발생합니다. ④ 노동 시장에서도 정부의 최저 가격보다 더 싼 가격에 노동력을 제공하고자 하는 암시장이 형성될 수 있습니다. ⑤ 노동 시장에서는 가격 규제 이후 생산자 잉여가 증가하였습니다.

122 자금 시장의 변동 정답 ①

문제 분석 제시된 사례에서는 밑줄 친 부분으로 인해 자금의 수요가 증가하여 수요 곡선이 오른쪽으로 이동합니다. 그러나 갑국의 정부가 이자율은 r_0보다 높아지지 못하도록 최고 가격을 설정하고 있어서 더 많은 자금의 초과 수요가 발생할 뿐 가격과 거래량의 증감이 발생하지 않는다.

정답 찾기 ① r_0보다 같거나 낮은 가격 수준에서 최고 가격이 결정되면 거래량은 그대로이거나 Q_0보다 왼쪽에서 결정됩니다. 이런 상황에서 수요의 증가는 이자율과 거래량에 영향을 미치지 못합니다.

123 자금 시장의 변동 정답 ③

문제 분석 기업은 자금 시장에서 투자 자금을 필요로 하는 수요자가 됩니다. 이런 상황에서 경기 불황이 예상되면 기업은 투자를 줄이게 되므로 자금의 수요가 감소하여 수요 곡선은 왼쪽으로 이동하고, 공급 곡선은 변화하지 않습니다.

정답 찾기 ③ 수요는 감소하고 공급은 불변할 경우의 이동 방향입니다.

오답 피하기 ① 수요는 증가하고 공급은 불변할 경우의 이동 방향입니다. ② 수요는 불변하고, 공급은 증가할 경우의 이동 방향입니다. ④ 수요는 불변하고, 공급은 감소할 경우의 이동 방향입니다. ⑤ 수요와 공급 모두 변화하지 않는 경우입니다.

124 노동 시장의 변화 정답 ④

문제 분석 노동 시장에서 거래량은 동일한데 시간당 임금만 상승하였다면, 수요는 증가하고 공급은 감소하였으며 수요의 증가폭과 공급의 감소폭이 같은 경우임을 알 수 있습니다. 따라서 수요의 증가 요인과 공급의 감소 요인에 해당하는 경우를 찾아야 합니다.

정답 찾기 ㄴ. 기업이 경기 상황을 낙관적으로 전망하면 노동의 수요가 증가할 수 있습니다. ㄹ. 여가에 대한 선호가 증가하면 노동의 공급이 감소할 수 있습니다.

오답 피하기 ㄱ. 기업의 생산량 감소는 노동 수요가 감소하는 요인이 될 수 있습니다. ㄷ. 가계의 소득 감소는 노동 공급이 증가하는 요인이 될 수 있습니다.

125 주택 시장의 변동 정답 ③

문제 분석 제시된 사례에서는 중앙은행의 기준금리 인하로 인해 주택 매매 자금을 구하기 용이해진 수요자들이 임대에서 매매로 돌아서고 있습니다.

정답 찾기 ③ 주택 매매 수요자가 증가하면 수요 곡선이 오른쪽으로 이동합니다.

오답 피하기 ① 시중 금리가 인하된 결과입니다. ② 주택 임대 시장의 공급과는 상관없이 임대 시장의 수요가 감소하고, 매매 시장의 수요가 증가한 결과입니다. ④ 이자율 인하에 따라 주택 시장에 나타난 변화입니다. ⑤ 자금 시장의 공급 감소는 이자율 인상의 요인이 될 수 있습니다.

06강 수요와 공급의 가격 탄력성

핵심 개념 CHECK! ▶ 본문 061쪽

01 ×	02 ×	03 ×	04 ×	05 ○	06 ×	07 ×	08 ×
09 ×	10 ○	11 ○	12 ○	13 ×	14 ○	15 ×	16 ×
17 ○							

○|× 문장 바로 알기

01 (가)에서 수요는 변화하지 않았고, 공급은 ~~증가~~하였다. → 감소

02 (가)에서 수요·공급 곡선의 이동에 따라 가격은 ~~하락~~하고, 거래량은 ~~증가~~하였다. → 상승 / 감소

03 (가)에서 수요는 가격에 대해 ~~완전 탄력적이다.~~ → 완전 탄력적이 아니다.

04 (가)에서 공급은 가격에 대해 ~~완전 탄력적이다.~~ → 완전 탄력적이 아니다.

05 (나)에서 수요는 증가하였고, 공급은 변화하지 않았다.

06 (나)에서 수요·공급 곡선의 ~~이동과 관계없이 판매 수입은 일정하다.~~ → 이동에 따라 판매 수입은 증가하였다.

07 (나)에서 수요는 가격에 대해 ~~완전 비탄력적이다.~~ → 완전 비탄력적이 아니다.

08 (나)에서 공급은 가격에 대해 ~~완전 비탄력적이다.~~ → 완전 비탄력적이 아니다.

09 수요의 가격 탄력성이 0일 때, 가격이 상승하면 판매 수입은 ~~감소~~한다. → 증가

10 수요의 가격 탄력성이 0일 때, 가격 변동률과 판매 수입의 변동률은 동일하다.

11 수요의 가격 탄력성이 1일 때, 가격이 변동해도 판매 수입은 일정하다.

12 수요가 가격에 대해 비탄력적일 때, 가격이 상승하면 판매 수입은 증가한다.

13 수요가 가격에 대해 탄력적일 때, 가격이 하락하면 판매 수입은 ~~감소~~한다. → 증가

14 공급의 가격 탄력성이 0일 때, 가격이 변동해도 공급량은 일정하다.

15 공급의 가격 탄력성이 1보다 클 때, 가격의 변화 정도보다 공급량의 변화 정도가 더 ~~작다.~~ → 크다.

16 일반적으로 저장이 용이할수록 공급의 가격 탄력성은 ~~0에 가까워진다.~~ → 커진다.

17 일반적으로 생산 기간이 긴 상품이 짧은 상품에 비해 공급의 가격 탄력성이 작게 나타난다.

기출+예상 문제로 주제 정복하기 ▶ 본문 063~069쪽

126 ④	127 ④	128 ③	129 ②	130 ①	131 ②
132 ④	133 ④	134 ④	135 ⑤	136 ③	137 ①
138 ③	139 ①	140 ⑤	141 ⑤	142 ③	143 ②
144 ④	145 ③	146 ①	147 ⑤	148 ④	149 ②
150 ⑤	151 ①	152 ⑤			

126 수요의 가격 탄력성 　　　　　　　　　　　　정답 ④

문제 분석 제시된 그림에서 D_1 곡선에 비해 D_2 곡선의 기울기가 더 가파릅니다. 따라서 수요의 가격 탄력성은 D_1보다 D_2가 더 비탄력적이라는 것을 알 수 있습니다.

정답 찾기 을. 균형점에서 D_2 곡선의 기울기가 더 가파르기 때문에 소비자 잉여의 면적이 더 넓게 나타납니다. 정. 공급이 증가하면서 가격이 하락하면 D_2가 더 비탄력적이기 때문에 판매 수입이 더 적게 나타납니다.

오답 피하기 갑. 수요의 가격 탄력성은 D_1이 더 큽니다. 병. 사치품의 수요는 가격에 대해 탄력적인 경우가 대부분입니다.

127 수요의 가격 탄력성 　　　　　　　　　　　　정답 ④

문제 분석 X재는 가격 상승으로 인해 판매량이 2만 개 감소하였고, 수요의 가격 탄력성은 |수요량 변동률(%)/가격 변동률(%)|로 계산합니다.

정답 찾기 ④ X재의 수요의 가격 탄력성을 계산하면 |20%/50%|로 0.4가 됩니다. 그리고 가격 탄력성은 0이 최소치이기 때문에 무조건 양수로 표시합니다.

128 수요량의 이동 　　　　　　　　　　　　정답 ③

문제 분석 제시된 그림에서는 E_0에서 E_1로 균형 이동이 이루어졌습니다. 이는 수요 곡선상의 이동으로 가격 상승에 따른 수요량 감소입니다. 수요량은 제품의 가격이 변화되었을 경우에 변동합니다. 한편, X재는 가격 상승폭에 비해 수요량 감소폭이 작은 비탄력적 재화입니다.

정답 찾기 ③ X재의 수요가 비탄력적인 것을 볼 때 사치품보다는 생필품에 가깝다는 것을 알 수 있습니다.

오답 피하기 ① 대체재가 많을수록 탄력적으로 변합니다. ② X재의 수요는 가격에 대해 비탄력적($0<Ed<1$)입니다. ④ 가격과 상관없이 일정한 양을 구입하고자 하는 것은 수요가 가격에 대해 완전 비탄력적인 경우입니다. ⑤ 가격 변동으로 인해 판매 수입은 증가합니다.

129 수요의 가격 탄력성 　　　　　　　　　　　　정답 ②

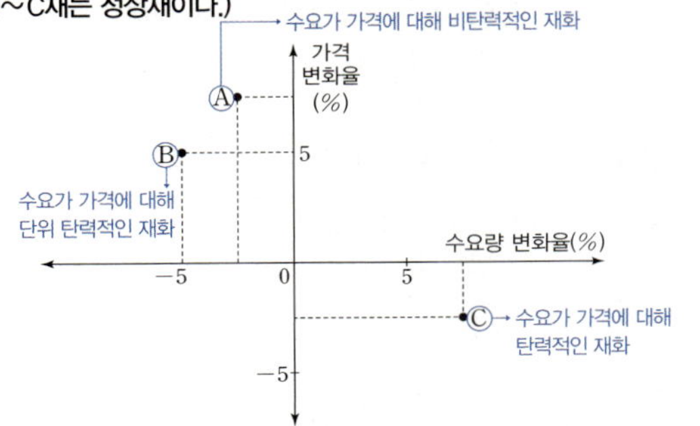

문제 분석 A재는 가격 변화율이 5% 이상인 데 비해 수요량 변화율은 −5%가 되지 않습니다. 이는 수요량이 가격 변화에 대해 비탄력적으로 반응한다는 것을 의미합니다. B재는 가격 변화율과 수요량 변화율이 동일합니다. 이는 수요량이 가격 변화에 대해 단위 탄력적으로 반응한다는 것

을 의미합니다. C재는 가격 변화율이 5%가 되지 않지만 수요량 변화율은 5%를 넘습니다. 이는 수요량이 가격 변화에 대해 탄력적으로 반응한다는 것을 의미합니다.

정답 찾기 ② B재의 수요는 가격에 대해 단위 탄력적입니다. 이는 가격이 하락한 만큼 수요량이 증가하거나, 가격이 상승한 만큼 수요량이 감소하는 것을 의미합니다. 이런 경우 가격 변화가 판매 수입에 영향을 주지 못합니다.

오답 피하기 ① A재의 수요는 가격에 대해 비탄력적이기 때문에 사치품보다 생필품의 성격이 강합니다. ③ C재의 수요는 가격에 대해 탄력적입니다. ④ 제시된 자료에는 수요의 가격 탄력성만 나타나 있으므로 공급의 가격 탄력성은 알 수 없습니다. ⑤ B재의 수요는 가격에 대해 단위 탄력적이고, C재의 수요는 가격에 대해 탄력적입니다. 따라서 두 재화 모두 가격 변화에 대해 수요량의 변화가 나타납니다.

> **함정 피하기**
> ⑤를 선택했다면 B재에 대해 가격이 변해도 수요량은 변화하지 않는다고 판단했을 가능성이 높습니다. 하지만 수요의 가격 탄력성이 단위 탄력적이라는 것은 가격이 변해도 수요량이 변하지 않는 것이 아니라, 가격의 변화 정도만큼 수요량도 변화한다는 의미입니다. 그리고 이로 인해 판매 수입에는 변화가 나타나지 않습니다.

130 수요의 가격 탄력성 　　　　　　　　　　　　정답 ①

문제 분석 B재의 수요 곡선의 기울기의 절댓값이 1이라는 내용을 통해 B재의 수요가 가격에 대해 단위 탄력적임을 알 수 있습니다. C, D재의 수요 곡선은 B재의 수요 곡선에 비해 기울기가 가파른 것을 통해 수요가 가격에 대해 비탄력적임을 알 수 있고, E재의 수요 곡선은 수직선임을 통해 수요가 가격에 대해 완전 비탄력적임을 알 수 있습니다. 그리고 A재의 수요 곡선만이 B재의 수요 곡선보다 기울기가 작은 것으로 볼 때, A재의 수요가 가격에 대해 탄력적이어서 가격이 하락하면 가격 하락 정도보다 수요량 증가율이 높아 판매 수입이 증가함을 알 수 있습니다.

정답 찾기 ① A재만 수요가 가격에 대해 탄력적입니다.

오답 피하기 ② B재의 수요는 가격에 대해 단위 탄력적입니다. ③, ④ C, D재의 수요는 가격에 대해 비탄력적입니다. ⑤ E재의 수요는 가격에 대해 완전 비탄력적입니다.

131 수요의 가격 탄력성 　　　　　　　　　　　　정답 ②

문제 분석 제시된 그림에서 A 집단의 수요 곡선이 수직선인 것으로 보아 수요가 가격에 대해 완전 비탄력적($Ed=0$)임을 알 수 있고, B 집단의 수요 곡선의 기울기를 통해 수요가 가격에 대해 단위 탄력적($Ed=1$)임을 알 수 있습니다.

정답 찾기 ㄱ. A 집단의 수요 곡선이 수직선인 것을 볼 때, 그 어떤 가격 수준에서도 수량은 항상 같습니다. 이를 통해 가격에 상관없이 일정한 양을 기준으로 구입하는 정량 구매 집단이라는 것을 알 수 있습니다. ㄷ. A 집단의 수요는 가격에 대해 완전 비탄력적이고, B 집단의 수요는 가격에 대해 단위 탄력적입니다.

오답 피하기 ㄴ. B 집단은 가격에 대해 단위 탄력적으로 반응합니다. ㄹ. A 집단의 수요의 가격 탄력성은 0이고, B 집단의 수요의 가격 탄력성은 1입니다.

132 수요와 공급의 가격 탄력성 　　　　　　　　　　　　정답 ④

문제 분석 제시된 자료를 통해 X재의 공급은 가격에 대해 완전 비탄력적($Ed=0$)이고, Y재의 공급은 가격에 대해 완전 탄력적($Ed=∞$)임을 확인할 수 있습니다.

정답 찾기 ④ Y재의 공급이 가격에 대해 완전 탄력적이므로 수요 곡선이 아무리 이동해도 가격의 변동은 없습니다.

오답 피하기 ① X재의 공급이 증가하면 시장 균형 가격은 하락합니다. ② X재의 공급이 증가하면 시장 균형 거래량은 증가합니다. ③ Y재는 공급 곡선이 수평선이기 때문에 수요가 이동하면 가격에는 변동이 없지만 거래량에는 변화가 나타납니다. 따라서 수요가 감소할 경우 판매 수입은 감소하게 됩니다. ⑤ 수요 곡선이 우하향한다는 단서를 토대로 할 때 X재와 Y재 모두 수요의 가격 탄력성이 0은 아닙니다.

133 수요의 가격 탄력성 　　　　　　　　　　　　 정답 ④

문제 분석 X재 가격에 대한 갑~병 세 사람의 수요의 가격 탄력성을 계산하면 갑은 |약 11%/20%|이고, 을은 |20%/20%|이며, 병은 |100%/약 11%|입니다. 따라서 갑은 비탄력적, 을은 단위 탄력적, 병은 탄력적인 수요의 가격 탄력성을 나타냅니다.

정답 찾기 ④ 갑은 $0<Ed<1$이므로 수요가 가격에 대해 비탄력적이고, 을은 $Ed=1$이므로 수요가 가격에 대해 단위 탄력적이며, 병은 $Ed>1$이므로 수요가 가격에 대해 탄력적입니다.

134 수요의 가격 탄력성 　　　　　　　　　　　　 정답 ④

문제 분석 X재는 가격을 7% 인하하였는데 판매 수입은 7% 감소하였고, Y재는 가격을 10% 인상하였는데 판매 수입은 6% 증가하였습니다. 이를 통해 X재와 Y재 모두 수요가 가격에 대해 비탄력적이라는 것을 알 수 있습니다.

정답 찾기 ㄴ. Y재의 가격을 인상하였음에도 판매 수입이 증가한 것으로 보아 Y재의 수요는 가격에 대해 비탄력적입니다. ㄹ. 갑은 가격 변동 후 판매 수입이 감소했으므로 자신이 생산하는 재화의 가격 탄력성을 정확히 이해하지 못했다고 볼 수 있고, 을은 가격 변동 후 판매 수입이 증가했기 때문에 자신이 생산하는 재화의 가격 탄력성을 정확히 이해하였다고 볼 수 있습니다.

오답 피하기 ㄱ. X재의 수요는 가격에 대해 비탄력적입니다. ㄷ. 수요 곡선이 수직선인 경우는 수요가 가격에 대해 완전 비탄력적($Ed=0$)입니다.

135 수요의 가격 탄력성 　　　　　　　　　　　　 정답 ⑤

문제 분석 갑이 제공하는 숙박 서비스의 경우 가격을 인상했는데도 판매 수입이 감소했으므로 가격 상승률보다 수요량의 감소율이 더 크다는 것을 알 수 있습니다. 이는 갑이 제공하는 서비스에 대한 수요가 가격에 대해 탄력적($Ed>1$)이라는 것을 의미합니다. 을의 경우 가격을 10% 인하한 결과 판매량이 5% 증가하였습니다. 을이 판매하는 한우의 경우 가격 하락률보다 수요량의 증가율이 작습니다. 따라서 을이 제공하는 한우의 수요가 가격에 대해 비탄력적($Ed=0.5$)이라는 것을 알 수 있습니다.

정답 찾기 ⑤ 숙박 서비스에 대한 수요는 가격에 대해 탄력적($Ed>1$)이고, 한우에 대한 수요는 가격에 대해 비탄력적($0<Ed<1$)입니다.

오답 피하기 ① 숙박 서비스의 요금 인상은 숙박 서비스의 수요량 감소 요인입니다. ② 숙박 서비스에 대한 수요는 가격에 대해 탄력적($Ed>1$)입니다. ③ 한우의 판매 가격은 10% 인하하였지만, 판매량은 5% 증가하였습니다. 따라서 판매 수입 자체는 감소하였습니다. ④ 한우에 대한 수요의 가격 탄력성은 0.5이므로 1보다 작습니다.

136 수요의 가격 탄력성 　　　　　　　　　　　　 정답 ③

문제 분석 제시된 그림에서 A재는 가격 수준에 상관없이 가격이 1% 하락할 때 수요량 증가율이 1%가 되지 않기 때문에 수요가 가격에 대해 비탄력적($0<Ed<1$)이고, B재는 가격 수준에 상관없이 가격이 1% 하락할 때 수요량 증가율이 모두 1%이기 때문에 수요가 가격에 대해 단위 탄력적

($Ed=1$)입니다. C재는 가격이 P_1보다 낮을 때는 가격이 1% 하락할 때 수요량이 1%보다 작기 때문에 수요가 가격에 대해 비탄력적이고, 가격이 P_1일 때는 1%이기 때문에 수요가 가격에 대해 단위 탄력적이며, P_1보다 높은 가격 수준에서는 1%보다 크기 때문에 수요가 가격에 대해 탄력적입니다.

정답 찾기 ③ C재의 가격이 P_1보다 낮을 때는 수요가 가격에 대해 비탄력적이기 때문에 가격이 상승할수록 판매 수입이 증가하고, P_1일 때는 수요가 가격에 대해 단위 탄력적이기 때문에 가격 변화와 상관없이 판매 수입은 항상 일정합니다. 그리고 가격이 P_1보다 높을 때는 수요가 가격에 대해 탄력적이기 때문에 가격이 하락할수록 판매 수입이 증가합니다.

오답 피하기 ① A재는 가격이 하락할수록 수요량이 증가하기 때문에 수요 곡선은 우하향하는 형태입니다. ② B재는 가격이 하락할수록 수요량이 증가하기 때문에 수요 법칙을 따릅니다. ④ A재는 가격이 하락하는 정도보다 수요량의 증가율이 작기 때문에 수요가 가격에 대해 비탄력적이고, B재는 수요가 가격에 대해 단위 탄력적입니다. ⑤ 가격이 P_1일 때 수요의 가격 탄력성은 B재와 C재 모두 1로 단위 탄력적입니다.

137 수요의 가격 탄력성 　　　　　　　　　　　　 정답 ①

문제 분석 X재와 Y재의 가격이 각각 10% 하락했을 때의 수요량 변화율이라는 부분을 근거로 가격 수준 구간 별 수요의 가격 탄력성을 정리하면 다음 표와 같습니다.

가격 구간	수요량 변화율(%)		수요의 가격 탄력성(Ed)	
	X재	Y재	X재	Y재
0원~P원 미만	10	10 미만	Ed=1	0<Ed<1
P원	10	10	Ed=1	Ed=1
P원 초과	10	10 초과	Ed=1	Ed>1

정답 찾기 ㄱ. X재는 모든 가격 수준에서 수요량 변화율이 10%로 동일하기 때문에 수요가 가격에 대해 단위 탄력적($Ed=1$)입니다. ㄴ. X재의 경우 수요가 가격에 대해 단위 탄력적이기 때문에 가격 하락만큼 수요량이 증가하고 가격 상승만큼 수요량이 감소하여 판매 수입은 가격 변동과 상관없이 항상 일정합니다.

오답 피하기 ㄷ. Y재의 수요의 가격 탄력성은 모든 구간에서 0보다 큽니다. ㄹ. Y재는 가격이 올라갈수록 수요가 가격에 대해 탄력적으로 변하기 때문에 판매 수입은 가격이 상승할수록 작아집니다.

138 수요와 공급의 가격 탄력성 　　　　　　　　　 정답 ③

문제 분석 X재와 Y재의 공급 곡선은 수직선으로 동일하고, 공급은 가격에 대해 완전 비탄력적입니다. X재는 수요 곡선이 수평선으로 수요가 가격에 대해 완전 탄력적이고, Y재는 수요 곡선이 수요 법칙을 따르며 우하향합니다.

정답 찾기 ㄴ. 수요의 가격 탄력성은 X재가 ∞이기 때문에 Y재보다 큽니다. ㄷ. 수요 법칙이 적용되는 Y재와 달리 수요 곡선이 수평선인 X재의 수요는 가격에 대해 완전 탄력적입니다.

오답 피하기 ㄱ. X재의 경우 수요가 가격에 대해 완전 탄력적이기 때문에 가격의 상승은 판매 수입을 보장할 수 없을 만큼 감소시키는 요인이 될 수 있습니다. ㄹ. 공급이 증가할 경우, 판매 수입은 X재가 Y재보다 많이 증가합니다.

139 수요와 공급의 가격 탄력성 　　　　　　　　　 정답 ①

문제 분석 제시된 자료를 통해 X재의 수요는 가격에 대해 완전 탄력적($Ed=∞$)이고, Y재의 수요는 가격에 대해 완전 비탄력적($Ed=0$)이라는

것을 알 수 있습니다. 이러한 상황에서 공급 법칙을 따르는 X재의 공급이 증가하면 거래량은 증가하지만, 수요 곡선이 수평선이기 때문에 가격의 변화는 없고, 판매 수입은 증가합니다. 한편, Y재는 공급 법칙을 따르지만 수요 곡선이 수직선이기 때문에, 공급이 증가할 경우 거래량에는 변화가 없습니다. 하지만 가격이 하락하여 판매 수입이 감소하는 결과가 나타납니다.

정답 찾기 ① X재의 경우 공급이 증가하면 가격은 불변이지만 거래량이 증가하여 판매 수입이 증가합니다.

오답 피하기 ② Y재의 수요 곡선은 수직선으로 수요가 가격에 대해 완전 비탄력적입니다. 이는 Y재의 수요자들은 가격에 상관없이 정량 구매를 원하는 사람들이라는 것을 의미합니다. ③ X재와 Y재 모두 수요 법칙을 따르지 않습니다. ④ X재 수요의 가격 탄력성은 ∞이고, Y재 수요의 가격 탄력성은 0입니다. ⑤ X재의 수요의 가격 탄력성은 1보다 크지만, Y재의 수요의 가격 탄력성은 0입니다.

140 수요의 가격 탄력성 정답 ⑤

문제 분석 제시된 그림에서 성인 남자는 가격이 20% 상승한 결과 판매 수입이 20% 감소하였고, 성인 여자는 가격이 20% 상승한 결과 판매 수입이 10% 감소하였습니다. 반대로 청소년의 경우 가격이 20% 하락한 결과 판매 수입은 10% 증가한 것을 볼 수 있습니다. 이때 수요의 가격 탄력성과 판매 수입의 관계를 정리하면 다음 표와 같습니다.

구분	가격 상승 시	가격 하락 시
Ed=0	판매 수입 증가	판매 수입 감소
0<Ed<1	판매 수입 증가	판매 수입 감소
Ed=1	변동 없음	변동 없음
Ed>1	판매 수입 감소	판매 수입 증가
Ed=∞	판매 수입 없음	판매 수입 무한히 증가

이를 토대로 고객의 유형별 수요의 가격 탄력성을 구하면 성인 남자, 성인 여자, 청소년 모두 수요의 가격 탄력성이 1보다 크다는 것을 알 수 있습니다.

정답 찾기 ⑤ 성인 남자와 성인 여자는 가격 상승 시 판매 수입이 감소하였고, 청소년은 가격 하락 시 판매 수입이 증가하였습니다. 이를 통해 세 집단 모두 수요의 가격 탄력성이 1보다 크다는 것을 알 수 있습니다.

오답 피하기 ① 성인 남자는 수요가 가격에 대해 탄력적입니다. ② 성인 여자는 수요가 가격에 대해 탄력적이기 때문에 수요량 변동률은 가격 변동률보다 큽니다. ③ 성인 남자, 성인 여자, 청소년 모두 수요의 가격 탄력성이 1보다 큽니다. ④ 성인 남자, 성인 여자, 청소년 모두 수요의 가격 탄력성이 1보다 크지만 완전 탄력적이지는 않습니다.

141 수요의 가격 탄력성 정답 ⑤

문제 분석 제시된 표의 A에서 가격이 1% 하락할 때 수요량 변화율이 2%라는 것은 수요의 가격 탄력성이 2라는 의미입니다. 이를 토대로 B와 C의 수요의 가격 탄력성을 구하면 각각 1과 0.5임을 알 수 있습니다. 따라서 A는 탄력적인 가격 수준에, B는 단위 탄력적인 가격 수준에, C는 비탄력적인 가격 수준에 해당합니다.

정답 찾기 ㄷ. A에서 B까지는 수요가 가격에 대해 탄력적이기 때문에 가격이 하락할수록 판매 수입이 증가하지만, B를 지나면서 비탄력적으로 되어 판매 수입이 감소합니다. 따라서 A에서 B까지 가격을 인하할수록 판매 수입이 늘어나다가 수요가 가격에 대해 단위 탄력적이 되는 B에서

판매 수입이 최대치가 됩니다. ㄹ. B와 C 사이에서는 수요가 가격에 대해 비탄력적이기 때문에 가격을 인하하면 판매 수입은 오히려 줄어들게 됩니다.

오답 피하기 ㄱ. A~B는 탄력적인 구간, B는 단위 탄력적인 구간, B~C는 비탄력적인 구간입니다. ㄴ. C보다 낮은 가격 수준에서는 수요가 가격에 대해 비탄력적이기 때문에 가격을 인하하면 오히려 판매 수입은 감소합니다.

142 수요의 가격 탄력성 정답 ③

문제 분석 갑~병의 X재 가격 변화율과 소비 지출액 변화율 간의 관계를 토대로 세 사람의 수요량 변화율과 수요의 가격 탄력성을 정리하면 다음 표와 같습니다.

수요자	가격 변화율	소비 지출액 변화율	수요량 변화율	수요의 가격 탄력성
갑	3	0	−3	1
을	−3	−3	0	0
병	−3	3	6	2

정답 찾기 ③ 병의 수요의 가격 탄력성은 2이기 때문에 1보다 큽니다.

오답 피하기 ① 갑의 수요의 가격 탄력성은 1입니다. ② 을의 수요는 가격에 대해 완전 비탄력적입니다. ④ 갑은 가격이 하락하면 구매량이 증가하고, 을은 가격의 영향을 받지 않습니다. ⑤ 병의 수요의 가격 탄력성은 2이고, 을의 수요의 가격 탄력성은 0입니다. 따라서 병의 수요의 가격 탄력성이 큽니다.

143 수요의 가격 탄력성 정답 ②

문제 분석 제시된 자료에서 A 구장의 경우, 입장권 가격을 5% 인상한 결과 판매 수입이 감소하였습니다. 이를 통해 A 구장 입장권의 수요가 가격에 대해 탄력적(Ed>1)이라는 것을 알 수 있습니다. B 구장의 경우, 입장권 가격을 5% 인상한 결과 판매 수입이 증가하였습니다. 이를 통해 B 구장 입장권의 수요가 가격에 대해 비탄력적(0<Ed<1)이라는 것을 알 수 있습니다. 또한 A 구장 판매 수입이 감소했는데도 불구하고 두 구장의 전체 입장권 판매 수입이 증가하였다는 것을 통해 A 구장 판매 수입의 감소 정도보다 B 구장 판매 수입의 증가 정도가 더 크다는 것을 확인할 수 있습니다.

정답 찾기 ㄱ. A 구장의 입장권은 수요 법칙을 따르고 있기 때문에 입장권 가격이 상승하면 수요량이 감소합니다. ㄷ. A 구장 입장권의 수요는 가격에 대해 탄력적입니다. 따라서 입장권의 가격을 인하하면 판매 수입이 증가합니다. B 구장의 경우 입장권 가격 인상 후 판매 수입이 증가하였다는 내용이 나타나 있습니다. 따라서 A 구장 입장권의 가격을 인하하고 B 구장 입장권의 가격을 인상했다면, 전체 판매 수입은 증가했을 것임을 알 수 있습니다.

오답 피하기 ㄴ. B 구장 입장권의 수요는 가격에 대해 비탄력적이므로 1보다 작습니다. ㄹ. A 구장의 경우 입장권의 수요는 가격에 대해 탄력적이기 때문에 가격을 인상하면 판매 수입이 감소하고, B 구장의 경우 입장권의 수요는 가격에 대해 비탄력적이기 때문에 가격을 인하하면 역시 판매 수입이 감소합니다. 따라서 전체 판매 수입도 감소하게 됩니다.

144 수요의 가격 탄력성 정답 ④

고난도 평가원 기출

①	②	③	❹	⑤ 함정
1%	7%	4%	49%	37%

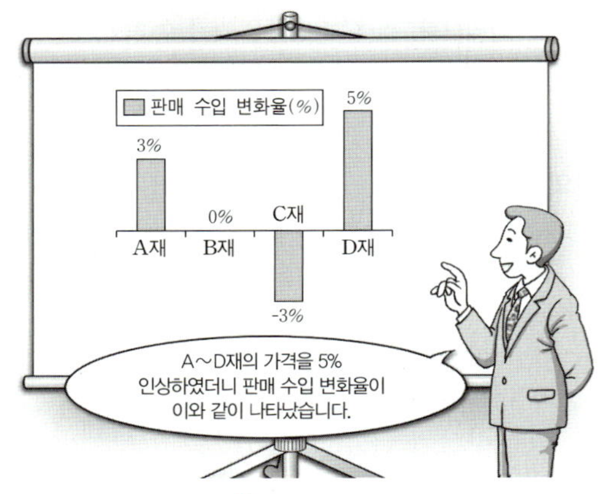

문제 분석 A~D재의 가격을 5% 인상했을 때 수요량 변화율과 수요의 가격 탄력성을 정리하면 다음 표와 같습니다.

구분	가격 변화율	판매 수입 변화율	수요량 변화율	수요의 가격 탄력성
A재	5%	3%	−2%	0.4
B재	5%	0%	−5%	1
C재	5%	−3%	−8%	1.6
D재	5%	5%	0%	0

A재는 가격을 5% 인상했을 때 판매 수입이 증가했지만, 판매 수입의 변화율은 가격 상승률보다 작습니다. 따라서 A재의 수요는 가격에 대해 비탄력적입니다. 가격이 인상되어도 판매 수입에 변화가 없는 B재는 수요가 가격에 대해 단위 탄력적이고, 가격 인상에 따라 판매 수입이 감소하는 C재는 수요가 가격에 대해 탄력적입니다. 그리고 가격 상승률만큼 판매 수입이 증가하는 D재는 수요가 가격에 대해 완전 비탄력적입니다.

정답 찾기 ④ D재는 가격 변화와 무관하게 수요량이 불변하므로 수요 법칙을 따르지 않는 재화입니다.

오답 피하기 ① A재의 가격 변화율은 5%이고, 판매 수입의 변화율은 3%입니다. 따라서 A재의 수요량 변화율은 −2%입니다. ② B재는 수요의 가격 탄력성은 1입니다. ③ 필수재는 생활에 반드시 필요한 재화이기 때문에 일반적으로 수요의 가격 탄력성이 사치재에 비해 작습니다. 따라서 A재와 C재 중에서 필수재에 더 가까운 것은 수요의 가격 탄력성이 더 작은 A재입니다. ⑤ 제시된 자료를 통해 확인할 수 있는 것은 수요량의 변화율이 가장 큰 재화는 C재라는 사실뿐입니다. 수요량이 가장 크게 감소한 재화가 무엇인지는 알 수 없습니다.

함정 피하기
⑤를 선택했다면 판매 수입의 변화율을 통해 감소한 수요량의 크기를 비교할 수 있다고 생각했을 가능성이 큽니다. 하지만 제시된 자료만으로는 가격 인상에 따른 수요량의 변화율만 파악할 수 있습니다.

145 수요의 가격 탄력성　　　　정답 ③

문제 분석 X~Z재의 가격을 모두 5% 인상한 결과, X재의 판매 수입은 5% 증가하였고, Y재의 판매 수입은 5% 감소하였으며, Z재의 판매 수입은 변화가 없습니다. 따라서 X재는 가격 인상이 그대로 판매 수입 증가로 이어졌으므로 수요가 가격에 대해 완전 비탄력적($Ed=0$)임을 알 수 있습니다. Y재는 가격 인상이 오히려 판매 수입 감소로 이어졌으므로 수요가 가격에 대해 탄력적($Ed>1$)임을 알 수 있고, Z재는 가격 변동이 판매 수입에 영향을 주지 않았으므로 수요가 가격에 대해 단위 탄력적($Ed=1$)이라는 것을 알 수 있습니다.

정답 찾기 ③ 수요의 가격 탄력성의 크기를 비교하면 'Y재($Ed>1$)>Z재($Ed=1$)>X재($Ed=0$)'입니다.

146 수요의 가격 탄력성　　　　정답 ①

문제 분석 제시된 자료를 바탕으로 A~D재의 수요의 가격 탄력성을 구하면, A재는 완전 비탄력적($Ed=0$)이고, B재는 비탄력적($0<Ed<1$)이며, C재는 단위 탄력적($Ed=1$)이고, D재는 탄력적($Ed>1$)입니다.

정답 찾기 ㄱ. A재의 경우 가격을 7% 인상한 결과 판매 수입이 7% 증가했다는 것을 통해 수요가 가격에 대해 완전 비탄력적임을 알 수 있습니다. ㄴ. B재의 경우 가격을 7% 인상한 결과 판매 수입이 5% 증가했다는 것을 통해 수요량이 2%만큼 감소했음을 알 수 있습니다.

오답 피하기 ㄷ. C재는 가격의 변동에 상관없이 판매 수입이 일정한 것을 통해 수요가 가격에 대해 단위 탄력적임을 알 수 있습니다. ㄹ. D재의 수요의 가격 탄력성이 0이나 ∞가 아니기 때문에 D재는 수요 법칙을 따릅니다.

147 수요의 가격 탄력성　　　　정답 ⑤

문제 분석 X재와 Y재 시장에서 공급 감소로 인해 시장 가격이 동일하게 3%씩 상승하였습니다. 그 결과 나타난 두 재화의 수요자들의 지출액 변화율과 수요량 변화율을 바탕으로 X재와 Y재에 대한 갑~병의 X재와 Y재의 수요의 가격 탄력성을 정리하면 다음 표와 같습니다.

수요자	X재의 수요의 가격 탄력성	Y재의 수요의 가격 탄력성
갑	단위 탄력적	단위 탄력적
을	비탄력적	비탄력적
병	완전 비탄력적	완전 비탄력적

＊ 지출액 변화율 ≒ 가격 변화율 + 수요량 변화율

정답 찾기 ⑤ X재와 Y재 시장에서 갑의 수요는 모두 가격에 대해 단위 탄력적이기 때문에 지출 금액의 변화는 없습니다. 하지만 을은 수요가 가격에 대해 비탄력적이고 병은 수요가 가격에 대해 완전 비탄력적이기 때문에 지출액이 증가했습니다. 결국 갑~병이 지출한 금액의 합은 가격 변화 이전보다 증가했다고 볼 수 있습니다.

오답 피하기 ① 갑의 Y재 수요의 가격 탄력성의 크기는 1입니다. ② 을의 X재 수요는 가격에 대해 비탄력적입니다. ③ 병의 수요는 가격에 대해 X재와 Y재 모두에서 완전 비탄력적이기 때문에 수요량의 변화 정도는 두 재화의 시장 모두에서 0입니다. ④ 갑의 X재 수요는 가격에 대해 단위 탄력적이기 때문에 가격 인상 이후 수요량은 감소하였습니다.

148 수요의 가격 탄력성　　　　정답 ④

문제 분석 각 재화의 가격 변화율에 따른 소비 지출액 변화율을 통해 수요의 가격 탄력성을 구할 수 있는지 확인하는 문제입니다.

정답 찾기 ④ (가)가 1.0이라면, 을은 X재의 가격이 1% 상승하였을 때 소비 지출액도 1% 늘리므로 수요가 가격에 대해 완전 비탄력적입니다.

오답 피하기 ① 갑의 경우 X재 가격이 1% 상승하자 소비 지출액을 0.6% 늘렸으므로 X재에 대한 수요는 가격에 대해 비탄력적입니다. ② 을은 Y재 가격이 상승했을 때 소비 지출액을 줄였으므로 Y재에 대한 수요는 가격에 대해 탄력적입니다. ③ (가)가 0이라면, 을의 X재에 대한 수요는 가격에 대해 단위 탄력적입니다. 따라서 가격 변동 이후 을의 X재 수요량은 변화했지만 소비 지출액은 변하지 않은 것입니다. ⑤ 가격이 상승하였으므로 A 기업의 Y재 판매량은 감소합니다.

149 수요와 공급의 가격 탄력성　　　　　　　　정답 ②

문제 분석 X재의 수요 곡선의 기울기의 절댓값이 1이라는 것은 수요가 가격에 대해 단위 탄력적이라는 의미이고, 공급 곡선이 수평선이라는 것은 공급이 가격에 대해 완전 탄력적이라는 의미입니다. Y재의 수요 곡선이 수직선이라는 것은 수요가 가격에 대해 완전 비탄력적이라는 의미이며, 공급 곡선의 기울기의 절댓값이 1이라는 것은 공급이 가격에 대해 단위 탄력적이라는 의미입니다.

정답 찾기 ② X재는 공급 곡선이 수평선이기 때문에 공급이 증가해도 공급 곡선의 이동이 없어서 균형 거래량의 변화는 없습니다.

오답 피하기 ① X재의 공급 곡선이 수평선이기 때문에 공급의 변동이 가격이나 거래량에 영향을 주지 못합니다. ③ Y재의 수요는 가격에 대해 완전 비탄력적이기 때문에 수요량의 변동으로 인한 거래량의 변화는 없습니다. 따라서 가격의 상승은 판매 수입 증가의 요인이 될 수 있습니다. ④ Y재의 수요 곡선이 수직선이기 때문에 공급 증가는 가격 하락과 판매 수입 감소의 원인이 됩니다. ⑤ X재의 공급의 가격 탄력성은 ∞이고, Y재의 공급의 가격 탄력성은 1입니다.

150 공급의 가격 탄력성　　　　　　　　　　　정답 ⑤

문제 분석 제시된 글에서는 공산품과 농산물의 주문 후 생산 기간과 저장의 용이성 등을 비교하고 있습니다.

정답 찾기 ㄷ, ㄹ. 제시된 글에 따르면, 공산품과 농산물은 제품 생산에 필요한 기간과 생산한 제품 보관의 용이성에서 차이가 나타납니다. 따라서 농산물은 공산품에 비해 공급의 가격 탄력성이 낮습니다.

오답 피하기 ㄱ. 대체재의 존재 여부는 수요의 가격 탄력성에 영향을 미치는 요소입니다. ㄴ. 제시된 글에는 소비자가 아니라 생산자의 대응 기간에 대한 내용이 나타나 있습니다.

151 노동 시장의 수요와 공급　　　　　　　　　정답 ①

문제 분석 제시된 그림의 시장 균형에서 시간당 임금은 6달러이고, 노동량은 8만 시간입니다.

정답 찾기 ① 임금에 대해 완전 비탄력적이라는 것은 임금은 변해도 노동 공급량은 불변함을 의미합니다. 제시된 그림에서는 노동 공급 곡선에서 임금에 대해 공급 곡선이 수직인 형태로 완전 비탄력적인 부분이 존재합니다.

오답 피하기 ② 임금에 대해 완전 탄력적이라는 것은 임금의 미세한 변동에도 수요량이 무한하게 변동함을 의미합니다. 즉, 임금의 변화에 매우 민감한 것을 뜻하고, 이때 노동 수요 곡선은 수평이 됩니다. 그런데 제시된 그림에서는 이러한 부분은 존재하지 않습니다. ③ 시장 균형에서 임금이 하락할수록 초과 수요량은 증가합니다. ④ 시장 균형에서 임금이 상승할수록 초과 공급량은 증가합니다. ⑤ 시장 균형에서 총 노동 소득은 임금에 노동량을 곱한 값으로 48만 달러입니다.

152 세금 인상의 효과　　　　　　　　　　　　정답 ⑤

문제 분석 정부가 X재에 부과되는 세금을 인상하면 X재의 공급 곡선은 세금의 인상분만큼 상향 이동합니다. 따라서 X재의 거래량은 감소하고, 가격은 세금 인상분보다 적게 상승합니다. 세금 인상 전 거래량을 Q_1, 세금 인상 후 거래량을 Q_2라고 하면, 인상 전 세금 수입은 Q_1이고, 인상 후 세금 수입은 $3Q_2$가 됩니다. 또 세금 인상 후 세금 수입은 이전의 두 배가 되므로 Q_2는 $2/3 \, Q_1$이 됩니다.

정답 찾기 ⑤ 세금 인상 후 1년간 판매 수입은 '$2/3 \, Q_1 \times 4$천 원'으로 인상 전의 $3Q_1$천 원보다 적습니다.

오답 피하기 ① 세금 인상 후 시장 가격은 3천 원에서 4천 원으로 약 33.3% 상승하였습니다. ② 제시된 표에서 가격 상승분은 세금 인상분보다 작으므로 공급이 가격에 대해 완전 탄력적이지 않음을 알 수 있습니다. ③ 세금 인상 후 시장 가격은 상승하고 거래량은 줄어 소비자 잉여는 감소하였습니다. 세금을 제외한 단위당 수입과 거래량이 모두 감소하여 생산자 잉여도 감소하였습니다. ④ 세금 인상 후 1년간 거래량은 인상 전 1년간 거래량의 2/3배입니다.

핵심 개념 CHECK!
▶ 본문 071쪽

01 ○　02 ×　03 ×　04 ○　05 ○　06 ×　07 ○　08 ×

○ × 문장 바로 알기

01 A는 사적 재화이다.

02 B의 사례로는 ~~의료 서비스나 혼잡한 유료 도로~~를 들 수 있다.
　　　유료 케이블 방송이나 한산한 유료 도로

03 C는 ~~공공재~~이다.
　　　공유 자원

04 D의 사례로는 치안 서비스나 한산한 무료 도로를 들 수 있다.

05 (가)는 외부 경제를 소비 측면에서 바라보는 그래프이다.

06 (나)와 같은 상황에서 정부가 생산자에게 보조금을 제공하면 사회적 최적 수준으로 생산이 ~~감소한다~~.
　　　증가

07 (다)와 같은 상황에서 정부가 소비자에게 세금을 부과하면 사회적 최적 수준에서 소비가 이루어질 수 있다.

08 (라)는 외부 불경제를 ~~소비~~ 측면에서 바라보는 그래프이다.
　　　생산

기출+예상 문제로 주제 정복하기
▶ 본문 073~077쪽

153 ⑤	154 ④	155 ①	156 ①	157 ③	158 ④
159 ②	160 ②	161 ⑤	162 ④	163 ⑤	164 ①
165 ②	166 ③	167 ④	168 ⑤	169 ⑤	170 ②
171 ①					

153 외부 불경제　　　　　정답 ⑤

문제 분석 사회적 비용을 반영한 공급 곡선이 사적 비용만을 반영한 공급 곡선보다 왼쪽에 있습니다. 이는 X재 시장에서 생산 측면의 외부 불경제가 나타난 상황입니다. 생산 측면에서 외부 불경제가 나타나면 시장 가격은 사회적 최적 수준의 가격보다 낮고, 시장 거래량은 사회적 최적 수준의 거래량보다 과다 생산됩니다.

정답 찾기 ㄷ. 시장 거래량은 4천 개로 사회적 최적 거래량인 3천 개보다 1천 개 더 많이 거래되고 있습니다. ㄹ. 정부가 생산자에게 X재 한 개당 2천 원의 세금을 부과하면 사회적 비용 곡선과 사적 비용 곡선이 같아지게 되어 사회적 최적 생산이 이루어집니다. 이를 통해 외부 효과를 극복하고 자원의 효율적 배분을 실현할 수 있습니다.

오답 피하기 ㄱ. 생산 측면의 외부 불경제가 나타나면 생산 활동으로 인한 사적 비용이 사회적 비용보다 작게 나타납니다. ㄴ. 제시된 그림은 X재의 생산 활동으로 인해 외부 불경제가 나타난 경우입니다.

154 재화의 특성　　　　　정답 ④

문제 분석 ㉠은 한번 생산되면 비용을 지불하지 않아도 무제한으로 이용할 수 있는 재화인 공공재이고, ㉡은 ㉠이 제대로 갖추어지지 않아 문제

가 발생한 상황입니다. 그리고 ㉢은 ㉡과 같은 상황이 발생하는 요인으로 작용할 수 있습니다.

정답 찾기 ④ ㉢은 무임승차자 문제를 발생시켜 민간이 생산하지 않고 국가가 생산하는 요인으로 작용합니다.

오답 피하기 ① 가로등의 부족은 시장 실패의 사례입니다. ② 공공재는 사회적 최적 수준보다 적게 생산되는 경향이 있습니다. ③ ㉡, ㉢과 같은 문제는 시장의 가격 기구를 통해 해결하기 어렵습니다. ⑤ 공공재는 경합성이 없기 때문에 다른 사람의 소비를 제약하지 않습니다.

155 시장 실패　　　　　정답 ①

문제 분석 제시된 자료는 시장 실패에 대한 판서 내용입니다. 따라서 (가)에는 시장 실패의 사례가 들어가야 합니다.

정답 찾기 ㄱ. 공공재는 배제성과 경합성이 없어서 이윤이 남지 않기 때문에 시장에서 최적량이 생산되지 않습니다. ㄴ. 과점 시장에서의 담합 행위는 소비자들에게 피해를 입혀 자원의 효율적 배분을 어렵게 합니다.

오답 피하기 ㄷ. 긍정적 외부 효과가 있는 재화는 대부분 최적 수준보다 적게 공급됩니다. ㄹ. 공정 거래를 유도하기 위한 정부 정책은 시장 실패를 극복하기 위한 노력에 해당합니다.

156 재화의 종류　　　　　정답 ①

문제 분석 A재는 사적 재화, B재는 공유 자원, C재는 자연 독점, D재는 공공재입니다.

정답 찾기 ㄱ. A재는 배제성과 경합성이 모두 있는 사적 재화입니다. ㄴ. B재는 공유 자원으로 경합성이 있지만 배제성이 없기 때문에 아무나 필요 이상으로 소비하여 고갈의 문제가 발생할 수 있습니다.

오답 피하기 ㄷ. 막히는 무료 도로는 막히기 때문에 경합성이 있지만 무료라는 특성에서 배제성이 없다는 것을 알 수 있습니다. ㄹ. 공공재도 희소성이 있습니다.

157 경합성과 배제성　　　　　정답 ③

문제 분석 ㉠ 연필은 한 사람이 사용하면 다른 사람이 이를 유용하게 사용하기 어려우므로 경합성을 지니고, 그 구매자는 다른 사람이 이를 사용하지 못하도록 재산권을 가진다는 점에서 배제성을 지닙니다. 따라서 연필은 사적 재화에 해당합니다. ㉡ 사칙 연산과 같은 지식은 비경합성과 비배제성을 가지므로 공공재에 해당합니다. ㉢ 특허 등을 통해 재산권이 부여되는 일부 지식은 배제성을 지닙니다. 이러한 재화는 유료로 무제한 사용할 수 있습니다.

정답 찾기 ③ ㉢은 유료로 무제한 사용할 수 있습니다. 따라서 배제성은 있지만 경합성은 없습니다.

오답 피하기 ① ㉠은 사적 재화로 배제성과 경합성을 지닙니다. ② 공공재는 비배제성을 지닙니다. ④ 경합성은 사적 재화인 ㉠의 성격입니다. ㉡은 비경합성을 지닙니다. ⑤ ㉢은 배제성을 지닙니다.

158 재화의 종류　　　　　정답 ④

문제 분석 A는 대가를 치르지 않는 경우에도 소비를 막을 수 없는 성질인 비배제성이고, B는 누군가 소비를 해도 다른 사람의 소비 기회가 줄어들지 않는 성질인 비경합성입니다. 이를 바탕으로 정리하면, (가)는 공유 자원, (나)는 공공재, (다)는 자연 독점, (라)는 사적 재화에 해당합니다.

정답 찾기 ㄴ. 공공재는 배제성과 경합성이 모두 없기 때문에 한번 공급되면 누구나 원하는 만큼 사용할 수 있습니다. ㄹ. 서점에서 구입하는 책은 비용을 지불한 사람만 정해진 양만큼 구입할 수 있는 사적 재화입니다.

오답 피하기 ㄱ. 막히는 유료 도로는 (다)의 사례입니다. ㄷ. 자원 고갈의 문제는 (가)와 같은 재화에서 나타날 수 있습니다.

159 경합성과 배제성   정답 ②

문제 분석 해안에 설치한 등대는 배제성과 경합성이 모두 없는 공공재입니다. 공공재는 비배제성과 비경합성으로 인해 이윤이 남지 않아 시장에서 최적량이 공급되지 않기 때문에 시장 실패의 원인이 되기도 합니다.

정답 찾기 ② 제시된 자료에서 등대가 설치되는 대가를 지불하지 않고도 혜택을 얻을 수 있다는 내용에서 무임승차의 문제를 알 수 있습니다.

오답 피하기 ① 경합성이 없어서 발생하는 문제입니다. ③ 시장 실패 중 공공재에 대한 문제입니다. ④ 정부의 적극적인 시장 개입의 근거가 됩니다. ⑤ 정부의 직접 생산으로 해결할 수 있는 문제입니다.

160 시장 실패   정답 ②

문제 분석 첫 번째 사례는 소비자들이 상품에 대해 정확한 정보를 갖지 못해 나타나는 역선택이고, 두 번째 사례는 보험 회사가 가입자에 대해 정확한 정보를 갖지 못해 나타나는 역선택입니다.

정답 찾기 ② 상품의 품질이나 가입자들의 건강 상태를 제대로 파악할 수 없어 이루어지는 역선택 사례를 통해 정보의 비대칭성으로 인한 시장 실패를 확인할 수 있습니다.

161 외부 효과   정답 ⑤

문제 분석 (가)는 외부 경제의 사례이고, (나)는 외부 불경제의 사례입니다. 외부 경제는 보조금 지급 등을 통해 생산 증가를 유도하고, 외부 불경제는 조세 부과 등을 통해 생산 감소를 유도하는 것이 합리적입니다. 한편, 〈보기〉에서 ㄱ은 수요 증가, ㄴ은 수요 감소, ㄷ은 공급 증가, ㄹ은 공급 감소를 나타냅니다.

정답 찾기 ⑤ 외부 경제는 공급 증가, 외부 불경제는 공급 감소를 유도해야 자원의 효율적 배분을 실현할 수 있습니다. 따라서 (가)는 ㄷ의 변화를, (나)는 ㄹ의 변화를 유도하기 위한 것입니다.

162 외부 불경제   정답 ④

문제 분석 축구장에서의 응원으로 인한 소음 때문에 고통받는 사람들이 있지만 누구도 보상을 하지 않는다는 내용에서 생산 측면에서의 외부 불경제의 사례임을 파악할 수 있습니다.

정답 찾기 ㄴ. 아파트 아래층의 흡연으로 인해 고통받는 위층 사람들에게 흡연자들이 대가를 지불하지 않는 것은 외부 불경제에 해당합니다. ㄹ. 자동차 배기가스로 인해 대기 오염이 진행되거나 도로 옆을 걷거나 서있는 사람들이 매연으로 고통받지만, 운전자들이 이에 대해 직접적인 대가를 지불하지 않는 것은 외부 불경제에 해당합니다.

오답 피하기 ㄱ. 독감 백신 접종은 외부 경제에 해당합니다. ㄷ. 대형 마트가 작은 소매점의 매출을 감소시키는 것은 경제 원리로, 외부 효과에는 해당하지 않습니다.

163 외부 효과   정답 ⑤

문제 분석 제시된 자료에서 시장 균형 가격은 9,700원이고 시장 균형 거래량은 700개입니다. X재를 1개 생산할 때마다 200원의 피해가 발생하기 때문에 각 공급량 수준에서 가격에 200원씩 더하면 사회적 비용을 구할 수 있습니다. 이를 바탕으로 사회적 최적 수준의 균형 가격과 거래량을 구하면 가격은 9,800원이고, 거래량은 600개입니다.

정답 찾기 ㄷ. X재 생산의 사회적 비용은 사적 비용에 200원을 더해 구할 수 있으므로 200원보다 많습니다. ㄹ. 시장 거래량은 700개이지만 사회 최적 거래량은 600개로 시장 거래량보다 100개가 적습니다.

오답 피하기 ㄱ. X재 생산 과정에서 외부 불경제가 발생하였습니다. ㄴ. 사회적 최적 가격은 시장 가격보다 100원 높습니다.

164 외부 효과   정답 ①

문제 분석 사적 비용이 사회적 비용보다 많이 투입되고, 시장 균형 거래량이 사회적 최적 거래량보다 많은 것은 외부 경제입니다.

정답 찾기 ㄱ. 사회적 비용보다 사적 비용이 더 많이 투입되지만 편익은 사회적 편익이 더 크기 때문에 과소 생산되는 경향이 있습니다. ㄴ. 제시된 자료는 외부 효과 중 외부 경제를 나타냅니다.

오답 피하기 ㄷ. 생산자에게 보조금을 지급하여 더 많이 생산하도록 유도해야 합니다. ㄹ. 재화의 비배제성과 관련이 적습니다.

165 외부 효과   정답 ②

문제 분석 A는 시장 균형 거래량이 사회적 최적 거래량보다 많은 외부 불경제이고, B는 시장 균형 거래량이 사회적 최적 거래량보다 적은 외부 경제입니다.

정답 찾기 ② 소비 측면에서 외부 경제의 해결 방안은 소비자에게 보조금을 지급하여 더 많은 소비를 하도록 유도하는 것입니다.

오답 피하기 ① A는 외부 불경제이고, B는 외부 경제입니다. ③ 시장 가격이 사회적 최적 가격보다 높은 것은 A의 사례입니다. ④ 한 기업이 개발한 기술이 다른 기업에 전파되어 이득을 주는 것은 생산 측면에서의 외부 경제입니다. A는 소비 측면에서의 외부 불경제입니다. ⑤ 공동 주택에서 층간 소음으로 인해 발생하는 피해는 외부 불경제입니다. B는 외부 경제입니다.

166 외부 효과   정답 ③

문제 분석 A재는 사회적 비용과 사적 비용이 동일한 재화이며, B재는 사회적 비용이 사적 비용보다 크다는 것을 토대로 외부 불경제가 발생하는 재화임을 알 수 있습니다. 그리고 C재는 사회적 비용이 사적 비용보다 작은 외부 경제가 발생하는 재화입니다.

정답 찾기 ③ 생산자에 대한 보조금 지급은 과소 생산되는 외부 경제의 생산량을 늘리는 데 기여할 수 있습니다.

오답 피하기 ① A재는 사적 생산량과 사회적 최적 생산량이 동일합니다. ② B재는 과다 생산됩니다. ④ B재는 외부 불경제의 사례이고, C재는 외부 경제의 사례입니다. ⑤ A재는 시장에서 자율적으로 효율적인 배분이 이루어지고 있는 데 반해, B와 C는 그렇지 않기 때문에 문제가 발생합니다.

167 외부 불경제   정답 ④

문제 분석 (가), (나)는 모두 외부 불경제의 사례입니다.

정답 찾기 ㄴ. 외부 불경제는 사회적 비용이 사적 비용보다 크기 때문에 발생합니다. ㄹ. 외부 불경제는 사회적 편익보다 사적 편익이 크기 때문에 발생합니다.

오답 피하기 ㄱ. (가)는 외부 불경제의 사례입니다. ㄷ. (가), (나)는 모두 자원 배분이 비효율적으로 이루어진 결과입니다.

168 외부 효과   정답 ⑤

문제 분석 (가)는 사회적 비용보다 사적 비용이 더 낮은 수준이고, 시장 균형 거래량이 최적 거래량보다 많은 것으로 보아 외부 불경제에 대한 그래프입니다. (나)는 사적 편익보다 사회적 편익이 더 크고, 시장 균형 거래량이 최적 거래량보다 적은 것으로 보아 외부 경제에 대한 그래프입니다.

정답 찾기 ⑤ 외부 경제와 외부 불경제 모두 자원 배분이 비효율적으로 이루어진 상태입니다.

오답 피하기 ① 외부 불경제에서는 생산자에게 조세 부과 등을 통해 생산을 줄이도록 유도하는 것이 바람직합니다. ② 층간 소음은 외부 불경제의 사례입니다. ③ 소비 활동에서 외부 경제가 발생한 경우는 (나)입니다. ④ 사적 비용이 낮기 때문에 최적 거래량보다 과다 생산되는 것은 외부 불경제입니다.

169 외부 효과 　　　　　　　　　　정답 ⑤

문제 분석 갑은 마약의 공급 감소를 주장하고 있고, 병은 마약의 수요 감소를 주장하고 있습니다. 을은 마약의 가격 탄력성이 비탄력적이라고 보고 있고, 정은 병의 의견에 찬성하고 있습니다.

정답 찾기 ⑤ 병은 마약의 수요 감소에 초점을 맞추고 있습니다.

오답 피하기 ① 갑은 공급 감소에 초점을 맞추고 있습니다. ② 을은 마약의 공급 감소를 통해 마약의 가격을 상승시킬 수 있다고 보고 있습니다. 따라서 마약 수요의 가격 탄력성은 비탄력적이라고 판단하고 있을 가능성이 큽니다. ③ 병은 수요 감소에 초점을 맞추고 있으므로 수요 곡선이 왼쪽으로 이동하는 정책을 주장하고 있다고 볼 수 있습니다. ④ 마약의 투약 후유증으로 의도치 않게 범죄를 저지르는 것은 외부 불경제에 해당합니다.

170 시장 실패와 정부 실패 　　　　　정답 ②

문제 분석 시장 실패를 극복하기 위한 정부의 개입과 이로 인한 정부 실패에 대한 대화입니다.

정답 찾기 ② 규제 개혁과 공기업의 민영화는 정부 실패를 해결하기 위한 방안이 될 수 있습니다.

오답 피하기 ① 독과점 시장의 형성과 같은 시장 실패를 개선하기 위해 ㉠과 같은 현상이 나타납니다. ③ 시장에 대한 정부의 정보 부족으로 인해 나타나는 현상은 정부 실패입니다. ④ 정부 실패는 자유로운 시장 경쟁을 보완하려는 과정에서 나타난 현상입니다. ⑤ 시장 실패는 정부 개입 이전의 문제입니다.

171 정부의 경제적 역할 　　　　　　정답 ①

문제 분석 시장 질서를 유지하기 위한 정부의 역할을 묻는 문제입니다.

정답 찾기 ㄱ. 정부는 시장 경제 질서 유지를 위한 각종 법적 제도를 만들고 집행함으로써 질서를 유지할 수 있습니다. ㄴ. 외부 효과가 발생할 경우 자원의 효율적 배분이 잘 되지 않기 때문에 이를 효율적으로 유도하기 위해 외부 효과에 대한 적절한 정책을 집행합니다.

오답 피하기 ㄷ. 독과점 규제 정책은 소득 재분배와 직접적인 관련이 없습니다. ㄹ. 공공재 생산은 효율적 자원 배분과 관련이 있습니다.

Ⅲ. 국가와 경제 활동

08강　국민 경제 순환과 경제 성장

핵심 개념 CHECK!　　　　　▶ 본문 081쪽

01 ×	02 ×	03 ○	04 ×	05 ○	06 ○	07 ×	08 ×
09 ×	10 ×	11 ○	12 ×				

○|× 문장 바로 알기

01 농부가 생산한 쌀은 ~~최종~~ 생산물이다.
　　　　　　　　　　　중간

02 제분업자가 창출한 부가 가치는 ~~1억 5천만 원~~이다.
　　　　　　　　　　　　5천만 원

03 제빵업자가 창출한 부가 가치는 7천만 원이다.

04 갑국의 중간 생산물 가치의 합은 ~~4억 7천만 원~~이다.
　　　　　　　　　　　　　　　2억 5천만 원

05 갑국의 국내 총생산(GDP)은 2억 2천만 원이다.

06 생산 국민 소득은 일정 기간 동안 한 국가 내에서 발생한 부가 가치를 모두 합한 것이다.

07 가계의 소비 지출이나 기업의 투자는 ~~분배~~ 국민 소득에 포함된다.
　　　　　　　　　　　　　　　지출

08 임금이나 이자는 ~~지출~~ 국민 소득에 포함된다.
　　　　　　　　분배

09 국민 소득 삼면 등가의 원칙에 따라 생산 국민 소득, 분배 국민 소득, ~~지출 국민 소득을 모두 합하면 국내 총생산(GDP)을 구할 수 있다.~~
　　지출 국민 소득은 모두 같다.

10 경제 성장률은 ~~명목~~ 국내 총생산(GDP)의 증가율로 구한다.
　　　　　　　실질

11 1960년대 우리나라는 풍부한 노동력을 바탕으로 수출 주도형 성장 우선 정책을 실시하였다.

12 앞으로 한국 경제가 지속적 성장을 이루기 위해서는 대외 의존성을 ~~강화~~해야 한다.
　　　　완화

기출+예상 문제로 주제 정복하기　　　▶ 본문 083~089쪽

172 ①	173 ①	174 ⑤	175 ②	176 ④	177 ①
178 ①	179 ①	180 ④	181 ⑤	182 ②	183 ⑤
184 ①	185 ⑤	186 ①	187 ④	188 ③	189 ①
190 ③	191 ④	192 ③	193 ②	194 ⑤	195 ③
196 ③	197 ①	198 ③			

172 국민 소득 삼면 등가의 원칙 　　　정답 ①

문제 분석 (가)는 분배 국민 소득이고, (나)는 지출 국민 소득입니다.

정답 찾기 ① 국내 기업이 해외 공장에서 생산한 자동차의 시장 가치는 해당 국가의 GDP에 속하며, 분배 국민 소득의 유형에도 해당하지 않습니다.

③ 해외 수출액은 순수출과 관련하여 지출 국민 소득에 포함됩니다. ④ 국내 여행 경비는 지출 국민 소득에 포함됩니다. ⑤ 정부 지출은 지출 국민 소득에 포함됩니다.

173 국민 경제의 순환   정답 ①

문제 분석 제시된 그림에서 A는 가계, B는 기업, C는 정부입니다. ㉠은 가계의 입장에서는 소비 지출이고, 기업의 입장에서는 판매 수입입니다. ㉡은 임금, 지대, 이자이며, ㉢과 ㉣은 정부가 민간 경제 주체에 대해 지출하는 화폐의 흐름을 나타냅니다.

정답 찾기 ① 가계 지출은 재화와 서비스의 구입 대가로, 생산물 시장에서 발생합니다.

오답 피하기 ② ㉡은 임금, 지대, 이자 등으로, 가계에서 생산 요소를 구입한 대가로 기업이 지출하는 화폐의 흐름입니다. ③ 국민 연금 보험료 납부는 가계로부터 정부로 들어가는 화폐의 흐름입니다. ④ 법인세 납부는 기업으로부터 정부로 들어가는 화폐의 흐름입니다. ⑤ ㉡은 기업이 생산 요소 시장에서 생산 요소 구입의 대가로 지불하는 화폐의 흐름입니다.

174 국민 경제의 순환   정답 ⑤

문제 분석 제시된 그림에서 (가)는 가계, (나)는 기업, ㉠은 판매 수입, ㉡은 세금, ㉢은 생산 요소, ㉣은 수입품, A는 생산물 시장, B는 생산 요소 시장입니다.

정답 찾기 ⑤ 외국산 상품은 해당 국가의 국내 총생산(GDP)에 해당합니다. 따라서 갑국의 국내 총생산에는 포함되지 않습니다.

오답 피하기 ① (가)는 가계이며, 가계는 소비 활동의 주체입니다. ② 가계와 기업 모두 민간 경제의 주체입니다. ③ ㉠은 기업의 판매 수입에 해당합니다. ④ ㉡은 세금입니다.

175 국민 경제의 순환   정답 ②

문제 분석 제시된 그림에서 ㉠은 소비 지출이므로 A는 가계입니다. ㉡은 조세이므로 B는 정부이고, C는 기업입니다. 따라서 (가) 시장은 생산물 시장이고, (나) 시장은 생산 요소 시장입니다.

정답 찾기 ② 가계는 생산 요소 시장에서 노동, 토지, 자본 등의 생산 요소를 공급합니다.

오답 피하기 ① 노동과 자본은 생산 요소 시장인 (나) 시장에서 거래됩니다. ③ A는 소비 활동의 주체인 가계이고, 재정 활동의 주체로서 공공재를 공급하는 것은 정부입니다. ④ B는 재정 활동의 주체인 정부이고, 생산 활동의 주체로서 이윤의 극대화를 추구하는 것은 기업입니다. ⑤ 기업은 생산물 시장의 공급자입니다.

176 국민 경제와 국민 소득   정답 ④

문제 분석 (가)는 지출 국민 소득을, (나)는 생산 국민 소득을 나타냅니다.

정답 찾기 ㄴ. 외국 상품은 해당 국가의 국내 총생산(GDP)에 속하며, 국내 지출 국민 소득의 순수출에서는 제외됩니다. 따라서 외국 상품의 수입 증가는 지출 국민 소득의 감소 요인입니다. ㄹ. 일반적으로 한 국가의 생산 국민 소득과 지출 국민 소득, 분배 국민 소득은 모두 같습니다. 이를 삼면 등가의 원칙이라고 합니다.

오답 피하기 ㄱ. 지출 국민 소득은 자국 영토 내에서 이루어진 기업의 투자만 포함합니다. 따라서 국내 기업의 해외 투자는 지출 국민 소득에 포함되지 않습니다. ㄷ. 생산 국민 소득은 자국 영토 내에서 이루어진 생산 활동만 포함합니다. 따라서 우리나라 국민이 해외에서 받은 월급은 생산 국민 소득에 포함되지 않습니다.

177 지출 국민 소득과 분배 국민 소득   정답 ①

문제 분석 (가)는 지출 국민 소득을 나타내고, (나)는 분배 국민 소득을 나타냅니다.

정답 찾기 ㄱ. (나)의 분배 국민 소득은 100억 달러입니다. (가)의 지출 국민 소득은 '125억 달러＋㉠'입니다. 따라서 국민 소득 삼면 등가의 원칙에 따라 ㉠은 −25억 달러가 되어야 합니다. ㄴ. 정부가 댐과 같은 공공사업을 시행하는 비용은 정부 지출에 해당합니다.

오답 피하기 ㄷ. 한 국가에서 생산된 최종 생산물의 가치는 생산 국민 소득으로 측정할 수 있는데, 국민 소득 삼면 등가의 원칙에 따라 100억 달러임을 알 수 있습니다. ㄹ. 노동을 제공하고 받은 소득은 임금에 해당하고, 자본을 제공하고 받은 소득은 이자에 해당합니다. 이 둘을 합한 금액은 65억 달러로, 분배 국민 소득 전체 100억 달러에서 차지하는 비중이 50%를 초과하고 있습니다.

178 국내 총생산(GDP)   정답 ①

🔍 **눈으로 보는 해설**

다음 글은 2019년에 이루어진 갑국의 모든 생산 활동을 나타낸다. 이에 대한 옳은 설명만을 〈보기〉에서 고른 것은?

> 농부가 밀을 생산하여 제분업자에게 1만 달러에 판매하였다. 제분업자는 이 밀을 밀가루로 만들어 제빵업자에게 1만 2천 달러에 판매하였다. 제빵업자는 이 밀가루로 빵을 만들어 소비자들에게 1만 5천 달러에 모두 팔았다.

〔보기〕
ㄱ. 갑국의 국내 총생산은 1만 5천 달러이다.
ㄴ. 밀가루는 빵과 달리 중간 생산물에 해당한다.
ㄷ. 창출한 부가 가치는 제분업자가 제빵업자보다 크다. _{최종 생산물}
ㄹ. 농부는 최종 생산물을 생산했으며, 그때의 부가 가치는 1만 달러이다. _{중간 생산물}
    └ 제분업자(2천 달러)<제빵업자(3천 달러)

① ㄱ, ㄴ   ② ㄱ, ㄷ   ③ ㄴ, ㄷ
④ ㄴ, ㄹ   ⑤ ㄷ, ㄹ

문제 분석 갑국에서 발생한 부가 가치를 살펴보면 농부가 1만 달러, 제분업자가 2천 달러, 제빵업자가 3천 달러를 창출하였습니다. 따라서 갑국의 국내 총생산(GDP)은 1만 5천 달러가 됩니다.

정답 찾기 ㄱ. 갑국의 국내 총생산은 1만 5천 달러입니다. ㄴ. 제빵업자가 만든 빵은 소비자에게 판매한 것으로 최종 생산물에 해당합니다. 하지만 밀가루는 빵을 만드는 데 사용한 재료이므로 중간 생산물에 해당합니다.

오답 피하기 ㄷ. 제분업자가 창출한 부가 가치는 2천 달러이고, 제빵업자가 창출한 부가 가치는 3천 달러입니다. ㄹ. 농부가 생산한 밀은 중간 생산물에 해당합니다.

💣 **함정 피하기**

ㄹ을 골랐다면 중간 생산물과 최종 생산물을 혼동하는 것입니다. 최종 생산물은 모든 생산 단계에서 소비자에게 최종적으로 판매되는 생산물을 의미합니다. 반면, 중간 생산물은 다른 생산물을 만들기 위해 중간에 투입되는 생산물을 말합니다.

179 국내 총생산(GDP)   정답 ①

문제 분석 제시된 자료의 (가)에 들어갈 국민 경제 지표는 국내 총생산(GDP)입니다. 국내 총생산은 최종 생산물 가치의 합 또는 '총생산물 가치의 합 − 중간 생산물 가치의 합' 또는 각 생산 단계에서 창출된 부가 가치의 합으로 계산할 수 있습니다.

180 국내 총생산(GDP)의 개념 　　　　　정답 ④

문제 분석 국내 총생산(GDP)의 특징과 한계를 정확히 이해하고 있는지 확인하기 위한 문제입니다.

정답 찾기 ㄴ. 대학교수가 월급을 받으며 강의하는 행위는 시장에서 거래되는 행위입니다. ㄹ. 의사가 자신이 운영하는 병원에서 돈을 받고 진료하는 행위는 시장에서 거래되는 행위입니다.

오답 피하기 ㄱ. 전업 주부가 집에서 빨래를 하는 행위는 시장에서 거래되는 행위가 아닙니다. ㄷ. 고등학생이 아버지의 구두를 닦고 용돈을 받은 행위는 시장에서 거래되는 행위가 아닙니다.

181 국내 총생산(GDP)의 한계 　　　　　정답 ⑤

문제 분석 국내 총생산(GDP)은 시장에서 거래되는 재화와 서비스의 가치만 포함합니다.

정답 찾기 ⑤ 전업 주부의 가사 노동은 시장에서 거래되지 않는 서비스이므로 국내 총생산에 반영되지 않습니다.

오답 피하기 ① 전업 주부의 가사 노동은 소비 활동이 아닙니다. ②, ③, ④ 삶의 질을 정확히 측정하지 못하는 것, 환경 오염이나 자원 고갈과 같은 사회적 비용을 반영하지 못하는 것, 재화와 서비스의 품질 변화를 반영하지 못하는 것은 모두 미반영 등은 모두 국내 총생산의 한계가 될 수 있지만, 전업 주부의 가사 노동이 국내 총생산에 반영되지 않는 직접적 이유로 보기는 어렵습니다.

182 국내 총생산(GDP)의 한계 　　　　　정답 ②

문제 분석 국내 총생산(GDP)은 한 나라의 전반적인 경제 활동 수준과 경제 규모를 파악하는 데 유용한 경제 지표이지만, 국민의 삶의 질을 정확히 측정하기 어렵고, 소득 분배 상황과 지하 경제 규모를 정확히 파악하기 어렵다는 등의 한계를 지닙니다.

정답 찾기 ② 첫 번째 사례에서는 여가 시간의 감소에도 불구하고 국내 총생산이 증가하였고, 두 번째 사례에서는 전염병의 유행이 오히려 국내 총생산을 증가시켰습니다. 따라서 국민의 삶의 질을 제대로 측정하지 못하는 국내 총생산의 한계를 확인할 수 있습니다.

오답 피하기 ①, ③ 국내 총생산의 한계에 해당하지만, 제시된 사례들에서 직접 확인할 수 있는 내용은 아닙니다. ④ 국내 총생산은 국가 간 경제 규모를 비교하는 데는 적절한 지표입니다. ⑤ 국내 총생산을 통해 한 국가의 국제 거래 규모를 어느 정도 파악할 수 있습니다.

183 명목 국내 총생산(GDP)과 실질 국내 총생산(GDP) 　정답 ⑤

문제 분석 제시된 그림은 갑국의 연도별 명목 국내 총생산(GDP)과 실질 국내 총생산(GDP)을 나타냅니다. 2017년에는 명목 국내 총생산이 실질 국내 총생산보다 크고, 2018년에는 명목 국내 총생산과 실질 국내 총생

산이 같으며, 2019년에는 명목 국내 총생산이 실질 국내 총생산보다 작습니다.

정답 찾기 ㄴ. 2017년의 GDP 디플레이터는 100보다 크고, 2018년의 GDP 디플레이터는 100이므로 물가 수준은 하락하였습니다. ㄷ. 2019년의 실질 국내 총생산이 2018년의 실질 국내 총생산보다 작으므로 경제 성장률은 음(−)의 값입니다. ㄹ. 2019년의 GDP 디플레이터는 100보다 작고, 2018년의 GDP 디플레이터는 100이므로 물가 수준은 하락하였습니다.

오답 피하기 ㄱ. 2018년의 실질 국내 총생산이 2017년에 비해 감소하였으므로 2018년의 경제 성장률은 음(−)의 값입니다.

184 명목 국내 총생산(GDP)과 물가 상승률 　　　정답 ①

문제 분석 명목 국내 총생산(GDP)의 증가율이 물가 상승률보다 크면 실질 국내 총생산은 증가하고, 명목 국내 총생산의 증가율이 물가 상승률보다 작으면 실질 국내 총생산은 감소합니다.

정답 찾기 ㄱ. 2106년이 기준 연도이고 명목 국내 총생산의 증가율이 물가 상승률과 같으므로 2016년의 실질 국내 총생산은 2017년과 같습니다. 따라서 2017년의 경제 성장률은 0%입니다. ㄴ. 2018년에 명목 국내 총생산의 증가율이 물가 상승률보다 크므로 실질 국내 총생산은 증가하였습니다.

오답 피하기 ㄷ. 2019년의 물가 상승률은 음(−)의 값이므로 GDP 디플레이터가 가장 크다고 보기 어렵습니다. ㄹ. 2018년의 실질 국내 총생산은 2019년보다 작으므로 2018년에 실질 국내 총생산이 가장 크다고 보기 어렵습니다.

185 명목 국내 총생산(GDP)과 실질 국내 총생산(GDP) 　정답 ⑤

문제 분석 제시된 그림에서 2017년부터 2019년까지 갑국의 실질 국내 총생산(GDP)은 동일한 값을 나타내고 있습니다.

정답 찾기 ⑤ 실질 국내 총생산이 계속 일정하게 유지되고 있으므로 2019년에 명목 국내 총생산의 변화율이 물가 상승률보다 크다고 보기 어렵습니다.

오답 피하기 ① 2016년은 기준 연도이고, 2017년에는 명목 국내 총생산이 실질 국내 총생산보다 큽니다. 따라서 명목 국내 총생산의 증가가 2017년의 전년 대비 GDP 디플레이터의 변화 요인이 됩니다. ② 2017년과 2018년의 실질 국내 총생산이 같으므로 2018년의 경제 성장률은 0%입니다. ③ 2016년은 기준 연도이고, 2018년에는 명목 국내 총생산과 실질 국내 총생산이 같습니다. 따라서 2016년과 2018년 모두 GDP 디플레이터는 100입니다. ④ 2018년의 GDP 디플레이터는 100%이고, 2019년의 GDP 디플레이터는 100보다 작습니다. 따라서 물가 수준은 하락하였습니다.

186 물가 상승률과 명목 국내 총생산 증가율(GDP) 　정답 ①

문제 분석 제시된 그림에는 갑국의 연도별 물가 상승률과 명목 국내 총생산(GDP) 증가율이 나타나 있습니다.

정답 찾기 ㄱ. 물가 상승률이 지속적으로 양(+)의 값을 나타내고 있습니다. 따라서 물가는 지속적으로 상승하고 있음을 알 수 있습니다. ㄴ. 2018년의 명목 국내 총생산 증가율은 2017년과 같지만 양(+)의 값을 나타내고 있습니다. 따라서 2018년의 명목 국내 총생산은 전년 대비 증가하였음을 알 수 있습니다.

오답 피하기 ㄷ, ㄹ. 2019년에 명목 국내 총생산 증가율은 물가 상승률보다 낮습니다. 따라서 전년 대비 실질 국내 총생산은 감소하였음을 알 수

있습니다. 한편, 경제 성장률은 실질 국내 총생산의 증가율로 나타냅니다. 따라서 2019년의 경제 성장률은 음(-)의 값으로 나타납니다.

187 경제 성장률과 국내 총생산(GDP)　　　정답 ④

문제 분석 전년 대비 경제 성장률을 통해 국내 총생산(GDP)의 변화를 파악해야 합니다.

정답 찾기 ㄱ. 2016년에는 경제 성장률이 양(+)의 값을 가지므로 실질 국내 총생산은 전년 대비 증가했음을 알 수 있습니다. ㄷ. 2018년에는 경제 성장률이 0%이므로 실질 국내 총생산은 전년 대비 변화가 없음을 알 수 있습니다. ㄹ. 2019년에는 경제 성장률이 음(-)의 값을 가지므로 실질 국내 총생산은 전년 대비 감소했음을 알 수 있습니다. 그런데 2018년과 2019년의 명목 국내 총생산이 동일하다면 GDP 디플레이터의 값은 증가하므로 2019년의 물가 수준은 높아졌다고 할 수 있습니다.

오답 피하기 ㄴ. 제시된 자료만으로는 2017년의 전년 대비 명목 국내 총생산의 변화는 파악할 수 없습니다.

함정 피하기
ㄴ을 골랐다면 명목 국내 총생산과 실질 국내 총생산의 개념을 정확하게 구분하지 못한 것입니다. 경제 성장률은 명목 국내 총생산이 아니라 실질 국내 총생산의 증가율로 나타낸다는 점을 분명히 알아 두어야 합니다. 경제 성장률이 양(+)의 값이면 실질 국내 총생산은 증가한 것이고, 경제 성장률이 음(-)의 값이면 실질 국내 총생산은 감소한 것입니다.

188 실질 국내 총생산(GDP)과 GDP 디플레이터　　　정답 ③

문제 분석 기준 연도가 2016년이고 2016년의 실질 국내 총생산(GDP)이 950억 달러이므로 2016년의 명목 국내 총생산도 950억 달러입니다.

정답 찾기 ㄷ. 2018년과 2019년의 실질 국내 총생산은 모두 200억 달러입니다. 따라서 2019년의 경제 성장률은 0%입니다. ㄹ. 2016년의 명목 국내 총생산은 950억 달러입니다. 2017년의 GDP 디플레이터는 110인데 실질 국내 총생산이 950억 달러이기 때문에 2017년의 명목 국내 총생산은 950억 달러보다 큽니다. 반면, 2018년에는 GDP 디플레이터가 100인데 실질 국내 총생산이 800억 달러이므로 이때의 명목 국내 총생산도 800억 달러임을 알 수 있습니다. 그런데 2019년에는 GDP 디플레이터가 90인데 실질 국내 총생산은 2018년과 같은 800억 달러이므로 2019년의 명목 국내 총생산은 800억 달러보다 작다는 것을 알 수 있습니다. 따라서 명목 국내 총생산은 2019년에 가장 작습니다.

오답 피하기 ㄱ. 2017년의 명목 국내 총생산은 1,045억 달러입니다. ㄴ. 2018년에 GDP 디플레이터가 110으로 가장 크므로 물가 수준이 가장 높습니다.

189 명목 국내 총생산(GDP)과 GDP 디플레이터　　　정답 ①

문제 분석 명목 국내 총생산(GDP)과 GDP 디플레이터의 변화를 바탕으로 실질 국내 총생산의 변화를 파악해야 합니다.

정답 찾기 ㄱ, ㄴ. 2017년과 2018년의 GDP 디플레이터는 동일한데 명목 국내 총생산은 증가하였습니다. 따라서 실질 국내 총생산은 명목 국내 총생산의 상승폭만큼 동일하게 증가하였습니다.

오답 피하기 ㄷ. 2018년과 2019년의 명목 국내 총생산은 동일한데 GDP 디플레이터는 감소하였으므로 실질 국내 총생산이 증가했음을 알 수 있습니다. 따라서 2019년의 경제 성장률은 양(+)의 값입니다. ㄹ. 실질 국내 총생산은 지속적으로 증가하였으므로 2019년의 실질 국내 총생산이 가장 큽니다.

190 명목 국내 총생산(GDP)과 실질 국내 총생산(GDP)　　　정답 ③

문제 분석 갑국이 A재와 B재만을 생산한다는 점을 이해하고, 명목 국내 총생산(GDP)과 실질 국내 총생산을 계산할 수 있어야 합니다.

정답 찾기 ㄴ. 2019년의 실질 국내 총생산은 6,000달러(A재의 2019년 생산량 200개 × A재 2018년 가격 30달러)와 500달러(B재의 2019년 생산량 50개 × B재 2018년 가격 10달러)를 합한 6,500달러입니다. ㄷ. 2018년의 명목 국내 총생산은 3,000달러(A재의 2018년 생산량 100개 × A재 2018년 가격 30달러)와 3,000달러(B재의 2018년 생산량 300개 × B재 2018년 가격 10달러)를 합한 6,000달러입니다. 그리고 2019년의 명목 국내 총생산은 10,000달러(A재의 2019년 생산량 200개 × A재 2019년 가격 50달러)와 2,500달러(B재의 2019년 생산량 50개 × B재 2019년 가격 50달러)를 합한 12,500달러입니다. 따라서 2019년의 명목 국내 총생산은 전년 대비 증가하였습니다.

오답 피하기 ㄱ. 2018년의 명목 국내 총생산은 6,000달러입니다. ㄹ. 2019년의 명목 국내 총생산은 12,500달러이고 실질 국내 총생산은 6,500달러입니다. 따라서 2019년의 물가 수준은 전년 대비 상승하였습니다.

191 경제 성장률과 물가 상승률　　　정답 ④

문제 분석 경제 성장률과 물가 상승률을 통해 국내 총생산(GDP)의 변화 추이를 파악해야 합니다.

정답 찾기 ㄴ. 2018년의 물가 상승률은 0입니다. 따라서 실질 국내 총생산의 증가율과 명목 국내 총생산의 증가율은 같습니다. ㄹ. 경제 성장률은 2017년에는 0%, 2018년에는 2%, 2019년에는 2%로 나타났습니다. 따라서 실질 국내 총생산은 2019년에 가장 큽니다. 명목 국내 총생산은 2017년에 증가하였다가 2018년에는 전년과 동일하고, 2019년에는 다시 증가하였으므로 2019년에 가장 큽니다.

오답 피하기 ㄱ. 2017년의 경제 성장률이 0이므로 2016년과 2017년의 실질 국내 총생산은 같습니다. ㄷ. 2019년에는 물가 상승률이 양(+)의 값이므로 명목 국내 총생산이 실질 국내 총생산보다 큽니다.

192 명목 국내 총생산(GDP)과 실질 국내 총생산(GDP)　　　정답 ③

문제 분석 명목 국내 총생산(GDP)는 해당 연도의 가격과 해당 연도의 수량을 이용해 구할 수 있고, 실질 국내 총생산은 기준 연도의 가격과 해당 연도의 수량을 이용해 구할 수 있습니다. 따라서 (가)는 명목 국내 총생산이고, (나)는 실질 국내 총생산입니다.

정답 찾기 ㄴ. 물가 지수의 종류인 GDP 디플레이터는 '(명목 국내 총생산/실질 국내 총생산) × 100'으로 계산할 수 있습니다. ㄷ. 명목 국내 총생산의 증가율이 물가 상승률보다 크면 실질 국내 총생산은 증가합니다.
오답 피하기 ㄱ. (가)는 명목 국내 총생산이고, (나)는 실질 국내 총생산입니다. ㄹ. 실질 국내 총생산의 증가율이 물가 상승률보다 작으면 명목 국내 총생산은 감소합니다.

193 명목 국내 총생산(GDP)과 실질 국내 총생산(GDP) 정답 ②

문제 분석 제시된 표에서 기준 연도인 2013년에는 명목 국내 총생산(GDP)과 실질 국내 총생산(GDP)이 같고, 물가 지수는 100입니다. 실질 국내 총생산의 증가율은 '명목 국내 총생산 증가율 − 물가 상승률'로 계산합니다.
정답 찾기 ㄱ. 2014년에 실질 국내 총생산의 증가율은 0%이고, 물가 상승률은 2%입니다. 따라서 명목 국내 총생산의 증가율은 2%입니다. ㄷ. 2014년의 물가 상승률은 2%로 전년보다 물가가 상승하였고, 2015년의 물가 상승률은 0%로 전년과 물가 수준이 같았습니다. 2016년의 물가 상승률은 1%로 전년보다 물가가 상승하였습니다. 따라서 GDP 디플레이터는 2016년에 가장 높습니다.
오답 피하기 ㄴ. 2014년에 실질 국내 총생산의 증가율은 0%이고, 명목 국내 총생산의 증가율은 2%입니다. 따라서 실질 국내 총생산이 명목 국내 총생산보다 작습니다. 2015년에는 실질 국내 총생산의 증가율과 명목 국내 총생산의 증가율이 3%로 같지만, 2014년에는 실질 국내 총생산이 명목 국내 총생산보다 작습니다. 따라서 2015년의 명목 국내 총생산은 실질 국내 총생산보다 큽니다. ㄹ. 실질 국내 총생산의 증가율은 2015년에는 3%이고, 2016년에는 −3%입니다. 따라서 2014년의 경제 규모는 2016년의 경제 규모보다 큽니다.

194 국내 총생산(GDP)과 GDP 디플레이터 정답 ⑤

문제 분석 제시된 그림에서 기준 연도인 2010년에는 명목 국내 총생산(GDP)과 실질 국내 총생산이 같고, GDP 디플레이터는 100입니다. GDP 디플레이터는 '(명목 GDP/실질 GDP)×100'으로 구하는데, 2013년에는 105, 2014년에는 100, 2015년에는 약 90입니다.
정답 찾기 ⑤ 2014년의 GDP 디플레이터는 100으로 2013년의 105보다 작습니다. 따라서 2014년의 물가 수준은 2013년보다 낮습니다.
오답 피하기 ① 생산량은 실질 국내 총생산으로 측정합니다. 따라서 2015년의 실질 국내 총생산이 가장 크므로 생산량도 2015년에 가장 많습니다. ② 2013년과 2014년의 실질 국내 총생산은 100으로 같습니다. 따라서 2014년의 경제 성장률은 0%입니다. ③ 2014년의 물가 수준은 기준 연도의 물가 수준과 같습니다. ④ 2015년의 GDP 디플레이터는 약 90으로 2014년의 100보다 습니다. 따라서 2015년의 물가 상승률은 음(−)의 값입니다.

195 명목 국내 총생산(GDP)과 실질 국내 총생산(GDP) 정답 ③

문제 분석 제시된 자료에서 기준 연도인 2016년에는 명목 국내 총생산(GDP)과 실질 국내 총생산이 같습니다.
정답 찾기 ③ 2017년의 경제 성장률이 5%이므로 실질 국내 총생산은 2017년이 2016년보다 큽니다.
오답 피하기 ① 2016년에 생산된 자동차의 가격은 2016년 국내 총생산에 포함됩니다. ② 제시된 자료만으로는 2016년과 2017년의 수출액을 파악할 수 없습니다. ④ 2017년의 물가 상승률이 5%이므로 명목 국내 총생산은 실질 국내 총생산보다 큽니다. ⑤ 가계의 서비스 지출이 포함되는 항목은 소비 지출입니다. 명목 국내 총생산에서 소비 지출이 차지하는 비율

은 2016년과 2017년 모두 50%로 같지만, 명목 국내 총생산은 2017년이 2016년보다 큽니다. 따라서 소비 지출의 총액은 2017년이 큽니다.

196 명목 국내 총생산(GDP)과 실질 국내 총생산(GDP) 정답 ③

문제 분석 제시된 표를 바탕으로 갑국의 경제 지표 추이를 정리하면 다음과 같습니다.

구분	2015년	2016년	2017년
명목 GDP(조 원)	1,000	1,200	1,400
실질 GDP(조 원)	1,050	1,200	1,350
GDP 디플레이터	100 이하	100	100 이상
경제 성장률	−	약 14%	12.5%

정답 찾기 ③ 2017년의 GDP 디플레이터는 100 이상이므로 2016년의 GDP 디플레이터보다 높습니다.
오답 피하기 ① 2015년 이후 갑국의 물가 수준은 지속적으로 상승하였습니다. 따라서 화폐 가치는 낮아지고 있음을 알 수 있습니다. ② 2016년보다 2015년에 GDP 디플레이터가 높아졌으므로 물가 수준도 2016년이 더 높습니다. ④ 경제 성장률은 2017년이 2016년보다 낮습니다. ⑤ 2016년에는 명목 국내 총생산과 실질 국내 총생산이 1,200조 원으로 같았지만, 2017년에는 명목 국내 총생산은 1,400조 원으로, 실질 국내 총생산은 1,350조 원으로 각각 상승하였습니다. 따라서 명목 국내 총생산의 증가율이 더 높습니다.

197 우리나라의 경제 성장 정답 ①

문제 분석 제시된 글에서는 1960년대에서 1970년대로 넘어오면서 우리나라의 경제 성장 전략이 변화되었음을 설명하고 있습니다.
정답 찾기 ㄱ. 가발과 같은 경공업 중심에서 철강, 기계와 같은 중공업 중심으로 경제 성장 전략이 변화한 것을 통해 '무엇을 생산할 것인가?'의 경제 문제를 확인할 수 있습니다. ㄴ. 노동 집약적 경제 성장 전략과 자본 집약적 경제 성장 전략은 모두 생산 요소의 결합 방식을 의미합니다. 따라서 이를 통해 '어떻게 생산할 것인가?'의 경제 문제를 확인할 수 있습니다.
오답 피하기 ㄷ, ㄹ. '누구를 위해 생산할 것인가?', '누구에게, 얼마만큼 나누어 줄 것인가?'는 경제 문제 중 분배 방식의 결정에 해당합니다. 제시된 글에는 분배 방식의 결정과 관련된 내용은 나타나 있지 않습니다.

198 한국 경제의 발전 과제 정답 ③

문제 분석 제시된 신문 기사에서는 한국 경제의 문제점으로 소득 양극화, 저출산, 저성장 등을 지적하고 있습니다.
정답 찾기 ㄴ. 경제적 불균형의 해소는 소득 양극화를 해결하기 위한 방안으로 적절합니다. ㄷ. 저출산·고령화에 따른 노동력 부족에 대비하는 것은 저출산과 저성장의 해결 방안으로 적절합니다.
오답 피하기 ㄱ, ㄹ. 수출 주도형 성장 전략을 채택하거나 노동 집약적 경공업 중심으로 산업 구조를 재편하는 것은 과거의 정책을 재현하는 것으로, 오늘날 한국 경제에서 나타나고 있는 여러 문제점들의 원인으로 지적되고 있기도 합니다. 따라서 적절한 해결 방안으로 보기 어렵습니다.

핵심 개념 CHECK!

▶ 본문 091쪽

| 01 × | 02 ○ | 03 × | 04 ○ | 05 × | 06 × | 07 ○ | 08 × |
| 09 ○ | 10 ○ | 11 × | 12 ○ | 13 × | | | |

○|× 문장 바로 알기

01 마찰적 실업은 ~~비자발적~~ 실업에 해당한다.
　　자발적

02 산업 구조의 변화나 기술 혁신에 따른 실업을 구조적 실업이라고 한다.

03 경기적 실업을 해결하기 위해서는 정부의 재정 지출을 ~~축소~~해야 한다.
　　　　　　　　　　　　　　　　　　　　　　확대

04 경제 활동 인구는 취업자와 실업자로 구성된다.

05 전업 주부나 학생은 ~~경제 활동 인구~~에 해당한다.
　　　　　　　　비경제 활동 인구

06 경제 활동 참가율은 '(경제 활동 인구 / ~~총인구~~)×100'으로 구한다.
　　　　　　　　　　　　　　　　　15세 이상 인구

07 2017년에 물가 지수는 100보다 작다.

08 2018년의 GDP 디플레이터는 ~~100보다 크다.~~
　　　　　　　　　　　　　　　1000이다.

09 2019년에 물가가 가장 높다.

10 물가는 지속적으로 상승하고 있다.

11 정부 지출의 감소는 (가)의 요인이다.
　　　　　　　증가

12 인건비의 상승은 (나)의 요인이다.

13 재정 지출 ~~확대~~와 세율 ~~인하는~~ (가)를 해결하기 위한 정부의 노력에 해당한다.
　　　　　축소　　　　인상은

기출+예상 문제로 주제 정복하기

▶ 본문 093~099쪽

199 ②	200 ①	201 ②	202 ①	203 ②	204 ③
205 ⑤	206 ③	207 ②	208 ④	209 ③	210 ①
211 ②	212 ④	213 ①	214 ④	215 ①	216 ④
217 ②	218 ②	219 ②	220 ②	221 ④	222 ④
223 ①	224 ①				

199 고용 지표　　　　　　　　　　　　정답 ②

문제 분석 제시된 그림에서 A는 실업자, B는 비경제 활동 인구입니다.

정답 찾기 ② 경제 활동 인구가 일정할 때 실업자 수가 증가하면 실업률은 증가합니다.

오답 피하기 ① 15세 이상 인구가 일정할 때 비경제 활동 인구가 감소하면 경제 활동 참가율은 커집니다. ③ 직장에 다니면서 야간 대학원에 다니는 경우는 취업자에 해당합니다. ④ 군 제대 후 대학에 복학한 경우는 비경제 활동 인구에 해당합니다. ⑤ 기업에서 해고된 직후 구직 활동을 하는 경우는 취업자가 실업자로 바뀐 경우에 해당합니다.

200 실업의 종류　　　　　　　　　　　정답 ①

문제 분석 직장 이동에 따른 정보 수집 과정에서 일시적으로 발생하는 실업은 마찰적 실업에, 산업 구조의 변화에 따른 실업은 구조적 실업에, 경기 침체로 인한 실업은 경기적 실업에, 계절의 변화에 따라 발생하는 실업은 계절적 실업에 해당합니다.

정답 찾기 ㄱ. 마찰적 실업은 당사자가 자발적으로 실업 상태가 된다는 특징이 있습니다. ㄴ. 기술 교육이나 인력 개발은 구조적 실업의 대책에 해당합니다.

오답 피하기 ㄷ. 경기적 실업를 해결하기 위해서는 총수요 증가 정책을 시행해야 합니다. 정부의 긴축 재정 정책은 총수요를 감소시킵니다. ㄹ. 계절적 실업의 근본적인 원인은 계절의 변화입니다.

201 실업의 유형　　　　　　　　　　　정답 ②

문제 분석 A와 B는 자발성을 기준으로 구분할 수 있다고 하였고, B와 C는 계절의 변화에 의해 발생한 것인지를 기준으로 구분할 수 있다고 하였으므로 A는 마찰적 실업, B는 계절적 실업임을 알 수 있습니다. 한편, C의 해결 방안이 총수요 증가 정책이므로 C는 경기적 실업임을 알 수 있습니다.

정답 찾기 ㄱ. 취업 정보 제공은 마찰적 실업의 해결 방안에 해당합니다. ㄷ. 가계 소비의 증가는 총수요의 증가 요인으로 작용하므로 경기적 실업의 감소 요인으로 볼 수 있습니다.

오답 피하기 ㄴ. 계절적 실업의 전형적인 발생 원인은 계절의 변화입니다. ㄹ. A는 마찰적 실업, B는 계절적 실업, C는 경기적 실업입니다.

202 대공황과 실업　　　　　　　　　　정답 ①

문제 분석 제시된 글에서는 1930년대의 미국 대공황에 대해 설명하고 있습니다. 대공황은 당시 유효 수요의 부족 등으로 발생하였습니다.

정답 찾기 ㄱ. 대공황을 해결하기 위한 뉴딜 정책은 정부가 대규모 공공 사업을 시행한 것으로 전형적인 적자(확대) 재정 정책에 해당합니다. ㄴ. 대공황 당시 발생한 실업은 경기적 실업입니다.

오답 피하기 ㄷ. 비경제 활동 인구의 증감 여부는 알 수 없습니다. ㄹ. 대공황 당시 대대적인 실업 상태로 미루어 보아 기업 투자 증진이 발생하였다고 단정할 수 없으며, 이는 제시된 글에서도 파악할 수 없습니다.

203 우리나라의 고용 보험 제도　　　　정답 ②

문제 분석 고용 보험과 실업 급여는 우리나라가 실업 문제의 해결을 위해 실시하고 있는 대표적 제도입니다.

정답 찾기 ㄱ. 고용 보험의 보험료는 근로자와 근로자가 속한 직장의 사업주가 함께 부담합니다. ㄹ. 고용 보험료는 실업 급여에 가입한 사람이 실업 상태에 놓였을 때 지급됩니다.

오답 피하기 ㄴ. 기업에 지급하는 직업 훈련 장려금은 고용 보험에 포함되지 않습니다. ㄷ. 실업 급여는 일정 기간 동안만 실업자에게 지급됩니다.

204 고용 지표　　　　　　　　　　　　정답 ③

문제 분석 제시된 자료에서 고용 지표를 구성하는 인구를 어떻게 구성하느냐에 따라 경제 활동 참가율, 실업률, 고용률이 변화합니다.

정답 찾기 ㄴ. B를 실업자에 포함하면 실업자 수가 증가합니다. 이때 실업자 수만큼 경제 활동 인구도 증가하므로 실업률은 상승합니다. ㄷ. A, B를 모두 실업자에 포함하면 취업자 수가 감소하므로 고용률은 하락합니다.

로 경제 활동 참가율은 변하지 않습니다. ㄹ. A, B를 모두 실업자에 포함
하면 경제 활동 인구가 증가하므로 경제 활동 참가율은 상승합니다.

205 고용 지표   정답 ⑤

문제 분석 제시된 그림에서 A는 생산 가능 인구에 해당하지 않는 인구,
B는 취업자, C는 실업자, D는 비경제 활동 인구입니다.

정답 찾기 ⑤ 비경제 활동 인구 중 일할 능력이 없는 경우도 있습니다. 따
라서 실업자와 비경제 활동 인구가 일할 능력이 있다는 공통점을 가진다
고 설명하는 것은 옳지 않습니다.

오답 피하기 ① 우리나라는 15세 이상 인구를 생산 가능 인구로 보고 있
습니다. ② 취업자 수의 증가는 고용률의 증가 요인입니다. ③ 실업자 수
의 감소는 실업률의 감소 요인입니다. ④ 취업자와 실업자는 일할 능력과
일할 의사가 있다는 공통점이 있습니다.

206 고용 지표   정답 ③

문제 분석 제시된 그림에서 ㉠은 경제 활동 인구, ㉡는 실업자 수, ㉢은
비경제 활동 인구입니다.

정답 찾기 ㄴ. 실업자 수의 증가는 실업률의 증가 요인입니다. ㄹ. 15세
이상 인구는 변함이 없다고 하였으므로 취업자 수에 변함이 없다면 실업
자 수의 감소는 비경제 활동 인구를 증가시킵니다.

오답 피하기 ㄱ. 고용률은 '(취업자 수/15세 이상 인구) × 100'으로 구합
니다. ㄷ. 학생과 전업 주부 모두 비경제 활동 인구에 속합니다.

207 고용 지표   정답 ②

문제 분석 ㉠ 전업 주부와 ㉡ 공무원 시험 준비생은 비경제 활동 인구에
해당하고, ㉢ 공무원은 취업자에 해당합니다. ㉣은 실업 상태에 해당하
고, ㉤은 비경제 활동 인구에 해당합니다.

정답 찾기 ㄱ. 전업 주부와 공무원 시험 준비생은 모두 비경제 활동 인구
에 해당합니다. ㄹ. 15세 이상 인구와 취업자 수에 변함이 없다면 실업자
수의 증가는 비경제 활동 인구의 감소 요인입니다.

오답 피하기 ㄴ. 취업자와 실업자 모두 일할 능력과 일할 의사를 가진다
는 특징이 있습니다. ㄷ. 경제 활동 인구에 변함이 없다면 취업자 수의 감
소는 실업자 수를 증가시킵니다.

208 고용 지표   정답 ④

문제 분석 연도별 취업자와 비경제 활동 인구의 변화를 바탕으로 여러 고
용 지표의 변화를 추론해 낼 수 있는지 확인하는 문제입니다.

정답 찾기 ㄱ. 15세 이상 인구가 변함이 없는 상황에서, 2019년 취업자
수는 전년 대비 변함이 없는데 비경제 활동 인구는 늘어났으므로 실업자
수는 감소하였습니다. ㄷ. 15세 이상 인구와 취업자 수에 변함이 없으므
로 2019년의 고용률은 전년 대비 동일하게 나타납니다. ㄹ. 2019년의 비
경제 활동 인구가 상승하였고, 15세 이상 인구는 변함이 없으므로 경제
활동 인구는 감소하였습니다.

오답 피하기 ㄴ. 2019년의 비경제 활동 인구는 전년 대비 증가하였습니
다. 이는 경제 활동 인구가 감소했다는 것을 나타냅니다. 그런데 취업자
수는 변함이 없으므로 취업률은 전년 대비 증가하였습니다.

209 고용 지표   정답 ③

문제 분석 제시된 자료에서 전년 대비 2017년 15세 이상 인구는 감소하
였고, 취업자 수는 증가하였으며, 실업률은 상승하였습니다. 취업자 수가

증가한 상황에서 실업률이 상승하려면 실업자 수 또한 증가해야 합니다.
따라서 전년 대비 2017년 취업자 수와 실업자 수, 경제 활동 인구는 증가
하였으며, 비경제 활동 인구는 감소하였습니다.

정답 찾기 ㄴ. 전년 대비 2017년 실업률은 상승하였고, 취업자 수는 증가
하였습니다. 따라서 2017의 실업자 수는 2016년보다 증가하였습니다.
ㄷ. 전년 대비 2017년 15세 이상 인구는 감소하였고, 경제 활동 인구는
증가하였습니다. 따라서 2017년의 경제 활동 참가율은 2016년보다 상승
하였습니다.

오답 피하기 ㄱ. 전년 대비 2017년 취업자 수는 증가하였고, 15세 이상 인
구는 감소하였습니다. 따라서 2017년의 고용률은 2016년보다 상승하였
습니다. ㄹ. 전년 대비 2017년 15세 이상 인구는 감소하였고, 경제 활동
인구는 증가하였습니다. 따라서 2017년의 비경제 활동 인구는 2016년보
다 감소하였습니다.

210 고용 지표   정답 ①

문제 분석 제시된 그림은 갑국의 연도별 취업자 수 증가율과 경제 활동
인구 증가율의 변화를 나타냅니다.

정답 찾기 ㄱ. 2017년의 취업자 수 증가율이 양(+)의 값이므로 취업자 수
는 증가하였습니다. ㄴ. 2018년의 취업자 수 증가율과 경제 활동 인구 증
가율이 같으므로 실업자 수는 전년과 같습니다.

오답 피하기 ㄷ. 고용률은 '(취업자 수/15세 이상 인구) × 100'이므로
2019년에 가장 큽니다. ㄹ. 15세 이상 인구에 변함이 없고 경제 활동 인
구 증가율은 지속적으로 양(+)의 값입니다. 따라서 비경제 활동 인구는
지속적으로 감소하고 있음을 알 수 있습니다.

211 고용 지표   정답 ②

①	❷	③	④	⑤ 함정
2%	70%	6%	5%	15%

눈으로 보는 해설

교사의 질문에 대한 답변으로 옳은 것은? (단, (가)~(다)는 각각 취업자 수,
실업자 수, 비경제 활동 인구 중 하나이다.)

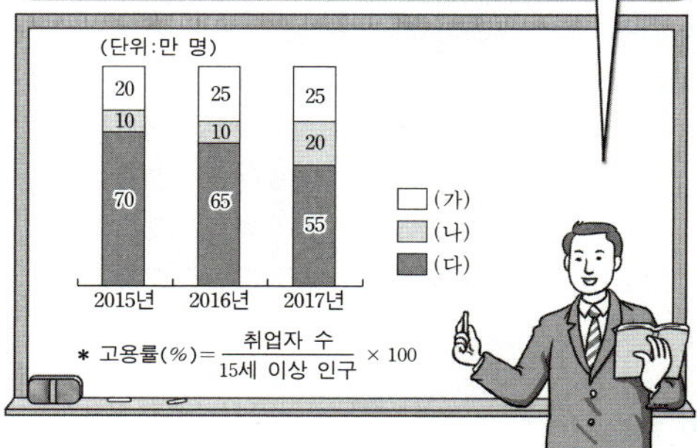

① 2015년의 고용률은 90%입니다. (70%)
② 2015년과 2016년의 경제 활동 참가율은 같습니다.
③ 2017년에 신규 취업자는 없습니다. (90%)
④ 2016년과 2017년의 실업률은 같습니다.
⑤ 2018년에 (나)가 전년 대비 증가한다면 실업률은 상승할 것입니다. (실업자 수는)

문제 분석 15세 이상 인구가 매년 100만 명으로 변함이 없는 상황에서 2017년 전년 대비 고용률은 하락하였습니다. 따라서 2017년 전년 대비 취업자 수는 감소하였음을 알 수 있습니다. 2017년 전년 대비 경제 활동 참가율은 하락했으므로 2017년 전년 대비 경제 활동 인구는 감소하였고, 비경제 활동 인구는 증가하였습니다. 따라서 (가)는 실업자 수이고, (나)는 비경제 활동 인구이며, (다)는 취업자 수입니다.

정답 찾기 ② 2015년과 2016년의 경제 활동 참가율은 90%로 같습니다.

오답 피하기 ① 2015년의 고용률은 70%입니다. ③ 제시된 자료만으로는 신규 취업자의 유무는 확인할 수 없습니다. ④ 2016년과 2017년의 실업자 수는 같지만, 경제 활동 인구는 2017년보다 2016년이 많습니다. 따라서 실업률은 2017년이 2016년보다 높습니다. ⑤ 비경제 활동 인구의 증가가 반드시 실업률을 상승시키는 것은 아닙니다.

> **함정 피하기**
>
> ⑤ 구직 활동을 포기한 실업자는 비경제 활동 인구로 포함됩니다. 이들은 실업률 계산에 포함되지 않으므로 비경제 활동 인구가 증가하면 취업자 수의 변동이 없는데도 실업률이 떨어지는 현상이 발생할 수 있습니다.

212 물가　　　　　정답 ④

문제 분석 (가)에는 물가 상승의 요인이 들어가야 합니다. 물가 상승의 요인은 총수요의 증가나 총공급의 감소에서 찾을 수 있습니다.

정답 찾기 ④ 원자재 가격 상승은 생산비의 상승을 의미하므로 총공급을 감소시킵니다.

오답 피하기 ① 소비 심리 위축은 총수요 감소 요인입니다. ② 민간 투자 지출의 감소는 총수요 감소 요인입니다. ③ 처분 가능 소득의 감소는 총수요 감소 요인입니다. ⑤ 수출의 감소는 총수요 감소 요인입니다.

213 물가 지수의 종류　　　　　정답 ①

문제 분석 물가 지수에는 소비자 물가 지수, 생산자 물가 지수, GDP 디플레이터 등이 있습니다. 각 물가 지수의 특징을 정확하게 파악하고 있는지 확인하는 문제입니다.

정답 찾기 ㄱ. 소비자 물가 지수는 가계가 구입하는 소비재를 토대로 작성됩니다. ㄴ. 생산자 물가 지수는 기업이 구입하는 자본재를 토대로 작성됩니다.

오답 피하기 ㄷ. GDP 디플레이터는 실질 국내 총생산(GDP)과 명목 국내 총생산(GDP)을 토대로 작성됩니다. ㄹ. 모든 물가 지수의 상승은 채무자에게 유리하고, 채권자에게 불리합니다.

214 인플레이션의 발생 요인　　　　　정답 ④

문제 분석 제시된 그림에서는 총수요 곡선이 우측으로 이동하였으므로 총수요가 증가했음을 알 수 있습니다. 총수요는 민간 소비 지출, 민간 투자, 정부 지출, 순수출로 구성됩니다.

정답 찾기 ㄴ. 가계 소비의 증가는 총수요의 증가 요인입니다. ㄹ. 확대 재정 정책이 실시되면 정부 지출이 증가하므로 총수요의 증가 요인입니다.

오답 피하기 ㄱ. 법인세율 인상은 총수요의 감소 요인입니다. ㄷ. 대출 이자율 인상은 기업의 투자 감소 요인이고, 이는 총수요의 감소 요인으로 작용합니다.

215 인플레이션의 유형　　　　　정답 ①

문제 분석 총수요 곡선의 우측 이동으로 발생하는 수요 견인 인플레이션과 총공급 곡선의 좌측 이동으로 발생하는 비용 인상 인플레이션의 특징을 이해해야 합니다.

정답 찾기 ㄱ. 처분 가능 소득의 증가는 소비 증가로 이어져 총수요를 증가시키는 요인으로 작용하므로 총수요 곡선이 우측으로 이동합니다. ㄴ. 원자재 가격 상승은 생산비의 상승이므로 총공급을 감소시키는 요인으로 작용합니다. 따라서 총공급 곡선의 좌측 이동을 가져옵니다.

오답 피하기 ㄷ. 총수요 곡선의 우측 이동은 수요 견인 인플레이션을 나타냅니다. ㄹ. 총공급 곡선의 좌측 이동은 비용 인상 인플레이션을 나타냅니다.

216 물가 상승의 원인　　　　　정답 ④

문제 분석 제시된 그림에서 A와 B가 동일한 총수요 곡선상의 점이라는 것은 수요 곡선의 변화가 없었다는 의미가 됩니다. 따라서 국민 경제 균형점이 A에서 B로 이동하는 것은 비용 인상 인플레이션을 나타냄을 알 수 있습니다.

정답 찾기 ㄱ. 비용 인상 인플레이션은 경기 침체와 동시에 물가 상승을 발생시키므로 스태그플레이션이 나타날 수 있습니다. ㄷ. 인플레이션은 화폐 구매력을 하락시킵니다. ㄹ. 세계적인 석유 파동은 생산비 상승을 의미하므로 비용 인상 인플레이션의 발생 요인이 됩니다.

오답 피하기 ㄴ. 수요 견인 인플레이션은 총수요의 증가에 의해 발생합니다. 그런데 제시된 그림에 나타난 변화는 총공급의 감소에 따라 나타난 것입니다.

217 물가 상승의 원인　　　　　정답 ②

문제 분석 제시된 그림에서 최초의 균형점은 E입니다. 균형점이 E에서 A로 이동하는 것은 총공급의 감소, B로 이동하는 것은 총수요의 증가, C로 이동하는 것은 총수요의 감소, D로 이동하는 것은 총공급의 증가에 의해 국민 경제의 균형점이 이동하는 것을 나타냅니다. 이때 A로의 이동은 비용 인상 인플레이션에 해당하고, B로의 이동은 수요 견인 인플레이션에 해당합니다.

정답 찾기 ㄱ. 인건비 상승은 총공급의 감소 요인입니다. ㄷ. 총수요의 감소로 실질 국내 총생산(GDP)이 감소하여 발생하는 실업은 경기적 실업입니다.

오답 피하기 ㄴ. B로의 이동은 수요 견인 인플레이션입니다. ㄹ. 국제 원유가의 상승은 생산비의 상승을 의미하므로 A로의 이동 요인으로 작용합니다.

218 인플레이션의 유형　　　　　정답 ②

문제 분석 인플레이션은 물가가 지속적으로 상승하는 현상으로, 총수요가 증가하거나 총공급이 감소할 때 발생합니다. (가)는 수요 견인 인플레이션이고, (나)는 비용 인상 인플레이션입니다.

정답 찾기 ㄱ. 정부의 공공사업 시행은 총수요의 증가를 가져오므로 수요 견인 인플레이션의 발생 요인입니다. ㄷ. 인건비의 상승은 생산비의 상승을 의미합니다. 따라서 산업 전반에 걸친 인건비의 상승은 비용 인상 인플레이션의 발생 요인입니다.

오답 피하기 ㄴ. 정부 지출의 증가는 수요 견인 인플레이션의 발생 요인에 해당합니다. ㄹ. 수요 견인 인플레이션과 비용 인상 인플레이션은 모두 화폐 가치를 하락시키므로 시중 이자율 하락의 요인이 됩니다.

219 인플레이션의 유형　　　　　정답 ②

문제 분석 총수요가 증가하여 발생하는 인플레이션은 수요 견인 인플레이션이고, 공급 측면에서 생산비가 상승하여 발생하는 인플레이션은 비용 인상 인플레이션입니다. 그리고 총수요 증가와 총공급 감소가 동시에 발생하여 나타나는 인플레이션은 수요 견인 인플레이션과 비용 인상 인플레이션이 함께 발생한 경우입니다.

 ② 비용 인상 인플레이션에서는 물가 상승과 실질 국내 총생산(GDP)의 감소가 동시에 나타납니다.

 ① 어떤 인플레이션이든 화폐의 실질 구매력을 감소시킵니다. ③ 수요 견인 인플레이션과 비용 인상 인플레이션이 동시에 발생하면 물가는 반드시 상승하지만 실질 국내 총생산은 증가, 감소 혹은 불변일 수 있습니다. ④ 경기적 실업은 총수요의 감소에 따라 발생합니다. ⑤ 수요 견인 인플레이션은 실질 국내 총생산을 증가시키고, 비용 인상 인플레이션은 실질 국내 총생산을 감소시킵니다.

220 디플레이션　　　　정답 ②

 제시된 판서 내용에서 '물가 수준의 지속적인 하락'이란 디플레이션을 의미합니다. 디플레이션은 경제 전반적으로 상품과 서비스의 가격이 지속적으로 하락하는 현상을 말합니다.

 ② 제시된 판서 내용에는 디플레이션이 생산, 고용, 소비, 기업 활동에 미치는 영향이 나타나 있습니다.

221 물가 상승률과 실업률　　　　정답 ④

 제시된 그림은 물가 상승률과 실업률의 관계를 보여 주고 있습니다. 국민 경제의 균형점을 통해 물가 수준과 실업률의 증감을 파악해야 합니다.

 ㄱ. 국민 경제의 총수요와 총공급 곡선에서 총수요가 감소하면 물가 수준은 하락하고 실업은 증가합니다. ㄴ. 국민 경제의 총수요와 총공급 곡선에서 총수요가 증가하면 물가 수준은 상승하고 실업은 감소합니다. ㄷ. 해외 석유 파동은 생산비의 상승을 의미하므로 비용 인상 인플레이션을 발생시키는데, 이때 총공급은 감소합니다. 총공급이 감소하면 물가 수준은 상승하고, 실업은 증가합니다.

 ㄹ. 국민 경제의 균형점이 B에서 A나 C로 이동하면 물가 상승률이 하락하므로 채무자에게 불리하고, 채권자에게 유리해집니다.

222 하이퍼 인플레이션　　　　정답 ④

 제시된 글에는 하이퍼 인플레이션의 사례가 나타나 있습니다. 하이퍼 인플레이션이란 국가의 비상식적 화폐 발행 등에 따라 단기간에 발생하는 심한 물가 상승 현상을 말하는데, 이때 물가는 극단적인 상승률을 보입니다.

 ㄴ. 화폐 가치의 하락은 사람들로 하여금 자산 가치의 하락을 우려하도록 하여 화폐에 대한 수요를 감소시킵니다. ㄹ. 총수요의 감소는 물가 수준의 하락 요인으로 작용합니다.

 ㄱ. 일반적으로 시중 통화량의 증가는 기업의 투자 확대 요인이 됩니다. ㄷ. 시중 통화량의 증가에 따른 화폐 가치 하락은 실물 자산 가치의 상승 요인입니다.

223 물가와 금리　　　　정답 ①

 제시된 사례에서 2018년의 물가 상승률은 전년과 마찬가지로 5%대를 유지하고 있는 반면, 금리는 지속적으로 하락하여 제로(0) 금리를 기록하였습니다.

 ㄱ. 물가 상승률은 5%이고 명목 이자율은 0이므로 실질 이자율은 −5%입니다. ㄴ. 명목 이자율이 0이고, 실질 이자율이 −5%라면 사람들은 은행 예금에 대해 부정적일 것입니다.

 ㄷ. 명목 이자율과 실질 이자율의 상황으로 보아 예금보다는 실물 자산에 대한 수요가 증가할 것입니다. ㄹ. 화폐 가치는 하락하고 실물 가치는 상승하기 때문에 채권자는 불리해지고 채무자는 유리해졌을 것입니다.

224 실업률과 물가 상승률　　　　정답 ①

❶	②	③ 함정	④	⑤
70%	6%	15%	2%	5%

 제시된 자료에서 실업률과 물가가 모두 상승하고 있으므로 스태그플레이션이 나타나고 있음을 알 수 있습니다. 스태그플레이션은 비용 인상 인플레이션에 의해 발생할 수 있습니다.

 ① 수입 원자재의 가격 상승은 총공급의 감소 요인이고, 비용 인상 인플레이션은 총공급 감소에 따라 발생합니다.

 ② 가계 소득세율의 인상은 소비 지출의 감소에 따른 총수요의 감소 요인입니다. 총수요가 감소하면 물가는 하락합니다. ③ 디플레이션은 경기 침체와 물가 하락이 나타나는 현상을 의미합니다. ④ 제시된 자료에서 물가 상승률과 실업률은 서로 같은 방향으로 움직이고 있습니다. ⑤ 중앙은행의 재할인율 인하는 총수요의 증가 요인입니다. 총수요가 증가하면 실질 국내 총생산(GDP)이 증가하지만 물가도 함께 상승합니다. 따라서 재할인율 인하는 현재의 물가 추세를 반전시키기 위한 정책으로 보기 어렵습니다.

③을 골랐다면 스태그플레이션과 디플레이션의 개념을 헷갈리고 있는 것입니다. 스태그플레이션은 경기 침체와 물가 상승이 동시에 나타나는 것이고, 디플레이션은 경기 침체와 물가 하락이 동시에 나타나는 것입니다. 두 개념을 비교하여 정확히 이해해 두어야 합니다.

핵심 개념 CHECK! ▸ 본문 101쪽

| 01 × | 02 × | 03 ○ | 04 × | 05 ○ | 06 × | 07 × | 08 ○ |
| 09 × | 10 ○ | 11 × | | | | | |

○|× 문장 바로 알기

01 임금의 하락은 A로의 이동 요인이다.
　　　　　상승

02 민간 투자의 감소는 B로의 이동 요인이다.
　　　　　　증가

03 원자재 가격의 하락은 C로의 이동 요인이다.

04 정부 지출의 증가는 D로의 이동 요인이다.
　　　　　　　감소

05 ㉠ 시기에는 경제 활동이 가장 활발하다.

06 ㉡ 시기에는 소비와 투자가 증가한다.
　　　　　　　　　　감소

07 ㉢ 시기에는 물가가 점진적으로 하락한다.
　　　　　　　　　　　상승

08 ㉣ 시기에는 경제 활동이 가장 저조하다.

09 정부는 경기 과열 시에 확대(적자) 재정 정책을 실시해야 한다.
　　　　　　　　　　긴축(흑자)

10 중앙은행이 지급 준비율을 인상하면 시중의 통화량이 감소한다.

11 중앙은행의 국공채 매각은 확대 금융 정책에 해당한다.
　　　　　　　　매입

기출+예상 문제로 주제 정복하기 ▸ 본문 103~109쪽

225 ①	226 ⑤	227 ①	228 ⑤	229 ③	230 ④
231 ⑤	232 ②	233 ②	234 ①	235 ①	236 ②
237 ⑤	238 ②	239 ②	240 ⑤	241 ④	242 ⑤
243 ⑤	244 ④	245 ②	246 ①	247 ①	248 ③
249 ②	250 ④				

225 총수요와 총공급의 변동 요인　　　　정답 ①

문제 분석 제시된 그림에서는 총수요와 총공급이 만나는 균형점이 E에서 E′로 이동하였습니다. 이는 총수요와 총공급이 같은 폭으로 우측 이동한 것을 나타냅니다.

정답 찾기 ① 재할인율 인하는 총수요의 증가 요인이고, 노동 생산성 향상은 총공급의 증가 요인입니다.

오답 피하기 ② 재할인율 인하는 총수요의 증가 요인이고, 원자재 가격의 상승은 총공급의 감소 요인입니다. ③ 소득세율 인상은 총수요의 감소 요인이고, 노동 생산성 향상은 총공급의 증가 요인입니다. ④ 소득세율 인상은 총수요의 감소 요인이고, 정부 지출 증가는 총수요의 증가 요인입니다.

⑤ 지급 준비율 인하는 총수요의 증가 요인이고, 원자재 가격 상승은 총공급의 감소 요인입니다.

226 총수요의 구성 요소　　　　정답 ⑤

문제 분석 총수요는 민간 소비 지출, 민간 투자, 정부 지출, 순수출(수출−수입)로 구성됩니다.

정답 찾기 ㄴ. 기업의 국적에 관계없이 국내 영토 내에서 이루어진 투자는 ㉡ 투자에 포함됩니다. ㄷ. ㉢ 정부 지출의 증가는 총수요의 증가 요인입니다. ㄹ. 외국의 국내 총생산(GDP)에 해당하는 수입품은 ㉣ 순수출에서 제외됩니다.

오답 피하기 ㄱ. ㉠ 소비 지출은 국내 영토 내에서 이루어진 가계의 소비를 의미하므로 내국인이 해외에서 소비한 것은 제외됩니다.

227 총수요의 구성 요소　　　　정답 ①

문제 분석 총수요는 민간 소비 지출과 민간 투자, 정부 지출, 순수출로 구성됩니다. 특히 처분 가능 소득에 직접적인 영향을 받는 요소는 민간 소비 지출이고, 기업의 자본재 구입 비용이 포함되는 요소는 민간 투자입니다. 따라서 제시된 그림에서는 ㉠이 민간 소비 지출, ㉡이 민간 투자, ㉢은 순수출입니다.

정답 찾기 ㄱ. 처분 가능 소득이 늘어나면 민간 소비 지출도 늘어나고, 처분 가능 소득이 줄어들면 민간 소비 지출도 줄어듭니다. ㄴ. 대출 이자율이 인상되면 민간 투자는 위축되고, 대출 이자율이 인하되면 민간 투자는 확대됩니다.

오답 피하기 ㄷ. 외국에서 수입한 상품은 외국의 국내 총생산(GDP)에 해당하므로 순수출에서 제외됩니다. ㄹ. 갑국 기업이 해외에서 설립한 공장은 해당 국가의 투자에 반영되고, 그 공장 종업원들의 소득은 해당 국가의 민간 소비에 반영됩니다.

228 총수요와 총공급　　　　정답 ⑤

눈으로 보는 해설

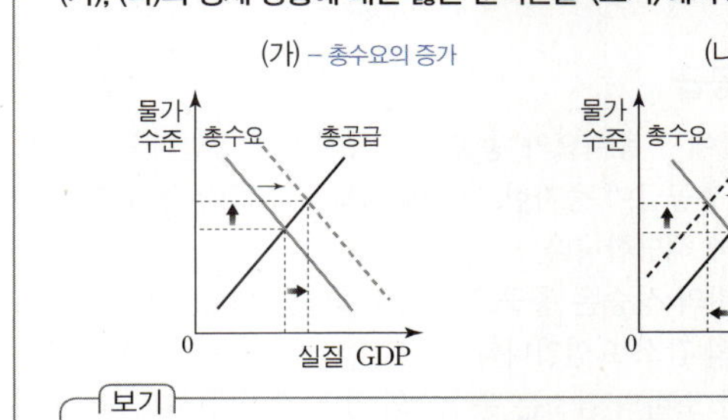

문제 분석 (가)는 총수요의 증가를 나타내고, (나)는 총공급의 감소를 나타냅니다.

정답 찾기 ㄷ. (가)에서는 실질 국내 총생산(GDP)이 증가하지만, (나)에서는 실질 국내 총생산이 감소합니다. ㄹ. (가), (나) 모두 물가 수준이 상승하므로 현금 자산 보유자에게 불리하게 작용합니다.

함정 피하기
ㄴ이 옳다고 생각했다면, 소득세율과 총공급의 관계를 잘못 이해하고 있을 가능성이 큽니다. 소득세율은 총수요 중에서 가계 소비에 영향을 미치는 변인으로, 소득세율을 인하하면 가계의 소비가 증가하여 총수요가 증가하고 물가가 상승합니다. 따라서 소득세율을 인하한다고 해서 총공급의 감소에 따른 문제를 해결할 수 있다고 보기는 어렵습니다.

229 총수요 곡선 　　　　　　정답 ③

문제 분석 총수요 곡선은 다른 조건이 일정할 때 각 물가 수준에서 실질 국내 총생산(GDP)에 대한 수요의 크기를 나타냅니다. 따라서 제시된 그림에서 (가)는 물가이고, (나)에 들어갈 수 있는 내용은 총수요의 증가 요인입니다.

정답 찾기 ③ 기업의 투자 증가는 총수요의 증가 요인입니다.

오답 피하기 ① 지급 준비율의 인상은 총수요의 감소 요인입니다. ② 가계의 자산 가치 증가는 총수요의 증가 요인입니다. ④ 생산 기술의 향상은 총공급의 증가 요인입니다. ⑤ 중앙은행의 국공채 매각은 총수요의 감소 요인입니다.

230 총수요와 총공급 　　　　　　정답 ④

문제 분석 제시된 표에서 ㉠, ㉡은 총수요와 총공급의 변화에 따라 국민 경제 균형점이 이동한 결과를 나타냅니다.

정답 찾기 ㄴ. 총수요와 총공급이 증가하면 실질 국내 총생산(GDP)은 증가합니다. ㄹ. 총수요와 총공급이 감소할 때 물가 수준의 변화는 분명하지 않습니다.

오답 피하기 ㄱ. 총수요와 총공급이 증가할 때 물가 수준의 변화는 분명하지 않습니다. ㄷ. 총수요와 총공급이 감소하면 실질 국내 총생산은 감소합니다.

231 총수요와 총공급 　　　　　　정답 ⑤

문제 분석 제시된 글에서 총수요와 총공급이 동시에 변동한다고 하였으므로 A는 총수요와 총공급이 증가한 경우에 해당하고, B는 총수요와 총공급이 감소한 경우에 해당합니다.

정답 찾기 ㄷ. 인건비의 상승은 총공급의 감소 요인입니다. ㄹ. 정부 지출의 감소는 총수요의 감소 요인입니다.

오답 피하기 ㄱ. 민간 소비의 감소는 총수요의 감소 요인입니다. ㄴ. 국제 원유 가격의 상승은 총공급의 감소 요인입니다.

232 총수요와 총공급 　　　　　　정답 ②

문제 분석 소비 지출 증가, 법인세 인하, 유가 하락, 기술 혁신 등이 총수요와 총공급에 미치는 영향을 파악하는 문제입니다.

정답 찾기 ㄱ. (가) 법인세 인하는 총수요의 증가 요인입니다. 따라서 경기적 실업의 대책으로 볼 수 있습니다. ㄷ. (다) 소비 지출 증가는 총수요의 증가 요인이므로 실질 국내 총생산(GDP)의 증가를 가져옵니다.

오답 피하기 ㄴ. (나) 유가 하락은 총공급의 증가 요인이므로 물가 수준의 하락을 가져옵니다. ㄹ. (라) 국내 주요 산업의 기술 혁신은 총공급의 증가 요인이므로 물가 하락과 실질 국내 총생산의 증가를 가져옵니다.

233 총수요와 총공급 　　　　　　정답 ②

문제 분석 실질 국내 총생산(GDP)은 변함이 없는데 물가만 상승하기 위해서는 총수요 곡선의 우측 이동과 총공급 곡선의 좌측 이동이 동시에 발생해야 합니다. 이때 총수요 곡선의 변동폭과 총공급 곡선의 변동폭은 같아야 합니다.

정답 찾기 ② 총수요의 증가폭과 총공급의 감소폭이 동일하게 나타나야 실질 국내 총생산은 변함이 없고 물가만 상승합니다.

234 디플레이션의 원인 　　　　　　정답 ①

문제 분석 제시된 그림에서 갑은 민간 소비의 감소에 따른 총수요의 감소가 디플레이션의 원인이라고 주장하고 있고, 을은 국제 원자재 가격의 하락에 따른 총공급의 증가가 디플레이션의 원인이라고 주장하고 있습니다.

정답 찾기 ① 민간 소비는 총수요를 구성하는 항목 중 하나입니다. 갑은 민간 소비의 감소에 따른 총수요의 감소가 디플레이션을 초래한다고 보고 있습니다.

오답 피하기 ② 갑은 긴축 통화 정책보다 확대 통화 정책을 지지할 것입니다. ③ 을은 총공급의 증가에 따라 실질 국내 총생산(GDP)이 증가할 것으로 예상하고 있습니다. ④ 을은 국제 원자재의 가격 하락에 따른 총공급 감소를 물가 하락의 원인으로 보고 있습니다. ⑤ 총수요가 감소하고 총공급이 증가하면 물가는 하락하지만, 실질 국내 총생산의 변화는 분명하지 않습니다. 따라서 갑과 을이 진단하는 경제 상황, 즉 총수요의 감소와 총공급의 증가가 동시에 나타나면 스태그플레이션은 발생하지 않습니다.

235 스태그플레이션과 정부 대책 　　　　　　정답 ①

문제 분석 제시된 자료에서 최초의 균형점은 (가)였습니다. 이후 스태그플레이션이 발생했는데, 스태그플레이션은 총공급의 감소에 따라 나타납니다. 이에 갑국 정부는 공공사업을 시행하였고, 이 정책은 총수요의 증가 요인으로 작용했을 것입니다.

정답 찾기 ① 최초의 균형점 (가)에서 총공급이 감소하면 국민 경제의 균형점은 E로 이동하게 됩니다. 그리고 정부의 대규모 공공사업 시행은 총수요의 증가로 이어지므로 국민 경제의 균형점은 E에서 다시 A로 이동하게 됩니다.

오답 피하기 ② E에서 D로의 이동은 총수요의 감소에 따른 것입니다. ③, ④, ⑤ (가)에서 A로 이동하기 위해서는 총수요의 증가와 총공급의 감소가 동시에 나타나야 하고, (가)에서 B로 이동하기 위해서는 총수요와 총공급이 동시에 나타나야 하며, (가)에서 C로 이동하기 위해서는 총수요의 감소와 총공급의 증가가 동시에 나타나야 합니다. 세 상황 모두 스태그플레이션의 발생 원인에 해당하지 않으므로 갑국 경제의 변동 과정으로 보기 어렵습니다.

236 경기 변동 　　　　　　정답 ②

문제 분석 제시된 그림에서 A는 확장기, B는 수축기, C는 회복기에 해당합니다.

정답 찾기 ㄱ. 확장기는 경제 활동이 가장 활발한 시기로, 국민 소득이 증가합니다. ㄷ. 회복기에는 소비와 생산이 서서히 증가합니다.

오답 피하기 ㄴ. 수축기는 경제 활동이 가장 저조한 시기로, 이 시기에는 고용 및 투자가 감소합니다. ㄹ. A는 확장기, B는 수축기, C는 회복기에 해당합니다.

237 경기 변동

정답 ⑤

그림은 경기 순환을 나타낸다. ⊙~② 에 대한 옳은 설명만을 〈보기〉에서 고른 것은?

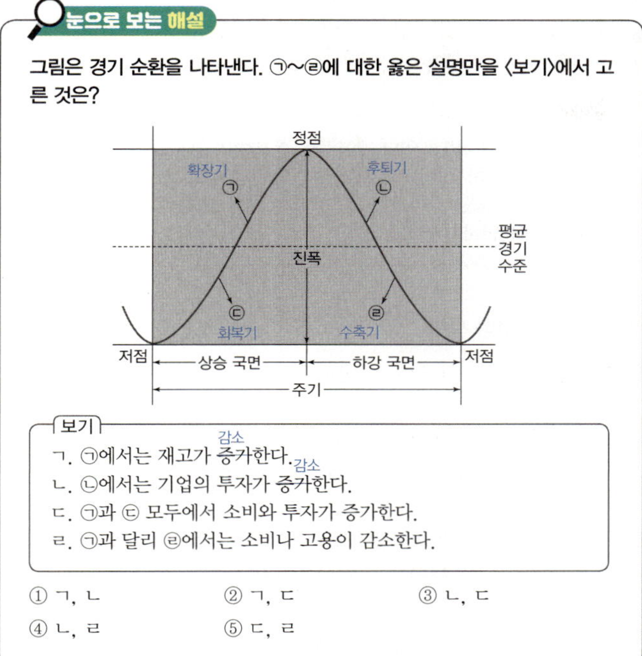

〈보기〉
ㄱ. ⊙에서는 재고가 증가한다. 감소
ㄴ. ⓛ에서는 기업의 투자가 증가한다. 감소
ㄷ. ⊙과 ⓒ 모두에서 소비와 투자가 증가한다.
ㄹ. ⊙과 달리 ②에서는 소비나 고용이 감소한다.

① ㄱ, ㄴ　　② ㄱ, ㄷ　　③ ㄴ, ㄷ
④ ㄴ, ㄹ　　⑤ ㄷ, ㄹ

문제 분석 제시된 그림에서 ⊙은 확장기, ⓛ은 후퇴기, ⓒ은 회복기, ②은 수축기에 해당합니다.

정답 찾기 ㄷ. 확장기와 회복기는 상승 국면입니다. 따라서 소비와 투자가 증가합니다. ㄹ. 확장기에는 소비나 고용이 증가하고, 수축기에는 소비나 고용이 감소합니다.

오답 피하기 ㄱ. 확장기에는 재고가 감소합니다. ㄴ. 후퇴기에는 기업의 투자가 감소합니다.

함정 피하기

ㄱ을 골랐다면 상승 국면과 하강 국면을 혼동하는 것입니다. 경기 변동을 묻는 문제에서는 확장기와 회복기는 상승 국면, 후퇴기와 수축기는 하강 국면이라는 점을 분명히 기억해야 합니다.

238 중앙은행의 통화 정책

정답 ②

문제 분석 제시된 그림에서 A는 기준 금리가 낮아지는 시기이고, B는 기준 금리가 높아지는 시기입니다.

정답 찾기 ㄱ. 일반적으로 기준 금리가 인하되면 기업 투자가 촉진됩니다. ㄷ. 기준 금리가 인상되면 기업의 투자 심리가 위축되어 민간 투자가 감소합니다. 그리고 이는 총수요의 감소 요인으로 작용합니다.

오답 피하기 ㄴ. 기준 금리가 인하되면 시중 금리도 낮아져 시중의 통화량이 증가합니다. 그리고 이는 물가 상승 요인으로 작용합니다. ㄹ. 일반적으로 기준 금리는 민간 소비 지출에 직접적인 영향을 미치는 변인이 아닙니다. 따라서 기준 금리의 인상이 소비 지출에 미치는 영향을 단언하기는 어렵습니다. 하지만 우리나라와 같이 우리나라와 같이 가계 대출 규모가 큰 국가의 경우에는 기준 금리 인상이 대출 금리에도 영향을 주게 되어 민간 소비를 위축시킬 가능성이 있습니다. 그러므로 기준 금리 인하가 소비 지출을 촉진했을 것이라는 추론은 적절하지 않습니다.

239 대공황과 재정 정책

정답 ②

문제 분석 정부 지출의 확대는 적자 재정 정책으로 총수요를 증가시킵니다. 또한 소득 창출은 사람들의 구매력을 발생시킵니다.

정답 찾기 ㄴ. 정부 지출의 확대는 총수요의 증가 요인으로, 물가 수준을 높이고 실질 국내 총생산(GDP)을 증가시킵니다. ㄹ. 소득 창출은 사람들에게 구매력을 가지게 하여 유효 수요를 창출합니다.

오답 피하기 ㄱ. 정부 지출을 확대하는 것은 적자(확대) 재정 정책에 해당합니다. ㄷ. 소득 창출이 은행 예금의 수요를 증가시킨다고 보기는 어렵습니다.

240 금융 정책과 재정 정책

정답 ⑤

문제 분석 제시된 대화에서 갑은 재할인율을 인상해야 한다고 주장하고 있고, 을은 세입을 늘리고 세출을 줄이자고 주장하고 있습니다. 하지만 갑, 을 모두 시중의 통화량을 줄이는 정책의 시행을 주장하고 있으므로 A국의 물가 상승 문제를 심각하게 생각한다고 볼 수 있습니다.

정답 찾기 ㄷ. 갑은 금융 정책의 시행을 주장하고 있고, 을은 재정 정책의 시행을 주장하고 있습니다. ㄹ. 재할인율 인상과 흑자 재정 정책(세입을 늘리고 세출을 줄이는 정책)은 모두 시중의 통화량을 감소시키기 위한 정책입니다.

오답 피하기 ㄱ. 재할인율의 인상은 시중 통화량의 감소 요인입니다. ㄴ. 흑자 재정 정책은 총수요의 감소 요인입니다. 따라서 실질 국내 총생산(GDP)은 감소하게 됩니다.

241 금융 정책

정답 ④

문제 분석 제시된 글에서 밑줄 친 '이 정책'은 경기 침체가 심화되는 상황에서 중앙은행이 시행할 수 있는 금융 정책입니다.

정답 찾기 ㄱ, ㄴ, ㄹ. 국공채의 매입, 재할인율의 인하, 지급 준비율의 인하는 모두 시중의 통화량 증가로 이어질 수 있습니다. 따라서 경기 침체가 심화되는 상황에서 중앙은행이 시행할 수 있는 적절한 금융 정책입니다.

오답 피하기 ㄷ. 기준 금리의 인상은 시중의 통화량 감소로 이어질 수 있는 금융 정책으로, 경기 침체를 오히려 심화시킬 수 있습니다.

242 금융 정책

정답 ⑤

문제 분석 제시된 그림에서 갑국의 기준 금리는 장기적으로 꾸준히 인하되고 있으며, 을국의 기준 금리는 2018년에 급격하게 인상되었습니다.

정답 찾기 ㄴ. 2017년에 기준 금리는 갑국이 을국보다 높습니다. 따라서 기업 투자는 갑국보다 을국에서 유리합니다. ㄷ. 갑국은 2018년 이전부터 이후까지 꾸준히 기준 금리를 낮추고 있습니다. 반면, 을국의 경우에는 기준 금리를 일정한 수준으로 계속 유지해 오다가 2018년에 급격하게 인상하였습니다. 이는 물가 상승을 우려한 결과라고 볼 수 있습니다. ㄹ. 2019년에는 을국의 기준 금리가 갑국의 기준 금리보다 높습니다. 따라서 시중 이자율도 갑국보다 을국이 더 높을 것입니다.

오답 피하기 ㄱ. 2017년 이전에 갑국의 기준 금리가 을국의 기준 금리보다 높습니다. 따라서 예금 유인도 을국보다 갑국이 강합니다.

243 경제 안정화 정책

정답 ⑤

문제 분석 제시된 그림에서 갑은 물가 상승을 심각한 경제 문제로 인식하고 있고, 을은 경기 침체를 심각한 경제 문제로 인식하고 있습니다.

정답 찾기 ⑤ 적자 재정 정책은 총수요를 증가시켜 물가를 상승시키므로 갑이 선호할 것으로 보기 어렵습니다. 반면, 흑자 재정 정책은 총수요를 감소시켜 실질 국내 총생산(GDP)을 감소시키므로 을이 선호할 것으로 보기 어렵습니다.

오답 피하기 ① 총수요 감소 정책은 물가 수준을 낮추므로 갑이 선호할 수 있는 정책입니다. ② 국제 원유가 하락은 총공급을 증가시켜 실질 국내 총생산(GDP)을 증가시킵니다. 따라서 을은 국제 원유가 하락을 긍정적으로 볼 것입니다. ③ 국공채 매입은 시중의 통화량을 증가시킵니다. 따라서 갑은 을과 달리 이에 대해 부정적일 것입니다. ④ 금리 인하는 투자 확대 요인으로 총수요를 증가시킵니다. 따라서 을은 갑과 달리 이에 대해 긍정적일 것입니다.

244 경제 안정화 정책　　　　　　　　　　정답 ④

문제 분석 제시된 그림에서 국민 경제의 균형점이 E_0에서 E_1로 이동한 것은 총수요의 증가로 총수요 곡선이 우측으로 이동했기 때문입니다.

정답 찾기 ④ 적자 재정 정책은 총수요의 증가 요인이므로 총수요 곡선을 우측으로 이동시킵니다.

오답 피하기 ①, ②, ③ 국공채 매각, 재할인율 인상, 지급 준비율 인상은 모두 총수요의 감소 요인이므로 총수요 곡선을 좌측으로 이동시킵니다. ⑤ 기업에 대한 기술 혁신 지원은 총공급의 증가 요인이므로 총공급 곡선을 우측으로 이동시킵니다.

245 금융 정책　　　　　　　　　　　　　정답 ②

문제 분석 제시된 글에서 양적 완화란 중앙은행이 국공채를 비롯한 각종 금융 자산을 매입하여 시중의 통화량을 늘리는 정책을 말합니다. 따라서 밑줄 친 '이 정책'은 시중의 통화량 조절 측면에서 양적 완화와 맥락을 같이하는 금융 정책에 해당합니다.

정답 찾기 ㄱ, ㄷ. 재할인율 인하와 지급 준비율 인하는 시중의 통화량을 늘리기 위한 금융 정책에 해당합니다. 따라서 밑줄 친 '이 정책'으로 적절합니다.

오답 피하기 ㄴ. 대출 이자율 인상은 시중의 통화량을 줄이기 위한 금융 정책입니다. ㄹ. 세입을 늘리고 세출을 줄이는 것은 시중의 통화량을 줄이기 위한 재정 정책입니다.

246 금융 정책　　　　　　　　　　　　　정답 ①

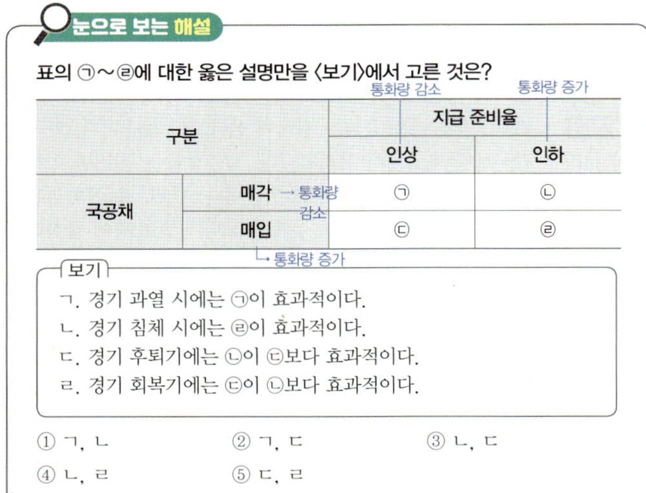

문제 분석 제시된 표는 금융 정책의 조합을 나타냅니다. ㉠ 지급 준비율 인상과 국공채 매각은 모두 시중 통화량의 감소 요인입니다. ㉡ 지급 준비율 인하는 시중 통화량의 증가 요인이고, 국공채 매각은 시중 통화량의 감소 요인입니다. 이 경우에는 어느 정책이 더 효과적인지에 따라 시중 통화량의 증감이 결정됩니다. ㉢ 지급 준비율 인상은 시중 통화량의 감소 요인이고, 국공채 매입은 시중 통화량의 증가 요인입니다. 이 경우 역시 어느 정책이 더 효과적인지에 따라 시중 통화량의 증감이 결정됩니다. ㉣ 지급 준비율 인하와 국공채 매입은 모두 시중 통화량의 증가 요인입니다.

정답 찾기 ㄱ. 경기 과열 시에는 시중의 통화량을 줄여 주어야 합니다. ㄴ. 경기 침체 시에는 시중의 통화량을 늘려 주어야 합니다.

오답 피하기 ㄷ, ㄹ. ㉡, ㉢은 시중 통화량의 증감을 정확히 예측할 수 없기 때문에 시기와 관계없이 적절한 정책이라고 보기 어렵습니다.

> **함정 피하기**
> ㄷ이나 ㄹ을 골랐다면 ㉡이나 ㉢에 따른 통화량의 증감을 판단할 수 있다고 본 것입니다. 하지만 ㉡, ㉢처럼 증가 요인과 감소 요인이 함께 나타나고 다른 전제가 없는 경우에는 결과적으로 시중 통화량이 증가할지 감소할지는 미리 판단하기 어렵습니다.

247 경제 안정화 정책　　　　　　　　　　정답 ①

문제 분석 제시된 글의 A~C는 경제 안정화 정책입니다. A와 B는 금융 기관이 주체이므로 금융 정책이고, C는 정부가 주체이므로 재정 정책인 적자 재정입니다. 그런데 A는 중앙은행이 일반은행에게 대출할 때의 이자율을 이용한다고 하였으므로 재할인율이고, 따라서 B는 지급 준비율입니다.

정답 찾기 ㄱ. 재할인율 인상은 시중 통화량을 감소시키므로 경기 과열 시에 효과적인 정책입니다. ㄴ. 지급 준비율의 인하는 시중 통화량의 증가 요인입니다.

오답 피하기 ㄷ. 적자 재정은 시중 통화량을 증가시키므로 경기 침체 시에 효과적인 정책입니다. ㄹ. 재할인율 인상은 시중 통화량을 감소시키고, 지급 준비율 인하와 적자 재정은 시중 통화량을 증가시킵니다. 따라서 세 정책이 모두 목적을 같이한다고 보기 어렵습니다.

248 경기 변동과 경제 안정화 정책　　　　　정답 ③

문제 분석 제시된 그림에서 (가) 시기는 확장기에 해당하고, (나) 시기는 수축기에 해당합니다. 확장기는 경제 활동이 가장 활발한 시기이므로 경기 과열에 따른 물가 상승의 우려가 있습니다. 반면 수축기는 경제 활동이 가장 저조한 시기이므로 경기 침체에 따른 실업 문제가 발생할 우려가 있습니다.

정답 찾기 ③ 재할인율 인상은 총수요를 감소시켜 물가 수준을 하락시킵니다. 따라서 물가 상승의 우려가 있는 확장기에 적합한 정책입니다. 한편, 국공채 매입은 시중의 통화량을 늘려 기업의 투자를 확대시킵니다. 따라서 경기 침체에 따른 실업 문제가 발생할 우려가 있는 수축기에 적합한 정책입니다.

오답 피하기 ① 지급 준비율 인상과 재할인율 인상 모두 총수요를 감소시키므로 수축기에 적합한 정책입니다. ②, ④, ⑤ 국공채 매입은 총수요를 증가시키고, 정부 지출 축소는 총수요를 감소시킵니다. 소득세율 인하는 총수요를 증가시키고, 법인세율 인상은 총수요를 감소시킵니다. 정부 지출 확대는 총수요를 증가시키고, 기준 금리 인상은 총수요를 감소시킵니다. 확장기에는 총수요를 감소시켜야 하고, 수축기에는 총수요를 증가시켜야 합니다. 따라서 확장기에 필요한 정책과 수축기에 필요한 정책이 서로 바뀌었습니다.

249 경기 순환과 금융 정책　　　　　　　　정답 ②

문제 분석 제시된 그림에서 A는 확장기, B는 후퇴기, C는 수축기, D는 회복기입니다. 수축기에서 회복기로 이동시키기 위한 정부의 정책은 확대 재정 정책이고, 중앙은행의 정책은 확대 금융 정책입니다.

정답 찾기 ㄱ, ㄷ. 정부의 재정 지출 증가는 확대 재정 정책이고, 중앙은행의 국공채 매입은 확대 금융 정책입니다. 따라서 수축기에서 회복기로 이동시키기 위한 정책으로 적절합니다.

 ㄴ, ㄹ. 정부의 법인세율 인상은 긴축 재정 정책이고, 중앙은행의 기준 금리 인상은 긴축 금융 정책입니다. 따라서 수축기의 경기 침체를 오히려 심화시킬 수 있습니다.

250 경기 순환과 금융 정책 정답 ④

 제시된 그림의 (가)에서 A 시기는 실질 국내 총생산(GDP)이 추세선보다 아래에 있으므로 경기 침체기이고, B 시기는 실질 국내 총생산이 추세선보다 위에 있으므로 경기 호황기입니다. (나)에서는 지급 준비율이 하락하고, 국공채 매입은 증가하였으므로 확대 금융 정책이 실시되었을 것이라고 추론할 수 있습니다.

 ㄴ. 총공급이 일정한 상태에서 총수요가 증가하면 실질 국내 총생산은 증가하고 물가는 상승합니다. 따라서 B 시기의 경기 변동을 초래하는 요인이 될 수 있습니다. ㄹ. (나)에 나타난 확대 금융 정책은 경기 호황기인 B 시기보다 경기 침체기인 A 시기에 필요합니다.

 ㄱ. (가)의 A 시기에는 경제 규모가 지속적으로 축소되었습니다. ㄷ. (나)에 나타난 확대 금융 정책은 경기 침체기에 실시됩니다. 일반적으로 인플레이션에 대응하기 위해서는 긴축 금융 정책이 필요합니다.

Ⅳ. 세계 시장과 교역

11강 무역 원리와 무역 정책

핵심 개념 CHECK! ▶ 본문 113쪽

01 ○	02 ×	03 ×	04 ×	05 ×	06 ○	07 ×	08 ○
09 ×	10 ○	11 ×	12 ○	13 ×	14 ○		

○× 문장 바로 알기

01 갑국에서 X재 1개 생산의 기회비용은 Y재 2개이다.

02 을국에서 X재 1개 생산의 기회비용은 Y재 ~~1/2개~~이다.
→ 1개

03 Y재 1개 생산의 기회비용은 갑국이 을국보다 ~~크다.~~
→ 작다.

04 X재는 ~~갑국~~의 비교 우위 상품이고, Y재는 ~~을국~~의 비교 우위 상품이다.
→ 을국 / 갑국

05 소비자가 소비할 수 있는 상품의 종류가 ~~감소~~한다.
→ 증가

06 기업의 기술 개발과 품질 관리로 경제가 성장할 수 있다.

07 기업의 평균 생산비가 ~~높아져~~ 규모의 경제를 실현할 수 있다.
→ 낮아져

08 재화나 서비스를 들여오는 과정에서 외국의 새로운 기술을 습득할 수 있다.

09 ~~경쟁력의 유무와 관계없이 모든~~ 개인, 기업, 산업, 국가가 ~~이익을 얻~~을 수 있다.
→ 경쟁력이 없는 / 불이익을 받을

10 각국이 자국의 유치산업을 보호할 수 있다.

11 농업과 같이 국가의 안전 보장에 중요한 산업을 ~~보호하고 육성하기 어렵다.~~
→ 보호하고 육성할 수 있다.

12 국가 간 무역 마찰을 초래하는 등 국가 간 분쟁의 원인이 될 수 있다.

13 ~~수출과 수입을 모두 증가시켜 국내 시장의 해외 의존도가 높아질 수 있다.~~
→ 수입의 증가를 막아 국내 시장의 해외 의존도가 높아지는 것을 방지할 수 있다.

14 다양한 상품을 낮은 가격으로 구매할 수 있는 소비자의 기회가 제한될 수 있다.

기출+예상 문제로 주제 정복하기 ▶ 본문 115~121쪽

251 ⑤	252 ⑤	253 ④	254 ④	255 ⑤	256 ②
257 ①	258 ③	259 ④	260 ⑤	261 ③	262 ③
263 ②	264 ②	265 ④	266 ①	267 ⑤	268 ①
269 ④	270 ⑤	271 ④	272 ③	273 ②	274 ③
275 ②	276 ①				

문제 분석 제시된 자료에서 갑국과 을국의 X재, Y재 1개 생산의 기회비용을 정리하면 표와 같습니다.

구분	갑국	을국
X재 1개 생산의 기회비용	Y재 1/2개	Y재 5/4개
Y재 1개 생산의 기회비용	X재 2개	X재 4/5개

따라서 갑국은 X재 생산에, 을국은 Y재 생산에 비교 우위가 있음을 알 수 있습니다.

정답 찾기 ⑤ 교역 후 을국의 X재 최대 가능 소비량은 150개입니다. 따라서 X재로 표시한 Y재의 기회비용은 1.5개로 교역 전 0.8개보다 증가하였습니다.

오답 피하기 ① 동일한 자원으로 갑국은 X재와 Y재 모두 을국보다 적게 생산할 수 있습니다. 따라서 갑국은 X재와 Y재 생산 모두에 절대 열위를 가집니다. ② 을국에서 주어진 자원으로 X재만 생산할 경우에는 80개를 생산할 수 있고, Y재만 생산할 경우에는 100개를 생산할 수 있습니다. 따라서 X재 1개 생산의 기회비용은 Y재 5/4개입니다. ③ 갑국은 X재 생산에 비교 우위가 있고, 을국은 Y재 생산에 비교 우위가 있습니다. 따라서 교역 후 갑국은 X재 생산에, 을국은 Y재 생산에 특화합니다. ④ 교역 후 갑국과 을국의 소비점을 분석하면 X재와 Y재의 교환 비율이 3 : 2임을 알 수 있습니다. 즉, 교역 조건은 X재 1개당 Y재 2/3개입니다.

문제 분석 제시된 자료에서 갑국은 Y재 생산에, 을국은 X재 생산에 비교 우위가 있습니다. 양국은 비교 우위 재화에만 특화하므로 교역 후 갑국은 Y재만 30개 생산하며, 을국은 X재만 15개 생산합니다.

정답 찾기 ⑤ 생산에 투입된 노동 시간은 갑국이 60시간(= 30개 × 2시간), 을국이 60시간(= 15개 × 4시간)으로 같습니다.

오답 피하기 ① 재화 생산의 절대 우위는 단위당 생산 비용으로 비교할 수 있습니다. 따라서 갑국은 Y재 생산에, 을국은 X재 생산에 절대 우위가 있습니다. ② 을국의 Y재 1개 생산의 기회비용은 X재 2.5개입니다. ③ 갑국이 가지고 있는 자원은 60시간의 노동이므로 X재는 최대 10개, Y재는 최대 30개 생산할 수 있습니다. ④ X재 10개와 Y재 10개가 교환되었으므로 교환 비율은 1 : 1입니다.

문제 분석 동일한 자원을 이용해서 다른 생산자보다 많은 양의 상품을 생산하는 능력은 절대 우위이고, 다른 나라에 비해 더 작은 기회비용으로 재화를 생산할 수 있는 능력은 비교 우위입니다. 따라서 ㉠은 절대 우위, ㉡은 비교 우위, ㉢은 기회비용입니다.

정답 찾기 ④ 양국 간 국제 거래 시 각국은 최소한 하나의 상품에서 비교 우위를 가질 수 있습니다.

오답 피하기 ① ㉠은 절대 우위, ㉡은 비교 우위입니다. ② ㉢은 기회비용입니다. ③ 한 국가가 모든 재화의 생산에서 절대 우위를 갖더라도 비교 우위를 갖는 상품에 특화하여 다른 나라와 거래를 하면 이득을 얻을 수 있습니다. ⑤ 절대 우위와 달리 비교 우위는 경제적 능력이 서로 다른 국가 간의 무역이 이루어지게 합니다.

문제 분석 제시된 자료에서 갑~병의 X재, Y재 1개 생산의 기회비용을 정리하면 표와 같습니다.

구분	갑	을	병
X재 1개 생산의 기회비용	Y재 1/2개	Y재 2개	Y재 3/8개
Y재 1개 생산의 기회비용	X재 2개	X재 1/2개	X재 8/3개

정답 찾기 ④ X재와 Y재의 교환 비율이 1 : 1/2 ~ 1 : 3/8 사이에 있을 때 갑, 병 모두 교환의 이익이 발생할 수 있습니다. 따라서 교환 비율이 1 : 3이라면 갑과 병 간에는 교환이 발생하지 않습니다.

오답 피하기 ① 갑이 X재 1개를 생산하기 위해서는 Y재 0.5개의 생산을 포기해야 합니다. 따라서 갑의 X재 1개 생산에 대한 기회비용은 Y재 0.5개입니다. ② 을이 X재 6개와 Y재 9개를 생산하려면 42시간[(X재 6개 × 4시간) + (Y재 9개 × 2시간)]이 필요합니다. ③ 갑은 을에 대해 X재 생산에는 비교 우위와 절대 우위를 모두 갖습니다. 마찬가지로 Y재 생산에는 비교 열위와 절대 열위를 모두 갖습니다. ⑤ 갑이 을에 대해 비교 우위를 갖는 재화는 X재이며, 병에 대해 비교 우위를 갖는 재화는 Y재입니다.

문제 분석 제시된 그림에서 갑과 을의 X재, Y재 1개 생산의 기회비용을 정리하면 표와 같습니다.

구분	갑	을
X재 1개 생산의 기회비용	Y재 3/2개	Y재 4/5개
Y재 1개 생산의 기회비용	X재 2/3개	X재 5/4개

정답 찾기 ㄷ. 갑은 Y재 생산에, 을은 X재 생산에 비교 우위가 있습니다. ㄹ. 갑은 비교 우위가 있는 Y재를 30개 생산하여 이 중 Y재 20개를 X재 20개와 1 : 1로 교환하면 남은 Y재 10개를 소비할 수 있습니다.

오답 피하기 ㄱ. 갑의 X재 1개 생산의 기회비용은 Y재 1개 생산의 기회비용보다 큽니다. ㄴ. 을의 Y재 1개 생산의 기회비용은 X재 5/4개입니다.

문제 분석 제시된 자료에서 갑국과 을국의 X재, Y재 1개 생산의 기회비용을 정리하면 표와 같습니다.

구분	갑국	을국
X재 1개 생산의 기회비용	Y재 2개	Y재 1/4개
Y재 1개 생산의 기회비용	X재 1/2개	X재 4개

정답 찾기 ㄱ. X재 1개 생산의 기회비용은 갑국이 Y재 2개, 을국이 Y재 1/4개로 갑국이 을국보다 큽니다. ㄹ. 갑국은 Y재 생산에, 을국은 X재 생산에 비교 우위가 있으므로 비교 우위 재화에 각각 특화하여 교역하면 양국 모두 무역의 이익을 얻을 수 있습니다.

오답 피하기 ㄴ. 갑국은 X재 생산과 Y재 생산 모두에 절대 우위가 있습니다. ㄷ. 갑국은 Y재 생산에, 을국은 X재 생산에 비교 우위가 있습니다.

문제 분석 제시된 자료에서 갑국과 을국의 X재, Y재 1개 생산의 기회비용을 정리하면 표와 같습니다.

구분	갑국	을국
X재 1개 생산의 기회비용	Y재 5/6개	Y재 9/8개
Y재 1개 생산의 기회비용	X재 6/5개	X재 8/9개

정답 찾기 ① 갑국은 X재 생산에, 을국은 Y재 생산에 비교 우위가 있습니다. X재에 특화하여 수출하는 갑국은 X재 1개를 수출하고 적어도 Y재 5/6개보다는 많은 Y재를 받아야 이익을 얻을 수 있고, 을국은 Y재 1개를 수출하고 적어도 X재 8/9개보다는 많은 X재를 받아야 이익을 얻을 수 있습니다. 따라서 양국 모두에 이익이 발생하는 교역 조건은 X재 1개와 교환되는 Y재가 5/6~9/8개 사이일 경우입니다.

258 비교 우위와 교역 조건 　　　　　　　　　　정답 ③

문제 분석 제시된 자료에서 갑국은 교역량보다 많은 X재를 소비하였고, Y재는 교역량만큼만 소비하였으므로 X재에 특화해 생산하였습니다. 반면, 을국은 교역량보다 많은 Y재를 소비하였고, X재는 교역량만큼만 소비하였으므로 Y재에 특화해 생산하였습니다.

정답 찾기 ③ 갑국의 X재 1개 생산의 기회비용은 Y재 2/3(=60/90)개입니다.

오답 피하기 ① 양국의 교역 후 X재 소비량의 합이 90개이므로 ㉠은 90이고, 양국의 교역 후 Y재 소비량의 합이 140개이므로 ㉡은 140입니다. ② 양국이 보유한 생산 요소의 양이 같으므로 X재와 Y재 모두 최대 생산 가능량이 많은 을국이 절대 우위를 나타냅니다. ④ ㉢은 갑국의 X재 수출량이고, ㉣은 을국의 Y재 수출량입니다. ⑤ 갑국과 을국 간에 X재 35개와 Y재 30개가 교환되었습니다. 따라서 교역 조건은 X재 1개당 Y재 6/7개입니다.

259 절대 우위와 비교 우위 　　　　　　　　　　정답 ④

문제 분석 제시된 대화에서 갑은 절대 우위론, 을은 비교 우위론에 근거하여 B국과의 교역에 대한 주장을 펼치고 있습니다.

정답 찾기 ㄴ. 을은 비교 우위의 원리에 따라 생산성이 좀 더 높은 상품, 즉 비교 우위 상품에 특화하여 교역하면 양국 모두에게 이익이 된다고 보고 있습니다. ㄹ. 비교 우위론에 따르면 A국과 B국은 각각 생산의 기회비용이 작은 상품, 즉 비교 우위 상품에 특화하여 교역함으로써 이익을 얻을 수 있습니다.

오답 피하기 ㄱ. 갑은 절대 우위의 원리에 따라 B국과의 교역에 반대하고 있습니다. ㄷ. A국과 B국 모두 기회비용이 작은 상품이 존재할 수 있습니다.

260 절대 우위와 비교 우위 　　　　　　　　　　정답 ⑤

문제 분석 제시된 자료에서 갑국은 주어진 생산 요소를 최대로 사용하여 X재 40개와 Y재 50개를 생산할 수 있습니다. 따라서 X재 1개 생산의 기회비용은 Y재 5/4개이며, Y재 1개 생산의 기회비용은 X재 4/5개입니다. 갑국은 Y재를 최대 100개까지 생산할 수 있으므로, X재는 최대 80개까지 생산할 수 있습니다. 갑국에서 Y재 1개는 X재 4/5개와 교환되는데, 을국과의 교역을 통해서는 X재 1개와 교환되므로 갑국의 비교 우위 특화 품목은 Y재입니다.

정답 찾기 ⑤ 교역 전 을국의 X재 1개 생산의 기회비용이 Y재 1개보다 작아야 갑국과 1:1의 교환 비율로 교역하여 이익을 얻을 수 있습니다.

오답 피하기 ① 갑국은 X재를 최대 80개까지 생산할 수 있습니다. ② 갑국은 Y재 생산에, 을국은 X재 생산에 비교 우위가 있습니다. ③ 교역을 통해 갑국은 비교 우위 재화인 Y재를 100개 생산하여 이 중 을국에게 40개를 수출하고, 60개를 소비합니다. ④ 교역 전 갑국의 Y재 1개 생산의 기회비용은 X재 1개보다 작습니다.

261 비교 우위와 교역 조건 　　　　　　　　　　정답 ③

문제 분석 제시된 자료에서 갑국의 시기별 X재, Y재 1개 생산의 기회비용을 정리하면 표와 같습니다.

구분	t기	t+1기
X재 1개 생산의 기회비용	Y재 3/2개	Y재 4/3개
Y재 1개 생산의 기회비용	X재 2/3개	X재 3/4개

t기에 갑국의 국내 X재와 Y재의 교환 비율은 1:1.5이고, 양국 간 교환 비율은 1:1입니다. 따라서 갑국은 Y재에 특화하였음을 추론할 수 있습니다. 그리고 t+1기에 갑국의 국내 X재와 Y재의 교환 비율은 1:4/3이고, 양국 간 교환 비율은 1:2입니다. 따라서 갑국은 X재에 특화하였음을 추론할 수 있습니다.

정답 찾기 ㄴ. t기에 갑국은 Y재를 30개 생산하여 10개를 을국과 교환하면 X재 10개, Y재 20개를 소비할 수 있습니다. ㄷ. t+1기에 갑국은 무역 전에는 X재 1개 대신 Y재 4/3개를 가질 수 있었으나, 무역 후에는 X재 1개 대신 Y재 2개를 가질 수 있게 되었습니다. 따라서 무역에 따른 이익은 X재 1개당 Y재 2/3개입니다.

오답 피하기 ㄱ. t기에 갑국은 Y재 생산에 비교 우위가 있습니다. ㄹ. t+1기에 을국은 Y재 1개를 수출하는 대신 X재 1/2개를 수입하였습니다. 따라서 을국에서 Y재 1개 생산에 대한 기회비용은 X재 1/2개보다 작음을 알 수 있습니다.

262 비교 우위와 교역 조건 　　　　　　　　　　정답 ③

문제 분석 제시된 자료에서 갑국과 을국의 X재, Y재 1개 생산의 기회비용을 정리하면 표와 같습니다.

구분	갑국	을국
X재 1개 생산의 기회비용	Y재 2개	Y재 5/4개
Y재 1개 생산의 기회비용	X재 1/2개	X재 4/5개

따라서 갑국은 Y재 생산에 비교 우위가 있고, 을국은 X재 생산에 비교 우위가 있습니다.

정답 찾기 ㄴ. 을국에서 Y재 1개 생산의 기회비용은 X재 4/5개로 1개보다 작습니다. ㄷ. 갑국은 Y재 100개를 생산하여 을국과의 교역을 통해 X재 20개와 Y재 70개를 소비하게 되었으므로, Y재 30개를 수출하고 X재 20개를 수입하였습니다. 따라서 X재 1개당 Y재 1.5개를 교환하였음을 알 수 있습니다.

오답 피하기 ㄱ. X재 생산에 비교 우위가 있는 것은 을국입니다. 갑국은 Y재 생산에 비교 우위가 있습니다. ㄹ. 교역 이전 갑국이 X재를 20개 생산해서 소비했다면 생산을 포기한 Y재는 40개로, 이에 따른 Y재 생산량은 60개가 됩니다. 그런데 을국과의 교역으로 인해 Y재를 70개 소비할 수 있게 되었으므로 증가한 Y재 소비량은 10개입니다.

263 비교 우위와 교역 조건 　　　　　　　　　　정답 ②

문제 분석 제시된 그림에서 갑국, 을국, 병국의 X재와 Y재 1단위 추가 생산의 기회비용을 정리하면 표와 같습니다.

구분	X재 1단위 추가 생산의 기회비용	Y재 1단위 추가 생산의 기회비용
갑국	Y재 1단위	X재 1단위
을국	Y재 3단위	X재 1/3단위
병국	Y재 1단위	X재 1단위

정답 찾기 ② 을국과 병국만 교역할 경우 을국은 기회비용이 작은 Y재 생산에 비교 우위가 있습니다.

 ① 갑국은 을국에 비해 X재 생산량은 같고, Y재 생산량은 적습니다. 따라서 을국은 Y재 생산에 절대 우위가 있습니다. ③ 갑국과 병국은 X재와 Y재 1단위 추가 생산의 기회비용이 같으므로 비교 우위에 따른 특화가 일어나지 않습니다. ④ X재 1단위 추가 생산에 따른 기회비용은 을국이 Y재 3단위로 가장 큽니다. ⑤ A는 을국과 병국에게는 효율적인 생산 지점이고, 갑국에게는 생산 불가능한 지점입니다.

264 비교 우위와 교역 조건　　정답 ②

눈으로 보는 해설

다음 자료에 대한 옳은 분석만을 〈보기〉에서 있는 대로 고른 것은?

그림은 X재와 Y재만 생산하는 갑국과 을국의 생산 가능 곡선을 나타낸다. 단, 양국의 생산 요소 양은 같으며, 양국은 이익이 발생할 경우에만 비교 우위 재화에 특화하여 교역한다.

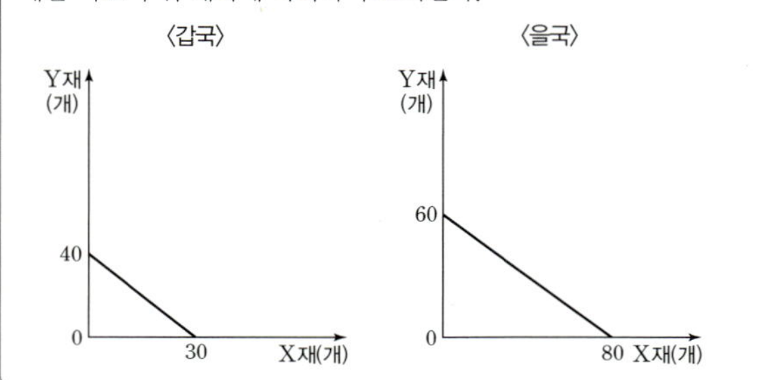

〈보기〉

ㄱ. 갑국은 Y재 생산에 비교 우위가 있다.　→갑국(Y재 4/3개)>을국 (Y재 6/8개)
ㄴ. X재 1개 생산의 기회비용은 갑국이 을국보다 작다.
ㄷ. 교역 후 갑국의 Y재 소비에 따른 기회비용은 감소한다.　증가
ㄹ. X재와 Y재의 교환 비율이 3 : 1이라면 갑국은 무역에 응하지 않을 것이다.

① ㄱ, ㄴ　　② ㄱ, ㄹ　　③ ㄴ, ㄷ
④ ㄱ, ㄷ, ㄹ　　⑤ ㄴ, ㄷ, ㄹ

 제시된 자료에서 갑국과 을국의 X재, Y재 1개 생산의 기회비용을 정리하면 표와 같습니다.

구분	갑국	을국
X재 1개 생산의 기회비용	Y재 4/3개	Y재 6/8개
Y재 1개 생산의 기회비용	X재 3/4개	X재 8/6개

따라서 갑국은 Y재 생산에 비교 우위가 있고, 을국은 X재 생산에 비교 우위가 있습니다.

 ㄱ. 갑국은 Y재 생산에, 을국은 X재 생산에 비교 우위가 있습니다. ㄹ. 갑국에서 Y재 1개 생산의 기회비용은 X재 3/4개입니다. X재와 Y재의 교환 비율이 3 : 1이면 갑국은 이익이 발생하지 않으므로 무역에 응하지 않을 것입니다.

 ㄴ. X재 1개 생산의 기회비용은 갑국이 을국보다 큽니다. ㄷ. 교역 이후 Y재 소비에 따른 기회비용은 증가합니다.

함정 피하기

ㄷ을 골랐다면, 교역 이후 이익이 발생하기 위한 조건을 잘못 파악한 것입니다. 갑국은 비교 우위를 가진 Y재에 특화하여 을국과 교역합니다. 교역 이전 Y재 1개의 기회비용은 X재 3/4개이므로 교역 이후 이익이 발생하기 위해서는 Y재 1개와 교환되는 X재가 적어도 3/4개보다는 많아야 합니다. 따라서 교역 이후 Y재 소비에 따른 기회비용은 증가하게 됩니다.

265 비교 우위와 교역 조건　　정답 ④

 제시된 자료에서 갑국과 을국의 X재, Y재 1개 생산의 기회비용을 정리하면 표와 같습니다.

구분	갑국	을국
X재 1개 생산의 기회비용	Y재 2/3개	Y재 4/3개
Y재 1개 생산의 기회비용	X재 3/2개	X재 3/4개

따라서 갑국은 X재 생산에 비교 우위가 있고, 을국은 Y재 생산에 비교 우위가 있습니다.

 ㄴ. X재 1개 생산의 기회비용이 작은 갑국은 X재 생산에 비교 우위가 있고, Y재 1개 생산의 기회비용이 작은 을국은 Y재 생산에 비교 우위가 있습니다. ㄹ. X재와 Y재의 국내 교환 비율이 갑국은 1 : 2/3이며, 을국은 1 : 4/3입니다. 따라서 양국 간 교환 비율이 X재 1개당 Y재 2/3개에서 4/3개 사이일 양국 모두 교역을 통해 이익을 얻을 수 있습니다.

 ㄱ. 갑국에서 X재 1개 생산의 기회비용은 Y재 2/3개입니다. ㄷ. 교역 후 을국은 비교 우위 상품인 Y재에 특화합니다. 그러나 Y재를 교역 이전보다 더 많이 생산한다고 해서 Y재의 1개당 생산비가 증가하는 것은 아닙니다.

266 관세 부과의 경제적 효과　　정답 ①

 제시된 자료에서 갑국 정부가 X재 1개당 10달러의 관세를 부과하므로 X재의 국내 시장 가격은 국제 가격 50달러에 관세를 더한 60달러입니다. 국내 수요 증가 이후 X재의 국내 소비량과 수입량은 증가했지만, 국내 가격은 국내 수요 증가 이전과 마찬가지인 60달러로 변함이 없습니다.

 ① X재의 국내 수요 증가 이후 국내 생산량은 30만 개이고, 국내 소비량은 90만 개입니다. 따라서 X재의 수입량은 60만 개입니다.

 ② X재 국내 소비량은 90만 개입니다. ③ X재 국내 생산량은 30만 개입니다. ④ 수입량은 60만 개이고, 개당 관세는 10달러입니다. 따라서 관세 수입은 600만 달러(60만 개×10달러)입니다. ⑤ 수요 증가 후에도 X재의 국내 가격과 국내 생산량이 일정하므로 국내 생산자 잉여는 변함이 없습니다.

267 관세 부과의 경제적 효과　　정답 ⑤

 제시된 자료에서 가격은 부과된 관세의 크기만큼 상승하게 됩니다. 이때 가격이 상승한 만큼 소비자 잉여는 감소하고, 생산자 잉여는 증가합니다.

 ⑤ 관세 부과 전 소비자 잉여는 가격과 수요 곡선 사이의 삼각형 영역이므로 관세 부과 후 소비자 잉여는 A+B+C+D만큼 감소합니다. 한편, 관세 부과 전 생산자 잉여는 E이고, 관세 부과 후 생산자 잉여는 A+E입니다. 따라서 생산자 잉여는 A만큼 증가합니다. 또한 정부의 조세 수입은 '관세×수입량'인데, 관세 부과 이후 수입량은 가격에 따라 발생하는 초과 수요인 Q_2Q_3만큼 나타납니다. 따라서 정부의 조세 수입은 C만큼 증가합니다.

268 보호 무역　　정답 ①

 자유 무역을 통해 무역의 이득을 얻을 수 있지만 실제 많은 국가들은 보호 무역을 실시하기도 합니다. 보호 무역을 실시하는 근거는 자국민 실업 방지, 유치산업 보호, 외국의 불공정 거래 대응, 국가의 안전 보장 등이 있으며, 보호 무역의 정책 수단으로는 관세, 반덤핑 관세, 수입 할당제, 수출 보조금 지급 등이 있습니다.

 ① 반덤핑 관세는 수출국이 수출 상품의 가격을 국내 가격보다 낮추어 수출하는 덤핑이 발생할 경우, 수입국이 자국 산업을 보호하기 위해 부과하는 관세를 의미합니다.

269 관세 부과의 경제적 효과   정답 ④

문제 분석 제시된 자료에서 관세 부과 시 X재의 국내 가격은 90달러, 국내 수요량은 60만 개, 국내 생산량은 40만 개입니다. 관세 폐지 시 X재의 국내 가격은 국제 가격과 동일한 70달러, 국내 소비량은 80만 개, 국내 생산량은 20만개가 됩니다.

정답 찾기 ④ 관세를 폐지하면 국내 초과 수요량이 20만 개에서 60만 개로 40만 개 증가합니다. 따라서 수입량은 40만 개 증가합니다.

오답 피하기 ① 국내 수요량은 60만 개, 국내 생산량은 40만 개로 수입량은 20만 개입니다. ② X재 1개당 관세는 20달러이며, 수입량은 20만 개이므로 정부의 관세 수입은 400만 달러입니다. ③ 국내 가격이 개당 90달러, 판매량은 40만 개이므로 국내 생산자의 판매 수입은 3,600만 달러입니다. ⑤ 관세를 폐지하면 국내 가격은 국제 가격 수준으로 하락합니다. 따라서 국내 소비량은 증가하고, 국내 생산량은 감소합니다. 이 경우 관폐 폐지 전에 비해 국내 소비자 잉여는 1,400만 달러 증가하고, 국내 생산자 잉여는 600만 달러 감소합니다.

270 보호 무역과 자유 무역   정답 ⑤

문제 분석 제시된 대화에서 갑은 A국의 결정이 A국에 손해를 가져온다고 주장하고 있는 반면, 을은 A국의 결정이 현재 시점에서 적절하다고 주장하고 있습니다.

정답 찾기 ㄷ. 보호 무역의 실시로 인해 A국의 실업률이 하락할 수 있다는 주장은 보호 무역을 옹호하는 을의 견해에 가깝습니다. ㄹ. 자유 무역을 실시하면 A국의 수출 기업이 규모의 경제를 실현할 수 있다는 주장은 자유 무역을 옹호하는 갑의 견해에 가깝습니다.

오답 피하기 ㄱ. 자유 무역으로 인해 총잉여가 증대되었다고 해서 소비자 잉여와 생산자 잉여가 모두 증가하는 것은 아닙니다. 따라서 자유 무역이 A국의 소비자 잉여와 생산자 잉여를 모두 증가시킬 것이라는 생각이 갑의 견해라고 단정할 수는 없습니다. ㄴ. 관세 폐지는 자유 무역주의에 입각한 무역 조치입니다. 따라서 관세 폐지 주장은 현재 A국의 입장에서 보호 무역 조치의 이점을 강조하고 있는 을이 주장할 내용으로 보기 어렵습니다.

271 보호 무역과 자유 무역   정답 ④

문제 분석 제시된 그림에서 밑줄 친 부분은 자유 무역에 따른 관세 철폐를 나타냅니다.

정답 찾기 ④ 자유 무역 협정으로 인해 관세가 철폐되어 수입품의 가격이 하락하면 국내 소비자들의 소비자 잉여는 증가합니다.

오답 피하기 ① 갑국 생산 제품의 국내 소비량은 증가할 것입니다. ② 갑국 생산 제품의 국내 판매 가격은 하락할 것입니다. ③ 갑국에 대한 우리나라 정부의 관세 수입은 감소할 것입니다. ⑤ 갑국 생산 제품과 경쟁 관계에 있는 우리나라 기업 제품의 국내 판매량은 감소할 것입니다.

272 관세 부과의 경제적 효과   정답 ③

문제 분석 제시된 자료에서 관세 부과에 따라 X재의 가격이 상승하면 국내산 X재의 공급량은 증가하고, X재의 수요량은 감소합니다.

정답 찾기 ③ 관세 부과 후 가격이 상승함에 따라 국내 공급량은 증가합니다. 따라서 국내 생산량은 관세 부과 전 Q_1에서 관세 부과 후 Q_2로 증가합니다.

오답 피하기 ① 관세 부과 후 수입되는 X재의 양은 Q_2Q_3이고, 부과되는 관세는 P_2-P_1입니다. 따라서 관세 수입은 $(P_2-P_1) \times Q_2Q_3$가 됩니다. ② 관세 부과 후 X재의 국내 공급량은 Q_2이고, 국내 수요량은 Q_3입니다. 따라서 초과 수요가 발생하므로 Q_2Q_3만큼 X재를 수입하게 됩니다. ④ 관세 부과 후 생산자 잉여는 관세 부과 전에 비해 증가하며, 소비자 잉여는 감소합니다. ⑤ 관세 부과 후 가격이 P_1에서 P_2로 상승함에 따라 X재의 소비량은 Q_4에서 Q_3로 감소합니다.

273 보호 무역 정책   정답 ②

문제 분석 (가)와 (다)는 비관세 장벽이고, (나)는 관세 장벽입니다. 이는 모두 국내 산업을 보호하여 실업을 방지하기 위한 보호 무역 정책 수단입니다.

정답 찾기 ㄱ. 수입품의 수량을 일정량으로 제한하는 것은 수입 할당제로, 비관세 장벽에 해당합니다. ㄹ. (가)~(다)는 모두 보호 무역 정책 수단으로, 국제 무역 분쟁의 원인이 될 수 있습니다.

오답 피하기 ㄴ. 관세를 부과하면 관세 수입이 발생하고 소비자 잉여가 감소하지만, 관세 수입만큼 소비자 잉여가 감소하는 것은 아닙니다. 관세가 부과되면 국내 판매 가격이 관세만큼 높아져 소비자 잉여가 감소합니다. 관세 수입은 감소한 소비자 잉여의 일부분일 뿐이므로 관세 수입이 감소한 소비자 잉여보다 작습니다. ㄷ. (가)~(다)는 모두 국내 생산자를 보호하기 위한 것입니다.

274 관세 부과의 경제적 효과   정답 ③

문제 분석 제시된 자료에서 t 시기에는 국제 가격에 X재 1개당 P_1P_2의 관세를 부과하여 수입합니다. 따라서 갑국 국내 시장에서 X재는 P_2에 거래되며, 국내 공급량은 Q_2, 수요량은 Q_3, 수입량은 Q_2Q_3입니다. t+1 시기에는 관세를 철폐하므로, 갑국 국내 시장에서 X재는 P_1에 거래되며, 갑국의 국내 공급량은 Q_1, 수요량은 Q_4, 수입량은 Q_1Q_4입니다. t+2 시기에는 갑국 생산자에게 부과되던 판매세를 1개당 P_1P_2만큼 인하하므로, 갑국 국내 시장에서 국내 공급은 증가합니다. 갑국의 새로운 국내 공급 곡선은 이전의 국내 공급 곡선보다 우측으로 이동하며, 갑국 국내 시장에서 X재는 P_1에 거래되고, 국내 공급량은 Q_2, 수요량은 Q_4, 수입량은 Q_2Q_4입니다.

정답 찾기 ③ t 시기에 비해 t+1 시기의 X재 국내 가격은 낮고, 생산량도 적습니다. 따라서 갑국 기업의 생산자 잉여는 t+1 시기가 t 시기보다 작습니다.

오답 피하기 ① t 시기 X재의 국내 가격은 P_2이므로 갑국 기업의 공급량은 Q_2입니다. ② t+1 시기 국내 공급량은 Q_1이고, 국내 수요량은 Q_4입니다. 따라서 t+1 시기 갑국의 수입량은 Q_1Q_4입니다. ④ t+2 시기에 국내 공급이 증가하지만 수요는 변하지 않습니다. 따라서 국내 거래량은 Q_4로 t+1 시기와 같습니다. ⑤ 국내 가격은 t+1 시기와 t+2 시기가 모두 P_1로 같습니다.

275 관세 부과의 경제적 효과   정답 ②

문제 분석 제시된 자료에서 X재 시장에서는 수요가 가격에 대해 비탄력적이므로 수요 법칙이 작용하는 반면, 공급은 가격에 대해 완전 비탄력적이므로 공급 법칙은 작용하지 않고 있습니다.

정답 찾기 ㄱ. 관세가 부과됨에 따라 X재의 국내 가격은 상승하므로, X재의 수요량은 감소합니다. ㄷ. X재 수요의 가격 탄력성이 비탄력적이므로 관세 부과에 따른 수입량의 감소 효과보다 가격 상승 효과가 더 크게 나타납니다. 따라서 X재의 총판매 수입은 증가합니다.

오답 피하기 ㄴ. 정부의 재정 수입은 X재의 수입량×관세만큼 증가합니다. ㄹ. 국내산 X재의 공급은 가격에 대해 완전 비탄력적이므로 공급량에는 변화가 없습니다.

276 자유 무역의 경제적 효과 정답 ①

문제 분석 제시된 자료에서 무역 전에는 갑국의 X재 시장 가격이 을국보다 낮았습니다. 그런데 무역 후에는 양국의 국내 가격 사이에서 X재의 국제 가격이 결정되어 초과 공급이 발생하는 갑국은 X재의 수출국이 되고, 을국은 X재의 수입국이 됩니다.

정답 찾기 ㄱ. 갑국에서는 무역 후 X재의 가격이 상승하므로, 공급량은 증가합니다. ㄴ. 을국은 X재 수입국이 되므로, 을국의 경상 수지는 악화됩니다.

오답 피하기 ㄷ. 무역 후 을국에서는 X재의 가격이 하락하므로 생산자 잉여는 감소합니다. ㄹ. X재의 국제 가격은 P_1과 P_2 사이에서 결정됩니다.

핵심 개념 CHECK! ▸ 본문 123쪽

| 01 × | 02 × | 03 × | 04 ○ | 05 × | 06 ○ | 07 × | 08 × |
| 09 ○ | 10 × | 11 ○ | 12 ○ | 13 × | | | |

○× 문장 바로 알기

01 달러의 공급이 증가하면 E_0에서 E_1로 이동한다.
→ E_2

02 달러의 ~~수요가~~ 감소하면 E_0에서 E_1로 이동한다.
→ 공급이

03 대미 수출 증가는 E_0에서 E_1로 이동하는 요인이다.
→ E_2

04 미국인의 국내 여행 증가는 E_0에서 E_2로 이동하는 요인이다.

05 국내 기업의 미국 투자 감소는 ~~E_0에서 E_1로 이동하는~~ 요인이다.
→ 수요 곡선이 이동하는

06 미국으로부터의 신규 차관 도입은 E_0에서 E_2로 이동하는 요인이다.

07 외국 자본의 유입은 외화의 공급 증가에 따른 환율 ~~상승~~ 요인이다.
→ 하락

08 외국에 있는 기업에 대한 투자 증가는 외화의 수요 ~~감소~~에 따른 환율 상승 요인이다.
→ 증가

09 국내 물가가 상승하면 수출품의 가격이 상승해 수출이 감소하는데, 이는 외화의 공급 감소에 따른 환율 상승 요인이다.

10 수출품의 외화 표시 가격 ~~상승~~으로 수출품의 가격 경쟁력이 높아져 수출이 증가한다.
→ 하락

11 자국민의 해외여행이 감소하고 외국인의 국내 여행이 증가하여 서비스 수지가 개선된다.

12 순수출의 증가로 통화량이 증가하여 국내 물가가 상승한다.

13 외채의 원화 환산액이 ~~감소~~하여 기업의 외채 상환 부담을 ~~감소~~시킨다.
→ 증가 / 증가

기출+예상 문제로 주제 정복하기 ▸ 본문 125~131쪽

277 ⑤	278 ③	279 ③	280 ④	281 ②	282 ③
283 ④	284 ①	285 ④	286 ④	287 ④	288 ⑤
289 ④	290 ④	291 ⑤	292 ⑤	293 ③	294 ②
295 ②	296 ①	297 ②	298 ②	299 ②	300 ①
301 ③	302 ③				

277 환율의 결정과 변동 정답 ⑤

문제 분석 제시된 그림에서 미국 달러화 대비 갑국의 화폐 가치가 지속적으로 하락하는 것은 갑국 화폐 대비 미국 달러화 가치가 상승하는 것을 의미합니다. 갑국 화폐/달러화 환율 상승의 요인으로는 외환 시장에서 수요 증가 또는 공급 감소가 있습니다.

[정답 찾기] ⑤ 미국인이 갑국에서 회수한 투자금을 달러화로 환전하고자 할 경우 달러화 수요가 증가합니다. 따라서 갑국 화폐/달러화 환율은 상승합니다.
[오답 피하기] ① 갑국의 금리 상승은 갑국 내 해외 자본 유입 증가에 따른 외환 시장의 공급 증가 요인입니다. 외환 시장에서 공급이 증가하면 갑국 화폐/달러화 환율은 하락합니다. ② 갑국의 달러 수요가 감소하면 외환 시장에서 공급이 증가하면 갑국 화폐/달러화 환율은 하락합니다. ③ 갑국의 대미 경상 수지 확대는 외환 시장의 공급 증가 요인입니다. 외환 시장에서 공급이 증가하면 갑국 화폐/달러화 환율은 하락합니다. ④ 미국인의 갑국 여행 증가는 외환 시장의 공급 증가 요인입니다. 외환 시장에서 공급이 증가하면 갑국 화폐/달러화 환율은 하락합니다.

278 환율의 결정과 변동   정답 ③

[문제 분석] 제시된 그림에서 e점을 중심으로 a는 원/달러 환율 상승, 달러 거래량 감소, b는 원/달러 환율 상승, 달러 거래량 증가, c는 원/달러 환율 하락, 달러 거래량 증가, d는 원/달러 환율 하락, 달러 거래량 감소를 의미합니다.
[정답 찾기] ㄴ. 해외 자본의 유출은 외화 수요의 증가에 따른 원/달러 환율 상승, 달러 거래량 증가 요인입니다. ㄷ. 수출 증가는 외화 공급 증가에 따른 원/달러 환율 하락, 달러 거래량 증가 요인입니다.
[오답 피하기] ㄱ. 수입의 감소는 외화 수요 감소에 따른 원/달러 환율 하락, 달러 거래량 감소 요인입니다. ㄹ. 해외 자본의 국내 유입은 외화 공급 증가에 따른 원/달러 환율 하락, 달러 거래량 증가 요인입니다.

279 환율의 결정과 변동   정답 ③

[문제 분석] 제시된 그림의 a에서 b로의 변화는 외환 시장의 공급 감소로 인한 환율 상승을 의미합니다.
[정답 찾기] ③ 우리나라에 대한 미국 기업의 투자가 감소하는 것은 외환 시장의 공급 감소 요인입니다.
[오답 피하기] ① 미국에 대한 수출이 증가하는 것은 외환 시장의 공급 증가 요인입니다. ② 미국 상품의 수입이 증가하는 것은 외환 시장의 수요 증가 요인입니다. ④ 미국 여행을 가는 우리나라 사람들이 증가하는 것은 외환 시장의 수요 증가 요인입니다. ⑤ 우리나라 사람들의 미국 주식에 대한 투자가 감소하는 것은 외환 시장의 수요 감소 요인입니다.

280 환율의 결정과 변동   정답 ④

[문제 분석] 서로 다른 두 나라 화폐를 교환하기 위해서는 일정한 교환 비율이 필요합니다. 이때 두 나라 화폐의 교환 비율을 환율이라고 하며, 세계 각국에서는 외환 시장의 거래 과정에서 환율이 자연스럽게 결정되도록 하고 있습니다.
[정답 찾기] ④ 달러 환율이 1달러당 1,000원에서 1,100원이 되면 환율이 상승한다고 말하며, 이 경우 원화 가치는 하락합니다. 반대로 환율 하락은 원화 가치의 상승을 의미합니다.

281 환율의 결정과 변동   정답 ②

[문제 분석] 제시된 그림에서 $S_0 \rightarrow S_1$의 변화는 외환 시장의 공급 증가로 인한 원/달러 환율의 하락을 나타내고, $S_0 \rightarrow S_2$의 변화는 외환 시장의 공급 감소로 인한 원/달러 환율의 상승을 나타냅니다.
[정답 찾기] ㄱ, ㄷ 미국에 대한 수출 증가는 외환 시장의 공급 증가 요인이고, 미국인의 국내 투자 감소는 외환 시장의 공급 감소 요인입니다.
[오답 피하기] ㄴ. 미국 상품의 수입 증가는 국내 외환 시장의 수요 증가 요인입니다. ㄹ. 미국 주식에 대한 투자 증가는 국내 외환 시장의 수요 증가 요인입니다.

282 환율의 결정과 변동   정답 ③

[문제 분석] 제시된 사례에서 갑이 국내 정기 예금 금리가 미국 정기 예금 금리보다 높은데도 미국 정기 예금에 투자한 이유는 1년 후 달러화의 가치가 상승, 즉 원/달러 환율이 상승하여 달러화를 원화로 바꿀 때 더 많은 원화를 얻을 수 있을 것이라고 예상했기 때문입니다. 한편, 을이 미국 여행을 1년 뒤로 늦춘 이유는 1년 후 달러화의 가치, 즉 엔/달러 환율이 하락하여 더 적은 엔화로 여행을 할 수 있을 것이라고 예상했기 때문입니다.
[정답 찾기] ③ 갑은 1년 후 원/달러 환율이 상승할 것이라고 예상하였고, 을은 엔/달러 환율이 하락할 것이라고 예상하였습니다.

283 환율의 결정과 변동   정답 ④

[문제 분석] 제시된 대화에서 갑은 환율 상승을, 을은 외화 거래량 감소를 예상하였습니다. 외환 시장에서 환율이 상승하고 외화 거래량이 감소하는 것은 공급이 감소한 경우 또는 외화 수요의 증가폭보다 외화 공급의 감소폭이 더 큰 경우입니다.
[정답 찾기] ④ 대외 수출 감소는 수출로 벌어들이는 외화의 감소를 의미하므로, 이때 외화의 공급은 감소합니다. 따라서 환율은 상승하고, 외화 거래량은 감소합니다.
[오답 피하기] ① 해외로 진학하는 유학생의 증가는 외화에 대한 수요를 증가시키므로 환율은 상승하고, 외화 거래량은 증가합니다. ② 외국인의 국내 채권 구입 증가는 외화의 공급 증가를 가져오므로 환율은 하락하고, 외화 거래량은 증가합니다. ③ 국내 기업들의 해외 투자 축소는 외화에 대한 수요를 감소시키므로 환율은 하락하고, 외화 거래량은 감소합니다. ⑤ 해외 원자재 가격 하락으로 인한 수입의 증가는 외화에 대한 수요 증가를 가져오므로 환율은 상승하고, 외화 거래량은 증가합니다.

284 환율의 결정과 변동   정답 ①

[문제 분석] 국내 물가 상승으로 수출이 감소하면 외환 시장에서는 외화의 공급 감소가 나타나고, 수입이 증가하면 외화의 수요 증가가 나타납니다.
[정답 찾기] ① 외환 시장에서 ㉠은 공급 감소를 의미하고, ㉡은 수요 증가를 의미합니다.
[오답 피하기] ② 외환 시장에서 ㉠, ㉡은 공급 증가를 의미합니다. ③ 외환 시장에서 ㉠은 공급 감소를 의미하고, ㉡은 수요 감소를 의미합니다. ④ 외환 시장에서 ㉠, ㉡은 수요 감소를 의미합니다. ⑤ 외환 시장에서 ㉠은 공급 증가를 의미하고, ㉡은 수요 감소를 의미합니다.

285 환율의 결정과 변동   정답 ④

[문제 분석] 제시된 표에서 나타난 기간에 원/달러 환율은 상승하고 있으며, 원화의 가치는 하락하고 있습니다.
[정답 찾기] ④ 원/달러 환율이 상승함에 따라 달러화 예금을 이전에 비해 더 많은 원화로 환전할 수 있습니다. 즉, 한국에서 달러화 예금의 자산 가치는 상승합니다.
[오답 피하기] ① 달러화 대비 원화의 가치는 하락하였습니다. ② 원/달러 환율이 상승할 경우 수입품의 원화 표시 가격은 상승합니다. ③ 달러화와 교환되는 원화의 비율이 증가하고 있습니다. ⑤ 원/달러 환율이 상승할 경우 수출품의 원화 표시 가격이 동일하더라도 달러화로 표시된 가격이 하락하므로, 미국에서 한국 상품의 가격 경쟁력은 높아집니다.

286 환율의 결정과 변동   정답 ④

[문제 분석] 원/달러 환율은 외환 시장에서 달러화의 수요와 공급에 의해 결정됩니다. 달러화의 수요는 달러화를 해외로 지급할 때, 달러화의 공급은 달러화를 해외로부터 수취할 때 발생합니다.

 ㄱ. 해외여행 경비를 외환 시장에서 구입해야 하므로 외화의 수요가 증가하여 원/달러 환율은 상승합니다. ㄴ. 외화가 국내로 유입되었으므로 외환 시장에서 외화의 공급이 증가하여 원/달러 환율은 하락합니다. ㄷ. 해외 차입금의 이자를 지급하기 위해 외환 시장에서 달러화를 구입해야 하므로 외화의 수요가 증가하여 원/달러 환율은 상승합니다.

 ㄹ. 외국인들이 국내 취업으로 받은 임금을 본국에 송금하기 위해서는 원화를 달러화로 교환해야 합니다. 따라서 외화의 수요가 증가하여 원/달러 환율은 상승합니다.

287 환율의 결정과 변동   정답 ④

 제시된 자료에서 물가가 상승할수록 화폐의 구매력은 하락하므로 화폐 가치 역시 하락합니다. 물가 상승률은 '미국>한국>일본'의 순서로 나타나므로, 화폐 가치는 '미국<한국<일본'의 순서로 나타납니다.

 ④ 한국에 비해 미국의 물가 상승률이 더 크므로, 화폐 가치는 한국보다 미국이 더 많이 하락하게 되어 원/달러 환율은 하락합니다. 또한 일본보다 한국의 물가 상승률이 더 크므로 원화의 화폐 가치가 엔화에 비해 더 많이 하락합니다. 그리고 일본보다 미국의 물가 상승률이 더 크므로 엔화에 비해 달러의 가치가 더 많이 하락하게 되어 달러화 대비 엔화의 가치는 상승합니다.

288 환율 변동의 영향   정답 ⑤

 제시된 자료에서 대미 달러 환율은 지속적으로 하락하는 추세이며, 이는 갑국 통화 가치의 상승과 달러 가치의 하락을 의미합니다. 또한 (가) 방향으로 대미 달러 환율의 방향을 변화시키는 것은 환율의 상승을 의미합니다.

 ⑤ 외환 시장에서 달러를 매입하는 것은 외환 시장에서의 수요 증가를 가져옵니다. 따라서 대미 달러 환율은 상승합니다.

 ① 환율 하락은 갑국 통화 가치의 상승을 의미합니다. 대미 달러 환율이 지속적으로 하락하고 있으므로 달러화 대비 갑국의 통화 가치는 상승합니다. ② 갑국 통화/달러 환율의 하락은 갑국의 통화 가치 상승을 의미합니다. 따라서 미국 시장에서 갑국 재화의 가격 경쟁력은 낮아질 것입니다. ③ 대미 달러 환율 하락으로 대미 수출은 감소하고, 대미 수입은 증가하므로 갑국의 경상 수지는 악화될 것입니다. ④ 대미 달러 환율의 하락으로 갑국 통화 가치는 상승하므로, 갑국 기업은 수출 대금으로 받은 달러의 환전을 미룰수록 불리해집니다.

289 환율 변동의 영향   정답 ④

 제시된 그림에서 A 시기에 비해 B 시기에 교환된 달러의 양은 감소하였으나 원화의 양은 증가하였습니다. 따라서 달러화 대비 원화의 가치는 하락하였고, 원/달러 환율은 상승하였습니다.

 ㄱ. 원/달러 환율이 상승하면 원화 표시 가격은 그대로지만, 미국 시장에서 수출품의 달러 표시 가격은 하락합니다. 따라서 한국 상품의 가격 경쟁력은 높아져 수출은 증가합니다. ㄴ. 원/달러 환율이 상승하면 1달러와 교환되는 원화의 양은 증가하므로 한국을 여행하려는 미국인의 경비 부담은 감소합니다. ㄹ. 원/달러 환율이 상승하면 자녀 유학비를 원화로 환산한 금액이 증가하므로 한국 부모의 학비 부담은 증가합니다.

 ㄷ. 원/달러 환율이 상승하면 1달러와 교환되는 원화의 양이 증가하므로, 달러화 예금을 원화로 환산한 자산 가치는 상승합니다.

290 환율 변동의 영향   정답 ④

 제시된 그림에서 갑국 통화/달러화 환율은 상승하고 있고, 갑국 통화/엔화 환율은 하락하고 있습니다.

 ㄱ. 달러에 대한 엔화의 통화 가치는 '(갑국 통화/엔화)/(갑국 통화/달러화)'로 나타납니다. 이때 분모인 갑국 통화/달러화 환율은 상승하고, 분자인 갑국 통화/엔화는 하락하므로 달러에 대한 엔화의 가치는 하락할 것입니다. ㄴ. 갑국 통화/달러화 환율, 즉 달러 가치가 상승하므로 대미 수출품의 달러 표시 가격은 하락할 것입니다. ㄹ. 갑국 통화/달러와 환율이 상승하므로, 미국산 부품을 수입할 경우 기존보다 많은 원화를 지불해야 합니다. 따라서 미국산 부품의 수입 가격은 상승할 것입니다.

 ㄷ. 갑국 통화/엔화 환율이 하락하고 있으므로, 엔화로의 환전은 최대한 늦추는 것이 유리합니다.

291 환율 변동의 영향   정답 ⑤

 제시된 자료에서 갑의 호텔 숙박비는 결제 시기에 상관없이 100달러이지만, 환율 변화에 따라 갑의 숙박비 원화 부담 금액은 달라집니다. 따라서 원/달러 환율이 상승하는 상황에서는 최대한 빨리 결제하는 것이 유리하며, 원/달러 환율이 하락하는 상황에서는 최대한 늦게 결제하는 것이 유리하다는 점에 유의해야 합니다.

 ⑤ 한국 외환 시장에서 달러화 공급이 지속적으로 증가하면 원/달러 환율이 하락하므로, 갑은 ⓒ을 선택할 것입니다.

 ① 환율 변화에 따라 100달러를 사는 데 필요한 원화의 양이 달라지므로 갑이 부담하는 숙박비는 변화합니다. ② 원화 대비 달러화 가치가 하락하면 갑은 ⓒ을 선택할 것입니다. ③ 달러화 대비 원화 가치가 하락하면 원/달러 환율은 상승하므로, 갑은 ⓒ을 선택할 것입니다. ④ 한국 외환 시장에서 달러화 수요가 지속적으로 감소하면 원/달러 환율이 하락하므로, 갑은 ⓒ을 선택할 것입니다.

292 환율 변동의 영향   정답 ⑤

 제시된 자료에서 경상 수지의 흑자 폭이 증가하면 달러화 대비 원화 가치는 상승합니다.

 ⑤ 달러화 대비 원화 가치의 상승은 원/달러 환율 하락을 의미하며, 이로 인해 미국산 원자재 수입 대금을 달러로 결제할 때의 부담은 감소합니다.

 ① 원/달러 환율의 하락은 국내 상품 수지의 악화 요인입니다. ② 원/달러 환율이 하락하면 미국산 수입 상품의 원화 표시 가격은 하락합니다. ③ 원/달러 환율이 하락하면 미국에 송금하는 유학비 부담은 감소합니다. ④ 원/달러 환율이 하락하면 미국인의 한국 여행 시 경비 부담은 증가합니다.

293 환율 변동의 영향   정답 ③

 제시된 대화에서 한국인의 미국 여행 경비 부담이 줄어들었으므로 원/달러 환율은 하락하였고, 미국인의 일본 여행 경비 부담이 줄어들었으므로 엔/달러 환율은 상승하였습니다.

 ③ 엔/달러 환율이 상승하여 달러화 대비 엔화 가치가 하락하였으므로, 미국으로부터 원재료를 수입하는 일본 기업의 부담은 증가할 것입니다.

 ① 원/달러 환율이 하락하여 달러화 대비 원화 가치가 상승하였으므로, 미국산 제품의 한국 내 판매 가격은 하락할 것입니다. ② 원/달러 환율이 하락하여 달러화 대비 원화 가치가 상승하였으므로, 한국 기업의 달러화 표시 외채 상환 부담은 감소할 것입니다. ④ 엔/달러 환율이 상승하였으므로, 일본에서 임금을 달러화로 받아 엔화로 환전하여 생활하는 사람은 같은 임금을 더 많은 엔화로 환전할 수 있어 유리해질 것입니다. ⑤ 원/달러 환율의 하락으로 달러화 대비 원화 가치가 상승하고, 엔/달러 환율의 상승으로 달러화 대비 엔화 가치가 하락하였습니다. 따라서 미국 시장에서 일본 기업의 가격 경쟁력은 높아질 것이고, 한국 기업의 가격 경쟁력은 낮아질 것입니다.

고난도 예상 문제

①	❷	③ 함정	④	⑤
11%	57%	16%	3%	10%

눈으로 보는 해설

다음 자료에 대한 설명으로 옳은 것은?

> 표는 원화를 사용하는 갑국의 원화 표시 GDP 변화율과 미국 달러화 표시 GDP 변화율을 나타낸다.
>
> (전년 대비, 단위 : %)
>
> | 구분 | 2016년 | 2017년 | 2018년 |
> |---|---|---|---|
> | 원화 표시 GDP 변화율 | −1 | 2 | 1 |
> | 달러화 표시 GDP 변화율 | 3 | 2 | −3 |

① 2016년의 원/달러 환율은 전년 대비 상승했다.
② 2017년의 원/달러 환율은 전년 대비 변화가 없다. (하락)
③ 2018년의 달러화 대비 원화 가치는 전년 대비 상승했다.
④ 원/달러 환율은 2016년이 2018년과 같다. (보다 낮다) (하락)
⑤ 2018년의 갑국산 대미 수출품의 가격 경쟁력은 전년에 비해 낮아졌다. (높아졌다.)

문제 분석 제시된 자료에서 원/달러 환율이 상승하면 원화 표시 GDP의 변화율이 달러화 표시 GDP의 변화율보다 높아지며, 반대로 원/달러 환율이 하락하면 원화 표시 GDP의 변화율보다 달러화 표시 GDP의 변화율이 높아집니다.

정답 찾기 ② 원/달러 환율은 2016년에는 하락, 2017년에는 불변, 2018년에는 상승했습니다.

오답 피하기 ① 2016년의 원/달러 환율은 전년 대비 하락하였습니다. ③ 2018년의 달러화 대비 원화 가치는 전년 대비 하락하였습니다. ④ 2017년의 원/달러 환율은 2016년과 같고, 2018년의 원/달러 환율은 2017년보다 상승했습니다. 따라서 2018년의 원/달러 환율은 2016년보다 상승하였음을 알 수 있습니다. ⑤ 2018년의 원/달러 환율은 전년 대비 상승했으므로 다른 국가의 환율 변화가 없다면, 갑국산 대미 수출품의 가격 경쟁력은 높아집니다.

함정 피하기

③이 옳다고 생각했다면 원/달러 환율의 상승을 달러화 대비 원화 가치의 상승과 구분하지 못한 것입니다. 2017년과 비교할 때 2018년의 원/달러 환율은 상승하였지만, 달러화 대비 원화 가치는 하락하였습니다.

295 환율 변동의 영향   정답 ②

문제 분석 (가)에서는 미국 달러화 대비 원화 가치가 상승하므로 원/달러 환율은 하락하고 있습니다. (나)에서는 미국 달러화 대비 원화 가치가 하락하고 있으므로 원/달러 환율은 상승하고 있습니다.

정답 찾기 ② (가)에서는 원/달러 환율 하락으로 수출 상품의 달러화 표시 가격이 상승하므로, 미국 시장에서 우리나라 상품의 가격 경쟁력은 하락합니다.

오답 피하기 ① (가)에서는 미국 달러화 대비 원화 환율이 하락합니다. ③ (나)에서는 미국에서 수입하는 원자재의 국내 가격이 상승합니다. ④ (나)에서는 우리나라 기업의 미국 달러화 표시 외채 상환 부담이 커집니다. ⑤ (나)에서는 미국으로 유학을 떠나는 우리나라 학생의 유학 경비 부담이 커집니다.

296 환율 변동의 영향   정답 ①

눈으로 보는 해설

그림은 앞으로 예상되는 환율의 변화 방향을 나타낸다. 이에 대한 추론으로 적절한 것만을 〈보기〉에서 고른 것은?

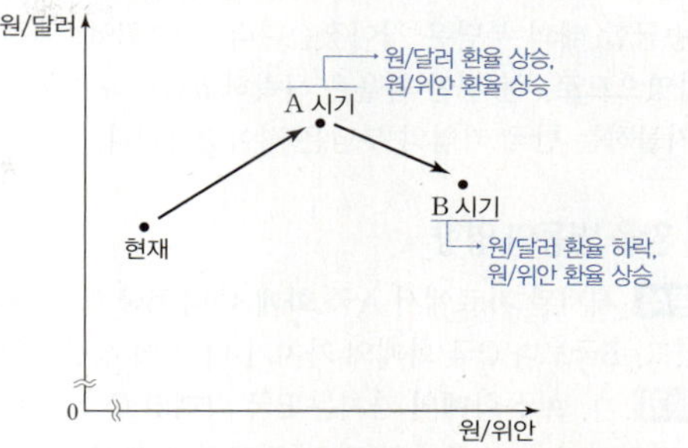

> 〈보기〉
> ㄱ. 한국인이 미국을 여행하려는 경우 현재가 A 시기보다 유리할 것이다.
> ㄴ. 미국 시장에서 한국 상품의 가격 경쟁력은 현재가 A 시기보다 낮을 것이다.
> ㄷ. 중국 기업이 한국산 제품을 수입할 경우 A 시기가 B 시기보다 유리할 것이다.
> ㄹ. 원화를 위안화로 환전할 경우 B 시기가 A 시기보다 유리할 것이다.

① ㄱ, ㄴ   ② ㄱ, ㄷ   ③ ㄴ, ㄷ
④ ㄴ, ㄹ   ⑤ ㄷ, ㄹ

문제 분석 제시된 그림에서 원/달러 환율은 A 시기에 높아졌다가 B 시기에 다시 낮아졌습니다. 반면, 원/위안 환율은 A 시기에 높아졌고, B 시기에는 더 높아졌습니다.

정답 찾기 ㄱ. 한국인의 미국 여행 비용은 원/달러 환율이 낮을수록 적어집니다. A 시기보다 현재의 환율이 낮으므로 한국인의 미국 여행은 A 시기보다 현재가 더 유리합니다. ㄴ. 다른 조건이 일정할 때 한국 상품의 대미 수출 가격 경쟁력은 원/달러 환율이 높을수록 높아집니다. A 시기의 원/달러 환율이 현재보다 높으므로 미국 시장에서 한국 상품의 가격 경쟁력은 현재보다 A 시기가 높습니다.

오답 피하기 ㄷ. 원/위안 환율이 높을수록 한국산 제품의 위안화 표시 가격이 낮아집니다. 따라서 한국산 제품을 수입하는 중국 기업은 원/위안 환율이 높을수록 유리합니다. B 시기의 원/위안 환율이 A 시기보다 높으므로 중국 기업의 한국산 제품 수입은 A 시기보다 B 시기에 더 유리합니다. ㄹ. 원화를 위안화로 환전할 경우 원/위안 환율이 낮을수록 유리합니다. 원/위안 환율은 A 시기보다 B 시기가 높으므로 환전은 A 시기가 B 시기보다 유리합니다.

함정 피하기

ㄷ이나 ㄹ을 골랐다면, 외화의 유입과 유출 시에 유리한 환율의 상태를 정확히 이해하지 못한 것입니다. 원/달러 환율이 높아지면 상대적으로 원화 가치는 떨어지고, 달러화 가치는 높아집니다. 일반적으로 외화 유입 시에는 환율이 높은 것이 유리하며, 외화 유출 시에는 환율이 낮은 것이 유리합니다.

297 환율 변동의 영향   정답 ②

문제 분석 제시된 표에서 달러화에 대한 원화의 통화 가치는 상승하였고, 엔화와 위안화의 가치는 하락하였으며, 위안화의 가치는 엔화보다 많이 하락하였습니다.

정답 찾기 ㄱ. 달러화 대비 원화의 가치가 상승하였다는 것은 원/달러 환율이 하락하였음을 의미합니다. ㄷ. 엔화 대비 위안화의 가치가 하락하였으므로, 위안/엔 환율은 상승하였습니다. 따라서 100엔을 구입하기 위해 지불해야 하는 위안화의 양은 많아졌습니다.

오답 피하기 ㄴ. 엔화 대비 원화의 가치가 상승하였으므로, 원/엔 환율은 하락하였습니다. 이에 따라 일본 유학 중인 자녀에게 원화를 엔화로 환전하여 송금할 때의 부담은 작아졌습니다. ㄹ. 위안화 대비 원화의 가치가 상승하였으므로, 원/위안 환율은 하락하였습니다. 이에 따라 위안화로 대금을 지불하는 한국 기업의 부담은 작아졌습니다.

298 환율 변동의 영향　　　　　정답 ②

문제 분석 제시된 자료에서 A국 화폐 대비 B국과 C국의 화폐 가치는 상승하였고, B국보다 C국 화폐의 가치가 더 많이 상승하였습니다.

정답 찾기 ㄱ. A국 화폐의 가치는 B국 화폐와 C국 화폐 대비 하락하였습니다. 따라서 A국 수출품의 가격 경쟁력이 높아져 수출은 증가합니다. ㄷ. 세 나라 중 C국 화폐의 가치가 가장 많이 상승하였습니다. 따라서 A국 시장에서 C국 상품의 가격이 상대적으로 가장 비싸져 C국 상품의 가격 경쟁력은 하락합니다.

오답 피하기 ㄴ. A국 화폐 또는 B국 화폐 대비 C국 화폐의 환율은 하락하였습니다. 환율이 하락하면 해외여행 비용 부담이 감소하므로, C국 국민의 해외여행은 증가합니다. ㄹ. B국 화폐의 C국 화폐 대비 환율은 상승하였습니다. 환율이 상승하면 B국에서 C국으로의 수출은 증가합니다.

299 환율 변동의 영향　　　　　정답 ②

문제 분석 제시된 그림의 A에서 달러화 수요의 증감으로 원/달러 균형 환율이 상승했으므로, A는 달러 수요의 증가에 해당합니다. (나)의 결과 달러화를 원화로 환전하여 한국을 여행하려는 외국 관광객의 부담이 증가했으므로, (나)는 원/달러 균형 환율의 하락을 의미하고, 이는 달러화의 공급 증가에 따른 결과입니다. 따라서 B는 '달러화 공급의 증가'에 해당합니다.

정답 찾기 ㄱ. A는 '달러화 수요의 증가'입니다. ㄷ. 원/달러 균형 환율 상승의 결과 미국에 수출하는 국내산 제품의 달러 표시 가격이 하락하여 가격 경쟁력이 향상됩니다.

오답 피하기 ㄴ. B는 '달러화 공급의 증가'입니다. ㄹ. 원/달러 균형 환율 하락으로 인해 수출이 감소하고 수입이 증가합니다. 따라서 순수출이 감소하고, 그 결과 경상 수지는 악화됩니다.

300 환율의 변동　　　　　정답 ①

문제 분석 제시된 그림에서 미국산 제품의 수입 증가는 외환 시장에서의 수요 증가 요인이며, 우리나라에 대한 미국 기업들의 투자가 급감하는 것은 외환 시장에서의 공급 감소 요인입니다.

정답 찾기 ① 외환 시장에서 수요가 증가하고 공급이 감소하면, 균형 환율은 (가) 방향으로 변동합니다.

오답 피하기 ② 외환 시장에서 수요는 변함이 없고 공급이 감소하면, 균형 환율은 (나) 방향으로 변동합니다. ③ 외환 시장에서 공급은 변함이 없고 수요가 감소하면, 균형 환율은 (다) 방향으로 변동합니다. ④ 외환 시장에서 수요가 감소하고 공급이 증가하면, 균형 환율은 (라) 방향으로 변동합니다. ⑤ 외환 시장에서 수요와 공급이 모두 증가하면, 균형 환율은 (마) 방향으로 변동합니다.

301 환율 변동의 영향　　　　　정답 ③

문제 분석 제시된 그림에서 원/달러 환율과 엔/달러 환율이 모두 상승했으나, 엔/달러 환율이 더 많이 상승하였습니다.

정답 찾기 ㄴ. 원/달러 환율이 상승했으므로 미국에서 유학 중인 자녀를 둔 한국 학부모의 학비 부담은 증가하였습니다. ㄷ. 엔/달러 환율이 상승했으므로 미국 사람들의 일본 여행 경비 부담은 감소하였습니다.

오답 피하기 ㄱ. 원/달러 환율이 상승했으므로 한국 기업의 달러화 표시 외채 상환 부담은 증가하였습니다. ㄹ. 환율이 오를수록 가격 경쟁력 상승으로 수출에 유리합니다. 엔/달러 환율이 원/달러 환율보다 더 많이 상승했으므로 미국 시장에서 일본 상품의 가격 경쟁력은 한국 상품에 비해 높아졌습니다.

302 환율의 변동　　　　　정답 ③

문제 분석 제시된 그림에서 원/달러 환율은 상승하였고, 엔/달러 환율은 하락하였습니다. 따라서 달러화 대비 원화 가치는 하락하였고, 달러화 대비 엔화 가치는 상승하였습니다.

정답 찾기 ③ 원/달러 환율이 상승하면 한국인의 해외여행 경비 부담이 증가합니다. 따라서 한국인의 미국 여행 경비 부담은 증가하였습니다.

오답 피하기 ① 달러화 대비 원화 가치는 하락, 엔화 가치는 상승했으므로, 원화 가치는 엔화 대비 하락하였고, 원화 대비 엔화 가치는 상승하였습니다. ② 달러화 대비 원화 가치는 하락하였습니다. ④ 일본산 부품을 수입하여 제품을 생산하는 한국 기업의 생산비 부담은 증가하였습니다. ⑤ 미국 시장에서 일본산 제품과 경쟁하는 한국산 제품의 가격 경쟁력은 강화되었습니다.

핵심 개념 CHECK!

▶ 본문 133쪽

01 ○	02 ×	03 ×	04 ×	05 ×	06 ○	07 ×	08 ×
09 ×	10 ○	11 ○	12 ×	13 ×	14 ○	15 ×	16 ×
17 ×	18 ×						

○|× 문장 바로 알기

01 국제 수지는 일정 기간 동안 한 나라가 수취한 외화와 지급한 외화의 차액을 의미한다.

02 국제 수지표는 ~~경상 수지~~, 금융 계정, 오차 및 누락으로 구성된다.
　　　　경상 수지, 자본 수지

03 경상 수지는 상품 수지, 서비스 수지, ~~본원 소득 수지~~로 구성된다.
　　　　　　　　　　本원 소득 수지, 이전 소득 수지

04 ~~재화의 수출은 재화의 수입과 달리~~ 상품 수지에 기록된다.
　　재화의 수출과 수입 모두

05 운송, 여행, 통신, 보험에 관한 서비스 거래~~와 달리~~ 지식 재산권 사용료는 ~~자본 수지~~에 기록된다.
　　　　　　　　　　　　　　　　　함께
　　　　서비스 수지

06 이자 및 배당금과 같은 투자 소득은 본원 소득 수지에 기록된다.

07 임금과 같은 근로 소득은 ~~이전 소득 수지~~에 기록된다.
　　　　　　　　　　　本원 소득 수지

08 무상 원조, 기부금, 구호물자, 국제기구 출연금은 ~~자본 수지~~에 기록된다.
　　　　　　　　　　　　　　　　이전 소득 수지

09 ~~증권 투자는 직접 투자와 달리~~ 금융 계정에 기록된다.
　　증권 투자와 직접 투자는

10 국제 수지표의 오차 및 누락은 통계상의 불일치를 조정하기 위한 항목이다.

11 경상 거래에서의 외화 유입액과 외화 유출액이 같은 경우를 경상 수지의 균형이라고 한다.

12 경상 수지의 흑자는 ~~국가 경제에 항상 긍정적인 영향을 미친다.~~
　　통화량 증가로 이어지는 경우 물가 상승 및 교역 상대국과의 무역 마찰을 발생시킬 수 있다.

13 경상 수지가 흑자를 기록하면 통화량이 증가하여 국내 물가가 ~~하락~~한다.
　　　　　　　　　　　　　　　　　　　　　　상승

14 경상 수지가 흑자를 기록하면 기업의 생산이 증가하고, 내수 산업이 확대된다.

15 경상 수지가 적자를 기록하면 외환 보유액이 감소하여 대외 신용도가 ~~상승~~한다.
　　　　　　　　　　　　　　　하락

16 경상 수지가 적자를 기록하면 경상 거래로 인한 외화의 유입액이 유출액보다 적어 환율이 ~~하락~~한다.
　　　　　　　　　　　　　　　　　상승

17 환율이 상승하면 수출이 증가하고 수입이 감소하여 상품 수지가 ~~악화~~된다.
　　　　　　　　　　　　　　　　　　개선

18 환율이 하락하면 외국인의 국내 여행이 감소하고 자국민의 해외여행이 증가하여 서비스 수지가 ~~개선~~된다.
　　　　　　　　　　　　　　　　악화

기출+예상 문제로 주제 정복하기

▶ 본문 135~141쪽

303 ②	304 ③	305 ①	306 ③	307 ④	308 ②
309 ⑤	310 ②	311 ④	312 ④	313 ③	314 ⑤
315 ③	316 ④	317 ④	318 ④	319 ①	320 ③
321 ②	322 ②	323 ⑤	324 ⑤	325 ③	326 ⑤
327 ③	328 ④				

303 국제 수지의 항목　　　　　　　　정답 ②

문제 분석 경상 수지는 재화, 서비스, 생산 요소를 외국과 사고파는 거래 등에 따른 외화의 수취와 지급의 차액으로서, 상품 수지, 서비스 수지, 본원 소득 수지, 이전 소득 수지로 구성됩니다.

정답 찾기 ㄱ. 기업이 재화를 해외로 수출하면 경상 수지 중 상품 수지 부문에서 외화 수취가 발생합니다. ㄷ. 국내 기업을 외국 기업이 인수하면 자본·금융 계정의 금융 계정 부문에서 외화 수취가 발생합니다.

오답 피하기 ㄴ. 해외 주식 시장에서 외국 기업의 주식을 구입하면 자본·금융 계정의 금융 계정 부문에서 외화 지급이 발생합니다. ㄹ. 해외여행을 하면 경상 수지 중 서비스 수지 부문에서 외화 지급이 발생합니다.

304 경상 수지의 항목　　　　　　　　정답 ③

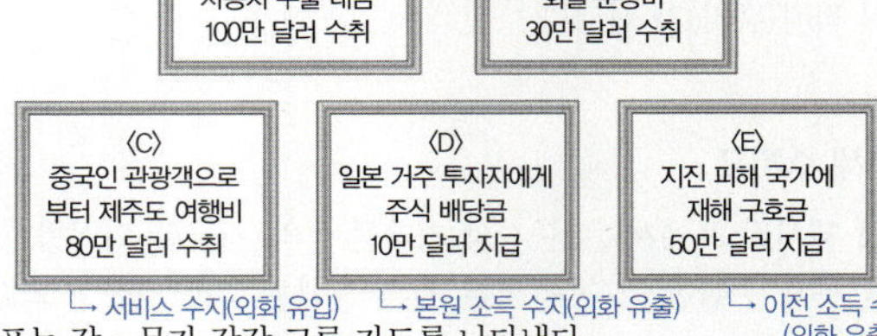

고난도 교육청 기출				
①	②	❸	④	⑤ 함정
2%	5%	71%	5%	15%

눈으로 보는 해설

다음 자료에서 자신이 고른 카드에 대한 학생들의 진술로 옳은 것은?

- A~E는 교사가 제시한 우리나라의 국제 거래 사례 카드이다. 교사는 학생 갑~무에게 각각 카드 두 장씩을 고르게 한 후 자신이 고른 카드를 국제 수지와 관련하여 설명하도록 하였다.

상품 수지 (외화 유입)

서비스 수지 (외화 유입)

〈A〉 미국 기업으로부터 자동차 수출 대금 100만 달러 수취	〈B〉 독일 기업으로부터 화물 운송비 30만 달러 수취

〈C〉 중국인 관광객으로부터 제주도 여행비 80만 달러 수취	〈D〉 일본 거주 투자자에게 주식 배당금 10만 달러 지급	〈E〉 지진 피해 국가에 재해 구호금 50만 달러 지급

서비스 수지(외화 유입)　　본원 소득 수지(외화 유출)　　이전 소득 수지 (외화 유출)

- 표는 갑~무가 각각 고른 카드를 나타낸다.

학생	갑	을	병	정	무
카드	A, B	A, D	B, C	C, E	D, E

① 갑 : 두 장 모두 외화 유출을 발생시키는 사례에 해당합니다.

② 을 : 두 장 모두 자본 수지 항목에 해당합니다.

③ 병 : 두 장 모두 서비스 수지 항목에 해당합니다.

④ 정 : 한 장은 서비스 수지, 다른 한 장은 본원 소득 수지 항목에 해당합니다.

⑤ 무 : 한 장은 금융 계정, 다른 한 장은 이전 소득 수지 항목에 해당합니다.

문제 분석 경상 수지는 상품 수지, 서비스 수지, 본원 소득 수지, 이전 소득 수지로 구성되며, 외화의 수취와 지급의 차액을 나타낸 것입니다.

정답 찾기 ③ B와 C 모두 서비스 수지 항목에서의 외화 유입에 해당합니다.

함정 피하기
⑤를 골랐다면 주식 배당금이 금융 계정에 해당한다고 판단했을 가능성이 큽니다. 다양한 사례를 통해 국제 수지표의 항목과 그 내용을 꼼꼼하게 정리해 둘 필요가 있습니다.

305 경상 수지   정답 ①

문제 분석 경상 수지는 상품 수지, 서비스 수지, 본원 소득 수지, 이전 소득 수지로 구성됩니다. 경상 거래에서의 외화 유입액이 외화 유출액보다 많으면 경상 수지는 흑자가 되고, 외화 유입액이 외화 유출액보다 적으면 경상 수지는 적자가 됩니다.

정답 찾기 ① 제시된 자료에서 상품 수지는 10억 달러 흑자, 서비스 수지는 8억 달러 흑자, 본원 소득 수지는 2억 달러 흑자, 이전 소득 수지는 2억 달러 적자입니다. 따라서 2019년 갑국의 경상 수지는 18억 달러 흑자임을 알 수 있습니다.

306 국제 수지의 항목   정답 ③

문제 분석 일반적으로 경상 수지 중 가장 큰 비중을 차지하는 것은 상품 수지이므로 A는 상품 수지입니다. 서비스 수지와 본원 소득 수지 중에서 운송 및 해외여행 비용이 포함되는 항목은 서비스 수지이므로 B는 서비스 수지입니다. 따라서 C는 본원 소득 수지가 됩니다.

정답 찾기 ㄴ. 외국인의 국내 여행 비용은 여행 수지에 포함되고, 여행 수지는 서비스 수지에 해당합니다. ㄷ. 외국 주식을 보유하고 받는 배당금은 본원 소득 수지에 포함됩니다.

오답 피하기 ㄱ. A는 상품 수지입니다. ㄹ. 상품 수지, 서비스 수지, 본원 소득 수지가 균형을 이루더라도 이전 소득 수지가 적자(흑자)이면, 경상 수지 역시 적자(흑자)가 됩니다.

307 국제 수지표   정답 ④

문제 분석 제시된 표에서 ㉠은 경상 거래를 통해 지급한 외화를, ㉡은 경상 거래를 통해 수취한 외화를, ㉢은 자본 거래를 통해 지급한 외화를, ㉣은 자본 거래를 통해 수취한 외화를 의미합니다.

정답 찾기 ㄱ. 자국민이 해외여행을 위해 지출한 외화는 경상 수지 중 서비스 수지에 속하고, 외화의 지급 요인이므로 ㉠에 해당합니다. ㄴ. 자국 상품의 수출액은 경상 수지 중 상품 수지에 속하고, 외화의 수취 요인이므로 ㉡에 해당합니다. ㄹ 외국 정부가 제공한 차관은 금융 계정에 속하고, 외화의 수취 요인이므로 ㉣에 해당합니다.

오답 피하기 ㄷ. 외국 기업에 지급한 특허권 사용료는 경상 수지 중 서비스 수지에 속하고, 외화의 지급 요인이므로 ㉠에 해당합니다.

308 경상 수지의 항목   정답 ②

문제 분석 경상 수지는 상품 수지, 서비스 수지, 본원 소득 수지, 이전 소득 수지로 구성됩니다. 각 사례가 경상 수지의 구성 항목 중 어디에 해당하는지 구분해야 합니다.

정답 찾기 (가)에서 연료 전지를 10억 달러어치 수출한 것은 상품 수지에 반영되고, (나)에서 중국 기업에게 특허권 사용료 300만 달러를 지급한 것은 서비스 수지에 반영됩니다. (다)에서 영국과 일본 주주들에게 배당금 1,000만 달러를 지급한 것은 본원 소득 수지에 반영됩니다.

309 경상 수지   정답 ⑤

문제 분석 제시된 대화에서 경상 수지의 최종 금액은 수취한 외화와 지급한 외화의 차액만을 표시한다는 점에 주의해야 합니다.

정답 찾기 ㄷ. 흑자가 지속되면 유입된 외화만큼이 원화로 환전되어 국내 통화량이 증가할 수 있기 때문에 국내 물가의 상승 요인이 됩니다. ㄹ. 불황형 흑자의 경우에는 수출과 수입의 규모가 모두 줄어든 상태에서 나타납니다. 따라서 흑자라고 해서 반드시 긍정적인 상황이라고 판단하기는 어렵습니다.

오답 피하기 ㄱ. 500억 달러 흑자라는 것은 수취한 외화에서 지급한 외화를 뺀 금액입니다. 경상 거래로 수취한 외화의 전체 금액은 파악할 수 없습니다. ㄴ. 올해 경상 거래로 인한 지출액 전체를 알 수 없기 때문에 해외로 유출된 실물의 총가치도 파악할 수 없습니다.

310 경상 수지의 항목   정답 ②

문제 분석 (가)에는 서비스 수지 중 외화 수취에 해당하는 사례가, (나)에는 서비스 수지 중 외화 지급에 해당하는 사례가, (다)에는 본원 소득 수지 중 외화 수취에 해당하는 사례가, (라)에는 본원 소득 수지 중 외화 지급에 해당하는 사례가 각각 들어가야 합니다.

정답 찾기 ㄱ. 외국인에게 벌어들인 관광 수입은 서비스 수지의 수취에 해당합니다. ㄷ. 국내 투자자의 외국 주식 배당금 수입은 본원 소득 수지의 수취에 해당합니다.

오답 피하기 ㄴ. 정부가 지진 피해를 입은 국가에 5억 달러의 무상 원조를 제공한 것은 이전 소득 수지에 해당합니다. ㄹ. 국내 기업이 외국 주식 및 채권에 20억 달러를 투자한 것은 금융 계정에 해당합니다.

311 경상 수지   정답 ④

문제 분석 국제 수지표에는 재화나 서비스의 수출과 수입에 따른 외화의 수취와 지급은 물론 금융 자본의 거래나 이전 지출과 같은 거래의 내역을 기록합니다.

정답 찾기 ㄴ. 외국인의 국내 여행 증가는 서비스 수지의 수취액 증가 요인입니다. ㄹ. 국내 기업이 해외 주식 투자를 하면 금융 자산이 증가하며, 이는 금융 계정의 지급 항목에 기록됩니다.

오답 피하기 ㄱ. 해외로부터의 상품 수입 증가는 외환 시장의 수요 증가 요인입니다. ㄷ. 국내 노동 시장으로의 외국인 근로자 유입 증가는 본원 소득 수지의 지급 증가 요인입니다.

312 국제 수지표   정답 ④

문제 분석 국제 수지표는 경상 수지, 자본 수지, 금융 계정, 오차 및 누락으로 구성되므로 제시된 표에서 A는 오차 및 누락입니다. 그리고 네 항목의 합, 즉 국제 수지는 항상 0입니다.

정답 찾기 ④ 해외 무상 원조는 이전 소득 수지에 해당하고, 이전 소득 수지는 경상 수지에 포함됩니다.

오답 피하기 ① 제시된 국제 수지의 네 항목을 합한 값은 0이므로 (가)는 8억 달러, (나)는 10억 달러입니다. 따라서 (가)보다 (나)가 큽니다. ② 통화 당국이 보유한 외환 보유액의 거래 변동을 계상하는 준비 자산 증감은 금융 계정에 포함됩니다. ③ (나)는 10억 달러이므로 2019년 경상 수지는 10억 달러 흑자입니다. ⑤ 해외 채권에 투자하는 것은 증권 투자로 금융 계정에 포함됩니다.

313 국제 수지표 　　　　　　　　　　　정답 ③

문제 분석 국제 수지는 일정 기간에 한 나라가 다른 나라와 행한 모든 경제적 거래를 체계적으로 분류한 것을 말하고, 이를 표로 나타낸 것을 국제 수지표라고 합니다.

정답 찾기 ③ 해외의 외국 기업에 취업하여 받은 임금은 본원 소득 수지에 포함됩니다.

오답 피하기 ① 국제기구 출연금이나 구호금과 같이 대가 없이 주고받은 증여는 이전 소득 수지에 포함됩니다. ② 거주자와 비거주자 사이에 이루어지는 주식 배당금이나 이자 등의 거래는 본원 소득 수지에 포함됩니다. ④ 외국 여행 중에 지출한 경비는 서비스 수지에 포함됩니다. ⑤ 해외 직접 구매를 통한 물품 대금은 상품 수지에 포함됩니다.

314 경상 수지 변동의 영향 　　　　　　　정답 ⑤

문제 분석 제시된 그림에서 상품 수지는 지속적으로 흑자를 기록하고 있습니다.

정답 찾기 ㄷ. 5월의 상품 수지는 흑자로서, 이는 외화의 순유입액이 양(+)의 값으로 외화 공급이 증가한다는 의미입니다. 외화 공급이 증가하면 환율은 하락하므로, 달러화 대비 갑국 화폐 가치는 전월에 비해 상승합니다. ㄹ. 6월의 상품 수입액이 가장 컸다는 것은 6월의 상품 수지 흑자 규모가 가장 컸다는 의미가 됩니다. 따라서 상품 수출액 규모도 가장 컸을 것입니다.

오답 피하기 ㄱ. 경상 수지는 상품 수지, 서비스 수지, 본원 소득 수지, 이전 소득 수지로 구성됩니다. 따라서 1~4월에 상품 수지의 흑자 규모가 증가했다고 해서 경상 수지 전체의 흑자가 증가했다고 볼 수는 없습니다. ㄴ. 1~4월 상품 수지의 흑자 규모 증가는 시중 통화량 증가에 따른 물가 상승 요인으로 작용합니다.

315 경상 수지 변동의 영향 　　　　　　　정답 ③

문제 분석 제시된 표에서 갑국의 2016년 경상 수지는 75억 달러 흑자이고, 이는 갑국 외환 시장의 공급 증가 요인입니다.

정답 찾기 ③ 서비스 수지는 20억 달러 적자입니다. 이는 서비스 거래에 따른 외화 유출액이 유입액보다 많다는 것을 의미합니다.

오답 피하기 ① 상품 수지는 '재화 수출액−재화 수입액'으로 구합니다. 2016년 상품 수지가 120억 달러라는 것은 재화 수출액이 재화 수입액보다 120억 달러 많다는 의미입니다. 따라서 2016년 재화의 수출액이 전년 대비 120억 달러 증가하였는지 여부는 알 수 없습니다. ② 해외 투자에 따른 배당금은 본원 소득 수지 항목에 기록됩니다. 본원 소득 수지는 10억 달러 흑자입니다. ④ 해외에 제공한 공적 개발 원조액은 이전 소득 수지 항목에 기록됩니다. 이전 소득 수지는 35억 달러 흑자입니다. ⑤ 2016년 갑국의 경상 수지는 75억 달러 흑자입니다. 이는 외화 공급의 증가에 따른 달러화 대비 갑국 통화 환율의 하락 요인입니다.

316 경상 수지 변동의 영향 　　　　　　　정답 ④

문제 분석 제시된 그림에서 재화의 거래를 통한 수출액과 수입액의 차이는 상품 수지 항목을 통해 파악할 수 있고, 서비스 거래로 인한 외화의 수취액과 지급액의 차이는 서비스 수지 항목을 통해 파악할 수 있습니다.

정답 찾기 ㄴ. 경상 수지는 상품 수지, 서비스 수지, 본원 소득 수지, 이전 소득 수지로 구성됩니다. 그런데 제시된 자료에서 본원 소득 수지와 이전 소득 수지는 0입니다. 따라서 2017년의 경상 수지는 상품 수지 −10억 달러와 서비스 수지 10억 달러를 합하여 0이고, 2018년의 경상 수지는 상품 수지와 서비스 수지가 모두 0이므로 역시 0입니다. ㄹ. 재화와 서비스의 대외 거래에 따른 외화의 수취액과 지급액은 상품 수지 항목과 서비

스 수지 항목 수지의 합으로 파악할 수 있습니다. 그런데 모든 연도에서 재화와 서비스의 대외 거래에 따른 수취액과 지급액, 즉 경상 수지는 0으로 모두 같습니다.

오답 피하기 ㄱ. 2017년 상품 수지는 음(−)의 값이므로, 재화의 수입액이 수출액보다 많았습니다. ㄷ. 2018년에 비해 2019년의 상품 수지는 10억 달러 증가하였지만, 제시된 자료만으로는 재화 수출액과 수입액을 정확히 파악할 수 없습니다.

317 경상 수지 변동의 영향 　　　　　　　정답 ④

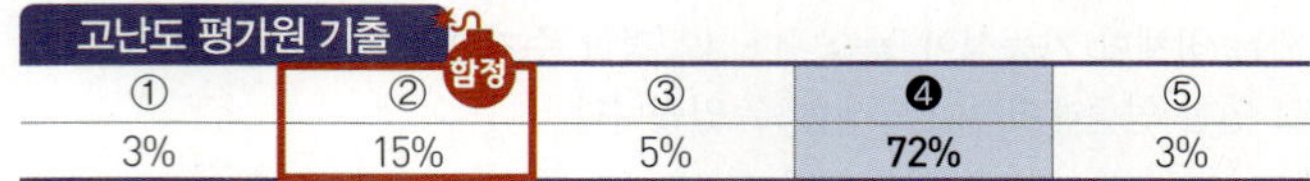

🔍 **눈으로 보는 해설**

다음 자료의 A~D는 갑국의 상품 수출액과 수입액 변화 가능성을 나타낸다. 이에 따라 예상되는 갑국의 경제 상황으로 가장 적절한 것은?

현재 갑국의 상품 수출액과 수입액은 그림에서 E로 표시되어 있고, 그 점에서 경상 수지는 0이다. 단, 갑국의 서비스 수지, 본원 소득 수지, 이전 소득 수지는 각각 일정하며 자본 수지와 금융 계정은 고려하지 않는다.

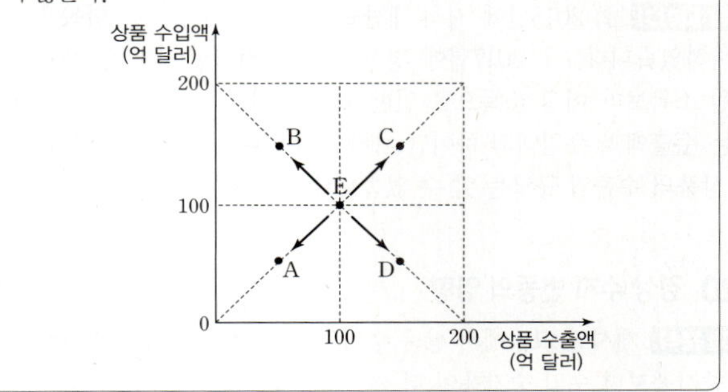

① A로 이동하면 상품 수지는 흑자가 될 것이다.
② B로 이동하면 외화 유입액이 유출액보다 많아질 것이다. [외화 유출액이 유입액보다]
③ C로 이동하면 상품 수지는 개선될 것이다.
④ D로 이동하면 경상 수지는 흑자가 될 것이다. [경상 수지 적자]
⑤ A 또는 B로 이동하면 두 경우 모두 경상 수지는 적자가 될 것이다. [경상 수지 0]

문제 분석 제시된 자료의 E에서는 상품 수입액과 상품 수출액이 같으므로 상품 수지는 0입니다. 또한 경상 수지가 0이고 자본 수지와 금융 계정은 고려하지 않으므로, '서비스 수지+본원 소득 수지+이전 소득 수지'는 0으로 일정합니다.

정답 찾기 ④ D로 이동 시 상품 수출액은 증가하고, 수입액은 감소하므로 경상 수지는 흑자입니다.

오답 피하기 ①, ③ A로의 이동은 상품 수출액과 상품 수입액이 같은 크기만큼 감소하는 것을 의미하고, C로의 이동은 상품 수출액과 상품 수입액이 같은 크기만큼 증가하는 것을 의미합니다. 따라서 A나 C로 이동할 경우에는 상품 수지가 0이 되어 상품 수지에는 변화가 나타나지 않습니다. ② B로 이동 시 외화 유출액이 외화 유입액보다 많아집니다. ⑤ A로 이동 시 경상 수지는 0이고, B로 이동 시 경상 수지는 적자입니다.

💣 **함정 피하기**

②가 옳다고 생각했다면, B로의 이동이 의미하는 바를 잘못 해석한 것입니다. B로 이동하면 상품 수입액은 증가하고, 상품 수출액은 감소합니다. 따라서 상품 수지가 적자가 되므로 외화 유출액이 외화 유입액보다 많아집니다.

318 경상 수지 변동의 영향 　　　　　　　정답 ④

문제 분석 제시된 자료에서 경상 수지의 외화 지급액이 외화 수취액을 압도하고 있다는 것은 경상 수지의 지급액이 수취액보다 많아 경상 수지가 적자라는 의미입니다. 경상 수지 적자는 국민 경제 위축, 대외 채무 증가, 대외 신용도 하락 등 부정적 영향을 미치지만, 물가가 안정되는 효과가 나타날 수도 있습니다.

정답 찾기 ④ 경상 수지 적자가 지속될 경우 대외 신용도는 하락할 수 있습니다.

오답 피하기 ① 경상 수지 적자는 환율 상승 요인입니다. ② 경상 수지 적자는 대외 채무 증가 요인입니다. ③ 경상 수지 적자가 지속되면 국민 경제는 침체할 가능성이 높습니다. ⑤ 경상 수지가 흑자일 때 통화량 증가로 인한 인플레이션이 발생할 수 있습니다.

319 경상 수지 변동의 영향 　　　　　　　정답 ①

문제 분석 경상 수지는 상품 수지, 서비스 수지, 본원 소득 수지, 이전 소득 수지로 구성됩니다. 따라서 제시된 표에서 갑국의 2017년 경상 수지는 25억 달러 흑자입니다.

정답 찾기 ① 경상 수지가 흑자를 기록하면 갑국 화폐/달러 환율은 하락합니다.

오답 피하기 ② 2016년에 지적 재산권 사용료가 포함되는 항목은 적자를 기록하였습니다. ③ 2017년에 경상 수지는 적자입니다. ④ 2017년에는 본원 소득보다 이전 소득으로 인한 외화 유입액이 적습니다. ⑤ 상품 수지는 수출액과 수입액의 차이만 나타낼 뿐입니다. 따라서 제시된 표만으로 상품의 수출입 규모는 알 수 없습니다.

320 경상 수지 변동의 영향 　　　　　　　정답 ③

문제 분석 제시된 그림에서 상품 수지의 흑자 폭이 축소되었다는 것은 수출 증가폭보다 수입 증가폭이 더 커졌다는 의미인 동시에, 여전히 수출이 수입보다 많다는 의미입니다.

정답 찾기 을. 상품 수입이 수출보다 큰 폭으로 늘어나 상품 수지 흑자 폭이 축소되었습니다. 병. 흑자 폭이 축소되기는 했지만, 여전히 흑자가 유지되고 있으므로 상품 수출이 수입보다 많습니다.

오답 피하기 갑. A국 통화 가치가 하락하면, 수출이 증가하고 수입이 감소합니다. 정. 해외여행에서의 경비 지출은 서비스 수지 항목에서의 외화 유출에 해당합니다.

321 국제 수지에 영향을 미치는 요인 　　　　　정답 ②

문제 분석 제시된 자료에서 환율 하락은 수출 감소, 수입 증가, 자국민의 해외여행 증가, 외국인의 국내 여행 감소를 가져오는 요인으로 작용하며, 국내 금리의 하락은 국내에 투자한 외국 자본의 이탈 요인으로 작용합니다. 또한 전량 수입하는 원자재의 국제 가격 상승은 수입 비용의 증가 요인으로 작용합니다.

정답 찾기 ㄱ. 환율 하락은 수출품의 가격 상승에 따른 수출 여건 악화 요인입니다. ㄷ. 국내 금리 하락은 해외 자본의 국내 투자 유인 하락에 따른 외국 자본의 국내 유입 감소 요인이자, 국내에 들어온 외국 자본의 유출 요인입니다.

오답 피하기 ㄴ. 환율 하락은 자국민의 해외여행 증가 요인입니다. ㄹ. 전량 수입하는 원자재의 국제 가격이 상승하면 수입 비용이 증가하여 상품 수지에서 외화 지급액이 증가합니다. 또한 환율 하락으로 인해 수출품의 생산비가 증가하여 수출품의 가격 경쟁력이 약화될 수 있으므로 상품 수지에서 외화 수취액이 증가한다고 단정하기는 어렵습니다.

322 경상 수지 변동의 영향 　　　　　　　정답 ③

문제 분석 상품 수지와 경상 수지의 악화 및 개선이 경상 수지에 미치는 영향을 판단할 수 있는지 확인하는 문제입니다.

정답 찾기 ㄴ. 서비스 수지의 적자 감소는 서비스 수지가 개선되는 것을 의미합니다. 상품 수지의 흑자액이 줄어 상품 수지가 악화된 상황에서 같은 폭으로 서비스 수지의 적자 규모가 감소한다면 경상 수지에는 변함이 없습니다. ㄷ. 경상 수지가 악화되어 흑자에서 적자로 전환되는 것은 외환 시장의 공급 감소에 따른 환율 상승 요인으로 작용합니다.

오답 피하기 ㄱ. 외국인의 투자 증가는 금융 계정에 반영됩니다. ㄹ. 환율이 하락하면 수출이 감소하고 수입이 증가하여 상품 수지는 약화되고, 환율이 상승하면 수출이 증가하고 수입이 감소하여 상품 수지는 개선됩니다.

323 경상 수지 변동의 영향 　　　　　　　정답 ⑤

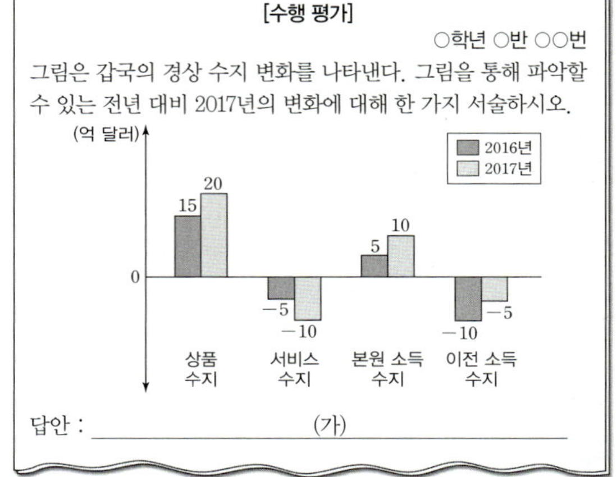

문제 분석 제시된 자료에서 갑국의 상품 수지는 흑자 폭이 증가하였고, 서비스 수지는 적자 폭이 증가하였으며, 본원 소득 수지는 흑자 폭이 증가하였고, 이전 소득 수지는 적자 폭이 감소하였습니다. 이를 종합하면, 경상 수지는 2016년 5억 달러 흑자에서 2017년 15억 달러 흑자로 흑자 폭이 증가하였습니다.

정답 찾기 ⑤ 해외 투자에 따른 배당금을 기록하는 항목은 본원 소득 수지입니다. 본원 소득 수지의 흑자 규모는 5억 달러 증가하였습니다.

오답 피하기 ① 갑국의 상품 수지는 2016년 15억 달러 흑자, 2017년 20억 달러 흑자로 흑자 폭이 증가하였습니다. 따라서 상품 수출 증가액이 상품 수입 증가액보다 컸습니다. ② 제시된 자료만으로는 서비스 사용에 따른 외화 유출액의 증가 정도를 정확히 파악할 수 없습니다. ③ 대가 없이 이루어진 거래를 기록하는 항목은 이전 소득 수지입니다. 이전 소득 수지는 2016년 −10억 달러에서 2017년 −5억 달러로 적자 폭이 감소하였습니다. ④ 경상 수지는 2016년 5억 달러 흑자, 2017년 15억 달러 흑자로 흑자폭이 증가하였습니다. 경상 수지 흑자는 갑국 외환 시장의 공급 증가 요인이며, 외환 시장의 공급 증가는 환율 하락, 즉 달러화 대비 갑국 화폐 가치의 상승 요인입니다.

함정 피하기

②를 골랐다면 외화 유출액의 차액이 커진 것과 외화 유출액이 증가한 것을 구분하지 못한 것입니다. 서비스 수지는 2016년 −5억 달러에서 2017년 −10억 달러로 적자 폭이 증가하였습니다. 이는 서비스 수출로 인한 외화 유입액과 서비스 수입으로 인한 외화 유출액의 차액이 커진 것을 의미합니다.

324 경상 수지 변동의 영향　　　　　정답 ⑤

문제 분석 경상 수지의 흑자가 지속될 경우에 외환 시장에 나타날 변화를 이해하고 있는지 확인하는 문제입니다.

정답 찾기 ⑤ 경상 수지에서 외화의 순유입이 양(+)의 값을 나타내며 흑자가 지속된다면, 외환 시장에서 공급이 증가하여 환율은 하락합니다. 이때 환율 하락으로 인해 수출 상품의 가격 경쟁력이 하락하면 경상 수지의 흑자 폭은 감소하므로, 결국 경상 수지는 균형을 이루게 됩니다.

325 국제 수지　　　　　정답 ③

문제 분석 일본인 관광객의 국내 유입 증가는 서비스 수지 흑자 요인이고, 우리나라에 대한 대규모 엔화 투자 급증은 금융 계정(준비 자산 제외)의 유입액 증가 요인입니다.

정답 찾기 ㄴ. 우리나라를 찾는 일본인 관광객이 급증하면 서비스 수지의 수취액이 증가합니다. ㄷ. 우리나라를 찾는 일본인 관광객이 급증하고 우리나라에 대한 엔화 투자가 급증하면, 국내 엔화 공급이 늘어나 엔화 대비 원화 가치가 상승합니다.

오답 피하기 ㄱ. 외환 보유액은 증가합니다. ㄹ. 제시된 자료만으로 본원 소득 수지의 지급액 감소 여부는 판단할 수 없습니다.

326 국제 수지　　　　　정답 ⑤

문제 분석 ㉠ 해외여행은 서비스 수지에 포함됩니다. ㉡, ㉢ 각종 해외 소비재의 직구와 소비재의 수입은 상품 수지에 포함됩니다. ㉣ 해외 투자에 대한 배당금은 본원 소득 수지에 포함됩니다. ㉤ 해외 주식 투자는 금융 계정 항목에 포함됩니다.

정답 찾기 ⑤ 해외 투자에 대한 배당금 실적은 본원 소득 수지 항목에, 해외 주식 투자는 금융 계정 항목에 포함됩니다.

오답 피하기 ① 해외여행은 경상 수지 중 서비스 수지 항목에 포함됩니다. ② 각종 해외 소비재의 직접 구매는 외화 지급 요인입니다. ③ 해외 주식 투자가 증가하면 외화의 유출이 늘어나는데, 이는 외환 보유액 감소 요인입니다. ④ 각종 해외 소비재의 직접 구매와 소비재의 수입은 상품 수지 항목에 포함됩니다.

327 경상 수지　　　　　정답 ③

문제 분석 제시된 표에서 (가)는 서비스 수지이고, (나)는 본원 소득 수지입니다.

정답 찾기 ㄴ. 2019년 서비스 수지는 32억 달러 흑자인데, 이는 외화 유입액이 유출액보다 많음을 의미합니다. ㄷ. 2019년 재화의 수출액과 수입액의 차이, 즉 상품 수지는 전년보다 감소하였습니다.

오답 피하기 ㄱ. 내국인 투자자의 해외 주식 투자액은 금융 계정에 반영됩니다. ㄹ. 2018년과 2019년의 이전 소득 수지는 각각 5억 달러 흑자인데, 이는 이전 소득 수지의 수취액과 지급액의 차이가 5억 달러로 같음을 의미합니다.

328 경상 수지　　　　　정답 ④

문제 분석 제시된 표에서 (가)는 서비스 수지에 해당합니다. 서비스 수지는 2018년에는 적자를 기록하였고, 2019년에는 흑자를 기록하였습니다. 따라서 전년 대비 (가)의 변화를 가져온 요인이란 서비스 수지의 개선 요인을 의미합니다.

정답 찾기 ④ 해외 기술 특허권 사용료 감소 및 외국에 있는 기업의 갑국 특허권 사용료 증가는 서비스 수지의 개선 요인입니다. 따라서 2019년에 서비스 수지가 전년 대비 흑자를 기록한 요인으로 작용할 수 있습니다.

오답 피하기 ① 수출 장려 보조금 삭감 및 수입품의 관세 인하는 수출 감소, 수입 증가를 가져오므로 상품 수지의 악화 요인입니다. ② 국제기구 출연금 증가 및 해외로부터 들어오는 무상 송금액 감소는 이전 소득 수지의 악화 요인입니다. ③ 갑국 내 체류 외국인의 근로 소득 감소 및 갑국 국민의 해외 소득 증가는 본원 소득 수지의 개선 요인입니다. ⑤ 갑국으로 유입되는 투자 소득 증가, 외국인 투자자들에게 지급되는 이자 및 배당금 감소는 본원 소득 수지의 개선 요인입니다.

14강 금융 생활과 신용

핵심 개념 CHECK!

▶ 본문 145쪽

01 ×	02 ×	03 ×	04 ○	05 ×	06 ×	07 ○	08 ×
09 ○	10 ×	11 ×	12 ×	13 ○	14 ×	15 ×	

○× 문장 바로 알기

01 (가)를 통해 화폐의 기능 중 ~~가치의 척도~~ 기능을 파악할 수 있다.
　　　　　가치의 저장

02 (나)를 통해 화폐의 기능 중 ~~교환의 매개~~ 기능을 파악할 수 있다.
　　　　　가치의 척도

03 ~~자산이~~ 양(+)의 값이면 순자산도 양(+)의 값이다.
　　　부채가 자산보다 작을 때, 자산이

04 주식과 채권은 직접 금융 시장에서 주로 거래되고, 예금은 간접 금융 시장에서 주로 거래된다.

05 사회 보험료와 ~~달리~~ 공적 연금은 비소비 지출에 해당한다.
　　　　　　함께

06 ~~직접 금융 시장~~에서는 자금 공급자가 맡긴 자금을 금융 기관이 자금 수요자와 거래한다.
　간접 금융 시장

07 단리는 복리와 달리 원금에 대해서만 이자를 계산한다.

08 저축은 ~~소득 중 정기 예금이나 정기 적금에 예치된 금액만을~~ 의미한다.
　　　　소득에서 소비를 뺀 값

09 일반적으로 간접 금융 시장보다 직접 금융 시장에서 거래되는 금융 상품의 수익률이 더 높다.

10 전체 소득은 ~~감소~~하였다.
　　　　증가

11 근로 소득은 ~~일정~~하였다.
　　　　증가

12 사업 소득은 ~~증가~~하였다.
　　　　감소

13 이전 소득은 일정하였다.

14 경상 소득은 ~~일정~~하였다.
　　　　감소

15 비경상 소득은 ~~감소~~하였다.
　　　　　증가

기출+예상 문제로 주제 정복하기

▶ 본문 147~151쪽

329 ③	330 ②	331 ④	332 ④	333 ⑤	334 ④
335 ①	336 ④	337 ④	338 ①	339 ⑤	340 ②
341 ④	342 ③	343 ③	344 ①	345 ①	

329 명목 이자율과 실질 이자율　　　　정답 ③

문제 분석 제시된 그림을 표로 나타내면 다음과 같습니다.

구분	2015년	2016년	2017년	2018년
명목 이자율	3%	3%	3%	2%
물가 상승률	1%	1%	1%	1%
실질 이자율	2%	2%	2%	1%

정답 찾기 ③ 실질 이자율은 매년 양(+)의 값을 유지하였습니다.

오답 피하기 ① 물가는 매년 상승하였습니다. ② 실질 이자율은 전년 대비 2018년에만 하락하였습니다. ④ 2017년에 명목 이자율은 3%이며, 실질 이자율은 2%입니다. ⑤ 2018년에는 실질 이자율이 1%, 즉 양(+)의 값이므로 현금 보유보다 은행에 예금하는 것이 유리하였습니다.

330 이자율과 예금 상품　　　　정답 ②

문제 분석 A는 매년 이자가 10만 원씩 발생하는 상품입니다. B는 처음 3년간 매년 이자가 5만 원씩 발생하고, 이후 3년간은 매년 이자가 20만 원씩 발생합니다.

정답 찾기 ㄱ. A가 단리 예금 상품이라면 원금 100만 원에 대해 매년 10%씩 10만 원의 이자가 발생합니다. 따라서 A는 연 이자율이 10%인 단리 예금 상품입니다. ㄷ. 4년 이후 매년 발생하는 B의 이자는 20만 원이고, A의 이자는 10만 원입니다. 따라서 A보다 B의 이자가 큽니다.

오답 피하기 ㄴ. B는 3년까지는 연 이자율 5%가 적용되고, 4년째부터는 연 이자율 20%가 적용되는 단리 예금 상품입니다. ㄹ. 만기 시점에 A의 이자 총액은 60만 원이고, B의 이자 총액은 75만 원입니다. 따라서 만기 시점에 이자 총액은 A가 B보다 작습니다.

331 명목 이자율과 실질 이자율　　　　정답 ④

눈으로 보는 해설

표는 갑국과 을국의 명목 이자율과 물가 상승률의 변화를 나타낸다. 이에 대한 옳은 분석만을 〈보기〉에서 고른 것은?

구분	갑국		을국	
	2018년	2019년	2018년	2019년
명목 이자율	2%	2%	4%	4%
물가 상승률	1%	3%	2%	3%

〈보기〉
ㄱ. 2018년 을국에서는 예금보다 현금 보유가 유리하였다. 
　　　　　　　　현금 보유보다 예금이
ㄴ. 2019년 갑국에서 실질 이자율은 음(−)의 값을 갖는다.
ㄷ. 2019년 갑국과 을국의 물가 수준은 같다.　(−1)
ㄹ. 2019년 갑국과 을국의 실질 이자율은 모두 전년 대비 하락하였다.
　　　　−1%　　1%

① ㄱ, ㄴ　　② ㄱ, ㄷ　　③ ㄴ, ㄷ
④ ㄴ, ㄹ　　⑤ ㄷ, ㄹ

문제 분석 실질 이자율은 '명목 이자율 − 물가 상승률'입니다. 따라서 제시된 표를 바탕으로 갑국과 을국의 연도별 실질 이자율을 구하면 다음과 같습니다.

갑국		을국	
2018년	2019년	2018년	2019년
1%	−1%	2%	1%

정답 찾기 ㄴ. 2019년 갑국의 실질 이자율은 −1%로 음(−)의 값을 갖습니다. ㄹ. 2019년 갑국의 실질 이자율은 −1%로 2018년에 비해 하락하였고, 2019년 을국의 실질 이자율은 1%로 2018년에 비해 하락하였습니다.

오답 피하기 ㄱ. 명목 이자율이 양(+)의 값이므로 현금 보유보다 예금이 유리합니다. ㄷ. 제시된 자료만으로는 2019년 갑국과 을국의 물가 수준이 같은지 여부는 확인할 수 없습니다.

> **함정 피하기**
> ㄷ을 골랐다면 2019년 갑국과 을국의 물가 상승률이 3%로 같으므로 두 나라의 물가 수준이 같다고 판단했을 가능성이 큽니다. 하지만 물가 상승률이 같다는 것은 두 나라 모두 물가 수준이 전년 대비 3% 상승했다는 의미일 뿐 두 나라의 물가 수준이 같다는 뜻은 아닙니다.

332 명목 이자율과 실질 이자율   정답 ④

문제 분석 (가)는 매년 5만 원씩 동일한 이자가 발생하므로 단리이고, (나)는 매년 발생하는 이자가 증가하므로 복리입니다.

정답 찾기 ㄱ. (가)는 5% 단리이므로, 예치 기간이 10년일 때 받는 이자는 5만 원씩 10년, 즉 50만 원입니다. ㄷ. (가)는 단리이므로 최초 원금에 대해서만 이자를 계산합니다. ㄹ. (나)는 복리이므로 매년 원리금에 대해 이자를 계산합니다. 따라서 예치 기간이 1년 늘어날 때 추가되는 이자는 매년 증가합니다.

오답 피하기 ㄴ. 실질 이자율은 명목 이자율에서 물가 상승률을 뺀 값입니다. (나)의 명목 이자율은 4%이고, 물가 상승률은 5%입니다. 따라서 (나)에서 실질 이자율은 −1%입니다.

333 명목 이자율과 실질 이자율   정답 ⑤

문제 분석 실질 이자율은 '명목 이자율−물가 상승률'입니다. 따라서 제시된 표에서 갑국의 연도별 실질 이자율은 2017년 3%, 2018년 0%, 2019년 −1%입니다.

정답 찾기 ㄷ. 2019년의 물가 상승률은 2%입니다. 따라서 전년 대비 물가 수준은 상승하였습니다. ㄹ. 명목 이자율과 실질 이자율은 매년 하락하고 있습니다.

오답 피하기 ㄱ. 명목 이자율과 실질 이자율의 차이, 즉 물가 상승률은 2017년이 가장 낮습니다. ㄴ. 2018년의 실질 이자율은 0%입니다. 이는 전년 대비 예금의 실질 구매력에 변화가 없다는 것을 의미합니다.

334 단리와 복리   정답 ④

문제 분석 제시된 사례에서 A의 경우 원금인 1,000만 원에 대해서만 매년 50만 원의 이자가 발생합니다. 반면, B의 경우 연 4%의 복리가 적용되므로 원금인 1,000만 원과 원금에 발생하는 이자에 대해서도 이자가 발생합니다.

정답 찾기 ④ A, B에서 발생하는 이자 수입은 소득의 유형 중 재산 소득에 해당합니다.

오답 피하기 ① 단리 방식과 달리 복리 방식은 원리금에 대해 이자를 계산합니다. ② 2년을 만기로 투자한다면, A의 경우 2년 동안 총 100만 원의 이자 소득을 얻을 수 있습니다. 반면, B의 경우 첫 해에는 40만 원, 다음 해에는 41만 6천 원의 이자가 발생하여 총 81만 6천 원의 이자 소득을 얻을 수 있습니다. 따라서 B보다 A가 유리합니다. ③ B는 복리 방식이므로 매년 발생하는 이자가 증가합니다. ⑤ 갑이 3년을 만기로 B에 투자한다면, 연 4%의 이자율이 원금 1,000만 원과 원금에 대해 발생할 이자에 모두 적용됩니다. 따라서 만기 시에 받을 원리금은 1,120만 원을 넘을 것입니다.

335 명목 이자율과 실질 이자율   정답 ①

문제 분석 제시된 기사에서 물가 상승률이 9분기 연속 상승하여 예금 이자율을 넘어섰으므로, 실질 이자율은 음(−)의 값입니다.

정답 찾기 갑. 물가 상승률이 9분기 연속 상승하여 실질 이자율이 하락하고 있으므로, 예금의 자산 가치는 하락합니다. 을. 실질 이자율은 '명목 이자율−물가 상승률'입니다. 그런데 물가 상승률이 명목 이자율을 넘어섰으므로 실질 이자율은 음(−)의 값입니다.

오답 피하기 병. 제시된 기사에서 전문가들은 물가가 계속 상승할 것으로 전망하고 있습니다. 따라서 명목 이자율과 실질 이자율의 차이는 커질 가능성이 높습니다. 정. 실질 이자율이 음(−)의 값이라고 하더라도, 예금을 하면 이자 소득을 얻을 수 있습니다. 그러나 현금으로 보유하면 이자 소득을 얻을 수 없으므로, 예금을 찾아서 현금으로 보관하는 것보다 예금을 보유하는 것이 유리합니다.

336 금융 시장의 유형   정답 ④

문제 분석 (가)는 간접 금융 시장이고, (나)는 직접 금융 시장입니다.

정답 찾기 ㄴ. 대표적인 직접 금융 시장으로는 주식 시장, 채권 시장 등이 있습니다. ㄹ. 직접 금융 시장에서 거래되는 금융 상품인 주식이나 채권 등은 간접 금융 시장에서 거래되는 금융 상품인 예금 등에 비해 수익성이 높습니다.

오답 피하기 ㄱ. 간접 금융 시장에서는 금융 기관이 자금 수요자를 선정하여 대출이 이루어집니다. 따라서 자금 공급자가 자신이 공급하는 자금이 어느 수요자에게 공급되었는지 파악하기는 어렵습니다. ㄷ. 일반적으로 예금자 보호 제도는 간접 금융 시장의 예금 관련 상품에 적용됩니다.

337 금융 시장의 유형   정답 ④

문제 분석 (가)는 직접 금융 시장이고, (나)는 간접 금융 시장입니다.

정답 찾기 ㄴ. 간접 금융 시장에서는 자금 공급자가 금융 기관에 자금을 예치하고, 금융 기관이 자금 수요자에게 자금을 공급합니다. 은행은 이와 같은 금융 기관의 대표적인 사례입니다. ㄹ. 자금 공급자는 간접 금융 시장보다 직접 금융 시장에서 보다 높은 수익률을 기대할 수 있습니다.

오답 피하기 ㄱ. 증권 회사는 직접 금융 시장에서 자금 공급자와 자금 수요자를 연결해 주는 역할을 합니다. ㄷ. 직접 금융 시장에서는 자금 공급자가 금융 거래에서 발생할 수 있는 위험을 직접 부담합니다. 따라서 직접 금융 시장에서 거래되는 금융 상품은 안전성이 낮은 대신 수익률은 높은 편입니다. 반면, 간접 금융 시장에서는 자금 공급자가 금융 기관을 통해 안정적으로 이자 수익을 얻는 경우가 일반적이므로 안전성이 높은 대신 수익률은 낮습니다.

338 금융과 금융 시장   정답 ①

문제 분석 제시된 자료는 금융, 금융 제도, 금융 시장의 개념을 정리한 것입니다.

정답 찾기 ㄱ. (가)는 금융입니다. ㄴ. 금융이란 다른 사람에게 자금을 빌리거나 다른 사람에게 자금을 빌려주는 행위를 의미합니다. 금융은 가계의 소득을 늘리거나 기업의 경영을 안정화하는 데 기여합니다.

오답 피하기 ㄷ. 금융 시장은 생산 요소 시장에 해당합니다. ㄹ. 자금 공급자가 가계라면 자금 수요자는 일반적으로 기업이고, 기업은 생산물 시장의 공급자입니다.

339 수입과 지출   정답 ⑤

문제 분석 가계 수입은 경상 소득과 비경상 소득 및 기타 수입으로 구성됩니다. 급여와 상여금은 근로 소득, 주식 배당금은 재산 소득, 국민연금은 이전 소득입니다. 가계 지출은 소비 지출과 비소비 지출 및 기타 지출로 구성됩니다. 식료품비와 통신비는 소비 지출에 해당하고, 세금, 사회 보험료, 대출 이자는 비소비 지출에 해당합니다.

정답 찾기 ⑤ 처분 가능 소득은 소득인 300만 원에서 비소비 지출인 90만 원을 뺀 210만 원입니다.

오답 피하기 ① 주식 배당금은 자산으로부터 얻은 소득으로 재산 소득에 해당합니다. ② 국민연금은 정부에서 지급받은 소득으로 이전 소득에 해당합니다. ③ 소비 지출은 생활에 필요한 재화와 서비스의 구입 대가로, 소비 지출액은 식료품비와 통신비를 더한 70만 원입니다. ④ 근로 소득은 급여와 상여금을 합한 250만 원이고, 가계 지출 총액은 160만 원입니다. 따라서 근로 소득이 가계 지출 총액보다 큽니다.

340 수입과 지출 · 정답 ②

문제 분석 제시된 표에서 급여와 정기 상여금은 노동을 제공하고 얻는 소득이므로 근로 소득에 해당합니다. 예금 이자, 주식 배당금, 부동산 임대료는 재산 소득에 해당합니다. 근로 소득과 재산 소득은 경상 소득에 해당하며, 부친상 조의금과 마라톤 대회 우승 상금은 일시적 요인에 의해 발생하므로 비경상 소득에 해당합니다.

정답 찾기 ㄱ. 을의 재산 소득은 주식 배당금과 부동산 임대료를 합한 300만 원이며, 근로 소득은 급여 300만 원입니다. 따라서 을은 재산 소득과 근로 소득이 같습니다. ㄷ. 을의 비경상 소득은 마라톤 대회 우승 상금인 250만 원으로, 갑의 비경상 소득인 부친상 조의금 400만 원보다 적습니다.

오답 피하기 ㄴ. 갑의 근로 소득은 급여와 정기 상여금을 합한 315만 원이며, 을의 근로 소득은 급여 300만 원입니다. 따라서 갑은 을보다 근로 소득이 많습니다. ㄹ. 을의 재산 소득은 주식 배당금과 부동산 임대료를 합한 300만 원입니다. 따라서 을의 재산 소득은 갑의 재산 소득인 예금 이자 50만 원의 6배입니다.

341 소비 지출과 비소비 지출 · 정답 ④

문제 분석 가계 수입은 경상 소득, 비경상 소득, 기타 수입으로 구성되며, 가계 지출은 소비 지출과 비소비 지출로 구성됩니다.

정답 찾기 ④ 가계 수입보다 가계 지출이 크면 가계 수지는 적자를 기록하고, 반대의 경우에는 흑자를 기록합니다.

오답 피하기 ① 저축에서 인출한 돈과 빌린 돈은 기타 수입으로, 가계 수입에 해당합니다. ② 법 또는 제도에 의한 의무적 가계 지출은 비소비 지출입니다. ③ 근로 소득은 경상 소득에, 기타 수입은 수입에 포함됩니다. ⑤ 처분 가능 소득은 소득에서 비소비 지출을 뺀 것입니다.

342 수입과 지출 · 정답 ③

문제 분석 가계 수입은 경상 소득인 근로 소득, 사업 소득, 재산 소득, 이전 소득과 비경상 소득으로 구성됩니다.

정답 찾기 ㄴ. 전체 소득에서 사업 소득이 차지하는 비율은 2018년 25%로, 약 23.8%였던 2017년보다 증가하였습니다. ㄷ. 2019년 전년 대비 근로 소득 증가율과 이전 소득 증가율은 모두 10%로 같습니다.

오답 피하기 ㄱ. 생산 활동과 관계없이 무상으로 받은 소득, 즉 이전 소득은 매년 변화 규모가 다릅니다. ㄹ. 전년 대비 비경상 소득 증가율은 2017년 40%, 2018년 약 28.6%입니다.

343 소비 지출과 비소비 지출 · 정답 ③

문제 분석 가계의 지출은 소비 지출과 비소비 지출로 구분되며, 비소비 지출에는 대출 이자, 사회 보험료 등이 포함됩니다.

정답 찾기 ㄴ. 가계 소득이 점차 증가할 것으로 예상됨에 따라 신용 거래는 증가합니다. ㄷ. 정부가 소득세율을 인상하면 비소비 지출이 증가하는데, 이는 처분 가능 소득의 감소 요인으로 작용합니다.

오답 피하기 ㄱ. 시중 은행이 대출 금리를 인하하는 것은 비소비 지출의 감소 요인입니다. ㄹ. 가계 소득이 점차 증가할 것으로 예상되는 것은 소비 지출의 증가 요인으로 작용합니다.

344 신용 관리 방안 · 정답 ①

문제 분석 제시된 자료는 개인이 신용을 관리하기 위해 지켜야 사항을 정리한 것입니다.

정답 찾기 ① 현금 서비스의 이용 자제, 신용 정보 확인, 소득을 고려한 합리적 소비, 소비 행태에 적합한 신용 카드 사용은 모두 개인의 신용 관리 방법에 해당합니다.

345 자산과 부채 · 정답 ①

문제 분석 제시된 사례에서 2018년의 총자산은 현금 5백만 원+예금 2천만 원+부동산 3억 원으로 3억 2천 5백만 원이고, 부채는 1억 원입니다. 따라서 순자산은 2억 2천 5백만 원입니다.

정답 찾기 ① 2019년 갑이 보유하고 있는 부동산의 가치는 5천만 원 증가하였습니다. 따라서 총자산은 예금 2천 5백만 원에 부동산의 가치 3억 5천만 원을 더한 3억 7천 5백만 원입니다. 그런데 부채가 1억 원이므로 순자산은 2억 7천 5백만 원으로 증가하였음을 알 수 있습니다.

핵심 개념 CHECK!

▸ 본문 153쪽

| 01 × | 02 × | 03 × | 04 ○ | 05 × | 06 ○ | 07 × | 08 ○ |
| 09 × | 10 × | 11 ○ | 12 ○ | 13 × | 14 × | 15 ○ |

○X 문장 바로 알기

01 자산 관리의 판단 기준 중 ~~수익성~~은 금융 상품의 원금과 이자가 보전될 수 있는 정도를 의미한다. → 안전성

02 자산 관리의 판단 기준 중 ~~안전성~~은 필요할 때 금융 상품을 얼마나 쉽게 현금화할 수 있는지의 정도를 의미한다. → 유동성

03 ~~요구불 예금은 저축성 예금과 달리~~ 이자 수입을 주된 목적으로 하는 금융 상품이다. → 저축성 예금은

04 주식은 기업이 정기적인 사업 자금 조달을 위해 발행하는 증권으로, 회사 소유권의 일부를 투자자에게 주는 증표이다.

05 주식은 예금 상품보다 안전성이 ~~높고~~, 높은 배당이나 시세 차익과 같은 수익을 기대할 수 있다. → 낮고

06 채권은 자금을 필요로 하는 기관이 돈을 빌리면서 언제까지 빌리고, 이자는 얼마를 줄 것인지 약속하는 증서이다.

07 채권은 주식보다 안전성이 ~~낮고~~, 부동산보다 유동성이 ~~낮다.~~ → 높고 / 높다.

08 펀드는 자산 운용의 결과로 원금 손실이 발생할 수 있고, 별도의 수수료를 납부해야 한다.

09 ~~민영 보험과 달리 사회 보험은~~ 영리를 목적으로 판매하는 금융 상품이다. → 민영 보험은

10 금융 자산을 분산 투자하여 포트폴리오를 만들면 투자의 위험성이 ~~높아진다.~~ → 낮아진다.

11 갑의 소득은 소득 발생 이후 T 시기까지 증가하다가 감소한다.

12 갑의 소비는 지속적으로 증가하고 있다.

13 T−1 시기와 T 시기 사이에는 소비 증가율보다 소득 증가율이 ~~낮다.~~ → 높다.

14 T 시기 이후에는 소득 대비 소비의 비중이 ~~감소~~하였다. → 증가

15 T 시기와 T+1 시기 사이에는 누적 저축액이 증가하였다.

기출+예상 문제로 주제 정복하기

▸ 본문 155~159쪽

346 ③	347 ④	348 ③	349 ⑤	350 ①	351 ⑤
352 ③	353 ②	354 ④	355 ④	356 ④	357 ③
358 ②	359 ⑤	360 ②	361 ②	362 ③	363 ①

346 금융 상품의 유형별 특징 　　정답 ③

문제 분석 제시된 사례에서 갑이 투자한 국채는 채권으로 이자 수익과 시세 차익을 얻을 수 있고, 을이 투자한 정기 적금은 이자 수익을 얻을 수 있으며, 병이 투자한 주식은 배당금과 시세 차익을 얻을 수 있습니다.

정답 찾기 ㄴ. 정기 적금은 예금자 보호 제도의 적용 대상이 됩니다. 반면, 주식과 채권은 예금자 보호 제도의 적용 대상이 되지 않습니다. ㄷ. 병은 자기 자금 이외에 대출금으로 주식을 더 구입하였고, 이를 1년 후 처분하여 10%의 시세 차익을 얻었습니다. 그리고 대출 이자로 대출금의 5%를 상환하였으므로 그 차익인 5%만큼 투자 수익을 얻었습니다.

오답 피하기 ㄱ. 배당금을 지급받는 금융 상품은 주식입니다. 갑은 정부로부터 이자 수익을 얻을 수 있고, 국채를 매각함으로써 시세 차익을 얻을 수도 있습니다. ㄹ. 국채에서는 이자 수익이 발생하지만, 주식에서는 이자 수익이 발생하지 않습니다.

347 금융 상품의 유형별 특징 　　정답 ④

문제 분석 제시된 그림에서 갑은 주식에 자산의 80%를 투자하고 있습니다. 이는 갑이 수익성을 중시함을 의미합니다.

정답 찾기 ④ 주식을 통해 투자자가 얻을 수 있는 수익은 시세 차익과 배당금입니다.

오답 피하기 ① 요구불 예금과 저축성 예금은 모두 예금자 보호의 대상입니다. ② 저축성 예금은 주식에 비해 수익성이 낮습니다. ③ 채권은 요구불 예금에 비해 유동성이 낮습니다. ⑤ 갑은 자산의 80%를 주식에 투자하고 있습니다. 따라서 갑은 안전성보다 수익성을 우선시하는 투자 성향을 가지고 있습니다.

348 금융 상품의 유형별 특징 　　정답 ③

문제 분석 제시된 그림에서 갑은 주식에만 투자하였고, 을은 채권과 정기 예금, 병은 주식, 채권, 정기 예금에 분산해 투자하였습니다.

정답 찾기 ㄴ. 병이 투자한 금융 상품 중 주식과 채권은 시세 차익을 기대할 수 있습니다. ㄷ. 갑은 을과 달리 주식에만 투자하였으므로 수익성이 높은 상품을 선호한다고 볼 수 있습니다.

오답 피하기 ㄱ. 배당금을 받을 수 있는 상품은 주식인데, 을은 주식에 투자하지 않았습니다. ㄹ. 을과 병 모두 채권과 정기 예금에 투자하였습니다. 따라서 병이 을보다 안전성이 높은 상품을 선호한다고 볼 수 없습니다.

349 금융 상품의 유형과 분산 투자 　　정답 ⑤

문제 분석 제시된 사례에서 갑은 여러 금융 상품에 분산 투자를 하고 있으며, 을은 부채를 사용한 투자를 하고 있습니다.

정답 찾기 ⑤ 갑은 주식, 정기 예금, 주식형 펀드, 개인 연금에 투자하고 있는데, 이 중 주식형 펀드는 대표적인 간접 금융 상품입니다.

오답 피하기 ① 개인 연금 보험은 의무 가입이 아닌 임의 가입 형태입니다. ② 을과 달리 갑은 분산 투자를 하고 있습니다. ③ A 회사 주가가 10% 상승할 경우 그로 인한 수익은 갑이 100만 원, 을이 500만 원입니다. ④ 을은 수익성을 중시하는 투자를 하고 있습니다.

350 예금자 보호 제도 　　정답 ①

문제 분석 예금자 보호 제도는 예금자 보호법에 따라 설립된 예금 보험 공사가 예금을 지급할 수 없게 된 금융 기관을 대신하여 고객에게 예금을 지급해 줍니다.

정답 찾기 갑, 을. 예금자 보호 제도의 대상은 보통 예금, 정기 예금 등이며, 예금자 보호법의 적용을 받지 않는 금융 기관의 경우 별도의 기금을 마련하여 예금을 보호하기도 합니다.

 병. 원금과 이자를 합쳐 1인당 최고 5천만 원까지 보장받을 수 있습니다. 정. 금융 기관당, 1인당 5천만 원이 보장 한도이므로, 여러 금융 기관에 있는 예금도 보장받을 수 있습니다.

351 자산 관리의 원칙과 금융 상품　　　　　정답 ⑤

문제 분석 제시된 표에 나타난 자산 관리 원칙 중 A는 안전성, B는 수익성, C는 유동성입니다.

정답 찾기 ⑤ 유동성이란 필요할 때 쉽게 현금화할 수 있는 정도를 의미합니다. 따라서 (가)에는 '보유 자산을 쉽게 현금으로 바꿀 수 있어야 한다는 원칙'이 들어갈 수 있습니다.

오답 피하기 ① 일반적으로 채권의 안전성이 주식보다 높습니다. ② 요구불 예금은 입출금이 자유로운 예금으로 이자율, 즉 수익성이 매우 낮습니다. ③ 예금자 보호 제도는 유동성이 아니라 안전성을 높이는 수단이 됩니다. ④ 고위험·고수익 자산을 추구하는 투자자는 안전성보다 수익성이 높은 금융 상품을 선호할 것입니다.

352 금융 상품의 유형　　　　　정답 ③

문제 분석 제시된 사례에서 갑 기업은 대출, 채권 및 주식 발행을 통해 자금을 조달하고 있습니다.

정답 찾기 ③ C는 갑 기업의 주식을 갖고 있으므로 갑 기업으로부터 경영 성과에 따른 배당금을 받을 수 있습니다.

오답 피하기 ① A에게는 갑 기업의 경영에 참여할 권리가 부여되지 않습니다. ② B는 회사채의 만기 이전에 매도하여 시세 차익을 얻을 수 있습니다. ④ A를 통해 조달한 자금은 부채이고, C를 통해 조달한 자금은 부채가 아닙니다. ⑤ B와 C로부터의 자금 조달은 직접 금융 시장에서 이루어집니다.

353 금융 상품의 유형　　　　　정답 ②

문제 분석 제시된 그림에서 B는 A와 달리 만기가 있으므로 채권이며, A는 주식입니다.

정답 찾기 ② 주식과 채권 모두 시세 차익을 기대할 수 있으므로, (가)에는 해당 내용이 들어갈 수 있습니다.

오답 피하기 ① 배당 수익을 기대할 수 있는 것은 주식이므로, (가)에는 해당 내용이 들어갈 수 없습니다. ③ 주식과 채권 모두 원금이 보장되는 것은 아니므로, (나)에는 해당 내용이 들어갈 수 없습니다. ④ 일반적으로 예금자 보호의 적용 대상이 되는 것은 예금입니다. ⑤ 일반적으로 주식은 채권보다 안전성이 낮습니다.

354 금융 상품의 유형　　　　　정답 ④

문제 분석 제시된 그림에서 A는 정기 적금, B는 주식, C는 채권입니다.

정답 찾기 ㄴ. 주식은 시세 차익과 배당 수익을 기대할 수 있습니다. ㄹ. 주식의 소유자는 채권의 소유자와 달리 주주로서 이익 배당 또는 회사의 경영에 참여할 수 있는 권리를 갖습니다.

오답 피하기 ㄱ. A는 저축성 예금인 정기 적금에 해당합니다. ㄷ. 정기 적금과 채권 모두 만기 시 원금과 함께 이자를 받습니다.

355 예금자 보호 제도　　　　　정답 ④

문제 분석 제시된 글에서 ㉠에 들어갈 제도는 예금자 보호 제도입니다.

정답 찾기 ㄴ. 금융 기관이 예금을 지급할 수 없게 될 경우, 예금 보험 공사는 금융 기관을 대신하여 고객에게 예금 보험금을 지급합니다. 이때 그 액수는 해당 고객의 원금과 이자를 합하여 개인별로 금융 기관당 최대 5,000만 원입니다. ㄹ. 예금의 전액을 보호할 경우 도덕적 해이로 인해

금융 기관의 건전성을 고려하지 않고 수익성만을 좇는 투자 행태가 나타날 수 있습니다. 따라서 예금의 일정액만을 보호함으로써 이 같은 투자 행태의 감소를 유도할 수 있습니다.

오답 피하기 ㄱ. 예금자 보호 제도는 간접 금융 시장에서의 예금 거래를 보호하기 위한 것입니다. ㄷ. 예금의 전액을 보호하지 않고 일정액만을 보호하는 것은 금융 기관보다 다수의 소액 예금자를 우선 보호하기 위한 것입니다.

356 금융 상품의 유형　　　　　정답 ④

문제 분석 일반적으로 주식은 정기 예금과 채권에 비해 수익성이 높고 안전성이 낮습니다. 반면, 정기 예금은 주식과 채권에 비해 수익성이 낮고 안전성이 높습니다.

정답 찾기 ④ 주식 배당금은 재산 소득에 해당하므로, 주식을 통해 재산 소득에 해당하는 수익이 발생할 수 있습니다.

오답 피하기 ① 시세 차익을 기대할 수 있는 것은 주식과 채권입니다. ② 배당 수익을 기대할 수 있는 것은 주식입니다. ③ 정기 예금과 채권은 주식에 비해 수익성이 낮은 편입니다. ⑤ 예금자 보호 제도에 의해 원리금 일부가 보장되는 것은 정기 예금입니다.

357 자산 관리의 판단 기준　　　　　정답 ③

문제 분석 제시된 그림에서 상담을 받고 있는 고객은 자산을 전액 은행 예금으로만 모아 두었기 때문에 안전성을 중시하지만, 수익성에 대한 고려가 부족하다는 평가를 받을 수 있습니다. 주식이나 채권에 투자하는 비중을 늘리면 수익성을 높일 수 있습니다.

정답 찾기 ③ 은행 예금은 안전성이 높지만 수익성이 낮은 금융 상품입니다. 주식이나 채권은 은행 예금에 비해 안전성이 낮지만 수익성이 높은 금융 상품입니다.

358 금융 거래의 유형　　　　　정답 ②

문제 분석 제시된 대화에서 갑은 주식을 거래하였으며, 을은 펀드를 거래하였습니다.

정답 찾기 ㄱ. 주식은 고수익, 고위험을 특징으로 합니다. ㄹ. 주식을 사들이는 행위는 직접 투자의 사례이고, 펀드에 투자하는 행위는 간접 투자의 사례입니다.

오답 피하기 ㄴ. 사전에 정한 이자율만큼 수익이 보장되는 금융 상품은 펀드가 아니라 예·적금 등입니다. ㄷ. 간접 투자는 금융 거래 과정에서 채무 불이행의 위험 부담을 투자자 본인뿐만 아니라 금융 기관도 함께 집니다.

359 합리적 자산 운용　　　　　정답 ⑤

문제 분석 제시된 자료에서 갑과 을은 평가표에 근거하여 자산을 관리하려고 합니다. 갑은 수익성을 중시하고 있고, 을은 안전성, 수익성, 유동성을 모두 중시하고 있습니다.

정답 찾기 ⑤ 갑은 수익성만을 중시하므로 B를 가장 선호할 것이고, 을은 세 가지 기준에 따른 점수의 합계가 가장 큰 A 또는 C를 가장 선호할 것입니다.

오답 피하기 ① B는 안전성은 낮지만 수익성과 유동성이 높은 편이므로 요구불 예금보다는 주식에 더 가깝습니다. ② A는 안전성 4, 수익성 2이며, C는 안전성과 수익성 모두 3입니다. ③ 갑은 수익성만을 판단 기준으로 삼고 있으므로 B-C-A 순으로 선호할 것입니다. ④ 을은 안전성, 수익성, 유동성을 같은 비중으로 중시하므로, 세 기준에 따른 점수의 합이 10점으로 같은 A와 C를 동일하게 선호할 것입니다.

360 분산 투자   정답 ②

문제 분석 제시된 글에서는 조선 시대 사고(史庫)의 사례와 서양의 격언을 통해 안정성과 수익성을 고려하는 분산 투자의 중요성을 강조하고 있습니다.

정답 찾기 ② 『조선왕조실록』을 여러 곳에 나누어서 보관한 것과 "계란을 한 바구니에 담지 마라."라는 격언을 통해 분산 투자의 원칙을 확인할 수 있습니다.

오답 피하기 ①, ③, ④, ⑤ 생애 주기를 고려한 투자, 수입과 지출을 고려한 투자, 수익성이 높은 자산에 대한 집중 투자, 장기 목표에 맞춘 투자는 모두 제시된 글을 통해 직접 파악할 수 있는 내용은 아닙니다.

361 생애 주기 곡선   정답 ②

문제 분석 제시된 그림에서 (가), (다)는 소득보다 소비가 큰 음(−)의 저축을 나타내고, (나)는 소득보다 소비가 작은 양(+)의 저축을 나타냅니다.

정답 찾기 ② B~D 기간에는 양(+)의 저축이 계속되므로, 누적 저축액은 지속적으로 증가합니다.

오답 피하기 ① A~B 기간에는 소득이 소비보다 작습니다. ③ C~D 기간에 소득은 감소하고, 소비는 증가합니다. ④ 누적 소비액은 일생이 끝나는 E 시점에서 최대가 됩니다. ⑤ 누적 저축액이 0이 된다는 것은 평생의 저축 크기 의 합이 0이라는 것으로, 음(−)의 저축인 (가)+(다)의 크기는 양(+)의 저축인 (나)의 크기와 같습니다.

362 생애 주기 곡선   정답 ③

함정	①	②	❸	④	⑤
	27%	13%	**49%**	3%	5%

눈으로 보는 해설

그림은 갑과 을의 생애 주기에 따른 저축을 나타낸 것이다. 이에 대한 옳은 분석만을 〈보기〉에서 고른 것은?

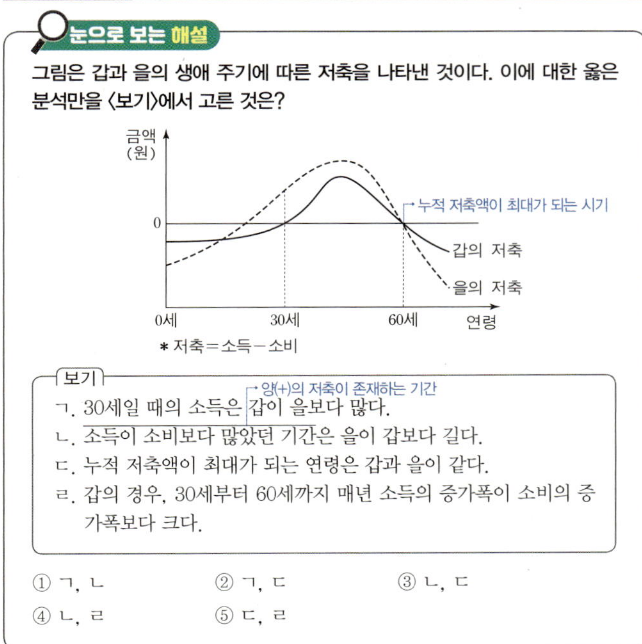

보기

양(+)의 저축이 존재하는 기간
ㄱ. 30세일 때의 소득은 갑이 을보다 많다.
ㄴ. 소득이 소비보다 많았던 기간은 을이 갑보다 길다.
ㄷ. 누적 저축액이 최대가 되는 연령은 갑과 을이 같다.
ㄹ. 갑의 경우, 30세부터 60세까지 매년 소득의 증가폭이 소비의 증가폭보다 크다.

① ㄱ, ㄴ   ② ㄱ, ㄷ   ③ ㄴ, ㄷ
④ ㄴ, ㄹ   ⑤ ㄷ, ㄹ

문제 분석 제시된 그림에서 금액 0을 기준으로 위쪽은 저축액이 0보다 큰 양(+)의 저축으로 소득이 소비보다 많은 시기이며, 아래쪽은 저축액이 0보다 작은 음(−)의 저축으로 소득이 소비보다 많은 시기입니다.

정답 찾기 ㄴ. 소득이 소비보다 많았던 기간은 양(+)의 저축이 존재하는 기간을 의미합니다. 해당 기간은 을이 대략 20세~60세로 갑의 30세~60세보다 깁니다. ㄷ. 누적 저축액이 최대가 되는 연령은 갑과 을 모두 60세입니다.

오답 피하기 ㄱ. 30세일 때 을이 갑보다 저축이 더 많지만, 구체적인 소비 규모는 알 수 없습니다. 따라서 소득의 크기는 비교할 수 없습니다. ㄹ. 갑은 처음에는 소득의 증가폭이 크지만, 나중에는 소비의 증가폭이 커져 60세에는 결국 소득과 소비가 일치하게 됩니다. 매년 소득의 증가폭이 소비의 증가폭보다 크기 위해서는 30세부터 60세까지 저축액이 계속 증가하는 형태를 나타내야 합니다.

함정 피하기
ㄷ이 옳지 않다고 생각했다면, 저축이 가장 많은 지점과 누적 저축액이 최대가 되는 지점을 착각했을 가능성이 큽니다. 누적 저축액이 최대가 되는 지점은 저축액이 양(+)의 값이다가 음(−)의 값으로 바뀌기 직전입니다.

363 재무 계획   정답 ①

문제 분석 제시된 표에서 갑은 현재부터 은퇴 이전에 소득 12억 원으로 소비 8억 원을 충당하고 남은 4억 원을 저축하며, 4억 원의 저축과 은퇴 이후의 소득 4억 원을 합쳐 은퇴 이후의 소비 8억 원을 충당할 것입니다.

정답 찾기 ㄱ. 은퇴 이후에는 총소득이 총소비보다 4억 원 적습니다. 따라서 소득만으로 소비를 충당할 수 없습니다. ㄴ. 현재부터 은퇴 이후를 포함한 소득 총액(16억 원=12억 원+4억 원)과 소비 총액(16억 원=8억 원+8억 원)은 같습니다.

오답 피하기 ㄷ. 현재부터 은퇴까지의 소득인 12억 원만으로는 현재부터 은퇴까지의 소비 8억 원과 은퇴 이후의 안정적인 노후 생활을 위한 소비 8억 원을 충당할 수 없습니다. ㄹ. 은퇴 이전에는 예상 소득이 예상 소비보다 많기 때문에 순자산이 증가할 것으로 예상되고, 은퇴 이후에는 예상 소득이 예상 소비보다 적기 때문에 순자산이 감소할 것으로 예상됩니다.

BON.**N**제

BON.N제